비문학왕

정호국어 비문학왕

공무원 국어 비문학 단계별 학습

9급 전직렬 | 7급 지방직 | 군무원

비문학 왕
공무원 국어 비문학 단계별 학습

5판 1쇄 2025년 1월 10일

편저자_ 문정호
발행인_ 원석주
발행처_ 하이앤북
주소_ 서울시 영등포구 영등포로 347 베스트타워 11층
고객센터_ 02-6332-6700
팩스_ 02-841-6897
출판등록_ 2018년 4월 30일 제2018-000066호
홈페이지_ army.daebanggosi.com

ISBN_ 979-11-6533-534-2

정가_ 27,000원

공무원 국어 시험에서 비문학은 인문, 사회, 과학, 기술, 예술, 생활 등 다양한 분야의 글을 주제로 하여 읽고 사고하는 능력을 평가하는 데 중점을 두고 있습니다. 그리고 이를 위해서 사실적 사고, 추론적 사고, 비판적 사고, 어휘력 등의 목표를 설정하고 이를 평가합니다.

예전 공무원 국어 시험에 출제가 되었던 비문학 문제는 짧은 지문에 단편적인 사고를 요구하는 수준이었습니다. 1~2개 문단 정도의 짧은 지문이 주로 출제되었고, 문제도 지문의 내용을 확인하는 정도의 사실적 이해 수준의 문제였습니다. 그러나 최근에는 지문의 길이도 길고 문제도 사실적 사고, 추론적 사고, 비판적 사고 등 다양한 유형의 문제를 출제하고 있습니다. 쉽게 말해 공무원 국어 시험에서 비문학 영역이 어려워지고 있다는 것입니다. 이에 보다 체계적이고 전문적으로 비문학 문제에 접근하고자 이 책을 집필하게 되었습니다.

공무원 시험을 준비하는 수험생이 늘고 있고 시험의 합격 점수도 올라가고 있습니다. 고득점이 필요한 수험생 입장에서 비문학은 한 문제도 놓칠 수 없는 영역입니다. 부디 이 책으로 많은 수험생이 비문학 문제의 어려움에서 벗어날 수 있기를 바랍니다. 교재를 집필한 저자의 수많은 고민이 담긴 책입니다.

한 권의 '책'이라는 좋은 결과를 만들어주신 '㈜대방고시'의 여러분들께 감사의 말씀을 드립니다. 항상 저만을 사랑하는 가족들, 이 책의 검토를 도와준 분들 또한 감사합니다.

문 정 호

이 책의 활용방법

Point 1 효율적인 2단계 학습

교재는 크게 '이론 학습'과 '실전 연습'으로 구성되어 있다. '이론 학습'은 비문학 지문을 독해하는 방법과 과정이 수록되어 있다. 그리고 '실전 연습'은 70일 동안 하루에 5문제를 매일 공부할 수 있도록 구성이 되어 있다. 비문학은 단순히 아는 것에 그치는 공부가 아니다. 기본적인 독해 과정을 익혔다면 매일 독해 연습을 해야 한다. '이론 + 훈련'이 필요한 공부가 바로 비문학 독해이다. 교재가 정한 70일의 독해 연습을 꾸준히 따르길 바란다.

Point 2 전략적 지문 읽기

글을 읽기 위해서는 전략적 접근이 필요하다. 글은 단어와 문장으로 이루어져 있다. 어휘와 문장의 성격을 이해하며 글을 읽을 수 있어야 한다. 교재의 '차례'를 확인하고, 교재의 순서를 믿고 따라가라. '어휘 → 문장 → 글의 구조 → 문제 유형 → 문단 읽기 → 주제 찾기'의 순서로 제시된 교재의 내용을 믿고 이에 따라 공부하기를 권한다.

Point 3 70일 비문학 독해

공무원 시험에서 어휘나 한자성어 문제는 지식을 알고 이해하는 유형이다. 그러나 비문학 독해는 '아는 것'이 아니라 '읽고 이해하는 것'이 필요한 영역이다. 독해 실력을 기르기 위해서는 꾸준한 연습의 과정이 필요하다. 교재에는 70일 동안 매일 공부할 분량의 문제가 수록되어 있다. 물론 이보다 더 긴 과정의 연습을 하는 것이 좋다. 교재의 내용을 충실히 따라간다면, 교재 학습이 끝난 이후 스스로 공부할 수 있는 능력을 기를 수 있을 것이다.

Point 4 '기출 문제'와 '심화 문제'의 조화

70일 비문학 독해 연습은 한 번에 5문제를 풀도록 구성되어 있다. 여기에는 '기출'과 '심화' 문제를 섞어 놓았다. '기출'을 통해 유형을 파악하고, '심화' 문제를 통해 보다 깊이 있는 비문학 독해를 할 수 있도록 구성한 것이다. 교재의 순서를 따라가면 된다.

Point 5 '부록'은 하루에 하나!

'부록'은 '대학수학능력시험'에 출제된 '언어(문법) 지문'을 편집한 것이다. 비문학을 공부하면서 언어 또는 문법과 관련된 지식을 함께 공부할 수 있도록 내용을 구성했다. 최근 공무원 시험의 비문학 지문을 보면 '문학', '언어학', '문법학' 등 국어와 관련된 지문이 출제되기도 했다. 대학수학능력시험은 절대적 가치가 있어 지문의 내용과 문제가 수준이 높다. 평소 수험생에게 국어를 가르치며 "수능은 함부로 공부하지 말아라!"라고 한다. 하지만 필요한 것들을 골라 공부하는 것은 큰 도움이 될 수 있다. 공무원 시험에 필요한 것들을 골라 '부록'으로 묶었으니, 각자 계획을 세워 하나씩 읽고 문제를 풀면 크게 도움이 될 것이다.

Point 6 이론 + 실전 연습 + 부록 = 100일

사람마다 차이가 있겠지만, 이 교재를 공부하는 수험생은 100일의 계획을 세우는 것이 좋다. 주 7일을 매일 비문학 공부를 하면 더 일찍 끝나겠지만, 그렇지 않더라도 100일 정도 이내에는 교재 학습을 끝낼 수 있도록 구성하였다. 반드시 100일 이내에 교재를 끝내도록 열심히 공부하자!

목차

정호국어

PART

01

비문학_독해법

CHAPTER 01

어휘의 의미 파악

Core Point **핵심노트**

■ **한국인의 어휘 분류**

한국어는 오랫동안 중국의 한자 문화권에서 살았다. 그래서 ① 고유어, ② 한자어, ③ 외래어의 언어 분류가 이루어져 있다. 고유어보다 전문적이고 구체적인 한자어에 대한 학습이 부족하면 독해에 어려움을 겪게 된다.

독해는 글을 읽고 뜻을 이해하는 인간의 지적 활동이다. 일반적으로 독해의 첫 단계는 글의 내용과 구조를 파악하는 것이라고 생각한다. 그러나 이는 기본적으로 글을 제대로 이해하는 과정이 이루어진다는 것을 전제한 것이다. 글을 올바로 이해하기 위해서는 글을 구성하는 가장 작은 단위인 어휘의 의미를 파악하는 것에서 시작해야 한다. 어휘가 모여 문장을 이루고, 문장이 모여 문단을 이루고, 다시 문단이 모여 글을 이룬다. 따라서 어휘와 문장, 문단을 제대로 파악하는 것은 독해를 위한 가장 기본적인 바탕이 된다.

제1절 단어에 대한 이해

1 단어의 개념

단어란 문장을 사용할 때 독립적으로 쓸 수 있는 언어 형식으로, 사물을 가리키거나 사물의 행동, 작용, 상태, 성질, 수효 등을 나타낸다. ('조사'는 단어로 취급하지만, 문법적 자질만을 나타내므로 실제의 언어 생활에서는 체언과 함께 문장 성분을 이룬다.)

일정한 범위 안에서 쓰이는 단어의 수효나 그 전체를 가리켜 '어휘'라고 한다. 즉 '단어'가 개별적인 것이라면 '어휘'는 집합적인 것이다. 어휘는 그 집합의 성격에 따라 '색채 어휘', '제주 방언의 어휘', '소설 동백꽃의 어휘' 등으로 이름을 붙일 수 있다.

> **예**
> 1. '읽다'는 '글을 보고 그 음대로 소리 내어 말로써 나타내다.' 또는 '글을 보고 거기에 담긴 뜻을 헤아려 알다.'라는 뜻을 지닌 단어이다.
> 2. '하루, 이틀, 사흘, 나흘, 닷새, 엿새, 이레, 여드레, 아흐레, 열흘, 보름, 그믐' 등은 날짜를 나타내는 어휘이다.

■ **단어의 형성**

어근과 접사의 결합에 의해 형성된다. 한국어는 접사에 의해 의미를 강조하거나 특정한 뜻을 더할 수 있으므로 단어의 종류를 올바로 파악할 필요가 있다.

① **어근(語根)**: 단어를 형성할 때 실질적인 의미를 나타내는 중심 부분.

② **접사(接辭)**: 어근에 붙어 그 뜻을 제한하는 주변 부분.

2 단어의 형성

단어는 단일어와 복합어로 나뉜다. 단일어는 하나의 어근으로 된 단어이고, 복합어는 둘 이상의 어근이 결합되거나 어근과 파생 접사가 결합되어 이루어진 단어인데, 전자를 합성어, 후자를 파생어라 한다.

① 단일어: 하나의 어근으로 이루어진 단어.
② 복합어: 둘 이상의 어근 또는 접사로 이루어진 단어. 접사와 어근의 결합으로 이루어진 파생어가 있으며, 어근과 어근의 결합으로 이루어진 합성어가 있다. 합성어는 다시 통사적 합성어와 비통사적 합성어로 나눈다.

3 단어의 종류

(1) 구체어와 추상어: 단어가 가리키는 대상의 특성에 따른 분류.

감각으로 인식할 수 있는 단어를 구체어라 하고, 감각으로 인식할 수 없는 대상을 나타내는 단어를 추상어라 한다.

(2) 단의어와 다의어: 단어가 지닌 의미의 개수에 따른 분류.

한 단어의 소리에 하나의 의미만 들어 있는 것을 단의어라 하고, 한 단어의 소리에 여러 개의 의미가 들어 있는 것을 다의어라 한다.

예제 1

다음의 글에서 밑줄 친 ㉠의 뜻과 가장 가까운 것은? [2007. 법원직]

> 나는 고서(古書)와 고화(古畵)를 통해 고인과 더불어 대화하면서 생각하기를 좋아한다. 그 손때로 결은 먹 너머에 서린 생각의 보금자리 속에 고이 깃들이고 싶어서다. 사실, 해묵은 서화(書畵)에 담긴 사연을 더듬는다는 그 마련부터가 대단히 즐겁고 값진 일이니, 비록 서화에 ㉠손방인 나라할지라도 적잖은 반기가 끼쳐짐에서다.

① 무뢰한   ② 문외한
③ 전문가   ④ 호사가

풀이 손방: 아주 할 줄 모르는 솜씨. (= 문외한)
② 문외한(門外漢): 어떤 일에 전문적인 지식이 없는 사람.
① 무뢰한(無賴漢): 성품이 막 되어 예의와 염치를 모르며, 일정한 소속이나 직업이 없이 불량한 짓을 하며 돌아다니는 사람.
④ 호사가(好事家): 남의 일에 특별히 흥미를 가지고 말하기 좋아하는 사람.

정답 ②

핵심노트 Core Point

■ **어휘의 다양한 양상**
① 방언과 표준어
② 은어와 속어
③ 금기어와 완곡어

[참고]
다의어와 동음 이의어는 엄밀히 말해서 두 개 이상의 단어들이 의미상으로 관계를 형성한 것은 아니다. 다의어는 하나의 단어 형태가 여러 가지 의미를 지니는 현상에 불과한 것이고 또 동음 이의어들은 서로 다른 두 개 이상의 단어가 우연히 소리만 같은 것이다.
사전을 만들 때 다의어는 하나의 항목에서 다루어야 하고 동음 이의어는 별도의 항목으로 만들어서 다룬다. 어떤 말이 하나의 단어가 다의적으로 사용된 것인지 아니면 소리가 같은 두 개의 단어가 사용된 것인지를 구별하는 일은 일반적으로 어원을 확인하는 과정을 통해서 결정하는 것이 보통이다.

■ 다의어 발생

언어 기호는 제한되어 있는 데 반해 사람들의 표현 욕구는 무한하기 때문에 발생한다. 곧 제한된 수의 어휘로 다양한 경우를 표현하려다 보니, 기존 어휘의 의미를 확장하거나 혹은 전이시켜 적용할 수밖에 없게 되는데, 이 과정에서 기존의 의미와는 다른 새로운 의미가 발생하는 것이다.

독해는 단어를 올바로 이해하는 것에서 출발한다. 뜻을 알지 못하는 단어는 사전을 찾아 익혀야 한다.

예제 2

밑줄 친 단어가 다의어 관계인 것은?   [2014. 사회복지직 9급]

① 이 방은 볕이 잘 <u>들어</u> 늘 따뜻하다.
　형사는 목격자의 증언을 증거로 <u>들었다.</u>
② 난초의 향내가 거실에 가득 <u>차</u> 있었다.
　그는 손목에 <u>찬</u> 시계를 자꾸 들여다보았다.
③ 운동을 하지 못해서 군살이 <u>올랐다.</u>
　아이가 갑자기 열이 <u>올라</u> 해열제를 먹였다.
④ 그는 조그마한 수첩에 일기를 <u>써</u> 왔다.
　대부분의 사람이 문서 작성에 컴퓨터를 <u>쓴다.</u>

풀이 '오르다'는 다의어(多義語)이다. '군살이 오르다'는 '몸 등에 살이 많아지다'는 뜻이며, '열이 오르다'는 '값이나 수치, 온도, 성적 등이 이전보다 많아지다'는 뜻이다.

오답 나머지는 소리는 같고 의미가 다른 동음이의어(同音異義語)이다. 동음이의어는 표제어가 다르고, 다의어는 표제어가 같다.

정답 ③

제2절 **단어의 의미 파악**

1 중심적 의미와 주변적 의미

우리말에는 하나의 말소리에 여러 개의 의미가 결합되는 경우가 많다. 다의어와 여러 의미들 중 가장 기본적이며 핵심적인 의미로 사용되는 것을 중심적 의미라 하고, 중심적 의미가 확장되어 사용되는 의미를 주변적 의미 또는 전의적 의미라고도 한다.

중심적 의미는 어휘의 가장 기본적이고 핵심적인 의미를 말하며, 주변적 의미는 중심적 의미에서 확장되어 사용된 의미를 말한다.

예

1. 산이 **높다** (아래에서 위까지의 길이가 길다)　－ 중심적 의미
　하늘이 **높다** (멀리 떨어짐)　　　　　　　　－ 주변적 의미
　지위가 **높다** (신분의 상승)　　　　　　　　－ 주변적 의미
　온도가 **높다** (계량적 수치가 큼)　　　　　　－ 주변적 의미

---

2. 좋은 ⓐ약은 인간의 질병을 치료하지만 그렇지 못한 ⓑ약은 우리 몸을 해칠 수도 있듯이, 좋은 음악은 인간의 정서를 순화하고 인격을 바람직한 방향으로 가꿀 수 있으나 그렇지 못한 음악은 인간의 정서를 해칠 수 있다. 또한 좋은 ⓒ약이 인 인류의 삶을 건강하게 지키듯이, 좋은 음악은 우리의 삶을 풍요롭게 가꿀 것이다. 위대한 예술가들이 빚어 놓은 예술 음악이나 우리 선조들의 숨결이 담겨 있는 전통 음악과 같이 좋은 음악이야말로 우리의 정서를 가꿀 좋은 ⓓ약이다.

(예-2)의 ⓐ~ⓓ는 얼핏 모두 같은 뜻으로 보이지만 문맥적 의미를 살펴보면 ⓓ는 그 의미가 다름을 알 수 있다. ⓐ~ⓒ는 '병이나 상처를 고치거나 예방하기 위하여 먹거나 바르는 물질(사전적 의미)'을 뜻하지만, ⓓ는 음악을 원관념으로 하는 비유적 의미로 '몸이나 마음에 이롭거나 도움이 되는 것'이라는 뜻이다. 이처럼 하나의 어휘가 문맥 속에서 다르게 쓰일 수 있다는 점에 유의해야 글을 올바로 이해할 수 있다.

예제 3

〈보기〉에서 ⓐ의 의미와 가장 가까운 것은?

소크라테스: 그러면 이렇게 말할 수 있겠지. 사람은 유용한 것을 가지는 데 그치지 말고, 그것을 사용해야만 한다고.
제   자: 그렇습니다. 저도 그렇게 생각합니다.
소크라테스: 그러나 ⓐ그저 사용하면 되는 것은 아니지. 올바른 사용법과 그릇된 사용법이 있을 테니가. 만약 목수가 연장을 잘못 쓴다고 재료를 버리게 되니 쓰지 않는 것보다 더 나쁜 게 아닌가?

┤보기├

그저 튄 ㉠ 변함없이 이제까지. ¶ 비가 그저 내리고 있다. ㉡ ('그러나', '그러하다' 따위와 함께 쓰여) 별로 신기한 일 없어. ¶ 요새는 그저 그렇습니다. ㉢ 특별한 목적이나 이유 없이. ¶ 그저 한번 해본 말이다. ㉣ (남을 책망하거나 비난하는 뜻으로) 아닌게 아니라 과연. ¶ 내 그저 그럴 줄 알았지.

① ㉠ 　　　　② ㉡
③ ㉢ 　　　　④ ㉣

Chapter 01 어휘의 의미 파악 | **011**

풀이 소크라테스는 유용한 것을 사용하지 않으면 유용한 것이 아니므로 반드시 사용해야 하는데, 아무렇게나 사용해서는 안 되고 올바른 사용법과 그릇된 사용법을 구분하여 올바르게 사용해야 한다고 했다. ⓐ의 '그저'는 앞 문장에서 올바른 사용법에 따르지 않고 '아무렇게나' 하는 행위를 나타내는 말로 쓰였으므로, 〈보기〉의 뜻풀이에서 이와 가장 가까운 것은 ⓒ이다.

정답 ③

■ **사전적 의미**
사전에 풀이된 단어의 의미. 언중이 공인하는 의미.

■ **문맥적 의미**
① 사전에 풀이된 여러 의미 가운데 특정한 문맥에서 선택되어 사용된 의미
② 사전적 의미와 달리 문맥 속에서만 특별히 지니는 의미

2 사전적 의미와 문맥적 의미

사전에 풀이되어 있는 단어의 의미를 사전적 의미라 하고, 단어가 실제의 문장에서 사용될 때의 의미를 문맥적 의미라 한다. 문맥적 의미는 문맥 속에서 드러나는 의미이므로 다의어인 경우처럼 사전적 의미 가운데 선택되어 쓰인 의미는 물론, 함축적 의미와 같이 사전에 수록되지 않은 의미도 포함하는 개념이다.

> 음력 7월 7일, 즉 칠석날에 비가 내리면, 그 비를 견우와 직녀가 만나서 흘리는 기쁨의 눈물이라고 한다. 그리고 해가 나와 있는데도 비가 내리면, 호랑이가 장가간다든지 여우가 시집 간다든가 한다. 하지만 이건 사실이 아니다. 다만 조상들이 자연 현상을 보고 생각해 낸 **이야기**일 뿐이다.

'이야기'의 사전적 의미는 다음과 같다.
  ① 어떤 사물이나 사실, 현상에 대하여 일정한 줄거리를 가지고 하는 말이나 글.
  ② 자신이 경험한 지난 일이나 마음속에 있는 생각을 남에게 알려 주는 말.
  ③ 어떤 사실에 관하여, 또는 있지 않은 일을 사실처럼 꾸며 재미있게 하는 말.
  ④ 소문이나 평판.
밑줄 친 '이야기'는 네 가지 사전적 의미 중 어떤 의미로 쓰였는지, 즉 이 글에서의 문맥적 의미가 무엇인지를 파악해 보면 ③이 가장 잘 통하는 의미임을 알 수 있다.

예제 4

밑줄 친 '조성(助成)'의 의미를 바르게 추정한 것은?

> 생명의 구조를 이용하여 인간 생활에 도움을 주고자 하는 기술을 생명 공학이라 한다. 이 중 최근에 가장 주목을 받고 있는 것은 분자 생물학의 주된 방법인 유전자 재조합 기술을 이용하여 새로운 유전자 <u>조성(助成)</u>을 가진 생물, 즉 유전자 변형 생물을 인공적으로 만들어 내는 유전 공학 기술이다.

① 환경과 관련될 테니까, 분위기를 만든다는 뜻으로 보이는데.
② 유전 공학 기술은 유익한 것이니까, 도와서 이룬다는 뜻으로 보이는데.
③ 유전자를 재조합하는 것이니까, 발생과 성장이 빠르다는 뜻으로 보이는데.
④ 유전자는 생물을 구성하는 물질이니까, 요소들로 이루어진 구성이라는 뜻으로 보이는데.

풀이 '조성(助成)'은 '무엇을 짜 맞추어 이룸'이라는 뜻이다. 그러므로 문맥상에서 '조성'의 의미는 유전자를 구성하는 요소들로 이루어진 구성으로 보는 것이 가장 적절하다.

정답 ④

---

3 지시적 의미와 함축적 의미

단어가 일반적으로 나타내는 의미를 지시적 의미라 하고, 단어가 쓰인 상황에 따라 그 지시적 의미와 관련하여 연상되는 의미를 함축적 의미(문맥적 의미)라 한다. 단어가 비유적으로 사용된 경우 지시적 의미 외에 함축적 의미를 지니게 된다.

지시적 의미는 지식·정보·사실 등을 객관적으로 전달하는 경우에 효과적이고, 함축적 의미는 느낌·인상·정서를 전달하는 경우에 효과적이다.

> 예
> 1. 눈에 티가 들어가 **눈물**이 난다.
>   → '눈물샘에서 나오는 분비물'이라는 지시적 의미로 쓰였다.
> 2. 힘겨운 삶을 살다가 돌아가신 어머니를 생각하자 그의 눈에는 **눈물**이 흘렀다.
>   → (예-1)과 같이 지시적 의미로 쓰였으나, 너무 힘겨운 삶을 살았던 어머니를 떠올리는 한 서린 '슬픔'의 함축적 의미가 덧붙여졌다.

핵심노트 Core Point

■ **함축적 의미**

함축적 의미는 일상 언어에서는 정보의 전달 효과를 위해서 주로 쓰인다면, 문학적인 글에서는 정서 전달의 효과를 높이기 위한 수단으로 쓰인다.

3. 사고를 당하여 죽을 줄만 알았던 아들이 의식을 되찾고 상태가 호전되어 가는 모습을 본 그녀의 눈에는 <u>눈물</u>이 흘렀다.
→ 어머니의 기쁜 감정, 안도의 감정을 연상시키므로 '눈물'의 함축적 의미는 '기쁨, 안도'이다.

예제 5

다음 글의 내용으로 보아, '창'과 '책'의 의미로 가장 적절한 것은?

지도는 각 시대의 필요에 따라 점진적으로 발달해 왔다. 지도는 인간이 살아가는 공간에 대한 다양한 정보를 담고 있는데, 이들 정보는 당대 사람들의 삶에 의미를 가지는 것들이다. 우리는 여러 가지 지도를 통해서 우리 자신뿐 아니라 먼 과거에 살았던 사람들, 나아가 한 번도 가보지 못한 곳에서 살아가는 사람들을 만나서 그들의 생각과 삶의 모습을 접할 수 있게 된다. 이런 점에서 지도는 세계를 바라보는 <u>창(窓)</u>이라 할 수 있다. 우리가 지도라는 창을 통해 세계를 이해하고 갖가지 의미를 이끌어 낼 때 지도는 다양하고 풍부한 정보를 담은 두툼한 한 권의 <u>책</u>이 되는 것이다.

	〈창〉	〈책〉
①	이념의 구현	이념의 체계
②	세계의 창조	세계의 재현
③	과거의 기록	현재의 척도
④	인식의 매개	인식의 확대

풀이 지도라는 '창'을 통해서 세계를 이해하고 갖가지 의미를 이끌어 낸다고 했다. 창은 인식의 매개를 의미하고, '책은 다양하고 풍부한 정보를 담고 있는 것이라고 했으므로, 인식이 확대되었음을 의미한다.

정답 ④

01 밑줄 친 '미혹'의 사전적 의미는?

> 사람이 가지고 있는 것이 어느 것이나 빌리지 아니한 것이 없다. 임금은 백성으로부터 힘을 빌려서 높고 부귀한 자리를 가졌고, 신하는 임금으로부터 권세를 빌려 은총과 귀함을 누리며, 아들은 아비로부터, 지어미는 지아비로부터, 비복(婢僕)은 상전으로부터 힘과 권세를 가지고 있다. 그 빌린 바가 또한 깊고 많아서 대개는 자기 소유로 하고 끝내 반성할 줄 모르고 있으니, 어찌 <u>미혹(迷惑)</u>한 일이 아니겠는가?

① 꾀어서 좋지 아니한 길로 이끎.
② 무엇에 홀려 정신을 차리지 못함.
③ 정신을 빼앗겨 하여야 할 바를 잊어버림.
④ 정세 따위가 분명하지 아니하고 불안정함.

풀이 '미혹(迷惑)': 무엇에 홀려 정신을 차리지 못함.

오답 ① **유혹(誘惑)**: 꾀어서 좋지 아니한 길로 이끎.
③ **현혹(眩惑)**: 정신을 빼앗겨 하여야 할 바를 잊어버림.
④ **혼미(昏迷)**: 정세 따위가 분명하지 아니하고 불안정함.

정답 ②

02 다음 중 ㉠이 뜻하는 말은?

> 미술 작품을 감상할 때 <u>㉠개인적인 선입견을 고집하는 것</u>보다 더 큰 장애는 없다. 친숙하게 알고 있는 주제를 전혀 예기치 못한 일탈적인 방법으로 표현한 그림을 대했을 때 사람들은 흔히 그 그림이 정확해 보이지 않는다는 이유만으로 비난하곤 한다. 성경의 내용을 그린 그림의 경우에서도 이러한 비난의 예를 찾아볼 수 있다. 우리에게 낯익은 그리스도 상이 과거의 미술가들이 가지고 있던 신에 대한 형상에 불과하다는 것을 잘 알고 있으면서도, 많은 사람들은 여전히 이러한 전통적인 형태에서 벗어난 것은 신에 대한 불경(不敬)이라고 생각한다.

① 독단(獨斷)　　　　　　　　② 아집(我執)
③ 애착(愛着)　　　　　　　　④ 자만(自慢)

풀이 ①은 '자기 혼자만의 생각으로 결론을 내림'의 뜻, ②는 '자기의 뜻만 주장하는 경우'의 뜻, ③은 '사랑하고 아껴서 단념할 수가 없음'의 뜻, ④는 '스스로 흡족하게 여김'을 뜻한다.

정답 ②

03 ⓐ~ⓔ의 단어를 이용하여 문장쓰기를 하였다. 문맥적 의미가 달라진 것은?

> 이상에 말한 것은 내가 ⓐ바라는 새 나라의 용모의 일단을 ⓑ그린 것이어니와, 동포 여러분! 이러한 나라가 될진대 얼마나 좋겠는가. 우리네 자손을 이러한 나라에 ⓒ남기고 가면 얼마나 만족하겠는가. 옛날 한토(漢土)의 기자(箕子)가 우리나라를 사모하여 왔고, 공자(孔子)께서도 우리 민족이 ⓓ사는 데 오고 싶다고 하셨으며, 우리 민족을 인(仁)을 좋아하는 민족이라 하였으니 옛날에도 그러하였거니와, 앞으로는 세계 인류가 모두 우리 민족의 문화를 이렇게 사모하도록 하지 아니하려는가.

① 바쁘시더라도 부디 참석하여 주시기를 ⓐ바랍니다.
② 그의 소설은 대부분 서민 생활의 애환을 ⓑ그리고 있다.
③ 관중들은 운동장에 쓰레기를 ⓒ남긴 채 그냥 집으로 향했다.
④ 그는 아침부터 저녁까지 연구실에서 ⓓ산다.

> **풀이** ⓒ는 '다른 사람과 함께 떠나지 않고 있다.'의 뜻이지만, ③은 '어떤 상황의 결과로 생긴 사물이나 상태 따위가 장소에 있게 되다.'의 뜻이다.
> ① **바라다**: 생각이나 바람대로 어떤 일이나 상태가 이루어지거나 그렇게 되었으면 하고 생각하다.
> ② **그리다**: 생각, 현상 따위를 말이나 글, 음악 등으로 나타내다.
> ④ **살다**: 어느 곳에 거주하거나 거처하다.

> **정답** ③

04 다음 밑줄 친 '뒤얽어'의 '뒤'와 의미가 가장 가까운 것은?

> 우리 주위에서 쉽게 찾을 수 있는 오브제를 사용하고, 장면들을 자유롭게 뒤얽어 놓음으로써 공연은 보다 다양한 해석이 가능한 제의적(祭儀的), 시적인 성격을 지니게 된다.

① 주례사에 뒤이어 축가가 있겠습니다.
② 술래가 도망가는 아이들을 뒤쫓았다.
③ 배추에 갖은 양념을 뒤섞어 버무린다.
④ 시대의 변화에 뒤처지지 말아야 한다.

> **풀이** '뒤얽다'는 파생어로 '뒤'는 접두사이다. '뒤섞다'만 파생어이고 나머지는 합성어이다.
> • **뒤**: 일부 동사 앞에 붙어
> ㉠ '몹시, 마구, 온통'의 뜻을 더하는 접두사. **예** 뒤끓다/뒤덮다/뒤얽다/뒤엉키다/뒤흔들다.
> ㉡ '반대로' 또는 '뒤집어'의 뜻을 더하는 접두사. **예** 뒤바꾸다/뒤받다/뒤엎다

> **정답** ③

05 밑줄 친 '훌륭한 유산'을 비유적으로 드러내기에 적절한 것은?

> 겸재(謙齋) 정선(鄭敾)이나 단원(檀園) 김홍도, 혹은 혜원(蕙園) 신윤복의 그림에서도 이런 정심을 찾을 수 있다. 이들은 화보 모방주의(畫譜模倣主義)의 인습에 반기(反旗)를 들고, 우리 나라의 정취(情趣)가 넘치는 자연을 묘사하였다. 더욱이 그들은 산수화(산수畵)나 인물(人物畵)에 말라붙은 조선 시대의 화풍에 항거하여, '밭 가는 농부', '대장간 풍경', '서당의 모습', '씨름하는 광경', '그네 뛰는 아낙네' 등 현실 생활에서 제재를 취한 풍속화를 대담하게 그렸다. 이것은 당시에 있어서는 혁명과도 같은 사실이었다. 그러나 오늘날에는 이들의 그림이 민족 문화의 <u>훌륭한 유산</u>으로 생각되고 있는 것이다.

① 금자탑(金字塔)   ② 기라성(綺羅星)
③ 상아탑(象牙塔)   ④ 시금석(試金石)

풀이 '후세에 남길 유산'의 뜻이므로 '금자탑'이 적절하다.
  ① **금자탑(金字塔):** 길이 후세에 남을 뛰어난 업적을 비유적으로 이르는 말. **예** 역사에 길이 남을 <u>금자탑</u>을 이룩하다.
  ② **기라성(綺羅星):** 밤하늘에 반짝이는 무수한 별이라는 뜻으로, 신분이 높거나 권력이나 명예 따위를 가지고 있는 사람이 모여 있는 것을 비유적으로 이르는 말. **예** 각 분야의 전문가가 <u>기라성</u>처럼 한자리에 모였다.
  ③ **상아탑(象牙塔):** 속세를 떠나 오로지 학문이나 예술에만 잠기는 경지. 프랑스의 시인이자 비평가인 생트뵈브가 낭만파 시인 비니의 태도를 비평하며 쓴 데서 유래한다. '대학'을 비유적으로 이르는 말.
    예 학문과 진리를 탐구하는 <u>상아탑</u>.
  ④ **시금석(試金石):** 가치, 능력, 역량 따위를 알아볼 수 있는 기준이 되는 기회나 사물을 비유적으로 이르는 말. **예** 이번 총선은 민주주의의 발전 정도를 한 단계 높일 수 있는 중요한 <u>시금석</u>이다.

정답 ①

06 밑줄 친 어구와 같은 의미로 쓰이는 말은?

> 공간 설계에서 네거티비즘을 적용한다는 것은 그 설계가 얼마나 많은 사람들에게, 얼마나 쓸모있게 이용될 것인가를 생각하는 데 그치지 않고 그것이 다른 어떤 사람들에게 끼칠 수 있는 해(害)가 얼마나 될 것인가 하는 것도 생각해 보는 것을 말한다. 우리가 이용할 수 있는 공간이란 대체로 이미 다른 생명체들에 의해서 사용되고 있는 공간이다. 현재 생명체가 전혀 서식하지 않는 공간을 개척할 수도 있겠으나, 그것은 아주 예외의 경우에 <u>지나지 않을 것이다</u>.

① 당연(當然)하다   ② 상당(相當)하다
③ 과분(過分)하다   ④ 불과(不過)하다

풀이 '지나지 않는다'는 '바로 그것밖에 달리 되지 아니하다.'의 의미를 지니는 관용구이다. '그 수준을 넘지 못하다.'인 ④와 같은 의미로 사용되었다.
  • **불과하다:** 그 수준을 넘지 못한 상태이다. **예** 영원한 사랑이란 환상에 <u>불과하다</u>.

정답 ④

07 다음 글의 밑줄 친 부분의 의미와 유사한 것은?

> 예전의 선비들은 아는 것만큼 행동하려고 했었다. 지(知)와 행(行)의 일치를 꾀하면서 자신의 인격을 갈고 닦았던 것이다. 그러기 때문에 양심에 거슬리는 일에는 아예 <u>발을 적시지 않았고</u>, 의롭지 못한 것을 보았을 때에는 그대로 있을 수가 없었던 것이다. 그러나 오늘날 거개의 학자나 지식인들은 지식과 행동 양식 간의 균형을 잃고 있으면서도 홍수처럼 밀려드는 정보와 지식의 물결에만 급급히 매달리려고 한다.

① 회사 부도로 공장의 모든 근로자들이 <u>손을 놓고</u> 있다.
② 사정이 점점 악화되었지만 <u>손을 떼기</u>에는 너무 늦어 버렸다.
③ 이런 일에는 <u>손을 대지 않는</u> 것이 네 자신을 위해서도 좋을 것이다.
④ 돼지 값의 폭락으로 사육을 포기하고 <u>손을 든</u> 농가가 한둘이 아니다.

풀이 ① 일을 하지 않고 있다. ② 하던 일을 그만두다. ③ 관계하지 않다. ④ 포기하다.

정답 ③

08 다음 글의 밑줄 친 부분에 가장 적절한 속담은?

> 현대의 한국인들은 목표의 달성을 위해서는 <u>수단의 정당성을 무시하고 합목적적인 능률만을 강조</u>해 왔다. 능률 제일주의와 도구주의가 정책 결정자들이나 기업 경영자들의 행동 규범이 되어 왔음을 무시하기 어렵다.

① 산까마귀 염불한다.
② 소 잃고 외양간 고친다.
③ 모로 가도 서울만 가면 된다.
④ 발 없는 말이 천 리 간다.

풀이 ① 몹시 하기 쉬운 일.
② 평소에 대비하지 않았다가 낭패를 본 다음에야 뒤늦게 깨달아 고침.
③ 수단에 신경 쓰지 않고 목적만 달성하면 그만이라는 뜻.
④ 말은 한 번 하면 저절로 퍼지는 것이므로 말조심을 해야 한다는 뜻.

정답 ③

09 글쓴이가 하고자 하는 말과 어울리는 것은?

> 부지런함[勤]이란 무얼 뜻하는가? 오늘 할 일을 내일로 미루지 말며, 아침때 할 일을 저녁때로 미루지 말며, 맑은 날에 해야 할 일을 비 오는 날까지 끌지 말도록 하고, 비 오는 날 해야 할 일도 맑은 날까지 끌지 말아야 한다. 늙은이는 앉아서 감독하고, 어린 사람들은 직접 행동으로 어른의 감독을 실천에 옮기고, 젊은 이는 힘든 일을 하고, 병이 든 사람은 집을 지키고, 부인들은 길쌈을 하느라 한밤중[四更]이 넘도록 잠을 자지 않아야 한다. 요컨대 집 안의 상하 남녀 간에 단 한 사람도 놀고먹는 사람이 없게 하고, 또 잠깐이라도 한가롭게 보여서는 안 된다. 이런 것을 부지런함이라 한다.

① 백지장도 맞들면 낫다.　　　　　　② 작은 것부터 큰 것이 이루어진다.
③ 사공이 많으면 배가 산으로 간다.　④ 일찍 일어나는 새가 벌레를 잡는다.

풀이 부지런함과 관련된 속담을 찾아야 한다. ④는 '무슨 일을 하려면 부지런히 해야 한다.'는 뜻의 속담이다.

오답 ① 쉬운 일이라도 서로 협력하면 훨씬 더 쉽다는 말.
② 아무리 큰 일이라도 시작은 작은 것임을 이르는 말.
③ 여러 사람이 저마다 제 주장대로 배를 몰려고 하면 결국에는 배가 물로 못 가고 산으로 올라간다는 뜻으로, 주고나하는 사람 없이 여러 사람이 자기 주장만 내세우면 일이 제대로 되기 어려움을 비유적으로 드러내는 말.

정답 ④

---

10 다음 글로 보아 한국인의 모습을 일컫는 말과 거리가 먼 것은?

> 일본이나 중국에서는 외국인들이 사람을 식별하기 힘들어 괴로움을 겪지만, 한국에서는 그런 문제가 없다. 대부분의 사람들이 몽고족에게서 흔히 볼 수 있듯이 눈 모양이 비스듬하고 피부는 적황색을 띠고 있으나, 얼굴색만은 가무잡잡한 올리브색에서 옅은 갈색에 이르기까지 다양하기 때문이다. 콧등이 넓고 콧구멍이 벌어진 뭉툭한 코를 한 사람은 물론, 반듯한 코와 매부리코를 한 사람도 있다. 머리카락은 검다. 그러나 적갈색이 두드러지기 때문에 멋지고 윤기 있는 검은 머리를 하려면 검은 안료와 기름을 자주 발라야 한다. 머릿결 또한 다양하여 철사처럼 뻣뻣한 경우도 있고 비단처럼 부드러운 경우도 있다. 많은 사람들이 턱수염을 무성하게 기르고 있다. 그 중에는 콧수염과 염소수염을 넓게 기른 사람도 있고, 그것 대신 중국에서 그러하듯이 손질을 잘한 몇 가닥의 수염만을 남겨 둔 사람도 있다.

① 각양각색(各樣各色)　　　　② 다종다양(多種多樣)
③ 십상팔구(十常八九)　　　　④ 십인십색(十人十色)

풀이 일본이나 중국에서는 사람들을 식별하기 어려우나 한국에서는 전혀 문제가 없다고 하면서, 구체적인 내용을 언급하고 있다. 얼굴색, 코 모양, 머릿결, 수염 등의 사례를 제시하여 한국인의 모습이 매우 다양함을 드러내고 있다.
③ **십상팔구(十常八九):** 열에 여덟이나 아홉 정도로 거의 예외가 없음.

오답 ① **각양각색(各樣各色):** 각기 다른 여러 가지 모양과 빛깔.
② **다종다양(多種多樣):** 가짓수나 양식, 모양이 여러 가지로 많음.
④ **십인십색(十人十色):** 열 사람의 열 가지 색이라는 뜻으로, 사람의 모습이나 생각이 저마다 다름을 이르는 말.

정답 ③

유의어는 묘한 느낌의 차이를 표현하거나 다채로운 언어 표현을 위해 발달한다. 즉 머릿속의 생각을 상황에 꼭 맞는 말로 쓰고 싶거나, 의미를 더 정확하게 표현하고 싶을 때, 한 문장 속에서 같은 단어를 반복하고 싶지 않을 때 활용할 수 있다.

① **방언의 차이**
  고깃간 – 푸줏간 – 육곳간
② **사회 계층의 차이**
  교도소 – 감옥소 – 빵깐
③ **말하는 이의 차이**
  사람놈 – 새끼

제3절 **단어 간의 의미 관계**

의미를 중심으로 단어들이 맺고 있는 관계를 말한다. 일반적으로 사전적 의미를 바탕으로 유의 관계, 반의 관계, 상하 관계로 나누는데, 문맥적 의미로 사용된 경우 구체적인 상황 속에서 일정한 논리적 관계를 이루기도 한다.

1 동의(同義) 관계와 유의(類義) 관계

두 개 이상의 어휘가 서로 소리는 다르나 의미가 같을 때에 동의 관계에 있다고 하고, 의미가 비슷할 때 유의 관계에 있다고 한다.

(1) 동의어: 의미가 일치하는 단어를 말한다. 그런데 동의어라 할지라도 방언적 차이, 계층적 차이, 함축적 의미의 차이를 드러내기 때문에 일상 용어에서 둘 이상의 단어가 동의어로 사용되는 경우는 거의 없고 학술 용어에서 드물게 사용된다.
  * 언어적 측면에서 완전히 일치하는 동의어는 없다.

> 예
> • **책방 – 서점**: 책을 갖추어 놓고 팔거나 사는 가게.
> • **삼각형 – 세모꼴**: 세 개의 선분으로 둘러싸인 평면 도형.

(2) 유의어: 의미가 '비슷한' 단어를 유의어라 한다. 유의 관계는 쌍으로만 존재하는 것이 아니라 두 개 이상의 단어들이 무리를 이루고 있는 경우가 많다. 유의 관계에 있는 단어들은 의미는 비슷하지만 사용되는 상황이나 용법에는 차이가 있다.

> 예
> • 가끔 – 더러 – 이따금 – 드문드문 – 때로 – 간혹 – 간간이 – 왕왕 – 수시로
> • 어머니 – 엄마 – 어머님 – 어미, 어멈 – 모친

예제 1

'ⓐ 치밀(緻密) : ⓑ 엄밀(嚴密)'의 의미 관계와 같지 않은 것은?

화가나 조각가, 그리고 건축가들도 때로 완벽한 조화와 균형을 창조하기 위해서 사물을 분석하고 해부한다. 그리스 시대의 황금 분할은 최대의 미적 효과를 나타낼 수 있는 수학적 비례의 법칙을 ⓐ치밀(緻密)하게 분석한 것이고, 아름다운 음악도 ⓑ엄밀(嚴密)하게 계산된 소리의 배열과 공명 현상을 바탕으로 한 것이다.

① 인격(人格) : 인품(人品)
② 모순(矛盾) : 당착(撞着)
③ 납득(納得) : 수긍(首肯)
④ 분석(分析) : 분류(分類)

풀이 유사 관계가 아닌 것을 찾아야 한다. '분류'와 '분석'은 설명의 방법이라는 유개념에 묶이는 대등 관계이다.

정답 ④

2 반의(反意) 관계

한 쌍의 어휘가 서로 반대되는 의미를 가지고 있을 때 반의 관계에 있다고 한다. '흑과 백'처럼 그 중간에 제3의 개념이 개입될 수 있는 경우[반대 개념]와, '삶과 죽음'처럼 그 중간에 제3의 개념이 개입될 수 없는 경우[모순 개념]가 있다.

예
• 대(大) : 소(小), 다(多) : 소(少) ⇒ 반대 개념
• 유죄(有罪) : 무죄(無罪) ⇒ 모순 개념

① 둘 사이에 공통적인 의미 요소들이 있으면서 한 개의 요소만 달라야 한다. '남자와 여자'는 '성별(性別)'이라는 점에서만 대립을 이루며, '가다 : 오다'는 '이동 방향이라는 점에서만 대립을 이룬다.

예
• 아버지 ↔ 어머니: 비교 기준이 성(性)의 차이 1개이므로 반의 관계 성립
• 아버지 ↔ 딸: 비교 기준이 성(性)과 세대 차이 2개이므로 반의 관계 성립 안 됨.

■ **반의어가 존재하는 이유**

실제 자연 현상이 '밤과 낮, 음(陰)과 양(陽), 남자와 여자' 등으로 짝을 이루고 있는 경우가 많다는 점이라든가, 사람들의 생각도 이분법적으로 되어 하나의 말이 있으면 그 말에 짝이 되는 말이 있을 것이라고 생각하는 경향에 따른 것이라고 본다.

② 반의어는 삼원 대립을 보이는 경우도 있다.

> 예
>
> • 하늘 : 땅 : 바다　　　　　　　　• 과거 : 미래 : 현재

③ 하나의 단어에 여러 개의 반의어가 존재하기도 한다.

> 예
>
> 벗다 ↔ (옷)입다 / (모자, 안경) 쓰다 / (신발, 양말)신다 / (장갑)끼다

④ 한 단어가 여러 개의 의미를 가지고 있을 때 그에 따라 반의어도 달라질 수 있다.

> 예 **뛰다**
>
> • 나는 빨리 **뛰었다.**(달리다) ↔ 천천히 **걸었다.**
>
> • 물가가 자꾸 **뛴다.**(오르다) ↔ 가격이 **내린다.**(떨어지다)

예제 2

밑줄 친 '성김'과 '빽빽함'의 의미 관계와 같지 않은 것은?

> 산점 투시는 구도의 배치에 있어서도 더욱 많은 변화의 여지를 제공하였다. 구도의 필요에 따라 좌우와 상하의 거리 조정, 허와 실의 보완, 성김과 빽빽함의 변화 표현 등이 자유로워졌다.

① 곱다 : 거칠다

② 무르다 : 야무지다

③ 넉넉하다 : 푼푼하다

④ 느슨하다 : 팽팽하다

풀이 '성김'과 '빽빽함' 반의 관계이다. '넉넉하다'는 '여유가 있고 넉넉하다'는 뜻을 가진 '푼푼하다'와 유의 관계이다.

정답　③

3 상하(上下) 관계

한쪽이 의미상 다른 쪽을 포함하거나 다른 쪽에 포함되는 의미 관계이다. 사물을 분류할 때 자연히 하나는 단어가 다른 단어에 포함되는 경우가 있는데 이 때 포함되는 단어를 하의어, 포함하는 단어를 상의어라 한다. 상하 관계는 분류·구분과 밀접한 관련을 지닌다.

① 상하 관계는 상대적인 개념이다. 연예인은 직업의 하의어지만 배우의 상의어이다. 또한 상의어는[직업] 여러 개의 하의어를[연예인 → 배우] 가질 수 있고, 하의어도[배우] 여러 개의 상의어를 [연예인 → 직업] 가질 수 있다.

② 상하 관계를 형성하는 단어들은 상의어일수록 일반적이고 포괄적인 의미를 지니며, 하의어일수록 개별적이고 한정적인 의미를 지닌다. 하의어는 상의어에 비해 의미가 더 구체적이므로 표현을 좀더 구체적으로 해야 할 경우에 사용된다.

↑
(추상화)
|

> 우리나라에서는 과일이 많이 생산된다.
> 충청도에서는 사과가 많이 생산된다.
> 예산 지방에서는 홍옥, 국광이 많이 생산된다.

|
(구체화)
↓

예제 3

ⓐ : ⓑ의 관계와 유사한 것은?

> ⓐ국어 순화론자들 가운데 ⓑ근본주의적 입장을 취하는 사람들은 우리말의 유의어 쌍들 가운데 한자어를 모두 추방하고 싶어한다. 대응하는 고유어, 유의어가 있는 이상 한자어들은 쓰레기라고 생각하는 것이다.

① 정당 : 야당   ② 문학 : 영화

③ 남성 : 여성   ④ 과거 : 미래

핵심노트   Core Point

■
상위 개념은 유개념이라 하고 하위 개념은 종개념이라고도 하는데, 이는 정의와 밀접한 관련을 지닌다.

■
단어의 상하 관계는 문장 간의 관계에서도 그대로 적용된다. 이는 주제 파악을 위한 중심 문장과 뒷받침 문장의 구분과 밀접한 관련을 지닌다.

풀이 ⓐ가 상위개념이고 ⓑ가 하위개념이다. ①은 상하 관계, ②는 대등 관계, ③은 중간항이 없는 모순 관계, ④는 미래 : 현재 : 과거의 3원적 대립을 이루는 반의 관계이다.

정답 ①

■
단어 간의 관계는 사전적 의미에 의해 일차적으로 판단할 수 있다. 그런데 사전적 의미와 관계 없는 문맥적 의미는 구체적 상황 속에서 파악되며, 이들은 일정한 논리적 관계를 형성하고 있다.

4 문맥 속에서 형성되는 의미 관계

단어나 어구 간의 관계는 사전적 의미나 문맥적 의미를 바탕으로 상하나 유의, 반의 관계는 물론 다양한 논리적 관계를 이룬다. '군대와 군인'은 집합과 개별의 관계를, '악어와 악어새'는 공생 관계를 이루고, '정당과 집권'은 활동 주체와 활동 목적, '후보자와 당선자'는 미확정과 확정의 관계를 드러내는 것이 그것이다. 이러한 문맥적 논리 관계를 파악하는 것은 정보 간의 관계를 파악하는 것과 다르지 않다.

> **예**
> 어떤 탐구 분야든지 정확한 공식화가 가능한 지식을 산출하면 곧 과학이라고 일컫는다. 과학은 철학에서 시작하여 기술(技術)로 끝나고, 또한 과학은 가설의 ⓐ샘에서 발원(發源)하여 성취의 ⓑ바다로 흘러간다. 철학은 미지의 것 또는 부정확한 것에 대한 가설적 해석이다. 철학이 진리의 세계를 탐구하는 최전선이고 과학이 점령 지대라고 한다면, 우리의 삶은 지식과 기술로 건설된 후방의 안전 지대라고 할 수 있다.

'가설의 샘에서 발원하여 성취의 바다로 흘러간다'는 문장에서 '샘'과 '바다'는 어떤 논리적 관계가 있음을 알 수 있다. 대개 문맥에 의한 의미 관계는 그 단어를 포함한 문장과 앞뒤의 문맥에 의해 의미 관계를 파악할 수 있다. ⓐ는 '가설의 샘'으로 보아 출발점의 의미를 지니고, ⓑ는 '성취의 바다'로 보아, '성취된 결과'라는 의미를 갖는다. 그러므로 '싹 : 열매'의 관계 정도가 이와 유사하다고 볼 수 있다.

01 다음의 밑줄 친 부분과 바꾸어 쓸 수 있는 말은?

> 인간은 탄생시 현실성은 10%에 불과하지만, 90%의 가능성을 가지고 태어난다. 출생 후 갓난아기가 할 줄 아는 일은 아주 적다. 망아지는 탄생 후 3분이면 일어서고 10분이면 걸어다니는 능력을 가지고 있음에 비해, 갓난아이가 일어나 앉는 데는 6개월이 걸리고, 서서 뒤뚱거리며 걷는 데는 약 1년이 걸린다. 단지 갓난아이는 배고프면 울고 젖 주면 먹는 능력만 지닌다. 위험이 다가와도 피할 줄도 모르고, 부모의 보호 없이는 생명마저 잃기 딱 알맞다.

① 마련이다.

② 적절하다.

③ 마땅하다.

④ 십상이다.

> 풀이 │ 이 글에서 '딱 알맞다'는 '그럴 가능성이 매우 높다'의 뜻이다. ④의 '십상이다'는 '거의 예외 없이 그러할 것이다' 라는 추측을 나타내는 말이다. 바꾸어 쓸 수 있는 말은 유의 관계에 있을 때 가능하다. '십상'은 고유어의 경우 '일이나 물건 따위가 어디에 꼭 맞는 모양'을 나타내는 말이고, 한자어로 '十常'의 경우는 '십상팔구'의 준말로 '열에 여덟이나 아홉 정도로 거의 예외가 없음'을 뜻하는 말이다.

> 정답 │ ④

02 밑줄 친 '부딪히게'와 바꾸어 쓸 수 있는 말은?

> 물질 문명의 발달은 계속 더 적극적인 건축 행위를 필요로 하는 것도 사실이다. 더 많은 공간을 차지하는, 더 크고 화려한 건축물을 요구해 오는 사람들에게 건축은 아무 거리낌 없이 건축 행위를 계속해 왔다. 그러나 이제는 그러한 팽창 위주의 건축 행위가 무제한 계속될 수 없다는 사실에 부딪히게 되었다. 인간의 요구 조건만이 아니라 자연의 필요 조건도 들어주어야 한다는 것을 인식하게 되었다.

① 봉착(逢着)하게

② 당면(當面)하게

③ 당전(當前)하게

④ 대면(對面)하게

> 풀이 │ 밑줄 친 '부딪히다'는 '예상하지 못한 일이나 상황 따위에 직면하다'의 뜻으로 사용되었다.
> ① '봉착하다'는 '어떤 처지나 상태에 부닥치다.'

> 오답 │ ② 당면하다: 바로 눈앞에 당하다. ③ 당전하다: 바로 눈앞에 당하다. ④ 대면하다: 서로 얼굴을 마주 보고 대하다.

> 정답 │ ①

03 밑줄 친 '빛 : 어둠'의 관계와 유사한 것은?

> 빛과 어둠이 양극에서 대립하는 것으로 보고 그 상호 작용으로 빛의 모습이 형성된다고 생각하고 있었다. 그는 어둠을 빛이 완전히 없는 상태가 아닌, 빛에 대립하여 상호 작용하는 그 무엇으로 생각하고 있었던 것이다. 빛과 어둠이 연관성을 가진 것으로 그는 상상하고 있었다. 만약 어둠이 전적으로 무(無)라고 한다면 어둠을 들여다본다 하더라도 아무런 느낌도 없을 수 없으리라고 괴테는 말한다.

① 수요(需要) : 공급(供給)
② 식물(植物) : 과실(果實)
③ 교실(敎室) : 칠판(漆板)
④ 생태(生態) : 습성(習性)

풀이 빛과 어둠은 지시적인 의미로는 대립적인 관계에 있지만 문맥에서는 서로의 존재를 가능하게 하는 관계에 있다. 즉 빛이 없으면 어둠이라는 개념이 있을 수 없고, 어둠이 없으면 빛이라는 개념이 있을 수 없기 때문이다. 이와 같은 관계에 있는 것을 다른 곳에서 찾으면 경제에 있어서의 수요와 공급이다. 수요가 있어야만 공급이 있고, 공급이 있어야만 수요가 있기 때문이다. 이 둘은 서로 상호 작용한다는 점에서 괴테가 생각하고 있는 '빛과 어둠'의 관계와 유사하다고 할 수 있다.

정답 ①

04 'ⓐ 자극 : ⓑ 반응'의 의미 관계와 같은 것은?

> 남성적 특성과 여성적 특성을 모두 가지고 있는 사람이 남성적 특성 혹은 여성적 특성만 지니고 있는 사람에 비하여 훨씬 더 다양한 ⓐ자극에 대하여 다양한 ⓑ반응을 보일 수 있다. 이렇게 다양한 반응 레퍼토리를 가지고 있다는 것은 다시 말하면, 그때 그때 상황의 요구에 따라 적합한 반응을 보일 수 있다는 것이며, 이는 곧 사회적 환경에 더 유연하고 효과적으로 대처할 수 있다는 것을 의미한다.

① 개인과 개인이 모여 사회를 이룬다.
② 독서는 정신을, 운동은 육체를 건강하게 한다.
③ 이 물고기는 깨끗한 물에서만 생존할 수 있다.
④ 자료를 입력하면 그에 다른 결과를 출력할 수 있다.

풀이 자극이 주어지면 반응이 나타나므로 ⓐ : ⓑ의 관계는 조건과 결과의 관계이다. ④에서 '입력'과 '출력'도 조건과 결과의 관계이다.

오답 ① 개별과 집합의 관계, ② 대등 관계이면서 상호 보완 관계, ③ 존재와 생존의 조건 관계.

정답 ④

CHAPTER 02 문장의 구조와 의미 파악

제1절 문장의 구조

1 문장의 개념

문장은 생각이나 감정을 표현할 때 완결된 내용을 나타내는 최소의 언어 형식이다. 다시 말해서 문장은 우리가 말을 하거나 글을 쓸 때, 낱낱의 생각이나 사실, 정보 등을 표현하기 위한 언어 활동의 기본 단위이다.

2 문장의 기본 구조

의미의 골격을 이루는 문장의 기본 구조는 어떤 문장이든 '주어부 + 서술부'로 이루어지며 서술어의 종류에 따라 세 유형으로 나눌 수 있다.

기본골격	예문
무엇이(주어) 어찌한다.(동사)	순희가 운다.
무엇이(주어) 어떠하다.(형용사)	하늘이 푸르다.
무엇이(주어) 무엇이다.(명사 + 서술격 조사)	철수는 학생이다.

제2절 문장의 화제와 속성

1 화제와 속성

문장에서 서술 대상을 화제라 하고 그 화제에 대한 여러 정보를 속성이라 한다. 대체로 문장의 주어부는 화제를 나타내고, '어찌한다, 어떠하다, 무엇이다'의 서술부는 화제의 행동이나 작용, 상태, 특징, 개념 등 '화제의 속성'을 나타낸다.

화제	속성	
무엇이	어찌한다	화제의 행동이나 작용
	어떠하다	화제의 특징이나 상태
	무엇이다	화제의 개념이나 의의

핵심노트   Core Point

■
모든 글은 문장이 모여 문단을 이루고, 문단이 모여 글을 이룬다. 그러므로 그의 최소 단위인 문장의 기본 구조를 알아야 문단 수준이나 글 수준의 내용을 제대로 이해할 수 있다.

■
- (예 – 1)의 화제: '글쓴이는', '늪지의 토양은', '지금 우리에게 필요한 것은'
- (예 – 1)의 속성: '문제를 해결하였다', '질소가 절대적으로 부족하다', '문화적 참여와 그에 따르는 가치관의 확립이다'

■
- (예 – 2) 화제인 욕망을 구체화한 표현이면서, 인간 본성 중 한 속성이라는 것도 알려주는 문장이다.
- (예 – 2) 안긴절의 내용은 김치가 '어떤 문화요소인가', 즉 김치의 구체적인 속성을 알려주고 있다. 또한 문화요소의 여러 속성 중 하나가 민족 구별의 기능임을 보여준다.

> **예**
> 1. • 글쓴이는 (대립되는 두 관점을 통하여) 문제를 해결하였다.
> • 늪지의 토양은 (식물이 이용할 수 있는) 질소가 절대적으로 부족하다.
> • 지금 우리에게 필요한 것은 문화적 참여와 그에 따르는 가치관의 확립이다.

2　화제와 속성의 수식어

화제와 속성은 수식어에 의해 그 내용이 한정되거나, 어떤 특성을 부여받거나 구체화된다.

> **예**
> 2. • 물질적으로 풍요롭게 살고 싶은 욕망은 // 인간의 본성이다.
> • 김치는 // 한국인과 다른 나라 사람들을 뚜렷하게 구별해 주는 문화 요소이다.

3　중심 화제와 중심 속성

화제와 속성이 둘 이상 나타나는 문장, 즉 겹문장에서는 그 화제와 속성을 비교·대조하여 중심 화제와 중심 속성을 파악해야 한다.

> (1) 국어의 기본 문장 구조는 '주어 + (목적어, 보어) + 서술어'임을 인지한다.
> (2) 명사를 수식하는 성분이 붙어 문장이 길어지는 경우, 수식 성분은 괄호로 간추린다.
> (3) 두 개의 문장이 이어지는 경우 중심 의미가 놓이는 문장을 구분하여 간추린다.

> **예**
> 1. 뚝배기는 금속이나 유리로 만든 서양의 그릇에 비해 모양은 투박하지만, 흙으로 두껍게 빚어져서 열을 오래 보존시켜 준다.
> ① 중심 화제가 되는 주어를 찾는다.: '뚝배기는'
> ② 주어와 호응하는 서술부를 찾는다.: '모양은 투박하지만', '두껍게 빚어져서', '열을 오래 보존시켜 준다'
> ③ 핵심이 되는 중심 속성을 찾는다.: '열을 오래 보존시켜 준다'
> ∴ [중심 의미] ⇒ 뚝배기는 열을 오래 보존시켜 준다.

핵심노트   Core Point

예

2. 인물을 주된 소재로 하여 그 배경으로 풍경을 집어넣는 전통적인 서양화와는 달리, 산수의 풍경을 주된 소재로 하여 그 속에 인물을 조그맣게 집어넣는 전통적인 우리 동양화는 공간을 구조적으로 구분하는 원근법 등을 잘 쓰지 않는다.

   ① '인물을 주된 소재로 하여 그 배경으로 풍경을 집어넣는' → '서양화'
   ② '~와는 달리': 대조
   ③ '산수의 풍경을 주된 소재로 하여 그 속에 인물을 조그맣게 집어넣는' → '동양화'
   ④ '공간을 구조적으로 구분하는' → '원근법'

∴ [중심 의미] ⇒ 원근법을 기준으로 서양화와 동양화의 차이점

예제 1

다음 중 문장의 내용이 나머지와 다른 것은?

① 법이 있어야 안전한 사회 생활이 보장되므로 법은 필요하다.
② 법이 없으면 안전한 사회 생활을 할 수 없으므로 법은 존재해야 한다.
③ 우리의 안전한 사회 생활을 위해서 우리 사회에 법은 반드시 있어야 한다.
④ 우리에게 법이 필요한 것은 안전한 사회 생활 보장해 주는 법이 없기 때문이다.

풀이 ①, ②, ③은 '안전한 사회 생활을 위해서는 법이 필요하다.'는 내용이다. 그러나 ④는 '안전한 사회 생활을 보장해 주는 법이 없으므로 법이 필요하다.'는 내용이다.

정답 ④

제3절   **문장의 의미 파악**

1 문장 의미와 요약

홑문장뿐만 아니라 이어진 문장이나 안은 문장도 주어부와 서술부로 나누어 화제와 속성을 중심으로 의미를 요약할 수 있다.

■ 전언적 의미
발화나 문장을 통하여 독자에게 전달하고자 하는 의미

■
문장의 의미를 요약하는 것은 글의
주제를 찾는 기본적인 활동이다.
예문에서는 마지막 문장이 ①~⑤의
내용을 포괄하고 있는 주제 문장이다.

[예]

❶ 풍속화는 인간의 생활상을 적나라하게 표현해야 하므로 무엇보다 먼저 사실성을 중시하지 않을 수 없다. ❷ 또한 인간 생활의 여러 단면들을 사실적으로 다루어야 하므로 자연히 많든 적든 기록적 성격을 지니게 된다. ❸ 그러므로 이 사실성과 넓은 의미에 있어서의 기록성은 풍속화의 일차적인 요건이며 생명이라고 할 수 있다. ❹ 이 두 가지 중에서 어느 한 가지만 결여되어도 진실된 풍속화라고 보기 어렵다. ❺ 또한 풍속을 추상적으로 표현한다거나, 현대의 화가가 현대의 풍속을 외면하고 조선 시대의 풍속을 상상해서 그린다면 그러한 그림들도 풍속화로서의 생명력을 지닐 수가 없게 된다. ❻ 그러므로 풍속화는 사실성, 기록성과 함께 시대성이 언제나 중요함을 알 수 있다.

❶ 풍속화는 사실성을 중시한다
❷ 풍속화는 기록적인 성격을 지닌다.
❸ 사실성과 기록성은 풍속화의 일차적인 요건이다.
❹ 진실된 풍속화는 사실성과 기록성을 지닌다.
❺ 구체적인 당대의 풍속을 그리는 것이 풍속화의 생명이다.
❻ 풍속화는 사실성, 기록성, 시대성이 중요하다.

예제 2

다음 각 문장의 핵심 의미를 바르게 요약하지 못한 것은?

① 각 민족은 그들이 처한 사회, 경제, 문화적 배경에 따라 그 나름의 도덕 규범을 소유하고 있다.
　→ 도덕 규범은 문화 상대적이다.
② 요즘 젊은이들은 충·효와 같은 전통적 도덕 관념을 유행이 지난 기성복처럼 낡아빠진 것이라고 생각한다.
　→ 젊은이들은 전통적 도덕관을 경시한다.
③ 폐쇄적인 사회에서는 구성원이 도덕 규범을 어겼을 경우, 공동체의 전체 구성원들로부터 완전히 소외되거나 가혹한 비난을 받게 된다.
　→ 폐쇄적인 사회의 도덕 규범은 전체주의적이다.
④ 인간 사회에서는 누구나 지켜야 할 관습적 도덕이 있는데, 도덕을 위배하는 사람이 점차 많아지자 그들을 제재하기 위해서 법률을 만들었다.
　→ 도덕 규범과 법률은 동일한 내용을 담고 있다.

풀이 ④에 제시된 문장을 통해 '도덕 규범과 법률이 동일한 내용을 담고 있다'고 파악한 것은 문장의 의미를 잘못 이해한 것이다. 법률은 관습적 도덕을 위배하는 사람들을 제재하기 위해 만들어진 것이므로 법률의 내용과 도덕 규범의 내용이 같다고 볼 수 없다. 따라서 ④에 제시된 문장은 '법률은 도덕의 위배자들을 제재하기 위한 목적이 있다.'로 요약하는 것이 적절하다.

정답 ④

2 문장 의미의 해석과 추리

하나의 문장에 담겨 있는 정보는 다른 정보를 전제로 하고 있거나, 새로운 정보를 추리할 수 있는 근거가 되기도 한다.

(1) 전제되어 있는 내용의 추리

> 예
>
> **여성에 대한 편견을 극복하기 위한 교육적인 노력이 있어야 한다.**
> • 여성에 대한 편견을 극복하기 위한 → 여성에 대한 편견이 있다.
> • 극복하기 위한 노력이 있어야 한다. → 편견은 바람직하지 않다. 편견은 극복되어야 한다.
> • 교육적인 노력이 있어야 한다. → 교육으로 편견을 극복할 수 있다. 교육은 인간의 의식을 변화시킬 수 있다. 등

(2) 제시된 정보를 통한 새로운 정보의 추리

> 예
> 1. 산업 혁명 이전에는 환경 문제가 심각성을 띠지 않았다.
>   → • 산업 혁명 이후에 환경 문제가 심각성을 띠게 되었다.
>   • 환경 문제는 산업 혁명 이후에 심각성을 띠게 되었다.
> 2. 일부 사회인들은 종교와 사회가 완전히 분리되지 않았던 사회는 전근대적인 봉건 사회였고, 문화와 문명이 발달된 오늘날에는 사회의 길과 종교의 길이 완전히 분리되어야 한다고 말한다.
>   → 이 글에서는 '종교와 사회의 분리 여부로 해당 사회의 근대성을 주장하는 사람들도 있다.'와 같은 내용을 추리할 수 있다.

핵심노트 　Core Point

■
전제된 의미는 보는 관점이나 태도에 따라 다양하게 추리할 수 있기도 하다. 새로운 정보의 추리는 전제적 의미의 추리를 포함하는데 문맥 속에서 드러나는 경우가 많다.

■
이 글의 중심 내용은 '일부의 사회인들은 사회의 길과 종교의 길을 분리해야 한다고 말한다'이다. 추리한 내용이 중심 내용과 일치할 수도 있지만, 그와 관련된 세부 내용일 수도 있다.

예제 3

다음 문장이 담고 있는 내용과 거리가 먼 것은?

> 우리는 어떤 공동체 안에서 흔히 일어나는 억압적인 현상은 힘 있는 강자가 명분을 경시하거나 무시하는 데서 기인하는 것으로 볼 필요가 있다.

① 힘 있는 강자도 명분의 제약을 받아야 한다.
② 억압적인 현상은 일상의 현실에서 드물지 않다.
③ 명분을 지키기 위해서는 개인이 희생될 수도 있다.
④ 공동체의 조화를 위해서는 명분이 존중되어야 한다.

풀이 제시된 문장은 억압적 현상이, 약자와 마찬가지로 명분의 제약을 받아야 하는 힘 있는 강자가 이를 경시하거나 무시하고 인간의 욕구를 억제한 데서 일어난 것이라는 의미를 내포하고 있다. 그러므로 명분을 지켜야 한다는 의미이다. ③은 논리적으로 지나친 비약이므로 '개인의 희생을 막기 위해서 명분을 지켜야 한다.'로 고쳐야 한다.

정답 ③

01 다음 각 문장의 의미를 잘못 말한 것은?

① 우리는 잠을 잘 때 옷을 벗는 행위와 비슷하게 자신의 의식(意識)도 벗어서 한쪽 구석에 치워 둔다고 할 수 있다.

→ 사람들은 잠이 들면서 의식의 작용이 거의 멈춘다.

② 우리는 그동안의 연구를 통해 꿈이 철저하게 자기 중심적이라는 것과, 꿈의 세계에서 주도적인 역할을 하는 인물은 항상 꿈꾸는 자신이라는 사실을 알게 되었다.

→ 꿈속에서 주도적 역할을 하는 인물은 꿈을 꾸는 사람 자신이다.

③ 꿈속에서는 모든 감각이 크게 과장되어 정신적이거나 신체적인 이상 증상이 깨어 있을 때보다 더 빨리, 더 분명하게 감지된다.

→ 꿈을 통해 정신적·신체적 이상의 징후를 발견할 수 있다.

④ 우리는 꿈속에서 평소에는 억누르고 있던 내적 욕구나 콤플렉스(강박관념)를 민감하게 느끼고, 투사를 통해 그것을 외적인 형태로 구체화한다.

→ 잠잘 때는 깨어 있을 때보다 내적 욕구가 더 강해진다.

> **풀이** ④의 중심 내용은 '우리는 꿈을 통해 내적 욕구를 외적으로 구체화한다.'는 것이다. 그런데 내적 욕구가 구체화되느냐 그렇지 않느냐는 것은 내적 욕구가 강해지거나 약해지거나 하는 것과는 다른 문제이므로 '잠잘 때는 깨어 있을 때보다 내적 욕구가 더 강해진다'로 문장의 의미를 파악한 것은 잘못되었다.
>
> **정답** ④

02 다음 각 문장의 핵심을 바르게 요약하지 못한 것은?

① 회화나 사진이 소재가 구성에 프레임을 맞추는 것과는 달리, 영화는 가로 세로의 비율이 언제나 일정한, 같은 크기의 프레임에 맞추어 내용물을 배치하게 된다.

→ 영화는 프레임에 맞추어 내용물을 배치한다.

② 지금 중국에는 뛰어난 학자들과 걸출한 문인들이 있는데도 우리나라 사람들은 중국의 학문과 문학을 볼 것 없다고 하는데 도대체 무얼 믿고 그러는지 알 수 없다.

→ 많은 사람들은 근거 없이 중국의 문화가 저급하다고 생각하고 있다.

③ 우리의 삶 자체가 일회적이고, 일관된 논리에 의해 통제되지 않는다는 사실이야말로 해프닝과 삶 자체의 밀접한 관계를 보여 주는 것이 아닐까.

→ 해프닝은 논리적으로 증명하기 어렵고 반복되지 않는다는 점에서 삶에 가깝다.

④ 진리의 탐구가 학문의 유일한 목적일 때, 그리고 그 길로 매진할 때, 그 무엇에도 속박됨이 없는 숭고한 학적인 정신을 길러줄 것이요, 또 그것대로 우리의 인격 완성의 길로 통하게도 되는 것이다.

→ 숭고한 학적 정신이 있어야 진리 탐구에 매진할 수 있고 인격 수양도 할 수 있다.

> **풀이** ④는 '진리 탐구에 매진할 때'가 조건이다. 따라서 '진리 탐구에 매진할 때 정신적 자유를 얻을 수 있고 인격 완성도 가능하다' 정도로 요약할 수 있다.
>
> **정답** ④

03 다음 중 각 문장의 핵심 의미를 바르게 요약한 것은?

> ㉠ 역사에서 필연적인 법칙을 발견하려는 노력은 모두 헛수고에 불과하다는 논리가 있다. ㉡ 역사에서 필연적인 법칙을 찾으려고 애쓰는 역사가들에게는 매우 안 된 일이지만, 역사에서 우연히 일어나는 사건이 매우 큰 역할을 한다는 사실을 부인하기는 어렵다. ㉢ 제1차 세계 대전은 가브릴로 프린시프라는 세르비아 청년이 오스드리아 황태자 부부를 권총으로 사살한 사라예보 사건을 계기로 폭발했다. ㉣ 제2차 세계 대전 당시 수백만 명의 유태인을 학살한 나치의 범죄는 인종주의에 사로잡힌 전쟁광 히틀러의 성격과 깊은 관련을 지닌다. ㉤ 수를 헤아릴 수 없을 만큼 무고한 희생자를 낸 옛 소련의 대숙청 역시 스탈린이라는 독재자의 성격을 반영한다.

① ㉠ – 역사에서 필연적인 법칙을 발견하기는 매우 어렵다.
② ㉡ – 역사에서 필연적인 법칙을 찾으려고 노력하는 역사가들이 있다.
③ ㉢ – 제1차 세계 대전은 수장(首長)의 죽음과 전쟁의 관계를 보여 준다.
④ ㉣ – 유태인 학살 사건은 인종주의와 범죄의 관계를 보여 준다.
⑤ ㉤ – 소련의 대숙청은 독재와 학살의 관계를 보여 준다.

풀이 ㉠을 제외한 각 문장의 핵심 의미를 요약하면
㉡: 역사에서는 우연히 일어나는 사건이 매우 큰 역할을 한다.
㉢: 제1차 세계 대전은 한 청년의 암살 사건이 계기가 되었다.
㉣: 제2차 세계 대전은 히틀러의 인종주의적 성격과 관련된다.
㉤: 소련의 대숙청은 스탈린이라는 독재자의 성격과 관련된다.

정답 ①

04 다음 중 각 문장을 통해 알 수 있는 내용을 잘못 말한 것은?

① 사물놀이는 전통의 풍물놀이[농악]를 무대 연주 음악으로 탈바꿈시킨 것이다.
  → 사물놀이는 풍물놀이에 비하여 역사가 짧다.
② 일부 과학자들은 천문학자들이 스펙트럼으로 별 사이에 있는 성운에서 메탄올과 같은 간단한 유기 분자를 발견하자, 이것이 외계 생명의 증거라고 하였다.
  → 유기 분자는 생명의 탄생에 필요한 성분일 것이다.
③ 최근에 인간 게놈 프로젝트에 의해 알려진 수많은 유전자의 기능을 연구하고자 할 때, 바로 유전자 변형 생물이 이용될 수 있는 것이다.
  → 인간 게놈 프로젝트의 목적은 유전자 변형 생물을 만드는 것이다.
④ 외래어인 '센누끼'는, 광복 후 오랫동안 '마개뽑이'가 권장되었지만 민중의 호응을 받지 못하고 후에 자연 발생적으로 만들어진 '(병)따개'로 대체되었다.
  → 자연 발생적으로 만들어진 새말이 정책적으로 만들어진 새말을 대체하기도 한다.

풀이 유전자 변형 생물을 이용하는 것은 유전자 기능 연구의 수단일 뿐이므로, 인간 게놈 프로젝트의 궁극적인 목적이 유전자 변형 생물을 만드는 것에 있다고 볼 수는 없다.

정답 ③

05 다음 글에 담겨 있는 의미로 적절하지 않은 것은?

> 공동의 목적이나 이익을 추구하기 위해서 우리가 사회를 이루고 사는 것이라면 서로 상충하는 목적이나 이해 관계는 조정되어야 하며, 이러한 조정의 원리로서 우리는 사회 규범이나 공공 규칙을 갖게 된다.

① 사회 생활을 하다가 보면 이해 관계가 상충하기도 한다.
② 인간은 사회를 이루어 공동의 목적이나 이익을 추구한다.
③ 사회가 이루어지면 상충하는 이해 관계는 저절로 조정된다.
④ 공동의 목적을 저해하면 사회 규범의 제재를 받을 수 있다.

풀이 제시된 문장에서는 서로 상충하는 목적이나 이해 관계를 조정하기 위해, 사회 규범이나 공공 규칙을 갖게 되었다고 했으므로, 이해 관계가 저절로 조정된다고 한 ③은 문장의 의미를 잘못 파악한 것이다.

정답 ③

CHAPTER 03

문장 간의 관계와 접속어

제1절 문장 간의 관계와 의미

한 문장의 내용은 다른 문장과의 관계 속에서 전달하고자 하는 의미가 보다 분명해지는 경우가 많다. 또한 화제와 관련된 정보의 양이 많을 때에도 둘 이상의 문장으로 제시되므로, 각 문장의 내용을 요약적으로 정리해야 핵심 의미를 파악할 수 있게 된다.

■
두 문장을 하나의 문장으로 종합하여 화제와 속성을 파악하면 한 문장의 의미 파악과 동일한 형태가 된다. 하나의 문장으로 제시하는가, 둘 이상의 문장으로 제시하는가는 글쓴이가 내용 전달의 효과를 높이기 위해 선택하는 방법과 관련된다.

> 예
> 1. 기술 혁신을 통한 생산성 향상 시도가 곧바로 수익성 증가로 이어지는 것은 아니다.
>   → 보통의 경우 생산성 향상이 수익성 증가로 이어지지만 이 문장에서는 그렇지 않다고 한 사실만을 확인할 수 있다.
> 2. 기술 혁신을 통한 생산성 향상 시도가 곧바로 수익성 증가로 이어지는 것은 아니다. 기술 혁신 과정에서 비용이 급격히 증가하는 경우가 종종 있기 때문이다.
>   → 이 두 문장은 인과 관계를 이루고 있다. 두 문장의 내용을 종합하면 말하고자 하는 내용이 보다 분명해진다. '기술 혁신을 통한 생산성 향상이 곧바로 수익성 증가로 이어지지 않는다는 것은 과다한 투자비 때문이다.

예제 1

다음 글로 미루어 알 수 없는 것은?

> 기술 혁신을 통한 생산 향상 시도가 곧바로 수익성 증가로 이어지는 것은 아니다. 기술 혁신 과정에서 비용이 급격히 증가하거나 생각지도 못한 위험이 수반되는 경우가 종종 있기 때문이다. 만약 필킹턴 사 경영진이 플로트 공정의 총개발비를 사전에 알았더라면 기술 혁신을 시도하지 못했을 것이라는 필킹턴 경(卿)의 회고는 이를 잘 보여 준다. 필킹턴 사는 플로트 공정의 즉각적인 활용에도 불구하고 그동안의 엄청난 투자 때문에 무려 12년 동안 손익 분기점에 도달하지 못했다고 한다.

① 플로트 공정 활용이 곧바로 수익성 증가로 이어지지 않은 것은 과다한 투자비 때문이다.

② 플로트 공정이 개발되자 필킹턴 사는 곧바로 기존의 공정을 플로트 공정으로 교체했다.

③ 필킹턴 사는 플로트 공정 개발비를 회수하는 시간이 그렇게 오래 걸릴 줄 미처 예상하지 못했다.

④ 필킹턴 사가 아니더라도 새로운 유리 제조 공정의 필요성을 알고 있었던 누군가가 플로트 공정을 개발했을 것이다.

풀이 ① '플로트 공정 활용'을 '기술 혁신을 통한 생산성 향상 시도'로 바꿔 보면 적절한 추론이다. ② '플로트 공정의 즉각적인 활용'이라는 내용에서 확인할 수 있다. ③ '무려 12년 동안 손익 분기점에 도달하지 못했다.'에서 알 수 있다.

정답 ④

제2절 | 문장 간의 관계 유형

1 대등한 관계의 문장

대등하게 이어진 문장의 경우와 마찬가지로, 제시된 두 문자의 관계가 대등한 경우가 있다. 이때 중심 내용은 두 문장의 내용을 모두 포괄하여야 한다.

> **예**
> ❶ 풍속화는 인간의 생활상을 적나라하게 표현해야 하므로 무엇보다도 먼저 사실성을 중시하지 않을 수 없다. ❷ 또한 인간 생활의 여러 단면들을 사실적으로 다루어야 하므로 자연히 많든 적든 기록적 성격을 지니게 된다.

❶의 '풍속화의 사실성'과, ❷의 '풍속화의 기록성'이 대등한 관계로 제시되어 있다.

2 주종 관계의 문장

종속적으로 이어진 문장이나, 안은 문장의 경우와 마찬가지로 제시된 두 문장의 내용이 주종 관계를 이루는 경우가 있다. 이때 한 문장이 중심 내용이라면 다른 문장은 중심 내용에 어떤 특성을 부여하거나, 중심 내용을 한정하거나 구체화시킨다.

■
문장 간의 관계는 문장이 담고 있는 핵심 화제와 그 화제의 속성 간의 관계도 같다.

예

계층적 명분관은 사회 내에 엄격한 계층 구조를 형성함으로써 안정된 사회의 질서를 유지할 수 있게 하는 기능을 하였다. 가령, 부모와 자녀, 부부, 형제, 고부(姑婦) 등 가족 구성원 사이에서 나타나는 계층적 성격에 따라 각자에게 명분을 부여함으로써 가족적인 질서를 지탱해 주었던 것이 그 에이다.

첫 문장에 제시된 화제의 속성을 둘째 문장에서 예를 들어 설명하고 있다.

예제 2

다음 두 문장의 관계가 대등한 것은?

① 사물놀이는 풍물굿을 계승해서 현대의 여건에 맞게 실내 연주용으로 다시 짠 것을 뜻한다. 마당이나 놀이판에서 춤이나 발림과 더불어서 놀던 풍물놀이를 무대 연주용으로 개발해서, 다양한 리듬을 구사하는 것이 곧 사물놀이이다.

② 문학과 사회와의 관계는 사회학과 사회와의 관계와 다르다. 사회학은 사회를 학문의 대상으로 다루지만, 문학은 사회를 예술적인 창조의 대상으로 다룬다.

③ 고대의 조각품을 올바르게 감상하기 위해서는 감상의 고전적인 척도가 필요하다. 동서양의 고대 조각품들은 대부분 그 당시 사람들의 종교적 이상을 실현시킨 것이기 때문이다.

④ 사냥은 소요되는 노동량에 비해 노획물이 영 신통치 않았고 일정하지도 않았다. 이에 비해 채집은 여건만 잘 갖추어져 있으면 음식물을 구하기가 상대적으로 쉬웠고 비록 한 철이지만 일정한 양을 제공한다.

풀이 ①과 ②는 주지와 상술, ③은 귀결과 이유이므로 모두 주종 관계를 이루고 있다. ④는 사냥과 채집이 대조의 대상으로 대등한 관계를 이루는 문장이다.

정답 ④

제3절 ⎸ 접속어의 기능과 문장 간의 관계

두 문장이 접속어로 연결되었을 때에는 접속어의 쓰임새를 살핌으로써 문장 간의 관계를 쉽게 파악할 수 있다. 다만 문장 간의 관계를 파악한 후, 어느 문장이 중심 문장인지는 전체 내용 속에서 판단해야 한다. 같은 인과 관계의 문장이라도 원인에 초점을 두는 글인가 결과에 초점을 두는 글인가에 따라 중심 문장이 달라지기 때문이다.

1 순접

원인과 결과, 이유와 귀결, 부연 설명의 관계를 맺어 준다.(그러므로, 따라서, 왜냐하면, 그러니, 즉, 말하자면 등)

> 예
> 1. 실제 생활이 언어에 의해 대표될 때 문학의 재료가 될 수 있다. **그래서** 문학의 재료를 언어라고 하는 견해도 성립한다. [이유 – 귀결]
> 2. 글의 구조를 파악하려면 각 문단의 내용을 먼저 파악해야 한다. **왜냐하면**, 한 편의 글은 여러 문단으로 구성되기 때문이다. [결과 – 원인]

2 역접

앞뒤 문장을 대조하거나, 앞뒤 문장을 긍정과 부정의 관계로 맺어 준다.(그러나, 그렇지만, 하지만, 그렇더라도, 그래도 등)

> 예
> 국어는 영어나 다른 인구어(印歐語) 계통의 말처럼 성(性)을 표시하는 문법적 범주가 없다. **그렇다고 해서** 우리가 성을 구별 못한다든가 둔감하거나 하지는 않다.

3 대등, 병렬

앞뒤 문장을 반복·대비의 관계로 맺어 준다.(및, 또는, 또한 등)

> 예
> 생각보다 상당히 심각하게 오염 위기에 처해 있는 지하수를 질적으로 깨끗하게, **또** 양적으로 풍부하게 보전하기 위해서는 오염 물질의 관리뿐 아니라, 지하에서 오염 물질의 상태와 이동 그리고 지하수의 특성에 관한 지질학적 이해도 필요하다.

4 보충, 첨가

앞 문장의 내용을 보충하거나, 성질이 다른 내용을 덧붙이는 관계로 맺어 준다.(단, 더욱, 게다가, 뿐만 아니라, 그리고 등)

핵심노트 Core Point

■ 접속어의 기능
① 앞뒤 문장이나 문단의 연결
② 뒷문장이나, 앞뒤 문단 간의 관계 제시
③ 뒷문장이나 문단의 내용 전개 방향 암시

■
역접은 강조의 의미를 지니는 경우도 있다.
예 그는 수학을 잘 한다. **그러나** 과학을 더 잘 한다.

> **[예]**
> 문학을 동적 구조로 파악하는 것이 문학을 바르게 이해하는 길일 것이다. **다만**, 문학의 구조를 이루는 요소들이 유기적으로 결합되어 있다는 것만은 잊지 말아야 할 것이다.

■ 그 밖의 접속어의 종류

① **환언 · 요약**: 요컨대, 즉, 결국, 말하자면, 바꾸어 말하면 – 앞 문장을 바꾸어 말하거나 간추려서 짧게 말할 때

② **비유 · 예시**: 예를 들면, 예컨대, 이를테면 – 앞 문장에 대해 구체적인 예를 들어 설명할 때

③ **선택**: 또는, 혹은, 그렇지 않으면 – 앞 문장에 대해 내용을 나열하거나 추가할 때

5 전환

앞의 내용과 다른 새로운 내용을 제시하여 대등한 관계로 맺어 준다. (그런데, 그러면 등)

> **[예]**
> 우리에게 산이 보이는 것은 산으로 직진하던 빛들이 산에 부딪혀 반사되어 우리의 눈으로 다시 직진하여 와서 눈동자를 통해 눈 속으로 들어오게 되는 과정을 통해서이다. **그런데** 문제는 산으로부터의 반사광들이 눈으로 들어왔다 하더라도, 인간이 이를 인식하지 못하면 산은 존재하지 않는 것이 된다.

예제 3

빈칸에 들어갈 접속어가 올바로 나열된 것을 고르시오.

> 생물 다양성의 가치는 생물 자원이 인류가 생활하는 데 필요한 식량이 되고 의약이나 공산품의 원료가 된다는 점에 있다. 지금까지 인류가 식량으로 이용한 3천여 종의 식물 가운데 밀, 쌀, 옥수수 등으로 대표되는 20종 가량의 식물들이 전체 식량 수요의 90% 이상을 차지해 왔다. (   ) 이제는 지난날에 우리가 전혀 쓸모없다고 생각하던 식물의 종이 생명 과학의 발달에 힘입어 우리에게 소중한 식량 자원으로 활용될 수 있는 길이 열렸다. (   ) 일부의 생물 종은 의약품이나 공산품의 원료로 쓰여 우리 생활에 꼭 필요한 존재가 되었다. (   ) 이제 지구상에 존재하는 생물 종에 대한 인식이 달라져야 한다. (   ) 장차 어떻게 이용될지 모르는 잠재적인 가치를 지닌 생물 종을 어느 하나라도 소홀히 해서는 안 된다. (   ) 생물 종은 한 번 사라지면 다시 되살리기 어려우므로 종의 보존과 관리에도 각별한 관심을 기울여야 한다.
> – 서울대 자연과학대학 교수 31인, 〈21세기 자연 과학〉 –

① 그러나, 또한, 그러므로, 즉, 아울러

② 왜냐하면, 따라서, 그리고, 즉, 또한

③ 그리고, 아울러, 그러나, 즉, 왜냐하면

④ 따라서, 왜냐하면, 그리고, 또한

풀이 이 글은 생물 다양성의 가치와 생물 자원 보존의 필요성에 대해 말하고 있는 글이다.

20종 가량의 식물이 전체 식량 수요의 90%를 차지함.	상반되는 내용: '그러나'	쓸모없던 식물의 종이 소중한 식량 자원으로 활용됨.
생물 다양성의 가치 ①: 인류에 필요한 식량 자원.	대등한 내용: '또한'	생물 다양성의 가치 ②: 의약이나 공산품의 원료.
우리 생활에 절대적인 필요 존재로 변할 수 있는 생물.	이어지는 내용: '그러므로'	생물 종에 대한 인식의 변화 촉구.
생물 종에 대한 인식의 변화 촉구.	바꾸어 말하기: '즉'	생물 종을 소홀히 해서는 안 됨.
생물 종을 소홀히 해서는 안 됨.	내용 첨가: '아울러'	생물 종의 보존과 관리에 대한 각별한 관심 촉구

정답 ①

적용 문제

01 제시된 두 문장의 관계가 〈보기〉와 가장 유사한 것은?

> ┤보기├
>
> 무분별한 도시 팽창 정책은 그린벨트 해제 조치를 정당화함으로써 자연 녹시대의 심각한 훼손하게 된다. 이에 따라 매년 상습적으로 호우 피해를 입게 되고, 이는 사회 전반에 안전 불감증을 확산시키게 된다.

① 근대의 시민들은 역사적 업적을 쟁취하였다. 절대주의 체제를 붕괴시키고 시민 혁명과 산업 혁명을 성취하여 새로운 자유 사회를 건설한 것이다.

② 에페소스 환경이 삼림 지대에서 목초 지대를 거쳐 농경 지대로 변했다. 다시 말하면, 사람들이 모여들자 농경 지대가 확대되고 그에 따라 삼림 지대는 점차 줄어들게 되었던 것이다.

③ 삶의 과정은 문제의 연속이다. 하나의 문제를 해결하면 이어서 다른 문제가 일어나고, 다음 문제를 해결하기가 바쁘게 또 다음 문제가 일어난다.

④ 주위 환경의 범위가 너무 넓어져 그 속에서 발생하는 사건들을 모두 체험할 수 없게 되자 사회 환경에 대한 감시와 처방을 매스 미디어에 위임하지 않을 수 없게 되었다. 만일 매스 미디어가 우리가 처해 있는 사회적 환경을 잘못 규정하고 처방한다면 우리는 거짓 환경을 진짜 환경으로 믿지 않을 수 없게 될 것이다.

> **풀이** 〈보기〉의 두 문장은 인과 관계를 이루고 있다. ①~③은 모두 '주지-상술'의 관계로 되어 있고, ④는 '만일'이라는 접속어가 있지만, 두 번재 문장의 가정은 첫째 문장의 내용이 원인이 되기 때문에 나타날 수 있는 것이다.
>
> **정답** ④

02 밑줄 친 "셰익스피어는 모두 다 말하지 않았다."의 문맥적 의미를 바르게 설명한 것은?

> 예술 작품이 계속 전해지기만 한다면, 그것은 끊임없이 새로운 참조 체계를 통해 변화하며 새로운 의미를 부여받게 된다. 근본적으로 예술 작품의 의미는 무궁하다. 이것은 "셰익스피어는 모두 다 말하지 않았다."라는 말과도 같다. 이때 '다 말하지 않았다'는 것은 의미가 예술 작품 그 자체에서 기인한다는 뜻이 아니다. 작품의 의미는 예술 작품 밖에 존재하는 참조 체계의 무궁함에서 기인하는 것이다.

① 셰익스피어 작품의 의미는 해석의 준거가 달라짐에 따라 변화한다.

② 셰익스피어는 모든 것을 말해 버려서 더 이상 할 말이 남아 있지 않았다.

③ 셰익스피어의 작품은 새로운 감상자들에게 언제나 한결같은 의미로 다가간다.

④ 셰익스피어는 그의 작품에서 그가 전달하고자 하는 의미를 모두 다 말하지 않았다.

⑤ 셰익스피어 작품에서 감상자들은 셰익스피어가 말하고자 하는 의미를 모두 읽어 내지 못했다.

> **풀이** '셰익스피어는 모두 다 말하지 않았다.'는 것은 '예술 작품의 의미는 무궁하다.'는 말과 같다고 하였다. 그리고 이어지는 설명에서는 이를 좀더 구체화하여 작품의 의미는 작품 밖에 존재하는 참조 세계의 무궁함에서 기인하는 것이라고 하였다. 여기서 참조 세계라는 것은 곧 작품을 이해하는 준거가 되는 틀을 포함하는 세계를 의미한다. 즉 무궁한 참조 세계의 여러 요소 중 어느 것을 준거로 삼았느냐에 따라 작품의 의미가 변화한다는 뜻이다.
>
> **정답** ①

03 다음 문장의 내용을 가장 잘 정리한 것은?

> 내가 원하는 우리 민족의 사업이 있다. 우리 민족의 사업은 결코 세계를 무력으로 정복하려는 것이 아니다. 또 경제력으로 지배하려는 것이 아니다.

① 세계를 무력으로 정복하거나 경제력으로 지배하려는 사업은 민족의 사업이 아니다.
② 나는 세계를 무력으로 정복하거나 경제력으로 지배하려는 민족의 사업을 원하지는 않는다.
③ 내가 원하는 우리 민족의 사업은 결코 세계를 무력으로 정복한 후, 경제적 수탈을 하는 것이어서는 안 된다.
④ 내가 원하는 우리 민족의 사업은 결코 세계를 무력으로 정복하거나 경제력으로 지배하려는 것이 아니다.

풀이 '세계를 무력으로 지배하려는 것'과 '경제적으로 지배하려는 것'은 대등한 나열이다. 그리고 이 두 내용은 글쓴이의 주장인 '내가 원하는 우리 민족의 사업'과 대조된다.

정답 ④

04 다음 글의 문맥 속에서 밑줄 친 부분의 의미를 바르게 설명한 것은?

> 경전에 실린 말은 그 근본은 비록 하나지만 그 가닥은 천 갈래 만 갈래이니, 이것이 이른바 "한 가지 이치인데도 백 가지 생각이 나오고, 귀결은 같을지라도 이르는 길이 다르다."는 것이다. 이처럼 아무리 뛰어난 지식과 깊은 조예를 가졌다 해도 그 뜻을 완전히 알아서 세밀한 것까지 잃지 않기는 불가능하므로, 반드시 여러 사람의 장점을 널리 모으고 보잘것없는 성과도 버리지 않은 다음에야 거칠고 간략한 것이 유실되지 않고 얕고 가까운 것이 누락되지 아니하여 깊고 멀고 정밀하고 자세한 체제가 비로소 완전하게 갖추어지는 것이다.

① 경전의 내용이 추상적인 데서 초래되는 불변성에 주목한 것이다.
② 경전에 쓰인 개념의 모호함과 다의성에 대해 비유적으로 비판한 것이다.
③ 경전 연구에 다양한 관점과 방법론을 수용해야 할 당위성을 지적한 것이다.
④ 경전에 대한 연구자들의 주관적인 가치 판단이 배제되어야 함을 주장한 것이다.

풀이 바로 뒤에 나오는 '여러 사람의 장점을 널리 모으고 보잘것없는 성과도 버리지 않은'에서 알 수 있듯이 다양한 관점과 방법론을 수용해야 할 당위성을 지적하고 있다.

정답 ③

05 다음 밑줄 친 부분이 의미하는 바와 거리가 먼 것은?

> 좋은 그림책은 완성되어 있는 글에 그림을 그려 넣은 책이 아니라 글과 그림이 함께 이야기를 완성해 나가는 책이다. 존재하는 물감들 속에서 존재하지 않는 색이 만들어지고, 선과 선, 색과 색, 혹은 선과 색이 만나면 화폭에 예상하거나 기대하지 못한 일이 일어나는 것이다. 영국의 화가 프란시스 베이컨의 말처럼 "그림을 그리는 동안 문득 그림 그 자체와는 상관 없이 바깥에서 내가 예상하지 못했던 이러저러한 형태들과 방향들이 어찌어찌하여 그냥 나타나는" 것이다. 그림책을 본다는 것은 글로 쓰여진 개념이나 대상을 넘어 미지의 영역과 서로 맞닿고 대화를 나누는 일이다.

① 그림을 그리는 과정에는 우연한 요소가 작용한다.
② 좋은 화가일수록 작품에서 자신의 의도를 잘 구현한다.
③ 독자는 그림의 선과 색을 넘어서 더 많은 것을 볼 수 있다.
④ 독자는 그림을 감상하면서 화가의 의도에 얽매일 필요가 없다.

> **풀이** 밑줄 친 부분은 화가가 의도하지 않은 의미가 그림에 나타난다는 것이다. ②는 화가의 의도가 그림에 나타나는 점을 말하고 있으므로, '의도하지 않은 의미'가 나타나는 것과 거리가 멀다. 나머지는 모두 그림에 '화가가 의도하지 않은 의미'가 나타나거나, 그러한 의미를 찾아 낼 수 있음을 말하고 있다.

> **정답** ②

06 ㉠~㉣ 중 접속어의 쓰임이 적절하지 않은 것은?

> 우리는 반만 년 역사를 단일 민족으로 이어 왔다고 자랑한다. ㉠하지만 따지고 보면 단일한 혈통은 아니다. 다른 민족과 접촉하는 과정에서 숱하게 혼혈을 경험한 것이 엄연한 사실이다. ㉡그러나 대체로 순수한 한민족의 핏줄을 공유하고 있다고 믿는다. ㉢왜냐하면 예나 지금이나 외모를 가지고 그 순수 혈통을 구별하기는 불가능할 정도로 단일한 모습을 지니고 있을 뿐만 아니라 같은 언어를 사용하고 있기 때문이다. ㉣또한 이러한 동질성은 우리가 급속도로 이루어진 산업화에 적응하는 데 유리한 바탕이 되었다고 할 수 있다. 만일 피부색이나 언어가 서로 다른 집단이 내부에 공존했다고 가정해 보자. 그 집단 사이에 벌어지는 엄청난 갈등으로 산업화에 지장이 많았을 것이 분명하다.

① ㉠   ② ㉡
③ ㉢   ④ ㉣

> **풀이** '또한'은 앞뒤 문장을 대등·병렬적으로 이어주는 접속어이다. ㉣의 바로 앞 문장에서는 단일 민족으로서의 인식에 대한 이유를 설명하고 있는데, 이어지는 문장은 단일적 인식의 긍정적 기능에 대해 말하고 있으므로 이 경우에는 '그런데' 정도를 넣는 것이 더 자연스럽다. 또한 ㉣ 뒤의 '이러한'은 네 번째 문장의 의미를 지시하게 되므로 삭제하는 것이 자연스럽다.

> **정답** ④

07 〈보기〉의 '조건'이 모두 충족된 표현은?

┤보기├

• **상대방의 의견**: 낙서는 인간의 표현 욕구를 충족시키며 집단 구성원 사이에 유대감을 형성하게 하는 하나의 문화이다. 공공시설에 낙서하는 일도 그런 맥락에서 이해할 수 있다. 따라서 낙서를 일방적으로 금지하는 것은 바람직하지 않다.
• **조건**
  − 상대방의 의견을 일부 인정하면서 반론을 시작한다.
  − 상대방의 의견에 반대하는 이유를 밝힌다.
  − 비유적 표현을 활용한다.

① 낙서는 자유로운 정서 표현의 한 방법이다. 낙서를 통해서 우리는 기쁨과 슬픔의 정서를 표현한다. 그러므로 낙서는 감정을 분출하는 자유로운 통로라고 할 만하다.

② 낙서로 우리의 소중한 공공시설이 몸살을 앓고 있다. 이 때문에 외국 관광객들에게 불쾌감을 주지 않을까 걱정된다. 낙서 같은 무분별한 행동으로 국가 이미지를 떨어뜨려서는 안 된다.

③ 낙서가 표현 욕구를 충족시키는 하나의 문화라는 점에는 동의한다. 그러나 개인의 표현 욕구보다 공공의 윤리가 더 중요하다. 따라서 우리 모두의 얼굴을 더럽히는 행위를 허용해서는 안 된다.

④ 낙서는 인간의 원초적인 표현 욕구를 충족시키는 한 방법이다. 그러나 공공시설에 낙서를 해서는 안 된다. 왜냐하면 공공시설은 우리 모두를 위한 것이기 때문이다.

풀이 '일부 인정하면서 반론을 제기하라'는 조건에 맞는 문장 관계는 '~은 인정한다. 그러나 ~은 문제이다'의 구조가 되어야 한다. '반대 아우를 밝히라'는 조건에 따라 '~은 인정한다. 그러나 ~은 문제이다. 왜냐 하면 ~이기 때문이다'의 구조로 내용이 구성된 것을 찾으면 된다. 이러한 조건에 맞게 정리하면, '낙서가 표현 욕구를 충족시키는 문화라는 점은 인정한다. 그러나 공공 시설에 닥치는 문제이다. 왜냐 하면 공공 시설은 개인의 소유가 아니기 때문이다.'와 같이 정리할 수 있고, 이와 부합하는 것은 ③과 ④이다. 그런데 '비유적 표현을 활용한다.' 라는 조건이 더 있으므로 ③이 답이 된다.

정답 ③

CHAPTER 04

문단의 개념과 구성 원리

제1절 문단의 개념

하나 이상의 문장이 모여서 통일된 하나의 생각을 나타내는 글의 단위를 문단이라고 한다. 그리고 문단에 담긴 '통일된 하나의 생각'을 글 전체의 주제와 구별하여 '소주제'라고 한다. 문단은 이 소주제를 담은 중심 문장과 그것을 뒷받침하는 문장으로 이루어진다.

■

비교적 완결되고 독립된 의사를 전달하기 위한 최소 단위가 문장인데 비하여, 문단은 사고 전달의 최소 단위이다. 바꾸어 말하면 말은 문장 단위로 하지만 생각은 문단 단위로 하는 것이다. '용돈 인상을 주장하는 이유'를 '나'의 여러 상황을 근거로 주장할 때, 각각의 상황을 문장 단위로 제시하지만, 이 문장들이 모여 문단을 이루어 '용돈 인상이 이루어져야 한다.'는 나의 '생각'을 이루는 것이다.

> **예**
>
> 인간은 자신을 포함한 생물체로부터 지혜롭게 살아가는 방법을 배워 왔다. 벼, 강아지풀, 대 등의 볏과 식물은 줄기 속이 비어 있다. 만일 그렇지 못하다면 그 줄기는 약한 바람에도 쉽게 꺾이고 말 것이다. 철봉이나 지주로 쓰는 쇠파이프는 풀줄기처럼 속이 비어 있다. 이것은 바로 볏과 식물의 줄기에서 배운 지혜이다. 물 속을 물고기처럼 헤엄쳐 다니는 잠수부들은 오리발을 모방하여 만든 물갈퀴를 잘 이용하고 있다. 또 카메라는 사람의 눈을 그대로 닮았고, 가방이나 점퍼를 여는 지퍼는 깍지 낀 손가락을 흉내낸 것이다.

중심 문장	뒷받침 문장
인간은 자신을 포함한 생물체로부터 지혜롭게 살아가는 방법을 배워 왔다.	식물에서 배운 지혜
	동물에서 배운 지혜
	인간의 모습에서 배운 지혜

중심 문장을 제시하고, 생물체 모방의 사례를 식물, 동물, 인간의 경우로 제시하여 문단의 통일성, 완결성, 일관성을 갖추고 있다.

예제 1

㉠~㉣ 중 다음 글의 중심 문장은?

> 한민족의 전통은 고유한 것이다. 그러나 ㉠고유하다, 고유하지 않다 하는 것도 상대적인 개념이다. ㉡어느 민족의 어느 사상(思想)도 완전히 동일한 것은 없다는 점에서는 모두가 다 고유하다고 할 수 있다. ㉢한 종교나 사상이나 정치 제도가 다른 나라에 도입된다 하더라도, 꼭 동일한 양상으로 발전되는 법은 없으며, 문화·예술은 물론이고 과학 기술 조차도 완전히 동일한 발전을 한다고 볼 수 없다. ㉣이런 점에서는 조상으로부터 물려받은 모든 유산이 다 고유하다고 할 수 있다. 그러나 또 한편, 한 민족이 창조하고 계승한 문화나 관습이나 물건이 완전히 고유하여, 다른 민족의 문화 내지 전통과 유사점을 전혀 찾을 수가 없고, 상호의 영향이 전혀 없는 그런 독특한 것은, 극히 원시 시대의 몇몇 관습 외에는 없다고 할 것이다.

① ㉠

② ㉡

③ ㉢

④ ㉣

풀이 ㉠을 제외한 나머지는 모두 '고유성'의 상대적인 성격을 구체적으로 제시한 내용들이다. 따라서 중심 문장은 ㉠이다.

정답 ①

핵심노트 　Core Point

■ 제시문의 구조

```
          ┌──────────────┐
          │      ㉠       │
          └──────────────┘
          ┌────────┐   ┌────────┐
          │ ㉡+㉢ │   │ 그러나 │
          └────────┘   │또 한편, ~│
              ↓        └────────┘
          ┌────────┐
          │   ㉣   │
          └────────┘
```

제2절 　문단 구성의 원리

중심 문장과 뒷받침 문장만 있다고 온전한 하나의 문단이 이루어지는 것은 아니다. 일정한 격식을 갖추어야 하나의 생각을 제대로 전달할 수 있는 것이다. 이러한 격식은 '통일성, 완결성, 일관성 등으로 정리할 수 있다. 즉 이 세 가지 요건을 모두 갖추어야 온전한 문단이 되고, 그 내용을 통해 말하고자 하는 바를 효과적으로 전달할 수 있다.

1 　통일성

한 문단 안에서 다루는 화제 또는 중심 생각은 하나로 수렴되어야 한다. 하나의 문단은 원칙적으로 소주제문 하나와 그것을 뒷받침하는 문장들로만 이루어져야 독자에게 분명한 내용을 전달할 수 있다.

■
문단 구성의 원리는 곧 글 구성의 원리이기도 하다. 일반적으로 한 편의 글은 하나의 주제를 제시하고 있으며(통일성), 그 주제를 뒷받침하는 내용들이 충분히 제시되어 있어야 하고(완결성), 문단과 문단의 내용이 자연스럽고 긴밀하게 연결되어 있어야 한다(일관성).

예

❶ 불의 사용은 인류 역사에서 커다란 진보의 하나이다. ❷ 신에게서 불을 훔쳐 인간에게 전해주었다고 하는, 희랍 신화의 영웅 프로메테우스의 고통은 인간 의지의 한 표현이기도 하다. ❸ 불로 음식을 익혀 먹게 됨으로써 소화가 쉽게 되었으며, 다양한 방법으로 조리를 할 수 있게 되었다. ❹ 불의 사용으로 난방과 조명이 가능해져 인간 활동의 지역과 시간이 확장되었다. ❺ 또한 금속의 제련이 가능하게 되어 도구의 발달이라는 결정적인 진전이 이루어졌던 것이다.

이 글의 화제는 '불의 사용으로 인한 문명의 진보'이다. 물론 각 문장은 이와 직접적으로 관련이 있어야 한다. 각 문장의 중심어는 ❶ '불의 사용', ❸ '음식', ❹ '난방과 조명', ❺ '금속 제련'이다. ❷는 불의 사용에 관한 인간의 의지를 신화적으로 설명한 것으로써, 문단 전체의 화제와 직접적인 관련이 없다.

■
• **중심화재**: 전통사회에서 '불'
• **속성**: 혈연 공동체를 결속시키는 구심적 접착제

예제 2

㉠~㉢ 중 문단의 통일성을 위하여 삭제하여야 할 문장은?

'한솥밥을 먹는다'는 것은 우리 전통 사회에서 큰 뜻을 지녔었다. 한솥밥을 나눠 먹는 사람끼리를 결속시키는 정신적 의미가 컸기 때문이다. ㉠한솥밥이란 한 솥에 지은 밥이라는 뜻이 아니라, 그 집에 조상 대대로 전승되어 내려온 불씨로 지은 밥을 뜻한다. ㉡그러기에 사랑방에 잠자리를 얻어 자는 행객(行客)이나 행상에게 밥을 차려 낼 때에는 다른 솥에다 따로 불을 일으켜 밥을 지어 내거나, 반찬만 차려 내고 밥은 자신들이 지어 먹게 하는 것이 상식이 되어 있었다. ㉢조상 전래의 신성한 불을 오염시키지 않기 위해서였다. ㉣옛날 불은 요즈음처럼 성냥만 그으면 얻어지는, 쉽게 구할 수 있는 불이 아니었다. ㉤분가하여 이사를 갈 때면 본가의 불씨를 나누어 들고 맨 먼저 새 집에 발을 디뎌야 했다. 불씨는 혈통에 따라 전승됨으로써 혈연 공동체를 결속시키는 구심적(求心的) 접착제였던 것이다.

① ㉠   ② ㉡
③ ㉢   ④ ㉣
⑤ ㉤

풀이 제시문의 내용은 '전통 사회에서는 불에 중요한 의미를 부여했다.'와 관련된 내용이다. ㉣은 불을 구하기 어려웠다는 내용으로 통일성을 해치고 있다.

정답 ④

2 완결성

하나의 문장이 완결된 것이 되기 위해서는 추상적 진술로 이루어진 부분과 구체적 진술로 이루어진 부분이 결합되어야 한다. 이때 소주제문을 뒷받침하는 문장이 충분히 제시되어야 한다. '충분히'는 '무조건 많이'가 아니라 중심 문장에서 제시된 내용의 모든 부분이 구체적으로 제시되어야 하다는 말이다.

> **예**
>
> 설화는 신화, 전설, 민담의 세 가지 유형으로 분류된다. 신화는 '단군 신화'처럼 신적 존재의 활동에 관한 이야기로 초인간적인 존재들이 개입되며, 전설은 지역성을 바탕으로 하고, 구체적 증거물이 남아 있다.

중심 문장에서 설화의 유형을 세 가지로 제시하였으므로, 뒷받침 문장에서도 세 가지 모두를 다루어야 완결된 문단이 된다. 즉 '민담'에 관한 진술이 추가되어야 한다.

완결성이나 일관성이 통일성과 무관한 것이 아니다. 문단 구성의 원리 중 추상적 진술과 구체적 진술의 관계에 초점을 둔 것이 완결성일 뿐이다.

> **예**
>
> 산업에 있어서의 전문화 경향은 많은 장점을 지니고 있으나, 동시에 그에 못지않은 결점을 내포하고 있다. 마치 로마 시화의 야누스와 같이 두 얼굴을 가지고 있는 것이다. 전문화로 인하여 커다란 발전이 이루어지긴 했으나, 전적으로 그것을 받아들이기에는 많은 문제점이 있는 것을 알아야만 하는 것이다.

이 글의 화제는 '산업에 있어서의 전문화 경향의 장점과 결점'인데, 세 문장이 화제와 거의 동일한 내용을 담고 있다. 둘째 이하의 문장은 첫째 문장을 좀더 구체적으로 진술해야 문단의 완결성을 얻을 수 있다.

핵심노트 　　　　Core Point

■

추상적 진술을 구체화하는 것은 전달 효과를 높이기 위한 것이다. 같은 말을 반복하는 글은 구체화 과정, 즉 완결성을 갖추지 못한 글이 된다.

예제 3

다음 글이 완결성을 갖추기 위하여 보완되어야 할 내용은?

> 조선 시대 주택은 외적으로 폐쇄성을 가지나 내적으로는 개방성을 가진다. 즉, 대지(垈地)의 주위를 담장이나 행랑으로 둘러싸고 그 속에 사랑채, 안채, 별당 등을 배치하고 이들 사이를 나지막한 담장과 중문간 행랑으로 구획하는 바, 가장 외부에 면한 바깥 행랑에는 외부로 높은 들창만 있고 중앙에 솟을대문만 설치되기 때문에 외부적으로는 극히 폐쇄적이다.

① 주택 내부의 담장의 개방성
② 담장 내부 건물의 개방성과 폐쇄성
③ 중문간 행랑의 개방성과 바깥 행랑의 폐쇄성
④ 조선 시대 주택의 내부 구조가 지니는 개방성

풀이 '조선 시대 주택은 ~ 내적으로는 개방성을 가진다.'라는 화제가 앞에 언급되어 있으므로, 완결성을 갖추기 위해서는 이 내용을 뒷받침하는 내용이 제시되어야 한다.

정답 ④

3 일관성

소주제문을 뒷받침하는 문장들은 자연스럽고 긴밀하게 연결되어야 한다. 한 문단이 일관성 유지하기 위해서는 접속 어구나 지시어를 적절히 활용하여 문장과 문장의 관계가 논리적인 질서를 이루도록 해야 한다.

예
> 우리가 무엇을 알려고 하는 것은, 그 앎을 통하여 우리의 삶을 보다 잘 영위하기 위한 것이다. ❶ 안다는 것이 다만 안다는 것에서 끝난다면, 그것은 대단히 허망한 노릇이 아닐 수 없다. ❷ 앎 자체를 목적으로 삼는 경우도 있다. ❸ 앎이 우리의 삶과 무관하다는 뜻은 아닐 것이다.

이 글은 문장 흐름이 이어지지 않고 각 문장들이 따로 제시된 것처럼 보인다. 이 글이 일관성을 가지려면 ❶에 '따라서'를, ❷에 '물론'을, ❸에는 '그러나, 그것도'를 넣어야 한다. 그래야만 문맥이 형성되어 내용을 이해하는 것이 수월해진다.

■ 일관성과 관련된 문제는 고쳐 쓰기 영역에서 주로 출제 되지만 글의 평가와 관련해서도 자주 출제된다.

예제 4

다음 글을 고쳐 쓰기 위해 논의한 내용으로 적절하지 못한 것은?

> ㉠우리 나라 사람들은 과정이야 어쨌든 결과만 빨리 얻으면 된다고 생각하는 경향이 있다. ㉡과정을 소홀히 하고 결과만을 빨리 얻으려는 이러한 결과 우선의 사고는 과학 기술 분야에서도 예외가 아니다. ㉢기초 과학 분야에 대한 인식을 새롭게 하지 않으면 안 된다. 우리는 지금까지 나날이 발전하는 첨단 기술이라는 열매를 어떻게 하면 빨리 딸 수 있을는지만 생각했지, 그 열매가 어떤 기후에서, 어떤 자양으로, 어떻게 자라게 되는지에 대해서는 외면해 왔다. ㉣그럴수록 과학 기술의 결과 우선주의가 공헌한 바가 없는 것은 아니나, 기초 과학 분야를 도외시한 채 당장 써먹을 수 있다는 이유로 응용 과학 분야만을 추구하는 것은 ㉤바보 같은 짓이다.

① ㉠을 더욱 설득력 있게 만들 수 없을까? 예를 들면 "모로 가도 서울만 가면 된다."와 같은 속담을 이용한다든지 ……

② ㉡은 바로 앞 문장에서 나왔던 내용이니까, 삭제하면 좋겠어.

③ ㉢은 앞뒤 문장과 연결이 어쩐지 자연스럽지 않아. 맨 뒤로 보내서, 이 글의 중심 내용으로 삼으면 좋겠어.

④ ㉣은 앞뒤 문장의 내용을 제대로 연결해 주지 못하는 것 같아. '그러면'으로 바꾸면 어떨까?

⑤ ㉤은 품위도 없고 또 어떤 점에서 그러한지 드러나 있지 않아. 아, '근시안적인 처사'라고 하면 좀 나아지지 않을까?

풀이 ④의 '그러면'은 인과의 접속 부사이므로 이 경우에는 논리적으로 적절하지 않다. 차라리 생략하거나 '물론' 정도로 고치는 것이 적절하다.

정답 ④

핵심노트 Core Point

적용 문제

01 〈보기〉의 글을 뒷받침하는 내용으로 적절하지 않은 것은?

┤보기├

인간이 지구상에 살기 시작한 이래로 중력장(重力場)과 자장(磁場)의 영향권에서 벗어난 적이 없다. 인간은 중력이 왜 생기는지 모르면서도 중력의 영향권에서 벗어나기 위한 교통 기술을 발전시켜 왔다.

① 인간은 바퀴를 교통 수단에 이용함으로써 중력의 영향에 보다 효율적으로 대처하게 되어 운송 효율을 향상시키고 인류사에 커다란 영향을 미쳤다.

② 와트가 만든 증기 기관은 중력의 영향에서 벗어나기 위하여 마찰력을 줄일 수 있는 철로를 깔고, 무거운 화차를 끌고 갈 수 있는 힘을 지닌 동력원을 만들었다는 측면에서 해석할 수 있다.

③ 최신의 기술이 적용되고 있는 자기 부상(磁氣浮上) 열차도 중력의 방향과 반대로 작용하는 자장의 반발력을 이용한다는 측면에서 볼 때, 중력과의 투쟁이라는 범주에 속하는 기술이다.

④ 최근 선진국에서는 자동차 엔진을 개조하여 물을 연료로 활용하는 기술을 연구하고 있는데, 이는 전세계에 퍼져 있는 자동차를 계속 활용할 수 있다는 점에서 매우 유효한 기술이다.

풀이 이 글의 중심 내용은 '인간은 중력의 영향권에서 벗어나기 위한 교통 기술을 발전시켜 왔다.'이다. 이를 뒷받침하는 문장의 내용은 '중력권을 벗어나기 위한 노력'과 '교통 기술'과 관련된 내용이어야 한다.

정답 ④

02 다음은 여성에 대한 사회적 인식을 정리한 것이다. 이 항목들을 토대로 쓸 수 있는 주제문으로 가장 적절한 것은?

(가) 여성도 교육을 받아야 한다고 생각하지만, 남성보다는 교육을 덜 받는 것이 당연하다고 믿고 있다.

(나) 여성도 직업을 가질 수 있다고 생각하지만, 남편이 원한다면 다니던 직장을 포기해야 된다고 생각하고 있다.

(다) 여성도 술을 마실 수 있다고 생각하지만, 여성이 술에 취한 것은 남성이 술에 취한 것보다 더 추하다고 생각한다.

① 여성에 대한 사회적 인식은 아직 충분하지 않지만 점차 개선되고 있다.

② 여성에 대한 사회적 편견은 남녀의 경제적 위상의 차이에서 비롯되고 있다.

③ 여성에 대한 사회적 편견은 뿌리 깊은 남성 위주의 가치관에 근거하고 있다.

④ 여성에 대한 사회적 편견을 불식시키기 위해서는 사회 제도를 개선해야 한다.

풀이 (가)~(다)는 공통적으로, 여성에 대한 인식이 과거에 비해 다소 개선된 것처럼 보이지만 사실은 여전히 남성 위주의 가치관에 의해 또다른 형태의 편견으로 변형되었음을 보여 주고 있다. 따라서 써야 할 글의 핵심은 여성들에 대한 사회적 편견에 관한 것이어야 하며, 그것은 남성 위주의 가치관에서 비롯된 것임을 밝히는 것이어야 한다.

정답 ③

03 다음 밑줄 친 문장에 관한 구체적인 설명으로 가장 적절한 것은?

> 들어온 말은 마땅히 우리말에서 솎아 내야 할 말의 잡풀에 지나지 않는다. 밭의 잡풀을 뽑아 내는 것으로 끝나지만, 말의 잡풀은 뽑아낸 빈 자리에 반드시 다른 말을 갈아 심어야 한다.

① 대학생들이 과외 활동을 하기 위해 만든 모임을 한때는 '서클'이라고 불렀는데, 요즈음 이를 '동아리'라고 고쳐 부르는 것은 잘된 일이다.

② 본래 포르투갈 말이었던 '빵'이라는 말이 자연스러운 우리말로 굳어진 것처럼, 좋은 외래어가 우리 생활 속에서 자연스럽게 자리를 잡을 수 있도록 노력해야 한다.

③ '키'라는 말은 '자동차'나 '아파트'와 잘 어울리고, '열쇠'는 '장롱'이나 '곳간'과 잘 어울리기 때문에 이들을 혼동해서 써서는 안 된다.

④ 사람이 영리한 것을 가리켜 '브라이트하다'고 하는데, 이런 생소한 외국어를 사용하지 말고 좀더 친숙한 '샤프하다'는 말을 써야 한다.

> **풀이** 이 문장에서 잡풀은 외래어를 뜻하며 다른 말은 우리말을 의미한다. 잡풀을 뽑아 낸 자리에 다른 말을 갈아 심어야 한다는 말은 외래어를 우리말로 대체해야 한다는 것이다. ①에서 서클은 외래어이며 동아리는 우리말이다. 외래어가 우리말로 대체된 경우이다. ②, ③, ④는 모두 외래어를 우리말에서 어떻게 사용할 것인가를 다루고 있다. ③은 외래어와 우리말의 용법이 다르다는 것이므로 밑줄 친 내용과 차이가 있다.
>
> **정답** ①

04 다음 밑줄 친 부분을 뒷받침하는 사례로 가장 적절한 것은?

> 특히 근대 국가의 출현 이후 국가에 의한 '전통의 발명'은 체제를 확립하는 데 큰 역할을 담당하기도 하였다. 이 과정에서 전통은 그 전통이 생성되었던 시기를 넘어 아주 오래 전부터 지속되어 온 것이라는 신화가 형성되었다.

① 인도 사람들이 아주 오래된 것으로 믿고 있는 현재의 카스트 제도는, 영국이 종교 지도층인 브라만의 지위를 공고히 하여 왕권을 약화시킴으로써 식민 통치 질서를 세우는 과정에서 변형된 것이다.

② 멕시코가 스페인에 점령된 후, 원주민 앞에 나타난 갈색의 성모(聖母) '과달루페'는 오래된 민간 신앙과 서구 가톨릭 간의 문화 혼합의 상징으로, 원주민 사회를 통합하는 데 큰 역할을 했다.

③ 남태평양의 트로브리안드 제도에서는 가치재(價值財)로 여기는 조개 목걸이와 조개 팔찌를 선물 형태로 주고받는데, 이는 사회적 위세와 명예를 얻기 위한 수단으로 활용된다.

④ 프랑스에서 교사나 지식인은 바흐의 '평균율 클라비어 곡집'을 선호하지만, 노동자나 상인은 요한 슈트라우스의 왈츠 곡을 선호하는데, 이는 계층 간의 문화 차이를 보여 준다.

> **풀이** 밑줄 친 부분은 오래된 문화로 여겨지는 것이 사실은 그리 오래지 않은 시기에 특정한 목적에 의하여 형성된 것을 나타낸다. ①은 오래된 것으로 믿고 있는 카스트 제도가 실은 근대에 형성된 문화임을 말하고 있다.
>
> **오답** ②는 '전통과 발명'과 관련된 내용이나 오래된 것이라는 잘못된 믿음의 내용과 관련이 없다.
>
> **정답** ①

CHAPTER 05

문단의 구조와 주제

제1절 ▷ 문단의 화제와 속성

1 문단의 화제

한 문단 안에서 여러 문장이 하나의 화제를 다루기도 하고, 각 문장이 서로 다른 화제를 다루기도 한다. 이때 각 문장이 공통적으로 다루고 있는 화제나 여러 화제 중에서 가장 중심이 되는 문장이 다루고 있는 화제가 '문단 화제'가 된다. 화제나 속성이 대등한 경우에는 두 단어의 상위어나 일반화시킨 개념으로 요약할 수 있다.

■
문단에도 문단 수준의 화제와 속성이 있다. 문장이 모여서 통일된 하나의 생각을 나타내는 글의 단위가 문단이므로, 문단의 화제와 속성은 각각의 문장을 요약한 문단이 주제와 관련된다.

> 예
> 멧돼지는 몇십 리 밖에 있는 포수의 화약 냄새를 맡고 일찌감치 도망해 버릴 정도로 후각이 발달되어 있다. 집돼지도 마찬가지로 냄새 맡는 기능이 매우 발달되어 있다. 예를 들면 제 새끼와 다른 새끼를 구별하는 데에 주로 후각을 사용한다. 다른 동물이 침입했는지, 먹이가 들어왔는지를 알아차리는 데도 주로 후각을 이용한다.

화제	멧돼지의 냄새 맡는 기능 → 발달되어 있다.(속성)
	+
	집돼지의 냄새 맡는 기능 → 발달되어 있다.(속성)
	↓
	돼지의 후각

돼지는 후각이 매우 발달되어 있다. (주제)

예제 1

다음 글의 중심 화제로 올바른 것은?

> 열역학적 시간이란 열역학 제2법칙으로 설명되는 시간을 말한다. 열역학 제2법칙에 따르면 자연 현상은 에너지가 무산(霧散)되어 엔트로피가 증가하는 방향으로 진행된다. 도자기가 바닥에 떨어져 깨지는 것처럼, 또는 방 안에서 피어오르던 연기가 서서히 흩어지다가 창문을 열면 밖으로 더욱 퍼져 나가는 것처럼 자연은 최대 무질서 상태를 향해서 나아간다. 이러한 사례에서 관찰되는 시간은 돌이킬 수가 없으므로 비가역적(非可逆的) 시간이라고 말한다. 이런 자연 현상의 진행 방향이 곧 열역학적 시간의 방향이다. 이 법칙은 우리가 일상 세계에서 경험하는 시간의 방향성을 실제와 어긋나지 않게 설명해 준다.

① 에너지와 엔트로피의 관계
② 열역학 제2법칙의 예외 사례
③ 시간의 대칭성과 시간의 방향성
④ 열역학 제2법칙과 열역학적 시간

풀이 열역학 제2법칙에 대한 예로 '도자기가 바닥에 떨어져 깨지는 것'과 '방 안에서 피어오르던 연기가 서서히 흩어지다가 창문을 열면 밖으로 더욱 퍼져 나가는 것'을 들고 있으며, 이 예에서 볼 수 있는 자연 현상의 진행 방향이 바로 열역학적 시간의 방향이라고 하였다. 즉, 열역학 제2법칙의 적용을 받는 예를 통해 열역학적 시간의 개념을 설명한 글이다.

정답 ④

2 핵심 속성의 파악

문단 화제의 속성은 여러 가지가 제시될 수 있다. 이때 각 속성 중 글쓴이가 말하고자 하는 하나의 속성이 문단의 핵심 속성이다. 여러 속성을 비교·대조하여 가장 중요한 속성을 파악할 수도 있고, 대등하게 나열된 속성들의 공통점을 일반화하여 하나의 속성으로 요약할 수도 있다.

> **예**
> '자동(自動)'이라는 말을 '저절로 움직임'이라고 막연하게 생각하기 쉽다. 예컨대, 태양이 동쪽에서 떴다가 서쪽으로 지는 것을 보고 태양이 '자동'으로 떴다 진다고 말하지 않는다. 이는 강물이 '자동적'으로 흐른다고 말하지 않는 것과 같다. '자동'이라는 말은 자동 카메라처럼 인간이 해야 하는 일을 대신해 주는 것이라는 의미까지도 포함한다.

핵심노트　　　Core Point

■
문단 화제와 속성의 파악은 문단 간의 관계 파악과 글의 전개 방식, 각 문단의 주제, 글의 주제 파악의 토대가 된다.

화제　– 자동

속성	1. '저절로 움직임'이라고 막연하게 생각하기 쉽다. 　→ 움직임과 관련된 것은 맞는 말이다.	동작성
	2. 태양이나 강물과 같은 자연물과 관련이 없다. 　→ 인간이 만든 것과 관련된다.	인위성(자동 카메라의 예)
	3. 인간이 해야 하는 여러 일을 대신해 주는 것이다.	편의성

예제 2

다음 중 ㉠의 여러 변화들에 대한 유형화가 가장 바르게 된 것은?

정보 사회는 이미 돌이킬 수 없는 대세(大勢)로서 우리의 생활에 다양한 영향을 미치고 있다. 세계적으로 ㉠생산 체계, 일을 조직하는 방법, 소비의 유형 등이 달라지고 있으며, 이에 따라 주요 산업의 위상도 바뀌고 있다. 또한 여가 및 취미 생활, 사회적 인간 관계 등 사람들의 생활 양식 뿐만 아니라 사고 방식, 가치관마저도 변화하고 있다.

① 경제적 변화, 문화적 변화, 이념적 변화
② 생산적 변화, 소비적 변화, 행동적 변화
③ 국가적 변화, 사회적 변화, 개인적 변화
④ 정치적 변화, 개인적 변화, 관념적 변화

풀이 '생산 체계, 일을 조직하는 방법, 소비의 유형, 주요 산업의 위상' 등은 '경제적 변화'로, '여가 및 취미 생활, 사회적 인간 관계 등의 생활 양식'은 '문화적 변화'로, '사고 방식, 가치관'은 '이념적 변화'로 유형화할 수 있다.

정답 ①

제2절 | 문단의 구조와 주제 파악

1 중심 문장이 직접 제시된 경우

중심 문장이 직접 제시되어 있는 경우는 각 문장의 관계를 파악하여 글쓴이가 말하고자 하는 핵심 문장을 파악한다.

> 예
> ❶ 두 가지 언어가 문화적으로 대등한 관계에 놓여 있지 않아서, 한 언어가 다른 언어로부터 여러 가지 어휘를 차용하는 일은 반드시 나쁜 일만은 아니다. ❷ 국어만으로는 충족될 수 없는 여러 가지 표현을 외래어를 활용하여 이루어 낼 수 있고, 외래어의 유입으로 국어의 어휘는 더욱 풍부해질 수 있다.

❶은 ❷와 같이 판단하게 된 근거이다. 그러므로 중심 문장은 ❶이다.

> 예
> ❶ 두 가지 언어가 문화적으로 대등한 관계에 놓여 있지 않아서, 한 언어가 다른 언어로부터, 여러 가지 어휘를 차용하는 일은 반드시 나쁜 일만은 아니다. ❷ 국어만으로는 충족될 수 없는 여러 가지 표현을 외래어를 활용하여 이루어 낼 수 있고, 외래어의 유입으로 국어의 어휘는 더욱 풍부해 질 수 있다. ❸ 그런데 일어계 외래어는 모어(母語)인 국어를 쓰지 못하는 상황에서 외국어인 일본어만을 쓰도록 강요당한 결과로 익히게 된 어휘들이다. ❹ 우리가 같은 외래어라고 하더라도 하루바삐 일어계 외래어를 될 수 있는 대로 쓰지 않도록 노력해야 된다고 주장하는 근거가 여기에 있다. ❺ 일어계 어휘는, 외래어로서가 아니라 외국어로서 너무나도 강하게 우리의 언어 생활에 영향을 끼쳤었다.

❷는 ❶과 같은 판단을 가능케 한 근거이며, ❸은 논지의 전환으로 ❹의 논거가 된다. ❺도 역시 ❹의 논거이다. ❸, ❺에서는 외국어로서 끼친 강한 영향을 밝히고, ❹에서는 일어계 외래어의 배척을 주장하고 있다.

위 글의 내용은 '어휘를 차용하는 것이 나쁜 일만은 아니지만, 일어계 어휘는 강요된 것이므로 쓰지 않도록 노력해야 한다'로 정리할 수 있으므로 ❹가 중심 문장이 된다.

■
중심 문장의 파악은 상대적인 것이다. 다음 두 글을 보면 문단의 구조 속에서 중심 문장이 파악되는 것이지 절대적으로 존재하는 것은 아니다. 즉 중심 문장의 파악은 글 전체의 주제, 글쓴이가 말하고자 하는 바를 파악하는 것과 관련이 있다.

예제 3

다음 글의 중심 문장은 무엇인가?

㉠역사는 어느 시대, 어떤 상황에 있어서도 삶과 동떨어진 가치란 존재하기 어렵다는 사실을 우리에게 일깨워 주고 있다. ㉡따라서, 작가는 현실에 대한 바른 안목으로 그 안에 용해되어 있는 삶의 모습들을 예술적으로 형상화하는 데 부단한 노력을 경주해야 한다. ㉢현실적 상황이 제시하고 만들어 내는 여러 요소들을 깊이 있게 통찰하고, 이를 진지한 안목에서 분석하여 의미를 부여할 때, 문학은 그 존재 가치가 더욱 빛나는 것이다. ㉣그뿐만 아니라, 문학의 궁극적인 목적이 인간성을 구현하는데 있는 것이라면, 이를 효과적으로 드러낼 수 있는 현실의 가능성을 찾아내고, 거기에 사람의 옷을 입혀 살아 숨쉬게 하는 작업이 필요하다. ㉤그런 면에서, 문학은 삶을 새롭게 하고, 의미를 부여하며, 그 삶의 현실을 재창조하는 작업이라 할 수 있다.

① ㉠   ② ㉡

③ ㉢   ④ ㉣

⑤ ㉤

풀이 이 글에서 '따라서'로 시작되는 ㉡은 ㉠의 내용에서 한 걸음 더 나아가 ㉡과 같은 노력의 결과로 문학의 존재 가치가 빛나게 된다고 하였다. ㉣은 ㉢에서 첨가되는 내용을 '그뿐만 아니라'는 말로 이끌어 낸 것이므로, ㉢과 ㉣은 대등한 관계에 있다. 마지막으로 ㉤은 이러한 내용을 포괄하여 정리하고 있다.

정답 ⑤

2 중심 문장이 직접 제시되지 않은 경우

모든 글에 중심 문장이나 중심 내용이 직접 제시되는 것이 아니므로, 제시되어 있는 내용을 바탕으로 주제를 추리해야 하는 경우가 많다.

예

❶ 고려 시대의 경우를 예로 들면, 주기적으로 일어나는 자연 현상인 일식(日蝕)과 월식(月蝕)은 모두 역사로 기록되었으면서도 금속 활자가 세계에서 가장 먼저 발명된 사실은 역사로 기록되지 않았고, 이 때문에 우리는 지금 세계 최고(最古)의 금속 활자를 누가 몇 년에 처음으로 만들었는지 모르고 있다. ❷ 일식과 월식은 자연 현상이면서도 하늘이 인간 세계의 부조리를 경고하는 것이라 생각했기 때문에 역사가 되었고, 목판본(木版本)이나 목활자 인쇄술이 금속 활자로 넘어가는 중요성이 인식되지 않았기 때문에 그것은 역사로 될 수 없었다.

■

중심 문장이 직접 드러나지 않은 경우 추상화 · 일반화의 방법으로 소주제를 파악한다. 문장 구조와 의미 파악에서 다룬 내용을 다시 한 번 살펴보면

구체적 진술
‖

외래어인 '센누끼'는 광복 후 오랫동안 '마개뽑이'가 권장되었지만 민중의 호응을 받지 못하고 후에 자연 발생적으로 만들어진 '(병)따개'로 대체되었다.

↓

추상적 진술
‖

자연 발생적으로 만들어진 새말이 정책적으로 만들어진 새말을 대체하기도 한다.

→ ❶ 일식과 월식은 역사로 기록되었다. / 금속 활자의 발명은 역사로 기록되지 않았다.

❷ 일식과 월식은 중요성이 인식되어 역사가 되었다. / 금속 활자의 발명은 중요성이 인식되지 않았기 때문에 역사가 될 수 없었다.

→ ❶, ❷를 위와 같이 정리하면, 중심 화제가 '역사' 임을 알 수 있다. '일식과 월식', '금속 활자는' 하나의 사건이다. ❷에서 초점은 '중요성의 인식'에 놓인다. 따라서 이 문단의 중심 내용은 '어떤 사건이 중요하다고 인식될 때 역사로 기록된다' 정도로 정리할 수 있다.

예제 4

〈보기〉의 내용을 바탕으로 이끌어 낼 수 있는 주제문은?

┃보기┃

단순하고 조화로운 우주의 구조를 추구하고 있었던 케플러는 당시의 최고 천문 관측자였던 티코 브라헤로부터 정밀한 화성 관측 자료를 물려받을 수 있었다. 케플러는 이 자료를 이용해 몇 개의 원 운동만으로 행성의 운동을 설명하기 위해 노력했지만, 10여 년간의 노력에도 불구하고 8분의 오차를 없앨 수가 없었다. 이 정도의 오차는 당시로서는 큰 것이 아니어서 케플러는 티코의 관측이 잘못되었을 것이라고 생각하고 자신의 연구 결과를 발표하려고 마음먹었다. 그러나 그는 곧 단 1분의 오차도 없는 결과를 위해 10여 년간의 자신의 노력을 다시 원점으로 되돌리기로 마음을 바꾸었다. 고대 그리스 이래 가장 완전하고 자연스러운 운동으로 생각되었던 원 운동에 대한 수천 년 동안의 신념을 포기하고 새로이 타원 궤도를 도입함으로써 비로소 모든 문제를 해결할 수 있게 되었다.

① 과학자의 능력에 따라 연구 결과가 달라진다.
② 과학적 업적은 끊임없는 시행착오를 거쳐 이루어진다.
③ 정확성을 추구하는 자세가 과학적 성과의 바탕이 된다.
④ 과학적 연구 성과는 여러 사람의 노력으로 이루어진다.

풀이 제시된 지문의 내용은 '케플러가 행성의 타원 운동이라는 위대한 발견을 하게 된 것은 정확성을 중요하게 여기는 태도를 지니고 있었기 때문이다.'로 요약할 수 있다. 이를 일반화한 문장이 ③이다.

> **정답** ③

〈보기〉는 케플러의 업적과 그 바탕이 된 자세를 설명하고 있다. 중심 내용은 '케플러는 정확성을 바탕으로 연구하여 행성의 타원 운동을 발견하였다.'이다.

■ **주제의 구체화 과정**
- **가주제**: 사랑
- **참주제**: 가족 간의 사랑
- **주제문**: 가족 간의 사랑은 모든 사랑의 근원이다.

1 주제의 표현과 파악

주제란 한 편의 글을 통하어 글쓴이가 선달하고자 하는 내용이다. 글쓴이는 말하고자 하는 내용을 '가주제 → 참주제 → 주제문'의 순으로 구체화한 뒤 글을 쓰는 것이 보통이다. 독해는 이와 역순으로 글의 내용을 요약하고, 이를 문장으로 파악하며, 핵심 어구로 정리하는 과정이 된다.

설명이나 논증의 글에서 글의 제목은 명사나 명사로 끝나는 명사구로 제시되는 것이 보통이며, 대체로 참주제와 일치한다.

> **예**
>
> 세시 풍속일은 1년 간의 생활 과정에 리듬을 주어, 다음 단계로 넘어가는 데 박자를 가하는 생활의 악센트 같은 역할을 해 왔다. 설을 맞아 심기일전 한다든지, 추석을 지내며 조상과 추수에 대한 감사를 느끼게 된다든지 하는 것들은 그 한두 예라 할 것이다.

- **요지**: 세시 풍속일은 1년 간의 생활 과정에 리듬을 주어, 다음 단계로 넘어가는 데 박차를 가하는 생활의 악센트와 같은 역할을 해 왔다.
- **주제문**: 세시 풍속은 생활의 악센트와 같은 역할을 해 왔다.
- **참주제**: 세시 풍속의 기능

예제 5

〈보기〉의 내용을 가장 잘 요약한 것은?

> ┤ 보기 ├
>
> 돼지는 목이 짧다. 없다고 하여도 과언이 아닐 정도로 짧다. 그러나 목이 짧다고 해서 반드시 못난 것이요, 길다고 해서 잘났다는 법이 어디 있는가? 목이 길기로는 기린이 수석이다. 그러나 그 기다란 목을 늘이고 좌로 우로, 혹은 전후로 상하로 이리 돌리고 저리 돌리는 그 줏대 없는 겁쟁이 태도는 보기에 어떠한가? 이리 살피고 저리 살피고 어슬렁어슬렁 걸어가는 그 보조는 풍신 좋은 체구와는 전연 딴판이다. 돼지는 다행히 짧아서 곧은 목이다. 고집은 셀지 모르나 좌고우시(左顧右視)의 추태는 있을 수 없다. 목표를 향하여 일직선으로 직진할 뿐이다.

① 볼품은 없으나 당당한 돼지가 목이 짧은 것은 다행이다.

② 돼지의 당당한 목은 짧아서 줏대 없는 기린의 긴 목보다 더 잘났다.

③ 목이 짧지만 태도가 당당한 돼지가 목만 길고 줏대 없는 기린보다 더 낫다.

④ 돼지는 목이 짧고 볼품이 없으나 기린처럼 줏대 없이 걷지 않아서 다행스럽다.

풀이 이 글은 짧은 목을 가진 돼지와 긴 목을 가진 기린을 대조하면서 돼지는 비록 짧은 목을 가졌지만 당당함을 보이고, 기린은 긴 목을 가졌지만 줏대가 없다 하여 돼지가 기린보다 더 낫다는 것을 말하고 있다.

정답 ③

2 주제문과 참주제의 파악

문단의 화제와 핵심 속성을 하나의 문장으로 표현하면 그것이 곧 문단의 주제문이 된다. 문단의 주제 문장에서 서술부는 화제에 대한 설명, 화제에 대한 가치 판단, 화제와 관련된 주장 등의 성격을 지닌다. 이 서술부의 내용을 핵심 어구로 정리하면 참주제가 된다.

> **예**
> 1. 우리말에서 '집'이라는 용어는 용도에 관계 없이 '건물'이라는 의미도 있고, 주거 생활이이루어지는 건물로서 '살림집'만을 의미하기도 하며, 가족과 가문으로서의 '집안'을 의미하기도 한다.

- **주제문**: '집'이라는 용어는 '건물', '살림집', '집안' 등의 의미가 있다.
- **참주제**: '집'의 다양한 의미

> **예**
> 2. 우리는 대화할 때 '말한 것'의 액면 그대로의 의미를 전하려 할 때가 많지만, '말한 것' 자체와는 다른, 즉 '말하지 않은 의미'를 전달하고자 할 때도 많다. 그와 같이 나타난 말 이면에 숨겨진 다른 의미를 함축이라고 한다. 비서에게 몇 번 지시했으나 도무지 통하지 않아서 답답한 나머지 사장이 "집에 내려가 푹 쉬지." 하니까 비서가 "얼마나요?", "감사합니다.", "괜찮습니다."라고 말할 때, 이 비서는 모든 말을 액면 그대로 받아들인 것이다.

- **주제문**: 함축적 의미는 나타난 말 이면에 숨겨진 의미이다.
- **참주제**: 함축적 의미의 개념

핵심노트   Core Point

■

주제문과 참주제의 관계는 실제 시험에서 출제되는 문제 유형과 밀접한 관련이 있다. 다음은 모두 주제와 관련된 문제 유형의 문두이다.

- 위 글의 핵심 주장은?
- 위 글의 요지로 적절한 것은?
- 위 글의 논지를 바탕으로 학술 발표회를 개최하고자 한다. 초청장에 들어갈 발표회의 주제로 적절한 것은?
- 위 글의 논지를 가장 잘 반영한 표제와 부제는?

예제 6

다음 글의 주제로 적절한 것은?

예로부터 농악이나 풍물굿 등에 쓰였던 꽹과리, 장구, 북, 징 등 네 개의 타악기로 이루어진 사물이 '신을 부르는 소리'로까지 격찬을 받으며 '사물놀이'로 탄생되었다. 이는 1978년에 열렸던 '제1회 공간 전통 음악의 밤'에서 젊은 국악인 네 명이 '웃다리 풍물-경기, 충청 가락'을 발효함으로써 비롯되었다. 이들이 보여 준 진지하고도 신명 나는 사물놀이 연주는 남사당을 통해 이어져 온 전통 음악의 신명나고 건강한 부분을 온전하게 계승하여 우리의 잊혀진 감성과 무뎌져 가는 귀를 다시 열어 주었으며, 나아가 우리 민족 음악의 특수성이 세계 음악의 보편성으로 각광받는 계기를 열어 주었다

① 사물놀이의 발생 의의
② 사물놀이의 변천 과정
③ 사물놀이의 구성 요소
④ 사물놀이의 개념과 특성

풀이 글의 주제문은 '사물놀이는 우리의 전통 음악을 계승하여, 세계에 우리의 음악을 알리는 계기를 마련하였다.'고 정리할 수 있다. 즉 주제는 '사물놀이의 의의' 또는 '사물놀이의 발생 의의'가 된다.

정답 ①

적용 문제

01 다음 글의 중심 화제로 적절한 것은?

> 어느 시대에든지 자아 실현에 장벽이 되는 요인들은 있다. 우리가 살고 있는 시대도 수많은 문제 요인들을 안고 있는데, 그 중에서도 막대한 영향력을 지니고 있는 것은 바로 남성과 여성에 대한 편견이라고 할 수 있다. 사람은 성 차별이 만연된 이 사회에 태어날 때부터 성별에 따라 다른 대우를 받는다. 이 때부터 무의식적으로 형성된 편견은 사람들의 생각 속에 고정 관념이 되어 자리 잡고 있으면서 수많은 남성과 여성의 삶을 제약하고 자아 실현을 가로막고 있다.

① 여성 차별의 문제 　　　　　　　② 남성과 여성의 차이

③ 성차에 대한 편견 　　　　　　　④ 자아 실현과 성 역할

풀이 이 글에서는 자아 실현의 장벽이 되는 요인으로서 '남성과 여성에 대한 편견'을 중심으로 내용을 전개하고 있다. 성차에 따른 편견이 형성되는 과정을 밝히고, 그러한 편견이 자아 개념의 중요한 일부분으로 자리잡음으로써 자아 실현에 장벽이 되고 있음을 설명하고 있는 것이다. 따라서 이 글의 화제는 '성차에 따른 편견'이 가장 적절하다.

정답 ③

02 〈보기〉의 글을 가장 잘 요약한 것은?

> **┤보기├**
>
> 초기 인류의 화석을 보면, 원시인의 골격은 오늘날의 인간들과는 동떨어지고 오히려 유인원에 흡사하다는 인상을 받게 된다. 그런 가운데에서도 극히 미미하지만 분명히 다른 특징을 찾아낼 수 있다. 그런데 바로 이 미미한 특징이 인류문명의 발전을 가능하게 한 요인이 된다. 그것은 두 다리로 서서 걷기에 알맞은 신체 구조, 즉 직립보행이 가능한 신체 구조였다. 두 다리로 걷는다는 것은, 곧 두 팔을 보행이라는 동작으로부터 해방시킨다는 의미였고, 이렇게 자유로워진 두 손으로 도구를 만들고 또 그것을 다룰 수 있게 되어서 인류 문명 발달의 새로운 국면을 열어 놓았다.

① 원시인의 골격을 살펴보면, 두 팔로 도구를 사용할 수 있는 신체구조를 갖고 있어 유인원과 차이를 보이고 있다.

② 초기 원시인의 화석에 나타난 인간의 골격은 유인원에 가깝지만 직립보행을 할 수 있다는 뚜렷한 특징을 가지고 있었다.

③ 인간은 직립 보행을 할 수 있는 신체구조로 말미암아 두 팔로 도구를 사용할 수 있어서 문명을 발달시킬 수 있었다.

④ 인류의 문명을 발달시킨 요인은 인간의 골격이 유인원과 달리 두 팔을 자유롭게 사용할 수 있는 신체 구조를 갖고 있다는 점이다.

풀이 〈보기〉의 글을 요약하면, '인간은 직립 보행으로 말미암아 두 팔을 해방시켰고, 그로 인해 두 손으로 도구를 만들고 다룰 수 있게 되어 인류 문명 발달의 새로운 국면을 열어 놓았다.'로 볼 수 있다.

정답 ③

03 다음 글의 논지로 가장 올바른 것은?

> 이전보다 훨씬 다양한 집단에 속한 채 살아야 하는 현대인에게는 개인과 집단의 관계를 어떻게 설정하느냐 하는 문제가 더욱 중요하게 떠오른다. 이러한 문제가 발생할 때 다수의 논리를 내세워 개인의 의지를 배제한다면 그것은 바람직한 해결책이라 할 수 없다. 현대 사회가 추구하는 효율성의 원칙만을 내세워 집단을 개인의 우위에 두면 '진정한 인간성'이 계발되기 어렵다. 그러므로 우리는 개인이 조직 사회에 종속됨으로써 정신적 독립성을 잃게 되는 위험성을 항상 경계해야 한다.

① 개인과 집단 사이에는 갈등이 있을 수 없다. 집단의 이익이 개인의 이익이며, 개인의 이익이 집단의 이익이다.

② 다수의 논리를 내세워 개인의 의지를 꺾는 것도 잘못이지만, 개인의 의지가 다수의 논리를 무시하는 것은 더 큰 문제이다.

③ 개인의 존엄성은 상대적인 것이다. 따라서 개인도 자기 목소리만을 높일 것이 아니라 집단 목표에 부합하도록 노력해야 한다.

④ 개인이 집단의 목적에 맹목적으로 따르는 것은 민주 시민의 올바른 자세가 아니다. 구성원의 비판이 없는 집단은 자기 발전을 이루지 못한다.

풀이 논지(論旨)란 자신의 의견을 주장하는 글의 취지로, 결국 글의 중심 생각을 가리킨다. 이 글에서는 다수의 논리와 효율성의 원칙을 앞세워 집단을 개인보다 우위에 두는 것은 개인을 사회에 종속시켜 많은 문제점을 낳는다는 점을 지적하고 있다. ①은 개인과 집단을 동일하고 보고 있고, ②는 개인 우위의 폐단을 문제 삼고 있으며, ③은 개인의 책무를 강조하고 있다.

정답 ④

04 다음 〈보기〉에 나타난 글쓴이의 생각과 가장 가까운 것은?

┤보기├

> 옛말에, "하루라도 책을 읽지 아니하면 입 속에 가시가 돋친다一日不讀書 口中生荊棘."라는 말이 있지만, 오늘날은 하루 책을 안 읽으면 입에 가시가 돋치는 문제에만 그치는 것이 아니라, 생존 경쟁(生存競爭)이 격심한 마당에서는 하루만큼 낙오(落伍)가 되어, 열패자((劣敗者)의 고배(苦杯)와 비운을 맛보지 않을 수 없게 될 것이다. 아무리 천재적인 지혜와 역량을 가진 사람이라 할지라도, 널리 남의 의견을 들어서 중지(衆智)를 모아 놓지 아니하면, 자기 깜냥의 정와(井蛙)의 편견(偏見)으로 독선(獨善)과 독단(獨斷)에 빠져서 대사를 그르치는 일은 옛날부터 비일비재(非一非再)하였다.

① 생존 경쟁에서 낙오되지 않고 성공하기 위해서는 독서를 해야 한다.

② 아무 것도 배우지 않고 있기보다는 무용한 사물이라도 배우는 것이 낫다.

③ 독서는 경험하지 않은 것들도 마치 경험한 것과 같은 느낌을 가지게 한다.

④ 책을 읽지 않는 것도 문제지만 책의 내용을 과신하는 것도 어리석은 일이다.

풀이 〈보기〉에서 제시된 글쓴이의 생각은 세 가지로 요약할 수 있다. 첫째, 책을 읽지 않으면 생존 경쟁에서 낙오되기 쉽다. 둘째, 편견으로 독단과 독선에 빠질 우려가 있다. 셋째, 독서는 성공의 비결이 된다. 이 내용을 가장 잘 보여 주는 것은 ①이다.

정답 ①

CHAPTER 06 문단의 전개와 문단 간의 관계

제1절 문단의 전개 방법

한 편의 글에서 글쓴이는 글의 내용을 효율적으로 전달하기 위하여 다양한 글쓰기 전략을 동원한다. 즉, 글을 쓸 때 논지 전개 방식, 또는 서술 방법 등을 고려하는데, 이러한 것들은 글을 쓴 목적, 각 문단의 구성상의 기능, 구체적 진술의 방법 등과 관련된다.

1 글쓴이의 의도와 문단의 성격 파악

문단의 진술 의도는 주장인가, 설명인가를 파악하는 것이고, 문단의 성격은 문제 제기인가 논거인가, 부연인가 등의 파악하는 것이다.

> **[예]**
>
> 1. ❶ 우리가 경제의 문을 열고 담을 헐고 살아야 하는 개방의 불가피성과 당위성은 이제 폭넓은 공감대를 형성하고 있다. ❷ 그러나 경제의 개방이 무엇을 약속하고 어떠한 변화와 도전을 가져올 것인지에 대해서는 별다른 논의가 이루어지지 않고 있다. ❸ 개방과 관련하여 가장 시급한 과제는 국제적인 수준의 규범에 맞도록 우리의 제도와 관행을 바꾸어 사회 전체의 국제화를 추진하는 일이다.

❶과 ❷에서는 개방의 당위성과 현실의 문제를 전제로 하여, ❸에서 사회 전체의 국제화를 주장하고 있다.

> **[예]**
>
> 2. 한 나라의 모든 사람의 공통 의식(共通意識)이 모이면 민족 의식(民族意識)을 이룬다. 민족 의식의 표현은 그 나라 말로 나타난다. 따라서, 각 민족이 쓰는 말에는 그 민족 나름대로의 세계상(世界像)이 들어 있다. 우리 겨레가 쓰는 말은 우리 겨레의 세계상을 담는 그릇이요, 우리 겨레의 공통적인 정신의 상징이다. 그러므로 말은 겨레의 얼 이라고 한다. 이것은 겨레의 흥망(興亡)과 말의 흥망이 기복(起伏)을 같이 하는 역사적 사실을 보아도 잘 알 수 있다. 말의 인식은 자기를 깨치는, 곧 자각(自覺)하는 일인 동시에 민족을 깨치는 일이요, 나아가서 민족을 결합하는 원동력(原動力)이 된다.
>
> 말이 겨레의 얼의 상징(象徵)이며 민족 결합의 원동력이라는 데에서 말이 얼마나 소중한 것인가를 깨닫게 된다. 이처럼 소중한 말의 순화를 들

핵심노트 — Core Point

■ **문단의 성격이나 글쓴이의 의도와 관련된 것**
- 문제를 제기하는가, 해결 방안을 제시하는가, 의견을 절충하는가 등
- 해명하는가, 설명하는가, 비판하는가, 주장하는가 등

■ **중심 내용을 구체화하는 방법과 관련된 것**: 분석, 묘사, 분류, 예시, 정의, 비교, 대조, 유추, 서사, 과정, 인과 등

■ **전제:** 말은 겨레 얼의 상징이며 민족 결합의 원동력
■ **주지:** 들어온 말의 순화의 필요성

고 나올 때에 문제가 되는 것의 하나가 들어온 말이다. 이 들어온 말은 우리 겨레의 참된 삶이나 정신이 투영된 것은 결코 아니다. 그것은 마땅히 우리말에서 솎아 내야 할 말의 잡풀에 지나지 않는다. 밭의 잡풀은 뽑아 내는 것으로 끝나지만, 말의 잡풀은 뽑아 낸 자리에 반드시 다른 말을 갈아 심어야 한다. 갈아심는 말, 이것은 이미 쓰고 있는 말이거나, 혹은 옛말에서 찾아 낸 것이거나, 아니면 주어진 천부의 창조력으로 새로이 만든 말이어야 한다. 새 말의 만듦, 이것은 언어의 자연 발생관(自然發生觀)에는 어긋나지만, 우리 민족의 세계상(世界像)을 담은 그릇인 말을 순화하는 데에 피할 수 없는 창조 작업이다.

첫 문단은 각 민족이 쓰는 말에는 그 민족 나름대로의 세계상이 들어 있으므로, 말은 겨레의 얼의 상징이며, 민족 결합의 원동력이 된다고 전제하고 있다. 둘째 문단은 이러한 언어관을 바탕으로 들어온 말이 순화되어야 할 필요성을 주장하고 그 방법에 대해 설명하고 있다.

2 중심 내용의 구체화 방법 파악

한 편의 글을 쓸 때 글쓴이는 중심 내용을 설정하고 그 내용을 뒷받침하기 위해 세부 내용을 일정한 방법에 따라 전개한다. 이 구체화 방법은 주로 글의 전개 원리와 관련된다.

> 예
> 1. 역사의 연구는 개별성을 추구하는 것이라고 할 수 있다. 즉 구체적인 과거의 사실 자체에 대한 구명을 꾀하는 것이 역사적인 것이다. 가령 고구려의 한족과의 투쟁을 고구려라든가 한족이라든가 하는 구체적인 요소들을 빼 버리고, 단지 "자주적 대제국이 침략자와 투쟁했다."고만 서술해 버린다면 그것은 한국사일 수가 없다. 요컨대 일정한 시대에 활약하던 일정한 인간 집단의 구체적 활동에 대한 서술을 빼면 그것은 역사일 수가 없는 것이다.

예시의 방법으로 주장을 뒷받침하고 있다.

> 예
> 2. 어휘가 적용되는 사회적 범위가 확대되거나 축소되는 경우에 의미 변화가 일어나는 경우가 있다. 예를 들면, '왕'은 왕정(王政)의 최고 책임자를 이르는 말이지만, 이 말의 사회적 적용 범위를 확대하여 일반화(一般化)하여 쓰게 되면, 그 의미가 확장된다. 그리하여 '암산왕, 광산왕'과 같이 '제인자'라는 뜻을 가지거나, '왕방울, 왕거미'와 같이 '크다'는 의미를 지니게 되는 것이다.

예시의 방법으로 설명 내용을 뒷받침하고 있다.

■ 글의 전개 원리가 중심 내용을 구체화하는 방법, 즉 세부내용과 전개 방법이 주로 관련된 개념이라면 논지 전개 방식이나 서술상의 특징은 전개 원리뿐만 아니라, 논지의 성격, 글의 구성 방식을 포함한 보다 포괄적인 개념이다. 이러한 글의 전개 원리나 논지 전개 방식은 문장, 문단, 글 단위에서도 동일하게 적용된다.

■ 구체적 진술 내용의 성격을 상술, 논거, 전제 등으로 구분한다면 구체적 진술의 방법, 즉 글의 전개 원리는 모두 중심 내용에 대한 설명 방법이 된다.

예제 1

다음 글의 전개 방식에 대한 설명으로 적절한 것은?

> 1952년 어느 날, 현대 음악가 존 케이지(J.Cage)는 미국의 한 대학에서 강의를 했다. 그가 강의를 한 곳은 사다리 꼭대기였고, 그 내용은 긴 침묵과 춤이었다. 이 행위는 일반적인 강의 형식과 내용을 뒤집어 놓은 것이어서 커다란 반향을 일으켰다. 또 어떤 작가는 거대한 얼음 덩어리 20개를 길거리에서 녹게 내버려 두어, 사물이 시시때때로 변화하는 과정을 송두리째 보여 주기도 했다. 다른 예로는 빌딩만한 립스틱이나 전기 플러그 등과 같은 작품을 떠올려도 좋겠다. 친숙한 것을 낯선 것으로, 낯선 것을 친숙한 것으로 보여 주어 인간을 먼 상상의 여행길로 나서게 하는 이런 예술 행위의 본질은 무엇일까?

① 대립되는 관점들을 제시하여 문제를 도출하고 있다.
② 친근한 소재를 예로 들어 독자의 흥미를 유발하고 있다.
③ 예상되는 의문이나 반론을 제시하여 논의의 근거로 삼고 있다.
④ 여러 사례의 공통점을 제시하여 문제의 성격을 분명히 하고 있다.

풀이 먼저 세 가지의 사례를 나열했다. 존 케이지의 강의, 어떤 작가가 얼음 덩어리를 녹이는 행위, 빌딩만한 립스틱을 나열하고 이 사례의 공통점을 통해 예술의 본질을 물어보고 있다.

정답 ④

제2절 │ 글의 전개 원리

1 분석과 묘사의 전개 방식

(1) **분석**: 어떤 복잡한 것을 단순한 요소나 부분들로 나누는 지적 작용
  • 물리적 분석 · 개념적 분석, 기능적 분석 · 연대기적 분석 · 인과적 분석으로 나누어 볼 수 있다.
  • 구분의 이유, 구분의 기준이 진술되어야 한다.
(2) **묘사**: 대상에 대한 감각적 인상을 표현하는 방법으로 세부 요소들을 논리적, 연상적 순서에 따라 배열한다.(수직, 수평, 순환적 배열)
  • 지배적 인상을 중심으로 의미 있는 것을 그린다.
  • 일정한 순서를 유지한다.

■ **분석과 묘사**
• 분석과 묘사는 하나의 전체로서 취급될 수 있는 것들, 즉 그 나름으로 하나의 구조를 이루고 있는 대상을 다룬다는 점에서 공통점이 있다.
• 분석은 전체를 부분이나 구성 요소로 나누는 것이고, 묘사는 대상의 형태, 색채, 감촉, 소리 등을 일정한 순서에 따라 서술한다.

> 예
>
> 1. 모든 말은 소리, 뜻, 그리고 문법의 요소로 이루어진다. 우선 소리는 우리 입안의 발음 기관을 통하여 조음되는 음성이다. 이 소리는 공기를 타고 전파되어 듣는 이의 귓전을 울려 준다. 이 때 소리는 뜻을 담아서 운반하는 그릇(형식)의 구실을 한다. 이런 구실을 하는 소리가 없으면 우선 말의 형식이 존재하지 않는다. 뜻은 소리를 통하여 전달되는 말의 내용이다. 우리가 전달하고자 하는 생각이나 느낌이다. 이 뜻이 담기지 않은 소리는 빈 소리에 불과하고 말이 되지 못한다. 문법은 소리와 뜻이 어울리는 방식이다. 아무 소리나 뜻을 담지 못하며, 또 소리가 아무렇게나 연결되어서는 뜻을 전달하지 못한다. 소리와 뜻이 일정한 방식으로 어울려야만 뜻이 담겨서 전달된다. 그러니 문법 또한 말을 이루기 위한 필수 요소이다.

말을 하나의 구조로 보고 그 구성 요소로 나누어 설명하는 분석의 전개 방식을 보이고 있다.

> 예
>
> 2. 지붕은 맞배 지붕으로 귀틀의 한가운데에 대공을 세워 마룻대를 얹었으며, 이를 의지하여 띄엄띄엄 서까래를 걸어서 지붕을 꾸미었다. 서까래와 서까래 사이에는 너와를 얹고, 바람에 날려가지 않도록 군데군데에 작은 돌을 올려놓았다. 너와는 좌우의 양측 면에서는 길이로 한끝을 조금씩 물려가며 이어 나갔으며, 마룻대에 해당하는 부위에는 세로로 늘어놓아서 지붕의 좌우 양면이 마주하는 부위의 너비가 40-50cm로 벌어지게 되었다.

정보의 전달과 관련된 설명적 묘사, 객관적 묘사의 글이다.

> 예
>
> 3. 짐승 같은 달의 숨소리가 손에 잡힐 듯이 들리며, 콩포기와 옥수수 잎새가 한층 달에 푸르게 젖었다. 산허리는 온통 메밀밭이어서 피기 시작한 꽃이 소금을 뿌린 듯이 흐뭇한 달빛에 숨이 막힐 지경이다. 붉은 대궁이 향기같이 애잔하고, 나귀들의 걸음도 시원하다. 길이 좁은 까닭에 세 사람은 나귀를 타고 외줄로 늘어섰다. 방울 소리가 시원스럽게 딸랑딸랑 메밀밭으로 흘러간다.

분위기나 인상을 전달하는 주관적 묘사, 문학적 묘사의 글이다.

2 분류와 예시와 정의의 전개

(1) **분류**: 어떤 대상을 비슷한 특성에 근거하여 기준을 정해 대상들을 나누는 방법
  - 분류의 기준은 하나이며, 분류된 항목은 상호 배타적이다.
  - 분류는 전체와 개체 사이의 관계를 효과적으로 표현하기 위한 수단이다.
(2) **예시**: 일반적인 원리나 법칙 등을 구체화하는 지적 작용
  - 진술의 구체성, 타당성에 기여하고 글을 쉽고 인상 깊은 것으로 만들어 준다.
(3) **정의**: 어떤 대상의 본질이나 개념을 진술하는 지적 작용
  - 정의항과 피정의항은 대등하다.
  - 피정의항의 용어나 개념이 정의항에 반복되지 않는다.
  - 피정의항이 부정이 아닌 한 정의항은 긍정적으로 진술된다.

예

1. 유배형 중에는 왕족이나 고위 관료들에 한해 유배 지역 내의 일정한 장소를 지정하고 그 곳에 유폐시키는 '안치'와 주위에 가시가 있는 탱자나무를 심고 이 곳밖에 나오지 못하도록 한 '위리안치(圍籬安置)'도 있었다. 따라서 위리안치 시킬 경우 주로 탱자나무가 많은 남쪽 섬 지역으로 보냈다. 경종 때 임인옥사가 발생하여 영의정 김창집이 거제도에, 영부사 이이명이 남해에, 판부사 조태채가 진도에 각각 위리안치된 것이 한 예이다.

유배형을 '안치'와 '위리안치'로 구분하여 설명하는 분류에 의한 전개 방식과 탱자나무가 많은 곳으로 위리안치된 사례를 제시하는 예시의 전개 방식을 보이고 있다.

예

2. 사이버펑크는 사이버네틱스(Cybernetics)와 펑크(Punk)의 합성어이다. 이중 사이버네틱스는 희랍어로 '배의 키를 잡는 사람'을 뜻하는 것으로 미국의 수학자인 로버트 위너가 48년 발간한 자신의 저서에서 '동물과 기계간의 의사 소통 문제를 다룬 학문'이라는 뜻으로 처음 사용하기 시작했다고 전해진다. 이후 이 단어는 급기야 인공 두뇌라는 컴퓨터 개발의 박차를 가하게 되는 계기를 주었다고 한다. 반면 '펑크'는 70년대 후반 영국에서 기존 록음악에 반기를 들면서 반항적이고 반체제적인 음악을 기치로 해서 나타났던 음악인들을 지칭하는 용어이다.

   이처럼 전혀 조화를 이룰 것 같지 않은 두 단어가 합성돼 만들어진 '사이버 펑크'는 기존 질서와 가치관에 대해 모두 극도의 반감을 갖고 있다는 공통점으로 인해 흔히 '첨단 기술을 무기로 내세운 정보 사회의 폐해적인 면을 부각시켜 주고 있는 반체제적 성향의 대중 문화'를 일컫는 단어로 쓰이고 있다.

'사이버펑크'의 개념을 설명하는 정의에 의한 전개 방식을 보이고 있다.

핵심노트   Core Point

■ **분류 · 예시**

정의는 상위 개념과 하위 개념의 관계를 드러낸다는 점에서 공통점이 있다.
분류는 대상의 공통점이 전제된다는 점에서, 예시는 대상의 세부적인 내용이 제시된다는 점에서, 정의는 '살마은 이상적인 동물이다.'와 같이 대상과 유개념의 관계를 드러낸다는 점에서 상하 개념의 관계를 드러낸다고 할 수 있다.

■ **분류와 분석**

분류가 상위 개념과 하위 개념의 관계를 드러내는 과정과 관련된다면, 분석은 대상을 구성하고 있는 요소들을 각 부분별로 나누어 가는 과정과 관련된다. 식물을 뿌리 · 줄기 · 잎으로 분석할 수 있고, 해양 식물 · 육지 식물 등으로 분류할 수 있는 것이다.

■ **분류와 구분**

어떤 대상을 설명하기 위해 그 대상을 그보다 작은 항목으로 나누는 것을 '구분'이라 하고, 그보다 큰 항목으로 묶는 것을 '분류'라 하여 구별한다. 그러나 전체와 부분, 부분과 부분의 관계를 분명히 한다는 점에서 전개 원리는 동일하다.
  - 생물은 동물과 식물로 나뉜다(구분).
  - 한국, 일본, 중국 사람은 모두 황인종이다(분류).

3 비교와 대조와 유추의 전개 방법

■
비교·대조·유추는 둘 이상의 대상을 서로 견준다는 점에 공통점이 있다. 비교와 대조가 서로 같은 범주의 내용이나 대상을 견주어 유사성과 차이점을 밝힌다면, 유추는 일종의 확장된 비교로서 서로 다른 범주에 속한 것을 견준다.

(1) **비교와 대조**: 둘 또는 그 이상의 대상들을 견주어 그 공통점이나 차이점을 드러내어 사물의 특성을 밝혀 진술하는 방식
  • 공통점에 관심을 둔 것을 비교라 한다.
  • 차이점에 관심을 둔 것을 대조라 한다.
  • 동일 범주에 속하는 것이어야 한다.
(2) **유추**: 일종의 확장된 비교로 어떤 전제에 바탕을 둔 논리적 추리로 서로 다른 범주에 속하는 대상을 견주는 방식
  • 유추되는 두 대상은 서로 다른 범주에 속한다.

■ **비교와 유추**
• **비교**: 동일한 범주에 속하는 대상의 공통점을 직접 견주어 보는 것
• **유추**: 넓은 의미의 비교에 속하며, 비슷한 속성이나 행위를 가진 다른 범주 사물을 통하여 주어진 대상(주제)을 추리해 가는 것

예
1. 동양적 인간 관계의 밑바탕에는 감성(感性)의 가치를 중시하는 가치관이 깔려 있다면, 서양적 인간 관계의 밑바탕에는 이성(理性)적 사고에 대한 신뢰가 흐르고 있다. 감성은 정(情)을 따라 흐르고 이성은 논리(論理)를 좇아 따진다. 정에 의해 움직일 때는 인간 사이의 관계가 종종 두루뭉실하게 되어 혼란을 일으키기 쉽고 개인의 독립성이 흐려지기 마련이다. 그러나 이런 관계 속에서는 정서적으로 그만큼의 흐뭇함과 따뜻함을 체험할 수 있다. 이와 달리 논리를 따져 행동할 때에는 인간 사이의 관계가 투명하며 효율적일 수 있고 개성도 그만큼 존중될 수 있다. 그러나 그것은 그만큼 차갑고 삭막한 관계가 되기 쉽다.

감성을 중시하는 동양적 인간 관계와 이성을 중시하는 서양적 인간 관계를 대조의 방법으로 전개하고 있다.

예
2. 산업화로 말미암아 도시가 비대해지고, 화석 에너지 및 공업 용수의 사용이 급속히 늘어나, 대기 오염, 식수원 오염 및 토양 오염을 유발하여 쾌적하지 못한 환경 오염을 초래하게 되었다. 급기야는 1940~50년대를 전후하여 공업 선진국의 몇몇 도시에서는 이미 대기 오염에 의한 인명 사고가 발생하기 시작하였다. 대표적인 것은 1952년 12월, 영국에서 발생했던 '런던 스모그 (Smog = smoke + fog) 사건'이었다. 이로 인하여 4000여 명이 사망하였다고 하니, 정말 끔찍한 일이 아닐 수 없다. 이 사건은 환경 오염이 삶의 질적 차원을 넘어서 인류 생존의 문제로 악화되고 있음을 시사해주는 대표적인 것으로 기록되어 있다. 미생물을 실험실에서 배양할 때, 어느 때까지는 잘 자라다가 일정 시간이 지나면 먹이고갈과 노폐물의 축적으로 성장을 멈추고, 끝내는 사멸한다는 것은 익히 알려진 바이다. 인류라고 예외일 수는 없다. 만약, 인류의 생산 활동의 부산물인 대기 오염, 수질 오염 및 토양 오염을 그대로 방치할 경우, '환경 문제'는 '환경오염'의 차원을 넘어 '환경 파괴'로 치닫게 될 것이다. 그 다음의 결과야 불을 보듯 뻔하지 않은가?

실험실에서 배양하는 미생물이 생명 활동의 부산물로 인해 환경이 오염되면 성장을 멈추고 끝내 사멸한다는 사실을 제시하고, 이에 빗대어서 지구라는 제한된 공간에 살고 있는 인류도 생산 활동의 부산물로 지구 환경이 오염되면(미생물처럼) 끝내 사멸할 것임을 유추의 서술 방식을 통해 경고하고 있다.

4 서사와 과정과 인과의 전개 방법

(1) **서사**: 일정한 시간 내에서 일어나는 행동이나 사건에 초점을 두고 진술하는 방식
  • "무엇이 일어났는가?"에 대답하는 방식으로 '무엇'에 초점이 놓인다.
(2) **과정**: 어떤 특정의 결말이나 결과를 가져 오게 한 행동의 변화, 기능, 단계, 작용 등에 초점을 두고 진술하는 방식
  • "그것이 어떻게 일어났는가?"에 대답하는 방식으로 '어떻게'에 초점이 놓인다.
(3) **인과**: 어떤 결과를 가져오게 한 원인과 초래된 현상에 관계되는 것을 진술하는 방식
  • "왜 그것이 일어났는가?"에 대답하는 방식으로 '왜'에 초점이 놓인다.

[예]

1. 1919년에 성립된 대한 민국 임시 정부의 헌법은 5차에 걸친 개헌 과정을 통하여 이루어졌는데, 1차 개헌은 대통령 지도제, 1925년 2차 개헌은 국무령 중심의 내각 책임 지도제로 전환하였으며, 2년 뒤인 1927년 3차 개헌을 통하여 국무 위원 중심제인 집단 지도 체제로 변경한 후, 1940년 4차 개헌을 통하여 주·부석 중심 체제로 전환하여 1948년 5·10 선거에 의해 제헌 국회가 이루어지기까지 여러 과정을 거쳤다.

헌법의 내용 변화에 초점을 두고 서사의 방법으로 전개한 글이다.

[예]

2. 1928년 마지막 별신굿 때, 각시탈을 맡았던 이창희(李昌熙) 옹의 증언에 의하면, 그 때의 별신굿은 다음과 같이 진행되었다고 한다. 음력 정월 초 이튿날 아침, 산주(山主)와 광대(별신굿놀이 연희자)들이 서낭당에 올라가 제수를 차려 놓고 서낭대와 내림대를 세우고 강신, 즉 서낭신의 내림을 받는다. 신이 내려 대잡이 손이 떨리면 서낭대에 매단 당방울이 울린다. 일동은 강신한 서낭대와 내림대를 받들고 농악을 울리면서 상당인 서낭당에서 하당인 국사당과 삼신당을 다녀서 동사(洞舍) 앞 놀이마당에 이르러 서낭대를 받쳐 놓고 별신굿 탈놀이를 시작하였다.

하회 별신굿의 진행 절차를 과정의 방법으로 전개하고 있다.

핵심노트　　　　　Core Point

■
서사·과정·인과는 시간성을 중시한다는 점에 공통점이 있다.
차이점은 서사가 '무엇'에, 과정은 '어떻게'에, 인과는 '왜'에 초점이 놓인다.

서사	–	사건의 제시	–	무엇
과정	–	사건의 단계	–	어떻게
인과	–	사건의 관계	–	왜

■ 서사적 설명
서사는 주로 소설에서 쓰이지만 일반적인 글에서도 내용 전개의 한 방법으로 활용된다. 어떤 사건이나 행동을 시간의 흐름에 따라 진술함으로써 사건을 이해하는 데 도움을 준다.

[예]

3. 초기 인류의 화석을 보면, 원시인의 골격은 오늘날의 인간들과는 동떨어지고 오히려 유인원에 흡사하다는 인상을 받게 된다. 그런 가운데에서도 극히 미미하지만 분명이 다른 특징을 찾아낼 수 있다. 그런데 바로 이 미미한 특징이 인류문명의 발전을 가능하게 한 요인이 된다. 그것은 두 다리로 서서 걷기에 알맞은 신체구조, 즉 직립보행이 가능한 신체 구조였다. 두 다리로 걷는다는 것은, 곧 두 팔을 보행이라는 동작으로부터 해방시킨다는 의미였고, 이렇게 자유로워진 두 손으로 도구를 만들고 또 그것을 다룰 수 있게 하여서 인류 문명 발달의 새로운 국면을 열어 놓았다.

직립 보행 때문에 문명의 건설과 발전을 이룰 수 있었다고 인과의 방법으로 전개하고 있다.

▣ 대등 관계나 주종 관계는 한 문장이나, 한 문단 내에서도 나타난다. 대등하게 이어진 문장이나 종속적으로 이어진 문장, 안은 문장과 안긴 문장, 중심 문장과 뒷받침 문장을 생각하면, 이에 대한 내용을 쉽게 이해할 수 있다.

제3절 ▷ 문단 간의 관계

주제의 효율적인 전달을 위해 글의 내용은 일정한 순서에 의해 전개된다. 이때 둘 이상의 문단이 대등한 관계로 제시되기도 하고, 주지와 상술, 주장과 근거, 전제와 결론, 보편과 특수, 단순과 복잡, 정·반·합 등의 중심 문단과 뒷받침 문단의 관계로 제시되기도 한다.

■ **중심 문장과 뒷받침 문장**

1. 중심 문장 = 추상적 진술
　요약적 / 개념 / 원리적 / 비묘사적
2. 뒷받침 문장 = 구체적 진술
　구체적 / 특수적 / 분석적 / 묘사적

1 중심 문단과 뒷받침 문단

뒷받침 문단은 중심 문단의 내용을 입증·보완·강조하는 역할을 하므로 중심 문단과 동일한 주제로 묶을 수 있다. 동일한 주제를 다루는 중심 문단과 뒷받침 문단들을 아울러 내용 문단이라 하는데, 한 편의 글에서 내용 문단이 여러 개가 제시될 수 있다.

[예]

(가) 우리말은 체언에는 조사가 결합하고 용언의 어간에는 어미가 결합하여 문법적 기능을 나타내므로 형태면에서 첨가어에 속한다. 그런데 조사와 어미는 단순히 그것이 결합하는 단어뿐만 아니라 문장 전체와 관련되는 기능을 드러내며 그 의미를 좌우한다.

(나) 아름다운 얼굴을 지닌 한 처녀의 모습을 묘사하는 경우에도 조사에 따라 발화의 의도를 전혀 다르게 나타낼 수 있다.

❶ 얼굴이 아름답다.
❷ 얼굴은 아름답다.
❸ 얼굴도 아름답다.

위에서 '이'와 '은'과 '도'는 말을 듣는 이에게 전혀 다른 반응을 일으킬 수 있다. 아름답다는 긍정적 평가를 나타내는 말이지만 '얼굴'에 결합하는 조사에 따라 부정적인 평가가 함축될 수도 있기 때문이다. ❶은 아름다운 얼굴의 단순한 묘사이지만, ❷는 얼굴은 아름답지만 교양이 없다느니 마음씨가 나쁘다느니 하는, 얼굴이 아닌 다른 면에서 아름답지 못하다는 뜻이 숨어 있다. ❸은 ❷와 대조적으로 얼굴뿐만 아니라 교양도 있다느니 마음씨도 좋다느니 하는 또 다른 긍정적 평가의 뜻이 숨어 있는 것이다.

(다) 그뿐만 아니라 문장이 끝나 갈 때에 첨가되는 말의 방향을 전혀 다른 데로 돌려버리기도 한다. 예컨대, "당신의 말은 정당합니다마는 나는 당신의 태도에 동감할 수 없습니다."와 같은 문장에서 '마는'은 정당하다는 긍정적인 평가와 전혀 다른 새로운 방향을 암시하고 있다. 이와 같은 우리말의 특징은 변화하는 현상에 대하여 다양한 판단을 가능하게 한다.

중심 문단	뒷받침 문단 대등 관계
(가) 우리말의 첨가어적인 특성: 문장 전체와 관련되는 기능을 드러내며 그 의미를 좌우한다.	(나) 첨가되는 말에 따른 의미 차이: 조사에 따라 서로 다른 의미를 함축한다.
	(다) 첨가되는 말에 의한 의미의 반전: 이어지는 내용의 향방이 달라진다.

2 대등한 관계의 문단

대등한 관계의 문단은 각각이 대등한 관계의 중심 문단이거나, 대등한 관계의 뒷받침 문단일 수 있다. 이에 대한 판단은 글 전체의 구조 속에서 이루어진다.

예

서양 사람들은 음식 하나하나가 그것만 먹어도 되고, 또 먹을 수 있게끔 완벽하게 독립돼있다. 빵은 빵만 먹어도 되고, 채소는 채소만 먹어도 되며 스테이크는 스테이크만 먹어도 되고, 아이스크림이나 커피 그 모두가 독립된 식품이다. 그래서 '먹어치우는' 時間系列型(시간계열형)식사를 한다.
이에 비해 한국 사람들은 밥상에 오르는 음식 하나하나가 그것 하나만으로는 먹을 수 없게끔 相補(상보 – 서로 모자란 부분을 보충함)된 주–부식(主–副食)구조로 돼 있다. 밥만 먹을 수 없고, 김치만 먹을 수도 없으며, 간장만 퍼먹을 수도 없게 돼 있는 것이다. 독립된 식품이 아니라 두 가지 이상의 음식을 입속에서 조화시켜 먹어야하는 복수구조인 것. 그러기에 양식이나 중국음식처럼 하나씩 먹어치우는 시간계열식사가 불가능하고, 상에 그 많은 복수의 음식을 차려놓고 먹는 시간전개형(時間展開型)식사가 불가피한 것이다.

두 문단은 서로 대등하게 대조 관계를 이루고 있다. 이 경우 주제는 두 문단의 내용을 아우르는 '한국과 서양의 음식 문화의 차이'로 정리할 수 있다.

예제 2

다음 글에 대한 설명으로 적절하지 않은 것은?

연은 매우 오래 전부터 군사적 목적으로 활용되었다. 기록에 따르면 중국에서는 기원전 200년경 진(秦)나라와 항우의 초(楚)나라를 무너뜨리고 전한(前漢)을 세운 유방의 장수 한신이 적의 성을 공략할 때 연을 사용했다고 한다. 이유는 확실치 않다. 성을 관통하는 굴을 파기 위해 거리를 재는 데 이용했다는 설명도 있고, 한신이 직접 연을 타고 올라가 적병에게 투항을 권유했다는 얘기도 전해진다.

우리 나라에서는 신라 진덕여왕 원년(647년) 비담과 염종이 반란을 일으킬 때 이를 진압하기 위해 김유신 장군이 연을 사용했다는 기록이 있다. 이후 고려 말엽(1374년) 최영 장군이 탐라국을 평정할 때 군사를 연에 매달아 병선(兵船)에서 띄워 절벽 위에 상륙시켰으며, 불덩이를 매단 연을 적의 성안으로 날려 보냈다는 기록이 남아 있다. 또 조선조에는 세종대왕(1455년) 때 남이 장군이 강화도에서 연을 즐겨 날렸다는 기록과 임진왜란 당시 충무공 이순신 장군이 섬과 육지를 연결하는 통신 수단으로 색과 문양을 달리한 다양한 암호용 연을 이용했다는 기록이 전해진다.

① 두 문단은 예시의 방법으로 주제를 뒷받침하고 있다.
② 첫 문단은 사례를 더 제시해야 완결성을 갖추게 된다.
③ 둘째 문단에서는 중심 문장이 생략된 것으로 볼 수 있다.
④ 우리 나라와 중국의 연 날리기 방법은 대조의 대상이 되고 있다.

풀이 이 글은 '연'이 군사적으로 활용되었다는 내용을 중국과 우리나라의 예를 들어 설명했다. ①은 연을 군사적 목적으로 활용한 중국과 우리나라의 예를 들어 설명하는 부분에서 확인할 수 잇다. ②는 설명문의 일반적 특징으로 타당한 설명이다. ③은 '우리나라에서도 연은 매우 오래 전부터 군사적 목적으로 활용되었다.'는 중심 문장이 첫 문단 때문에 생략한 것으로 볼 수 있다. 그러나 ④의 연 날리기 방법의 차이는 이 글에 제시되어 있지 않다.

정답 ④

적용 문제

01 다음 글에 드러난 서술 방식을 〈보기〉에서 모두 찾으면?

> 1950년 이래 미국은 국민 1인당 연간 5톤의 이산화탄소를 대기로 방출한 반면, 개발 도상국의 주민은 그 20분의 1도 안 되는 225킬로그램을 방출했다. 그리고 에너지 소비량을 석탄으로 환산했을 때 미국은 국민 1인당 연간 10,200킬로그램을 소비했으나, 인도는 그 30분의 1도 안 되는 300킬로그램을 사용해 왔다고 한다. 이는 현대인의 풍요로운 생활과 그 근간을 이루는 산업 체제가 엄청나게 많은 에너지 소비에 바탕을 두고 있음을 보여 준다.

┤보기├

ㄱ. 친숙한 경험을 끌어들여 핵심적인 개념을 설명한다.
ㄴ. 다른 대상과의 차이점을 밝혀 내용을 뒷받침한다.
ㄷ. 구체적인 사례를 제시하여 독자의 이해를 돕는다.
ㄹ. 대상을 요소별로 나누어 각각의 특징을 밝힌다.

① ㄱ, ㄴ
② ㄱ, ㄹ
③ ㄴ, ㄷ
④ ㄱ, ㄷ, ㄹ

풀이 'ㄱ'은 유추, 'ㄴ'은 대조, 'ㄷ'은 예시, 'ㄹ'은 분석이다. 제시된 글에서 미국과 개발 도상국의 에너지 소비량을 대조하고 또 그 예를 들어 설명하고 있다.

정답 ③

02 밑줄 친 내용에서 유추할 수 있는 비유적 표현으로 가장 적절한 것은?

> 어떤 탐구 분야든지 정확한 공식화가 가능한 지식을 산출하면 곧 과학이라고 일컫는다. 과학은 철학에서 시작하여 기술(技術)로 끝나고, 또한 과학은 가설의 샘에서 발원(發源)하여 성취의 바다로 흘러간다. 철학은 미지의 것 또는 부정확한 것에 대한 가설적 해석이다. 철학이 진리 세계를 탐구하는 최전선이고 과학이 점령 시대라고 한다면, 우리의 삶은 지식과 기술로 건설된 후방의 안전지대라고 할 수 있다. 철학은 어쩔 줄 몰라 우두커니 서 있는 것 같다. 그러나 철학은 승리의 열매를 과학에게 넘겨주고 나서, 거룩한 불만을 간직한 채 아직도 탐구되지 않은 불확실한 지역으로 나아가고 있다.

① 철학이 전깃줄이고 과학이 그 전깃줄을 따라 흐르는 전류라고 한다면, 우리의 삶은 어두운 밤을 밝게 비추는 전등불과 같다.

② 철학이 광맥을 찾아 나가는 탐사대이고 과학이 그 광물을 채굴하는 광부라고 한다면, 우리의 삶은 그 광물을 실생활에 이용하는 소비자와 같다.

③ 철학이 거친 바다를 헤쳐 나가는 배이고 과학이 그 배를 운행하는 항해사라고 한다면, 우리의 삶은 그 배에 타고 있는 승객과 같다.

④ 철학이 자갈밭을 걸어가는 두 다리이고 과학이 앞 길을 살피는 두 눈이라고 한다면, 우리의 삶은 두 다리에 실려 가는 몸통과 같다.

풀이 제시된 문장 자체가 이미 비유적으로 표현되어 있으므로 그 비유적 의미를 파악하여야 문제를 해결할 수 있다. 철학: 진리를 찾기 위해 미지의 것을 조망하고 탐구한다. / 과학: 철학의 바탕 위에 미지의 것, 모호한 것을 가능한 것으로 만든다. / 우리의 삶: 철학과 과학이 이룩해 놓은 성과를 누린다. 이렇나 관계를 표현한 것은 ②이다.

정답 ②

03 (가)와 (나)의 공통적인 전개 원리는?

> (가) 일반적으로 초상권은 얼굴 및 기타 사회 통념상 특정인임을 식별할 수 있는 신체적 특징을 타인이 함부로 촬영하여 공표할 수 없다는 인격권과 이를 광고 등에 영리적으로 이용할 수 없다는 재산권을 포괄한다.
> (나) 언론에 의한 초상권 침해의 유형으로는 본인의 동의를 구하지 않은 무단 촬영 · 보도, 승낙의 범위를 벗어난 촬영 · 보도, 몰래 카메라를 동원한 촬영 · 보도 등을 들 수 있다.

① 분석   ② 분류
③ 예시   ④ 비교

풀이 (가)에서는 초상권의 범위 두 가지로, (나)에서는 침해 유형을 세 가지로 구분하여 제시하고 있다.

정답 ②

04 다음 글에 대한 설명으로 적절하지 않은 것은?

구조주의의 융성에 이바지한 유럽의 한 문필가는 일본의 번지(番地) 체계에 흥미를 보이며 그것이 유럽의 공간성(空間性)에 대립하는 시간성(時間性)의 표징이라고 지적한 적이 있다.

유럽에 살아본 사람들은 잘 알겠지만, 그 곳에서는 주소를 가지고 집을 찾기가 매우 쉽다. 좁다란 골목길까지 포함해서 모든 거리에 고유한 이름이 붙어 있고, 번지수는 좌우 홀짝 순으로 일련 번호를 이루고 있기 때문이다. 예컨대 어느 건물에 매겨진 주소가 파리 라스파유 거리 222번지라면, 그 건물은 같은 거리 220번지와 224번지 사이에 있고, 그 건물 맞은 편에는 221번지나 223번지가 있을 것이라고 비교적 안전하게 말할 수 있다.

그러나 일본은 그렇지 않은 모양이다. 그것은 일본의 주소 체계를 본뜬 우리 경우를 생각해 보면 쉽게 알 수 있다. 모든 거리에 이름이 주어지지도 않았을 뿐더러, 번지수가 기하학적 질서에 바탕을 두지도 않았다. 예컨대 222번지의 옆이나 건너편에 반드시 223번지가 있으리라는 보장이 없다. 실제로 그 두 건물은 아주 멀리 떨어져 있는 일이 흔하다. 일본이나 한국에서 222번지가 뜻하는 것은 그 번지의 건물이 223번지 건물에 공간적(空間的)으로 인접해 있다는 사실이 아니라 시간적(時間的)으로 인접해 있다는 사실이다. 다시 말해 222번지라는 숫자는 그 건물이 221번지 건물이 들어선 이후에 그리고 223번지 건물이 들어서기 이전에 세워졌다는 것을 드러낸다.

① 뒷받침 문단의 내용은 서로 대조되고 있다.
② 대조의 대상은 유럽과 동양의 주소 체계이다.
③ 대조된 내용은 주소 체계의 공간성과 시간성이다.
④ 유럽의 주소 체계를 파리의 예를 들어 설명하고 있다.

풀이 일본의 주소 체계와 유럽의 주소 체계의 차이를 설명하였다. 일본의 주소 체계가 동양 전체의 주소 체계는 될 수 없다.

오답 ① 유럽의 주소 체계와 일본의 주소 체계가 대조되고 있다.
③ 유럽의 공간성과 일본의 시간성이 주소 체계의 차이를 만들어 내고 있다.
④ 유럽의 주소 체계를 파리의 예를 들어 설명했다.

정답 ②

05 다음 글을 전개하고 있는 방법은?

인접성에 의한 의미 전이로 인해서 환유는 일상 언어에서 다양한 방식으로 나타나는데, 대체적으로 '확대 지칭'과 '축소 지칭'으로 구별된다. 확대 지칭은 부분으로 전체를 지칭하는 것이며, 축소 지칭은 전체로 부분을 지칭하는 것을 말한다. 가령 '손이 모자라다'에서는 신체의 부분인 '손'으로 '일꾼을 확대 지칭하며, '온 동네가 기뻐했다'에서는 전체인 '동네'로 '동네 사람'을 축소 지칭한다.

① 예시와 분류
② 유추와 정의
③ 예시와 분석
④ 비교와 분석

풀이 환유의 종류를 확대 지칭과 축소 지칭으로 나눈 것은 분류이고, '가령' 이후의 문장은 '예시'이다.

정답 ①

06 글의 전개로 보아 속담을 제시한 이유는?

흔히 주위를 경계하고 말조심하라는 뜻으로 "낮말은 새가 듣고 밤말은 쥐가 듣는다."라는 속담을 사용한다. 아마도 새는 낮에 활동하는 대표적인 동물로, 쥐는 밤에 활동하는 대표적인 동물로 쓰였을 것이다. 그러나 이 표현은 소리의 굴절 현상을 정확하게 설명하고 있다.

소리는 공기의 운동에 의해 전달되는 파동의 일종이다. 따라서 파동이 일반적으로 가지는 반사, 굴절, 회절, 간섭 등의 성질을 지닌다. 소리는 차가운 공기보다 따뜻한 공기에서 그 속력이 증가하여 기온이 높은 데서 낮은 곳으로 굴절해 간다. 여러 명이 옆으로 손을 잡고 가는 경우 어느 한 쪽이 빨리 가면 진행 방향이 휘는 것과 마찬가지 원리이다.

더운 날이나 낮에는 지표 가까이에 있는 공기가 상층의 공기보다 따뜻하므로 지면 가까이에서 소리의 속력이 더 빠르다. 따라서 낮에는 소리가 높은 곳으로 굴절해 간다. 이것은 소리가 멀리 가지 못함을 말한다. 낮에 높은 층에 있는 교실에서 운동장의 소리가 잘 들리는 경우를 경험한 사람이 있을 것이다. 추운 날이나 밤에는 반대로 지표근처의 공기의 온도가 상층의 공기 온도보다 낮고, 따라서 소리는 지면 쪽으로 꺾이게 된다. 즉 이것은 소리가 멀리까지 갈 수 있음을 뜻하는 것이기도 하다. 이와 같이 소리의 굴절 현상에 의해 낮에는 공중 생활을 하는 '새가', 밤에는 지상 생활을 하는 '쥐'가 소리를 잘 듣게 될 것이다.

① 속담에 담긴 지혜를 강조하기 위하여
② 소리의 굴절 현상과 기온의 관계를 설명하기 위하여
③ 소리 굴절 현상의 개념을 규정하기 위하여
④ 소리에 관한 통념의 문제점을 분석하기 위하여

풀이 친숙한 속담을 제시하여 화제에 대한 관심을 유도하고 있다. 또한 속담에 나타난 새와 쥐의 밤과 낮이라는 활동 시간대의 기온의 차이를, 새와 쥐가 활용하는 공간인 공중과 지상의 기온 차이를 드러내는 재료로 활용하고 있다.

정답 ②

07 다음 글에 대한 설명으로 적절한 것은?

> 행랑채가 퇴락하여 지탱할 수 없게끔 된 것이 세 칸이었다. 나는 마지못하여 이를 모두 수리하였다. 그런데 그 중의 두 칸은 장마에 비가 샌 지가 오래 되었으나, 나는 그것을 알면서도 이럴까 저럴까 망설이다가 손을 대지 못했던 것이고, 나머지 한 칸은 비를 한 번 맞고 샜던 것이라 서둘러 기와를 갈았던 것이다. 이번에 수리하려고 본즉 비가 샌 지 오래된 것은 그 서까래, 추녀, 기둥, 들보 다 모두 썩어서 못쓰게 되었던 까닭으로 수리비가 엄청나게 들었고, 한번밖에 비를 맞지 않았던 한 칸의 재목들은 완전하여 다시 쓸 수 있었던 까닭으로 그 비용이 많지 않았다.
>
> 나는 이에 느낀 것이 있었다. 사람의 몸에 있어서도 마찬가지라는 사실을. 잘못을 알고서도 바로 고치지 않으면 곧 그 자신이 나쁘게 되는 것이 마치 나무가 썩어서 못쓰게 되는 것과 같으며, 잘못을 알고 고치기를 꺼리지 않으면 해를 받지 않고 다시 착한 사람이 될 수 있으니, 저 집의 재목처럼 말끔하게 다시 쓸 수 있는 것이다. 뿐만 아니라 나라의 정치도 이와 같다. 백성을 좀먹는 무리들을 내버려 두었다가는 백성들이 도탄에 빠지고 나라가 위태롭게 된다. 그런 연후에 급히 바로잡으려 하면 이미 썩어버린 재목처럼 때는 이미 늦은 것이다. 어찌 삼가지 않겠는가.
>
> — 이규보, '이옥설(理屋說)'

① 체험적 사실을 해석하여 의미를 부여하고 있다.
② 결론을 제시하고 구체적 사례를 근거로 뒷받침하고 있다.
③ 다양한 사례의 공통점을 논거로 주장을 뒷받침하고 있다.
④ 문제 현상의 원인을 분석하여 해결 방안을 제시하고 있다.

> **풀이** 첫 문단의 경험적 사실을 사례로 제시하고 그 사례를 분석하여 보편화하고 있다. 앞 부분이 논거라면 뒷부분은 결론이다. 유추에 의한 전개 방식을 보이고 있다.

정답 ①

CHAPTER 07

글의 구조와 주제

■ **문제 해결**

통일성, 완결성, 일관성 등 문단 구성의 기본 원리는 글 단위에서도 그대로 적용된다. 글의 처음, 중간, 끝의 기본 구조가 유지되었는가와 그 내용이 위에 말한 원칙을 지키고 있는가를 파악한다.

제1절 | 글의 기본 구조

한 편의 글은 전형적으로 '처음 – 중간 – 끝'의 구조를 지니고 있다. 각 단계는 그 단계의 기능에 알맞은 내용이 제시된다. 글을 쓰기 위해 개요를 작성하기도 하지만 독해를 통해 그 내용을 개요로 정리할 수도 있다. 다음은 설득적인 글의 전형적인 모습을 보이는 예이다.

> 예
>
> **제목:** 과학 기술자의 책임과 권리
> Ⅰ. **서론:** 과학 기술의 사회적 영향력에 대한 인식
> Ⅱ. **본론**
>   1. 과학 기술자의 책임
>   가. 과학 기술 측면: 과학 기술 개발을 위한 지속적인 노력
>   나. 윤리 측면: 사회 윤리 의식의 실천
>   2. 과학 기술자의 권리
>   가. 연구의 자율성을 보장받을 권리
>   나. 비윤리적인 연구 수행을 거부할 권리
>   다. 안전하고 개선된 환경에서 연구할 수 있는 권리
> Ⅲ. **결론:** 과학 기술자의 책임 인식과 권리 확보의 중요성

예제 1

'과대 광고'가 소비자에게 미치는 영향'에 대하여 글을 쓰고자 한다. 계획을 구체화한 것으로 적절하지 않은 것은?

①	논의 대상의 개념을 어떻게 규정할 것인가?	–	어떤 기준을 가지고 과대 광고 여부를 판단하는지를 조사하여 과대 광고의 특징과 속성에 대해 밝힌다.
②	어떠한 자료들을 활용할 것인가?	–	과대 광고로 인한 피해 사례, 관련 통계 자료, 설문 조사 결과 등을 자료로 활용한다.

③	글의 처음을 어떻게 시작할 것인가?	–	텔레비전, 신문은 물론 인터넷, 휴대 전화를 통해서까지 무수한 과대 광고가 쏟아지고 있는 현실을 드러낸다.
④	글의 결론은 어떻게 맺을 것인가?	–	다양한 방식의 광고 개발의 필요성을 강조하면서 글을 끝맺는다.

풀이 주제가 '과대 광고가 소비자에게 미치는 영향'이므로 '다양한 광고 개발의 필요성' 을 강조하면 논점에서 벗어난 주장이 된다.

정답 ④

1 처음

글의 처음 부분을 흔히 '도입 문단'이라고 한다. 이 도입 문단에서는 '무엇'에 대해 말할 것인지가 드러난다. 이때 '무엇'이 '화제'이다. 또한 그 화제를 다루는 이유가 제시되거나 암시되는데, 이 '이유'가 글의 '과 제'가 된다.

> **예**
> 1. 인간만이 말을 한다는 주장을 인간 중심의 사고로 보는 견해가 있다. 벌이 춤으로 꿀에 대한 정보를 비교적 정확히 알려 주듯이, 인간 이외에도 의사 소통 수단을 가진 동물이 있기 때문이다. 이러한 동물의 의사 소통 수단과 인간 언어의 차이를 알기 위해 인간 언어의 특질 몇 가지를 알아보기로 한다.

'말', '의사 소통', '인간 언어'가 유관 개념으로 반복되고 있으므로 '의사 소통' 내지 '언어'가 화제임을 알 수 있다.

> **예**
> 2. 『뉴욕 타임스』와 『워싱턴 포스트』를 비롯한 미국의 많은 신문은 선거 과정에서 특정 후보에 대한 지지를 표명한다. 전통적으로 이 신문들은 후보의 정치적 신념, 소속 정당, 정책을 분석하여 자신의 입장과 같거나 그 것에 근접한 후보를 선택하여 지지해 왔다. 그러나 근래 들어 이 전통은 적잖은 논란거리가 되고 있다. 신문이 특정 후보를 지지하는 것이 실제로 영향력이 있는지, 또는 공정한 보도를 사명으로 하는 신문이 특정 후보를 지지하는 행위가 과연 바람직한지 등과 관련하여 근본적인 의문이 제기되고 있는 것이다.

핵심노트 — Core Point

- **화제:** '무엇'에 대하여 말하고 있는가?
- **과제:** '왜' 말하고 있는가?

이 글은 '신문의 특정 후보 지지'를 화제로 삼고 있다. 과제는 명쾌하게 제시되어 있는데, '신문이 특정 후보를 지지하는 것이 영향력이 있는가'를 해명 또는 논증하고, '신문의 특정 후보 지지가 바람직한가'에 대한 견해를 밝히려는 과제가 제시되어 있다.

예제 2

다음 서두로 보아, 글쓴이가 다룰 핵심 문제로 알맞은 것은?

> 지구상에는 매년 약 10만 명 중의 한 명이 목에 걸린 음식물 때문에 질식사하고 있다. 이러한 현상은 인간의 호흡 기관[기도]과 소화 기관[식도]이 목구멍 부위에서 교차하는 구조로 되어 있기 때문에 발생한다. 인간과 달리, 곤충이나 연체동물 같은 무척추동물은 교차 구조가 아니어서 음식물로 인한 질식의 위험이 없다. 인간의 호흡 기관이 이렇게 불합리한 구조를 갖게 된 원인은 무엇일까?

① 인간이 진화 과정을 통하여 얻은 이익과 손해는 무엇일까?
② 무척추동물과 척추동물의 호흡계 구조에는 어떤 차이가 있을까?
③ 인간의 호흡계와 소화계가 지니고 있는 근본적인 결함은 무엇일까?
④ 진화 과정에서 인간의 호흡계와 같은 불합리한 구조가 발생하는 이유는 무엇일까?

풀이 이 글에서 다루어야 할 핵심은 글의 마지막 문장에 직접 제시되어 있다.

정답 ④

---

2 중간

글의 중간에서는 처음에 제시된 과제에 대한 설명이나 논의가 이루어진다. 중간의 성격은 크게 설명하고자 하는 대상의 정보를 제시하는 것과 주장이 옳다는 것을 뒷받침하는 정보를 제시하는 것의 두 가지로 나뉜다.

> **예**
> 벌들도 서로의 약속이 없다면 필요한 정보를 전달하지 못할 것이다. 그러나 벌의 춤은 한정된 정보만 전달한다. 반면 인간은 한정된 수의 음소 및 단어와 그것들을 결합시키는 규칙을 토대로 새로운 단어와 문장 등을 만들어 낼 수 있다. 이렇게 유한한 요소로 들어보지도 못한 새로운 표현을 창조해 내는 것이 인간이다. 이러한 특성을 창조성이라고 한다.

설명하는 글의 중간 부분에서는 정보 자체의 전달이 중시된다면, 주장하는 글의 중간 부분에서는 제시된 정보가 주장하는 내용의 근거가 된다.

다른 동물의 의사 소통 수단이 한정된 표현을 사용하는 것과 달리, 인간의 언어는 새로운 표현을 무한하게 창조할 수 있다는 '언어의 창조성'을 설명하고 있다. 즉 동물과 비교한 인간 언어의 특질 중 하나를 설명하는 중간 단계 문단 중의 하나이다.

핵심노트   Core Point

예제 3

다음 글의 전개 방식에 대한 설명으로 옳은 것은?

신문의 특정 후보 지지가 유권자의 표심에 미치는 영향은 생각보다 강하지 않다는 것이 학계의 일반적인 시각이다. 1958년 뉴욕 주지사 선거에서 〈뉴욕 포스트〉가 록펠러 후보를 지지해 그의 당선에 기여한 유명한 일화가 있긴 하지만, 지지 선언의 영향력은 해가 갈수록 줄어들고 있다. 이 현상은 '선별 효과 이론'과 '보강 효과 이론'으로 설명할 수 있다.

선별 효과 이론에 따르면, 개인은 미디어 메시지에 선택적으로 노출되고, 그것을 선택적으로 인지하며, 선택적으로 기억한다. 예를 들면, '가' 후보를 싫어하는 사람은 '가' 후보의 메시지에 노출되는 것을 꺼려할 뿐만 아니라, 그것을 부정적으로 인지하고, 그것의 부정적인 면만을 기억하는 경향이 있다. 한편 보강 효과 이론에 따르면, 미디어 메시지는 개인의 태도나 의견의 변화로 이어지지 못하고, 기존의 태도와 의견을 보강하는 차원에 머무른다. 가령 '가' 후보의 정치 메시지는 '가' 후보를 좋아하는 사람에게는 긍정적인 태도를 강화시키지만, 그를 싫어하는 사람에게는 부정적인 태도를 강화시킨다. 이 두 이론을 종합해 보면, 신문의 후보 지지 선언이 유권자의 후보 선택에 크게 영향을 미치지 못한다는 것을 알 수 있다.

① 이론을 활용하여 주장을 뒷받침하고 있다.
② 상반된 두 주장을 비판하고 대안을 모색하고 있다.
③ 개념 정의와 사례 분석을 토대로 주장을 펴고 있다.
④ 통념의 문제점을 지적하고 새로운 이론을 주장하고 있다.

풀이 학계의 일반적 시각에 대해 글쓴이도 '지지 선언의 영향력을 해가 갈수록 줄어들고 있다'고 하여 동의하고 있다. 글쓴이의 주장인 셈이다. 이를 선별 효과 이론과 보강 효과 이론으로 뒷받침하고 있다.

정답 ①

설명하는 글의 끝 부분은 제시되지 않아도 정보의 이해에는 지장이 없다. 또한 제시한 정보의 가치나 의의, 알아두어야 하는 이유 등 글쓴이의 견해가 제시되는 경우가 있더라도 초점이 정보 전달 자체에 있는 경우가 많다.

3 끝

글의 끝 단계에서는 일반적으로 중간 부분에서 밝힌 주요 내용을 요약하고 정리하여 강조하고, 핵심 내용을 재확인하게 된다.

> **예**
> 1. 이와 같이 기술 혁신의 과정은 과다한 비용 지출이나 실패의 위험이 도사리고 있는 험난한 길이기도 하다. 그렇지만 그러한 위험을 감수하면서 기술 혁신에 도전했던 기업가와 기술자의 노력 덕분에 산업의 생산성은 지속적으로 향상되었고, 지금 우리는 그 혜택을 누리고 있다. 우리가 기술 혁신의 역사를 돌아보고 그 의미를 되짚는 이유는, 그러한 위험 요인들을 예측하고 적절히 통제할 수 있는 능력을 갖춘 자만이 앞으로 다가올 기술 혁신을 주도할 수 있으리라는 믿음 때문이다.

제시된 결말의 내용으로 보아 주제는 '기술 혁신의 역사와 그 의미'라고 할 수 있다. 이 주제의 내용을 요약적으로 제시하고, 이러한 글을 쓴 이유로 마무리하고 있다.

> **예**
> 2. 따라서 기존의 에너지 시스템을 그대로 유지하는 한 현재의 환경 위기는 결코 극복할 수 없다. 재생 가능한 에너지원을 도입하는 것도 중요하지만, 에너지 소비가 지금처럼 지속적으로 늘어나게 될 경우 그것도 실패로 돌아갈 우려가 크다. 문제의 근본적인 해결책은, 재생 가능한 에너지원이 현 산업 체제에서 요구하는 에너지 수요를 얼마나 감당할 수 있느냐 하는 데서 한 걸음 더 나아가 그 에너지를 이용하는 현대 산업 체제를 어떻게 바꾸어 나갈 것이냐 하는 데서 찾아야 한다. 결국 산업과 생활에서 에너지를 과다하게 사용할 수밖에 없는 에너지 사용 방식을 바꾸어야 한다는 것이다.

현재의 환경 위기의 극복 방안에 대한 의견을 요약적으로 제시하고 있다. 이 결론의 내용은 '현재의 산업 체제나 생활로는 에너지 수급의 불균형을 해소할 수 없음을 인식하고, 에너지 시스템의 전환과 아울러 에너지 소비를 줄이는 방향으로 산업 체제의 변화를 도모해야 한다.'고 요약할 수 있다.

예제 4

다음 결말로 보아 글쓴이가 궁극적으로 말하고자 하는 것은?

> 동양 미술이 자연의 탐구를 통하여 인간의 본성을 확인하고 있을 때, 서구 미술은 인체의 탐구를 통하여 자연의 절대적인 법칙을 확인하려 했던 것이다. 이렇듯 서구와 동양의 미술은 얼핏 보아 서로 대립적인 것 같지만, 궁극적인 정신의 지향점은 일치한다. 자연은 인간과 별개의 것이 아니라, 자연이 곧 인간이고 인간이 또한 자연이기 때문이다.

① 서구 미술은 동양 미술의 정신을 본받아야 한다.
② 미술은 인체를 탐구하려는 정신이 전제되어야 한다.
③ 동서양의 고대 미술은 모두 종교적 속성을 바탕으로 하고 있다.
④ 동서양의 미술은 모두 표현 대상에 숨겨져 있는 본질을 탐구하고 있다.

풀이 동양 미술은 자연의 탐구를 통해, 서양 미술은 인체의 탐구를 통해 표현 대상이 지니고 있는 법칙이나 분석, 즉 대상의 본질을 확인하려 했다는 것을 말하고 있다.

정답 ④

제2절 글의 성격과 주제 파악

글의 성격은 크게 '설명하는 글'과 '주장하는 글'로 나눌 수 있고, 각각의 글은 앞에서 설명한 일반적인 글의 구조를 지닌다. 다음 글을 분석하고 문제를 풀어 보자.

1 설명하는 글

[처음] 이누이트(에스키모) 하면 연상되는 것 중의 하나가 이글루이다. 그들의 주거 시설에는 빙설을 이용한 집 외에도 목재나 가죽으로 만든 천막 등이 있다. 이글루라는 말은 이러한 주거 시설의 총칭이었으나, 눈으로 만든 집이 외지인의 시선을 끌어 그것만 일컫는 말이 되었다. 이글루는 눈을 벽돌 모양으로 잘라서 반구 모양으로 쌓은 것이다. 눈 벽돌로 만든 집이 어떻게 얼음집으로 될까? 이글루에서는 어떻게 난방을 할까?
[중간1] 일단 눈 벽돌로 이글루를 만든 후에, 이글루 안에서 불을 피워 온도를 높인다. 온도가 올라가면 눈이 녹으면서 벽의 빈틈을 메워 준다. 어느 정도 눈이 녹으면 출입구를 열어 물이 얼도록 한다. 이 과정을 반복

핵심노트 Core Point

■ 주제 파악의 과정

분석의 과정
• 각 문단의 내용 파악
• 각 문단의 관계 파악

종합의 과정
• 문단의 성격 및 관계 파악
• 글의 구조 파악

글의 주제 파악
• 전체의 요지 파악
• 주제 파악

■ 설명과 주장
실제의 시험에서는 첫머리에서 특별한 과제를 제시하지 않고 특정한 화제에 대한 설명을 전개한 뒤, 끝 부분에서 그 설명 내용과 관련하여 필자의 주장을 드러내는 지문이 많다. 주장 못지않게 전달하는 정보의 이해를 중시하는 경우에 해당 하는데, 이는 주장에 앞서 일반인들이 잘 알지 못하거나 잘못 알고 있는 화제에 대한 관심과 이해를 도모하기 위한 것이다.

하면서 눈 벽돌집을 얼음집으로 변하게 한다. 이 과정에서 눈 사이에 들어 있던 공기는 빠져나가지 못하고 얼음 속에 갇히게 된다. 이글루가 뿌옇게 보이는 것도 미처 빠져나가지 못한 기체에 부딪힌 빛의 산란 때문이다.

[중간2] 이글루 안은 밖보다 온도가 높다. 그 이유 중 하나는 이글루가 단위 면적당 태양 에너지를 지면보다 많이 받기 때문이다. 이것은 적도 지방이 극지방보다 태양 빛을 더 많이 받는 것과 같은 이치이다. 다른 이유로 일부 과학자들은 온실 효과를 든다. 지구에 들어오는 태양 복사 에너지의 대부분은 자외선, 가시광선 영역의 단파이지만, 지구가 열을 외부로 방출하는 복사 에너지는 적외선 영역의 장파이다. 단파는 지구의 대기를 통과하지만, 복사파인 장파는 지구의 대기에 의해 흡수된다. 이 때문에 지구의 온도가 일정하게 유지된다. 이를 온실 효과라고 하는데, 온실 유리가 복사파를 차단하는 것과 같다는 데서 유래되었다. 이글루도 내부에서 외부로 나가는 장파인 복사파가 얼음에 의해 차단되어 이글루 안이 따뜻한 것이다.

[중간3] 이글루 안이 추울 때 이누이트는 바닥에 물을 뿌린다. 마당에 물을 뿌리면 시원해지는 것을 경험한 사람은 이에 대해 의문을 품을 것이다. 여름철 마당에 뿌린 물은 증발되면서 열을 흡수하기 때문에 시원해지는 것이지만, 이글루 바닥에 뿌린 물은 곧 얼면서 열을 방출하기 때문에 실내 온도가 올라간다. 물의 물리적 변화 과정에서는 열의 흡수와 방출이 일어나기 때문이다. 이때, 찬물보다 뜨거운 물을 뿌리는 것이 더 효과적이다. 바닥에 뿌려진 뜨거운 물은 온도가 높고 표면적이 넓어져서 증발이 빨리 일어나고 증발로 물의 양이 줄어들어 같은 양의 찬물보다 어는 온도까지 빨리 도달하기 때문이다.

[끝] 이누이트가 융해와 응고, 복사, 기화 등의 과학적 원리를 이해하고 이글루를 짓지는 않았을 것이다. 그러나 그들은 접착제를 사용하지 않고도 눈으로 구조물을 만들었으며, 또한 물을 이용하여 난방을 하였다. 이글루에는 극한 지역에서 살아가는 사람들이 경험을 통해 터득한 삶의 지혜가 담겨 있다.

[처음] 화제를 제시하고 그 화제에 대하여 한정된 측면에 대하여 설명하겠다는 과제를 밝힌다.

① **화제 찾기**: 이 글에서는 '눈으로 만든 집 – 이글루'를 화제로 삼고 있음을 알 수 있다.

② **과제 파악**: 화제의 개념을 분명히 하면서 '눈 벽돌로 만든 집이 어떻게 얼음집으로 될까? 이글루에서는 어떻게 난방을 할까? 라는 두 가지 과제를 제시하고 있다.

[중간] 처음 부분에서 밝힌 과제에 대하여 설명한다.

정보 ①: 융해와 응고의 원리를 들어 '눈 벽돌로 만든 집이 얼음집으로 변하는 과정'과 이글루가 뿌옇게 보이는 현상이 나타나는 이유를 설명하고 있다. 치음에 제시된 첫째 과제를 수행하는

■
글에 따라서는 화제만 제시되고 과제가 직접 제시되지 않는 경우도 있다.

■
전달하고자 하는 정보는 반드시 독자에게 '새로운' 것은 아닐 수도 있다. 다만, 필자가 제시한 '화제'와 '과제'에 관하여 '중요하고 유용한 것'이어야 한다.

문단이다.

정보 ②: 이글루가 외부에 비해 기본적인 난방 효과가 있음을 이글루의 구조와 관련하여 설명하고 있다.

정보 ③: 앞뒤 문단이 집의 구조와 관련한 난방 효과를 설명한 것이라면, 이 문단에서는 기화의 원리를 들어 물을 이용한 이누이트의 난방 방법에 대해 설명하고 있다.

[끝] 화제 및 과제를 확인하며, 정보의 가치를 부연한다.

① 과제 수행 확인: '얼음집의 형성 과정과 이글루의 난방 방법'을 살펴보는 과제를 수행했음을 밝혔다.

② 의의: 이글루에는 경험을 통해 터득한 삶의 지혜가 담겼다는 의의를 제시하였다.

핵심노트　　　　Core Point

■
설명하는 글은 사실 중간 부분에서 이미 전달하고자 하는 정보를 모두 말하였으므로, 끝 부분이 따로 없어도 정보 이해에는 지장이 없다. 설명 내용의 가치나 의의는 본문만으로도 충분히 추리할 수 있는 경우가 많기 때문이다.

예제 5

위 글에 대한 설명으로 가장 적절한 것은?

① 상반된 관점을 절충적으로 종합하고 있다.

② 실험 결과로부터 특정 원리를 이끌어 내고 있다.

③ 다른 대상과의 비교를 통해 가설을 검증하고 있다.

④ 구체적 현상에 들어 있는 과학적 원리를 밝히고 있다.

풀이 이글루의 눈 벽돌집이 얼음집으로 되는 이유와 난방 방법을 설명하고, 그 속에는 융해와 응고, 복사, 기화 등 과학적 원리가 바탕이 되고 있음을 설명하고 있다.

정답 ④

예제 6

위 글로 미루어 답을 알 수 있는 질문을 〈보기〉에서 골라 바르게 묶은 것은?

┤ 보기 ├

ㄱ. 호수가 어는 날씨에도 바다는 왜 얼지 않는가?

ㄴ. 냉동실에서 얼린 얼음의 가운데 부분은 왜 뿌옇게 보이는가?

ㄷ. 겨울에 세차를 위해 자동차에 온수를 뿌리면 왜 바로 어는가?

ㄹ. 겨울에 실외에 놓은 음료수가 얼면서 병이 깨지는 것은 왜일까?

① ㄱ, ㄴ　　　　② ㄱ, ㄷ

③ ㄴ, ㄷ　　　　④ ㄴ, ㄹ

2 주장하는 글

■ **제1문단[처음 – 도입 문단]**

① 화제 제시
② 문제의 발견
③ 과제 제시

[처음] 인간은 성장 과정에서 자기 문화에 익숙해지기 때문에 어떤 제도나 관념을 아주 오래 전부터 지속되어 온 것으로 여긴다. 나아가 그것을 전통이라는 이름 아래 자기 문화의 본질적인 특성으로 믿기도 한다. 그러나 이런 생각은 전통의 시대적 배경 및 사회 문화적 의미를 제대로 파악하지 못하게 하는 결과를 초래한다. 여기에서 과거의 문화를 오늘날과는 또 다른 문화로 보아야 할 필요성이 생긴다.

■ **제2문단[중간–보조 문단]**

① 소견 논거
② 사례

[중간1] 홉스봄과 레인저는 오래된 것이라고 믿고 있는 전통의 대부분이 그리 멀지 않은 과거에 '발명'되었다고 주장한다. 예컨대 스코틀랜드 사람들은 킬트(kilt)를 입고 전통 의식을 치르며, 이를 대표적인 전통문화라고 믿는다. 그러나 킬트는 1707년에 스코틀랜드가 잉글랜드에 합병된 후, 이곳에 온 한 잉글랜드 사업가에 의해 불편한 기존의 의상을 대신하여 작업복으로 만들어진 것이다. 이후 킬트는 하층민을 중심으로 유행하였지만, 1745년의 반란 전가지만 해도 전통 의상으로 여겨지지 않았다. 반란 후, 영국 정부는 킬트를 입지 못하도록 했다. 그런데 일부가 몰래 집에서 킬트를 입기 시작했고, 킬트는 점차 전통 의상으로 여겨지게 되었다. 킬트의 독특한 체크 무늬가 각 씨족의 상징으로 자리 잡은 것은, 1822년에 영국 왕이 방문했을 때 성대한 환영 행사를 마련하면서 각 씨족장들에게 다른 무늬의 킬트를 입도록 종용하면서부터이다. 이때 채택된 독특한 체크무늬가 각 씨족을 대표하는 의상으로 자리를 잡게 되었다.

■ **제3문단[중간 – 중심 문단]**

① 일반화
② 재해석
③ 견해

[중간2] 킬트의 사례는 전통이 특정 시기에 정치·사회적 목적을 달성하기 위해 만들어지기도 한다는 것을 보여 준다. 특히 근대 국가의 출현 이후 국가에 의한 '전통의 발명'은 체제를 확립하는 데 큰 역할을 담당하기도 하였다. 이 과정에서 전통은 그것이라는 신화가 형성되었다. 그러나 전통은 특정한 시공간에 위치하는 사람들에 의해 생성되어 공유되는 것으로, 정치·사회·경제 등과 밀접한 관련을 맺으면서 시대마다 다양한 의미를 지니게 된다. 그러므로 전통을 특정한 사회 문화적 맥락으로부터 분리하여 신화화하면 당시의 사회 문화를 총체적으로 이해할 수 없게 된다.

■ **제4문단[끝 – 결말 문단]**

① 주제 확인
② 의의 표명

[끝] 낯선 타(他) 문화를 통해 자기 문화를 좀 더 객관적으로 바라볼 수 있듯이, 과거의 문화를 또 다른 낯선 문화로 봄으로써 전통의 실체를 올바로 인식할 수 있게 된다. 이러한 관점은 신화화된 전통의 실체를 폭로하려는 데에 궁극적 목적이 있는 것이 아니다. 오히려 과거의 문화를 타 문화로 인식함으로써 신화 속에 묻혀 버린 당시의 사람들을 문화와 역사의 주체로 복원하여, 그들의 입장에서 전통의 사회 문화적 맥락과 의미를 새롭게 조명하려는 것이다. 더 나아가 이러한 관점을 통해 우리

는 현대 사회에서 전통이 지니는 현재적 의미를 제대로 이해할 수 있을 것이다.

[처음] 화제를 제시하고, 그 화제와 관련된 문제를 지적한 다음, 그 문제를 해결하기 위한 방안을 과제로 제시한다.

① **화제 찾기**: '제도나 관념', '그것', '전통', '과거의 문화' 등 유사한 의미를 나타내는 표현으로 보아 화제는 '문화' 내지 '전통'이라고 할 수 있다.

② **과제 파악**: 화제와 관련된 통념의 문제를 발견하고, "과거의 문화를 오늘날과는 또다른 문화로 보아야 할 필요성이 생긴다."라고 주장한다. 이 주장이 '과제'가 된다.

핵심노트   Core Point

■
필자는 '처음' 부분에서 '과거의 문화를 오늘날과는 또다른 문화로 보아야 할 필요성'이 있는 주장을 과제로 제시하였다. 그러므로 '중간' 부분에서는 과연 그 주장이 맞는 밝히게 된다.

[중간] 근거를 들어 처음 부분에서 제시한 과제를 해명한다.

① **주장의 근거**: '다른 사람의 견해'를 인용하고, 그 견해를 뒷받침하는 '사례'를 들어 필자의 주장을 뒷받침하는 근거로 제시하고 있다.

② **주장의 구체화**: '전통'의 특성이 '특정 시기에 정치·사회적 목적을 달성하기 위해' '발명' 되는 것이라고 일반화하고, 이를 근거로 "전통을 특정한 사회 문화적 맥락으로부터 분리하여 신화화(神話化)하면 당시의 사회 문화를 총체적으로 이해할 수 없게 된다."라고 하여 과제로 제시한 주장이 타당함을 밝히고 있다.

■
과제가 해결해야 할 문제일 때에는 문제의 원인 분석을 통하여 해결 방안을 모색하며, 주장인 경우는 그 주장을 정당화해 주는 뒷받침 내용을 근거로 제시하여 주장을 이끌어 낸다.

[끝] 주장을 반복하여 강조하고, 주장의 의의를 밝힌다.
주장이 "전통의 사회 문화적 맥락과 의미를 새롭게 조명하려는 것"이며, "현대 사회에서 전통이 지니는 현재적 의미를 제대로 이해할 수 있을 것이다."라고 하여 그 주장의 의의를 밝히고 있다.

예제 7

위 글 전체의 논지 전개상 특징으로 가장 적절한 것은?
① 연관된 개념들의 상호 관계를 밝혀 문제의 성격을 규정하고 있다.
② 사례를 통해 사회적 통념의 역사적 변화 과정을 추적하고 있다.
③ 상반된 주장을 대비한 후 절충적인 견해를 제시하고 있다.
④ 논지를 제시하고 사례를 통하여 그것을 뒷받침하고 있다.

풀이 이 글은 "과거의 문화를 오늘날과는 또 다른 문화로 보아야 할 필요성이 생긴다." 라고 하여 논지를 제시한 후, 둘째 문단에서 영국의 킬트 문화를 사례로 들어 논지의 정당성을 밝히고 있다.

정답 ④

예제 8

위 글의 핵심 주장은?

① 신화화된 전통의 실체를 밝힘으로써 과거와 현재의 넘나듦이 가능하다.

② 전통을 올바로 이해하려면 과거의 문화를 낯선 타 문화로 볼 필요가 있다.

③ 전통은 근대 국가의 출현 이후 체제를 확립하고 유지하는 역할을 하였다.

④ 전통은 아주 오래 전부터 지속된 것으로서 문화의 본질적 특성을 이룬다.

풀이 이 글은 첫 문단에서 전통에 대한 통념을 제시하고, 그러한 통념적 인식 "전통의 시대적 배경 및 사회 문화적 의미를 제대로 파악하지 못하게 하는 결과를 초래한다."라고 하여 문제점을 제시하였다. 이 문제점을 해결하기 위해 "과거의 문화를 오늘날과는 또 다른 문화로 보아야 할 필요성이 생긴다."라고 주장하고, 중간에서 주장을 뒷받침한 후, 마지막 문단에서 "과거의 문화를 또 다른 낯선 문화로 봄으로써 전통의 실체를 올바로 인식할 수 있게 된다."라고 하여 다시 그 주장을 확인하고 있다.

정답 ②

---

3 설명하는 글로 시작하여 주장의 제시로 끝나는 글

(가) 사회 복지는 "누구든지 인간의 존엄성과 가치를 훼손 당하지 않으면서 인간답게 살 수 있어야 한다"라는 이념을 전제로 한다. 사회 복지 실현을 위한 방법론은 바로 이 이념을 실현하기 위해서 발달하였다. 사회 복지 방법론은 고통을 받고 있는 사람들이 인간답게 살 수 있도록 도와주는 데 필요한 전문 지식과 기술로 구성되는 데 이는 크게 둘로 나눌 수 있다. 하나는 도움을 필요로 하는 개인에 초점을 맞추고 문제를 개별화하여 그 해결 방안을 찾는 미시적 방법론이고, 다른 하나는 문제를 집합적으로 보면서 전체적인 사회 차원에서 그 해결 대책을 강구하는 거시적 방법론이다. 사회 복지 전문가들은 이러한 방법론에 따라 도움이 필요한 사람들로부터 문제를 찾아내어 그 원인을 진단해 냄으로써 그들 스스로 자신의 문제를 해결할 수 있도록 도움을 주기도 하며, 다른 한편으로는 정부 정책이나 제도에 영향을 미침으로써 문제의 해결에 도움을 주기도 한다.

(나) 이러한 두 가지 방법론은 사회 체계와의 관계에서도 차이가 있다. 미시적 방법론을 사용하는 사회 복지 전문가들은 사회 체제 자체에 별 관심을 보이지 않고, 따라서 사회 정책을 입안하고 집행하는 데에도 그다지 관여하려 하지 않는다. 이들은 단지 사회 체제 안에서 개인에게 도움을 줄 수 있는 효과적인 방법들, 곧 자신이 담당하고 있는 임상(臨床) 분야의 전문성을 강화하는 데 관심을 기울인다. 반면에 거시적 방법론을 주

■ 화제 제시
- 사회 복지 방법론 ①: 거시적 방법론
- 사회 복지 방법론 ②: 미시적 방법론

■ 대상의 속성 분석
- 대상 ①: 미시적 방법론
- 속성 ①: 사회 체제에 무관심, 사회 정책 입안·집행에 불관여 – 임상 분야의 전문성에 관심

장하는 전문가들은 개인의 생활에 영향을 미치는 정부의 정책이나 사회 체제 자체를 매우 중요시한다. 왜냐하면 정부의 정책을 변화시키거나 사회 체제에 영향을 미침으로써 그것이 궁극적으로 개인에게 도움을 줄 수 있다고 보기 때문이다. 따라서 이들은 사회의 발전 과정에서 나타나는 사회 세력들간의 역동적인 측면에 관심을 보이며, 정부의 정책 과정 및 그것을 둘러싼 정책 환경에 관련된 지식들을 바탕으로 사회 복지 방법론의 지식과 기술을 발전시키고자 한다.

(다) 역사적으로 볼 때, 사회 복지 방법론은 미시적 방법론을 중심으로 발전하였다. 현재의 사회 복지 방법론을 구성하고 있는 내용 중 대부분은 사회학, 심리학, 사회심리학, 정신의학, 집단의학(集團醫學) 등 인접 부분으로부터 빌려 온 많은 지식을 바탕으로 사람들을 돕는 데 필요한 실천 지향적인 전문 지식과 기술로 이룩된 것들이다. 그 결과 사회 복지 방법론은 개별적인 차원에서 문제들을 다루거나, 복지 서비스를 효과적으로 전달하는 데 필요한 전문적인 지식과 기술을 갖추는 데에는 일단 성공을 하였다. 그러나 도움을 받는 사람과 사회 체제의 관계, 사회적 약자의 욕구가 정책에 반영되는 과정, 그리고 사회 체제에 내재해 있는 편향성 등의 문제에 대해서는 간과하는 경향이 있다.

(라) 이처럼 한쪽으로 치우쳐 발전된 사회 복지 방법론은 단지 사회 복지 서비스를 전달하는 일 자체에만 관심을 집중함으로써 '인간의 존엄성과 가치의 유지 및 보존'이라는 사회 복지 본래의 목표 달성을 어렵게 만들었다. 왜냐 하면 기형적으로 발전된 이러한 사회 복지 방법론만 가지고서는 사회 복지를 실현하는 데 영향을 미칠 수 있는 정부의 정책을 비판하기 어렵고, 창조적 대안을 제시할 수 없기 때문이다.

(마) 우리는 사회 복지 방법론의 발전 과정을 고찰함으로써 미시적인 사회 복지 방법론으로는 사회 복지의 이념을 달성하는 데 한계가 있을 수밖에 없으며, 따라서 미시적 방법론과 거시적 방법론을 균형 있게 발전시키는 것이 바람직하다는 교훈을 얻을 수 있다. 사회 복지 문제를 해결하기 위해서는 임상적 지식이 필요한 것은 물론, 사회 정책을 입안하거나 개선하기 위한 활동도 역시 필요하기 때문이다. 결국 미시적 방법론과 거시적 방법론을 양 축으로 하는 사회 복지 방법론을 발전시키는 것만이 사회 복지 이념을 효과적으로 앞당겨 달성할 수 있게 해 줄 것이다.

[설명적인 내용 – (가)~(라)]

[처음] '사회 복지'라는 화제로 시작하여 '사회 복지 방법론'으로 화제를 좁힌 후, 구체적으로 미시적 방법론과 거시적 방법의 차이를 설명하고 있다.

[중간 ①] '미시적 방법론'과 '거시적 방법론'의 차이를 설명하고 있다.

[중간 ②] 관점을 전환하여 '사회 복지 방법론'이 발전해 온 양상을 설명하고 있다.

[중간 ③] 위에서 지적한 취약성으로 인한 문제점을 드러내고 있다.

[주장하는 내용 – (마)]

[끝] 앞에서 설명한 정보를 바탕으로 문제점을 발견하여 그 문제를 해결하기 위한 방안을 제시한다.

예제 9

각 문단의 중심 내용과 거리가 먼 것은?
① (가) – 사회 복지 방법론의 개념과 유형
② (나) – 미시적 방법론과 거시적 방법론의 차이점
③ (다) – 사회복지 방법론과 인접 학문의 관계
④ (라) – 사회 복지 방법론의 현재 상황
⑤ (마) – 사회 복지 방법론의 바람직한 방향

풀이 (가)는 사회 복지 방법론의 개념과 미시적 방법론과 거시적 방법론의 유형을 설명했다. (나)는 미시적 방법론과 거시적 방법론의 대조되는 특성을 설명했다. (다)는 미시적 방법론의 성과와 그 한계를 설명했고, (라)는 사회 복지의 방법론의 현재 상황을 제시하여 미시적 방법과 거시적 방법의 절충이 필요함을 설명했다. (마)는 절충의 이유를 설명했다.

정답 ③

예제 10

위 글에서 이끌어 낼 수 없는 주장은?
① 미시적 방법론과 거시적 방법론의 균형적 발전이 필요하다.
② 사회 복지 전문가는 정책 과정에 적극적으로 관여해야 한다.
③ 사회 복지 방법론의 발전을 위해서는 학문 간의 교류가 필요하다.
④ 사회 체제의 개혁을 통해서 사회 복지의 전문성을 확보해야 한다.

풀이 ④의 '체재 개혁'은 거시적 방법론과 관련이 있다. 그런데 (다)에서 미시적 방법론 중심의 사회 복지 방법론이 전문적인 지식과 기술을 갖추는 데 성공하였다고 했으므로 ④는 적절하지 않다.

정답 ④

적용 문제

01 글의 도입부를 〈보기〉의 단계에 따라 간단하게 써 보았다. 이 단계에 따른 글의 흐름이 가장 자연스러운 것은?

┤보기├
- 일반적인 관점에서 문제를 본다.
- 문제의 핵심을 찾는다.
- 글을 쓰는 목적(문제 해결의 방향)을 제시한다.

① 식목일마다 산에 나무를 심는다. 그런데도 매년 홍수 피해가 되풀이된다. 또 공해 문제도 갈수록 심각해진다.

② 해마다 홍수와 가뭄의 피해가 적지 않다. 이 피해로 국가 경제가 흔들리고 있다. 그래서 국가 경제 정책을 분석하고자 한다.

③ 우리 조상들은 예로부터 치산치수(治山治水)를 중요하게 여겼다. 그런데 요즈음 이 일을 등한히 하고 있다. 그래서 새로 개발된 효과적인 산림 녹화 방법을 소개하고자 한다.

④ 산림 녹화 사업은 우리 모두가 해야 할 일이다. 그런데 이 사업의 중요성을 올바로 인식하지 못하고 있는 실정이다. 그래서 경제적 파급 효과로 그 중요성을 설명하고자 한다.

> **풀이** '산림 녹화 사업은 우리 모두가 해야 할 일이다.'는 '우리 모두'에 해당하는 일이므로 일반적인 관점에서 문제를 본 것이다. '그런데 이 사업의 중요성을 올바로 인식하지 못하고 있는 실정이다.'는 마땅히 해야 할 일의 중요성을 인식하지 못하는 것이므로 문제의 핵심이 될 수 있다. '그래서 경제적 파급 효과로 그 중요성을 설명하고자 한다.'는 경제적 파급 효과를 들면 중요성을 인식하지 못하고 있는 이들에게 그 중요성을 실생활과 관련하여 느끼게 만들 수 있을 것이므로 적절한 문제 해결 방향이 될 수 있다.

> **정답** ④

02 다음 결말의 주된 내용을 발전시켜 제시할 수 있는 의견으로 가장 적절한 것은?

> 컴퓨터를 이용한 아펠과 하켄의 사색(四色) 문제의 증명이 처음 발표되고 10여 년이 지난 뒤까지도 증명에 사용된 프로그램에서 그 증명을 무효로 만들 수 있는 오류가 발견되었다는 소문이 주기적으로 나돌았다. 그러나 시간이 흐르고 컴퓨터가 더욱더 많이 사용됨에 따라, 사색 문제의 증명을 받아들이지 않는 수학자의 수는 점차로 줄어들었다. 오늘날 대다수의 수학자는 컴퓨터의 출현이 수학 연구의 방법뿐 아니라 '무엇을 증명으로 간주할 것인가'에 관한 개념마저도 변화시켰다는 사실을 인정하게 되었다.

① 수학적 증명에 사용되는 프로그램의 검토도 수학적 논의로 인정해야 한다.

② 컴퓨터에 의존하지 않고 사색문제를 증명하는 방법을 찾아야 한다.

③ 전통적인 방법으로 이루어진 증명들을 재점검할 필요가 있다.

④ 수학에서는 효율적인 연구를 위해 가급적 컴퓨터를 이용해야 한다.

[03~04] 다음 글을 읽고 물음에 답하시오.

사실을 가장 정확하게 보도하려면 기사를 객관적으로 써야 한다는 말이 있다. 있는 그대로를 조금도 주관을 섞지 않고 기사를 써야만 정확한 보도가 된다는 것이다. 그러나 '객관적'이라는 표현은 좀 주의해서 이해하지 않으면 안 된다. 왜냐하면, 가장 정확하고 올바른 보도일수록 기사가 이른바 객관적이기보다 오히려 훌륭한 의미에서 주관적이기 때문이다. 사태를 가장 정확하게 알리는 보도일수록 주관적이 되어야 한다는 이론은 얼핏 납득하기 어려운 말 같기도 하다. 그러나 구체적 예를 들면서 설명해 보면 조금도 모순이 아니라는 것을 깨달을 것이다.

윤봉길 의사가 1931년 중국 상해에서 일제 시라까와 대장 등을 폭사시킨 테러 사건을 예로 들어보자. 만약 정확한 보도라는 것이 주관을 전혀 개입시키지 않은 거울같이 보이는 그대로를 보도하는 것을 의미한다면 윤 의사는 일본군의 엄숙한 대식전을 피바다로 물들인 엄청난 살인적 '테러리스트'라고 볼 수밖에 없을 것이다. 신문은 마땅히 윤 의사를 규탄하는 보도를 하지 않을 수 없게 될 것이다. 그러나 이러한 보도가 사건을 정확히 알리는 보도가 될 수 없다는 것은 긴 설명이 필요 없다. 윤 의사의 장거는 우선 역사적으로 이해되지 않으면 안 된다. 일본이 한국을 식민지로 삼고 있다는 사실 그리고 식민지 제도라는 것이 인류 역사상 배격, 규탄되어야 할 역사적 유제(遺制)라는 판단이 앞서야 하고 이러한 역사적 가치 판단뿐 아니라 윤 의사의 장거 당시 국내의 삼천만 동포가 일제의 착취와 탄압 아래 얼마나 신음하고 있었느냐를 윤 의사의 '테러'행위와 관련시켜 보지 않으면 안 된다. 즉, 사건을 전체적·역사적 근거와 조건을 식별하는 입장에서 보지 않으면 안 된다. 이러한 판단 위에 서야만 이 사건의 핵심이 어디에 있는가를 비로소 파악할 수 있을 것이다.

03 위 글에서 글쓴이가 궁극적으로 말하고자 하는 내용은?

① 사실에 대한 해석은 사람마다 다르게 마련이다.

② 진실 보도를 위해서는 나름대로의 관점이 필요하다.

③ 주관적 관점을 배제한 기사가 정확한 보도가 된다.

④ 사실에 대한 이해(利害) 관계가 진실을 좌우한다.

04 위 글의 논지 전개 방식을 바르게 설명한 것은?

① 상반된 주장을 대비한 다음 절충적 관점을 제시하였다.

② 역사적 관점에서 대상의 개념 변화 과정을 설명하였다.

③ 예시의 방법을 활용하여 주장의 타당성을 입증하고 있다.

④ 가설을 먼저 설정한 후 그것을 구체적 현상에 적용하였다.

> **풀이** 글쓴이는 첫 문단에서 자신의 주장을 제시하고, 두 번째 문단에서 윤봉길 의사의 의거를 예로 들어 자신의 주장을 뒷받침하고 있다.

정답 ③

05 다음 글의 중심 내용으로 가장 적절한 것은?

> 보통 사람은 자기의 눈높이에 맞는 상식적인 풍경만을 보고 다닌다. 그러나 오직 '보는 것'만을 전문으로 하는 화가들은 이 세상의 모든 사물을 여러 가지 눈높이로 재미있고 다양하게 보기 때문에 경우에 따라서는 예외의 별난 사람으로 따돌림을 받기도 한다. 따라서 한 폭의 그림 앞에서 아름다운 풍경을 찾거나 묘사된 대상의 이름이나 작가의 솜씨만을 기대하는 우리는 이미 기대하는 것이 정해져 있는 만큼 한 폭의 그림 속에서 그 이상의 다른 것을 보지 못하게 되는 경우가 많다.
>
> 미술 작품을 볼 때 우리들에게 우선 필요한 눈은 확실함과 아는 것만을 좋아하는 '우리의 눈'이 아니라 그것을 일체 무(無)로 돌리고 모든 것을 새롭게 상상해서 재미있고 의미 있게 보려는 '화가의 눈'이다. 우리들이 화가의 눈을 어렵다거나 황당무계한 것으로 간주하여 자꾸 멀리한다면 그만큼 우리의 눈은 많은 것을 못 보게 된다. 우리들이 흔히 보는 책상과 걸상은 '아는 것'만을 믿으려는 우리의 눈으로 보면 교실에만 있어야 하는 사물에 불과하지만, 새롭게 상상해서 자유롭게 보는 화가의 눈으로 보면 그것은 훌륭한 목마일 뿐만 아니라 날아다니는 우주 비행기가 될 수 있다. 우리들이 아는 것만 보려고 해서 그 이상의 것을 보지 못한다면, 끝내 우리의 눈은 아는 것만을 좋아하는 하나의 눈만 갖게 된다.
>
> 우리는 하루에도 수많은 사람을 길거리에서 마주치게 되지만 실제로 본 사람을 대라고 하면 자기가 아는 이름을 가진 사람만 댄다. 이런 뜻에서 "사람은 이름을 알고 난 뒤부터 시각의 낭비 없이 당면의 목적에 필요한 것만을 바라보게 되었다."라는 로저 프라이의 말은 이름이 편리함을 주는 이점도 있지만 이름 탓으로 볼 것을 놓치고 있는 우리의 탄식을 드러낸 말이다. 전시장의 수많은 작품도 관람자가 알고 있는 '이름'이나 '아는 것'의 범주 안에 들지 않을 때는 보이지 않는 것으로 그만큼 밀려나기 마련이다. 사과의 맛보다 사과의 구조적 형체와 색깔에 관심을 집중했던 세잔은 이 점을 간파하여 당대의 화가에게 다음과 같은 말을 서슴지 않았다. "우리는 이전에 존재했던 모든 것을 잊어버리고 우리가 보는 것에 새로운 이미지를 부여하지 않으면 안 된다."
>
> 세잔의 생각은 어린 시절 우리의 모습을 떠올리게 한다. 우리는 어릴 적에 지극히 당연한 것도 신기해 하며 어른들에게 그것에 대해 귀찮게 질문했던 적이 있었을 것이다. 또 사물을 엉뚱한 모습으로 그려 혼이 난 적도 있었을 것이다. 어쩌면 화가의 눈은 예술가에게만 천부적으로 주어진 것이 아니라, 애초부터 우리들 누구에게나 잠재해 있었고 지금도 엄연히 잠재해 있는 능력일 수 있다. 단지 아는 것에만 익숙해진 우리들의 맹목적인 지식이 이러한 '화가의 눈'을 가리고 있을 뿐이다. 우리들이 만약 세잔의 말처럼 자기 자신의 눈으로 미술 작품을 바라보기 시작한다면, 미술 작품은 우리에게 상상의 기쁨을 맛보게 해 줄 것이다.

① 미술과 화가의 삶과의 관계

② 미술 작품을 감상할 때 필요한 자세

③ 미술 작품이 되기 위한 다양한 조건

④ 미술가가 우리 일상에 끼치는 영향력

[06~07] 다음 글을 읽고 물음에 답하시오.

민주주의는 국가의 주권이 국민에게 있고 국민을 위하여 정치를 행하는 것을 말하는데, 현실에서는 여러 가지 형태로 구체화될 수 있다. 그 중 ㉠절차적 민주주의는 의사 결정의 내용 또는 결과의 평등보다는 의사 결정의 절차와 방법의 평등에 초점을 맞추는 정치 체제로, 계급과 같은 사회적 속성에 관계없이 모든 시민이 공직 선거에 출마하거나 투표할 수 있으며 출마자들은 자유롭고 공정한 경쟁을 보장받는 것을 민주주의로 본다.

절차적 민주주의는 국민의 대표나 지도자를 선출하는 과정·방법·절차와 이의 전제 조건으로 개인의 자유와 권리에 초점을 맞춘다. 따라서 이런 유형의 민주주의에서는 일부 집단만이 의사결정과정에 직접 참여하거나 실질적인 영향을 미칠 수 있게 된다. 개인의 자유와 권리를 보장하기 위해서는 우선 공정한 제도와 절차가 있어야 하며 이것이 확보되지 않으면 실질적 민주주의는 불가능하다는 점에서 절차적 민주주의는 민주주의의 이상을 실현하기 위해 필요한 조건을 잘 제시하고 있다고 할 수 있다.

그러나 이것은 민주주의를 정치 영역에서의 의사 결정, 특히 선거나 의회와 관련된 절차의 문제로만 한정시킨다. 때문에 자본주의 사회에서 나타날 수밖에 없는 사회적·경제적 자원의 불평등한 분배로 인하여 민주주의의 제도나 절차조차도 제대로 실천하기 어려울 수 있다는 점을 간과하게 된다. 또 국민에게 선거 시기 이외에는 선출직 공직자에 대해 책임을 물을 기회를 주지 않는다는 점, 대다수 국민에게 중대한 영향을 미치는 결정을 내리는 사적·공적 집단(예 기업)에 대해 국민이 직접 책임을 물을 수 없다는 점 등과 같은 여러 한계를 가지고 있다.

이를 극복하기 위해 참여적 민주주의를 도입해야 한다는 주장이 대두된다. 이것은 절차적 민주주의를 받아들이면서 작업장이나 지역공동체 등의 하부 수준에서 시민의 직접 참여를 대폭적으로 허용함으로써 중요 정책 결정 과정에 대한 시민의 민주적 통제를 모색하는 것이다. 즉 기능별, 지역별 기초단위 내에서의 직접 민주주의와 이들 기능별 집단의 대표와 전통적인 지역 대표에 의한 간접 민주주의를 결합한 것이다. 따라서 참여적 민주주의가 실현된 사회에서는 작업장 민주주의, 주민 자치에 기초한 지방 자치 등이 이루어질 것이다.

참여적 민주주의의 핵심적 요소는 작업장 수준의 민주주의이다. 이는 작업장이 일상생활 공간에서 가장 중요하고, 소모하는 시간이나 에너지의 비중이 가장 높으며, 작업장에서의 일은 외재적 가치(교환 가치를 생산하는 노동)만이 아니라 내재적 가치(자아실현의 과정)도 가지고 있기 때문이다. 따라서 여기서 민주주의를 실현한다는 것은 곧 민주주의의 외연적 확대인 동시에 핵심이라 할 수 있다.

06 위 글의 논지 전개 방식으로 가장 적절한 것은?

① 문제점을 지적하고 대안을 제시하고 있다.

② 서로 다른 이론을 객관적으로 소개하고 있다.

③ 추상적인 내용을 익숙한 경험에 비유하며 설명하고 있다.

④ 상반된 주장을 대비한 후 절충적인 견해를 제시하고 있다.

> **풀이** 이 글은 절차적 민주주의가 민주주의를 절차의 문제로만 한정시킴으로써 여러 문제점을 가지고 있음을 지적하고 이를 극복하기 위해 참여적 민주주의를 도입해야 한다는 주장을 내세우고 있다.

> **오답** ② 이 글은 절차적 민주주의와 참여적 민주주의에 대해 객관적으로 소개하는 것이 아니라, 참여적 민주주의의 필요성과 중요성을 주장하는 글이다.

> **정답** ①

07 밑줄 친 ㉠의 사례로 가장 적절한 것은?

① 최근 장애인 투표 도우미들이 활약함으로써 장애인들의 주권 행사에 도움이 되고 있다.

② 대부분의 고등학교에서는 학생회장 출마 자격에 성적 제한을 두는 것을 철폐하고 있다.

③ 대학 입시에서 사회 소외 계층의 자녀들을 대상으로 하는 기회균형선발전형이 신설되고 있다.

④ 우리나라에서는 대통령 선거일을 공휴일로 지정하여 많은 사람들이 투표할 수 있도록 하고 있다.

⑤ 현재 우리나라에서는 최고 50%의 상속세를 부과함으로써 부의 세습이 이루어지지 못하게 하고 있다.

> **풀이** ㉠ '절차적 민주주의'는 모든 시민이 공직 선거에 출마하거나 투표할 수 있으며 출마자들은 자유롭고 공정한 경쟁을 보장받는 것을 말한다. 따라서 성적의 제한이 없이 누구나 학생회장에 출마할 수 있는 사례는 절차적 민주주의를 잘 보여주고 있는 것이다.

> **오답** ①과 ④는 더 쉽게, 더 많은 사람들이 투표할 수 있도록 도움을 주는 제도를 가리킨다.

> **정답** ②

PART

02

비문학_70일 실전연습

001 다음 글의 제목으로 가장 적절한 것은? [2013. 국가직 9급]

언제부터인가 이곳 속초 청호동은 본래의 지명보다 '아바이 마을'이라는 정겨운 이름으로 불리고 있다. 함경도식 먹을거리로 유명해진 곳이기도 하지만 그 사람들의 삶과 문화가 제대로 알려지지 않은 동네이기도 하다. 속초의 아바이 마을은 대한민국의 실향민 집단 정착촌을 대표하는 곳이다. 한국 전쟁이 한창이던 1951년 1·4 후퇴 당시, 함경도에서 남쪽으로 피난 왔던 사람들이 휴전과 함께 사람이 거의 살지 않던 이곳 청호동에 정착해 살기 시작했다.

동해는 사시사철 풍부한 어종이 잡히는 고마운 곳이다. 봄바다를 가르며 달려 도착한 곳에서 고기가 다니는 길목에 설치한 '어을'을 끌어올려 보니, 속초의 봄 바다가 품고 있던 가자미들이 나온다. 다른 고기는 나오다 안 나오다 하지만 이 가자미는 일 년 열두 달 꾸준히 난다. 동해를 대표하는 어종 중에 명태는 12월에서 4월, 도루묵은 10월에서 12월, 오징어는 9월에서 12월까지 주로 잡는다. 하지만 가자미는 사철 잡히는 생선으로, 어부들 말로는 그 자리를 지키고 있는 '자리고기'라 한다.

청호동에서 가자미식해를 담그는 광경은 이젠 낯선 일이 아니라 할 만큼 유명세를 탔다. 함경도 대표 음식인 가자미식해가 속초에서 유명하다는 것은 입맛이 정확하게 고향을 기억한다는 것과 상통한다. 속초에 새롭게 터전을 잡은 함경도 사람들은 고향 음식이 그리웠다. 가자미식해를 만들어 상에 올렸고, 이 밥상을 마주한 속초 사람들은 배타심이 아닌 호감으로 다가섰고, 또 판매를 권유하게 되면서 속초의 명물로 재탄생하게 된 것이다.

① 속초 자리고기의 유래
② 속초의 아바이 마을과 가자미식해
③ 아바이 마을의 밥상
④ 청호동 주민과 함경도 실향민의 화합

002 다음 글의 전개 순서로 가장 자연스러운 것은? [2022. 국가직 9급]

(가) 이 기관을 잘 수리하여 정련하면 그 작동도 원활하게 될 것이요, 수리하지 아니하여 노둔해지면 그 작동도 막혀 버릴 것이니 이런 기관을 다스리지 아니하고야 어찌 그 사회를 고취하여 발달케 하리오.

(나) 이러므로 말과 글은 한 사회가 조직되는 근본이요, 사회 경영의 목표와 지향을 발표하여 그 인민을 통합시키고 작동하게 하는 기관과 같다.

(다) 말과 글이 없으면 어찌 그 뜻을 서로 통할 수 있으며, 그 뜻을 서로 통하지 못하면 어찌 그 인민들이 서로 이어져 번듯한 사회의 모습을 갖출 수 있으리오.

(라) 그뿐 아니라 그 기관은 점점 녹슬고 상하여 필경은 쓸 수 없는 지경에 이를 것이니 그 사회가 어찌 유지될 수 있으리오. 반드시 패망을 면하지 못할지라.

(마) 사회는 여러 사람이 그 뜻을 서로 통하고 그 힘을 서로 이어서 개인의 생활을 경영하고 보존하는 데에 서로 의지하는 인연의 한 단체라.

– 주시경, 〈대한국어문법 발문〉에서 –

① (마) – (가) – (다) – (나) – (라)
② (마) – (가) – (라) – (다) – (나)
③ (마) – (다) – (가) – (라) – (나)
④ (마) – (다) – (나) – (가) – (라)

003 다음 글의 핵심 내용으로 가장 적절한 것은?

현대에 이르러 생활이 다양하고 복잡해짐에 따라 가치의 선택 방식도 매우 다양해졌다. 보편적으로 인정되는 삶의 궁극적 이상도 자유, 평등, 행복 등 하나 이상으로 다양해졌으며, 인간의 삶을 바람직하게 만드는 데 기여하는 가치들도 다수로 변했다. 이러한 상황에서 가치 다원주의는 현실적으로 불가피한 선택이라는 생각이 든다. 그러나 다양한 가치들은 구체적 상황에서 서로 갈등을 일으킬 수 있다. 이러한 상황 속에서 근대 윤리학은 서로 다른 가치를 추구하는 이들이 아무도 부인할 수 없는 규범적 정당성의 기초를 마련함으로써 객관적이고 보편타당한 윤리학을 체계화하려고 시도하였다. 이것이 바로 다원주의 윤리학이다.

다원주의 윤리학은 근본적으로 인간은 '아무도 침해할 수 없는 권리를 지닌 자유로운 존재'라는 근대적 인간관을 전제로 하고 있지만, 사람들 사이의 동의를 바탕으로 서로 이질적인 인생관이나 가치관을 지닌 이들 모두가 받아들일 수 있는 보편적 규범을 확립하는 것을 목표로 하고 있다. 다원주의 윤리학에서는 이들 자율적 개인들의 선택을 규제하고 강제해야 할 정당성을 계약론적 합의를 통해 마련하고자 하였다. 각 개인이 동의한 규율에 의해 강제하는 것은 외부의 강제가 아니라 자발적 통제에 해당하는 것이므로, 이 경우 강제와 자율은 서로 모순되지 않는다.

그러나 다원주의 윤리학은 어떤 삶을 살아야 하는지, 어떤 가치를 어떻게 고려하는 것이 바람직한 것인지에 대해서는 논의하지 않는다. 가치의 문제를 각 개인의 주관에 달린 자율의 영역에 속한 것으로 보아 윤리적 논의에서 배제하고, 오직 합의 가능한 것만을 윤리적 논의의 대상으로 제한하였다. 실질적 가치의 채택 문제를 자율에 맡김으로써 문자 그대로 자유주의 윤리가 성립한 것이다. 공평하고 중립적인 판단이나 합의는 객관적이고 보편타당한 것으로서 윤리적 정당성이 있는 반면, 그렇지 않은 것은 정의와는 무관한 것으로서 각자의 가치관에 따라 행동할 자유를 각자에게 남겨둔다. 종교적 신앙이라든가, 안락사의 문제, 학생 체벌 금지 등등에 대한 입장들 간의 대립은 이런 객관적인 지점에서 합의를 찾기 어려운 것들이다. 다원주의 윤리학에서는 이런 쟁점에 국가가 개입하지 말아야하며, 각각의 입장을 자유의 원칙에 따르도록 허용해야 한다고 본다. 즉 윤리학의 보편적 타당성과 삶의 다원적 가치를 이원화함으로써 문제를 해결한 것이다.

이상에서 논의한 다원주의 윤리학의 이원화가 과연 강제와 자율, 정당성과 다원성을 합치한 절묘한 선택인지의 여부는 면밀한 검토가 필요하다. 강제할 수 있는 공적 윤리와 자유가 강조되는 사적 윤리로 그 영역을 분리하는 것은 우리가 경험하는 일상적인 윤리관과는 상당한 차이가 있는 것처럼 보인다. 상식적 관점에서 안락사의 문제, 학생 체벌 금지 등의 여러 쟁점들이 윤리적 고려의 대상이 될 수 없다는 것은 이상하다. 그뿐만 아니라, 이들 쟁점 들이 생산하는 갈등들을 개인의 자율에 남겨 두는 이상, 그 현실적 효과는 갈등 당사자들에게 각각 다른 영향을 미치게 된다. 또한 국가가 '중립성'이라는 이름으로 개입하지 않는 것은 현실 속에서 관련 당사자들에게 결코 중립적이지 않은 결과들을 가져온다.

① 다원주의 윤리학이 발전해온 과정을 통시적인 관점에서 소개하였다.

② 다원주의 윤리학의 입장에서 바라본 현대 사회의 문제점을 규명하였다.

③ 다원주의 윤리학을 다른 윤리학과 비교해 그 장점과 단점을 소개하였다.

④ 다원주의 윤리학의 발생 배경과 내용을 소개하고 그 문제점을 지적하였다.

004 다음 글의 제목으로 가장 적절한 것은?

> '혼돈'의 사전적 말뜻은 정해진 법칙이 없이 사건들이 일어나고, 그래서 완전히 무질서하고 혼란된 상태를 말한다. 그런데 요즈음 '혼돈 이론'이라 하여 혼돈을 과학적 탐구의 대상으로 삼는 과학 분야가 관심을 끌고 있다.
>
> '주사위 굴리기'는 결과를 예측할 수 없는 상황을 가리킬 때 흔히 쓰이는 말이지만, 그렇다고 주사위가 과학적인 운동 법칙을 따르지 않는 것은 아니다. 주사위는, 그것을 던질 때의 힘의 크기와 방향에 따라 그 숫자가 1이 되기도 하고 6이 되기도 하는 것이다. 그러나 사람 손의 감각이 그 미세한 힘의 차이를 느낄 수 없기 때문에, 우리는 자신이 던진 주사위의 숫자를 예측할 수 없는 것일 뿐이다. 이렇게 일정한 법칙을 따르되, 초기 조건에 민감하게 의존하기 때문에 초기의 아주 작은 차이가 나중에 큰 차이를 가져오는 것을 '혼돈스럽다'라고 하거나 '카오스적인 현상을 보인다'라고 한다.

① 혼돈 이론의 역사와 발전
② 혼돈 이론의 한계 극복
③ 혼돈 현상의 특징
④ 혼돈 현상의 해소 방안

005 다음 글의 내용에 부합하는 사실이 아닌 것은?

> 음반 제작사들도 이제는 작품성이 뛰어나고 짜임새 있는 음반보다는 모바일상에서 히트하기 쉬운 싱글 음반 위주로 제작하기를 원한다. 이를테면 이동 통신 기기의 벨소리로 사용하기에 적합하도록 간결하고 감각적인 선율을 선호하는 것이다. 대중음악 산업이 새로운 시대의 변화에 맞게 적응해 가는 것은 불가피한 일이다. 하지만 빠르게 발전하는 기술 때문에 창작이라는 음악 본래의 의미가 왜곡되어 이동 통신 기기나 다른 영상 매체의 보조 수단 정도로 활용되는 현상은 바람직하지 않다.
>
> 문제는 청소년들을 포함한 젊은 세대가 음악 수용 방식을 다원화할 필요가 있다는 점이다. 컴퓨터나 이동 통신 기기로만 음악을 듣는 습관에서 벗어나서, 음반으로 또는 가수의 라이브 공연장을 찾아가 적극적으로 음악을 즐기는 쪽으로 태도를 바꾸어야 한다. 이동 통신 기술과 인터넷 산업의 발전이 반드시 음악 산업의 미래를 보장해 주지는 않는다. 이러한 상황이 오히려 음악 산업의 파산을 불러올 수도 있는 것이다. 결론적으로 장차 음악 산업의 미래에서 한 가닥 가능성을 발견하기 위해서는 음악을 음악 그 자체로 즐기는 성숙한 문화가 뒷받침되어야 한다.

① 젊은 세대일수록 다양한 방식으로 음악을 수용하고 있다.
② 음악이 다른 영상 매체의 보조 수단으로 전락할 위험이 있다.
③ 간결하고 감각적인 선율의 음악이 휴대폰 벨소리로 선호되고 있다.
④ 이동 통신 기술의 발전과 음악 산업의 발전이 함께 이루어지는 것은 아니다.

1일차

001 ②

[정답풀이]

〈보기〉의 내용은 속초의 아바이 마을에 대한 이야기로, 함경도 실향민들이 정착하여 만든 마을이다. 글의 전반부는 속초의 아바이 마을에 대해 설명하였고, 후반부는 가자미식해에 대해 설명하고 있다. 이 마을은 함경도식 음식인 가자미식해로 유명하며, 이를 통해 지역 주민들과 화합하였다. 따라서 정답은 '속초의 아바이 마을과 가자미식해'이다.

오답

① 속초 자리고기는 지문의 글에서 언급되지만, 그것이 속초의 자리고기라는 구체적인 언급은 없다.

③ 아바이 마을의 밥상은 글에서 확인할 수 없다.

002 ④

[정답풀이]

'말과 글'을 기관에 빗대어 설명한 글이다. '말과 글'을 잘 다스려야 사회가 유지되고 발달된다고 주장하였다. (마) '그 뜻을 서로 통하고', (다) '말과 글이 없으면 어찌 그 뜻을 서로 통할 수 있으며', (나) '말과 글은 ~ 기관과 같다' (가) '이 기관을 잘 수리하여' (라) '그뿐 아니라 그 기관은'

003 ④

[정답풀이]

이 글은 첫 문단에서 다원주의 윤리학이 발생한 배경을 소개한 후 둘째 문단부터는 다원주의 윤리학의 구체적인 내용을 설명하였다. 마지막 문단은 다원주의 윤리학의 한계나 문제점을 지적한 내용이 중심을 이루고 있다.

004 ③

[정답풀이]

이 글은 혼돈 현상에 대한 설명과 예시를 통해 혼돈의 과학적 의미와 특징을 다루고 있다. 혼돈의 사전적 의미와 과학적 접근법을 설명하면서, 주사위 굴리기를 예로 들어 혼돈 현상의 특징을 설명하고 있다. 첫째 문단에서는 혼돈의 뜻과 혼돈 이론의 연구 대상을 설명했다. 둘째 문단에서는 혼돈 현상의 의미를 설명했다. 이 글의 제목으로 가장 적절한 것은 ③이다. 나머지는 글에서 확인할 수 없다.

005 ①

[정답풀이]

둘째 문단을 보면, '청소년들을 포함한 젊은 세대가 음악 수용 방식을 다원화할 필요가 있다'는 점을 강조하고 있다. 이는 다양한 방식으로 음악을 수용하지 않고, 컴퓨터나 이동 통신 기기로만 음악을 듣는 젊은이들의 음악 수용 방식을 비판한 말이다.

오답

② 첫째 문단의 '빠르게 발전하는 기술 때문에 창작이라는 음악 본래의 의미가 왜곡되어 이동 통신 기기나 다른 영상 매체의 보조 수단 정도로 활용되는 현상은 바람직하지 않다.'라는 언급을 통해 확인할 수 있다.

③ 둘째 문단의 '이동 통신 기기의 벨소리로 사용하기에 적합하도록 간결하고 감각적인 선율을 선호하는 것이다.'를 통해 확인할 수 있다.

④ 둘째 문단에서 '이동 통신 기술과 인터넷 산업의 발전이 반드시 음악 산업의 미래를 보장해 주지는 않는다'고 언급했다.

[006~008] 다음 글을 읽고 물음에 답하시오.

[2019. 법원직]

　　고전은 왜 읽는가? 고전 속에는 오랜 세월을 견뎌 온 지혜가 살아 있다. 그때도 그랬고 지금도 그렇다. 고전은 시간을 타지 않는다. 아주 오래전에 쓰인 고전이 지금도 힘이 있는 것은 인간의 삶이 본질적으로 변한 적이 없기 때문이다. 사람은 누구나 태어나 성장하고, 늙고 병들어 죽는다. 자기 성취를 위해 애쓰고, 좋은 배우자를 얻어 경제적으로 넉넉한 삶을 누리며 살고 싶어 한다. 하지만 좋은 집과 많은 돈만으로 채워지지 않는 그 무엇이 있다. 사람이 태어나 이 세상에 왔다 간 보람을 어디서 찾을까?

　　연암 박지원 선생의 글 두 편에서 그 대답을 찾아본다. 먼저 '창애에게 답하다[답창애(答蒼厓)]'란 편지글에는 문득 눈이 뜨인, 앞을 못 보던 사람의 이야기가 나온다. 수십 년 동안 앞을 못 보며 살던 사람이 길 가던 도중에 갑자기 사물을 또렷이 볼 수 있게 되었다. 얼마나 놀라운 일인가? 늘 꿈꾸던 믿을 수 없는 일이 일어났다. 하지만 기쁨은 잠시, 앞을 못 보는 삶에 길들여져 있던 그는 한꺼번에 쏟아져 들어온 엄청난 정보를 도저히 처리할 능력이 없었다. 그는 갑자기 자기 집마저 찾지 못하는 바보가 되고 말았다. 답답하여 길에서 울며 서 있는 그에게 화담 선생은 도로 눈을 감고 지팡이에게 길을 물으라는 ㉠처방을 내려 준다.

　　또 '하룻밤에 아홉 번 강물을 건넌 이야기[일야구도하기(一夜九渡河記)]'에서는 황하를 건널 때 사람들이 하늘을 우러러보는 이유를 설명했다. 거센 물결의 소용돌이를 직접 보면 그만 현기증이 나서 물에 빠지게 되기 때문이다. 그럼에도 물결 소리는 귀에 하나도 들리지 않는다. 눈에 보이는 것에 신경 쓸 겨를도 없는데 무슨 소리가 들리겠는가? 하지만 한밤중에 강물을 건널 때에는 온통 압도해 오는 물소리 때문에 모두들 공포에 덜덜 떨었다. 연암은 결국 눈과 귀는 전혀 믿을 것이 못 되고, 마음을 텅 비워 바깥 사물에 ㉡현혹되지 않는 것만 못하다고 결론을 맺는다.

　　이 두 이야기는 사실은 복잡한 정보화 사회를 살아가는 우리들이 귀담아들어야 할 내용이다. 사람들은 날마다 수없이 많은 정보를 받아들여 처리한다. 그런데 정보의 양이 감당할 수 없을 만큼 늘어나고 그 속에 진짜와 가짜가 뒤섞이게 되면, 갑자기 앞을 보게 된 그 사람처럼 제집조차 못 찾거나, 정신을 똑바로 차린다는 것이 도리어 강물에 휩쓸리고 마는 결과를 낳는다. 앞을 못 보던 사람이 눈을 뜨는 것은 더없이 기쁘고 좋은 일이다. 위기 상황에서 정신을 똑바로 차리는 것은 언제나 중요하다. 하지만 그로 인해 자기 집을 잃고 미아가 되거나 더 큰 위험에 처하게 된다면, 차라리 눈과 귀를 믿지 않는 편이 더 나을지도 모른다.

　　한편, 길 가다가 문득 눈이 뜨인 그 사람은 앞으로도 계속 눈을 감고 지팡이에 의존해서 살아가야 하는 것일까? 한번 뜨인 눈을 다시 감을 수는 없다. 그의 문제는 길 가는 도중에 눈을 뜨는 바람에 제집을 찾지 못하게 된 데서 생겼다. 그러니 지팡이를 짚고서라도 집을 찾는 것이 먼저다. 그다음에 눈을 똑바로 뜨고 제집 대문 색깔과 골목의 위치를 잘 확인하고 나오면 된다. 그때부터는 지팡이가 전혀 필요 없다.

　　그 사람에게 눈을 도로 감으라는 것은 앞을 못 보던 예전의 삶으로 돌아가라는 것이 아니다. 주체적으로 판단하고 능동적으로 대처할 수 있는 상태를 유지하라는 말이다. 강물을 건널 때 물결을 보지 않으려고 하늘을 우러르고, 밤중에 강물 소리에 현혹되지 않아야 하는 것도 같은 이유이다. 변화는 그다음에 온다. 길은 눈먼 사람만 잃고 헤매는 것이 아니다. 우리는 두 눈을 멀쩡히 뜨고도 날마다 길을 잃고 헤맨다. 운전자들은 차에 내비게이션을 달고도 길을 놓쳐 번번이 당황한다. 새로운 문제가 닥칠 때마다 여전히 혼란스럽다. 물결은 어디서나 밀려오고, 소음은 항상 마음을 어지럽힌다.

　　고전은 '창애에게 답하다'에 나오는 그 지팡이와 같다. 갑자기 길을 잃고 헤맬 때 길을 알려 준다. 지팡이가 있으면 길에서 계속 울며 서 있지 않아도 된다. 하지만 사람들은 일단 눈을 뜨고 나면 지팡이의 ㉢존재를 까맣게 잊는다. 그러고는 집을 못 찾겠다며 길에서 운다. 고전은 그러한 사람에게 길을 알려 주는 든든한 지팡이다. 뱃길을 잃고 캄캄한 밤바다를 헤매는 배에게 멀리서 방향을 일러 주는 듬직한 등댓불이다.

사물이 익숙해지면 지팡이는 필요 없다. 환한 대낮에는 등댓불이 없어도 괜찮다. 하지만 막 새롭게 눈을 뜬 사람에게는 지팡이가, 뱃길을 벗어나 밤바다를 헤매는 배에게는 등댓불의 도움이 절실하다. 우리는 길을 놓칠 때마다 고전을 통해 문제의 중심 위에 나를 다시 세워야 한다. 그러자면 긴 호흡으로 여러 분야의 고전들을 꾸준히 ㉣섭렵하는 성찰과 노력이 필요하다.

지금 당장 별 문제가 없어도 문제는 늘 다시 생겨난다. 밤중에 길 잃은 배는 항상 있게 마련이라 등대는 밤마다 불을 밝힌다. 평소 눈길조차 주지 않아도 고전은 늘 우리 곁을 지키고 있다. 삶이 문득 방향을 잃고 갈팡질팡할 때 고전의 힘은 눈먼 사람의 지팡이보다 더 큰 위력을 발휘한다. 어떤 상황에 놓이든지 당황하지 않고 침착하게 대응할 수 있으려면 평소에 생각의 힘을 든든하게 길러 놓지 않으면 안 된다. 다양한 고전을 늘 가까이에 두고 읽어야 하는 이유가 여기에 있다. 고전 속에서 현재 내가 처한 상황을 타개할 깨달음을 얻게 될 때의 그 기쁨은 말로 다 할 수가 없다. 고전에 대한 든든한 신뢰를 바탕으로 생활 속에서 고전을 늘 가까이하는 적극적인 태도가 필요하다.

— 정민, 〈고전으로 무너진 중심을 다시 세워라〉 —

006 다음 중 ㉠~㉣의 문맥적 의미와 다르게 사용된 것은?

① 지구 온난화를 막기 위한 다양한 <u>처방</u>이 학계에서 논의되고 있다.

② 그녀는 쇼핑 호스트의 말에 <u>현혹</u>되어 필요도 없는 물건을 한가득 샀다.

③ 사회적으로 성공한 그녀는 이제 남이 함부로 할 수 없는 <u>존재</u>가 되었다.

④ 그는 우선 철학서 <u>섭렵</u>을 통해 정의에 대해 알고자 하였다.

007 윗글의 주된 전개 방식으로 보기에 가장 적절한 것은?

① 내용을 점층적으로 심화시켜 예상 밖의 주제를 도출하고 있다.

② 예시와 비유를 이용해 핵심 논지를 알기 쉽게 전달하고 있다.

③ 대조적인 내용을 병렬적으로 배열하여 주제 전달의 효율을 높이고 있다.

④ 두 개의 핵심 사건을 비교, 대조하여 독자의 올바른 판단을 유도하고 있다.

008 윗글이 전제로 하고 있는 내용이 아닌 것은?

① 아는 게 병, 모르는 게 약이다.

② 일의 처리는 선후를 가려야 한다.

③ 인간의 삶은 본질적으로 변하지 않는다.

④ 인간은 낯선 환경과 마주치면 쉽게 혼란에 빠진다.

[009~010] 다음 글을 읽고 물음에 답하시오.

(가) 바닥에 석 장의 카드가 있고 그 중 한 장은 당첨이다. 내가 한 장을 골랐는데 아직 뒤집어 보지는 않았다. 딜러가 남은 두 장 중 하나를 뒤집었는데 당첨 카드가 아니었다. 여기서 딜러가 제안한다. 내가 가지고 있는 한 장을 바닥의 한 장과 바꾸고 싶다면 바꿔 주겠다는 것이다. 바꿀 것인가? 대학생, 신임 사무관, 공기업 직원 등 어느 그룹에게 이 질문을 던져도 결과는 비슷하였다. 대략 80% 정도가 바꾸지 않겠다고 한다. 당첨될 확률이 같으니 이미 내가 선택한 카드를 그대로 가지고 있겠다는 것이다. 만일 바꾼 뒤 뒤집어 보았을 때 원래 가지고 있던 카드가 당첨이었다면, 처음 것을 그냥 가지고 있다가 딜러의 카드가 당첨으로 드러난 경우보다 훨씬 더 억울할 것이라고도 한다. 그러나 실제로는 바꾸는 것이 유리하다. 바꾸면 확실히 당첨 확률이 높아진다는 것은 이미 수학적으로 증명되어 있다.

(나) 사람들은 현재 상태와 그것을 변화시키는 대안이 있을 때 현 상태에 머무르려는 경향을 보인다. 변화에 대한 거부감은 사람에게만 나타나는 것이 아니다. ㉠'관성의 법칙'은 모든 사물에서 일반적으로 관찰되는 현상이다. 우리는 본능적 혹은 경험적으로 현재 상태가 탈이 없었던 것을 기억하고 그것을 유지하는 패턴을 보인다. 그리고 그것은 다양한 개인적 행동과 선택, 판단 등에 녹아 있다. 따라서 변화 쪽 대안을 선택하게 하려면 변화 쪽이 현재 상태보다 낫게 평가되어야 한다. 얼마나 더 나아야 하는가는 개인차에 따라, 상황에 따라 다르지만 변화 쪽으로 이끌 긍정적 유인이 있어야 한다. 금전적인 것, 편리함, 감정적 요소 등 유인의 형태도 다양할 수밖에 없다. 이러한 것이 없을 때 변화를 거부하는 현상은 조직 차원의 행태나 사회적 작동 과정에도 나타나며, 일상적 관행에도 수없이 많다.

009 (가)에 대한 설명으로 가장 적절한 것은?

① 실질적인 이익의 여부를 보여 문제의 해결 방향을 암시하고 있다.
② 상징적인 사건을 소개하여 문제 해결의 필요성을 실감케 하고 있다.
③ 구체적인 사례를 통해 제재와 관련된 일반적인 경향을 제시하고 있다.
④ 실제 사건과 그 결과를 통해 현상이 지니고 있는 다양한 측면을 보이고 있다.

010 밑줄 친 ㉠의 문맥적 의미와 관련된 사례로 가장 적절한 것은?

① 자신의 할 일을 항상 달력에 메모하던 지현이가 새로 받은 업무를 수첩에 메모하였다.
② 매일 아침 면도를 하던 명주 씨는 휴가 기간 동안은 면도를 하지 않은 채 지내고 있다.
③ 학급 회장 선출 규정을 바꾸자는 의견이 많아서 투표를 통해 새로운 규정을 통과시켰다.
④ 평생 동안 농사를 지으면서 산 노인이 새로운 농법을 거부하고 예전 방식대로 농사를 짓는다.

2일차

006 ③
[정답풀이]
'존재'는 다의어로, ⓒ의 경우는 '현실에 실제로 있거나 그런 대상'을 의미하지만, ③의 '존재'는 '다른 사람의 주목을 끌 만한 두드러진 품위나 처지. 또는 그런 대상'을 뜻하는 말로 쓰였다.

오답
① **처방(處方)**: 병을 치료하기 위하여 증상에 따라 약을 짓는 방법. / 일정한 문제를 처리하는 방법.
② **현혹(眩惑)**: 정신을 빼앗겨 해야 할 바를 잊어버림.
④ **섭렵(涉獵)**: 물을 건너 찾아다닌다는 뜻으로, 많은 책을 널리 읽거나 여기저기 찾아다니며 경험함을 이르는 말.

007 ②
[정답풀이]
이 글에서는 고전을 읽는 이유를, '지팡이'와 '강물을 건넌 이야기', 그리고 '네비게이션'을 사용한 경험을 예로 들어 설명했다. 그리고 '고전'을 '밤바다의 등댓불' 등에 빗대어 설명하고 있다.

오답
① 내용이 점층적으로 심화되지 않았다. 그리고 이 글에서 언급하고 있는 고전의 역할은 예측 밖의 주제라고 할 수 있다. 글의 내용을 통해 충분히 예측할 수 있는 주제이다.
③ 대조적인 내용이 제시되지 않았다.
④ 두 개의 핵심적인 내용('창애에게 답하다', '일야구도하기')이 제시되어 있기는 하나 이를 비교하거나 대조하지 않았다.

008 ①
[정답풀이]
①의 속담은 정확하지 못하거나 분명하지 않은 지식은 오히려 걱정거리가 될 수 있다는 말이다. 이 글과 내용과 관련이 없다.
▶ **아는 게 병, 모르는 게 약**: 아무것도 모르면 차라리 마음이 편하여 좋으나, 무엇이나 좀 알고 있으면 걱정거리가 많아 도리어 해롭다는 말.

오답
② 다섯째 문단, "지팡이를 짚고서라도 집을 찾는 것이 먼저다. 그 다음에~"를 보면 짐작할 수 있다.
③ 첫째 문단에 "고전이 지금도 힘이 있는 것은 인간의 삶이 본질적으로 변한 적이 없기 때문이다."라고 하였다.
④ 둘째 문단의 '앞을 못 보던 사람의 이야기'를 보면 알 수 있다.

009 ③
[정답풀이]
이 글에서는 '카드 고르기'라는 구체적인 사례를 통해 이 글의 제재인 변화에 대하여 대부분의 사람들이 일반적으로 보이는 경향(변화를 거부하고 현 상태에 머무르려고 하는)을 제시하고 있다.

오답
① 사례 소개의 마지막 부분에서 카드를 바꾸는 것이 유리하다는 말을 하고는 있지만, 그렇게 변화를 선택하는 것이 유리하다는 것이 이 글에서 말하는 문제 해결의 방법을 암시하는 것은 아니다.
④ '카드 고르기'를 실제 사건과 결과로 본다고 하더라도, 그것이 현상의 다양한 측면을 보이는 것은 아니다. 단지 변화를 두려워하는 일반적 경향만을 보여줄 뿐이다.

010 ④
[정답풀이]
㉠은 변화를 두려워하고 현 상태에 머무르려고 하는 경향을 일반화하여 표현한 말이다. ④의 '노인'은 '새로운 농법'이라는 변화를 거부하고 예전 방식을 유지하려 한다는 점에서 이러한 의미를 드러내기에 적합한 사례라고 할 수 있다.

오답
② '명주' 씨가 휴가 기간 동안 면도를 하지 않는 것은 매일 아침 면도를 하던 일상적인 태도와는 달라진 태도이므로, 이 경우에는 면도를 하지 않는 것이 오히려 변화라고 할 수 있다.

011 ⊙~⊎의 기능을 순서대로 바르게 나열한 것은?　　　　　　　　　　　　　　[2008. 선관위]

> ⊙ 국어역사란 말할 것도 없이 국어에 관한 연구의 역사를 일컫는 것이다. ⊙ 그런데 현대의 국어 연구에 대한 역사적 서술은 거의 체계화되지 못하고 있다. ⊙ 그 이유는 현대의 국어에 관한 연구를 이 시점에서 평가하기 어려운 탓도 있지만, 그러한 연구를 평가하는 데 필요한 사료를 섭렵하기 힘든 점이 더 큰 원인이었다. ⊙ 이런 토대 위에서 연구된 논문이 충실하기 어렵고, 더구나 전진을 향한 방향제시를 통하여 새로운 이론을 개발하기는 불가능하다고 해야 할 것이다. ⊙ 이러한 상황에서 우선 긴급한 것은 여기 저기 흩어져 있는 현대의 국어에 관한 사료를 조사하는 작업이다.

	⊙	⊙	⊙	⊙	⊙
①	정의	원인	결과	문제 제기	화제
②	화제	원인	결과	문제 제기	정의
③	화제	문제 제기	원인	결과	정의
④	정의	문제 제기	원인	결과	화제

012 다음 글을 통해 알 수 있는 내용으로 적절하지 않은 것은?　　　　　　　　　　[2013. 국가직 9급]

> 재판이란 법원이 소송 사건에 대해 원고·피고의 주장을 듣고 그에 대한 법적 판단을 내리는 소송 절차를 말한다. 오늘날과 마찬가지로 조선 시대에도 재판 제도가 있었다. 당시의 재판은 크게 송사(訟事)와 옥사(獄事)로 나뉘었다. 송사는 개인 간의 생활 관계에서 발생하는 분쟁의 해결을 위해 관청에 판결을 호소하는 것을 말하며, 옥사는 강도, 살인, 반역 등의 중대 범죄를 다스리는 일로서 적발, 수색하여 처벌하는 것을 말한다.
> 송사는 다시 옥송과 사송으로 나뉜다. 옥송은 상해 및 인격적 침해 등을 이유로 하여 원(元: 원고), 척(隻: 피고) 간에 형벌을 요구하는 송사를 말한다. 이에 반해 사송은 원, 척 간에 재화의 소유권에 대한 확인, 양도, 변상을 위한 민사 관련 송사를 말한다.
> 그렇다면 당시에 이러한 송사나 옥사를 맡아 처리하는 기관은 어느 곳이었을까? 조선 시대는 입법, 사법, 행정의 권력 분립이 제도화되어 있지 않기에 재판관과 행정관의 구별이 없었다. 즉 독립된 사법 기관이 존재하지 않았으므로 재판은 중앙의 몇몇 기관과 지방 수령인 목사, 부사, 군수, 현령, 현감 등과 관찰사가 담당하였다.

① 일반적인 재판의 정의
② 조선 시대 송사의 종류
③ 조선 시대 송사와 옥사의 차이점
④ 조선 시대 재판관과 행정관의 역할

013 글쓴이의 견해에 부합하는 것은?

[2022. 국가직 9급]

> 문화란 공동체의 구성원들이 공유하는 생각과 행동 양식의 총체라고 할 수 있다. 문화를 연구하는 사람들의 주된 관심사는 특정 생각과 행동 양식이 하나의 공동체 안에서 전파되는 기제이다.
>
> 이에 대한 견해 중 하나는 문화를 생각의 전염이라는 각도에서 바라보는 것이다. 예컨대, 리처드 도킨스는 '밈(meme)'이라는 개념을 통해 생각의 전염 과정을 설명하고자 했다. 그에 따르면 문화는 복수의 밈으로 이루어져 있는데, 유전자에 저장된 생명체의 주요 정보가 번식을 통해 복제되어 개체군 내에서 확산되듯이, 밈 역시 유전자와 마찬가지로 공동체 내에서 복제를 통해 확산된다.
>
> 그러나 문화 전파의 기제를 설명하는 이론으로는 밈 이론보다 의사소통 이론이 더 적절해 보인다. 일례로, 요크셔 지역에 내려오는 독특한 푸딩 요리법은 누군가가 푸딩 만드는 것을 지켜본 후 그것을 그대로 따라 하는 방식으로 전파되었다기보다는 요크셔 푸딩 요리법에 대한 부모와 친척, 친구들의 설명을 통해 입에서 입으로 전파되고 공유되었을 가능성이 크다.
>
> 생명체의 경우와 달리 문화는 완벽하게 동일한 형태로 전파되지 않는다. 전파된 문화와 그것을 수용한 결과는 큰 틀에서는 비슷하더라도 세부적으로는 다를 수밖에 없다. 다시 말해 요크셔 지방의 푸딩 요리법은 다른 지방의 푸딩 요리법과 변별되는 특색을 지니는 동시에 요크셔 지방 내부에서도 가정이나 개인에 따라 약간씩의 차이를 보인다. 이는 푸딩 요리법의 수신자가 발신자가 전해 준 정보에다 자신의 생각을 덧붙였기 때문인데, 복제의 관점에서 문화의 전파를 설명하는 이론으로는 이와 같은 현상을 설명하기 어렵다. 반면, 의사소통 이론으로는 설명 가능하다. 이에 따르면 사람들은 자신이 들은 이야기를 남에게 전달할 때 들은 이야기에다 자신의 생각을 더해서 그 이야기를 전달하기 때문이다.

① 문화의 전파 기제는 밈 이론보다는 의사소통 이론으로 설명하는 것이 적절하다.

② 의사소통 이론에 따르면 문화의 수용 과정에는 수용 주체의 주관이 개입하지 않는다.

③ 의사소통 이론에 따르면 특정 공동체의 문화는 다른 공동체로 복제를 통해 전파될 수 있다.

④ 요크셔 푸딩 요리법이 요크셔 지방의 가정이나 개인에 따라 세부적인 차이를 보이는 현상은 밈 이론에 의해 설명할 수 있다

[014~015] 다음 글을 읽고 물음에 답하시오.

우리 나라의 자생 식물이 아닌 포도는 불교의 전파 등 동서양의 문화 교류를 통해 그 존재가 알려지고 형태나 특성 등이 소개되면서 예술 작품의 소재로까지 등장하게 되었다. 이 포도는 같은 한자 문화권인 중국이나 일본보다 우리나라에서 훨씬 더 사랑받는 소재이다.

포도는 많은 알들이 뭉쳐 송이를 이루고 덩굴이 길게 자라는 특성을 지니고 있기 때문에 다산과 풍요를 상징한다. 아마 이런 점이 포도가 우리나라 사람들로부터 유난히 사랑받게 된 이유 중 하나라고 할 수 있다. 포도의 원산지는 서부 아시아로, 석류 및 토끼풀과 함께 실크로드를 통해 우리나라에 전해졌다. 우리 땅에서는 대략 고려 시대부터 재배된 것으로 보인다.

포도를 소재로 한 그림은 조선 초인 15세기부터 조선 말에 이르기까지 줄기차고 활발하게 창작되었다. 그러나 포도를 소재로 한 문양은 그림보다 오백 년 이상이나 오래된 역사를 가지고 있다. 통일 신라 기와 가운데 암막새에 도드라지게 새겨진 포도당초문이 그 증거이다. 고려 시대 청자나 구리 거울에 빈번하게 등장하는 포도 문양도 또하나의 증거라고 할 수 있다. 고려 시대에 무늬를 따라 홈을 파고 두 종류의 흙으로 메꾸는 상감 기법으로 새겨진 포도 문양이나 덩굴에 귀여운 알맹이들이 매달린 포도 문양이 있는 청자병은 널리 알려진 예술품이다. 포도 문양을 통해 이 병에 담긴 술 가운데는 포도로 빚은 것도 있었을 것임을 짐작할 수 있다. 시대를 훌쩍 뛰어 넘어 조선 시대에 이르면, 포도 문양은 백자의 표면을 장식하는 무늬라기보다는 어엿한 그림으로 등장한다. 백자에 그려진 포도 그림을 흰 화선지에 그린 한 폭의 수묵화로 ⊙받아들인 것이다.

포도의 원산지가 우리 땅이 아니듯 포도 그림의 시작은 우리 나라가 아니다. 먹만으로 그린 '묵포도(墨葡圖)'는 중국 13세기말 선승 '일관'에 의해 시작되었다. 조선 중기, 정확히 말하면 16세기 우리의 화단에서 묵포도는 '황집중'에 의해 그 틀이 형성되었다. 우리 나라의 묵포도는 비슷한 시기에 만들어진 백자 접시에도 등장하여 사람들의 시선을 모으게 된다. 비록 도화서에서 파견된 화원이 청화로 그린 것이지만 선비가 그린 한 폭의 문인화로 보아도 손색이 없을 정도로 품위가 있고 예술적 가치가 높은 그림이다. 또한 볼륨이 있는 제법 큼직한 백자 항아리에 철화로 포도를 그리기도 했다. 국보 107호로 지정된 백자 항아리와 국보 93호 항아리가 그 예이다.

묵포도는 19세기 활동한 최석환과 같은 전문적인 직업 화가에 의해 그려지기도 했지만 홍수주, 윤순, 심정주 등 문인들에 의해 주로 그려졌다. 이국적인 것으로 간주되기 쉬운 포도가 우리의 문화 속에 어떻게 자리잡고 있는지는 다른 나라에서 그 예를 찾기 힘든 묵포도의 존재를 통해 알 수 있다. 조선의 조촐하고 담백한 아름다움의 실체를 잘 알려 주는 황집중의 묵포도는 오늘날 모두 여섯 점이 남아 있다. 현재 국립 중앙 박물관에 소장되어 있는 작품이 잘 알려진 대표작이며, 북한에 한 점이 있고, 그려진 연대가 적혀 있는 네 점은 간송 미술관에 간직되어 있다.

014 다음 글을 통해 해결할 수 없는 질문은?

① 먹으로 포도 그림을 처음 그린 사람은 누구인가?
② 포도는 어떤 경로를 통해 우리나라로 전해졌는가?
③ 포도 그림은 우리 문화 속에서 무엇을 상징하는가?
④ 전문적인 직업 화가와 문인의 묵포도 표현 기법은 어떻게 다른가?

015 밑줄 친 ㉠과 문맥적 의미가 가장 유사한 것은?

① 그는 끝끝내 그녀의 정성을 <u>받아들이지</u> 않았다.

② 이번에 <u>받아들인</u> 성금은 불우한 이웃을 위해 쓰인다.

③ 아무리 생각해봐도 그것을 사실로 <u>받아들일</u> 수가 없다.

④ 선진 문물을 <u>받아들여야만</u> 진정한 발전을 이룰 수 있다.

3일차

011 ④
[정답풀이]
이 글은 '현대의 국어 사료를 조사하는 작업'에 대한 글이다. 이러한 화제는 ⑩에 제시되어 있다. ⑦은 국어 역사란 무엇인가에 대한 정의를 내리는 문장이며, ⑥은 현재의 연구에 대한 문제를 제시하고 있다. ⑥은 이러한 문제에 드러내며, ⑧은 이 원인으로 인해 초래된 결과에 대해 서술하고 있다.

012 ④
[정답풀이]
마지막 문단에는 "조선 시대에는 독립된 사법 기관이 존재하지 않았으므로 재판은 중앙의 몇몇 기관과 지방 수령인 목사, 부사, 군수, 현령, 현감 등과 관찰사가 담당하였다."라는 내용만 나올 뿐이다. 재판관과 행정관의 역할은 제시되어 있지 않다.

오답
① 첫째 문단에서 밝히고 있다. "재판이란 법원이 소송 사건에 대해 원고·피고의 주장을 듣고 그에 대한 법적 판단을 내리는 소송 절차를 말한다."
② 둘째 문단에서 밝히고 있다. 송사는 다시 옥송과 사송으로 나뉜다. 옥송은 상해 및 인격적 침해 등을 이유로 하여 원(元:원고), 척(隻: 피고) 간에 형벌을 요구하는 송사를 말한다. 이에 반해 사송은 원, 척 간에 재화의 소유권에 대한 확인, 양도, 변상을 위한 민사 관련 송사를 말한다.
③ 첫째 문단에서 밝히고 있다. "송사는 개인 간의 생활 관계에서 발생하는 분쟁의 해결을 위해 관청에 판결을 호소하는 것을 말하며, 옥사는 강도, 살인, 반역 등의 중대 범죄를 다스리는 일로서 적발, 수색하여 처벌하는 것을 말한다."

013 ①
[정답풀이]
셋째 문단과 넷째 문단을 따르면, 글쓴이는 문화 전파의 기제를 설명하기 위해서는 밈 이론보다 의사소통 이론이 더 적절하다고 언급했다. 또한 요크셔 지역의 푸딩 요리법을 예로 들어 구체적으로 설명했다.

오답
② 마지막 문단에서, '생명체의 경우와 달리 문화는 완벽하게 동일한 형태로 전파되지 않는다.'라고 언급하면서, '푸딩 요리법의 수신자가 발신자가 전해 준 정보에다 자신의 생

각을 덧붙였기 때문'이라고 말하고 있다. 의사소통 이론에 따르면 문화의 수용 과정에는 수용 주체의 주관이 개입할 수 있다.
③ 복제를 통해 문화의 전파를 설명하는 이론은 '밈 이론'이다.
④ 마지막 문단에서, '푸딩 요리법의 수신자가 발신자가 전해 준 정보에다 자신의 생각을 덧붙였기 때문인데, 복제의 관점에서 이와 같은 현상을 설명하기 어렵다. 반면, 의사소통 이론으로는 설명 가능하다'라고 했으므로, '밈 이론'이 아니라 '의사소통 이론'에 의해 설명할 수 있다.

014 ④
[정답풀이]
전문적인 직업 화가인 도화서 화원들이 그린 묵포도와 문인들이 그린 묵포도의 표현 기법이 어떻게 다른지 구체적으로 알 수는 없다. 단지 문인들이 그린 그림이 훨씬 품위가 있고 예술적 가치가 있다는 내용만 드러나 있을 뿐 두 그림의 표현 기법이 어떻게 다른지 차이점을 언급하고 있지는 않다.

015 ③
[정답풀이]
본문의 '받아들이다'는 '어떤 사실 따위를 인정하고 용납하다'의 의미로 사용되었다. 이와 유사한 것은 ③이다.

오답
① 다른 사람의 요구, 성의, 말 따위를 들어주다.
② 사람들에게서 돈이나 물건 따위를 거두어 받다.
④ 다른 문화, 문물을 받아서 자기 것으로 되게 하다.

[016~018] 다음 글을 읽고 물음에 답하시오.

[2018. 법원직]

벤담과 같은 고전적인 공리주의에서는 사람들의 행복은 계측과 합계가 가능하다고 생각하기 때문에, 행복에 공통의 기준이 성립되어 있다고 여긴다. 벤담의 효용이라는 개념은 공통의 통화를 제공하는 것이다.

이런 생각을 근거로 한 것이 비용편익분석이다. 어떤 정책이나 행동이 얼마만큼의 행복을 가져오고 동시에 얼마만큼의 비용이 드는가를 화폐 가치로 환산해서 그 차액으로 정책이나 행동을 결정하는 것이다.

비용편익분석의 사례로 체코에서 일어난 필립 모리스 담배 문제를 소개할 수 있다. 담배 때문에 사람이 죽게 되는 경우, 살아 있는 동안 국가의 의료비 부담은 늘어나지만, 흡연자는 빨리 사망하기 때문에 연금, 고령자를 위한 주택 등의 예산이 절약되어 국가 재정에는 오히려 도움이 된다. 국민들이 담배를 피울 때 국가의 비용보다 편익이 크므로 국가는 담배를 금하지 말고 계속 피우게 하는 편이 좋다는 이 결과에 인간의 생명을 경시하는, 비인도적인 발상이라는 비난 여론이 들끓었다. 결국 필립 모리스는 사죄하게 되었다.

포드사는 소형자동차 핀토의 결함을 수리할 것인가에 대해 판단하기 위해 비용편익분석을 하였다. 차의 결함으로 인한 사고로 죽는 인간의 생명이나 부상자들의 부상을 그들에게 배상해야 할 금액으로 환산해서 이것을 (㉠) 속에 넣고 결함을 개량하는 데 드는 비용이 편익보다 많기 때문에 인명이 희생되더라도 결함을 개량하지 않는 편이 낫다고 결정했다. 그 외에도 환경보호국의 분석에서 고령자의 생명을 화폐로 환산하면서 할인했다는 예, 자동차의 제한용 편익분석에서 인명을 화폐로 환산해서 인명을 잃은 비용보다 방지 대책에 드는 비용이 크다는 이유로 행위나 정책이 정당화되었다는 예도 있다.

결국 비용편익분석과 같은 결과주의의 생각, 즉 인명 희생의 방치나 정당화와 같이 도덕적으로 허용되지 않는 답을 이끌어낸 사례들을 지적하면서 '(㉡   )'와 같은 문제를 제기할 수 있다.

016 ㉠에 들어갈 내용으로 가장 적절한 것은?

① 수리의 편익
② 수리의 비용
③ 사고의 편익
④ 사고의 비용

017 ㉡에 들어갈 질문으로 적절하지 않은 것은?

① 인간의 행복을 단일한 척도로 측정해도 좋은가?
② 더 큰 이익을 위해 개인은 희생되어도 괜찮은가?
③ 비용과 편익을 분석하는 주체는 누가 되어야 하는가?
④ 인간의 생명과 관련된 문제를 화폐로 환산해도 되는가?

018 윗글의 서술 방식으로 가장 적절한 것은?

① 구체적인 사례를 제시하여 논지를 전개하고 있다.
② 비교와 대조를 통해 대상의 특징을 드러내고 있다.
③ 철학적 사상을 근거로 삼아 설득력을 높이고 있다.
④ 문제 상황과 대안을 제시하고 타당성을 검증하고 있다.

019 다음 글의 주제로 가장 적절한 것은? [2017. 국가직 7급]

외래어는 원래의 언어에서 가졌던 모습을 잃어버리고 새 언어에 동화되는 속성을 가지고 있다. 외래어의 동화 양상을 음운, 형태, 의미적 측면에서 살펴보자.

첫째, 외래어는 국어에 들어오면서 국어의 음운적 특징을 띠게 되어 외국어 본래의 발음이 그대로 유지되지 못한다. 자음이든 모음이든 국어에 없는 소리는 국어의 가장 가까운 소리로 바뀌고 만다. 프랑스의 수도 Paris는 원래 프랑스어인데 국어에서는 '파리'가 된다. 프랑스어 [r] 발음은 국어에 없는 소리여서 비슷한 소리인 'ㄹ'로 바뀌고 마는 것이다. 그 외에 장단이나 강세, 성조와 같은 운율적 자질도 원래 외국어의 모습을 잃어버리고 만다.

둘째, 외래어는 국어의 형태적인 특징을 갖게 된다. 외래어의 동사와 형용사는 '-하다'가 반드시 붙어서 쓰이게 된다. 영어 형용사 smart가 국어에 들어오면 '스마트하다'가 된다. '아이러니하다'라는 말도 있는데 이는 명사에 '-하다'가 붙어 형용사처럼 쓰인 경우이다.

셋째, 외래어는 원래 언어의 의미와 다른 의미로 쓰일 수 있다. 일례로 프랑스어 madame이 국어에 와서는 '마담'이 되는데 프랑스어에서의 '부인'의 의미가 국어에서는 '술집이나 다방의 여주인' 의미로 쓰이고 있다.

① 외래어의 갈래
② 외래어의 특성
③ 외래어의 변화
④ 외래어의 개념

020 다음을 논리적 순서로 배열한 것은? [2015. 국가직 9급]

ㄱ. 그 덕분에 인류의 문명은 발달될 수 있었다.
ㄴ. 그 대신 사람들은 잠을 빼앗겼고 생물들은 생체 리듬을 잃었다.
ㄷ. 인간은 오랜 세월 태양의 움직임에 따라 신체 조건을 맞추어 왔다.
ㄹ. 그러나 밤에도 빛을 이용해 보겠다는 욕구가 관솔불, 등잔불, 전등을 만들어 냈고, 이에 따라 밤에 이루어지는 인간의 활동이 점점 많아졌다.

① ㄱ - ㄴ - ㄷ - ㄹ
② ㄴ - ㄱ - ㄹ - ㄷ
③ ㄷ - ㄹ - ㄱ - ㄴ
④ ㄹ - ㄷ - ㄴ - ㄱ

4일차

016 ①

[정답풀이]

공리주의적 가치관을 바탕으로 행복과 비용의 관계를 분석한 비용편익분석의 문제점을 밝힌 글이다. 비용편익분석은 인간의 행복을 화폐 가치로 환산하여 정책을 결정하는 것이다. 포드사는 사고로 죽는 인간의 생명을 수리 비용의 편익으로 환산하여 분석하였고 이에 따라 수리를 하지 않기로 결정했다. ㉠에는 수리의 편익과 관련된 말이 들어가야 하므로 ①의 '수리의 편익'이 적절하다.

오답

② '수리의 비용'도 고려할 수 있으나 '편익'이라는 말이 반드시 들어가야 한다.

③, ④ 사고의 편익이나 비용과는 관련이 없다.

017 ③

[정답풀이]

이 글은 필립 모리스의 담배 문제와 포드사의 자동차 수리 문제와 관련된 사례를 통해 비용편익분석의 문제점을 지적하고 있다. 가령 인간의 행복을 화폐라는 단일한 가치로 측정하는 것이 올바른가에 대한 문제점(①), 국가의 비용을 위해 개인의 생명을 경시할 수 있는가의 문제점(②), 인간의 생명을 화폐 가치로 환산하는 것이 올바른가에 대한 문제점(④) 등을 사례로 지적했다. 따라서 ㉡에는 이와 같은 비용편익분석의 문제점을 지적하는 질문이 들어가야 올바르다. 그러나 이 글에서는 비용편익분석을 시행하는 주체의 문제를 지적하지는 않았다.

018 ①

[정답풀이]

이 글은 필립 모리스의 담배 문제와 포드사의 자동차 결함 문제를 비용편익분석의 측면에서 해결하는 과정을 통해 인간의 행복을 화폐 가치로 환산하는 것의 문제점이 무엇인지를 지적하여 글을 서술하고 있다.

019 ②

[정답풀이]

제시문은 '외래어가 새 언어에 동화되는 속성(屬性)'을 음운, 형태, 의미적 측면 세 가지로 나누어 설명하고 있다. 따라서 '외래어의 특성'이 제시문의 주제가 된다. 이 주제를 바탕으로 세 가지의 특성을 설명하였다. 첫째, 외래어는 국어의 음운적 특징을 지니게 된다. 둘째, 오래어는 국어의 형태적인 특징을 갖게 된다. 셋째, 외래어는 원래 언어의 의미와 다른 의미로 쓰일 수 있다.

▶ 속성(屬性): 사물의 특징이나 성질을 뜻하는 말.

020 ③

[정답풀이]

통시적 순서에 맞게 글을 배열하는 문제이다. 우선 'ㄷ' 도입 부분에서 오랜 세월 인간의 역사로 시작한 후, 인간의 새로운 욕구를 언급한 'ㄹ'로 전개된다. 그리고 'ㄱ'에서 이러한 노력의 긍정적 측면을 말한 후 마지막으로 'ㄴ'에서 문제적 결과를 제시하고 있다. 따라서 정답은 'ㄷ - ㄹ - ㄱ - ㄴ'의 순서이다.

[021~023] 다음 글을 읽고 물음에 답하시오.

사이코패스는 '사이코'라는 단어가 들어가지만 단순한 정신 장애가 아니다. 정신 장애를 가진 사람이 범행을 저질렀다면 우리는 그 사람을 벌하기보다는, 치료의 대상으로 간주한다. 그것은 그들은 현실 검증 능력이 없어 자기의 행동이 어떤 영향을 미칠지 모르고 행동하기 때문이다. 하지만 사이코패스는 의식도 뚜렷하고 자기가 하는 행동이 무엇인지 잘 알고 있는 사람들이다. 그들은 겁에 질렸거나 방어를 위해 범행을 하는 것도 아니라, 단지 자기 만족을 위해 타인을 해치는 '반사회적 인격 장애자들'이다.

사이코패스의 뇌파를 찍어보면 대뇌 피질의 각성도가 낮다. 일반인의 뇌는 공포를 느낄 때 감정을 담당하는 변연계와 판단을 하는 전두엽 사이의 상호 작용이 활성화된다. 하지만 이들은 이런 뇌 활동성이 결여돼 있다. 평소 각성도가 낮기 때문에 일반인은 견디기 어려운 수준의 흉악하고 공격적인 행동을 해야 흥분과 쾌감을 느낀다. 그러므로 흥분이나 쾌감을 느끼기 위해서 그들은 갈수록 흉악한 행동을 하려고 한다. 또 그런 행동에 대해 죄책감을 느끼거나 앞으로 악한 행동을 자제해야겠다는 생각도 하지 않는다.

정신 의학계에서는 사이코패스 옆에 '소시오패스(sociopath)'라는 단어가 함께 붙어 다닌다. 사이코패스와 달리 소시오패스는 정상적인 사회 생활을 하며, 흉악한 범죄를 저지르지 않는다. 이들은 법이 허용하는, 또는 남의 눈에 띄지 않는 범위 안에서 지나치게 자기 중심적으로 타인을 이용하는 데 거리낌이 없다. 남을 위하는 것처럼 행동할 때도 상대를 이용하고 해치려는 마음을 가지고 있다. 자기가 원하는 대로 주변이 따라주기를 바라면서 주위 환경을 변화시키려 한다. 현대 사회에는 인구 100명당 약 4명의 소시오패스가 존재한다고 한다.

정신 분석학자 오토 컨버그는 소시오패스의 특징을 '병적인 자기애'라고 하였다. 소시오패스는 자기 합리화의 명수다. 자기 주장이 강하고, 타인에게 인정받기를 바라지만 오직 자기만 생각한다. 자기 때문에 타인이 받는 고통을 큰 목적을 위한 희생이라고 합리화하고, 자신의 책임을 철저히 부인한다. 컨버그는 역사적으로 히틀러와 스탈린 같은 독재자들을 소시오패스의 대표적인 인물로 꼽았다.

사회가 각박해지면서 소시오패스는 점차 늘고 있다. 진화 심리학자들은 도시 생활의 어쩔 수 없는 부작용이라고 설명한다. 과거 공동체적 농경 사회에서는 제 이득만 취하는 사람은 금방 적발돼 퇴출당하거나 공동체의 징벌을 받았다. 하지만 현대 사회는 '한번 보고 끝나는' 만남이 많아졌다. 그래서 자기가 원하는 것만 얻고난 뒤 은혜를 갚지 않고 관계를 단절해버려도 아무도 벌을 주지 못한다. 공동체에서 퇴출시키는 일도 불가능해졌다. 결국 사이코패스나 소시오패스가 오랫동안 생존하면서 능력을 키워나가고 진화 해갈 수 있는 바탕이 돼버린 셈이다.

021 위 글의 내용과 일치하는 것은?

① 사이코패스가 저지른 범행은 처벌의 대상이 될 수 없다.

② 사이코패스와 소시오패스 모두 정상적으로 생활을 할 수 있다.

③ 사이코패스는 변연계보다 전두엽이 발달한 뇌 구조를 가지고 있다.

④ 소시오패스는 대도시 중심의 생활로 인해서 점차 그 수가 증가하고 있다.

022 '소시오패스'의 행동 특성을 지닌 사람을 비판한 말로 가장 적절한 것은?

① 자신을 과시하는 허장성세(虛張聲勢)하는 사람들이야.

② 갈피를 잡을 수 없는 우유부단(優柔不斷)한 사람들이야.

③ 정상처럼 가장하지만 구밀복검(口蜜腹劍)하는 사람들이야.

④ 남의 호감을 얻기 위해 교언영색(巧言令色)하는 사람들이야.

023 위 글의 전개 방식으로 적절하지 않은 것은?

① 문제의 원인을 분석하고 해결책을 제시한다.

② 대상과 다른 대상의 차이점을 밝힌다.

③ 구체적인 사례를 들어서 이해를 돕는다.

④ 인용을 통하여 내용의 신뢰성을 높인다.

024 다음 글의 전개 순서로 가장 자연스러운 것은? [2014. 지방직 9급]

(가) 상품 생산자, 즉 판매자는 화폐를 얻기 위해 자신의 상품을 시장에 내놓는다. 하지만 생산자가 만들어 낸 상품이 시장에 들어서서 다른 상품이나 화폐와 관계를 맺게 되면, 이제 그 상품은 주인에게 복종하기를 멈추고 자립적인 삶을 살아가게 된다.

(나) 이처럼 상품이나 시장 법칙은 인간에 의해 산출된 것이지만, 이제 거꾸로 상품이나 시장 법칙이 인간을 지배하게 된다. 이때 인간 및 인간들 간의 관계가 소외되는 현상이 나타난다.

(다) 상품은 그것을 만들어 낸 생산자의 분신이지만, 시장 안에서는 상품이 곧 독자적인 인격체가 된다. 사람이 주체가 아니라 상품이 주체가 된다.

(라) 또한 사람들이 상품들을 생산하여 교환하는 과정에서 시장의 경제 법칙을 만들어 냈지만, 이제 거꾸로 상품들은 인간의 손을 떠나 시장 법칙에 따라 교환된다. 이런 시장 법칙의 지배 아래에서는 사람과 사람 간의 관계가 상품과 상품, 상품과 화폐 등 사물과 사물 간의 관계에 가려 보이지 않게 된다.

① (가) - (다) - (나) - (라)

② (가) - (다) - (라) - (나)

③ (다) - (라) - (가) - (나)

④ (다) - (라) - (나) - (가)

025 다음 〈보기〉의 글이 들어갈 위치로 가장 적절한 것은? [2013. 국회직 8급]

┤보기├

아주 극단의 예로, 왕조말의 시인 황매천(黃梅泉)은 합방의 소식을 듣고 '難作人間識字人'—사람 가운데도 식자나 한다는 사람 되기가 이렇게도 어렵구나 하는 시를 남기고 자결을 했다. 하물며 하루 세 끼 밥 먹기 위해, 혹은 단지 호강하고 편히 살기 위해 직업을 택한다는 것은, 지식인으로서 차마 취하지 못할 일인 것은 더 말할 것 없다.

(가) 직업이 그저 일신의 고식지계에 그치는 것이 아니라 그 직업을 통해 사회에 무엇인가 기여하는 것이고 또 그래야만 하는 것이라는 것은, 직업을 논하는 경우의 정석처럼 되어 있는 대목이다. 지게를 진 구두닦이를 하건, 자신이 의식하지 못하고 있더라도 그것은 훌륭히 사회에 기여를 하고 있다.

(나) 그러나 직업을 통해 사회에 기여해야 한다는 의식을 마땅히 가짐직한 사람들이 그것을 갖지 못하거나, 아예 그것을 귀찮다고 외면하는 수도 있다. 직업을 한낱 고식지계로 타락시켜 그것으로 만족하고 있는 수가 있다.

(다) 세상이 하고많은 부정부패가 있다고들 하고, 그 부정부패가 불학무식(不學無識)한 사람들에서보다 식자(識字)나 한다는 사람들 가운데서 더 심각하게 저질러지고 있는 것을 보면, 직업을 통한 사회적 분담이라는 의식은 그렇게 말처럼 쉬운 일이 아닌지도 모르겠다.

(라) 우수한 대학을 나오는 젊은이들 가운데도 경우에 따라서는 우선 직업을 얻는 데조차 힘이 드는 수도 있기는 할 것이다. 그런 정도로 오늘 현재의 우리 사회는 몹시 병든 구석이 있는 것도 사실이라 할 것이다. 그럼에도 불구하고, 또 비록 비현실적이라는 말을 듣는 한이 있더라도, 지식인의 직업은 역시 고식지계일 수는 없다.

(마) 자기의 개성에 따라, 이것이 나의 생계를 위할 뿐 아니라 사회에 대한 나의 참여, 분담, 공헌, 기여의 길이라고 확신하여 얻은 직업에는 자기의 전 생명을 기울여 마땅하다. 내 직업에 전 생명을 기울이는 가운데서, 비로소, 이 세상에 태어나 남들이라고 다 기회가 있는 것도 아닌 최고의 교육을 받은 사람으로서, 이 세상의 발전에 다소의 갚음이라도 할 수 있는 길이 트일 것으로 믿는다.

(바) 명예다, 부다, 그 밖에 세상에서 흔히 즐기는 가치들은 내 직업에 전 생명을 기울이는 부산물로서 와주면 더욱 좋고, 아니 와준다 해서 탓할 것 없는 것이 될 것으로 믿는다.

① (가)와 (나) 사이
② (나)와 (다) 사이
③ (다)와 (라) 사이
④ (라)와 (마) 사이
⑤ (마)와 (바) 사이

5일차

021 ④
[정답풀이]
마지막 문단에서 소시오패스의 증가를 설명했다. 소시오패스는 도시 생활의 부작용이며, 사회가 각박해지며 더 늘고 있다는 설명이 있다.

오답

① 정신 장애로 저지른 범행은 치료의 대상이지만 사이코패스는 의식이 뚜렷한 상태이므로 처벌의 대상이다.
② 소시오패스는 정상적인 사회 생활을 할 수 있지만 사이코패스는 정상적인 생활을 할 수 없다.
③ 사이코패스는 변연계와 전두엽의 활동성이 모두 결여되어 있다.

022 ③
[정답풀이]
소시오패스들은 남을 이용하거나 남을 해칠 생각을 가지고 행동하는 사람들이다. 본문에서 남을 좋게 대할 때도 그 마음속에는 그들을 해칠 마음을 가지고 있다고 하였다. 이처럼 남을 해칠 마음을 품고 행동하는 것을 구밀복검(口蜜腹劍)이라고 한다.

023 ①
[정답풀이]
마지막 문단에서 소시오패스 현상이 나타나는 원인은 언급하였지만 이런 문제를 해결하기 위한 해결책이 무엇인지는 말하지 않았다.

오답

② 사이코패스와 소시오패스의 차이와 정상인과 사이코패스의 뇌 활동의 차이 등을 언급하였다.
③ 소시오패스의 예로 히틀러와 스탈린을 들었다.
④ 컨버그라는 사람의 말을 인용하여 글의 신뢰성을 높이고 있다.

024 ②
[정답풀이]
선택지 중 맨 끝에 (나)가 두 번 나오므로 답을 ②나 ③으로 제한해 찾으면 효율적이다. (가)의 끝에 '상품~자립적인 삶'이 나오고 (다)에 '상품은~곧 독자적인 인격체'라고 했으므로 두 단락이 이어져야 하고 (라)의 '또한~사물과 사물 간의 관계'에 이어서 (나)의 '이처럼~인간 및 인간들 간의 관계가 소외되는 현상'이 나와야 한다.

025 ④
[정답풀이]
황매천(매천 황현)은 구한말 선비이며 벼슬살이를 한 적이 없다. 그러나 선비이자 지식인이며, 한 나라의 국민으로서 자신의 충절을 몸소 실천에 옮기는 것을 지식인의 중요한 덕목이라 생각했다. 조선이 일본에 병합되자 그러한 충절을 더 이상 지킬 수 없게 된 것에 〈보기〉와 같은 말을 남기고 자결을 한 것이다. 〈보기〉의 일화가 들어갈 수 있는 자리는 대학을 나온 젊은이들의 직업을 얻는 태도를 비판하고 있는 (라)의 뒤가 적절하다.

[026~029] 다음 글을 읽고 물음에 답하시오. [2019. 법원직]

최근 몇십 년간 광범위한 영향력을 행사해 왔던 신고전파 경제학은 특유의 신앙을 가지고 있다. 시장이 모든 것에 우선한다는 것이다. 그들은 "태초에 시장이 있었다."라고 주장하며, 국가의 개입은 시장의 결함이 극도로 심화된 이후에야 나타나야 할 ㉠인위적 대체물로 본다.

(가) 태초에 시장은 없었다는 것이 진실이다. 경제 사학자들에 따르면, 시장 체제는 인류의 경제생활에서 큰 비중을 차지하지 못했고, 발생 단계부터 거의 항상 국가의 개입에 의존해 왔다. 자본주의 초기 단계에서는 더욱 그랬다. 폴라니는 그의 고전적 저작인 "대전환"을 통해 '자연 발생적으로' 시장 경제가 나타난 것으로 흔히 간주되는 영국에서조차 시장의 발생에 정부가 결정적 역할을 해냈음을 보여 주면서 다음과 같이 이야기한다.

"자유 시장으로 가는 길은 정부가 꾸준히 개입을 늘리는 방식으로 시작되고 유지되었다. 애덤 스미스의 ㉡단순하고 자연적인 자유'의 개념을 인간 사회에 실현하는 일은 매우 복잡한 일이었다. 토지의 사유를 제도화한 인클로저 법들의 조항은 얼마나 복잡하였던가. 시장 개혁의 과정에서 얼마나 많은 관료적 통제가 필요하였던가?"

미국에서도 초기 산업화의 성공에 결정적인 영향을 미친 것은 역시 소유권의 확립, 주요 사회 간접 시설의 건설, 농업 연구에 대한 자금 공급 등을 통한 정부의 개입이었다.

(나) 미국은 ㉢'유치산업 보호'라는 아이디어의 발생지였으며, 제2차 세계 대전이 발발하기 이전의 100년 동안 산업 보호 장벽이 가장 견고하였던 나라였다.

산업화에 성공한 국가 가운데, 정부가 경제 발전에 강력하게 개입하지 않은 경우는 없었다. 물론 정부가 시장에 개입하는 형태는 매우 다양하다. 사회주의 혁명에 맞서 복지 국가 체계를 수립한 비스마르크의 독일, 전후(戰後) 산업 복구 정책을 편 프랑스, 국가적으로 연구 개발을 지원한 스웨덴, 공기업 부문을 통해 제조업의 발전을 이룬 오스트리아, 국가의 주도로 압축 성장을 이룬 한국 등의 동아시아 국가가 그것이다. 정부의 개입 형태는 이렇듯 다양하지만, 분명한 것은 산업화의 과정에서 엄청난 규모의 국가 개입이 있었다는 것이다. 거의 모든 선진국은 사실상 정부의 강도 높은 개입이라는 ㉣비(非)자연적 방법'을 통하여 발전해 왔다. (다) 시장을 인위적 개입이 없는 자연적 현상으로 바라보는 관점은 실제 사실이 아닌 희망 사항에 기반을 둔 것이다.

시장 제도가 모든 것보다 우선하는지의 여부는 한 나라의 경제 정책 설계에 관한 매우 중요한 문제이다. 이를테면 공산주의 국가에서 자본주의 국가로 '대대적인' 개혁을 실시하였던 많은 나라들은 한동안 심각한 경제 위기를 겪었다. 이것은 '잘 작동하는' 정부 없이 '잘 작동하는' 시장 경제를 건설할 수 없음을 명백하게 보여 준다. 신고전학파 경제학자들이 믿는 대로 시장이 '자연스럽게' 진화한다면, 이 옛 공산 국가들은 진작 그 같은 혼란에서 빠져 나왔어야만 한다. 또한 수많은 개발도상국들이 자국의 경제 발전 문제를 해결하는 데 정부가 개입하지 못하게 막는 것은 매우 위험한 태도라 할 것이다.

026 빈칸 (가)~(다)에 들어갈 말을 순서대로 적은 것은?

① 그러므로 – 게다가 – 그러나

② 그리고 – 반면 – 그래서

③ 그러나 – 반면 – 그래서

④ 그러나 – 게다가 – 그러므로

027 윗글의 내용전개 방식으로 가장 적절한 것은?

① 특정이론의 형성과정을 시대순으로 제시하여 이론의 정당성을 주장하고 있다.

② 특정이론에 대한 상반된 주장을 내세우며 구체적 사례를 제시하고 있다.

③ 상반된 두 이론을 비교·분석하면서 각각의 장단점을 제시하고 있다.

④ 특정이론의 사회적 의의를 밝히고 종류를 나누어 분석하고 있다.

028 윗글과 〈보기〉를 비교하여 이해한 것으로 가장 적절한 것은?

┤보기├

　시장과 정부는 경제라는 수레를 움직이는 두 바퀴와 같다. 때로는 서로 잘 맞물려 수레를 잘 굴러가게 하지만, 서로 갈등을 빚으며 좌충우돌하고 엉뚱한 결과를 가져오기도 한다. 그 이유는 대부분의 정책 당국자가 정부가 시장을 움직일 수 있다고 믿기 때문이다.

　그러나 실제로는 전혀 그렇지 않다. 시장의 흐름과 상충되는 정책이 발표되면, 비록 일시적인 효과가 있을지라도, 결과적으로는 시장의 흐름이 정부보다 더 강력하게 작용한다. 성공하는 정책일수록 시장 친화적이어야 한다. 정부의 '보이는 손'은 만병통치약이 아니다. 오히려 거의 모든 문제는 시장에서 해결되고, 정부의 역할은 제한적이다.

① 윗글과 마찬가지로 〈보기〉에서는 정부가 시장의 자율성을 적극적으로 보장하는 것이 바람직하다고 주장한다.

② 윗글과 달리 〈보기〉에서는 정부의 '보이는 손'이 시장을 성공으로 이끄는 결정적인 요인이라고 주장한다.

③ 윗글과 달리 〈보기〉에서는 정부의 시장 개입은 제한적으로 이루어지는 것이 바람직하다고 주장한다.

④ 윗글과 마찬가지로 〈보기〉에서는 정부가 시장에 적극적으로 개입해야 한다고 주장한다.

029 밑줄 친 ㉠~㉣ 중 성격이 다른 하나는?

① ㉠　　　　　　　　　　　　　　② ㉡

③ ㉢　　　　　　　　　　　　　　④ ㉣

030 다음 글을 문맥에 맞게 배열한 것은? [2014. 국가직 7급]

(가) 그렇다면 어찌해야 좋단 말인가? 우린 장차 어찌해야 하는가? 글쓰기를 그만두어야 할 것인가?

(나) 문장을 어떻게 써야 하는가? '반드시 옛것을 모범으로 삼아야 한다.'라고 사람들은 말한다. 그리하여 세상에는 마침내 옛것을 모방하면서도 부끄러운 줄 모르는 사람들이 생겨나게 되었다. 이는 주(周)나라의 제도를 본떴던 역적 왕망(王莽)이 예악(禮樂)을 수립했다는 격이며, 공자와 얼굴이 닮은 양화(陽貨)가 만세(萬世)의 스승이 될 수 있다는 격이다. 그러니 어찌 옛것을 모범으로 삼을 수 있겠는가?

(다) 아아! 옛것을 모범으로 삼는 사람은 낡은 자취에 구애되는 것이 병이고, 새것을 만들어 내는 사람은 상도(常道)에서 벗어나는 것이 탈이다. 참으로 옛것을 모범으로 삼되 변통할 줄 알고, 새것을 만들어 내되 법도가 있게 할 수 있다면, 지금 글이 옛날 글과 같을 것이다.

(라) 그렇다면 새것을 만들어야 하는가? 그리하여 세상에는 마침내 괴상하고 허황되고 지나치게 치우친 글을 쓰면서도 두려워할 줄 모르는 이들이 생겨나게 되었다. 이는, 임시 조처로 세 길 높이의 나무를 옮기게 하는 것이 통상의 법령보다 중요하다는 격이고, 이연년(李延年)의 새로 만든 간드러진 노래를 종묘(宗廟)의 음악으로 연주하여도 좋다는 격이다. 그러니 어찌 새것을 만들겠는가?

— 박지원, 〈초정집서(楚亭集序)〉 중에서 —

---

① (다) − (가) − (라) − (나)

② (나) − (가) − (다) − (라)

③ (다) − (라) − (나) − (가)

④ (나) − (라) − (가) − (다)

6일차

026 ④
[정답풀이]

'시장'과 '국가 개입'의 문제를 다룬 글이다. (가) 앞에는 "태초에 시장이 있었다."는 관점이, (가) 뒤에는 "태초에 시장은 없었다"는 견해가 나타나므로 역접의 접속어가 어울린다. (나)의 앞에 시장에 정부가 개입을 한 미국의 경우를 말하였고, (나) 뒤에는 그러한 정부 개입이 가장 강력한 나라였다는 근거를 추가하고 있다. 따라서 (나)에는 첨가 부연의 접속어 '게다가, 더구나' 등이 어울린다. (다)의 앞뒤는 인과 관계로 정리되고 있다.

027 ②
[정답풀이]

이 글은 정부가 시장에 개입하지 않아야 한다는 관점과 개입해야 한다는 상반된 주장이 나타나고 있다. 그리고 정부가 시장에 개입한 사례를 독일, 프랑스, 오스트리아, 동아시아 국가 등으로 열거하고 있다.

오답

① 하나의 이론이 형성되는 과정이 시대순으로 서술된 것이 아니다.
③ 비교하여 각각의 장단점을 제시하지 않았다.
④ 종류를 분석한 것이 아니다.

028 ③
[정답풀이]

제시문에서 글쓴이는 정부의 시장 개입이 불가피하는 관점을 취하고 있다. 〈보기〉의 "시장에서 해결되고 정부의 역할은 제한적이다."라고 하였다. 즉 정부가 가급적 시장에 개입하지 않아야 한다는 관점이다. 윗글의 내용과 〈보기〉의 내용의 관점이 다른 것을 알 수 있다.

029 ②
[정답풀이]

㉠'인위적 대체물, ㉢'유치산업 보호', ㉣'비(非)자연적 방법' 등은 모두 정부의 시장 개입에 해당되는 내용이다. 그러나 ㉡의 '단순하고 자연적인 자유'는 시장 자율에 맡겨 두는 개념이므로 나머지와 의미하는 바가 다르다.

030 ④
[정답풀이]

박지원이 〈초정집서〉에서 말한 '법고창신(法古創新)'과 관련된 글이다. '법고창신'은 '온고지신(溫故知新)'과 같은 말로, 옛것을 본받아 새로운 것을 창조한다는 뜻이다. 옛것에 토대를 두되 그것을 변화시킬 줄 알고 새 것을 만들어 가되 근본을 잃지 않아야 한다는 말이다. 이와 같이 '정(正) – 반(反) – 합(合)'의 변증법적으로 전개되는 순서가 '(나) – (라) – (가) – (다)'이다.

[031~032] 다음 글을 읽고 물음에 답하시오.

서부 영화는 뻔하다. 악당들이 지배하는 마을에 총잡이가 나타난다. 그는 생명을 걸고 악당들과 결투를 벌인다. 그러나 마음 조일 것 없다. 주인공은 절대 죽지 않는다. 악당들이 모두 쓰러지고, 총성이 멈춘 마을에는 평화가 기약된다. 바로 그 순간 총잡이는 마을을 떠난다.

내가 이러한 서부 영화에 주목한 이유는 바로 총잡이 주인공의 행동 방식 때문이다. 서부 영화의 주인공이 악당들을 처치한 후 마을에 정착한다면, 사랑하는 여인과 사람들에게 영웅 대접을 받으며 행복하게 살아갈 수 있을 것이다. 그러나 그는 모든 것을 버리고 다시 황야를 향해 떠난다. 그는 더 아름다운 여인과 더 큰 부귀영화가 기다리고 있는 다른 마을로 가는 것이 아니다. 오히려 그는 그러한 정착(定着)으로부터 등을 돌리는 것이다. '그냥 눌러 살아도 될 텐데' 하는 아쉬움이 남는다. 그러나 바로 이 지점에서 떠나는 주인공의 모습은 본질적인 면에서 철학자와 유사한 점이 있다.

철학은 '진리를 사랑하는 학문'이다. 옛날을 생각해 보자. 모든 것이 답답할 정도로 세상은 온통 수수께끼였을 것이다. 세상이 모르는 것으로 가득 차 있었을 테니 하늘과 땅에서 일어나는 일들은 그저 놀랍고 무서웠을 것이다. 철학은 이러한 무지의 상태에서 벗어나고자 하는 학문이며, 철학이 본래 모든 학문의 총칭이었다는 것 역시 이런 의미에서 가능하다. 아리스토텔레스는 논리학, 윤리학, 형이상학만이 아니라 오늘날의 물리학, 생물학, 동물학, 해부학, 천문학, 심리학, 정치학에 해당하는 영역들까지 연구하였다. 이것은 물론 그가 그만큼 뛰어난 지력(知力)의 소유자였다는 것을 함의하지만, 여러 학문들이 분화되지 않은 옛날에, 진리를 사랑하는 사람으로서 당연히 이것저것 가리지 않고 지적 호기심을 발휘했을 것이다.

철학은 의문으로 가득한 무지의 바다에서 의문을 풀어가면서 지식의 지평을 넓혀가고자 하는 학문이다. 여기서 철학의 본질적인 면모가 드러난다. 의문이 소진되면, 철학은 끝난다. 철학은 본질적으로 완성된 진리에 도달하기 위하여 물음들과 씨름하는 학문이다. 철학은 답을 추구하지만, 답에 머무르지 않고 계속 새로운 물음을 향해 떠난다. 철학을 '철학 사상'이 아니라 '철학함'이라고 정의하는 이유는 바로 여기에 있다. 철학자는 무대 내적 지식, 즉 '지금-여기'의 무대에서 유통되는 지식에 정착할 수 없다. 다른 학문들과 마찬가지로 철학도 당연히 지식의 획득을 목표로 한다. 그러나 예컨대 아인슈타인 같은 물리학자가 상대성 이론을 지식으로 산출함으로써 그만큼 공고히 무대에 정착하는 반면, 철학자는 만일 그가 묻는 철학적 물음이 대답된다면 그 순간 무대를 떠난다. 역설적이지만 사실이다.

근세에 접어들어 철학은 물리학을 철학적 탐구의 대상에서 제외시켰다. 사실 물리학뿐만 아니라 화학, 생물학과 같은 자연 과학이나 인간의 정신 영역인 심리학 등의 도움을 받는다면, 그만큼 불확실성과 두려움이 지배하던 마을은 평정될 것이다. 이에 따라서 철학은 실질적으로 '모든 학문의 여왕' 대접을 받을 수 있을 터인데, 왜 서부 영화의 주인공 흉내를 내며 떠나는 것일까? 바로 여기에 철학의 본질이 있다.

031 위 글의 내용을 잘못 이해한 것은?

① 철학은 모든 학문의 근본이 된다고 할 수 있겠군.

② 모든 학문은 철학에서 분화되어 확립된 것이겠군.

③ 철학은 지식 획득을 위해서 노력하는 학문이겠군.

④ 철학은 현실의 문제에 대해서는 거리감을 가지는 것이겠군.

032 위 글의 내용 전개 방식으로 알맞은 것은?

① 친숙한 소재와의 비유를 통하여 철학의 본질을 밝힌다.

② 반대 상황을 설정하여 올바르게 철학하는 자세를 촉구한다.

③ 적절한 예를 통하여 현실에 안주하려는 학자들을 비판한다.

④ 현대 학문의 동향을 제시하여 무대 내적 지식의 부당성을 드러낸다.

033 다음 글의 연결 순서로 가장 자연스러운 것은?　　　　　　　　　[2013. 국회직 8급]

> (가) 어느 날 건축가 김진애 선배가 골똘히 생각에 잠겨 있다가 툭, 한 마디 던졌다. "제주올레, 어때?"
>
> (나) 주위 사람들에게 내가 왜 길을 만들려고 하는지, 내가 만들 제주길에 어떤 풍경들이 펼쳐지는지를 입술이 부르트게 설명했다. 제주 걷는 길, 섬길, 제주 소로길…… 숱한 아이디어가 쏟아졌지만, 맘에 쏙 드는 건 없었다.
>
> (다) 길을 만들기에 앞서서 길 이름부터 짓기로 했다. 이름은 곧 깃발이요 철학이기에, 제주가 지닌 독특한 매력을 반영하면서도 길에 대한 나의 지향점이 오롯이 담긴 이름이라야만 했다.
>
> (라) 내가 구상하는 길은 실용적 목적을 지닌 길이 아니다. 그저 그곳에서 놀멍, 쉬멍, 걸으멍 가는 길이다. 지친 영혼에게 세상의 짐을 잠시 부려놓도록 위안과 안식을 주는 길이다. 푸른 하늘과 바다, 싱그러운 바람이 함께 하는.
>
> (마) 귀가 번쩍 뜨였다. 대부분이 육지 출신이라서 그게 뭔 소리여, 의아한 눈치였지만 '올레'는 제주 출신인 내게는 참으로 친근하고 정겨운 단어였다. 자기 집 마당에서 마을의 거리길로 들고나는 진입로가 올레다.

① (가) − (마) − (나) − (다) − (라)

② (나) − (다) − (라) − (가) − (마)

③ (다) − (나) − (가) − (마) − (라)

④ (다) − (나) − (라) − (가) − (마)

⑤ (다) − (라) − (나) − (가) − (마)

034 다음 단락을 올바르게 구성하기 위해 적절하지 않은 것은? [2008. 국가직 9급]

글이란 겸허한 자세로 쓸 것입니다. ㉠ 세상 돌아가는 형편이라든가 무슨 문제를 말할 때 독단적인 단정을 피하는 것이 좋겠다는 말입니다. ㉡ '들은 바에 의하면'이라든가, '세상 여론이 어떻다든가' 하는 말을 써서는 안 됩니다. 필자의 독단적인 단정으로 그 뒤에 따르는 책임을 어떻게 감당할 것입니까? 그것은 기만이며 죄악입니다. ㉢ 질난 체하는 단정은 독자의 비위를 거슬리게 하기 쉽습니다. ㉣ 그렇다고 보편타당성이 있는 문제에 이르기까지 모르는 체하는 것도 독자의 좋은 반응을 얻지 못할 것입니다. 아는 것은 안다고 하고 모르는 것은 모른다고 할 것이지, 잘난 체하는 것은 금물입니다.

① ㉠

② ㉡

③ ㉢

④ ㉣

035 다음 글을 문맥에 맞게 배열한 것은? [2013. 서울시 7급]

(가) 탈세, 특히 재계 거물들의 탈세는 국가권력의 기초를 허무는 것으로, 심각한 반국가 행위로 다스리는 것이 옳다.

(나) 우리가 세금에 대해 일반적으로 갖는 인식은 '억울하게 뜯기는 돈'인 경우가 많고 그래서 탈세자들에게도 굉장히 관대하다.

(다) 특히 재계 인사들이 탈세를 했다는 소식에는 '고래가 물을 뿜었나 보다' 정도로 무덤덤하게 받아들일 때가 많다. 이러한 인식은 크게 잘못된 것이다.

(라) 병역을 기피한 자들과 똑같은 의미에서 '조세도피자'라고 부르는 것이 옳다.

(마) 그런 의미에서 이들을 '조세피난자'라고 불러서는 안 된다.

① (가) - (나) - (다) - (마) - (라)

② (나) - (다) - (가) - (마) - (라)

③ (나) - (가) - (다) - (라) - (마)

④ (나) - (가) - (마) - (다) - (라)

⑤ (가) - (나) - (다) - (라) - (마)

7일차

031 ④

[정답풀이]

이 글을 보면 철학은 현실에 정착되는 것을 거부하고 새로운 물음을 향해 떠난다는 것을 알 수 있다. 하지만 ④와 같이 현실의 문제에 거리감을 가지는 것이라고 하지는 않았다. 즉, 현실의 문제도 의문을 풀어야 할 숙제가 남아 있다면 이것은 당연히 철학이 해야 할 몫이며, 이 문제도 해결된다면 철학은 새로운 물음을 향해 떠날 것이라고 이해할 수 있다.

032 ①

[정답풀이]

이 글은 서부 영화에 등장하는 총잡이와 행동 방식에 비유하여 철학의 본질을 밝히고 있다. 즉, 서부 영화의 총잡이가 '행복한 삶이 보장되는 데도 불구하고 황야를 향해 떠나는 행동 방식'과 마찬가지로 철학자도 '답에 머무르지 않고 새로운 물음을 향해 떠난다'는 것이다. 따라서 친숙한 소재에 비유하여 철학의 본질을 밝히고 있다는 ①이 가장 적절하다.

033 ⑤

[정답풀이]

선택지를 먼저 보고 (가)와 (마)는 맞닿아 연결해야 하는 내용임을 알 수 있다. (가)와 (마)의 연결을 두고 전체의 흐름을 확대해가야 한다. 글 (나)는 반드시 (가)와 연결되어야만 하는데, (나)를 연결하면 선택지 ③과 ⑤ 사이에서 선택하는 문제만이 남는다. 마지막으로 (라)가 글 끝에 오면 어색하다. (라)는 (나)와 연결되는 것이 훨씬 더 자연스럽다. 따라서 정답은 ⑤가 된다.

034 ②

[정답풀이]

ⓒ의 앞에는 '독단적인 단정은 피하는 것이 좋겠다'는 내용이 있으며, ⓒ의 뒤에는 '독단적 단정에 대한 비판적 내용'이 전개되고 있다. 따라서 ⓒ은 앞뒤의 내용과 연결되지 않으며 삭제하는 것이 좋다.

035 ②

[정답풀이]

'재계 거물들의 탈세 문제'를 다룬 시사적인 글이다. 우선, (나)에서 '탈세'에 대해 화제를 제시하고 있다. 그런 후 (다)에서 '재계 인사들의 탈세' 문제로 구체화했고, (가)에서 핵심 주장을 하고 있다. 이후 (마)와 (라)에서 개념을 바로잡으며 정리하고 있다. 따라서 답은 '(나) − (다) − (가) − (마) − (라)'가 된다.

036 〈보기〉의 설명에 활용된 방식과 가장 가까운 것은?   [2019. 서울시 추가채용]

┤보기├

　유학자들은 자신이 먼저 인격자가 될 것을 강조하지만 궁극적으로는 자신뿐 아니라 백성 또한 올바른 행동을 할 수 있도록 이끌어야 한다는 생각을 원칙으로 삼는다. 주희도 자신이 덕(明德)을 밝힌 후에는 백성들도 그들이 지닌 명덕을 밝혀 새로운 사람이 될 수 있도록 가르쳐야 한다고 본다. 백성을 가르쳐 그들을 새롭게 만드는 것이 바로 신민(新民)이다. 주희는 『대학』을 새로 편찬하면서 고본(古本) 『대학』의 친민(親民)을 신민(新民)으로 고쳤다. '친(親)'보다는 '신(新)'이 백성을 새로운 사람으로 만든다는 취지를 더 잘 표현한다고 보았던 것이다. 반면 정약용은, 친민을 신민으로 고치는 것은 옳지 않다고 본다. 정약용은 친민을 백성들이 효(孝), 제(弟), 자(慈)의 덕목을 실천 하도록 이끄는 것이라 해석한다. 즉 백성들로 하여금 자식이 어버이를 사랑하여 효도하고 어버이가 자식을 사랑하여 자애의 덕행을 실천하도록 이끄는 것이 친민이다. 백성들이 이전과 달리 효, 제, 자를 실천하게 되었다는 점에서 새롭다는 뜻은 있지만 본래 글자를 고쳐서는 안 된다고 보았다.

① 시는 서정시, 서사시, 극시로 나뉜다.
② 소는 식욕의 즐거움조차 냉대할 수 있는 지상 최대의 권태자다.
③ 언어는 사고를 반영한다는 말이 있는데, 그 예로 무지개 색깔을 가리키는 7가지 단어에 의지하여 무지개 색깔도 7가지라 판단한다는 것을 들 수 있다.
④ 곤충의 머리에는 겹눈과 홑눈, 더듬이 따위의 감각 기관과 입이 있고, 가슴에는 2쌍의 날개와 3쌍의 다리 가 있으며, 배에는 끝에 생식기와 꼬리털이 있다.

037 〈보기〉의 지문은 설명문의 일종이다. 두괄식 설명문으로 구성하고자 할 때 논리적 전개에 가장 부합하게 배열한 것은?   [2019. 서울시 추가채용]

┤보기├

㉠ 문장을 구성하는 기본적인 언어 단위를 어절이라 한다. 띄어 쓴 문장 성분을 각각 어절이라고 하는데, 하나의 어절이 하나의 문장 성분이 되는 것은 문장 구성의 기본적인 성질이다.
㉡ 문장은 인간의 생각을 완결된 형태로 담을 수 있는 언어 단위이다. 문장은 일정한 구성 성분으로 이루어 지는데, 맥락을 통해서 알 수 있을 경우에는 문장 성분을 생략할 수도 있다.
㉢ 띄어 쓴 어절이 몇 개 모여서 하나의 문장 성분이 되는 경우가 있다. '그 남자가 아주 멋지다.'라는 문장에 서 '그 남자가'와 '아주 멋지다'는 각각 두 어절로 이루어져서 주어와 서술어 역할을 하고 있다.
㉣ 두 개 이상의 어절이 모여서 하나의 문장 성분을 이룬 것을 구(句)라고 한다. 절은 주어와 서술어를 갖고 있다는 점에서 구와 구별되지만, 독립적으로 사용되지 못한다는 점에서 문장과 구별된다.

① ㉠ － ㉡ － ㉣ － ㉢   ② ㉠ － ㉣ － ㉢ － ㉡
③ ㉡ － ㉠ － ㉢ － ㉣   ④ ㉡ － ㉢ － ㉠ － ㉣

[038~039] 다음 글을 읽고 물음에 답하시오.

　　최초의 공리주의자는 제러미 벤담이었다. 벤담은 법률을 공부하였지만 궤변(詭辯)으로 가득 찬 법률 체계를 불만스러워 했다. 그는 실제 법률보다는 법 이론에 관심을 가지고 있었으므로 궁극적으로는 법의 정신에 집중하기로 마음먹었다. 그의 연구는 우리를 통치하는 법의 도덕적인 기초를 ⓐ考察하는 데 목적이 있었다.

　　벤담은 프랜시스 허치슨이 발표한 '최대 다수의 최대 행복을 가져 오는 행위는 선(善)이다.'라는 원칙을 공공 정책을 위한 지도 원리로 삼은 후, 그것을 도덕 철학으로 발전시켰다. 그는 행위의 옳음과 그름은 그 결과로 판단해야 한다고 여겼다. 즉 어떤 행위의 나쁜 결과가 누군가에게 고통을 ⓑ隨伴한다면 좋은 결과는 행복과 쾌락을 가져다주어야 한다고 생각했다. 그러므로 어떤 상황에서든 추구해야 하는 행위는 고통에 비해 쾌락을 최대화하거나 쾌락에 비해 고통을 최소화하는 것이어야 한다고 주장했다.

　　이러한 철학을 공리주의라 한다. 공리주의자는 행위를 그 효용, 즉 결과를 가져오는 데에 유용한지의 여부에 따라 판단한다. 공리주의에 찬성하는 사람들은 이러한 원칙을 정치, 법, 그리고 사회 정책뿐 아니라 사적인 도덕 문제에까지 적용했다. 벤담은 도덕도 계산할 수 있다고 주장했는데, 그것은 좋고 나쁜 결과만을 ⓒ打算하는 기계적인 방법이다. 벤담의 도덕 체계에는 공리성 이외에 다른 신이란 없기 때문이다. 도덕적인 올바름이란 의무를 행하거나 신에게 복종(服從)하는 것이 아니라, 많은 사람이 이익을 볼 수 있는 특정한 상태를 만들어 내는 것이라고 본 것이다.

　　일단 이 원칙이 받아들여지면 도덕적 행위와 관련한 의사 결정을 어떻게 해야 하는가 하는 문제가 생길 수 있다. 이에 대한 벤담의 또 하나의 중요한 원칙은 '저마다 한 단위로 계산될 뿐, 어느 누구도 한 단위 이상으로 계산되지 않는다.'라는 것이다. 이런 원칙에 따라 벤담은 공리주의적으로 계산하는 것이 항상 가능하다고 보았다. 하나의 문제 상황을 생각해 보자. 우리가 주변의 누군가에게 도움을 줄 때에도 우리의 손길을 기다리는 제3세계의 고아들이 늘 존재한다. 당장 음식을 보내 준다고 하더라도 어딘가에 굶어 죽어 가는 어린이들이 있거나, 더 큰 도움을 필요로 하는 다른 어린이들이 있는 것이 현실이다. 이런 경우에 대해 공리주의자는 어떤 행위의 결과 행복의 총량이 증가했다면, 최선의 상태가 아닌 차선이라도 ⓓ受容해야 한다고 주장한다.

038 글의 내용과 일치하지 않는 것은?

① 벤담은 실제 법률보다 법의 이론에 관심을 가졌다.
② 벤담은 행복에서 최선만이 아닌 차선의 가치도 인정하였다.
③ 벤담은 공리주의가 모든 사람에게 이익을 줄 수 있다고 생각했다.
④ 벤담은 '최대 다수의 최대 행복'을 공공 정책의 지도 원리로 삼았다.

039 한자어 ⓐ~ⓓ의 뜻이 바르지 않은 것은?

① ⓐ 어떤 것을 깊이 생각하고 연구함.
② ⓑ 어떤 일과 더불어 생김.
③ ⓒ 자신에게 도움이 되는지를 따져 헤아림.
④ ⓓ 남의 명령이나 의사를 그대로 따라서 좇음.

040 다음 문장들을 미괄식 문단으로 구성하고자 할 때 문맥상 전개 순서로 가장 옳은 것은?

[2015. 서울시 9급]

> ㄱ. 숨 쉬고 마시는 공기와 물은 이미 심각한 수준으로 오염된 경우가 많고, 자원의 고갈, 생태계의 파괴는 더 이상 방치할 수 없는 지경에 이르고 있다.
>
> ㄴ. 현대인들은 과학 기술이 제공하는 물질적 풍요와 생활의 편리함의 혜택 속에서 인류의 미래를 낙관적으로 전망하기도 한다.
>
> ㄷ. 자연 환경의 파괴뿐만 아니라 다양한 갈등으로 인한 전쟁의 발발 가능성은 도처에서 높아지고 있어서, 핵전쟁이라도 터진다면 인류의 생존은 불가능해질 수도 있다.
>
> ㄹ. 이런 위기들이 현대 과학 기술과 밀접한 관계가 있다는 사실을 알게 되는 순간, 과학 기술에 대한 지나친 낙관적 전망이 얼마나 위험한 것인가를 깨닫게 된다.
>
> ㅁ. 오늘날 주변을 돌아보면 낙관적인 미래 전망이 얼마나 가벼운 것인지를 깨닫게 해 주는 심각한 현상들을 쉽게 찾아볼 수 있다.

① ㄱ - ㄷ - ㅁ - ㄹ - ㄴ
② ㄴ - ㄹ - ㅁ - ㄱ - ㄷ
③ ㄴ - ㅁ - ㄱ - ㄷ - ㄹ
④ ㅁ - ㄹ - ㄱ - ㄷ - ㄴ

036 ③

[정답풀이]

〈보기〉는 '《대학》의 명명덕(明明德)과 친민(親民)에 대한 해석'을 다룬 글이다. 백성을 올바르게 이끄는 원칙에 대해 주희와 정약용을 예로 들어 설명하고 있다. 주희는 '개인의 마음의 수양'을 강조하고, 정약용은 '구체적인 덕행의 실천'을 강조한다는 점에서 차이가 있다. 〈보기〉는 예시(例示)와 대조(對照)의 방식을 사용하고 있는데 ③ 역시 예시가 나타나 있다.

오답

① 구분(區分) 또는 분류(分類), ② 유추(類推) 또는 비유(比喻), ④ 분석(分析).

037 ③

[정답풀이]

〈보기〉는 우리말의 구조 중 '문장'에 대해 설명하는 글이다. 전체의 내용 중 ⓒ이 문장의 개념을 설명하는 핵심 내용이므로 두괄식 구성에 의해 첫 번째로 나와야 하고, ㉠에서 문장을 구성하는 어절을 설명하므로 두 번째로 나와야 한다. 이어서 ⓒ과 ㉣에서 구체화하고 있는데 ⓒ은 '어절과 문장 성분의 관계'를 설명하고 ㉣에서 '구와 문장의 차이'로 이어지고 있다. 따라서 글의 순서는 'ⓒ - ㉠ - ⓒ - ㉣'이 되어야 한다.

038 ③

[정답풀이]

벤담은 도덕적인 올바름이란 많은 사람이 이익을 볼 수 있는 특정한 상태를 만들어 내는 것이라고 보았을 뿐, 공리주의가 모든 사람에게 이익을 줄 수 있다고 생각한 것은 아니다.

오답

① 1문단에서 벤담은 실제 법률보다는 법 이론에 관심을 가지고 있었고, 궁극적으로는 법의 정신에 집중하였다고 하였다.

② 4문단에서 공리주의자는 어떤 행위의 결과 행복의 총량이 증가했다면, 차선이라도 수용해야 한다고 하였다.

④ 2문단에서 벤담은 허치슨이 발표한 '최대 다수의 최대 행복을 가져오는 행위는 선(善)이다.'라는 원칙을 공공 정책을 위한 지도 원리로 삼았다고 하였다.

039 ④

[정답풀이]

④ '수용(受 받을 수, 容 얼굴 용)'의 사전적 의미는 '어떠한 것을 받아들임'이다. 남의 명령이나 의사를 그대로 좇는 일방적인 의미로 풀이할 수 없다.

<속 오답>

① **고찰**(考 상고할 고, 察 살필 찰): 어떤 것을 깊이 생각하고 연구함.
② **수반**(隨 따를 수, 伴 짝 반): 붙좇아서 따름, 어떤 일과 더불어 생김.
③ **타산**(打 칠 타, 算 셀 산): 자기에게 도움이 되는지 따져 헤아림.

040 ③

[정답풀이]

주어진 문장들을 미괄식 문단으로 구성할 때, 각 문장의 논리적 흐름을 고려해야 한다. 미괄식 문단이란 핵심 주장이 문단의 마지막에 위치하는 형태로, 앞의 문장들이 이를 지지하거나 설명하는 내용으로 구성된다.(ㄴ – ㅁ – ㄱ – ㄷ – ㄹ)

- ㄴ(현대인들은 과학 기술이 제공하는 물질적 풍요와 생활의 편리함의 혜택 속에서 인류의 미래를 낙관적으로 전망하기도 한다.): 과학 기술의 긍정적인 측면과 현대인들의 낙관적인 태도를 소개하는 문장이다.
- ㅁ(오늘날 주변을 돌아보면 낙관적인 미래 전망이 얼마나 가벼운 것인지를 깨닫게 해 주는 심각한 현상들을 쉽게 찾아볼 수 있다.): 낙관적인 전망이 현실과 얼마나 동떨어져 있는지를 나타내며, 문제의 심각성을 강조한다.
- ㄱ(숨 쉬고 마시는 공기와 물은 이미 심각한 수준으로 오염된 경우가 많고, 자원의 고갈, 생태계의 파괴는 더 이상 방치할 수 없는 지경에 이르고 있다.): 구체적인 환경 문제들을 언급하며, 현재의 심각한 상황을 설명한다.
- ㄷ(자연 환경의 파괴뿐만 아니라 다양한 갈등으로 인한 전쟁의 발발 가능성은 도처에서 높아지고 있어서, 핵전쟁이라도 터진다면 인류의 생존은 불가능해질 수도 있다.): 환경 문제 외에도 전쟁 등으로 인한 더 큰 위협을 언급한다.
- ㄹ(이런 위기들이 현대 과학 기술과 밀접한 관계가 있다는 사실을 알게 되는 순간, 과학 기술에 대한 지나친 낙관적 전망이 얼마나 위험한 것인가를 깨닫게 된다.): 문단의 결론부로, 현대 과학 기술에 대한 지나친 낙관적 전망이 위험하다는 주장을 강조하며 마무리한다.

<속 오답>

① ㄷ에서 구체적인 문제를 다루고 있으나, ㄴ의 낙관적인 전망을 먼저 소개하는 흐름이 생략되어 논리적 연결이 약하다.
② ㄹ에서 결론을 제시한 후 다시 ㄱ, ㄷ에서 구체적인 문제를 언급하는 순서가 되어 문단의 일관성이 떨어진다.
④ ㅁ로 시작하여 현실의 문제를 지적하나, ㄹ에서 결론을 제시한 후 ㄴ에서 다시 낙관적인 전망을 소개하는 순서로, 미괄식 문단의 구조에 맞지 않다.

041 다음 글에 대한 이해로 적절하지 않은 것은?

[2017. 국가직 7급]

음소들이 결합하여 음절이 되고, 이것들이 다시 결합하여 단어가 되고 문장이 되면서 언어의 주요 기능인 의미 전달이 이루어진다. 음소들이 결합될 때 음소들의 음성적 특성, 즉 음성 자질들의 득성에 따라 앞뒤 음소들이 변하게 되는데 이것을 음운의 변동이라고 한다. 그런데 이렇게 소리가 변하는 원인 중 가장 중요한 것은 '노력 경제'와 '표현 효과' 두 가지이다. 즉, 소리는 발음할 때 힘이 덜 드는 방향으로 바뀌거나 아니면 표현을 더 효과적으로 할 수 있는 방향으로 변한다는 것이다.

가까운 조음 위치나 비슷한 조음 방법의 소리가 연속된 경우엔 그렇지 않은 경우에 비해 발음할 때 힘이 덜 들게 된다. 그래서 상이한 소리들이 비슷한 위치나 방법의 소리들로 닮아 가게 되는데 이것을 '동화'라고 한다. 곧 동화는 노력 경제에 부합하기 때문에 일어나는 현상이다.

이와 달리 음운의 변동에 '노력 경제'와는 상반된 심리 작용이 작동하기도 한다. 비슷한 특성을 가진 음소의 연결로 청각 효과가 약하다고 인지될 경우, 오히려 공통성이 적은 다른 음소로 바뀔 수 있다. 이처럼 발음상 힘이 더 들더라도 청각 효과를 높이는 방향으로 변동하는 현상을 '이화'라고 하며, 이에는 모음조화 파괴 현상과 사잇소리 현상 등이 있다.

① '노력 경제'와 '표현 효과'는 음운 변동의 주요한 원인이다.
② 음운의 변동이 일어날 때에는 심리적 원인이 개입될 수 있다.
③ '표현 효과'를 높이기 위해서는 동화의 이점을 포기해야 한다.
④ 가까운 조음 위치나 비슷한 조음 방법을 사용할 경우 청각적 효과가 높아진다.

042 밑줄 친 ⊙이 가장 잘 나타나는 것은?

김홍도의 위대함은 서민들을 주인공으로 등장시켜 세속적인 그림으로 푸대접받던 풍속화를 당당하게 예술의 반열에 올려놓은 점이다. ⊙생활 현장에서 느끼는 민중의 정서를 그림에 옮긴 김홍도는 후대 화가들에게 큰 영향을 끼쳤다. 그 중 가장 직접적인 영향을 받았던 화가는 김득신이다. 그는 김홍도를 흠모한 나머지 김홍도의 주제와 기법까지 그대로 흉내 냈다. 두 화가의 필법은 매우 닮아서 낙관이 없는 몇몇 그림은 누구의 그림인지 구별하기 힘들다. 아래 그림은 김득신의 개성이 가장 돋보이는 걸작으로 평가받는 〈파적도(破寂圖)〉이다.

① 비 갠 긴 언덕엔 풀빛이 푸르른데, / 남포에서 임 보내며 슬픈 노래 울먹이네.

– 정지상, 〈송인(送人)〉 –

② 원산(遠山)은 첩첩, 태산은 주춤하여, 기암은 층층, 장송은 낙락, 에이구부러져 광풍에 흥을 겨워 우줄우줄 춤을 춘다.

– 작자 미상, 〈유산가(遊山歌)〉 –

③ 물같이 연약한 몸이 편하실 적 몇 날인가 봄 추위와 여름 더위는 어떻게 지내시며 가을철과 겨울철에는 누가 모셨는가

– 정철, 〈속미인곡(續美人曲)〉 –

④ 새 막걸리 젯빛처럼 하얗고 / 큰 그릇엔 보리밥 높이가 한 자 / 밥을 마치고 도리깨 들어 마당에 서니 / 두 어깨엔 검은 윤기가 햇볕에 탄다.

– 정약용, 〈보리타작(打麥行)〉 –

[043~044] 다음 글을 읽고 물음에 답하시오.

수학 용어 중에는 '합동'과 '닮음'이라는 말이 있다. '합동'은 모양을 전혀 변형하지 않은, 전적으로 똑같은 두 도형을 말하고, '닮음'은 하나의 도형을 적당히 늘이거나 줄임으로써 서로 합동이 될 수 있는 두 도형을 말하는 것으로 '합동'에 비해 유연한 개념이다. 세상에는 똑같은 것보다 유사한 것들이 더 많고, 이들을 시뮬레이션하여 새로운 상황을 예측하고 모델링하는 작업이 의미 있듯이, 수학에서도 '합동'보다 '닮음'이라는 개념이 더 유용하고 의미가 있다.

위상수학(位相數學)은 수학적 대상이 되는 도형들이 어떤 측면에서인가 닮았다는 발상에서 출발한다. 어떤 도형을 자르거나 이어 붙이지 않고 늘이거나 구부리는 방법으로 다른 모양의 도형을 만들 때, 이들 두 도형을 동상(同相) 또는 위상적(位相的)으로 동형(同形)이라고 한다. 예컨대, 동그란 고무줄로 삼각형이나 사각형을 만들 수도 있고 그것을 늘이거나 줄일 수도 있다. 이때 모양이나 크기는 다르지만 본질적인 것에는 변함이 없다. 이렇게 위상적으로 동형인 경우 변하지 않는 성질이 무엇인가를 연구하는 학문이 현대 수학에서 중요한 위치를 차지하는 위상수학이다.

예를 들어, 서울 지리에 익숙하지 않은 사람이 기차를 이용해 서울로 간다고 하자. 그가 서울에 도착하기 위해 활용하는 지혜가 바로 위상수학의 핵심 논리인 '연결(Continuous)'이라는 개념과 통한다. 우선 대전역을 출발점으로 하여 서울역으로 간다. 가는 과정이 지그재그든 똑바로든 문제가 안 된다. 그에게 중요한 것은 대전역이 서울역과 연결되어 있다는 사실이다. 서울역에 내린 후, 최종 목적지로 가기 위해 지하철을 타면 벽면에 지하철 노선도가 붙어 있다. ㉠지하철 노선도는 ㉡지하철 노선 본래의 모습과 상관없이 지하철 노선을 적당히 구부려 그려 놓은 것이다. 그는 서울역에 이어져 있는 노선도의 선을 보고 목적지가 되는 역을 찾아가기만 하면 된다. 실제의 지하철 노선과 노선도 위의 노선 표시는 위상적으로 동형인 것이다. 여기서 핵심적인 사항은 역과 역의 연결 표시로, 동서 남북이나 멀고 가까운 것은 크게 상관하지 않아도 된다.

우리가 생활 주변에서 만나고 경험하는 것들을 본래의 모습 그대로 표현하는 것은 대개 가능하지 않을 뿐만 아니라 필요하지도 않다. 그래서 본질적이고 핵심적인 것들만 보존하여 수학적으로 표현하고 접근하는 것이 대단히 중요하다. 부수적이고 장식적인 것은 뒤로 미루어 두는 이런 위상 작업 논리의 바탕에는 유연성이라는 사고가 작용하고 있다.

그러나 여기에도 원칙은 있다. 직선과 곡선을 같이 본다 하더라도 '일대일 대응'이란 원칙은 꼭 지켜야 한다. 그리고 점과 점 사이에 연결된 것이 대응되는 도형에서도 연결되어 있어야 한다. 외과 의사가 대장 수술을 하는 경우, 수술 부위가 인체 내에서의 모양과 수술대 위에서의 모양이 다를지라도 그 연결은 반드시 보장해야 하는 이치와 같다.

043 위 글의 내용과 일치하지 않는 것은?

① '닮음'이 '합동'보다 수학에서 더 유용한 개념이다.

② '연결'이라는 개념은 위상수학에서 핵심적인 논리 중 하나이다.

③ 위상수학은 위상적으로 동형인 경우 그 본질이 무엇인지를 연구한다.

④ 위상수학에서는 경험을 사실에 가깝게 수학적으로 표현하려고 한다.

⑤ 유연한 사고를 바탕으로 하는 위상수학에도 지켜야 하는 원칙은 존재한다.

044 `㉠ : ㉡`의 관계와 가장 유사한 것은?

① 태극기 : 우리나라
② 자동차 : 자동차 바퀴
③ 깨진 유리 : 금이 간 유리
④ 볼록거울에 비친 왜곡된 상 : 실물

045 〈보기〉의 내용을 이해한 것으로 가장 옳은 것은? [2019. 서울시 7급 추가채용]

┤보기├

　　몸과 마음의 관계에 대한 전통적인 이원론에 따르면 마음은 몸과 같이 하나의 대상이며 몸과 독립되어 존재하는 실체이다. 독립된 존재란 다른 것에 의존하지 않는 존재라는 뜻이다. 몸이 마음 없이도 그리고 마음이 몸 없이도 존재할 수 있다는 주장이 실체이원론이며, 이 이론을 대표하는 철학자로 통상 데카르트가 언급된다. 기계와 이성이 서로를 배제한다는 생각은 이원론적 사고의 한 유형이라고 간주할 수 있다. 두뇌를 포함한 몸은 그것의 크기, 무게, 부피, 위치 등의 물리적 속성을 가지고 있는 반면, 마음은 물리적 속성을 결여한 비물리적 실체이다. 이성을 가지는 것은 기계가 아니라 전혀 다른 어떤 실체이다.

① 이원론은 물리적 실체와 마음이 서로 불가분의 관계라고 보겠군.
② 이원론은 몸이 비물리적 실체일 수 있다고 보겠군.
③ 이원론은 마음이 없는 몸이 가능하다고 보겠군.
④ 이원론은 몸이 없는 마음이 불가능하다고 보겠군.

9일차

041 ④

[정답풀이]

셋째 문단에서 "비슷한 특성을 가진 음소의 연결로 청각 효과가 약하다고 ~"을 바탕으로 ④의 내용은 틀렸음을 알 수 있다. '청각적 효과가 높아진다'를 '약해진다'로 고쳐야 한다.

오답

① 첫째 문단의 "그런데 이렇게 소리가 변하는 원인 중 가장 중요한 것은 '노력 경제'와 '표현 효과' 두 가지이다."에서 확인할 수 있다.

② 셋째 문단의 "음운의 변동에 '노력 경제'와는 상반된 심리 작용이 작동하기도 한다."에서 확인할 수 있다.

③ 둘째 문단의 "발음할 때 힘이 덜 들게 된다."라는 말은 동화의 이점을 말하는 대목이다. 이와 달리 '표현 효과(청각 효과)'를 높이기 위해서는 동화의 이점을 포기해야 하기도 하는데, 그 현상을 이화 현상이라고 한다. 이 내용은 셋째 문단의 "이처럼 발음상 힘이 더 들더라도 청각 효과를 높이는 방향으로 변동하는 현상을 '이화'라고 하며~"에서 확인할 수 있다.

042 ④

[정답풀이]

④는 보리타작을 시작하기 전에 식사하는 장면과 식사 후 보리타작을 하는 민중들의 건강한 모습이 나타나 있다는 점에서 ㉠과 통한다.

오답

①은 이별의 슬픔을, ②는 산 경치의 아름다움을, ③은 임에 대한 걱정을 나타낸 작품이다.

043 ④

[정답풀이]

4문단에서 위상수학은 우리가 경험하는 것들을 본래의 모습 그대로 표현하는 것이 아니라 본질적이고 핵심적인 것들만 보존하여 표현하고 접근한다고 하였다. 따라서 ④의 설명은 적절하지 않다.

오답

① 1문단에서 수학에서도 '합동'보다 '닮음'이라는 개념이 더 유용하고 의미가 있다고 하였다.

② 3문단에서 '연결은 위상수학의 핵심 논리라고 하였다.

③ 2문단에서 위상적으로 동형인 경우 변하지 않는 성질(본질)이 무엇인가를 연구하는 학문이 위상수학이라고 하였다.

044 ④

[정답풀이]

'㉠ : ㉡은 위상적 동형 관계에 있다. 2문단에서 어떤 도형을 자르거나 이어 붙이지 않고 늘이거나 구부리는 방법으로 다른 모양의 도형을 만들 때, 이들 두 도형을 위상적 동형이라 하였다. '볼록거울에 비친 상'은 실물을 왜곡하여 반영하지만 '실물'과 본질적인 것에는 변함이 없다는 점에서 위상적 동형 관계에 있다고 볼 수 있다. 따라서 정답은 ④이다.

오답

① 태극기는 우리나라를 상징하는 표시일 뿐, 우리나라를 늘이거나 줄인 것이 아니다.

045 ③

[정답풀이]

〈보기〉에 따르면 이원론에서 마음은 몸과 같이 하나의 대상이며 독립되어 존재하는 실체이다. 또한 몸이 마음 없이도 그리고 마음이 몸 없이도 존재할 수 있다는 주장이 실체이원론이다. 따라서 이원론은 마음과 몸이 서로 독립된 실체이므로 마음이 없는 몸은 가능하다고 본다.

오답

① '불가분'은 나눌 수가 없다는 뜻인데, '이원론에 따르면 마음은 몸과 같이 하나의 대상이며 몸과 독립되어 존재하는 실체이다.'로 보아 모순이다.

▶ 불가분(不可分): 나눌 수가 없음.

② '두뇌를 포함한 몸은 그것의 크기, 무게, 부피, 위치 등의 물리적 속성을 가지고 있는 반면, 마음은 물리적 속성을 결여한 비물리적 실체이다.'로 보아 몸은 물리적 실체이다. 몸이 아니라 '마음'이 비물리적 실체라 할 수 있다.

④ '마음은 몸과 같이 하나의 대상이며 몸과 독립되어 존재하는 실체이다.'로 보아 이원론에 따르면 마음과 몸은 독립되어 있으므로 몸이 없는 마음은 가능하다고 할 수 있다.

[046~047] 다음 글을 읽고 물음에 답하시오.

[2018. 법원직]

대부분의 물질은 온도가 올라갈수록 밀도가 작아진다. 구리 동전을 예로 들어 보자. 동전에 열을 가하면 구리 원자들이 더 빨리 움직이면서 널리 퍼진다. 그리하여 구리 동전은 부피가 좀 더 늘어난다. 즉 밀도가 줄어드는 것이다. 계속 동전을 가열하면, 결국 동전은 녹을 것이다. 액체 상태가 된 구리 동전의 밀도는 고체 상태 때보다 더 작다. 액체 상태가 된 구리를 계속 가열하면 그 분자들은 계속 퍼져 나가려 하고, 그 결과 밀도는 점점 작아진다. 이러한 현상은 순수한 거의 모든 물질에서 볼 수 있다.

그러나 물만은 다르다. 10℃의 물이 있다고 하자. 이 온도에서 물은 액체 상태이다. 구리의 경우와는 반대로, 이번에는 물을 냉각시켜 보자. 물을 냉각시키면 물 분자들은 움직임이 점점 느려지고 서로 간의 거리가 가까워진다. 기대한 바대로 밀도가 증가하는 것이다. (㉠) 4℃에 이르면 이상한 일이 일어난다. 그리고 그 이하로 온도가 내려갈수록 물 분자들이 서로 멀리 떨어지기 시작한다. 0℃에서 물이 얼 때에는 물 분자들은 더욱 멀리 떨어진다.

다시 말해서, 4℃의 물은 0℃의 물보다 밀도가 더 크다. 실제로 4℃일 때의 물은 다른 어떠한 온도의 물(액체 상태)보다 밀도가 크다. 그리고 어떤 온도의 물(액체 상태)도 고체 상태의 얼음보다 밀도가 더 크다. 얼음 덩어리가 유리컵 위에 떠다니거나 빙산이 바다 위를 떠다니는 것은 바로 이 때문이다. 이러한 기이한 현상은 얼음이 될 때 물 분자들이 속이 빈 결정 구조를 이루기 때문에 일어난다. 얼음이 녹으면 이 결정 구조가 무너져 물 분자들이 서로 접근하기 때문에, 밀도가 높아지는 것이다. 속이 빈 결정 구조는 물의 온도가 4℃에 이를 때까지 완전히 없어지지는 않는다.

물의 이러한 기이한 행동 때문에 우리 주변의 세계에는 재미있는 일들이 벌어진다. 계절이 변할 때 호수나 연못에 일어나는 변화를 한번 살펴보자. 겨울이 다가오면 기온은 내려간다. 호수 표면의 물도 온도가 내려가 밀도가 높아지므로 호수 아래로 가라앉고, 그 대신 아래쪽에 있던 물들이 호수 표면으로 올라간다. 그런데 4℃이하로 온도가 더 내려가게 되면, 냉각된 물은 아래로 내려가지 않고 호수 표면에 머문다. 그리하여 호수의 물은 위에서부터 얼기 시작한다. 다른 액체 물질들은 거의 아래쪽에서부터 얼기 시작하여 위로 올라가는 것과는 대조적이다.

이렇게 호수나 연못의 물은 위에서부터 얼기 시작하기 때문에, 그 아래에 있는 물들은 기온이 0℃ 아래로 내려가더라도 계속 액체 상태로 남아 있을 수 있다. 표면의 얼음 층이 차가운 기온을 차단하는 벽의 역할을 해주기 때문이다. 아주 얕은 연못을 제외하고 호수나 강에 있는 대부분의 물은 얼음 층 아래에서 액체 상태로 남아 있다. 덕분에 물속에 사는 생물들은 추운 겨울에도 살아남을 수 있다.

― B. E. 짐머맨, 〈물의 기이한 성질〉 ―

046 위 글에서 취하고 있는 논지 전개 방식과 가장 가까운 것은?

① 이론과 실제의 대립 현상과 그 문제점을 서술하고 있다.

② 현상과 가설의 차이점을 구체적으로 부각시키고 있다.

③ 어떤 원리를 보여주고 그와 관련된 현상을 설명하고 있다.

④ 표면적 현상으로 인해서 일어나는 내면적 의미의 결과를 분석하고 있다.

047 위 글의 흐름을 고려할 때 (ⓐ)에 들어갈 접속어로 가장 적절한 것은?

① 그러나   ② 그리고

③ 그러므로   ④ 따라서

[048~049] 다음 글을 읽고 물음에 답하시오.

　전북 부안에 있는 내소사 대웅보전에 가면 온통 꽃밭이다. 연꽃, 국화, 모란이 사시사철 세인(世人)을 반긴다. 그러나 그 꽃은 땅에 피어난 게 아니라 창호(窓戶)에 활짝 핀 꽃이다. 바로 문창살에 조각해 놓은 꽃이다. 이같이 꽃으로 장식한 문창살을 꽃무늬 문창살, 꽃무늬 문살 혹은 꽃살이라고 한다. 이 꽃살이 있는 문을 우리는 꽃살문이라고 ⓐ부른다.

　내소사 대웅보전은 우리나라 꽃살문 중 가장 빼어난 것으로 정평이 나 있다. 건물 정면 여덟짝의 창호엔 꽃무늬 문살이 가득하다. 사방연속무늬로 끝없이 이어진 꽃들은 화려하지만 천박하지 않다. 단청(丹靑)의 화려함은 세월에 씻겨 내려갔고 이제는 나무빛깔 나뭇결 그대로이다. 이 꽃살문엔 어떤 허장성세(虛張聲勢)나 겉치레도 없다. 사람으로 치자면 풍상을 헤쳐온 인생의 경륜 혹은 완숙미일까? 이것이 조각의 정교함과 어울려 깊고 그윽한 향을 풍긴다. 그래서 보고 또 보아도 지루하지 않다. 지루하기는커녕 그 담백함이 보는 이의 마음을 맑고 투명하게 해 준다.

　꽃살문의 섬세한 조각이 더러는 무디어지고, 더러는 이지러지고 조금씩 떨어져 나가기도 했지만 그로 인해 꽃살문은 더욱 아름다워지는 삶처럼 정겹고 고아하다. 이런 생각에 이를 즈음, 내소사 대웅보전 꽃살문은 엄숙함으로 다가오기도 한다. 꽃살문의 매력은 조각적인 아름다움에 그치지 않는다. 깊은 밤 꽃살에 붙은 창호지 틈새로 은은한 달빛이라도 새어들면 세속의 욕망은 소리 없이 흩어진다. 금방이라도 해탈의 문이 열릴 듯하다. 꽃살문은 현세에서 이상을 구현하려 했던 선인들의 정신 세계가 깊고 그윽한 미적 감각과 어우러지면서 탄생한 예술 작품이다.

　문창살은 그 모양이 다양하다. 문창살의 모양이 아(亞)자를 닮으면 아자문·아자창, 만(卍)자를 닮으면 완자문·완자창 혹은 만자문·만자창, 정(井)자를 닮으면 정자창·정자문이라고 한다. 또 살을 대각선 방향으로 서로 교차시키면 빗살창·빗살문, 여기에 수직으로 살 하나를 더 넣으면 소슬빗살문·소슬빗살창이라 부른다. 모양이 다양한 만큼 각각의 문창살은 우리 전통 목조 건축물에서 건축가의 멋을 가장 잘 보여 주는 요소의 하나이기도 하다.

　꽃무늬는 주로 빗살과 소슬빗살에 장식하는데 이를 각각 빗꽃살, 소슬빗꽃살이라 한다. 내소사 대웅보전의 꽃살도 빗꽃살, 소슬빗꽃살의 하나이다. 문창살, 문살을 잘 들여다보면 꽃살은 사찰 건물에만 등장한다. 궁궐 건축물 문살에는 꽃이 없다. 왜 그럴까? 꽃은 불가(佛家)의 상징물로 진리를 뜻하기 때문이다. 그래서 일반 건축물에선 사용하지 않았던 것이다. 진리를 상징하는 꽃과 통로를 상징하는 문이 만나 탄생한 꽃살문, 꽃살문은 그래서 극락정토로 가는 통로인 셈이다. 그 같은 꽃이 있어 늘 아름답고 향기롭다.

048 위 글의 서술상의 특징에 대한 설명으로 적절한 것끼리 골라 묶은 것은?

> ㄱ. 예시를 통해 대상에 대한 독자의 이해를 돕고 있다.
> ㄴ. 대상의 특징을 익숙한 경험에 비유하여 설명하고 있다.
> ㄷ. 대상을 세밀하게 관찰하여 대상이 갖는 의의를 밝히고 있다.
> ㄹ. 제기된 의문에 대한 새로운 관점을 적용하여 설명하고 있다.

① ㄱ, ㄴ   ② ㄱ, ㄷ

③ ㄱ, ㄹ   ④ ㄴ, ㄷ

049 ㉠의 의미와 가장 가까운 것은?

① 어머니가 아이를 손짓하여 <u>부른다</u>.

② 그는 속으로 쾌재를 <u>부르면서</u> 고소해 했다.

③ 그를 불운한 천재라고 <u>부르는</u> 사람들이 있다.

④ 한 나라가 너무 부강해지면 전쟁을 <u>부르게</u> 된다.

⑤ 나는 내 생일에 친구들을 집으로 <u>부를</u> 예정이다.

050 〈보기〉의 ㉠~㉢에 들어가기에 가장 옳은 것으로 짝지은 것은?　　　[2019. 서울시 7급 추가채용]

┤보기├

　스토리는 시간적 순서대로 배열된 사건의 서술이다. (　㉠　)도 사건의 서술이지만 인과관계에 역점을 둔다. '왕이 죽고 왕비가 죽었다'는 스토리이지만, '왕이 죽자 왕비도 슬퍼서 죽었다'는 (　㉠　)(이)다. 시간적 순서는 마찬가지이지만 인과의 감각이 첨가된다. 또한 '왕비가 죽었다. 그러나 왕의 죽음 때문이라고 알게 될 때까지는 아무도 그 원인을 알 수 없었다'고 한다면 이것은 신비를 간직한 (　㉠　)(이)며, 고도의 전개가 가능한 형식이다. 그것은 시간의 맥락을 끊고 한계가 허락하는 한 스토리에서 비약시키고 있다. 왕비의 죽음을 생각할 때 만약 그것이 스토리가 될 경우엔 우리는 '(　㉡　)'하고 물을 것이며, (　㉠　)의 경우엔 '(　㉢　)'하고 물을 것이다.

	㉠	㉡	㉢
①	플롯(plot)	왜?	그 다음엔?
②	플롯(plot)	그 다음엔?	왜?
③	테마(theme)	언제?	왜?
④	테마(theme)	그 다음엔?	왜?

10일차

046 ③

[정답풀이]

글에서 4℃의 물은 0℃의 물보다 밀도가 더 크다고 했다. 대부분의 물질은 온도가 올라갈수록 밀도가 작아지는데 물은 그와는 반대 현상이 나타나는 것이다. 이러한 설명은 물에 대한 원리를 설명한 것이다. 글은 이러한 원리를 바탕으로 계절이 변할 때 호수나 연못에 일어나는 자연 현상을 설명하였다.

오답

① 물의 원리를 이론적으로 설명했다고 볼 수는 있으나 문제점을 지적한 글은 아니다.
② 가설을 설명하지 않았다.
④ 물의 표면적 현상을 과학적으로 설명했으나 내면적 의미는 이 글에 드러나지 않았다.

047 ①

[정답풀이]

1문단에서 대부분의 물질은 온도가 올라가면 밀도가 줄어들고 부피가 증가한다고 설명했다. 그러나 2문단에서 물은 상온에서 온도가 내려가면 밀도가 오히려 증가한다고 설명하며 일반적인 물질과는 온도에 대한 반응이 다른 것을 설명했다. 그러나 물은 4℃에 이르면 그 이하의 온도에서 다시 밀도가 작아지며 물 분자들의 거리가 멀어진다고 설명했다. ㉠의 앞에는 물의 일반적이지 않은 현상에 대한 설명이고, ㉠의 뒤는 이와 반대되는 설명이다. 따라서 ㉠에는 역접의 '그러나'가 적절하다.

048 ②

[정답풀이]

이 글의 글쓴이는 내소사 대웅보전의 꽃살문에 대한 이해를 돕기 위해 문창살을 예로 들어 설명하고 있다. 또 내소사 대웅보전의 꽃살문을 세밀하게 관찰하여 이 꽃살문이 갖는 의미와 그 의의를 설명하고 있다. 그러나 대상에 대한 의문을 제기하고 있는 것은 그 의문에 대해 보충 설명하기 위한 것이지 새로운 관점을 적용하기 위한 것은 아니다.

049 ③

[정답풀이]

㉠은 주로 '…을 …으로', '…을 -고'의 형태로 쓰여, '무엇이라고 가리켜 말하거나 이름을 붙이다.'의 의미를 지닌 어휘이다. ③ 역시 '무엇을 무엇으로' 가리켜 말하다의 의미로 쓰이고 있다.

오답

①은 '말이나 행동 따위로 다른 사람의 주의를 끌거나 오라고 하다.'의 의미이며, ②는 '구호나 만세 따위를 소리 내어 외치다.'의 의미, ④는 '어떤 행동이나 말이 관련된 다른 일이나 상황을 초래하다.'의 의미이다.

050 ②

[정답풀이]

〈보기〉에 따르면 ㉠은 '인과관계에 역점을 둔 사건의 서술'에 대한 용어가 들어가야 한다. ㉠에는 '플롯(plot)'이 적절하다. ㉡에는 '스토리'에 따라 다음에 일어날 일을 물어볼 때 쓰는 말인 '그 다음엔?'이 적절하다. 또한 ㉢에 들어갈 말은 '플롯'에 따라 인과관계를 추론할 때 쓰는 말인 '왜?'가 적절하다.

▶ 플롯(plot): 문학 작품에서 형상화를 위한 여러 요소들을 유기적으로 배열하거나 서술하는 일.
▶ 테마(theme): 창작이나 논의의 중심 과제나 주된 내용. '주제'로 순화.

051 괄호 안에 들어갈 단어를 순서대로 바르게 나열한 것은?   [2019. 국가직 9급]

> 한국 문학의 미적 범주에서 눈에 띄는 전통으로 풍자와 해학이 있다. 풍자와 해학은 주어진 상황에 순종하기보다 그것을 극복하고자 하는 건 강한 삶의 의지에서 나온 (ㄱ)을(를) 통해 드러난다. (ㄱ)은(는) '있어야 할 것'으로 행세해 온 관념을 부정하고, 현실적인 삶인 '있는 것'을 그대로 긍정한다. 이때 있어야 할 것을 깨뜨리는 것에 관심을 집중한 것이 (ㄴ)이고, 있는 것이 지닌 긍정에 관심을 집중하는 것이 (ㄷ)이다.

	ㄱ	ㄴ	ㄷ
①	골계(滑稽)	해학(諧謔)	풍자(諷刺)
②	해학(諧謔)	풍자(諷刺)	골계(滑稽)
③	풍자(諷刺)	해학(諧謔)	골계(滑稽)
④	골계(滑稽)	풍자(諷刺)	해학(諧謔)

052 다음 글에서 제시하고 있는 '융합'의 사례로 보기 어려운 것은?   [2013. 국회직 8급]

> 1980년 이후에 등장한 과학기술 분야의 가장 강력한 트렌드는 컨버전스, 융합, 잡종의 트렌드이다. 기존의 분야들이 합쳐져서 새로운 분야가 만들어지고, 이렇게 만들어진 몇 가지 새로운 분야가 또 합쳐져서 시너지 효과를 낳는다. 이러한 트렌드를 볼 때 미래에는 과학과 기술, 순수과학과 응용과학의 경계가 섞이면서 새롭게 만들어진 분야들이 연구를 주도한다는 것이다. 나노과학기술, 생명공학, 물질공학, 뇌과학, 인지과학 등이 이러한 융합의 예이다. 연구대학과 국립연구소의 흥망성쇠는 이러한 융합의 경향에 기존의 학문 분과 제도를 어떻게 잘 접목시키느냐에 달려 있다.
> 이러한 융합은 과학기술 분야 사이에서만이 아니라 과학기술과 다른 문화적 영역에서도 일어난다. 과학기술과 예술, 과학기술과 철학, 과학기술과 법 등 20세기에는 서로 별개의 영역 사이의 혼성이 강조될 것이다. 이는 급격히 바뀌는 세상에 대한 새로운 철학과 도덕, 법률의 필요성에서 기인한다. 인간의 유전자를 가진 동물이 만들어지고, 동물의 장기가 인간의 몸에 이식도 되고 있다. 생각만으로 기계를 작동시키는 인간-기계의 인터페이스도 실험의 수준을 지나 곧 현실화되는 단계에 와 있다. 인간-동물-기계의 경계가 무너지는 세상에서 철학, 법, 과학 기술의 경계도 무너지는 것이다.
> 20년 후 과학기술의 세부 내용을 지금 예측하기는 쉽지 않다. 하지만 융합 학문과 학제 간 연구의 지배적 패러다임화, 과학과 타 문화의 혼성화, 사회를 위한 과학 기술의 역할 증대, 국제화와 합동 연구의 증가라는 트렌드는 미래 과학 기술을 특징짓는 뚜렷한 트렌드가 될 것이다.

① 유전공학, 화학 독성물, 태아 권리 등의 법적 논쟁에 대한 날카로운 분석을 담은 책

② 과학자들이 이룬 연구 성과들이 어떻게 재판의 사실 인정 기준에 영향을 주는가를 탐색하고 있는 책

③ 과학기술과 법이 만나고 충돌하는 지점들을 탐구하고, 미래의 지속 가능한 사회를 위한 둘 사이의 새로운 관계를 제시한 책

④ 과학은 신이 부여한 자연법칙을 발견하는 것이며, 사법 체계도 보편적인 자연법의 토대 위에 세워진 것이라는 주장을 펴는 책

⑤ 과학자는 과학의 발전 외에 인류의 행복이나 복지 등에는 그리 관심이 많지 않다는 전제 하에 과학 기술에 대해 평가할 수 있도록 법조인에게 과학 교육이 필요함을 주장한 책

053 다음을 하나의 단락으로 올바르게 완성하기 위해 나눈 의견으로 가장 적절한 것은? [2012. 지방직 9급]

> ㉠ 주남 저수지의 백조들은 우아한 기품을 자랑하고 있다. ㉡ 올 겨울 주남 저수지에는 약 1만여 마리의 백조가 유유히 헤엄치며 무리를 이루고 있다. ㉢ 보통 때엔 목을 S자로 굽히지만, 경계할만한 대상이 나타나면 목을 곧게 세우고 한 곳으로 모여든다. ㉣ 주남 저수지에는 왜가리와 큰 기러기가 상당히 있으며, 희귀종으로 알려진 재두루미도 12마리나 날아와 학계의 비상한 관심을 끌었다. ㉤ 백조가 한 쪽 다리로 서서 머리를 등과 깃털 사이에 넣고 잠을 자기도 하고, 긴 목을 물 속 깊숙이 넣고 수초의 뿌리를 먹는 모습이 재미있다. ㉥ 날개를 무겁게 퍼덕거리며 발로 차듯 뛰어가며 날아오르는 모습은 환상적으로 보이기도 한다.

① ㉢에는 '경계할 만한 대상'을 구체적으로 밝혀 줘야겠어.

② ㉣은 단락 전체의 내용에서 벗어나니까 삭제해야 되겠어.

③ ㉥과 ㉠은 의미가 중복되니까 빼는 게 좋겠어.

④ 백조가 저수지를 떠난 뒤의 풍경을 묘사한 문장을 하나 추가하는 게 좋겠어.

054 다음 글의 전개 방식과 같은 것은?

> 상원사 동종은 높이 167cm, 구경 91cm의 대종이다. 종신에는 상하에 견대와 구연대를 돌린 다음, 그 안에는 당초와 반원의 분양대를 돌리고 반원 안에는 1인 내지 4인의 글들이 새겨져 있다.

① 신호란 어떤 사건의 발생 또는 긴박성, 물건이나 사람의 출현, 또는 정세의 변화 따위를 알리는 어떤 것을 말한다. 일기 예보, 위험 신호, 길흉 징조, 과거사에서 나오는 경고 따위가 그러한 것들이다.

② 문학은 어떤 목적지에 도달하기 위하여 할 수 없이 걸어야만 하는 재미없는 여로가 아니라, 그 안에 즐거이 안주할 수 있는 모든 구조가 잘 갖추어진 주택인 것이다.

③ 소설의 구성 요소는 인물, 배경, 사건이 있다. 인물은 사건의 주체, 배경은 인물이 행동을 벌이는 시간, 공간, 분위기 그리고 사건은 인물이 배경 속에서 벌이는 행동의 체계이다.

④ 설희의 비 맞은 타원형 얼굴은 대리석처럼 하얗게 윤이 나면서 고운 이맛살 아래 쌍꺼풀진 눈이 그윽한 광채로 빛나고 오똑한 코는 빚은 듯이 매끈하다. 또렷한 입 모습을 둥그스름히 감싸고 있는 달걀 같은 턱은 요염하기까지 하다.

055 다음 글의 내용과 일치하지 않는 것은?

우리나라의 옷이 바지와 지고리를 입는 '북방계 호복(服)'에서 출발하였다는 사실은 이미 널리 알려져 있다. 우리 민족의 본원지는 두만강, 압록강 이북의 만주로 알려져 있고, 그 이동 경로로 보더라도 북방계 민족의 공통된 생활양식인 기마, 수렵 생활을 한 것으로 보인다. 그리하여 중국이나 남방 계열의 상의 하상(上下: 저고리와 치마) 식과는 다른 형태의 복식 문화가 발생한 것이다.

몽고의 '노인 우라'에서 발굴된 AD 1세기경의 유적에서는 상고 시대에 우리나라 사람들이 입었던 옷과 같은 형태의 옷이 출토되었다. 이 '노인 우라' 유적은 흉노족의 문화유산으로 생각되는데, 여기서 나온 옷들은 당시 동북아시아 사람들 의복의 전형이라고 할 '호복(胡服)' 계통의 원초적인 형태로 여겨지고 있으며, 우리나라 복식의 원류를 살피는 데 매우 중요한 기준이 된다.

고구려 벽화에 나타난 활동적이고 실용적인 옷치레와 신라의 독창적이고 화려한 금속 공예의 몸치레, 거기에다 백제의 엄격한 사회 윤리 관념을 종합해 보면 삼국 시대의 복식은 편리성에 중점을 둔 일상복이었으며, 필요에 따라 아름다움을 충족시킬 수 있는 능률적인 복식이었다는 것을 알 수 있다.

고구려 여인들도 평상시에는 남자와 같은 저리와 바지를 입었고 신발도 남자의 것과 같은 형태의 것을 신었는데, 의례가 있을 경우에는 바지 위에 치마를 덧입어 아름다움을 나타냈다. 이처럼 여인의 옷차림이 남자와 큰 차이가 없었다는 것은 당시 복식의 가장 중심적인 특징이 활동성이라는 사실을 증명해 준다.

특히 여인들의 마음속에는 다산다남(多産多男)을 기원하는 무속이 뿌리 깊이 박혀 있어서, 그들의 일상생활인 복식에도 반영되었다.

① 우리의 복식은 실용성뿐만 아니라 종교적인 의미도 담고 있었다.
② 우리 복식의 원류는 바지와 저고리라고 할 수 있다.
③ 복식을 통해 보면 고구려 여인들은 미적인 면에는 관심이 적었다.
④ 고구려 복식을 통해 보면 우리 민족이 북방계임을 알 수 있다.

11일차

051 ④
[정답풀이]
- 한국 문학의 미적 범주 중 풍자와 해학에 대해 설명하고 있다. '골계(滑稽)'는 대조적 개념인 '있어야 할 것'과 '있는 것' 사이에서 '있어야 할 것'을 외면하고 부정적 현실을 수용하는 미적 범주이다. 따라서 '있어야 할 것'을 부정하고, '있는 것'은 그대로 긍정한다는 ㉠에 들어갈 적절한 단어는 '골계(滑稽)'이다.
- '풍자(諷刺)'는 대상이 지닌 결점이나 악행을 부정적인 것으로 인식하고 이를 비판적으로 꼬집어냄으로써 웃음을 유발한다. 즉, '있어야 할 것'이라는 대상을 부정적으로 인식하고 깨뜨리는 것에 관심을 집중하는 것이 ㉡이므로 ㉡에 적절한 단어는 '풍자(諷刺)'이다.
- '해학(諧謔)'은 익살스럽고도 품위가 있는 말이나 행동을 뜻하는 개념이다. 풍자와 달리 대상을 비판하려는 의도보다는 독자들에게 동정심과 공감을 유발하려는 의도가 큰 미적 범주이다. 이를 통해 본다면 해학은 비판이나 비난의 성격 이전에 나타나는 웃음을 목적으로 한다고 볼 수 있다. ㉢에 들어갈 적절한 단어는 '해학(諧謔)'이다.

052 ④
[정답풀이]
제시된 글은 '과학과 기술', '순수과학과 응용과학', '과학기술과 예술', '과학기술과 철학', '과학기술과 법' 등과 같은 융합 학문에 대해 다루고 있다. 따라서 ④와 같이 과학의 법칙과 사법 체계의 법칙에 대해 각각 주장을 펴는 것은 '융합'과 거리가 멀다.

053 ②
[정답풀이]
이 글의 주제는 첫 문장에 나온 〈주남 저수지의 백조들의 우아한 모습〉이다. ②번은 백조가 아닌 다른 새들에 관한 내용이므로 단락 전체의 내용에서 어긋난다. 삭제해야 맞다.

오답

나머지는 모두 적절하지 않다. 굳이 추가하거나 빼야 할 내용이 없다.

054 ④
[정답풀이]
제시문은 상원사 동종을 객관적으로 묘사하고 있다. ④는 '설희'를 주관적으로 묘사한 글이다.

오답

① 정의와 예시, ② 유추, ③ 분석

055 ③
[정답풀이]
넷째 문단을 보면 고구려 여인들은 평상시에는 남자와 같은 옷과 신발을 신었는데, 의례가 있을 경우에는 바지 위에 치마를 덧입어 아름다움을 나타냈다고 설명했다.

오답

① 마지막 문단을 보면 여인들의 다산다남에 대한 기원이 복식에도 반영되었다고 설명했다.
② 첫째 문단에서 우리나라의 옷은 바지와 저고리를 '북방계 호복'에서 출발했다고 설명했다.
④ 우리나라는 바지와 저고리를 입는 '북방계 호복'에서 출발하였고, 셋째 문단을 보면 고구려 여인들과 남자가 저고리와 바지를 입었다고 설명했다.

056 〈보기〉의 ㈎에서 밑줄 친 ㉠~㉣ 중 ㈏가 뒷받침하는 이론으로 가장 옳은 것은?

[2018. 서울시 9급 특별채용]

┤보기├

(가) 초상화에서 좌안·우안을 골라 그리는 데 대한 일반적인 이론은 대략 세 가지가 있습니다. 하나는 ㉠사람의 표정은 왼쪽 얼굴에 더 잘 나타난다는 이론이며, 다른 하나는 ㉡그림을 그리는 것은 우뇌인데 시야의 왼쪽에 맺힌 상(像)이 우뇌로 들어오기 때문에 왼쪽이 더 잘 그려진다는 이론입니다. 마지막 하나는, ㉢대부분의 화가는 오른손으로 그림을 그리며 오른손잡이는 왼쪽부터 그림을 그려나가는 것이 편하다는 주장입니다. 하지만, 실제로 한국의 초상화 작품들을 살펴보면 ㉣좌안·우안이 시대에 따라 어떤 경향성을 띠는 것으로 보입니다. 이를테면, 비록 원본은 아니지만 고려 말 염제신의 초상화나 조선 초 이천우의 초상화들은 대체로 우안이며, 신숙주의 초상화 이후 조선 시대의 초상화들은 거의가 좌안입니다.

(나) 화가가 사람의 얼굴을 그릴 때에는 보통 눈·코·입의 윤곽이 중요하므로 이를 먼저 그리게 된다. 좌안을 그리면 왼쪽에 이목구비가 몰려 있어 이들을 그리고 난 후 자연스럽게 오른쪽으로 이동하면서 왼쪽 뺨·귀·머리, 오른쪽 윤곽 순으로 그려나간다. 이렇게 하면 손의 움직임도 편할 뿐 아니라 그리는 도중 목탄이나 물감이 손에 묻을 확률도 줄어든다.

① ㉠

② ㉡

③ ㉢

④ ㉣

057 〈보기〉에 이어질 내용으로 가장 적절한 것은?

[2018. 서울시 9급 특별채용]

┤보기├

　조선시대 임꺽정에 관한 모든 기록은 그를 의적이 아니라 도둑으로 기록하고 있다. 《명종실록》은 물론 박동량의 《기제잡기》, 이익의 《성호사설》, 안정복의 《열조통기》, 이덕무의 《청장관전서》 등 임꺽정에 대해 언급한 모든 기록들에서 그는 도둑이다. 물론 이런 기록들은 모두 양반 계급이 서술한 것으로서 백정 출신인 그의 행위를 지지할 리 만무하다는 점은 감안해야 할 것이다.

　그렇다면 홍명희는 왜 소설 《임꺽정》에서 그를 의적으로 그렸을까? 그 근거는 앞서 인용한 《명종실록》 사관의 "도적이 성행하는 것은 수령의 가렴주구 탓이며, 수령의 가렴주구는 재상이 청렴하지 못한 탓"이라는 분석 및 "윤원형과 심통원은 외척의 명문거족으로 물욕을 한없이 부려 백성의 이익을 빼앗는 데에 못하는 짓이 없었으니, 대도(大盜)가 조정에 도사리고 있는 셈이라"는 기술에서 찾을 수 있다.

① 임꺽정이 의적인지 도적인지 더 철저한 문헌 조사가 필요하다.

② 홍명희가 임꺽정을 지나치게 미화했던 것이다.

③ 도둑이든 의적이든 임꺽정이 실존 인물이라는 것은 틀림없다.

④ 가렴주구에 시달리던 백성들은 임꺽정을 의적으로 상상했을 것이다.

[058~059] 다음 글을 읽고 물음에 답하시오.

경제학에서는 시장에 의한 자원 배분이 최선의 상태에 이르지 못하는 현상, 즉 효율적인 자원 배분의 달성이 저해되는 상태를 '시장 실패'라 일컫는다. 시장 실패를 초래하는 원인 중의 하나가 외부성이다. 일상 생활에서 한 사람의 경제 활동은 다른 사람의 경제 활동에 영향을 주기 마련이다. 그리고 이러한 영향은 대부분의 경우 시장 가격에 반영되어 있다. 그러나 어떤 사람의 경제 활동이 뜻하지 않게 다른 사람에게 혜택이나 손해를 주는데도 이것이 가격에 반영되지 않는 경우도 있다. 경제학에서는 이처럼 어떤 사람의 행동이 의도하지는 않았지만 제3자에게 영향을 주고도 이에 대해 대가를 받지도 치르지도 않는 것을 '외부성'이라고 한다. 외부성에는 해로운 것도 있고 이로운 것도 있는데, 다른 사람에게 의도하지 않은 혜택을 주는 것을 '외부 경제'라 하고 의도하지 않은 손해를 주는 것을 '외부 불경제'라 한다.

과수원 주위에 벌통을 갖다놓은 양봉업자를 생각해 보자. 양봉업자는 꿀을 생산하여 사적(私的) 편익을 얻는다. 그런데 벌들이 꿀을 채취하는 동안에 과일의 수정이 잘 이루어지기 때문에 과일 생산량이 증가하게 된다. 이것은 양봉업자가 과수원 주인에게 주는 외부 경제이다. 이와 같이 외부 경제가 존재하는 경우에는 사회적 편익이 사적 편익보다 더 크게 된다. 이에 따라 외부 경제를 발생시키는 양봉업자의 생산량은 사회 전체적으로 바람직한 수준에 못미치게 된다. 양봉업자는 사회적 편익보다 작은 사적 편익만을 고려하여 생산량을 결정하기 때문이다.

이번에는 자동차 생산 기업을 생각해 보자. 자동차 생산 기업은 환경 오염과 같은 외부 불경제를 발생시킨다. 자동차 생산의 사회적 비용은 사적 비용에 환경 오염의 비용을 합한 것과 같다. 그러나 이 기업이 비용을 계산할 때에는 사회에 해를 끼치는 환경 오염의 비용은 감안하지 않고 자동차 생산 비용이라는 사적 비용만을 고려한다. 외부 불경제를 낳는 개별 기업은 생산 규모를 결정할 때 사회적 비용보다 적은 사적 비용에 근거하기 때문에, 이 기업의 생산량은 사회 전체적으로 바람직한 수준을 초과하게 된다. 물론, 이는 자원의 비효율적인 배분으로 이어진다.

시장 실패의 또 다른 원인에는 공공재도 있다. 골목길에 설치된 가로등과 어떤 사람의 집 서재에 있는 독서등은 물리적으로는 비슷한 성질을 갖고 있지만 경제적으로는 큰 차이가 있다. 경제학에서는 가로등과 같은 것은 '공공재'라 부르고, 독서등과 같은 것은 '사적재'라 일컫는다.

사적재는 어떤 사람이 재화나 서비스를 소비하면 다른 사람은 소비할 수 없게 된다. 이와 달리 공공재는 어떤 사람이 재화나 서비스를 소비한다 하더라도 다른 사람의 소비 기회가 줄어들지 않는다. 공공재의 이러한 특성을 '비경합성'이라 한다. 한편, 공공재는 사적재와 달리 대가를 치르지 않은 사람이라 하더라도 공공재의 소비에서 배제시킬 수 없는 특성이 있다. 공공재의 이러한 특성을 '배제 불가능성'이라 한다. 공공재가 시장 실패로 이어지는 이유는 바로 공공재의 이러한 두 가지 특성 때문이다. 따라서 공공재는 근본적으로 이윤을 목적으로 작동하는 시장에서 효율적으로 생산되고 공급될 수 없다.

하지만 정부가 무턱대고 공공재 공급에만 치중하는 것도 어리석은 일이다. ㉠공공재에 대한 과잉 투자는 국민들의 혈세 낭비로 이어져 차라리 시장 기능에 의한 공공재의 부족한 공급보다 더 못한 결과를 가져올 수도 있기 때문이다.

058 **위 글의 서술 방식으로 가장 적절한 것은?**

① 사례를 비교하여 문제 해결 방안을 모색하고 있다.

② 현상의 원인을 분석하고 구체적 사례를 들어 이해를 돕고 있다.

③ 설명하고자 하는 대상을 구성 성분으로 나누어 차례대로 살펴보고 있다.

④ 대비되는 두 관점을 소개하고 예를 들어서 이를 뒷받침하고 있다.

059 밑줄 친 ㉠과 관계 깊은 사자성어는?

① 진퇴유곡(進退維谷)

② 침소봉대(針小棒大)

③ 원화소복(遠禍召福)

④ 과유불급(過猶不及)

060 밑줄 친 ㉠의 사례와 관련이 없는 것은?

> 　국토의 면적이 비교적 좁은 편임에도 우리나라의 기상은 복잡하며, 동과 서나 남과 북의 기후가 크게 다르다. 날씨 시스템이 한반도를 지나갈 때에는 지방마다 서로 다른 날씨를 연출해 내고 기후도 크게 달라진다. 장마 전선이나 태풍에 의한 집중 호우도 지형 조건에 따라서 그 피해 정도가 크게 달라진다. 그런데 우리가 흔히 접하는 TV나 라디오, 신문 등의 당일 예보는 불특정 다수를 위한 것이라지만 크게 보아 대도시 시민을 겨냥한 것이다.
>
> 　그러므로 ㉠지방의 발전을 위해서는 기상 정보 서비스도 지방의 특성을 고려하거나 지방 특유의 산업을 겨냥하여 재편집되어야 한다. 제품 제조 분야의 산업이 많은 지방은 습도·기온 등과 같이 제품의 보관이나 품질 관리에 민감한 요소에 대한 상세한 정보를 제공해 주어야 한다. 농업이 주요 산업인 지방은 식물의 성장에 민감한 1.5m 바람 예보도 추가해야 하고, 토양의 수분 함유량, 증발 지수 등도 제공해야 한다. 산악 지대가 많은 지방에서는 산불 방지와 레저 활동을 위하여 산곡풍, 계곡풍 등의 지형풍과 습도에 대한 국지 예보가 제공되어야 하고, 해안 지방에서는 어로 작업과 해상 레저 활동을 위하여 해륙풍과 관련된 기온·바람의 예보도 시각별로 제공되어야 한다.

① 영국 기상청에서는 각 지역의 발전소에서 생산해야 할 전기량을 결정하는 데 필요한 기상 정보를 제공하고 있다.

② 영국 기상청에서는, 전화 회사와 합작 투자하여 산악 지역만을 대상으로 산악 지형과 기후에 익숙한 전문가가 음성 응답 서비스를 제공하고 있다.

③ 호주의 한 민간 전화 회사에서 운영하는 비디오텍스 시스템은 호주 전역의 주요 지점에 대한 기상 자료를 관측한 지 30분 이내에 고객에게 제공하고 있다.

④ 뉴질랜드 기상청은 70년대부터 날씨가 해당 지역 산업에 미칠 수 있는 영향을 실시간으로 분석하여 지방 정부나 지역 산업체의 의사 결정을 위한 참고 자료로 제공한다.

12일차

056 ③
[정답풀이]
(나)에 의하면 화가가 초상화를 그릴 때에 좌안(左眼)을 먼저 그리는 이유는 손의 움직임도 편하고 목탄이나 물감이 손에 묻을 확률도 줄어들기 때문이다. 이 내용을 뒷받침하는 이론이 ㉢이다. 오른손잡이가 많은 화가가 왼쪽부터 그림을 그리는 것이 편하다는 것과 관련된다.

057 ④
[정답풀이]
제시문의 두 번째 단락 첫 문장에서 제기한 질문에 대한 핵심적인 대답이 나와야 한다. 홍명희가 소설 ≪임꺽정≫에서 임꺽정을 의적으로 그린 이유는 관리들의 가렴주구(苛斂誅求)에 시달리던 백성들의 불만을 해소하기 위해 영웅적인 인물을 허구적으로 형상화한 것이기 때문이다. 소설 ≪임꺽정≫은 모순된 사회에 대한 민중들의 비판과 저항이 잘 드러난 소설이다.

오답
③ 임꺽정이 실존 인물이기는 하지만 〈보기〉에 이어질 내용과는 관계가 없다.

058 ②
[정답풀이]
이 글은 시장 실패의 원인을 외부성과 공공재라는 측면에서 분석하고 구체적인 사례를 들어 설명하고 있는 글이다.

오답
① 사례가 나오기는 하지만, 이를 통해 문제 해결 방안을 모색하고 있지는 않다.
③ 설명하고자 하는 대상을 구성 성분으로 나누어 차례대로 살펴보는 글이 아니다.
④ 대비되는 두 관점을 소개하고 있지 않다.

059 ④
[정답풀이]
시장 기능에 의한 공공재의 공급이 여의치 않다고 하여 정부가 임의적으로 공공재를 과잉 공급하는 것은 오히려 시장 기능에 의한 과소 공급보다 더 나쁜 결과를 가져올 수 있다는 뜻이다. 따라서 ㉠은 정도가 지나치면 오히려 모자람만 같지 못하다는 '과유불급(過猶不及)'과 관련된다.

오답
① 진퇴유곡(進退維谷): 나아갈 수도 물러설 수도 없이 궁지에 몰려 있음을 이르는 말.
② 침소봉대(針小棒大): 바늘 만한 것을 몽둥이 만하다고 한다는 뜻. 심하게 과장하여 말함.
③ 원화소복(遠禍召福): 화를 물리치고 복을 불러들임.

060 ③
[정답풀이]
㉠의 취지는 지방의 고객에게는 대도시 중심의 기상 예보가 아니라, 지방 특성에 맞게 재편집된 기상 예보 서비스를 제공해야 한다는 것이다. 그런데 ③은 고객이 필요로 하는 세부적인 기상 예보 서비스를 제공하는 것이 아니라, 기상 관측 자료 자체만 제공하는 것이므로 이 글의 취지가 제대로 적용된 사례는 아니다. 또한 ③은 기상자료를 신속하게 제공한다는 내용이므로 ㉠과 관련이 없다.

오답

061 다음 글에 대한 평가로 가장 적절한 것은?

[2014. 지방직 9급]

> ㉠관용구는 어떤 표현이 습관적으로 굳어져 사용됨으로써 원래의 뜻을 잃어버린 언어 표현을 의미한다. ㉡'내 코가 석 자', '배가 남산만 하다'라는 말은 코의 길이나 배의 크기에 대한 내용을 담고 있는 것이 아니다. ㉢즉 이 표현들을 이루고 있는 단어들의 표면적인 뜻만 가지고는 그 의미를 알 수가 없는 것이다. ㉣이러한 관용어는 우리의 전통 문화를 잘 보여 주고 있다는 점에서 큰 의의를 지닌다고 할 수 있다.

① ㉠은 정의의 형식을 갖추고 있으나 단락의 완결성을 해치므로 삭제하는 것이 좋다.
② ㉡에 제시된 두 예는 원래의 뜻으로 해석될 수 있으므로 다른 예로 바꾸어야 한다.
③ ㉢은 앞 문장과의 연결이 부자연스러워 긴밀성을 해친다.
④ ㉣은 전체 제시문의 주제와 관련이 없으므로 단락의 통일성을 해친다.

[062~063] 다음 글을 읽고 물음에 답하시오.

[2013. 국회직 8급]

> 휴리스틱(heuristic)은, 문제를 해결하거나 불확실한 사항에 대해 판단을 내릴 필요가 있지만 명확한 실마리가 없을 경우에 사용하는 편의적 · 발견적인 방법이다. 우리말로는 쉬운 방법, 간편법, 발견법, 어림셈 또는 지름길 등으로 표현할 수 있다.
>
> 1905년 알베르트 아인슈타인은 노벨 물리학상 수상 논문에서 휴리스틱을 '불완전하지만 도움이 되는 방법'이라는 의미로 사용했다. 수학자인 폴리아는 휴리스틱을 '발견에 도움이 된다'는 의미로 사용했고, 수학적인 문제 해결에도 휴리스틱 방법이 매우 유효하다고 했다.
>
> 휴리스틱에 반대되는 것이 알고리즘(algorism)이다. 알고리즘은 일정한 순서대로 풀어나가면 정확한 해답을 얻을 수 있는 방법이다. 삼각형의 면적을 구하는 공식이 알고리즘의 좋은 예이다.
>
> 휴리스틱을 이용하는 방법은 거의 모든 경우에 어느 정도 만족스럽고, 경우에 따라서는 완전한 답을 재빨리, 그것도 큰 노력 없이 얻을 수 있다는 점에서 사이먼의 '만족화' 원리와 일치하는 사고방식인데, 가장 전형적인 양상이 '이용 가능성 휴리스틱(availability heuristic)'이다. 이용 가능성이란 어떤 사상(事象)이 출현할 빈도나 확률을 판단할 때, 그 사상과 관련해서 쉽게 알 수 있는 사례를 생각해 내고 그것을 기초로 판단하는 것을 뜻한다.
>
> 그러나 휴리스틱은 완전한 답이 아니므로 때로는 터무니없는 실수를 자아내는 원인이 되기도 한다. 불확실한 의사결정을 이론화하기 위해서는 확률이 필요하기 때문에 사람들이 확률을 어떻게 다루는지가 중요하다. 확률은, 이를테면 어떤 사람이 선거에 당선될지, 경기가 좋아질지, 시합에서 어느 편이 우승할지 따위를 '전망'할 때 이용된다. 대개 그러한 확률은 어떤 근거를 기초로 객관적인 판단을 내리기도 하지만, 대부분은 직감적으로 판단을 내리게 된다. 그런데 직감적인 판단에서 오는 주관적인 확률은 과연 정확한 것일까?
>
> 카너먼과 트버스키는 일련의 연구를 통해 인간이 확률이나 빈도를 판단할 때 몇 가지 휴리스틱을 이용하지만, 그에 따라 얻어지는 판단은 객관적이며 올바른 평가와 상당한 차이가 있다는 의미로 종종 '바이어스'가 동반되는 것을 확인했다.
>
> 이용 가능성 휴리스틱이 일으키는 바이어스 가운데 하나가 '사후 판단 바이어스'이다. 우리는 어떤 일이 벌어진 뒤에 '그렇게 될 줄 알았어.' '그렇게 될 거라고 처음부터 알고 있었어.'와 같은 말을 자주 한다. 이렇게 결과를 알고 나서 마치 사전에 그것을 예견하고 있었던 것처럼 생각하는 바이어스를 '사후 판단 바이어스'라고 한다.

062 윗글의 논지 전개 방식에 대한 설명으로 가장 적절한 것은?

① 분석 대상과 관련되는 개념들을 연쇄적으로 제시하며 정보의 확대를 꾀하고 있다.

② 인과 관계를 중심으로 분석 대상에 대한 논리적 접근을 시도하고 있다.

③ 핵심 개념을 설명하면서 그와 유사한 개념들과 비교함으로써 이해를 돕고 있다.

④ 전달하고자 하는 정보를 다양한 맥락에서 재구성하여 반복적으로 제시하고 있다.

⑤ 핵심 개념의 속성을 잘 보여주는 사례들을 통해 구체적인 설명을 시도하고 있다.

063 윗글에서 설명하고 있는 '휴리스틱'과 '바이어스'의 관계를 보여주기에 가장 적절한 것은?

① 평소에 30분 정도 걸리기에 느긋하게 출발했는데 갑자기 교통사고가 나는 바람에 늦어졌다.

② 그녀는 살을 빼려고 운동을 시작했는데 밥맛이 좋아지면서 오히려 몸무게가 늘었다.

③ 최근 한 달 동안 가장 높은 타율을 기록한 선수를 4번 타자에 기용했는데 4타수 무(無)안타를 기록하였다.

④ 동네 마트에서 추첨 세일을 한다기에 식구들이 다 나섰는데 한 집에 한 명만 참여할 수 있다고 한다.

⑤ 작년에 텃밭에서 제일 재미를 본 채소를 집중적으로 심었는데 유례없이 병충해가 돌아 몽땅 망치고 말았다.

064 다음 글의 순서를 올바로 배열하시오.

> (가) 텔레비전 드라마나 영화를 유심히 살펴보기 바란다. 극적 효과를 강조하는 화면일수록 화면은 긴박감 있게 처리된다. 고정된 화각으로 주인공을 비추는 대신 마치 자신이 다가가는 듯한 느낌이 들 것이다.
>
> (나) 하지만 줌 기능 대신 몸을 움직여 사진을 찍다 보면 의외의 장점을 발견하게 된다. 줌 렌즈의 효과에 전적으로 기대는 것보다 훨씬 박진감 있는 사진을 얻을 수 있다.
>
> (다) 이는 고도로 계산된 화면 연출법이다. "시선을 모으지 못하는 화면은 실패다."
>
> (라) 디카(디지털 카메라)에 익숙해지면 줌 렌즈의 편리함을 포기하기 힘들다. 왜냐하면 당연히 있어야 할 기능이라 생각하기 때문이다.

① (라) − (다) − (가) − (나)

② (라) − (나) − (가) − (다)

③ (가) − (나) − (다) − (라)

④ (가) − (라) − (나) − (다)

065 ㉠에 들어갈 말로 가장 적절한 것은?

> 다 빈치에게 회화의 목적은 어디까지나 '가시적 세계를 인식'하는 데 있었다. 회화가 인식의 기능을 발휘하려면 자연을 뜯어고치려고 해서는 안 되며 되도록 현실에 충실해야 한다. 물론 그러자면 자연 과학만큼이나 엄격한 규칙에 따라야 한다. 하지만 예술에는 무엇보다도 창의력이 필요하다. 다 빈치도 물론 창의력을 인정한다. 그에게 있어서 모방과 창의력은 서로 대립되는 것은 아니었다. 그에게 창의력이란 겉으로 잘 드러나지 않는 (㉠)을/를 발견하는 능력이었으니까. 실제로 그의 작품은 자연 모방을 훨씬 넘어서고 있었지만 어쨌든 이론상으로는 그는 역사상 가장 강한 형태의 모방론을 고수했다.

① 상상(想像)의 원리(原理)
② 재현(再現)의 규칙(規則)
③ 창조(創造)의 미학(美學)
④ 천부적(天賦的) 재능(才能)

13일차

061 ④
[정답풀이]
주어진 문장들에서 관용구의 정의, 예시, 의미 그리고 문화적 의의를 다루고 있다. 따라서 각 문장이 전체 제시문과 어떻게 연결되는지를 평가해야 한다. ㉣은 전체 제시문의 주제와 관련이 없으므로 단락의 통일성을 해친다. ㉣ 문장은 관용어가 전통 문화를 잘 보여준다는 점을 강조하고 있으나, 앞서 언급된 관용구의 정의와 예시 및 의미와는 직접적인 관련이 없다. 따라서 ㉣ 문장은 전체 제시문의 통일성을 해친다고 볼 수 있다.

오답
① ㉠ 문장은 관용구의 정의를 내리고 있어, 글의 시작 부분에 위치하여 전체 내용의 이해를 돕는다. 삭제할 이유가 없다.
② ㉡ 문장에 제시된 예시는 관용구의 특성을 잘 설명하고 있어, 굳이 다른 예로 바꿀 필요가 없다.
③ ㉢ 문장은 ㉡ 문장에서 제시된 예시를 해석할 때 단어들의 표면적인 뜻만 가지고는 의미를 알 수 없다는 내용을 이어가는 자연스러운 연결이다. 긴밀성을 해치지 않는다.

062 ①
[정답풀이]
알베르트 아인슈타인이 제시한 '휴리스틱'의 개념을 토대로 하여 이와 반대되는 '알고리즘', 유사한 의미의 '만족화 원리'를 도출해내고, 휴리스틱의 부분이라 할 수 있는 '이용 가능성 휴리스틱'과 휴리스틱이 일으키는 문제점을 '바이어스'라는 개념으로 확장시켜 서술하고 있다.

오답
② 인과 관계는 제시문에 드러나지 않았다.
③ 핵심 개념에 대한 설명은 있지만, 유사한 개념들을 비교하고 있지는 않다.
④ 다양한 맥락에서 반복적으로 제시하기보다 연쇄적으로 확대하고 있다.
⑤ 사례가 사용되지 않은 것은 아니지만 그것이 글의 진술 방식의 초점은 아니다.

PART 02

063 ③

[정답풀이]

이 글은 '바이어스'가 '객관적이며 올바른 평가와 상당한 차이가 있으며(선택지 모두 해당)' '직감적인 판단에서 오는 주관적인 확률'과 관계되어 '휴리스틱'의 문제점이 된다고 설명하고 있다. 지문의 내용에 비추어 볼 때, 휴리스틱을 통해 도출한 주관적인 확률과 객관적인 결과와의 차이라 할 수 있는 바이어스의 관계는 예측 가능한 확률과 예측이 불가능한 의외의 결과로 구분할 수 있다. 다른 선택지는 모두 예측 가능한 상황에서 벌어질 수 있는 예측 가능한 결과들이고, ③의 경우는 휴리스틱을 통해 도출한 확률(최근 한 달 동안 타율이 높은 선수) 속에 결과가 전혀 포함되지 않은 바이어스(그 선수의 이번 성적은 4타수 無 안타)라고 할 수 있겠다.

064 ②

[정답풀이]

이 글은 몸을 움직여 사진을 찍을 때의 장점을 설명했다. 먼저 (라)는 디지털 카메라가 지닌 줌 렌즈의 편리함을 설명했다. (나)는 이와 반대로 줌 기능을 대신하는 몸을 움직여 사진을 찍는 방법의 장점을 설명했다. (가)는 (나)의 사례이다. 마지막으로 (다)는 몸을 움직여 사진을 찍는 방법의 특징을 강조했다. 텔레비전 드라마나 영화는 몸을 움직여 사진을 찍기 때문에 화면으로 시선을 모을 수 있다는 것을 강조했다. 이 글은 (라)가 도입, (나)는 (라)와는 반대되는 주지, (가)와 (다)는 (나)의 주지를 심화하는 사례와 강조이다. 따라서 글의 순서는 '(라) ─ (나) ─ (가) ─ (다)'가 적절하다.

065 ②

[정답풀이]

문제는 다 빈치의 예술 철학에서 중요한 개념을 정확히 이해하고 그에 맞는 단어를 선택하는 것이다. 다 빈치는 회화의 목적을 '가시적 세계를 인식'하는 데 두고 있으며, 예술에서 창의력의 중요성을 강조하고 있다. 그러나 창의력은 자연을 있는 그대로 재현하는 과정에서 발휘된다고 설명하고 있다. 다 빈치의 창의력은 겉으로 드러나지 않는 '재현의 규칙'을 발견하는 능력으로 설명되고 있다. 즉, 자연의 모방을 통해 창의력이 발휘된다는 점에서 '재현'이 가장 적절한 단어이다. 예술에서 엄격한 규칙을 따르며 자연을 재현하는 과정이 창의력과 조화를 이루는 다 빈치의 예술 철학을 반영하고 있다.

① 상상(想像)의 원리(原理): 다 빈치의 창의력은 상상력보다는 자연의 모방을 통한 재현에 더 초점을 맞추고 있다.

③ 창조(創造)의 미학(美學): 창조의 미학은 예술의 독창성에 관련되지만, 본문에서는 창의력이 재현의 과정에서 발휘되는 것을 강조하고 있다.

④ 천부적(天賦的) 재능(才能): 다 빈치의 창의력은 타고난 재능보다는 자연을 관찰하고 재현하는 과정에서 드러나는 것이므로 적절하지 않다.

066 다음 글에서 〈보기〉가 들어가기에 가장 적절한 것은? [2019. 국가직 9급]

┤보기├

아침기도는 간략한 아침 뉴스로, 저녁기도는 저녁 종합 뉴스로 바뀌었다.

철학자 헤겔이 주장했듯이, 삶을 인도하는 원천이자 권위의 시금석으로서의 종교를 뉴스가 대체할 때 사회는 근대화된다. 선진 경제에서 뉴스는 이제 최소한 예전에 신앙이 누리던 것과 동등한 권력의 지위를 차지한다. 뉴스 타전은 소름이 돋을 정도로 정확하게 교회의 시간 규범을 따른다. (㉠) 뉴스는 우리가 한때 신앙심을 품었을 때와 똑같은 공손한 마음을 간직하고 접근하기를 요구하기도 한다. (㉡) 우리 역시 뉴스에서 계시를 얻기 바란다. (㉢) 누가 착하고 누가 악한지 알기를 바라고, 고통을 헤아려 볼 수 있기를 바라며, 존재의 이치가 펼쳐지는 광경을 이해하길 희망한다. (㉣) 그리고 이 의식에 참여하길 거부하는 경우 이단이라는 비난을 받기도 한다.

① ㉠

② ㉡

③ ㉢

④ ㉣

067 다음 글의 중심 내용으로 가장 적절한 것은? [2018. 국가직 9급]

'언문'은 실용 범위에 제약이 있었는데, 이런 현실은 '언간'에도 적용된다. '언간' 사용의 제약은 무엇보다 이것을 주고받은 사람의 성별(性別)에서 뚜렷이 드러난다. 15세기 후반 이래로 숱한 언간이 현전하지만 남성 간에 주고받은 언간은 찾아보기 어렵다. 이는 남성 간에는 한문 간찰이 오간 때문이나 남성이 공적인 영역을 독점했던 당시의 현실을 감안하면 '언문'이 공식성을 인정받지 못했던 사실과 상통한다. 결국 조선시대에는 언간의 발신자나 수신자 어느 한쪽으로 반드시 여성이 관여하는 특징을 보인다고 할 수 있다.

이러한 사용자의 성별 특징으로 인하여 종래 '언간'은 '내간'으로 일컬어지기도 하였다. 그러나 이러한 명칭 때문에 내간이 부녀자만을 상대로 하거나 부녀자끼리만 주고받은 편지로 오해되어서는 안 된다. 16, 17세기의 것만 하더라도 수신자는 왕이나 사대부를 비롯하여 한글 해독 능력이 있는 하층민에 이르기까지 거의 전 계층의 남성이 될 수 있었기 때문이다. 한문 간찰이 사대부 계층 이상 남성만의 전유물이었다면 언간은 특정 계층에 관계없이 남녀 모두의 공유물이었다고 할 수 있다.

① '언문'과 마찬가지로 '언간'의 실용 범위에는 제약이 있었다.

② 사용자의 성별 특징으로 인해 '언간'은 '내간'으로 일컬어졌다.

③ 언간은 특정 계층과 성별에 관계없이 이용된 의사소통 수단이었다.

④ 조선시대에는 언간의 발신자나 수신자 어느 한쪽으로 반드시 여성이 관여하는 특징을 보인다.

068 다음 설명을 통해 알 수 있는 것은?

[2017. 국가직 7급]

> 동의보감에서는 인간을 생식(生殖)을 할 수 있는 자와 그렇지 못한 자로 대별하였다. 남자 16세 이상, 여자 14세 이상의 성인과 그렇지 못한 소아의 구분이 그것으로, 남자는 16세 이상이 되어야 정(精)을 생산할 수 있고 여자의 경우 14세 이상이어야 월경을 통해 임신할 수 있는 능력이 형성되기 때문이다. 생식을 통해 후세를 이어 갈 수 있는 인간만이 참된 인간으로 정의된 것이다.
>
> 여기서 남정(男精)과 모혈(母血)의 개념이 중요하게 대두된다. 이러한 남녀의 구분법은 단순히 생리적인 성 차이를 드러낼 뿐만 아니라 생식을 중시한 표현이었다. 남정의 개념이 생식 가능한 남자를 중심에 놓고 있는 것처럼, 모혈 역시 생식 가능한 여성만을 고려한 표현이다. 이에 따라 남성에게는 정(精)이, 여성에게는 혈(血)과 자궁(子宮)이 중요한 기능으로 파악되었다.

① 혼인이라는 사회적 의례가 매우 중요하다.

② 성인이라 하여도 자녀를 생산할 수 없다면 진정한 인간이 될 수 없다.

③ 인간의 사회적 중요도는 성인 남자 → 성인 여자 → 어린이의 순서이다.

④ 동의보감에서는 질병의 원인에 따라 병을 분류한다.

[069~070] 다음 글을 읽고 물음에 답하시오.

> 발레는 '춤을 추다'라는 의미의 이탈리아어 '발라레(ballare)'에서 나온 것으로, 이탈리아 궁중 무용이 16세기 후반 프랑스에 도입된 후 궁중 연희 형식을 거쳐 독립적인 공연 예술로 발전하였다. 발레는 일반적으로 낭만 발레와 고전 발레, 모던 발레로 구분되는데, 줄거리, 형식, 남녀 무용수의 역할, 의상 등에서 차이가 있다.
>
> 낭만 발레는 19세기 초 프랑스에서 기틀이 잡혔는데, 목가적 분위기의 무대를 배경으로 요정을 사랑한 인간, 시골 처녀의 비극적인 사랑 등의 낭만적인 줄거리가 전개된다. 낭만 발레는 어스름한 조명 아래 창백하고 가녀린 요정들이 공중을 떠다니듯이 춤추는 환상적이고 신비로운 장면으로 연출되어, 정교한 구성보다는 주인공인 여성 무용수를 돋보이게 하는 안무가 우선시되었다. 이 시기 발레의 주역은 여성 무용수들이었고, 남성 무용수들은 대개 여성 무용수를 들어 올렸다 내리거나 회전의 지지대 역할을 하는 보조자에 불과했다. 요정들이 하늘을 둥둥 떠다니는 느낌을 연출하기 위해 발끝을 수직으로 세우고 춤을 추는 '포인트 동작'이 등장했고, 여성 무용수들은 '로맨틱 튀튀'라고 부르는 하늘하늘하고 여러 겹으로 된 발목까지 오는 긴 의상을 입어서 움직일 때마다 우아한 느낌을 주었다.
>
> 19세기 후반 유럽에서 낭만 발레의 인기가 시들해진 가운데 러시아에서 고전 발레가 꽃을 피운다. 고전 발레는 전설이나 동화를 바탕으로 한 낭만적인 줄거리를 지니고 있다는 점에서는 낭만 발레와 비슷하다. 하지만 화려하고 입체적인 무대 장치를 배경으로 정형화된 아름다움을 구현하였다. 무용수의 화려한 기교를 다채롭게 보여주기 위해 발레에 일정한 규칙과 절차가 도입되었고, 정교하고 정확한 동작을 바탕으로 안무가 정해졌다. 고전 발레는 남녀 주인공들이 화려한 기교를 보여주는 2인무인 '그랑 파드되', 여러 명의 솔리스트들이 차례대로 등장하여 다채로운 1인무를 보여 주는 '디베르티스망' 등이 필수적인 구성 요소로 ㉠자리 잡았다. 남성 무용수들도 다양한 기교를 구사하는 무대의 주인공이 될 수 있었고, 여성 무용수들은 화려한 발동작이나 도약, 회전 등이 잘 보이도록 다리를 드러내는 짧고 뻣뻣한 '클래식 튀튀'를 주로 입었다.

20세기에는 기존 발레에서 반복되었던 정형화된 형식을 벗어난 모던 발레가 등장한다. 모던 발레는 특별한 줄거리 없이 특정 장면의 이미지나 주제를 무용수의 움직임 자체로 표현하는 것이 특징이다. 정해진 줄거리가 없기 때문에 무용수의 성별에 따른 역할 구분이 약화되고, 다양한 형태의 동작과 몸의 선 자체의 아름다움을 강조하다 보니 무대 장치나 의상도 점차 간결해졌다.

　　발레는 정해진 기본 동작을 바탕으로 구성되다 보니 언뜻 보면 비슷한 것처럼 보인다. 하지만 좀 더 자세히 살펴보면 시대적 흐름에 따라 형식과 표현이 정형화되었다가 점차 자유로워지고 다양해지는 방향으로 변화해 왔음을 알 수 있다.

069 이 글의 제목으로 가장 적절한 것은?

① 발레의 기원
② 발레의 숨은 매력
③ 발레의 사조별 특징
④ 발레의 예술적 가치

070 밑줄 친 ㉠처럼 관용구가 사용된 예로 볼 수 없는 것은?

① 그는 나와 그녀 사이에 다리를 놓았다.
② 나는 실내가 너무 추워서 문을 닫았다.
③ 용돈을 모으려고 학교 매점에 발을 끊었다.
④ 난생 처음 외국 여행을 갔다가 바가지를 썼다.

14일차

066 ①

[정답풀이]

〈보기〉의 핵심은 '기도(신앙, 종교)'가 '뉴스'로 변했다는 것이다. 이것은 뉴스가 권력의 지위를 차지하면서 교회의 시간 규범을 따르는 것과 같게 되었다는 ⊙의 앞부분과 연관된다. 또한 〈보기〉에서 '아침기도'와 '저녁기도'를 '뉴스'가 대신하게 되었다는 내용이 나오므로, 〈보기〉 뒤에 '신앙심을 품었을 때와 똑같은 공손한 마음'이 이어지는 것도 적절하다.

067 ③

[정답풀이]

'언간(諺簡)'은 언문 편지라는 뜻으로, 한글로 쓴 편지를 낮잡는 뜻으로 이르던 말이다. 지문의 맨 마지막 문장에 나오듯이 한문 간찰은 사대부 계층 이상 남성만의 전유물이었지만, 언간은 특정 계층에 관계없이 남녀 모두의 공유물이었다.

[오답]

① 지문의 첫 문장에 의하면 '언문'과 '언간'은 실용 범위에 제약이 있었다고 나온다. 하지만 이것이 중심 내용은 아니며, 마지막 단락의 '그러나' 이후에서 주제를 찾아야 한다.
② 두 번째 단락에서 여성이 관여하는 특징으로 인해 '언간'이 '내간(內簡)'으로 일컬어지기도 한다고 나온다. 하지만 뒤의 '그러나'를 통해 이 내용이 부정되고 있으므로 적절하지 않다.
④ 역시 일치하는 내용이기는 하지만 주제가 아니다.

068 ②

[정답풀이]

주어진 설명은 동의보감에서 인간을 생식할 수 있는 자와 그렇지 못한 자로 구분하는 내용을 다루고 있다. 생식을 통해 후세를 이어 갈 수 있는 인간만이 참된 인간으로 정의된다는 점을 강조하고 있다. 동의보감에서는 남자 16세 이상, 여자 14세 이상이 되어야 생식을 통해 후세를 이어 갈 수 있는 능력이 형성된다고 설명하고 있다. 생식을 할 수 없는 자는 참된 인간으로 정의되지 않으며, 생식을 중시하는 표현이 반복적으로 강조되고 있다.

[오답]

① 지문에서는 혼인이라는 사회적 의례에 대한 언급이 전혀 없다.
③ 지문에서는 사회적 중요도에 대한 언급이 없고, 생식 가능 여부에 따른 구분만을 다루고 있다.
④ 지문에서는 질병의 원인에 따른 병 분류에 대한 내용이 언급되지 않았다.

069 ③

[정답풀이]

이 글은 공연 예술인 발레가 어떻게 시작되었으며, 역사적으로 어떤 과정을 거쳐 발전해 왔는지 사조에 따라 설명하고 있다. 1문단에서는 발레의 어원과 궁중 무용으로 시작된 발레가 공연 예술로 정착되게 된 과정을 간략하게 기술하고 있다. 2문단에서는 발레 사조의 시작으로 볼 수 있는 낭만 발레의 특징을 무대 및 장면, 무용수의 역할과 의상 등을 중심으로 설명하고 있다. 3문단에서는 러시아의 고전 발레가 지닌 특징을 안무, 형식, 남녀 무용수의 역할, 무대와 의상 등으로 세분화하여 소개하였으며, 4문단에서 좀 더 다양하고 자유롭게 변화된 모던 발레의 특징을 서술하여 전체적으로 발레 사조의 시작부터 현재까지의 흐름을 보여주고, 마지막 문단에서 이러한 흐름을 정리하였다. 이 글의 적절한 제목은 '발레의 사조별 특징'이다.

070 ②

[정답풀이]

⊙은 '자리'와 '잡다'라는 서로 다른 어휘가 결합하여 본래의 뜻과 다른 새로운 의미를 나타내는 관용구이다. 그런데 ②의 '문을 닫았다'는 '문'이라는 어휘와 '닫다'라는 어휘의 본래 의미를 그대로 가지고 있는 표현이므로, 관용구로 볼 수 없다.

[오답]

①은 '둘 사이를 연결하다', ③은 '가지 않다', ④는 '실제 가격보다 비싸게 지불하여 억울한 손해를 보다'의 의미로 사용되었다.

071 다음 글의 순서를 올바로 배열한 것은?

(가) 즉, 전자 문화가 일반화되면서 이미 우리 사회의 성격을 상당 부분 부족적 사회로 변화시켰다고 진작할 수 있다.

(나) 거리에 모여서 뛰고 외치며 집단 엑스터시를 체험하는 것은 부족 사회의 축제에서 그 원형을 찾을 수 있다. 문자 문화가 강한 지배력을 가지고 있는 근대 사회의 놀이나 축제에서는 그런 탈자아적(脫自我的) 열광을 찾아볼 수 없다.

(다) 태극기 패션 역시 부족적 문화 감각의 발현으로 해석할 수 있다. 전쟁을 치를 때나 축제를 할 때, 부족을 상징하는 무늬를 얼굴이나 몸에 그리고 부족의 깃발로 온몸을 감싸는 행위는 전근대적 부족 사회에서 매우 흔한 것이었다.

(라) 우리 민족이 전통적으로 신명이 많았다고는 하지만 근대 이후 그러한 도취와 열광은 사회의 외곽에서 부분적으로 존재했을 뿐이다. 그런데 월드컵 때 수백만의 인파가 거리로 몰려나와 집단적인 엑스터시를 경험했다는 것은, 현재의 우리 사회에 부족적 성격이 그 만큼 농후해졌다는 것으로 판단할 수 있다.

(마) 그것은 전자 매체가 형성한 문화적 감각이며, 맥루한의 말을 빌면 부족 사회의 문화적 감각이다.

---

① (마) – (다) – (나) – (가) – (라)   ② (다) – (라) – (가) – (나) – (마)

③ (나) – (라) – (가) – (다) – (마)   ④ (나) – (가) – (라) – (마) – (다)

072 다음 글에서 〈보기〉의 문장이 들어갈 위치로 가장 적절한 것은?   [2014. 국가직 7급]

┤ 보기 ├

　이것은 논리의 결함에서 오는 것이 아니라 사실에 관한 주장들조차도 이미 그 안에 '삶을 위한 것'이라는 대전제를 본질적으로 깔고 있기 때문에 나오는 결과이다.

　서구 과학이 지닌 한 가지 중요한 특징은 이것이 당위성이 아닌 사실성으로 시작하고 사실성으로 끝난다는 점이다. 삶의 세계 안에서 당위성은 매우 중요한 것이지만, 이것은 학문 그 자체 속에서 자연스레 도출되는 것이 아니라 이를 활용하는 당사자가 별도로 끌어들여야 하는 것이다. 이 점에서 왕왕 혼동이 일어나기도 하지만 이는 이른바 '자연주의적 오류'라 하여 경계의 대상으로 삼고 있다. (㉠) 특히 자연 과학의 논리적 구조를 살펴보면 이 속에 당위성이 끼어들 어떠한 공간도 허락되어 있지 않다. (㉡)

　그런데 매우 흥미롭게도 동양의 학문에서는 당위성과 사실성이 하나의 체계 속에 자연스럽게 서로 연결되고 있음을 볼 수 있다. (㉢) 동양에서 학문을 한다고 하면 선비를 떠올리는 것도 바로 이러한 데서 연유하게 된다. (㉣) 한편 동양 학문이 지닌 이러한 성격이 치르게 되는 대가 또한 적지 않다. 결국 물질 세계의 질서를 물질 세계만의 논리로 파악하는 체계, 곧 근대 과학을 이루는 데에 실패하고 만 것이다.

---

① ㉠   ② ㉡   ③ ㉢   ④ ㉣

073 다음 글에 대한 이해로 적절한 것은?

[2013. 국가직 7급]

> 한자를 빌려 우리말을 표기한 유형과 방식은 대체로 다음의 네 가지로 분류된다.
> 첫째, 한자를 수용하여 그대로 사용하되 우리말의 순서대로 배열한 것을 흔히 서기체 표기라 한다. 서기체 표기는 우리말의 어순에 따라 한자가 배열되고 한자의 뜻이 모두 살아 있으므로, 우리말의 문법 형태소를 보충하면 전체적인 의미를 파악할 수 있다.
> 둘째, 이두체 표기로, 어휘 형태소와 문법 형태소가 구분 되어 표기된다. 즉 어휘 형태소는 중국식 어휘가 그대로 사용되고 문법 형태소는 훈독, 훈차, 음독, 음차 등 다양한 방법으로 표기된다. 그리고 구나 절은 한문이 그대로 나타나기도 한다.
> 셋째, 어휘 형태소와 문법 형태소를 가리지 않고, 훈독, 훈차, 음독, 음차 등의 다양한 방법으로 표기되어 있는 것을 향찰체 표기라 한다. 국어 문장의 모습을 그대로 보여 주는 대표적인 차자 표기 방식이라 하겠다.
> 넷째, 한문 문장을 그대로 두고 필요한 곳에 구결(입곁)을 달아 이해의 편의를 도모한 문장이 있다. 이를 흔히 구결문이라고 한다.

① '서기체 표기'는 문법 형태소를 반영하였다.
② '이두체 표기'는 문법 형태소가 표기되지 않는다.
③ '향찰체 표기'는 중국어 어순에 따라 어휘가 배열된다.
④ '구결문'은 구결(입곁)이 없어도 문장의 의미를 파악할 수 있다.

[074~075] 다음 글을 읽고 물음에 답하시오.

> 청소년들이 게임 사이트에 가입하거나 휴대 전화를 구입할 때는 부모의 동의가 있어야 한다. 어른들은 그렇지 않은데, 왜 청소년만 이러한 동의가 있어야 할까? 계약과 같은 법률 행위를 하여 권리를 얻거나 의무를 지려면 자신의 의사로 판단하고 결정할 수 있는 능력이 있어야 한다. 예를 들어, 태어난 지 얼마 안 된 아기나 만취한 어른은 의사 능력이 있다고 할 수 없다. 그런데 의사 능력의 유무를 구분하는 기준을 정하기는 어렵다. 우리 민법에는 의사 능력의 판단 여부를 쉽게 파악할 수 있도록 하기 위해서 일정한 조건에 해당하는 경우에 의사 능력이 없다고 일률적으로 ⓐ取扱하는 '행위 무능력자 제도'를 두고 있다. 개인의 의사 능력 유무를 묻지 않고, 행위 무능력자라는 사실만으로 단독으로는 유효한 법률 행위를 할 수 없도록 정한 것이다. 대표적인 행위 무능력자로, 만 20세 미만의 사람인 미성년자가 있다.
> 행위 무능력자인 미성년자가 계약과 같은 법률 행위를 할 때에는 반드시 미성년자의 법정 대리인의 동의를 얻어야 한다. 이것은 국가가 미성년자를 특별히 보호해야 할 대상, 즉 사회적 약자로 ⓑ認識하고 있기 때문이다. 미성년자의 법정 대리인은 1차적으로 친권자, 즉 부모이다. 만약 부모가 없거나, 있지만 대리를 할 수 없을 경우에는 조부모, 삼촌, 고모 등과 같은 후견인이 법정 대리인이 된다.
> 그렇다면 미성년자가 법정 대리인의 동의를 얻지 않고 한 계약은 어떻게 될까? 미성년자가 계약으로 인한 효과를 원하지 않는다면 미성년자 본인 또는 그의 법정 대리인이 취소할 수 있다. 이를 취소권이라고 하는데, 취소권은 미성년자가 성인이 된 날로부터 3년 이내, 또는 계약을 맺은 날로부터 10년 이내에 행사하여야 한다. 계약이 취소되면 계약 이전의 상태로 돌아간다. 이때 미성년자는 계약으로 얻은 이익이 현재까지 남아 있는 상태 그대로 ⓒ返還

해야 한다. 상품은 사용하던 상태 그대로 돌려주면 되고, 미납 요금이나 위약금은 내지 않아도 된다. 그러나 법정 대리인이나 성년이 된 계약자가 대금의 일부를 지급하면 이는 계약을 추인(追認)한 것으로 간주하여 계약을 취소할 수 없다. 또 미성년자가 거짓말로 사업자에게 자신을 성년이라고 믿게 하거나, 법적 대리인의 동의가 있는 것처럼 사업자를 속였을 때에도 계약을 취소할 수 없다.

그런데 미성년자가 부모님의 동의 없이 계약을 맺을 때, 그 계약은 언제든지 취소할 수 있기 때문에 사업자는 불안한 상태에 놓이게 된다. 헌법은 정당한 방법을 통한 사유 재산의 소유를 국민의 기본 권리로 규정하고 있다. 이에 따라 우리 민법에는 미성년자와 정상적으로 거래한 상대방에 대한 보호 방안도 마련되어 있다. 사업자에게 미성년자의 법정 대리인에게 일정 기간을 정하여 계약을 취소할 것인지에 대한 확답을 요구할 수 있는 권리인, 최고권(催告權)을 ⓓ附與하고 있다. 이때 유예 기간 내에 확답이 없는 경우에는 추인한 것으로 본다. 또 사업자가 미성년자 측의 추인이 있기 전에 계약이 잘못되었음을 알게 되었을 때는 그 즉시 계약을 철회할 수 있는 권리도 사업자에게 부여하고 있다.

074 위 글의 내용과 일치하는 것은?

① 계약은 권리나 의무를 갖게 되는 법률 행위이다.
② 친권자와 후견인은 동시에 법정 대리인이 될 수 있다.
③ 나이는 법적으로 의사 능력 유무의 판단 기준이 될 수 없다.
④ 성인이 한 계약은 계약자의 의사 능력 유무와 상관없이 유효하다.

075 ⓐ～ⓔ의 사전적 의미로 적절하지 않은 것은?

① ⓐ: 사람이나 사건을 어떤 태도로 대하거나 처리함.
② ⓑ: 사물을 분별하고 판단하여 앎.
③ ⓒ: 빌리거나 차지했던 것을 되돌려 줌.
④ ⓓ: 떨어지지 아니하게 붙음.

15일차

071 ③
[정답풀이]
이 글은 월드컵 경기를 관람하면서 나타나는 거리 응원과 태극기 패션의 부족 문화적 성격을 주관적으로 설명했다. 먼저 (나)는 거리 문화의 근원을 부족 사회의 축제에서 찾고 있으므로 이 글의 시작으로 가장 적절하다. (라)는 (나)를 이어 받아 우리 민족의 신명과 열광, 집단적 엑스터시를 민족의 부족적 성격으로 설명했다. (가)는 (나)와 (라)를 요약하며 정리했다. (다)는 앞선 내용을 태극기 패션에 적용했다. 마지막으로 (마)는 전문가의 말을 인용하여 지금까지의 내용을 강조하였다.

072 ③
[정답풀이]
〈보기〉에서 '이것'과 '논리'가 힌트가 된다. ⓒ의 앞쪽 내용은 동양 학문의 특징이므로, 서양의 '논리'와 대비되는 내용이 ⓒ에 나와야 한다.

073 ④
[정답풀이]
차자 표기 방식을 설명한 내용의 지문이다. 제시문의 마지막 문단을 보면 '한문 문장을 그대로 두고 필요한 곳에 구결을 달아 이해의 편의를 도모한 문장이 있다.'는 내용이 있다. 이해의 편의를 도모했다는 진술로 미루어 볼 때, 구결이 없어도 문장의 의미는 파악할 수 있되, 매우 불편했다는 점을 짐작할 수 있다. 따라서 정답은 ④이다.

074 ①
[정답풀이]
1문단에서 계약을 법률 행위라고 하였다. 또 이런 법률 행위를 할 때, 예를 들어 계약을 맺게 되면 계약 당사자는 이를 통해 권리를 얻거나 의무를 지게 된다고 하였다.

오답

② 법정 대리인이 될 수 있는 사람은 1차적으로 친권자이며, 친권자가 법정 대리인으로서의 역할을 하지 못할 때 후견인이 법정 대리인이 될 수 있다고 했다.

③ 법적으로 만 20세 미만은 의사 능력이 없는 미성년자, 만 20세 이상은 의사 능력이 있는 성인이다. 따라서 법적으로 나이는 의사 능력의 유무를 판단하는 기준이 된다.

④ 계약과 같은 법률 행위를 하기 위해서는 의사 능력이 있어야 하는데, 만취한 어른과 같은 사람은 의사 능력이 있다고 할 수 없다.

075 ④
[정답풀이]
'부여(附與)'는 '사람에게 권리, 명예, 임무 등을 지니도록 해 주거나, 사물이나 일에 가치, 의의 등을 붙여 줌'이라는 사전적 의미가 있다. '떨어지지 아니하게 붙음'의 뜻을 지닌 어휘는 '부착(附着)'이다.

오답

① 취급(取扱), ② 인식(認識), ③ 반환(返還)

076 다음 글을 바탕으로 '사실(史實)'의 개념을 기술한 내용으로 가장 적절한 것은?

> 역사란 과거에 일어난 수많은 사실(事實)들 중에서 역사적 가치나 의미가 있는 사실(事實)들, 즉 사실(史實)을 뽑아 모은 것이다. 따라서 역사를 성립시키는 1차적인 작업은 사실(事實)들 속에서 사실(史實)만을 선택하는 것이다. 이러한 작업은 주로 역사가들의 주관적인 안목, 즉 사관(史觀)에 의하여 이루어지는데, 같은 시대의 다른 사람들, 더 나아가 미래의 사람들에게까지 옳게 뽑았다는 동의를 얻을 수 있어야 사실(史實)이 객관적 진실성을 가진 것으로 인정될 수 있다.
>
> 한 사람의 역사가가 객관적 진실성이 있는 사실(史實)을 뽑아내기 위해서는, 우선 그 시대의 역사적 요구가 무엇인가를 정확하게 파악하려는 노력이 필요하다. 예를 들어, 조선 시대의 역사가들에게 문익점이 책을 읽은 일이나 글씨를 쓴 일은 흔히 있는 사실(事實)로밖에 보이지 않았고, 목화씨를 가져온 일만이 사실(史實)로 보였다. 고려 말기에 전래되어 극히 제한된 일부 지역에서만 재배되고 있던 목화를 전국적으로 확대 재배하여 의생활의 변혁을 이루려 하였던 조선 시대였으므로, 당시의 역사가들은 문익점의 목화씨 전래를 사실(史實)로 뽑지 않을 수 없었다. 그들의 이러한 선택은 대단히 적절한 것이어서 오늘날에도 목화씨를 가져온 일은 중요한 사실(史實)로 뽑히고 있다.

① 역사가가 예로부터 이어져 온 기준에 근거하여 가치가 있는 것으로 인정된 역사상의 사실(事實)을 선택한 것이다.

② 역사가가 당대의 역사적 요구를 반영하여 자신의 역사관에 따라 가치 있는 역사상의 사실(事實)을 선택한 것이다.

③ 역사가가 뽑아낸 역사상의 사실(事實) 중에서 당대 국가의 최고 기관이 이념 실현에 이상적인 것을 선택한 것이다.

④ 역사가가 역사상의 사실(事實) 중에서 시대에 따라 달라질 수 있는 것을 논리적인 사고 과정을 거쳐 선택한 것이다.

077 다음 글을 읽고 나노 기술에 대한 신문 기사문을 작성한다고 할 때, 이 글의 논지를 가장 잘 반영한 제목은?

> 진정한 나노 기술의 응용은 모든 물질을 자유자재로 만들 수 있게 하는 것이다. 나노 기술 연구자들은 "인간은 곧 생물은 물론 생물체까지도 만들어 낼 수 있다."라고 주장한다. 그들은 물질의 특성을 결정하는 분자의 구조는 정보화될 수 있고, 그렇게 되면 물질은 곧 소프트웨어가 될 것이라고 말한다. 따라서 정보화된 물질의 분자 구조를 분해, 조합하여 나노 컴퓨터에 입력하면 그 정보에 맞는 신물질을 생산할 수도 있게 되는 것이다. 그뿐만 아니다. 세포나 유전자도 결국 수많은 분자의 조합체이므로 이 조합 정보를 알아내고 분자를 통제할 수 있다면 생명체 창조까지도 가능한 일이다. 또한 다이아몬드와 같은 고가 물질도 무한히 만들어 낼 수 있으며, 지구 온난화 같은 환경 문제도 이산화탄소를 분해하는 나노 공장을 통해 해결할 수 있다.

① 보이지 않는 세계의 신비, 나노 기술 – 나노 기술로 21세기를 선도해야

② 물질세계의 혁명, 나노 기술 시대 도래 – 분자의 조합으로 신물질 창조도 가능

③ 나노 기술, 과학기술의 새로운 방향 제시 – 소형화로 상품의 실용성 극대화 시켜야

④ 나노 기술의 발전은 어디까지 가능할까 – 인간이 생명체를 창조하는 신이 될 수도

078 (가)와 (나)를 통해서 추정하기 어려운 내용은? [2019. 국가직 9급]

> (가) 찬성공 형제께서 정경부인의 상(喪)을 당하였다. 부윤공의 부인 이 씨가 우연히 언문 소설을 읽다가 그 소리가 밖으로 들렸다. 찬성공이 기뻐하지 않으며 제수를 계단 아래에 서게 하고, "부녀자의 무식을 심하게 책망할 필요는 없지만, 어찌 상중(喪中)에 있으면서 예의에 어긋난 책을 소리 내어 읽어서 스스로 평민과 같아지려 할 수 있는가?" 하고 꾸짖었다.
>
> (나) 전기수: 늙은이가 동문 밖에 살면서 입으로 언문 소설을 읽었는데, 숙향전 , 소대성전 , 심청전 , 설인귀전 과 같은 전기소설이었다.…잘 읽었기 때문에 옆에서 구경하는 사람들이 빙 둘러섰다. 가장 재미있고 긴요하여 매우 들을 만한 구절에 이르면 갑자기 침묵하고 소리를 내지 않았다. 사람들이 다음 이야기를 듣고 싶어서 다투어 돈을 던졌다. 이를 바로 '요전법(돈을 요구하는 법)'이라 한다.

① 상층 남성들은 상중의 예법에 대해 매우 엄격하였다.

② 혼자 소설을 보면서 소리 내어 읽기도 하였다.

③ 하층에서도 소설을 창작하는 사람이 많았다.

④ 상층이 아닌 하층에서도 소설을 즐겼다.

079 다음 중 〈보기〉가 들어갈 위치로 가장 적절한 것은? [2013. 서울시 9급]

┤보기├

일어난 일에 대한 묘사는 본 사람이 무엇을 중요하게 판단하고, 무엇에 흥미를 가졌느냐에 따라 크게 다르다.

기억이 착오를 일으키는 프로세스는 인상적인 사물을 받아들이는 단계부터 이미 시작된다. (가) 감각적인 지각의 대부분은 무의식 중에 기록되고 오래 유지되지 않는다. (나) 대개는 수 시간 안에 사라져 버리며, 약간의 본질만이 남아 장기 기억이 된다. 무엇이 남을지는 선택에 의해서이기도 하고, 그 사람의 견해에 따라서도 달라진다. (다) 분주하고 정신이 없는 장면을 보여주고, 나중에 그 모습에 대해서 이야기하게 해 보자. (라) 어느 부분에 주목하고, 또 어떻게 그것을 해석했는지에 따라 즐겁기도 하고 무섭기도 하다. (마) 단순히 정신 사나운 장면으로만 보이는 경우도 있다. 기억이란 원래 일어난 일을 단순하게 기록하는 것이 아니다.

① (가)　　　② (나)　　　③ (다)　　　④ (라)　　　⑤ (마)

080 다음 글의 제목으로 적절한 것은? [2013. 국가직 7급]

허균의 不羈奔放한 탈선적 생활은 마치 르네상스 시대의 여러 천재들을 연상케 한다. 안정복에 의하면, 허균은 심지어 남녀의 정열을 天이라 하고 分別倫紀를 聖人之敎라 하여, 天이 성인보다 높은 것인 만큼 차라리 성인의 가르침을 어길지언정 천품의 본성은 감히 어길 수 없는 일이라고 하였다는 것이다. 그리하여 글깨나 하는 浮薄한 文士들이 그의 門徒가 되어 天學을 주장하였지만, 그것은 서양의 天主學과는 霄壤의 차이가 있는 것이요, 견주어 같이 논할 성질의 것이 못 된다고 하였다. 허균이 仙道, 특히 불교에 관한 서적을 탐독하였음은 사실이다. 그로 인하여 罷官까지 당한 일이 있었다. 또 일찍이 燕京에 왕래한 관계로 天主實義 를 읽었으리라는 것도 추측된다. 그러나 그렇다고 하여 天이 성인보다 높다는 사상을 유독 西學의 영향이라고 봄은 하나의 속단이 아닐까.

성인보다 높은 天이라고 하여 그 天이 반드시 서학의 天主를 의미하는 것이라고 보아야 하는 이유가 분명 치 않다. 그보다는 오히려 인간의 본연지성을 그의 존엄성에 있어서 강조하려는 것이라고 함이 타당할 것이 다. 天命之謂性의 성 자체의 존엄성이 성인이 제정한 倫紀보다 우월하다는 뜻일 것이다. 삼강오륜이 절대 불가침의 도덕률로 되어 있었던 그 당시에 있어서 대담무쌍한 발언이라 하겠으나, 오히려 모든 도덕률의 근거가 다름 아닌 인간의 본연지성을 기반으로 하고 있음을 밝히려 한 것이라 고 보아도 무방할 것이다. 공자도 五十而知天命하고 六十而耳順이라고 하지 않았던가.

물론 허균 자신의 貪淫縱慾을 從心所欲不踰矩의 경지와 혼동하였다면 그것은 용서가 안 될 것이다. 그러나 시대의 변천을 무시하고 그저 舊殼만을 墨守하려는 태도로 부터 용감하게 탈피하여 보다 근원적인 天과의 관련에 있어서 인간성의 진면목을 드러내 보고 싶었던 것이 아닐까.

① 허균의 천(天)과 인간의 본연지성
② 허균의 자유분방한 생활을 통해 본 그의 천재성
③ 서학의 입장에서 본 허균의 천학
④ 조선 시대 사상계의 경직성

16일차

076 ②

[정답풀이]

첫째 문단에서 '사실(史實)'에 대해 언급하면서, '사실(事實)들 중에서 역사적 가치나 의미가 있는 사실(事實)들'이라고 밝히고 있다. 그리고 가치가 있는 역사상의 사실(事實), 즉 사실(史實)을 선택하는 것과 관련하여, '역사가들의 주관적인 안목, 즉 사관(史觀)'에 대해 언급하고 있다. 또한, 둘째 문단에서, 사실(史實), 즉 가치 있는 역사상의 사실(事實)을 선택하는 과정에서는 그 시대의 역사적 요구를 정확하게 파악해야 한다고 언급하고 있다. 따라서 사실(史實)의 개념에는 '가치 있는 역사상의 사실(事實) 선택', '역사가들의 주관적인 안목(역사관)', '그 시대의 역사적 요구' 등이 포함되어야 한다. 이러한 내용을 모두 담아서 가장 적절하게 기술한 것은 ②이다.

077 ②

[정답풀이]

주어진 글은 나노 기술의 다양한 응용 가능성과 그로 인한 혁신적 변화에 대해 설명하고 있다. 나노 기술이 물질의 특성을 정보화하여 새로운 물질을 창조할 수 있게 하고, 생명체 창조 및 환경 문제 해결 등 다양한 분야에 응용될 수 있다는 내용을 담고 있다. "물질세계의 혁명"이라는 표현은 나노 기술이 가져올 혁신적인 변화를 강조하고 있으며, "분자의 조합으로 신물질 창조도 가능"이라는 부제는 지문의 핵심 내용을 정확히 담고 있다.

오답

① 나노 기술의 응용 가능성을 강조하기보다는 기술의 신비로움을 강조하고 있어 지문의 핵심 내용과 다소 거리가 멀다

③ 소형화와 실용성 극대화에 중점을 두고 있어, 지문의 내용과 일치하지 않는다.

④ 나노 기술의 발전 가능성을 강조하고 있으나, 지문의 논지를 가장 잘 반영한 제목은 아니다.

078 ③

[정답풀이]

제시문을 통해 하층에서도 소설을 창작하는 사람이 많았다는 것을 추정할 수 없다. 전기수(傳奇叟, 예전에 이야기책을 전문적으로 읽어 주던 사람)의 이야기를 통해 하층이 소설을 즐겼다는 것은 추정할 수 있지만 직접 창작했다는 것은 알 수 없다.

오답

① (가)에서 찬성공이 어찌 상중에 있으면서 예의에 어긋난 책을 소리내어 읽냐고 꾸짖었으므로 상층 남성들은 상중의 예법에 대해 매우 엄격한 것을 알 수 있다.

② (가)에서 부윤공의 부인 이 씨가 우연히 언문 소설을 읽다가 그 소리가 밖으로 들렸다는 점에서 혼자 소설을 보면서 소리 내어 읽기도 하였다는 것을 알 수 있다.

④ (나)에서 구경하는 사람들이 빙 둘러서서 소설을 들으려 돈을 던졌다는 내용을 통해 상층이 아닌 하층에서도 소설을 즐겼다는 것을 알 수 있다.

079 ④

[정답풀이]

(A)는 '일어난 일에 대한 묘사(描寫)'라고 했으므로 '어떤 장면'이 나와야 한다. 즉, '분주하고 정신이 없는 장면, 그 모습' 다음인 (라) 자리에 들어가야 한다.

080 ①

[정답풀이]

제시문은 허균의 '天(천)' 사상이 서학의 영향이라고 단정짓는 것에 대해 반론을 제시하고 있다. 두 번째 문단의 앞에 이 글의 주제가 놓여 있는데, 허균의 사상을 '오히려 인간의 본연지성을 그의 존엄성에 있어서 강조하려는 것이라고 함이 타당할 것이다'라고 하여 새롭게 의미를 부여하고 있다. 따라서 이러한 내용을 포괄하는 제목은 ①이 가장 적절하다.

081 빈칸 ㉠에 들어갈 알맞은 말은?

온라인상에서 음악을 듣거나 인터넷 영화, 방송을 이용할 때 스트리밍(streaming)이란 말을 자주 듣는다. 스트리밍이란 말 그대로 (㉠) 자료를 주고받을 수 있는 인터넷 기술이다. 특히 용량이 아주 큰 파일을 다운로드할 때 기다림의 지루함을 없앤 기술이 바로 스트리밍이다. 비유하자면, 라면을 먹는 동안에 커피 마실 물을 끓이면 라면을 다 먹은 후에 커피 끓일 시간을 별도로 마련하지 않아도 된다는 생각에서 개발된 기술이다. 즉, 스트리밍이란 라면을 다 먹고 나서 커피를 끓여서 마시는 것이 아니라 필요한 것 먼저 해 놓고 그것을 하는 동안 다음 차례의 것을 준비해 두는 방법이라고 할 수 있다. 이렇게 하면 라면, 커피 두 개를 끓이면서도 가스레인지 요리구가 하나만 있으면 충분할 것이다.

① 쇠귀신 같이
② 도갓집 강아지 같이
③ 꽃 본 나비처럼
④ 물 흐르듯

082 다음 글의 구조 방식을 바르게 나타낸 것은?

현대 우리나라의 문화는 소비 위주의 문화이며 향락 추구의 문화이다. 돈이 가치 체계의 정상을 차지하는 풍토 속에서 사람들은 소비 생활을 통한 향락 추구에 열중한 나머지 자신의 소질을 계발하는 일을 소홀히 하는 경향이 있다. 돈벌이에 여념이 없는 상인들이 만들어서 제공하는 상품을 소비하고 즐기는 것을 삶의 보람으로 여기는 가치 풍토 속에서, 사람들은 자아를 실현하면서 더 수준 높게 사는 보람을 포기한다. 앞으로 한국의 문화는 소비 위주 문화에서 인간 계발의 문화로 방향을 바꾸어야 할 것이며, 소질이 탁월한 소수의 업적을 대중이 바라보며 찬양하는 문화 풍토가 아니라, 모든 사람들이 각자의 소질을 계발하는 가운데에서 삶의 보람을 찾는 문화 풍토를 조성해야 할 것이다.

① 주지 + 예시
② 전제 + 주지
③ 결과 + 원인
④ 주지 + 상술

083 〈보기〉를 근거로 판단할 때, ㉠~㉣ 중 적절하지 않은 것은? [2018. 국가직 9급]

┤ 보기 ├

통일성은 글의 내용이 하나의 주제로 긴밀하게 관련되는 특성을 말한다. 초고의 적절성을 평가할 때에는 글의 내용이 하나의 주제를 드러낼 수 있도록 선정되었는지, 그리고 중심 내용에 부합하는 하위 내용들로 선정되었는지를 검토한다.

사람들은 대개 수학 과목이 어렵다고 한다. 하지만 나는 수학 시간이 재미있다. ㉠ <u>바로 수업을 재미있게 진행하시는 수학 선생님 덕분이다.</u> 수학 선생님은 유머로 딱딱한 수학 시간을 웃음바다로 만들곤 한다. ㉡ <u>졸리는 오후 시간에 뜬금없이 외국으로 수학여행을 가자고 하여 분위기를 부드럽게 만든 후 어려운 수학 문제를 쉽게 설명한 적도 있다.</u> 그래서 우리 학교에서는 수학 선생님의 인기가 시들 줄 모른다. ㉢ <u>그리고 수학 선생님의 아들이 수학을 굉장히 잘한다는 소문이 나 있다.</u> ㉣ <u>내 수학 성적이 좋아진 것도 수학 선생님의 재미있는 수업 덕택이다.</u>

① ㉠
② ㉡
③ ㉢
④ ㉣

084 다음 글의 주된 설명 방식이 적용된 것으로 가장 적절한 것은? [2018. 국가직 9급]

문학이 구축하는 세계는 실제 생활과 다르다. 즉 실제 생활은 허구의 세계를 구축하는 데 필요한 재료가 되지만 이 재료들이 일단 한 구조의 구성 분자가 되면 그 본래의 재료로서의 성질과 모습은 확연히 달라진다. 건축가가 집을 짓는 것을 떠올려 보자. 건축가는 어떤 완성된 구조를 생각하고 거기에 필요한 재료를 모아서 적절하게 집을 짓게 되는데, 이때 건물이라고 하는 하나의 구조를 완성하게 되면 이 완성된 구조의 구성 분자가 된 재료들은 본래의 재료와 전혀 다른 것이 된다.

① 르네상스 시대의 화가들은 원근법을 사용하여 세상을 향한 창과 같은 사실적인 그림을 그렸다. 현대 회화를 출발시켰다고 평가되는 인상주의자들이 의식적으로 추구한 것도 이러한 사실성이었다.
② 소설을 구성하는 요소는 물론 많지만 그중에서도 인물, 배경, 사건을 들 수 있다. 인물은 사건의 주체, 배경은 인물이 행동을 벌이는 시간과 공간, 분위기 등이고, 사건은 인물이 배경 속에서 벌이는 행동의 세계이다.
③ 목적을 지닌 인생은 의미 있다. 목적 없이 살아가는 사람은 험난한 인생의 노정을 완주하지 못한다. 목적을 갖고 뛰어야 마라톤에서 완주가 가능한 것처럼 우리의 인생에서도 목표를 가지고 꾸준히 노력하는 사람이 성공한다.
④ 신라의 육두품 출신 가운데 학문적으로 출중한 자들이 많았다. 가령, 강수, 설총, 녹진, 최치원 같은 사람들은 육두품 출신이었다. 이들은 신분적 한계 때문에 정계보다는 예술과 학문 분야에 일찌감치 몰두하게 되었다.

고전파 음악은 어떤 음악인가? 서양 음악의 뿌리는 종교 음악에서 비롯되었다. 바로크 시대까지는 음악이 종교에 예속되어 있었으며, 음악가들 또한 종교에 예속되어 있었다. 고전파는 이렇게 종교에 예속되었던 음악을, 음악을 위한 음악으로 정립하려는 예술 운동에서 출발하였다. 따라서 종래의 신을 위한 음악에서 탈피해 형식과 내용의 일체화를 꾀하고 균형 잡힌 절대 음악을 추구하였다. 즉 '신'보다는 '사람'을 위한 음악, '음악'을 위한 음악을 이루어 나가겠다는 굳은 결의를 보여 준 것이다.

또한 고전파 음악은 음악적 형식과 내용의 완숙을 이룬 음악이기도 하다. 이 시기에는 하이든, 모차르트, 베토벤 등 음악의 역사에서 가장 위대한 작곡가들이 배출되기도 하였다. 이때에는 성악이 아닌 기악만으로도 음악이 가능하게 되었으며, 교향곡의 기본을 이루는 소나타 형식이 완성되었다. 특히 옛 그리스나 로마 때처럼 보다 정돈된 형식을 가진 음악을 해 보자고 주장하였기에 '옛것에서 배우자는 의미의 고전'과 '청정하고 우아하며 흐림 없음, 최고의 예술적 경지에 다다름으로서의 고전'을 모두 지향하게 되었다.

이렇듯 역사적으로 고전파 음악은 종교의 영역에서 음악 자체의 영역을 확보하였으며 최고 수준의 음악적 내용과 형식을 수립하였다. 고전파 음악이 서양 전통 음악 전체를 대표하게 된 것은 고전파 음악이 이룩한 역사적인 성과에서 비롯된 것일지도 모른다. 따라서 고전 음악의 개념을 이해하기 위해서는 고전파 음악의 성격과 특질에 대한 이해가 선행되어야 할 것이다.

① 질문을 통해 화제를 제시함으로써 호기심을 유발한다.
② 고전파 음악의 특징이 형식과 내용의 분리에 있음을 강조한다.
③ 고전파 음악의 음악가를 예시하여 이해를 돕는다.
④ 고전파 음악이 지닌 음악사적 의의를 밝힌다.

17일차

081 ④
[정답풀이]
'스트리밍' 기술은 자료를 다운로드할 때 기다림의 지루함을 없애도록 다음 차례의 것을 미리 준비해 두는 방법이다. 하나의 자료가 다운되는 과정에서 다음 자료를 다운 받을 시간을 별도로 마련하지 않아도 된다는 기술이다. 이 기술은 결국 다운로드 과정을 자연스럽게 이어주므로 ㉠에는 '자연스럽게' 또는 '거침없이'의 뜻인 '물 흐르듯'이 적절하다.

오답
① **쇠귀신 같다**: 씩씩거리기만 하고 고집스럽게 말이 없다.
② **도갓집 강아지 같다**: 눈치가 빠르다.
③ **꽃 본 나비**: 남녀 간에 정이 깊어 떨어지지 못하는 즐거움.

082 ②
[정답풀이]
주지는 일반적 진술을 말하는 것으로, 이 글의 주지는 끝에 있다. 먼저 현재 우리나라의 문화는 소비 위주의 문화라는 것을 전제로 설명했다. 그리고 이러한 문화를 비판하며 모든 사람이 각자의 소질을 계발하며 삶의 보람을 찾는 문화로 바뀔 것을 주제로 전달하였다. 이 글은 '문제 + 비판' 또는 '전제 + 주지'의 구조로 이루어진 글이다.

083 ③
[정답풀이]
하나의 주제에 어울리는 것을 통일성이라고 할 때, ③은 글의 주제에 적절하지 않다. 글은 '수학 선생님 덕분으로 재미있게 된 수학 시간'이 주제이다. 그런데 ③은 '수학 선생님의 아들'에 관한 문장이므로 통일성을 해친다.

084 ③
[정답풀이]
제시문은 '유추(類推)'의 방식을 사용하고 있다. 문학이 구축하는 세계를 건축가가 집을 짓는 것에 빗대어 말했고, ③ 역시 인생을 마라톤에 빗대어 설명하고 있다. 같은 종류의 것 또는 비슷한 것에 기초하여 다른 사물을 미루어 추측함을 '유추(類推)'라 하는데, 생소하거나 복잡한 개념이나 주제에 대해 보다 친숙하고 단순한 다른 것에 빗대어 설명하는 방식이다.

오답
① '세상을 향한 창과 같다.'라는 비유(직유법)가 사용되었으나 이것을 유추로 보기는 어렵다. 단순한 표현법일 뿐 글이 전개되는 설명 방식이 아니다.
② 분석(分析)
④ 예시(例示)

085 ②
[정답풀이]
첫째 문단에서 고전파 음악은 형식과 내용의 일체화를 꾀하였다고 언급했으므로 ②는 적절하지 않다.

오답
① 첫째 문단에서 '고전파 음악은 어떤 음악인가?'라는 질문을 통해 화제를 제시함으로써 호기심을 유발하였다.
③ 둘째 문단에서 고전파 음악의 음악가인 하이든, 모차르트, 베토벤 등을 예시로 들며 이해를 돕고 있다.
④ 마지막 문단에 '고전파 음악이 서양 전통 음악 전체를 대표하게 된 것은 고전파 음악이 이룩한 역사적인 성과에서 비롯된 것일지도 모른다.'는 부분은 고전파 음악이 지닌 음악사적 의의를 밝히는 것이다.

086 다음 글에서 추론할 수 있는 내용으로 적절하지 않은 것은?　　　　　[2022. 간호직 8급]

> [사건 개요]
> 　신여척은, 김순창이 동생인 김순남을 구타하자 분노하여 김순창을 때리고 발로 차 이튿날 죽게 하였다.
>
> [왕의 교지]
> 　남의 형제 사이의 싸움을 보다가 신여척이 갑작스럽게 불같이 성을 내었다. 이전에 아무런 은혜도 없었고 그렇다고 지금 어떤 원한이 있는 것도 아닌데 별안간 발끈하는 사이에 싸움에 뛰어 들어가 상투를 잡고 발로 차면서 "동기간에 싸우는 것은 인륜과 강상(綱常)*의 변이다."라고 하고, 싸우던 형제가 네가 무슨 상관이냐고 책망하자 "내가 옳은데 네가 도리어 성을 내고, 네가 발길질하니 나도 하겠다."라고 하였다. 아, 신여척은 죽음도 두려워하지 않았으니, 재판관이 아니면서 형제간에 공경하지 않은 죄를 다스린 자는 신여척을 말함이 아니겠는가. 범죄자를 사형수 명부에 올린 일이 무수하나, 뜻이 크고 기개가 있어 녹록하지 않음을 신여척에게서 볼 수 있는 까닭이 여기에 있다. 신여척을 방면하라.
> 　　　　　　　　　　　　　　　　　　　　　　　　　　－〈경술년(1790) 신여척의 옥사〉에서－
>
> * 강상(綱常): 사람이 지켜야 할 도리

① 판결에는 이유나 상황이 참작되었다.
② 신여척의 행동은 의롭다고 평가되었다.
③ 형제간의 다툼은 크게 지탄 받는 일이었다.
④ 신여척은 원한을 갚으려 범죄를 저질렀다.

087 다음 글이 들어가야 할 부분으로 가장 적절한 것은?　　　　　[2012. 지방직 9급]

> 　우린 때때로 말 한마디 없이 서로의 눈빛만으로 상대방의 깊은 속내를 읽어내기도 하고 자신의 깊은 마음을 전달하기도 한다. 이것은 어떻게 가능한 것인가? 또 사람들은 어떻게 상대방의 얼굴 표정이나 눈빛, 자세, 제스처 등을 해석하고 반응하는가? 이 글에서는 바로 이러한 비언어적 의사소통의 여러 가지 측면에 대한 탐구를 목적으로 한다.

① 글의 서론 부분
② 글의 결론 부분
③ 글의 본론 부분
④ 예를 드는 부분

088 다음 글의 내용과 부합하지 않는 것은?

세잔이, 사라졌다고 느낀 것은 균형과 질서의 감각이다. 인상주의자들은 순간순간의 감각에만 너무 사로 잡힌 나머지 자연의 굳건하고 지속적인 형태는 소홀히했다고 느꼈던 것이다. 반 고흐는 인상주의가 시각적 인상에만 집착하여 빛과 색의 광학적 성질만을 탐구한 나머지 미술의 강렬한 정열을 상실하게 될 위험에 처했다고 느꼈다. 마지막으로 고갱은 그가 본 인생과 예술 전부에 대해 철저하게 불만을 느꼈다. 그는 더 단순하고 더 솔직한 어떤 것을 열망했고 그것을 원시인들 속에서 발견할 수 있으리라고 기대했다. 이 세 사람의 화가가 모색했던 제각각의 해법은 세 가지 현대 미술 운동의 이념적 바탕이 되었다. 세잔의 해결 방법은 프랑스에 기원을 둔 입체주의(cubism)를 일으켰고, 반 고흐의 방법은 독일 중심의 표현주의 (expressionism)를 일으켰다. 고갱의 해결 방법은 다양한 형태의 프리미티비즘(primitivism)을 이끌어 냈다.

① 세잔은 인상주의가 균형과 질서의 감각을 잃었다고 생각했다.
② 고흐는 인상주의가 강렬한 정열을 상실할 위험에 처했다고 생각했다.
③ 고갱은 인상주의가 충분히 솔직하고 단순했다고 생각했다.
④ 세잔, 고흐, 고갱은 인상주의의 문제를 극복하고자 각자 새로운 해결 방법을 모색했다.

089 (가)를 바탕으로 (나)에 담긴 글쓴이의 생각을 적절히 추론한 것은?

(가) 철학사에서 합리론의 전통은 감각에 대해 매우 비판적이었다. 예컨대 플라톤은 감각이 보여 주는 세계를 끊임없이 변화하는, 전적으로 불안정한 세계로 간주하고 이에 근거하여 지식을 얻는 것은 불가능하다고 생각했다. 반대로 경험론자들은 우리의 모든 관념과 판단은 감각 경험에서 출발한다고 주장하면서 어떤 지식도 절대적으로 확실할 수는 없다고 결론짓는다.

(나) 모든 사람은 착시 현상 등을 경험해 본 적이 있기에 감각이 우리를 속일 수 있다는 것을 분명히 알고 있고 감각에 대한 어느 정도의 경계심을 지니고 있다. 하지만 그렇다고 해서 일상생활에서 자신의 감각을 신뢰하고 이에 따라 행동하는 것은 잘못이 아니다. 모든 감각적 정보를 검증 절차를 거친 후 받아들이다가는 정상적 생활을 영위하는 것 자체가 불가능해질 것이기 때문이다. 반대로, 실용적 기술 개발이나 평범한 일상적 행동과는 달리 과학적 연구는 상당한 정도의 정확성을 요구하므로 경험적 자료에 대해 어느 정도의 경계심을 유지하는 것도 당연하다.

① 실용적 기술을 개발하는 것은 일차적으로 경험론적 사고에 토대를 둔다.
② 세계는 끊임없이 변화하므로 일상생활에서는 합리론적 사고를 우선하여야 한다.
③ 과학 연구는 합리론을 버리고 철저히 경험론을 바탕으로 이루어져야 한다.
④ 감각에 대한 신뢰는 어느 분야에나 전적으로 차별 없이 요구된다.

090 밑줄 친 ㉠과 의미가 가장 가까운 것은?

　　사마천(司馬遷)이 기술한 개인의 전기(傳記) 가운데서도 가장 격렬한 공감과 감동을 주는 곳은 ≪항우 본기(項羽本紀)≫일 것이다. '본기'란 원래 제왕(帝王)의 치적을 연대기적으로 서술한 항목이다. 이처럼 세계 질서의 중심으로서의 제왕의 행적을 기술하기 위해 마련한 본기에 제왕이 아닌 항우를, 그의 행동이 제왕과 같은 위치를 한때 점하였다는 이유만으로 해서 수록한 것 자체가 사마천의 아류에게서는 찾아볼 수 없는 탁월한 안목의 발로이다. 따라서 제왕으로서의 치적이 없는 항우의 경우는 천하의 쟁탈을 위한 유방(劉邦)과의 싸움을 중심으로 그 사람됨이 주로 묘사되어 있다.

　　냉철하고 타산적이고 음흉한 승자 유방에 비하여, 정열적이고 직선적이고 그래서 빈 구석이 있는 성격의 소유자인 패자 항우. 그는 우리 평범한 사람들이 갖기 쉬운 인간적 약점을 유방에 비하여 더 많이 가진 사람이었고, 그 인간적 약점 때문에 패한 사람이었다. 항우가 인간적 약점 때문에 우리의 관심을 끈다면, 유방의 강인하고 끈덕진 성격은 우리 평범한 사람들이 ㉠부러워하며 은연중 갖고자 하는 것이기 때문에 또한 관심이 될 수 있다. 우리 인간에게 내재한 두 개의 성향이 숨 막히는 대결을 벌이는 곳이 바로 ≪항우 본기≫이다.

① 渴望하는

② 羨望하는

③ 所望하는

④ 熱望하는

18일차

086 ④
[정답풀이]
김순창이 동생인 김순남을 구타한 일은 신여척과 아무 관련이 없다. '이전에 아무런 은혜도 없었고 그렇다고 지금 어떤 원한이 있는 것도 아닌데'에서 알 수 있다.

오답

① 신여척이 김순남을 죽였음에도 그가 뜻이 크고 기개가 있다는 상황을 의로운 행동의 이유로 판단하여 신여척을 방면했다. 참고로 '참작(參酌)'은 '이리저리 비추어 보아서 알맞게 고려함.'이다.
② 신여척의 행동은 형제간에 공경하지 않은 죄를 다스린 의로운 행동으로 평가되었다.
③ 신여척은 사람을 죽였지만 형제간의 다툼을 다스렸기 때문에 풀려났다.

087 ①
[정답풀이]
〈보기〉의 글은 '비언어적 의사소통의 측면'에 대한 도입 부분으로, 화제를 제시하며 앞으로 글의 방향을 소개하고 있으므로 글의 서론 부분에 와야 한다.

오답

④ 글의 내용 중 예시가 일부 들어 있지만 그렇다고 해서 '예시 부분'에 들어가야 하는 성격의 글은 아니다.

088 ③
[정답풀이]
제시문에 의하면 고갱은 인상주의에 대해 불만을 품었고, 더 단순하고 더 솔직한 것을 열망했다. 그래서 고갱은 다양한 형태의 프리미티비즘을 이끌어 냈다.

오답

나머지는 모두 제시문의 내용과 부합한다.

> **참고** 프리미티비즘(primitivism)
>
> 원시 시대의 예술 정신과 표현 양식을 이해하고 그것을 현대 예술에 접목하려는 예술 사조.

089 ①
[정답풀이]
지문은 합리론과 경험론의 차이를 설명하는 글이다. 합리론은 '과학적 연구, 정확성과 관련이 있고, 경험론은 '감각, 실용적 기술 개발'과 관련이 있다. (나)의 마지막 문장을 통해 실용적 기술 개발이 경험론적 사고에 토대를 둔다는 것을 추론할 수 있다.

오답

② (가)에서 세계가 끊임없이 변화한다는 언급은 찾을 수 있으나, (나)에서 검증 절차를 거친 후 감각적 정보를 받아들이는 것(합리론적 사고)이 일상생활을 영위하는 것을 불가능하게 만든다고 하였으므로 합리론적 사고를 우선하는 것은 아니다.
③ (나)에서 과학적 연구는 상당한 정도의 정확성을 요구하므로 경험적 자료에 대해 어느 정도의 경계심을 유지하는 것은 당연하다고 하였으므로, 과학 연구는 합리론을 버리고 철저히 경험론을 바탕으로 이루어져야 한다는 내용은 적절하지 않다.
④ (나)에서 과학적 연구는 경험적 자료에 대해 경계심을 유지하는 것이 당연하다고 하였으므로, 감각에 대한 신뢰는 어느 분야에나 전적으로 차별 없이 요구되는 것으로 볼 수 없다.

090 ②
[정답풀이]
문맥상 의미가 가장 가까운 말을 찾는 문제이지만 실은 어휘의 사전적 의미를 묻는 문제이다. ② '선망(羨望)'은 부러워하여 자기도 그렇게 되기를 바란다는 의미이다.

오답

① 갈망(渴望)하는: 간절히 바라는
③ 소망(所望)하는: 어떤 일을 바라는
④ 열망(熱望)하는: 열렬히 바라는

091 다음 글의 내용과 일치하지 않는 것은?

고속도로를 달리다 보면 '갓길'을 날름 훔쳐 달리는 얌체들을 심심찮게 볼 수 있다. 한번은 어느 대학원생이 갓길을 달리던 부부를 폭행하여 전치 4주의 깊은 상처를 입혔다. 그 결과 남자는 폭행죄로 구속당하고, 얌체 주부는 범칙금과 한 달 면허 정지 처분이라는 망신을 당했다.

이 갓길이란 말은 1990년대 초 문화 체육부 심의에서 새로 삼은 말이다. 그렇다고 새로 만든 말은 아니고 일부 지방에서 쓰이던 말을 '노견'이라는 말 대신에 표준으로 삼은 것이다. '노견 주행 금지'라는 딱딱한 표현으로 잘 알려져 있는 '노견(路肩)'이란 단어는 일본식 한자어이다. 물론 일본에서는 현재 '갓길'을 주로 '로까따(路肩)'라고 하는데 직역하면 '길어깨'라는 뜻이 된다.

심의할 때 '길어깨'라는 말을 새로 만들었으나 어색하다 하여 '가엣길'이란 뜻을 지닌 '갓길'을 채택하게 되었다. 보통은 '길섶', '길귀' 등이 이와 비슷한 뜻을 가졌으나 말뜻이 달라졌다 하여 표준으로 삼지 않았다. 물론 '길섶'이란 말이 원래 있고 북한에서도 쓰고 있는데 굳이 갓길이란 단어를 새로 만들 필요가 있느냐는 반대 의견도 있었다. 어떤 인터넷 동호회의 게시판에서 한 네티즌은 "우리말에서 사물의 공간적 부분을 한정하는 용어는 반드시 그 사물의 이름 뒤에 나타난다. 길 가운데는 공간적 부분으로서 길의 가운데를 가리킨다. 그러나 가운뎃길은 갓길과 대비되는 세 갈래, 또는 두 갈래의 길에서 오른쪽이나 왼쪽 길을 뺀 나머지 길을 가리킨다. 또 들길, 산길, 골목길은 길의 종류이고 길바닥, 길턱은 길의 공간적 부분을 한정하는 표현이다."라는 논리를 내세우기도 했다. 곧 '길목'은 길의 중요한 어귀이고 '길처'는 가는 길의 근처 지방이요 '길섶'은 길 가장자리이다. 참으로 일리 있는 견해지만 애석하게도 '갓길'이란 표현은 이미 상당히 굳어진 듯하다. 그리고 일단은 '길섶', '길귀'라는 말이 '노견'이란 말을 물리치지 못했는데 '갓길'이 물리친 것을 보면 나름대로 생명력 있는 단어라는 생각도 든다.

① '갓길'은 '노견'이라는 말을 물리칠 정도로 말의 생명력이 강하다.
② '갓길'은 새로 만든 말이 아니라 일부 지역에서 이미 쓰이던 말이다.
③ '갓길' 대신에 '길어깨'라는 말을 새로 만들기도 했으나 어색하여 쓰지 않기로 했다.
④ '갓길'의 의미에 대해 의견차가 있었으나 고유어라는 점에서 호응을 얻었다.

092 다음 글에 대한 설명으로 적절하지 않은 것은?

[2019. 국가직 9급]

> 믿기 어렵겠지만 자장면 문화와 미국의 피자 문화는 닮은 점이 많다. 젊은 청년들이 오토바이를 타고 배달한다는 점에서 참으로 닮은꼴이다. 이사한다고 짐을 내려놓게 되면 주방 기구들이 부족하게 되고 이때 자장면은 참으로 편리한 해결책이다. 미국에서의 피자도 마찬가지다. 갑자기 아이들의 친구들이 많이 몰려왔을 때 피자는 참으로 편리한 음식이다.
>
> 남자들이 군에 가 훈련을 받을 때 비라도 추적추적 오게 되면 자장면 생각이 제일 많이 난다고 한다. 비가 오는 바깥을 보며 따뜻한 방에서 입에 자장을 묻히는 장면은 정겨울 수밖에 없다. 프로 농구 원년에 수입된 미국 선수들은 하루도 빠지지 않고 피자를 시켜 먹었다고 한다. 음식이 맞지 않는 탓도 있겠지만 향수를 달래고자 함이 아닐까?
>
> 싸게 먹을 수 있는 이국 음식이란 점에서 자장면과 피자는 특별한 의미를 갖는다. 외식을 하기엔 부담되고 한번쯤 식단을 바꾸어보고 싶을 즈음이면 중국식 자장면이나 이탈리아식 피자는 한국이나 미국의 서민에겐 안성맞춤이다. 그런데 한국에서나 미국에서나 변화가 생기기 시작했다. 한국에서는 피자 배달이 보편화되기 시작했다. 피자를 간식이 아닌 주식으로 삼고자 하는 아이들도 생겼다. 졸업식을 마치고 중국집으로 향하던 발걸음들이 이제 피자집으로 돌려졌다. 피자보다 자장면을 좋아하는 아이들을 찾아보기가 힘들어졌다.

① 피자는 쉽게 배달시켜 먹을 수 있는 편리한 음식이다.
② 자장면과 피자는 이국적인 음식이다.
③ 자장면과 피자는 값이 싸면서도 기분 전환이 되는 음식이다.
④ 자장면은 특별한 날에 어린이들에게 여전히 가장 사랑받는 음식이다.

093 다음 글에 대한 설명으로 적절하지 않은 것은?

[2019. 국가직 9급]

> (가) 20세기 들어서 생태학자들은 지속성 농약이 자연 생태계에 어떤 악영향을 미치는지를 밝힐 수 있었다. 예컨대 제2차 세계대전 이후 전 세계에서 해충 구제용으로 널리 사용됨으로써 농업 생산량 향상에 커다란 기여를 한 디디티(DDT)는 유기 염소계 살충제의 대명사이다.
>
> (나) 그렇지만 이 유기 염소계 살충제는 물에 잘 녹지 않고 자연에서 햇빛에 의한 광분해나 미생물에 의한 생물학적 분해가 거의 이루어지지 않는다. 그래서 디디티는 토양이나 물속의 퇴적물 속에 수십 년간 축적된다. 게다가 디디티는 지방에는 잘 녹아서 먹이사슬을 거치는 동안 지방 함량이 높은 동물 체내에 그 농도가 높아진다. 이렇듯 많은 양의 유기 염소계 살충제를 체내에 축적하게 된 맹금류는 물질대사에 장애를 일으켜서 껍질이 매우 얇은 알을 낳기 때문에, 포란 중 대부분의 알이 깨져 버려 멸종의 길을 걷게 된다.
>
> (다) 디디티는 쉽게 분해되지 않기 때문에 한번 뿌려진 디디티는 물과 공기, 생물체 등을 매개로 세계 전역으로 퍼질 수 있다. 그래서 디디티에 한 번도 노출된 적이 없는 알래스카 지방의 에스키모 산모의 젖에서도 디디티가 검출되었고, 남극 지방의 펭귄 몸속에서도 디디티가 발견되었다. 이러한 생물 농축과 잔존성의 특성이 밝혀짐으로써 미국에서는 1972년부터 디디티 생산이 전면 중단되었고, 1980년대에 이르러서는 유기 염소계 농약의 사용이 대부분 금지되었다.

(라) 이와 같이 디디티의 생물 농축 현상에서처럼 생태학자들은 한 생물 종에 미치는 오염의 영향이 오랫동안 누적되면 전체 생태계를 훼손시킬 수 있다는 사실을 발견하였다. 그래서인지 최근 우리나라에서도 사소한 환경오염 행위가 장차 어떠한 재앙을 몰고 올 수 있는지에 대한 연구가 활발히 이루어지고 있다.

① (가)는 중심 화제를 소개하고, 핵심어를 제시함으로써 전개될 내용을 암시하고 있다.
② (나)는 디디티가 끼칠 생태계의 영향을 인과 분석의 방법으로 설명하고 있다.
③ (다)는 디디티의 악영향을 제시하고, 그것의 사용 금지를 주장하고 있다.
④ (라)는 환경오염에 대한 경각심을 암시적으로 드러내고 있다.

[094~095] 다음 글을 읽고 물음에 답하시오.

수년 전 독특한 맛과 건강에 좋은 식품이라고 하여 폭발적인 붐을 일으킨 '나타데코코'가 최근에는 새로운 이용법으로 주목받고 있다. 종이처럼 구부릴 수 있는 박형 디스플레이나, 암 진단 등에 쓰이는 디바이스의 재료로 사용하는 등 폭넓은 이용법이 연구되고 있다.

나타데코코는 99%가 수분이고 나머지 1%는 미생물이 만들어 내는 섬유로 이루어진다. 초산균이 발효할 때 분비하는 나타데코코의 섬유는 굵기 100나노미터(나노는 10억분의 1) 정도이며, 그물눈 모양의 구조를 하고 있다. 이 섬유는 식물이 만드는 섬유의 100분의 1 굵기밖에 되지 않는다. 그러나 치밀한 3차원 구조를 취하기 때문에 강도가 높고 비용이 저렴하여 다양한 분야에서의 이용이 기대된다. 특히 최근에는 혈액 진단용 디바이스의 재료로서 크게 주목받고 있다.

혈액으로부터 암 등의 질병을 진단하기 위해서는 2단계의 과정이 필요하다. 첫 단계에서는 혈액으로부터 불필요한 성분을 제거하는 사전 처리를 한다. 예를 들면 혈액 성분의 50% 정도를 차지하는 알부민이라는 단백질은 질병 진단에 관계하는 미량의 분자를 측정하는 데 방해가 된다. 이전부터 원심 분리를 이용하거나 필터를 사용하여 알부민을 분리하는 방법이 사용되어 왔으나, 처리하는 데 1시간 이상이 걸린다거나 값이 비싸다거나 하는 문제점이 있었다.

그런데 최근 일본 릿쿄 대학의 연구팀은 초산균의 배양 조건을 제어함으로써 나타데코코 섬유의 구멍 크기를 조절하여 목적으로 하는 성분과 불필요한 성분을 분리하는 필터를 만들었다. 특히 구멍의 크기를 200나노미터로 제어하면 혈중 알부민을 효과적으로 걸러 내어 다량으로 제거할 수 있음이 밝혀졌다고 한다. 더욱이 나타데코코로 만들어진 필터는 유효 면적이 넓고 강도가 강한 특징이 있다. 그래서 다른 재료로 만들어진 필터를 사용할 때, 빈발하였던 필터의 막힘이나 파손이 일어나지 않을 것으로 예상되고 있다. 이제 나타데코코 필터를 사용하면 적은 비용으로 효과적인 처리가 가능하게 될 것이다.

혈액 진단의 다음 단계는 목적하는 물질의 측정이다. 연구팀은 암 유전자를 해석하는 방법에서도 나타데코코를 활용하였다. 머리카락 가늘기 정도의 관에 나타데코코의 섬유를 포함한 용액을 넣고, 그 관에 사전 처리한 혈액 시료를 흘린다. 그러면 시료가 섬유 사이를 통과할 때 DNA 입체 구조의 미묘한 차이로 시료의 이동 속도가 달라지기 때문에 유전자의 차이를 계측할 수 있다. 이 방법을 이용하여 실제로 췌장암이나 폐암에서 보이는 'K-ras'라는 유전자의 미묘한 배열 변화를 해석하는 데 성공하였다. 나아가 측정 기술도 개량하여 나타데코코의 나노 섬유를 이용한 빛의 집광 기술을 사용하면 검출 감도를 종래의 6배까지 높일 수 있었다고 한다.

연구팀은 혈액 진단을 위한 사전 처리, 해석, 측정의 3가지 기술을 합친 측정 디바이스를 이미 개발하였다. 이 디바이스를 사용하면 몇 분 만에 측정 결과가 나온다. 지금까지의 검사에서는 20밀리리터 정도의 혈액을 필요로 하였으나 이 측정 장치를 이용하면 1밀리리터의 혈액으로도 충분히 진단이 가능하다. 연구팀은 2008년에는 이 측정 장치를 실용화할 수 있도록 하려는 목표를 세우고 있다.

094 위 글의 내용과 일치하지 않는 것은?

① 나타데코코는 그물눈 모양의 3차원 구조를 가지고 있다.

② 나타데코코는 100나노미터 정도의 굵기를 가진 섬유를 포함하고 있다.

③ 나타데코코를 이용하면 200나노미터의 구멍을 가진 필터를 만들 수 있다.

④ 종이처럼 구부릴 수 있는 디스플레이 개발에도 나타데코코가 이용될 수 있다.

095 혈액 진단 디바이스 개발에서 나타데코코 섬유 이용의 이점이 아닌 것은?

① 손쉬운 필터 제조 방법으로 필터의 대량 생산이 가능하다.

② 암 진단에 쓸 수 있는 저비용 고효율의 필터를 만들 수 있다.

③ 질병 진단을 위한 검사에 필요한 혈액량을 최소화할 수 있다.

④ 집광 기술을 활용하면 검출 감도를 종래의 6배까지 높일 수 있다.

19일차

091 ④
[정답풀이]
'깃갈'이 호응을 얻은 것은 그 생명력이 강했기 때문이지 고유어로 만들어졌기 때문이 아니다. '길섶'도 고유어지만 선정되지 못했다는 점에서 확인할 수 있다.

오답
① 셋째 문단에서 '길섶', '길귀'가 물리치지 못한 '노견'을 '갓갈'이 물리쳤음을 알 수 있다.
② 둘째 문단에서 '갓갈'은 새로 만든 말이 아님을 알 수 있다.
③ 셋째 문단에서 '길어깨'는 어색하여 채택되지 않았음을 알 수있다.

092 ④
[정답풀이]
지문의 마지막 문장에 의하면 이제는 피자가 보편화 되었고, 피자보다 자장면을 좋아하는 아이들을 찾아보기가 힘들어졌다고 했다. 자장면은 특별한 날에 어린이들에게 여전히 가장 사랑받는 음식이라는 내용은 잘못된 내용이다.

오답
① 첫째 문단에서 '자장면 문화와 미국의 피자 문화는 닮은 점이 많다'는 부분을 통해 피자가 배달 음식이라는 것을 알 수 있다.
② '싸게 먹을 수 있는 이국 음식이란 점에서 자장면과 피자는 특별한 의미를 갖는다.'는 셋째 문단의 내용을 통해 자장면과 피자는 이국적인 음식이라는 것을 알 수 있다.
③ 마지막 문단의 '외식을 하기엔 부담되고 한 번쯤 식단을 바꾸어 보고 싶을 즈음이면 자장면과 피자는 안성맞춤이다.'라는 부분을 통해 자장면과 피자는 값이 싸면서도 기분 전환이 되는 음식이라는 것을 알 수 있다.

093 ③
[정답풀이]
(다)는 '디디티'가 검출된 사례와 금지 현황을 설명하고 있을 뿐 사용 금지를 주장한 것이 아니다. '설명'과 '주장'은 분명히 다르므로 구별해야 한다. (다)는 '발견되었다', '금지되었다'는 상황을 설명하고 있지만 '~해야 한다'고 주장한 것은 아니다.

오답
① (가)는 중심 화제로 '지속성 농약'을 소개하고 그것의 한 예로 '디디티(DDT)'를 핵심어로 제시하였으므로 앞으로 그와 관련된 내용이 전개될 것을 암시하고 있다.
② '디디티'는 물에 잘 녹지 않고 광분해나 생물학적 분해가 거의 이루어지지 않는 반면, 지방에는 잘 녹는 특성을 가지고 있다. 따라서 지방 함량이 높은 동물의 체내에서는 '디디티'의 농도가 더욱 높아진다. 이러한 특성으로 인해 맹금류의 물질대사에 장애를 일으키게 되고, 껍질이 얇은 알을 낳게 되고, 그 알이 대부분 깨져 궁극적으로는 맹금류가 멸종하게 된다. '디디티'가 지닌 특성이 생태계에 악영향을 끼치는 과정을 인과 분석의 방법으로 설명하고 있는 것이다.
④ (라)에서는 오염의 영향이 오랫동안 누적되면 전체 생태계를 훼손시킬 수 있다는 사실을 제시하며 우리나라에서도 사소한 환경오염 행위가 어떠한 재앙을 몰고 올 수 있는지에 대한 연구가 활발히 이루어지고 있다고 하였다. 이를 통해 사소한 오염도 재앙을 몰고 올 수 있는 환경오염에 대한 경각심을 암시적으로 드러내고 있다.

094 ①
[정답풀이]
그물눈 모양의 3차원 구조를 가진 것은 나타데코코가 아니라 나타데코코에 포함되어 있는 섬유라는 사실을 둘째 문단을 통해 확인할 수 있다.

095 ①
[정답풀이]
나타데코코를 이용한 측정 디바이스는 아직 실용화가 되지 못했으므로, 필터의 제조 방법이 간단한지 대량 생산이 가능한지는 이 글만으로 알 수 없다.

[096~097] 다음 글을 읽고 물음에 답하시오.

(가) 어떤 아이가 있는데 그의 ㉠눈동자가 빛나면 부모는 말하기를 "이 아이는 가르칠 만하다" 하고, 그 아이를 위해서 서적을 사들이고, 그 아이를 위해서 스승을 정하고, 선생은 말하기를 "저 아이는 가르칠 만하다" 하여, 그 아이에게 붓·먹·서판(書板)을 더욱더 주게 되니, 이 아이는 더욱 공부에 힘쓰고 날로 더 부지런하게 된다. 대부는 이 사람을 천거하기를 "이 사람은 쓸 만합니다" 하고, 임금은 그 사람을 보고 이르기를 "이 사람은 대우할 만하다" 하여 그를 권장하고 칭찬하고 선발하여 이윽고 재상에 이르게 된다. 어떤 아이가 있는데 얼굴이 풍만하게 생겼으면 아이의 부모는 말하기를 "이 아이는 부자가 될 만하다" 하여 재산을 더욱더 주고, 부자 사람은 그 아이를 보고 말하기를 "이 아이는 부릴 만하다" 하여 자본을 더욱더 주게 되니, 이 아이는 더욱 힘쓰고 날로 부지런하여 사방으로 장사를 다니며 더욱 재산을 늘릴 것이다. 그러면 사람들은 이 아이가 상업을 부흥시킬 것이라고 생각하고 그를 주인으로 삼으니 잘될 사람을 더욱 도와주어 조금 뒤에는 그가 백만장자가 되어 버린다.

(나) 어떤 아이가 있는데 눈썹이 더부룩하고 또 어떤 아이는 콧구멍이 밖으로 드러났으면 그 아이의 부모와 스승 또래의 어른들은 양성하고 협조하는 것을 모두 앞서 말한 것과 반대로 하니, 이들이 어찌 자기 몸을 귀하고 부유하게 할 수 있겠는가. 사람들은 그 ㉡상의 이루어진 것을 보고는 또 말하기를 "상이 이와 같기 때문에 이룬 것이 저와 같다" 하니 아, 어쩌면 그리도 어리석단 말인가. 세상에는 진실로 재주와 덕행을 충분히 간직하고도 운수가 사나워 고생하며 그 재주와 덕행을 발휘하지 못한 사람이 있는데, 상에다 허물을 돌리지만 상을 따지지 않고 이 사람을 우대했더라면 이 사람도 재상이 되었을 것이다. 또한 이해에 밝고 귀천을 살폈는데도 평생토록 곤궁한 사람이 있는데, 상에다가 역시 그 허물을 돌리지만 상을 따지지 않고 이 사람에게 자본을 대주었더라면 역시 큰 부자가 되었을 것이다.

096 (나)의 주장을 가장 잘 표현한 것은?

① 인생은 팔자소관이다.
② 사람은 믿는 만큼 자란다.
③ 도전하는 당신이 아름답다.
④ 칭찬은 고래도 춤추게 한다.

097 글의 흐름으로 보아 ㉠과 ㉡의 관계와 가장 유사한 것은?

	㉠	㉡		㉠	㉡
①	아이	사람	②	학생	공부
③	축구	월드컵	④	지하철	버스

098 다음 글의 내용에 대한 이해로 가장 적절한 것은?

[2019. 소방직]

> 비극은 극 양식을 대표한다. 비극은 고대 그리스 시대부터 발전해 온 오랜 역사를 가지고 있다. 비극은 고양된 주제를 묘사하며, 불행한 결말을 맺게 된다. 그러나 비극의 개념은 시대와 역사에 따라 변하고 있다. 그리스 시대의 비극은 비극적 결함이라고 하는 운명의 요건으로 인하여 파멸하는 인간의 모습을 그려 냈다. 근대의 비극은 성격의 문제나 상황의 문제로 인하여 패배하는 인간의 모습을 보여 준다.
>
> 비극은 그 본질적 속성이 역사적이라기보다 철학적이다. 비극의 주인공으로는 일상적인 주변 인간들보다 고귀하고 비범한 인물을 등장시킨다. 그런데 이 주인공은 이른바 비극적 결함이라고 하는 운명적 특징을 지니고 있다. 비극의 관객들은 이 주인공의 비극적 운명에 대한 공포와 비애를 체험하면서 카타르시스에 이르게 된다. 아리스토텔레스는 이 같은 주장에 의해서 비극을 인간의 삶의 중심에 위치시킨다. 아리스토텔레스는 비극의 결말이 불행하게 끝나는 것이 좋다고 보았으나, 불행한 결말이 비극에 필수적이라고는 생각하지 않았다. 사실 그리스 비극 가운데 결말이 좋게 끝나는 작품도 적지 않다.

① 비극적 결함에 의해 파멸되어 가는 인간의 모습을 담은 것이 근대 비극이다.
② 아리스토텔레스는 그리스 비극이 모두 불행한 결말로 끝이 나야 하는 것으로 보았다.
③ 그리스 시대 비극의 특징은 성격이나 상황의 문제로 인해 패배하는 인간의 모습을 보여 준다.
④ 관객들은 비극을 통해 비범한 인간들의 운명에 대한 공포와 비애를 경험하면서 카타르시스에 이르게 된다.

099 다음 글의 내용에 부합하지 않은 것은?

[2013. 국가직 9급]

> 오늘날 지구상에는 193종의 원숭이와 유인원이 살고 있다. 그 가운데 192종은 온몸이 털로 덮여 있고, 단 한 가지 별종이 있으니, 이른바 '호모 사피엔스'라고 자처하는 털 없는 원숭이가 그것이다. 지구상에서 대성공을 거둔 이 별종은 보다 고상한 욕구를 충족하느라 많은 시간을 보내고 있으나, 엄연히 존재하는 기본적 욕구를 애써 무시하려고 하는 데에도 똑같이 많은 시간을 소비한다. 그는 모든 영장류들 가운데 가장 큰 두뇌를 가졌다고 자랑하지만, 두뇌뿐 아니라 성기도 가장 크다는 사실은 애써 외면하면서 이 영광을 고릴라에게 떠넘기려고 한다. 그는 무척 말이 많고 탐구적이며 번식력이 왕성한 원숭이다. 나는 동물학자이고 털 없는 원숭이는 동물이다. 따라서 털 없는 원숭이는 내 연구 대상으로서 적격이다. '호모 사피엔스'는 아주 박식해졌지만 그래도 여전히 원숭이이고, 숭고한 본능을 새로 얻었지만 옛날부터 갖고 있던 세속적 본능도 여전히 간직하고 있다. 이러한 오래된 충동은 수백만 년 동안 그와 함께해 왔고, 새로운 충동은 기껏해야 수천 년 전에 획득했을 뿐이다. 수백만 년 동안 진화를 거듭하면서 축적된 유산을 단번에 벗어던질 가망은 전혀 없다. 이 사실을 회피하지 말고 직면한다면, '호모 사피엔스'는 훨씬 느긋해지고 좀더 많은 것을 성취할 수 있을 것이다. 이것이 바로 동물학자가 이바지할 수 있는 영역이다.

① 인간에 대해서도 동물학적 관점에서 탐구할 필요가 있다.
② 인간은 자신이 지닌 동물적 본능을 무시하거나 외면하려는 경향이 있다.
③ 인간의 박식과 숭고한 본능은 수백만 년 전에 획득했다.
④ 인간이 오랜 옛날부터 갖고 있던 동물적 본능은 오늘날에도 남아 있다.

100 **(가)~(마)를 논리적 순서에 맞게 나열한 것은?**

[2022. 국회직 8급]

(가) 작센의 아우구스투스 2세는 독일 마이센 성의 연금술사인 요한 프리드리히 뵈트거를 가두고 황금을 만들라 명한다. 하지만 실패를 거듭하자 아우구스투스는 화학 반응으로 금을 만들 수 없다는 결론을 내리고 금과 맞먹는 대체품으로 백자를 만들라 명령한다. 뵈트거는 백자를 만들기 위해 대리석이나 뼛가루를 사용했지만 번번이 실패한다. 그는 1708년, 3년 만에 마이센에서 고령토 광산을 발견했고 장석 성분을 추가해 백자의 성분 문제를 해결한다.

(나) 18세기 대항해 시대가 열리면서 유럽은 상류층에서 살롱 문화가 급속하게 번진다. 살롱에서 담론을 펼칠 때 아프리카 커피와 중국 차를 마시는 게 최고의 호사였으며, 백자는 거기에 품격을 더했다. 하지만 백자를 만드는 기술은 중국인들만의 비밀이었기 때문에 유럽은 비싼 가격을 중국에 지불하면서 백자를 수입할 수밖에 없었다.

(다) 또 발터 폰 치른하우스의 도움으로 렌즈와 거울을 이용한 1400도 가마가 가능해졌다. 하늘에서의 고온과 땅에서의 고령토, 그러니까 천지의 조화를 통해 백자가 만들어졌고, 뵈트거는 이 결과를 기록에 남겼다. 이후 마이센의 백자 기술이 오스트리아 빈, 프랑스 스트라스부르, 덴마크 코펜하겐, 이탈리아 피렌체, 영국 런던 등으로 유출되면서 백자의 유럽 생산 시대가 열렸다.

(라) 이탈리아의 메디치 포슬린을 비롯하여 유럽 각지에서 백자를 만들려는 다양한 시도가 있었다. 흰색을 내는 온갖 재료를 사용했지만 유리를 섞어 만드는 수준이었다. 실패의 원인은 백자의 주원료인 고령토를 알지 못했고, 1100도 이상의 가마를 만들지 못했던 데 있다. 중국 백자의 제조 비밀은 유럽의 과학 기술도 밝혀내지 못했던 것이다.

(마) 17세기 유럽 전역에 백자의 인기가 폭발적이었다. 중국의 백자가 유럽에 들어오자 '하얀 금'이라 불리며 비싼 가격에 거래되었다. 유럽의 왕실과 귀족들은 백자를 비롯한 중국적 취향을 '시누아즈리'라면서 바로크나 로코코 양식과 결합시킨다.

① (가) - (다) - (나) - (라) - (마)
② (가) - (다) - (마) - (나) - (라)
③ (가) - (마) - (라) - (나) - (다)
④ (마) - (가) - (다) - (라) - (나)
⑤ (마) - (나) - (라) - (가) - (다)

20일차

096 ②
[정답풀이]
정약용의 글 〈상론(相論)〉의 일부이다. (나)에서 주장하는 것은 상에 따라 사람을 보는 통념 때문에, 어떤 사람들은 그 재주와 덕행을 발휘하지도 못한 채 고생한다는 것이다. 사람들은 상이 좋지 않기 때문에 아이를 믿지 않고 기회조차 주지 않았으며, 결국 그 아이의 재주는 자라지 못했다. 그러나 만약 상에 따라 사람을 바라보는 통념에 따르지 않고 그 사람 자체를 믿어주었더라면, 상과 관계없이 그 사람의 재주도 자라게 되었을 것이다. 이에 가장 적절한 것은 ②이다.

[오답]
④ 칭찬과 그에 따른 북돋음을 강조하는 '칭찬은 고래도 춤추게 한다.'는 상이 좋은 아이를 모두 칭찬하고 지원하여 그 아이는 스스로 더욱 노력하게 되고 결국 성공할 수 있다는 논지의 (가)와 어울린다. 그러나 주제와 관련된 (나)와는 관련이 없다.

097 ①
[정답풀이]
눈동자는 상을 판단하는 요소 중 하나이다. 즉 이 글에서 상의 판단 기준으로 제시된 '콧구멍, 눈썹, 얼굴 생김새' 등과 함께 상을 이루는 요소가 된다. 따라서 ⊙ '상'은 ⓒ '눈동자'의 상위 범주가 되므로, '아이'가 ⊙이고 '사람'이 ⓒ에 해당된다.

[오답]
②, ③ 둘 사이에 공통 분모가 있을 뿐 의미 관계가 성립될 수 없다.
④ 각각 운송 수단의 하위 범주이다.

098 ④
[정답풀이]
두 번째 문단에서 비극의 관객들은 주인공의 비극적 운명에 대한 공포와 비애를 체험하면서 카타르시스에 이른다고 언급했다. ④도 이와 같이 관객들이 카타르시스에 이르게 된다고 했으므로 ④는 적절하다.

[오답]
① 1문단에서 "그리스 시대의 비극은 비극적 결함이라고 하는 운명의 요건으로 인하여 파멸하는 인간의 모습을 그려냈다."라고 했으므로 ①은 잘못된 내용이다. 근대 비극이 아니라 그리스 비극으로 고쳐야 한다.
② 2문단에서 "아리스토텔레스는 비극의 결말이 불행하게 끝나는 것이 좋다고 보았으나, 불행한 결말이 비극에 필수적이라고는 생각하지 않았다."라고 했으므로 ②는 잘못된 내용이다.
③ 1문단에서 "근대의 비극은 성격의 문제나 상황의 문제로 인하여 패배하는 인간의 모습을 보여 준다."라고 했으므로 ③은 잘못된 내용이다.

099 ③
[정답풀이]
'호모 사피엔스'는 아주 박식해졌지만 그래도 여전히 원숭이이고, 숭고한 본능을 새로 얻었지만 옛날부터 갖고 있던 세속적 본능도 여전히 간직하고 있다. 이러한 오래된 충동은 수백만 년 동안 그와 함께 왔고, 새로운 충동은 기껏해야 수천 년 전에 획득했을 뿐이다.

[오답]
① 글의 중간 부분, "털 없는 원숭이는 내 연구 대상으로서 적격이다."에서 알 수 있다. '털 없는 원숭이'는 '사람'을 가리킨다.
②, ④ 셋째 문장, "엄연히 존재하는 기본적 욕구를 애써 무시하려고 하는"에서 알 수 있다.

100 ⑤
[정답풀이]
백자를 만들기 위한 유럽인들의 노력을 다양하게 설명한 글이다. 유럽으로 백자가 들어와 유럽의 귀족들에게 백자가 높은 인기를 얻었다는 (마)가 글의 시작이 되어야 한다. (가)는 백자를 만들기 위해 연금술사에게 명령을 내리는 내용이기 때문에 글의 시작이 될 수 없다. (마)의 뒤에는 17세기 이후 18세기 백자 문화를 언급한 (나)가 와야 한다. (나)는 유럽인들은 중국에서 백자를 수입했다는 내용이고, (라)는 이를 해결하기 위한 유럽인들의 노력이기 때문에 (나) 뒤에는 (라)가 이어져야 한다. (가)는 백자 만들기의 실패, (다)는 결국 유럽에서 백자를 만들게 된 결과를 설명했다.

101 다음 글로 보아, 처마를 깊게 하는 이유에 해당하지 않는 것은?

지붕은 집이 위치하는 지역의 환경과 밀접한 관계를 지니고 있다. 지붕의 형상을 결정짓는 가장 근본적인 조건은 지역의 기후라고 할 수 있다. 지붕의 크기는 처마의 깊이를 어떻게 설정하느냐에 따라 결정된다. 처마의 깊이는 처마 폭에 의해 결정되는데, 처마 폭은 도리로부터 지붕 끝까지의 너비를 말하며, 처마가 깊다, 깊지 않다 하는 것은 기둥의 높이에 비해 처마 폭이 얼마나 넓은지를 가늠하여 하는 말이다.

처마를 깊게 잡는 구조는 우리 나라 건축의 특색 가운데 하나이다. 그 이유 중의 하나는 태양 때문이다. 무더운 여름은 시원하게, 겨울은 따뜻하게 지내고 싶다는 의지가 작용한 것이다. 우리 나라의 중부 지방, 대략 북위 38도선 부근에서의 하짓날 태양의 남중 고도(南中高度)는 약 70도의 각도를 지닌다. 중천에 뜬 태양이 이글거리며 뙤약볕이 쏟아지는 것을 깊은 처마가 차양(遮陽)이 되어 그늘을 드리우기 때문에, 방안이나 대청에서는 나무 그늘 밑에서와 같은 시원함과 청량감을 느끼게 된다. 동짓날 태양의 남중 고도는 대략 35도 가량인데, 낮게 뜬 해가 따뜻한 햇살을 방 속 깊숙이 투사하여 준다. 따뜻해진 공기는 깊은 처마의 삼각상대(三覺狀帶)에 머물러서 방의 열을 바깥의 차가운 공기가 빼앗아 가려고 할 때, 이 삼각상대의 따뜻한 온기가 상당한 저항 작용을 하여, 그만큼의 훈기를 유지할 수 있게 해 주는 것이다.

처마를 깊게 하는 또 다른 이유로는 건축 자재의 취약성과 생활 관습을 들 수 있다. 목재가 집을 짓는 자재의 중심이 되던 시절에는 습기에 약한 목재가 빗물에 노출되지 않도록 하는 일이 중요했다. 따라서 떨어지는 물이 튀어 나무에 닿지 못하도록 처마를 깊게 했던 것이다. 더구나 농사를 짓는 데는 깊은 처마가 필요하였다. 농사에 쓰이는 연모나 거둔 곡식을 저장하는 일차적인 장소로 처마 밑이 알맞았기 때문이다. 나아가 작업장으로도 유용한 공간이었기 때문에 처마는 점점 깊어지게 되었다.

이렇듯이 자연 여건 및 생활 관습이 반영된 처마는 우리 나라 건축의 중요한 특징 중의 하나로 자리잡게 되었다. 이러한 특징은 농가의 자그마한 살림집뿐만이 아니라 공공 건축물에도 그대로 채택되어, 규모가 큰 기와집이라 할지라도 깊은 처마를 가지게 되었다. 기와 지붕은 초가 지붕의 구성에서 발달한 것이며, 처마 구성 기법이 발전함에 따라 곡선 모양이 생겨나고, 그에 따라 형태와 아름다움이 갖추어지게 된 것이다.

① 농경 생활에 필요하기 때문이다.
② 집의 규모가 점점 커졌기 때문이다.
③ 집을 짓는 주된 재료가 목재이기 때문이다.
④ 그늘을 만들어 주고 비를 막아주기 때문이다.

102 주제문과 뒷받침 문장이 가장 긴밀하게 연결된 것은?

① 한옥의 지붕 모양에는 맞배 지붕, 우진각 지붕, 팔작 지붕 등의 기본형이 있다. 맞배 지붕은 지붕의 앞면과 뒷면을 서로 맞댄 모양이고, 이에 반해 팔작 지붕은 우진각 지붕의 형식에서 다시 팔(八)자의 모양을 덧붙여 부챗살이 펴지는 듯한 형상을 하고 있다.

② 로봇은 인간의 편리와 복지를 위하여 만들어졌다. 인간이 하기에는 너무 위험한 일을 도맡아 하는 로봇이 있는가 하면, 고도의 정밀한 작업을 한치의 착오 없이 해 내는 로봇도 있다. 또 어떤 로봇은 환자를 돌보아 주기도 한다.

③ 판소리를 공연하기 위해서는 소리꾼, 고수(鼓手) 그리고 관객이 필요하다. 사람들이 많이 모이는 장소에 멍석을 깔고 고수가 자리를 잡으면 판소리 공연은 훌륭하게 이루어진다. 판소리에는 서편제와 동편제가 있는데 서편제는 동편제에 비해 가락이 애절하다.

④ 농구 선수들은 청소년들에게 우상이 되고 있다. 코트를 질주하며 상대방을 제치고 덩크 슛을 날리는 장면을 보면 청소년들은 열광하게 마련이다. 청소년들의 건전한 여가 선용을 위해 농구를 적극 장려해야 한다.

⑤ 남녀 사이에는 우정이 성립되지 않는다고 한다. 남자나 여자나 다 같은 사람인데 친구가 될 수 없다고 하는 것은 이해할 수 없다. 이것은 남성이 우월하다는 것을 보이려는 속셈이라 할 수 있다.

[103~104] 다음 글을 읽고 물음에 답하시오.   [2019. 소방직]

도르래는 둥근 바퀴에 튼튼한 줄을 미끄러지지 않도록 감아 무거운 물체를 들어 올리는 데 사용하는 도구이다. 가장 기본이 되는 도르래는 고정 도르래와 움직 도르래이다. 그렇다면 두 도르래의 차이는 어떤 것이 있을까?

우선 고정 도르래부터 살펴보도록 하자. 고정 도르래는 힘의 방향만 바꾸어 주는 도르래로 줄을 감은 바퀴의 중심축이 고정되어 있다. 힘의 이득을 볼 수는 없지만, 힘의 작용 방향을 바꿀 수 있는 장점이 있다. 고정 도르래를 사용할 때는 줄의 한쪽에 물체를 걸고 다른 쪽 줄을 잡아 당겨 물체를 원하는 높이까지 움직인다. 이때 물체를 들어 올리는 힘은 줄 하나가 지탱하고 있다. 따라서 직접 들어 올리는 것과 비교해 힘의 이득은 없으며 단지 고정 도르래 때문에 줄을 당기는 힘의 방향만 바뀐다. 하지만 물체를 높은 곳으로 직접 들어 올리는 것보다는 줄을 아래로 잡아당김으로써 물체를 올리는 방법이 훨씬 편하다. 또한 물체를 1미터 들어 올리기 위해 잡아당기는 줄의 길이도 1미터면 된다.

한편 움직 도르래는 힘의 이득을 보기 위해 사용한다. 움직 도르래를 사용할 때는 도르래에 줄을 감고 물체를 들어 올린다. 움직 도르래는 도르래 축에 직접 물체를 매달기 때문에 줄을 당기면 물체와 함께 도르래도 움직인다. 이때 물체를 지탱하는 줄은 두 가닥이 된다. 물체의 무게는 각 줄에 분산되어 두 사람이 각각의 줄을 잡고 동시에 들어 올리는 효과가 난다. 따라서 움직 도르래 한 개를 사용하면 물체 무게의 2분의 1의 힘으로 물체를 움직일 수 있게 되는 것이다. 하지만 물체를 1미터 들어 올리기 위해 당겨야 하는 줄의 길이는 물체가 올라가는 높이의 두 배인 2미터이다. 왜냐하면 물체가 1미터 올라갈 때 물체를 지탱하는 두 줄도 동시에 1미터씩 움직여야 하는데, 줄을 당기는 쪽으로 줄이 감기게 되기 때문이다. 그래서 움직 도르래를 이용하여 물체를 들어 올리면 줄의 길이는 물체가 움직여야 하는 높이의 두 배가 필요하게 된다.

103 윗글의 내용과 일치하는 것은?

① 고정 도르래는 도르래 축에 물체를 직접 매달아 사용한다.

② 움직 도르래와 고정 도르래를 함께 사용해야 물체의 무게가 분산된다.

③ 움직 도르래로 물체를 들어 올릴 수 있는 높이는 줄의 길이에 영향을 받는다.

④ 고정 도르래는 줄을 당기는 힘의 방향과 물체에 작용하는 힘의 방향이 일치한다.

104 윗글의 내용 전개 방식으로 가장 적절한 것은?

① 구체적 사례를 통해 개념 이해를 돕고 있다.

② 대상의 차이점을 중심으로 특징을 설명하고 있다.

③ 대상의 인과 관계에 초점을 맞추어 설명하고 있다.

④ 특정 기술이 발달한 과정을 순서대로 제시하고 있다.

105 다음 글의 논리적 구조로 가장 옳은 것은? [2015. 서울시 9급]

> 자유란 인간의 특성 중의 하나로서 한 개인이 스스로 판단하고 행동하며 그 결과에 대해 책임질 수 있는 능력을 의미한다. 그러한 능력을 극대화하기 위해서는 개인이 사회적인 여러 제약들, 가령 정치적, 경제적 및 문화적 제도나 권위, 혹은 억압으로부터 어느 정도의 거리를 유지하지 않으면 안 된다. 그러나 그 거리가 확보되면 될수록 개인은 사회로부터 고립되고 소외당하며 동시에 안정성과 소속감을 위협받을 뿐만 아니라 새로운 도전에 적나라하게 노출될 수밖에 없다. 이와 같이 새롭게 나타난 고독감이나 소외감, 무력감이나 불안감으로부터 벗어나기 위해 '자유로부터 도피'를 감행하게 된다.

① 원인 - 결과

② 보편 - 특수

③ 일반 - 사례

④ 주장 - 근거

101 ②

[정답풀이]

지문은 처마를 깊게 만드는 이유에 대해 설명하고 있으며, 다양한 요인들을 제시하고 있다. 따라서 문제는 이 설명 중에 포함되지 않은 이유를 찾는 것이다. 지문에서는 처마를 깊게 만드는 이유로 기후적 요인, 태양의 고도 변화, 건축 자재의 취약성, 농경 생활의 필요성 등을 언급하고 있다. 그러나 집의 규모가 커졌기 때문에 처마를 깊게 했다는 이유는 지문에서 설명되지 않았다.

오답

① 지문에서 농기구나 곡식을 저장하는 용도로 처마가 깊어졌다는 설명이 있다.

③ 지문에서 목재가 빗물에 노출되지 않도록 하기 위해 처마를 깊게 했다는 설명이 있다.

④ 지문에서 깊은 처마가 태양을 차단하고 비를 막아준다는 설명이 있다.

102 ②

[정답풀이]

주제문은 "로봇은 인간의 편리와 복지를 위하여 만들어졌다."라는 문장으로, 로봇이 인간의 생활을 어떻게 도와주는지에 대한 주제를 명확히 제시하고 있다. 뒷받침 문장은 로봇이 위험한 일을 수행하거나, 정밀한 작업을 하거나, 환자를 돌보는 등의 예시를 통해 주제문을 구체적으로 뒷받침하고 있다. 각 문장이 주제문을 설명하고 예시를 제공함으로써 긴밀하게 연결되어 있다.

오답

① 주제문이 한옥의 지붕 모양을 설명하고 있으나, 뒷받침 문장은 맞배 지붕과 팔작 지붕의 모양을 설명하여 긴밀한 연결이 부족하다.

③ 주제문이 판소리 공연의 구성 요소를 설명하고 있지만, 뒷받침 문장은 서편제와 동편제의 가락 차이를 설명하여 긴밀한 연결이 부족하다.

④ 주제문이 농구 선수들의 역할을 설명하고 있으나, 뒷받침 문장은 농구를 장려해야 한다는 내용으로 긴밀한 연결이 부족하다.

⑤ 남녀 사이에는 우정이 성립되지 않는다고 한다. - 주제문이 남녀 간 우정에 대해 언급하고 있지만, 뒷받침 문장은 남성 우월주의에 대한 내용으로 긴밀한 연결이 부족하다.

103 ③

[정답풀이]

3문단에서 "움직 도르래를 이용하여 물체를 들어 올리면 줄의 길이는 물체가 움직여야 하는 높이의 두 배가 필요하게 된다."고 했다. ③에서 움직 도르래로 물체를 들어 올릴 수 있는 높이는 줄의 길이에 영향을 받는다는 내용과 관련이 있다.

오답

① 2문단에서 고정 도르래를 사용할 때는 줄의 한쪽에 물체를 걸고 움직인다고 했으므로 잘못된 설명이다.

②의 내용은 글에 제시되어 있지 않다.

④ 2문단에서 고정 도르래는 직접 들어 올리는 것과 비교해 힘의 이득은 없으며 단지 고정 도르래 때문에 줄을 당기는 힘의 방향만 바뀐다고 했으므로 잘못된 설명이다.

104 ②

[정답풀이]

이 글은 고정 도르래와 움직 도르래의 차이점을 원리와 특징의 측면에서 설명하였다.

105 ①

[정답풀이]

제시문은 에리히 프롬의 '자유로부터의 도피'와 관련된 글이며, '원인 - 결과'의 구조로 되어 있다. '자유를 누리고자 하는 인간이 사회로부터 고립되며 새로운 도전에 직면하기 때문에 (원인) 오히려 자유로부터 도피하게 된다(결과).'라고 말하고 있다.

오답

② '보편 - 특수'는 일반적인 이론에 예외적인 특수한 상황이 나오는 경우여야 하므로 제시문과 관계가 없다.

④ 이 글에는 주장이 없으므로 적절하지 않다.

106 **다음 중 각 문단의 중심 내용을 잘못 파악한 것은?**

① 과학 문명의 발달은 자연 자원을 손쉽게 이용하도록 해 주었다. 그러나 무분별한 자연 자원의 이용은 자연 파괴를 가속화시켰으며, 그 결과가 인류의 생존을 위협할 정도에 이르렀다. 모든 문명의 이기(利器)와 시설로부터 나오는 각종 폐기물은 지구상의 생태계를 위협하는 오염원(汚染源)이 되고 있다.

→ 과학 문명의 발달은 생태계를 위협하고 있다.

② 호남 지방의 민요는 여유가 있고 부드러우며, 영남 지방의 민요는 웅혼(雄渾)한 맛이 있어 강인한 느낌이 든다. 서울 민요는 어쩐지 전아(典雅)하고 부드러운 맛이 넘쳐흐르고, 서도(西道) 민요는 촉박하고 감상적이다.

→ 우리 민요는 지방별로 특색이 있다.

③ 네 계절의 변화가 뚜렷한 우리의 세시 풍속일은 대체로 계절에 따라 그 행사 내용이 결정되었으며, 그것은 다시 달[月]에 따라 세분되었다. 그리고 그것은 고래(古來)로 농업 생산 활동과 불가분의 관련을 가져 왔다. 이러한 관련은 우리의 세시 풍속일이 농작(農作)의 개시, 파종, 제초, 수확, 저장 등 계절의 변화에 따른 농업 생산 활동을 그 내용으로 하고 있다는 데서 분명히 알 수 있다.

→ 세시 풍속일의 행사 내용은 계절의 변화에 따른 농업·생산 활동과 관련을 맺고 있다.

④ 고전학파의 창시자인 아담 스미스는 그의 저서 '국부론'에서 '보이지 않는 손'을 주장하였다. 자본주의 경제에서 어떤 재화의 가격은 시장의 자율적인 가격 기능에 의해 결정된다. 그런데 가격 기능은 물건을 팔려는 생산자들의 판매 의욕과 물건을 구입하려는 소비자들의 구매 의욕에 의하여 자율적으로 움직이기 때문에 눈에 보이지 않는다. 그래서 아담 스미스는 이런 시장 경제의 가격 기능을 '보이지 않는 손'이라고 불렀던 것이다.

→ '보이지 않는 손'이란 시장 경제의 가격 기능을 의미한다.

⑤ 과학 활동이란 새로운 주제를 찾고 개발하는 창조적 능력의 수행을 통해서만 이루어질 수 있다고들 말한다. 그러나 토마스 쿤으로 대표되는 과학학 연구자들의 말처럼 창조적 능력이 과학 활동의 수행에 필요한 우선적인 요건은 아니다. 대부분의 과학자가 일상적으로 수행하는 연구 활동은 특정한 패러다임 내에서 수수께끼를 풀이하는 것으로서의 그림이나 글자를 맞추는 행위와 비슷하다. 따라서 과학 활동에는 새로운 주제를 개발하는 창조력보다 주어진 주제를 꾸준히 탐구하는 집중력과 인내력이 요청되는 것이다.

→ 과학 활동에는 집중력과 인내력이 뒷받침되는 창조적 능력이 필요하다.

107 서두와 결말의 내용으로 보아, 본문에서 다룰 내용으로 적절하지 않은 것은?

〈서두〉

인간만이 말을 한다는 주장을 인간 중심의 사고로 보는 견해가 있다. 벌이 춤으로 꿀에 대한 정보를 비교적 정확히 알려 주듯이, 인간 이외에도 의사 소통 수단을 가진 동물이 있기 때문이다. 이러한 동물의 의사 소통 수단과 인간 언어의 차이를 알기 위해 인간 언어의 특질 몇 가지를 알아보기로 한다.

〈본문〉

① 언어 표현과 그것이 지시하는 내용 사이의 결합은 자의적이다. 이는 같은 의미를 가진 말을 언어마다 달리 발음하는 사실만으로도 쉽게 확인된다.

② 의미에 대한 언어 표현이 언어 사회마다 다른 것은 이들을 연결시키는 약속이 다른 데서 기인한다. 이는 언어의 내용과 표현이 약속에 의해 결합된다는 사실을 보여 준다.

③ 인간은 한정된 수의 음소 및 단어와 그것들을 결합시키는 규칙을 토대로 새로운 단어와 문장 등을 만들어 낼 수 있다. 이러한 특성을 창조성이라고 한다.

④ 인간의 언어는 지금 여기에 없는 대상에 대해 이야기할 수 있는 전위(轉位)의 속성을 가지고 있다. 어제의 일이나 다른 곳의 일을 오늘, 여기에서 이야기할 수 있는 것이다.

⑤ 개별 언어의 특질을 비교하면 각 언어를 사용하는 집단의 생활 양식과 사고 방식의 차이를 밝힐 수 있다. 이는 언어가 사회상을 반영하고 있기 때문이다.

〈결말〉

이상에서 인간 언어의 특질 몇 가지를 살펴보았다. 인간의 언어와 동물의 의사 소통은 내용을 전달한다는 점에서는 동일하다. 그러나 위에 든 특질들은 인간과 동물의 의사 소통 수단을 구별해 주는 중요한 요소들이다.

108 다음 글에서 추론할 수 있는 내용으로 적절하지 않은 것은?

'포스트휴먼'은 그 기본적인 능력이 근본적으로 현재의 인간을 넘어서기 때문에 현재의 기준으로는 더 이상 인간이라 부를 수 없는 존재를 가리키는 표현이다. 스웨덴 출신의 철학자 보스트롬은 건강 수명, 인지, 감정이라는, 인간의 세 가지 주요 능력 중 최소한 하나 이상의 능력에서 현재의 인간이 도달할 수 있는 최대한의 한계를 엄청나게 넘어설 경우 이를 '포스트휴먼'으로 부르자고 제안하였다.

현재 가장 뛰어난 인간이 가질 수 있는 지능보다 훨씬 더 뛰어난 지능을 가지며, 더 이상 질병에 시달리지 않고, 노화가 완전히 제거되어서 젊음과 활력을 계속 유지하는 어떤 존재를 생각해 볼 수 있다. 이 존재는 스스로의 심리 상태에 대한 조절도 자유롭게 할 수 있어서 피곤함이나 지루함을 거의 느끼지 않으며, 미움과 같은 감정을 피하고, 즐거움, 사랑, 미적 감수성, 평정 등의 태도를 유지한다. 이러한 존재가 어떤 존재일지 지금은 정확하게 상상하기 어렵지만 현재 인간의 상태로 접근할 수 없는 새로운 신체나 의식 상태에 놓여 있을 것임은 분명하다.

이러한 포스트휴먼은 완전히 인위적으로 만들어진 인공 지능일 수도 있고, 신체를 버리고 슈퍼컴퓨터 안의 정보 패턴으로 살기를 선택한 업로드의 형태일 수도 있으며, 또는 생물학적 인간에 대한 개선들이 축적된 결과일 수도 있다. 만약 생물학적 인간이 포스트휴먼이 되고자 한다면 유전공학, 신경약리학, 항노화술, 컴퓨터-신경 인터페이스, 기억 향상 약물, 웨어러블 컴퓨터, 인지 기술과 같은 다양한 과학 기술을 이용해 우리의 두뇌나 신체에 근본적인 기술적 변형을 가해야만 할 것이다. '포스트휴먼'은 '내가 이런 능력을 가지고 있었으면 얼마나 좋을까' 하고 누구나 한 번쯤 상상해 보았을 법한 슈퍼 인간의 모습을 기술한 용어이다.

① 포스트휴먼 개념에 따라 제시되는 미래의 존재는 과학 기술의 발전 양상에 따른 영향을 현재의 인간에 비해 더 크게 받을 것이다.

② 포스트휴먼 개념은 인간의 신체적 결함을 다양한 과학 기술을 이용해 보완하여 기술적 한계를 극복한 새로운 인간형의 탄생에 귀결될 것이다.

③ 포스트휴먼은 인간의 현재 상태를 뛰어넘는 능력을 가진 새로운 존재일 것으로 예측되지만 그 형태가 어떠할지 여하는 다양한 가능성에 열려 있다.

④ 포스트휴먼은 건강 수명, 인지 능력, 감정 등의 측면에서 현재의 인간보다 뛰어나기 때문에 포스트휴먼 사회에서는 인간에 대한 개념이 새로 구성될 것이다.

109 밑줄 친 부분의 이유에 대한 필자의 견해로 볼 수 없는 것은?

> 관리가 본디부터 간악한 것이 아니다. 그들을 간악하게 만드는 것은 법이다. 간악함이 생기는 이유는 이루 다 열거할 수 없다. 대체로 직책은 하찮은데도 재주가 넘치면 간악하게 되며, 지위는 낮은데도 아는 것이 많으면 간악하게 되며, 노력을 조금 들였는데도 효과가 신속하면 간악하게 되며, 자신은 그 자리에 오랫동안 있는데 자신을 감독하는 사람이 자주 교체되면 간악하게 되며, 자신을 감독하는 사람의 행동이 또한 정도에서 나오지 않으면 간악하게 되며, 아래에 자신의 무리는 많은데 윗사람이 외롭고 어리석으면 간악하게 되며, 자신을 미워하는 사람이 자신보다 약하여 두려워하면서 잘못을 밝히지 않으면 간악하게 되며, 자신이 꺼리는 사람이 같이 죄를 범하였는데도 서로 버티면서 죄를 밝히지 않으면 간악하게 되며, 형벌에 원칙이 없고 염치가 확립되지 않으면 간악하게 된다. …… 간악함이 일어나기 쉬운 것이 대체로 이러하다.

① 노력은 적게 들이고 성과를 빨리 얻는다.
② 자신이 범한 과오를 감추고 남의 잘못을 드러낸다.
③ 자신은 같은 자리에 있으나 감독자가 자주 교체된다.
④ 자신의 세력이 밑에서 강한 반면 상부는 외롭고 우매하다.

110 문단 (가)와 (나)의 내용상의 관계를 가장 잘 표현한 것은?

> (가) 20세기 후반, 복잡한 시스템에 관한 연구에 몰두하던, 일련의 물리학자들은 기존의 경제학 이론으로는 설명할 수 없었던 경제현상을 이해하기 위해 물리적인 접근을 시도하기 시작했다. 보이지 않는 손과 시장의 균형, 완전한 합리성 등 신고전 경제학은 숨막힐 정도로 정교하고 아름답지만, 불행히도 현실 경제는 왈라스나 애덤 스미스가 꿈꿨던 '한 치의 오차도 없이 맞물려 돌아가는 톱니바퀴'가 아니다. 물리학자들은 인간 세상의 불합리함과 혼잡함에 관심을 가지고 그것이 만들어 내는 패턴들과 열린 가능성에 주목했다.
> (나) 우리가 주류 경제학이라고 부르는 것은 왈라스 이후 체계가 잡힌 신고전 경제학을 말한다. 이 이론에 의하면, 모든 경제주체는 완전한 합리성에 무장하고 있으며, 항상 최선의 선택을 하며, 자신의 효용이나 이윤을 최적화한다. 개별 경제 주체의 공급곡선과 수요곡선을 합하면 시장에서의 공급곡선과 수요곡선이 얻어진다. 이 두 곡선이 만나는 점에서 가격과 판매량이 동시에 결정된다. 더 나아가 모든 주체가 합리적 판단을 하기 때문에 모든 시장은 동시에 균형에 이르게 된다.

① (가)보다 (나)가 경제공황을 더 잘 설명한다.
② (가)로부터 (나)가 필연적으로 도출된다.
③ (나)는 (가)의 한 부분에 대한 부연 설명이다.
④ (나)는 (가)를 수학적으로 다시 설명한 것이다.
⑤ (나)는 실제 상황을, (가)는 가정된 상황을 서술한 것이다.

22일차

106 ⑤
[정답풀이]
과학 활동에서는 창조적 능력보다 집중력과 인내력이 더 필요하다.

오답

① 과학 문명의 발달로 인한 문제점 제시
② 지방별로 민요의 특색 설명
③ 세시 풍속의 내용
④ '보이지 않는 손'의 개념에 대해 설명

107 ⑤
[정답풀이]
⑤의 핵심은 '언어가 사회상을 반영한다'가 아니라 '개별 언어를 비교하면 언어 사용 집단의 차이를 밝힐 수 있다.'이다. 이는 동물의 의사 소통과 대비된 인간 언어의 특질이라는 주제와 거리가 멀다.

108 ②
[정답풀이]
'추론' 문제였기 때문에 글에 대한 정확한 이해를 바탕으로 해석해야 한다. 글의 내용에 바탕으로 두고 선택지의 의미를 객관화해야 한다. '포스트휴먼'은 기본적인 능력이 현재의 인간을 넘어서기 때문에 현재의 기준으로는 더 이상 인간이라고 부를 수 없는 존재를 가리키는 개념이다. 하지만 그렇다고 해서 '질병이나 노화'등의 한계를 인간의 신체적 결함으로 보아서는 안 되며, 새로운 인간형이 탄생할 것이라고 단정한 것도 아니다. '포스트휴먼' 개념은 기존 인간의 능력에다가 새로운 인간의 모습을 상상해 만든 슈퍼 인간의 모습을 기술한 용어일 뿐이다.

오답

① 포스트휴먼의 개념에 따라 제시되는 미래의 존재는 유전 공학이나 인지 기술과 같은 다양한 과학 기술의 영향을 크게 받을 수밖에 없다(세 번째 단락).
③ '포스트휴먼'이 어떤 존재일지 지금은 정확하게 상상하기 어렵다고 했으므로 다양한 가능성이 열려 있다고 지적할 수 있다(두 번째 단락).
④ '포스트휴먼'은 현재의 인간이 도달할 수 있는 최대한의 한계를 넘어서는 존재이므로 기존의 인간의 개념이 아닌 새로운 인간의 개념이 구성될 것이다(첫 번째 단락).

109 ②
[정답풀이]
간악함이 일어나기 쉬운 이유에 대해 글쓴이는 '자신이 꺼리는 사람이 같이 죄를 범하였는데도 서로 버티면서 죄를 밝히지 않으면 간악하게 된다.'고 했다. 따라서 '자신이 범한 과오를 감추고 남의 잘못을 드러낸다.'는 문장은 적절하지 않다.

오답

나머지는 모두 제시문에 드러나 있다.

110 ③
[정답풀이]
(가)는 현실 경제에서 보이는 복잡한 시스템에 대한 설명이다. 신고전 경제학에서 설명한 '보이지 않는 손'이나 시장의 균형은 사실 존재하지 않는다고 본다. (나)는 (가)에서 언급한 '신고전 경제학'의 이론을 자세히 소개하며 경제주체가 합리적인 선택을 한다고 하여 시장을 낙관적으로 보고 있다. 따라서 (나)는 (가)에서 언급한 '신고전 경제학'에 대해 부연하며 덧붙여 자세히 말하고 있다.

111 다음 각 글의 주제를 잘못 말한 것은?

① 모든 국가들은 효과적이고 바람직한 외교 수단을 가지려고 하는데, 이러한 수단은 외교를 뒷받침할 힘이 있을 때 도출될 수 있다. 외교적 힘이란, 의사 진달 또는 의사 표시 행위로 자국의 목적이나 뜻하는 바를 달성할 수 있는 능력을 말한다. 즉, 군사적 행위 없이도 평화적인 외교 행위로 국가의 목표나 정책을 실천에 옮길 수 있게 하는 힘을 외교 역량이라 한다.

→ 외교 역량의 개념

② 전통은 물론 과거로부터 이어 온 것을 말한다. 이 전통은 대체로 그 사회 및 그 사회의 구성원(構成員)인 개인(個人)의 몸에 배어 있는 것이다. 그러므로 스스로 깨닫지 못하는 사이에 전통은 우리의 현실에 작용(作用)하는 경우가 있다. 그러나 과거에서 이어 온 것을 무턱대고 모두 전통이라고 한다면, 인습(因襲)이라는 것과는 구별이 서지 않을 것이다. 우리는 인습을 버려야 할 것이라고 생각하지만, 계승(繼承)해야 할 것이라고는 생각하지 않는다. 여기서 우리는, 과거에서 이어 온 것을 객관화(客觀化)하고, 이를 비판(批判)하는 입장에 서야 할 필요를 느끼게 된다. 그 비판을 통해서 현재(現在)의 문화 창조(文化創造)에 이바지할 수 있다고 생각되는 것만을 우리는 전통이라고 불러야 할 것이다.

→ 전통의 본질

③ 괴테가 세상을 떠난 지 긴 세월이 지난 오늘날, 우리는 그의 의미를 새롭게 발견한다. 그는 현대의 공기를 마셔 보지 않았지만 대단히 현대적인 시각에서 우리에게 충고를 하고 있다. 지금 진행되고 있는 이 무서운 드라마를 끝내기 위해서는 모든 사람이 다함께 '진정한 인간성'을 추구해야 한다. 물질적 편리함을 위해 정신적 고귀함을 간단히 양보해 버리고, 집단의 목적을 위해 개인의 순수성을 쉽게 배제해 버리는 세태 속에서 우리는 자신의 혼을 가진 인간으로 살기 위해 노력해야 한다. 이런 점에서, 순수하고 고결한 인간성을 부르짖는 괴테의 외침은 사람 자체를 존중하는 마음이 사라져 가는 오늘날의 심각한 병폐를 함께 치유하자는 세계사적 선서의 의미를 지닌다.

→ 괴테 사상의 의의

④ 인간만이 가지는 사회는 다음과 같은 특징을 지닌다. 첫째, 사회는 하나의 유기체(有機體)로서, 그 운명(運命)에 구성원의 운명을 종속(從屬)시킨다. 둘째, 사회는 그 구성원으로 하여금 이미 그 사회에 형성되어 있는 생활형(生活型)에 적응하도록 한다. 셋째, 사회는 그 구성원의 이해 관계(利害關係)가 그 사회의 이해 관계와 대립할 때, 전자(前者)를 하위에 둔다.

→ 사회의 특징

⑤ 웃음 상징어를 분류하는 기준은 다양하다. 가장 일반적인 기준은 그것이 모양을 나타내느냐 아니면 소리를 동반하느냐이다. 웃음에 관련되는 부분은 살펴보는 것도 중요한데 웃음 상징어에는 소리만 주목하는 것, 입에 주목하는 것, 입과 눈을 함께 주목하는 것 등이 있다. 이 밖에 웃는 모양이나 소리의 크고 분명한 정도, 연속성(連續性) 또는 일회성(一回性) 여부에 따라 분류하기도 한다.

→ 음성 상징어의 특징

112 다음 글에서 필자가 다루고자 한 문제는?

소설 속에는 세 개의 욕망이 들끓고 있다. 하나는 소설가의 욕망이다. 소설가의 욕망은 세계를 변형시키려는 욕망이다. 소설가는 자기 욕망의 소리에 따라 세계를 자기 식으로 변모시키려고 애를 쓴다. 둘째 번의 욕망은 소설 속의 주인공들의 욕망이다. 소설 속의 인물들 역시 소설가의 욕망에 따라 혹은 그 욕망에 반대하여 자신의 욕망을 드러내고, 자신의 욕망에 따라 세계를 변형하려 한다. 주인공, 아니 인물들의 욕망은 서로 부딪쳐 다채로운 모습을 드러낸다. 마지막의 욕망은 소설을 읽는 독자의 욕망이다. 소설을 읽으면서 독자들은 소설 속의 인물들은 무슨 욕망에 시달리고 있는가를 무의식적으로 느끼고, 나아가 소설가의 욕망까지를 느낀다. 독자의 무의식적인 욕망은 그 욕망들과 부딪쳐 때로 소설 속의 인물들을 부인하기도 하고, 나아가 소설까지를 부인하기도 하며, 때로는 소설 속의 인물들에 빠져 그들을 모방하려 하기도 하고, 나아가 소설까지를 모방하려 한다. 그 과정에서 읽는 사람의 무의식 속에 숨어 있던 욕망은 그 모습을 서서히 드러내, 자기가 세계를 어떻게 변형시키려 하는가를 깨닫게 한다. 소설 속의 인물들은 무엇 때문에 괴로워하는가, 그 괴로움은 나도 느낄 수 있는 것인가, 아니면 소설 속의 인물들은 왜 즐거워하는가, 그 즐거움에 나도 참여할 수 있는가, 그것들을 따지는 것이 독자가 자기의 욕망을 드러내는 양식이다.

그 질문은 이 세계는 살 만한 세계인가, 이 세계의 현실 원칙은 쾌락 원칙을 어떻게 억누르고 있는가 하는 질문과도 같다. 그 질문을 통해 "여기 내 욕망이 만든 세계가 있다."라는 소설가의 존재론(存在論)이 "이 세계는 살 만한 세계인가"하는 읽는 사람의 윤리학과 겹쳐진다. 소설은 소설가의 욕망의 존재론이 읽는 사람의 욕망의 윤리학과 만나는 자리이다. 모든 예술 중에서 소설은 가장 재미있게 내가 사는 세계는 살 만한 세계인가, 아닌가를 반성케 한다. 일상성 속에 매몰된 의식에 그 반성은 채찍과도 같은 역할을 맡아 한다. 이 세계는 과연 살 만한 세계인가, 우리는 그런 질문을 던지기 위해 소설을 읽는다.

① 소설을 읽는 이유
② 소설과 소설가의 관계
③ 소설 속의 세 가지 욕망
④ 소설가와 독자의 역할

(가) 생명체들은 본성적으로 감각을 갖고 태어나지만, 그들 가운데 일부의 경우에는 감각으로부터 기억이 생겨나지 않는 반면 일부의 경우에는 생겨난다. 그리고 그 때문에 후자의 경우에 해당하는 생명체들은 기억 능력이 없는 것들보다 분별력과 학습력이 더 뛰어난데, 그중 소리를 듣는 능력이 없는 것들은 분별은 하지만 배움을 얻지는 못하고, 기억에 덧붙여 청각 능력이 있는 것들은 배움을 얻는다.

(나) 앞에서 말했듯이, 유경험자는 어떤 종류의 것이든 감각을 가지고 있는 사람들보다 더 지혜롭고, 기술자는 유경험자들보다 더 지혜로우며, 이론적인 지식들은 실천적인 것들보다 더 지혜롭다는 것이 일반적인 견해이다. 그러므로 지혜는 어떤 원리들과 원인들에 대한 학문적인 인식임이 분명하다.

(다) 하지만 발견된 다양한 기술 가운데 어떤 것들은 필요 때문에, 어떤 것들은 여가의 삶을 위해서 있으니, 우리는 언제나 후자의 기술들을 발견한 사람들이 전자의 기술들을 발견한 사람들보다 더 지혜롭다고 생각한다. 그 이유는 그들이 가진 여러 가지 인식은 유용한 쓰임을 위한 것이 아니기 때문이다. 그러므로 그런 종류의 모든 발견이 이미 이루어지고 난 뒤, 여가의 즐거움이나 필요, 그 어느 것에도 매이지 않는 학문들이 발견되었으니, 그 일은 사람들이 여가를 누렸던 여러 곳에서 가장 먼저 일어났다. 그러므로 이집트 지역에서 수학적인 기술들이 맨 처음 자리 잡았으니, 그곳에서는 제사장(祭司長) 가문이 여가의 삶을 허락받았기 때문이다.

(라) 인간 종족은 기술과 추론을 이용해서 살아간다. 인간의 경우에는 기억으로부터 경험이 생겨나는데, 그 까닭은 같은 일에 대한 여러 차례의 기억은 하나의 경험 능력을 만들어 내기 때문이다. 그리고 경험은 학문적인 인식이나 기술과 거의 비슷해 보이지만, 사실 학문적인 인식과 기술은 경험의 결과로서 사람들에게 생겨나는 것이다. 그 까닭은 폴로스가 말하듯 경험은 기술을 만들어 내지만, 무경험은 우연적 결과를 낳기 때문이다. 기술은, 경험을 통해 안에 쌓인 여러 관념들로부터 비슷한 것들에 대해 하나의 일반적인 관념이 생겨날 때 생긴다.

① (가) − (다) − (나) − (라)

② (가) − (다) − (라) − (나)

③ (가) − (라) − (나) − (다)

④ (가) − (라) − (다) − (나)

114 다음 글의 전개 순서로 가장 자연스러운 것은? [2015. 지방직 9급]

(가) 21세기 인류의 운명은 과학 기술 체계의 부여된 힘이 어떻게 사용되는 가에 따라서 좌우될 것이다. 기술 공학에 의해 새로운 유토피아가 도래할 것이라는 소박하고 성급한 희망과, 기술이 인간을 대신해서 역사의 주체로 등극하리라는 허무주의적인 전망이 서로 엇갈리는 기로에 우리는 서 있다. 기술 공학적 질서의 본질과 영향력을 고려하지 않은 모든 문화론은 공허할 수밖에 없다.

(나) 그러나 모든 생산 체제가 중앙 집중적인 기업 문화를 포기할 수는 없으며, 기업 문화의 전환은 어디까지나 조직의 자기 보존, 생산의 효율성, 이윤의 극대화 등을 달성하기 위한 것이다. 또 무엇보다 기업 내부의 문화적 전환을 떠나서 환경이나 자원, 에너지 등의 범사회적인 문제들이 심각해질수록 사람들은 기술 공학의 마술적 힘에 매달리고, 그러한 위기들을 중앙 집중적 권력에 의해 효과적으로 통제·관리하는 기술사회에 대한 유혹을 강하게 느낄 것이다.

(다) 기술적 질서는 자연은 물론 인간들의 삶의 방식에도 심층적인 변화를 초래했다. 관리 사회로의 이행이나 노동 과정의 자동화 등은 사회 공학적 기술이 정치부문과 생산에 적용된 대표적인 사례들이다. 물론 기술사회가 반드시 획일화된 관리 사회나 중앙 집권적 기업문화로만 대표되지는 않는다. 소프트웨어 중심의 컴퓨터 산업이나 초전도체 산업 등 고도 기술 사회의 일부 산업 분야는 중앙 집권적 기업 문화를 지양하고 자율성과 개방성을 특징으로 지니는 유연한 체제를 채택할 것이라는 견해가 상당히 유력하다.

(라) 생활 세계의 질서를 좌우하고 경제적 행위의 목적으로 자리 잡은 기술은 더 이상 상품의 부가가치를 높여주는 생산 수단만으로 이해되지 않는다. 기술의 체계는 이제 여러 연관된 기술들과 기술적 지식들에 의해서 구성된 유기적인 앙상블로 기능하는 것이다. 기술은 그 자체의 질서와 역동성을 지니는 체계이며 유사 주체로서의 양상을 보이기 때문이다.

① (가) - (나) - (다) - (라)

② (가) - (나) - (라) - (다)

③ (가) - (다) - (나) - (라)

④ (가) - (라) - (다) - (나)

　　〈도산십이곡〉은 도산 노인이 지은 것이다. 노인이 이를 지은 것은 무엇 때문인가. 우리나라의 가곡은 대체로 음란하여 족히 말할 것이 없으니 〈한림별곡〉과 같은 것도 문인의 입에서 나왔으나, 교만하고 방탕하며 겸하여 점잖지 못하고 장난기가 있어 더욱 군자가 숭상해야 할 바가 아니다. 다만 근세에 이별의 〈육가〉라는 것이 있어 세싱에 성대하게 전해지는데, 저것보다 낫기는 하나 또한 세상을 희롱하는 불공한 뜻만 있으며, 온유돈후의 실질이 적은 것을 애석하게 여겼다.

　　노인은 평소 음악을 이해하지는 못하나 오히려 세속의 음악이 듣기 싫은 것을 알아, 한가히 살면서 병을 돌보는 여가에 무릇 성정에서 느낌이 일어나는 것을 매양 시로 나타내었다. 그러나 지금의 시는 옛날의 시와는 달라서 읊을 수는 있어도 노래로 부를 수는 없다. 만약 노래로 부르려면 반드시 시속의 말로 엮어야 되니, 대개 우리나라 음절이 그렇게 하지 않고서는 안 되기 때문이다.

　　그래서 내가 일찍이 대략 이별의 노래를 본떠 도산육곡이란 것을 지은 것이 둘이니, 그 하나는 언지(言志)이고 다른 하나는 언학(言學)이다. 아이들로 하여금 아침저녁으로 익혀서 노래하게 하여 안석에 기대어 이를 듣고자 했다. 또한 아이들로 하여금 스스로 노래하고 춤추고 뛰게 한다면, 비루하고 더러운 마음을 깨끗이 씻어 버리고, 느낌이 일어나 두루 통하게 될 것이니 노래하는 자와 듣는 자가 서로 유익함이 없지 않을 것이다.

　　돌이켜보면 나의 자취가 자못 어그러졌으니, 이 같은 한가한 일이 혹시나 시끄러운 일을 야기하게 될지 모르겠고, 또 곡조에 얹었을 때 음절이 맞는지도 알 수 없어 우선 한 부를 베껴 상자 속에 담아 두고, 때때로 꺼내 완상하여 스스로를 반성하며, 또 훗날에 보는 자가 이를 버리거나 취하기를 기다릴 따름이다.

　　　　　　　　　　　　　　　　　　　　　　　　　　　　　　　－이황, 〈도산십이곡발〉 －

① 우리말 노래가 대체로 품격이 떨어진다고 보아 만족하지 못하고 있었다.
② 우리나라에서 한시를 노래로 부르는 전통을 되살리려고 한다.
③ 자신이 지은 노래를 부르는 아이들에게도 유익함이 있을 것이라 생각한다.
④ 자신이 노래를 지은 것을 불만스럽게 생각할 사람이 있을 수 있다고 예상한다.
⑤ 자신이 지은 노래가 후세에 전해져서 평가의 대상이 될 것을 기대한다.

23일차

111 ⑤

[정답풀이]

⑤에서 중심 문장은 첫 문장이다. 첫 문장의 주어부, 즉 화제는 '웃음 상징어의 분류 기준'이고, 서술부는 '다양하다'이다. 둘째 문장에서는 첫 문장의 속성 '다양하다'의 의미를 구체적으로 제시하고 있는 것이지 그 기능을 말한 것이 아니다. 따라서 전체 주제는 '웃음 상징어의 분류 기준'이 적절하다.

112 ①

[정답풀이]

주어진 글은 소설 속에 등장하는 세 가지 욕망—소설가의 욕망, 소설 속 인물들의 욕망, 그리고 독자의 욕망—을 설명하고 있다. 이를 통해 소설을 읽는 행위가 독자의 무의식적 욕망을 드러내고, 궁극적으로 "이 세계는 살 만한 세계인가"라는 질문을 던지도록 유도한다고 한다. 글의 전체 논지는 소설이 독자에게 던지는 중요한 질문을 통해 독자가 스스로의 욕망을 깨닫고 세계를 반성하게 하는 역할을 한다는 점을 강조하고 있다. 따라서 필자가 다루고자 한 문제는 소설을 읽는 이유, 즉 독자가 소설을 통해 무엇을 얻고자 하는가에 대한 것이다.

오답

② 글에서 소설가의 욕망이 다뤄지기는 하지만, 주된 논지는 독자가 소설을 읽는 이유에 대한 것이므로 적절하지 않다.

③ 글에서 소설 속의 세 가지 욕망에 대해 설명하지만, 이는 필자가 다루고자 한 주제의 일부일 뿐, 전체 논지는 소설을 읽는 이유에 대한 것이다.

④ 글에서 소설가와 독자의 역할에 대해 언급되지만, 주된 논지는 소설을 읽는 이유에 중점을 두고 있다.

113 ④

[정답풀이]

글 전체에 이어지는 핵심어가 '기억 → 경험 → 기술 → 학문'이다. 이 단어들을 자연스럽게 배열하면 답이 된다. (가)는 일반적인 생명체로 시작한 도입 부분이고, (라)는 그중 인간 종족으로 범위를 좁혀 기억으로부터 경험이 나오고, 경험이 기술을 만들어 낸다고 말하고 있다. 그리고 (다)에서 필요와 삶에 얽매이지 않은 학문이 출현했다고 논의를 전개한 후 (나)에서 요약적 결론을 내리고 있다. 결국, 지혜는 학문적 인식에서 비롯되는 것이라고 말하며 '이론적 지식의 중요성'을 강조하고 있다. 따라서 순서는 '(가) → (라) → (다) → (나)'가 된다.

참고

제시문은 아리스토텔레스의 ≪형이상학≫이라는 책의 일부이다.

14 ③

[정답풀이]

제시문은 〈기술공학 시대의 문화〉를 제목으로 한 글이다. (가)는 '기술 공학적 질서의 영향력'을 말하는 도입 부분이고, (다)는 '기술적 질서에 대한 구체적인 설명', (나)는 '다양한 분야에서 적용될 수밖에 없는 기술적 질서', (라)는 '주체로 등장한 기술의 중요성'을 말하고 있다. 따라서 글의 순서는 '(가) – (다) – (나) – (라)'가 된다.

115 ②

[정답풀이]

제시문에는 '한시'에 대한 구체적인 언급이 없다. 〈도산십이곡〉은 조선시대의 시조이기 때문에 이를 지식으로 둘째 문단을 추론하여 노래로 부를 수 있는 '옛날의 시'를 한시로 본다 하더라도 이를 노래로 부르는 전통을 살리자고 주장하지는 않았다. 글쓴이는 도산유곡을 노래로 부르게 하도록 주장했을 뿐이다.

오답

① 첫째 문단의 '우리나라의 가곡은 대체로 음란하여 족히 말할 것이 없으니'로 알 수 있다.

③ 셋째 문단에서, 자신이 지은 도산육곡을 아이들로 하여금 노래하게 하면 아이들이 비루하고 더러운 마음을 씻을 수 있다고 주장했다.

④ 마지막 문단의 '이 같은 한가한 일이 혹시나 시끄러운 일을 야기하게 될지 모르겠고'로 알 수 있다.

⑤ 마지막 문단의 '또 훗날에 보는 자가 이를 버리거나 취하기를 기다릴 따름이다.'로 알 수 있다.

116 (가)~(라)를 논리적 순서로 배열할 때 가장 적절한 것은?

[2011. 지방직 9급]

'국어 순화'를 달리 이르는 말로 이제는 '우리말 다듬기'라는 말이 쓰이고 있다. '국어 순화'라는 말부터 순화해야 한다는 지적이 있었던 상황에서 '우리말 다듬기'라는 말은, 그 의미를 대강 짐작할 수 있는 쉬운 우리말이라는 점에서, 국어 순화의 기본 정신에 걸맞은 말이라 할 수 있다.

(가) 우리말 다듬기는 국어 속에 있는 잡스러운 것을 없애고 순수성을 회복하는 것과 복잡한 것을 단순하게 하는 것으로 이해된다.

(나) 또한, 그것을 복잡한 것으로 알려진 어려운 말을 쉬운 말로 고치는 일도 포함한다.

(다) 이렇게 볼 때, 우리말 다듬기란 한마디로 고운 말, 바른 말, 쉬운 말을 가려 쓰는 것을 말한다.

(라) 따라서 우리말 다듬기는 잡스러운 것으로 알려진 들어온 말 및 외국어를 가능한 한 고유어로 재정리하는 것과 비속한 말이나 틀린 말을 고운 말, 표준말로 바르게 하는 것이다.

즉, 우리말 다듬기는 '순 우리말(토박이말)'이 아니거나 '쉬운 우리말'이 아닌 말을 순 우리말이나 쉬운 우리말로 바꾸어 쓰는 '순 우리말 쓰기'나 '쉬운 우리말 쓰기'를 두루 아우르는 말이다. 그러나 우리말 다듬기의 범위를 넓게 잡으면 '순 우리말 쓰기'와 '쉬운 우리말 쓰기'까지도 포함할 수 있다. '바른 우리말 쓰기'는 규범이나 어법에 맞지 않는 말이나 표현을 바르게 고치는 일을 가리키고, '고운 우리말 쓰기'는 비속한 말이나 표현을 우아하고 아름다운 말로 고치는 일을 가리킨다.

– 김형배, 〈우리말 다듬기〉 중에서 –

① (가) → (나) → (다) → (라)

② (가) → (다) → (라) → (나)

③ (가) → (라) → (나) → (다)

④ (가) → (라) → (다) → (나)

[117~118] 다음 글을 읽고 물음에 답하시오.

[2019. 소방직]

(가) 최근 들어 '낚이다'라는 표현을 사람에게 쓰고는 한다. 물론 글자 그대로의 의미는 아니다. 가령 인터넷상에서 호기심이나 관심을 발동시키는 기사 제목을 보고 그 기사를 읽어 보았지만, 그럴 만한 내용이 없었을 때 이런 표현을 사용한다. 즉 '낚이다'라는 말은 기사 제목이 던지는 미끼에 현혹되어 그것을 물었지만 소득 없이 기만만 당하였다는 의미이다. '낚시질'은 특히 인터넷상에서 벌어지는 특징적인 현상이다.

(나) 캐나다의 매체 이론가인 마셜 맥루언은 "매체는 메시지이다."라고 하였다. 매체란 메시지를 전달하는 수단을 말하는데, 그것은 단순한 수단에 그치는 것이 아니라 메시지 자체라고 할 수 있을 만큼 메시지에 강력한 영향을 미친다. 그에 따르면 인간과 인간 사이에서 의사를 전달하는 언어는 물론이거니와 노동의 도구들조차 인간과 노동 대상 사이를 매개하는 물건이므로 매체에 속한다. 따라서 새로운 매체가 개발되면 그것을 통해 인간의 활동 영역이 훨씬 더 확대되므로 '매체는 인간의 확장'이라고 했다.

(다) 매체가 가지는 능동적인 힘을 인정한다면, 매체가 단순히 메시지를 담는 그릇에 불과하다거나 중립적일 수도 있다는 견해는 환상에 지나지 않게 된다. 매체가 중립적이지 않다면 매체를 통해 전달되는 메시지들도 자연 중립적일 수가 없다. 앞서 인터넷상에서 벌어지는 신문 기사 제목의 '낚시질'을 문제 삼았지만 인터넷 이전의 언론 매체들이라고 해서 모두 공정하고 객관적인 보도를 해 왔다고는 보기 어려울 것이다.

(라) 상업적이고 퇴폐적인 방송이나 기사, 자칫하면 국수주의로 흐를 수도 있는 스포츠 중계 등에 대한 우려가 지속되는 이유는 무엇일까? 이윤 동기에 지배당하는 매체 회사들에게 일차적인 책임을 물어야 하겠지만 손바닥도 혼자서는 소리를 낼 수 없는 법, 상업화로 균형 감각을 상실한 방송이나 기사를 흥미롭게 보는 수용자들에게도 책임이 있다. 남의 사생활을 몰래 들여다보고 싶어 하는 욕망, 불행한 사건·사고들을 수수방관하면서도 그 전말에 대해서는 시시콜콜히 알고 싶어 하는 호기심, 집단의 열광 속에 파묻혀 자신이 잃어버린 무엇인가를 보상받고 싶어 하는 수동적 삶의 태도 등은 황색 저널리즘과 '낚시질'이 성행하는 터전이 된다. 바로 '우리'가 그들의 숨은 동조자일 수 있다.

117 윗글로 알 수 있는 내용은?

① '낚시질'은 남의 사생활을 몰래 들여다보는 행위로, 인터넷상에서 벌어지는 특징적인 현상이다.

② 이윤 동기에 지배당하는 매체 회사들을 바로 상업적 방송의 '숨은 동조자'라 할 수 있다.

③ 신문 기사와 같은 매체 자료는 생산자의 주관적 동기에 영향을 받는다.

④ 매체 회사들이 생산한 매체 자료는 객관적이고 신뢰할 수 있다.

118 윗글에 드러난 설명 방식이 아닌 것은?

① 비교   ② 예시

③ 정의   ④ 인용

119 다음 글에서 알 수 없는 것은?

[2018. 지방직 9급]

되새김 동물인 무스(moose)의 경우, 위에서 음식물이 잘 소화되게 하려면 움직여서는 안 된다. 무스의 위는 네 개의 방으로 나누어져 있는데, 위에서 나뭇잎, 풀줄기, 잡초 같은 섬유질이 많은 먹이를 소화하려면 꼼짝 않고 한곳에 가만히 있어야 하는 것이다. 한편, 미국 남서부의 사막 지대에 사는 갈퀴발도마뱀은 모래 위로 눈만 빼꼼 내놓고 몇 시간 동안이나 움직이지 않는다. 그렇게 있으면 따뜻한 모래가 도마뱀의 기운을 북돋아 준다. 곤충이 지나가면 도마뱀이 모래에서 나가 잡아먹을 수 있도록 에너지를 충전해 주는 것이다. 반대로 갈퀴발도마뱀의 포식자인 뱀이 다가오면, 그 도마뱀은 사냥할 기운을 얻기 위해 움직이지 않았을 때의 경험을 되살려 호흡과 심장 박동을 일시적으로 멈추고 죽은 시늉을 한다. 갈퀴발도마뱀은 모래 속에 몸을 묻고 움직이지 않기 때문에 수분의 손실을 줄이고 사막 짐승들의 끊임없는 위협에서 벗어날 수 있는 것이다.

① 무스가 움직이지 않는 것은 생존을 위한 선택이다.
② 무스는 소화를 잘 시키기 위해 식물을 가려먹는 습성을 가지고 있다.
③ 갈퀴발도마뱀은 움직이지 않는 방식으로 먹이를 구한다.
④ 갈퀴발도마뱀은 모래 속에 몸을 묻을 때 생존 확률을 높일 수 있다.

120 다음 글의 내용을 잘못 이해한 사람은?

[2018. 지방직 9급]

심리학에서는 동조(同調)가 일어나는 이유를 크게 두 가지로 설명한다. 첫째는, 사람들은 자기가 확실히 알지 못하는 일에 대해 남이 하는 대로 따라 하면 적어도 손해를 보지는 않는다고 생각한다는 것이다. 둘째는, 어떤 집단이 그 구성원들을 이끌어 나가는 질서나 규범 같은 힘을 가지고 있을 때, 그러한 집단의 압력 때문에 동조 현상이 일어난다는 것이다. 만약 어떤 개인이 그 힘을 인정하지 않는다면 그는 집단에서 배척당하기 쉽다. 이런 사정 때문에 사람들은 집단으로부터 소외되지 않기 위해서 동조를 하게 된다. 여기서 주목할 것은 자신이 믿지 않거나 옳지 않다고 생각하는 문제에 대해서도 동조의 입장을 취하게 된다는 것이다.

동조는 개인의 심리 작용에 영향을 미치는 요인이 무엇이냐에 따라 그 강도가 다르게 나타난다. 가지고 있는 정보가 부족하여 어떤 판단을 내리기 어려운 상황일수록, 자신의 판단에 대한 확신이 들지 않을수록 동조 현상은 강하게 나타난다. 또한 집단의 구성원 수가 많거나 그 결속력이 강할 때, 특정 정보를 제공하는 사람의 권위와 지위, 그에 대한 신뢰도가 높을 때도 동조 현상은 강하게 나타난다. 그리고 어떤 문제에 대한 집단 구성원들의 만장일치 여부도 동조에 큰 영향을 미치게 되는데, 만약 이때 단 한 명이라도 이탈자가 생기면 동조의 정도는 급격히 약화된다.

① 영희: 줄 서기의 경우, 줄을 서 있는 사람이 많을수록 나중에 오는 사람들이 그 줄 뒤에 설 확률이 더 높아.
② 철수: 특히 응집력이 강한 집단에 항거하는 것은 더 어려운 일이야. 이런 경우, 동조 압력은 더 강할 수밖에 없겠지.
③ 갑순: 동조 현상에 영향을 미치는 요인은 우매한 조직의 결속력보다 개인의 신념이라고 볼 수 있겠군.
④ 갑돌: 아침에 수많은 정류장 중 어디에서 공항버스를 타야 할지 몰랐는데 스튜어디스 차림의 여성이 향하는 정류장 쪽으로 따라갔어. 이 경우, 그 스튜어디스 복장이 신뢰도를 높였다고 할 수 있겠네.

24일차

116 ③
[정답풀이]
(다)는 세 가지 정보(고운 말, 바른말, 쉬운 말)를 모두 담고
있는 정리 단락이므로 맨 마지막에 와야 한다. 또한 '이렇게
볼 때'라는 표지를 통해서도 정리 단락임을 추론할 수 있다.
나머지 문단들은 '고운 말[=(가)] → 바른말[=(라)] → 쉬운 말
[=(나)]'의 순서대로 오면 된다.

117 ③
[정답풀이]
'이윤 동기에 지배당하는 매체회사들'이나 '상업화로 균형 감
각을 상실한 방송이나 기사'를 근거로, ③의 설명은 올바른
내용임을 알 수 있다.

오답
① '낚시질'이 성행하는 이유는 남의 사생활을 몰래 들여다보
고 싶어하는 욕망이라고 보는 것이 올바른 설명이다. ①
처럼 '낚시질'의 개념 자체가 남의 사생활을 모래 들여다
보는 행위인 것은 아니다.
② '숨은 동조자'는 수용자인 '우리'이지 이윤 동기에 지배당
해 상업적 방송을 하는 매체 회사들 자체를 말하는 것은
아니다.
④는 잘못된 추론이다.

118 ①
[정답풀이]
비교는 동일 범주의 대상 사이의 유사점을 내세워 설명하는
글쓰기 방식이다. 이 글의 화제인 '낚이다'나 비판의 대상인
'매체 회사들'과 유사점을 가진 대상은 없으므로 비교의 방법
은 사용되지 않았다.

오답
② (라)에서 황색 저널리즘과 '낚시질'이 성행하는 이유를 수
용자의 태도와 관련지어 예를 들어 설명했다.
③ (가)에서 '낚이다'의 개념을 정의하였다.
④ (나)에서 캐나다의 매체 이론가인 마셜 맥루언의 말을 인
용하였다.

119 ②
[정답풀이]
제시문에서 되새김 동물인 무스의 경우, 소화를 잘 시키기 위
해서는 움직여서는 안 된다고 나와 있다. 하지만 식물을 가려
먹는 습성이 있다는 내용은 알 수 없으므로 ②는 적절하지
않다.

120 ③
[정답풀이]
심리학에서 동조가 일어나는 이유를 설명한 글이다. 동조는
손해를 보지 않으려는 심리 때문에 일어난다. 그리고 집단에
압력으로 인해 일어난다. 이런 사정 때문에 사람들은 자신이
믿지 않거나 옳지 않다고 생각하는 문제에 대해서도 동조의
입장을 취하게 된다. 우매한 조직이라 하더라도 집단의 결속
력이 강하면 동조하게 되므로 개인의 신념은 영향을 미치지
못하게 되는 것이다.

오답
① 집단의 구성원 수가 많으면 동조 현상이 일어난다고 설명
했다.
② 집단의 결속력이 강하면 동조 현상이 일어난다고 설명
했다.
④ 특정 정보를 제공하는 사람의 권위와 지위, 그에 대한 신
뢰도가 높을 때 동조 현상이 일어난다고 설명했다. 스튜
어디스는 공항으로 가는 방법을 잘 알 것이라는 신뢰도가
발생하므로 특정 정보를 제공하는 권위나 신뢰도가 높다
고 볼 수 있다.

121 다음 글의 내용과 일치하지 않는 것은?

> 판소리는 '판의 소리'이다. 그리고 '판'의 특성은 한 마디로 살아 숨쉬는 데 있다. 대저 어떠한 사물에서 살아 있는 것과 죽은 것의 구별은 결정적으로 호흡 여부에 달려 있다고 볼 수 있다. 다시 말해 살아 있다는 것은 숨을 쉬고 있다는 의미요. 죽었다는 것은 숨쉬기를 멈추었다는 뜻이다. 그러면 이 숨을 쉰다는 것은 구체적으로 어떤 현상을 가리키는 것일까? 그것은 하나의 생명체가 자신의 존립 근거인 또 다른 생명체와 교섭하여 신진 대사를 하는 행위를 말한다. 마찬가지로 소리판의 생명은 광대와 청중이 서로 주고받는 데, 서로 호흡하는 데 있는 것이다.
>
> 이러한 소리판의 특성은 판소리의 본질이 다름아닌 '이야기' 그 자체라는 사실에 근거하는 것이다. 우리 나라의 옛 이야기 구연 방식은 모두가 '대거리' 형식이다. 이야기를 하는 사람이 일방적으로 들려만 주는 것이 아니고, 듣는 사람이 끼어들어 묻고, 따지고, 조르고, 말리고, 추어 주고, 하는 데서 이야기는 길을 잡아 나간다. 이처럼 듣는 사람이 끼어드는 방식은 애초의 이야기판에서는 더 적극적인 '대거리' 형태였으나, 오늘날 소리판에서는 훨씬 소극적인 '추임새' 형태만 형식적으로 남아 있다. 더구나 '대거리'는 구체적인 내용에 대한 개입이지만, 요즈음 '추임새'는 기량이나 기교에 대한 상찬(賞讚)*으로 치우치는 감이 없지 않다.
>
> 어떻든 소리판에서 광대와 고수 사이는 물론이요. 광대와 청중 간에도 호흡이 잘 맞아야 하는 것은 필수적인 요건이라 할 수 있다. 광대가 숨을 내쉬면 고수와 청중은 숨을 들이쉬고, 광대가 숨을 들이쉬면 고수와 청중은 숨을 내뱉는다. 바로 숨을 내뱉을 때 대거리와 추임새를 넣으면 대체로 적절하다고 할 것이다. 이렇듯 광대가 아니리와 소리를 하면 고수와 청중이 대거리와 추임새를 넣는 상호 교류, 신진 대사가 활발하면 할수록 소리판은 살아 숨쉬는 생동하는 판이 된다.
>
> *상찬: 기리어 칭찬함

① 소리판의 주요한 특성은 살아 숨쉬는 생동감에 있다.
② 판소리 공연은 광대와 청중의 유기적 호흡을 보여 준다.
③ 옛 이야기의 화자는 듣는 이의 간섭을 무시하였다.
④ 오늘날의 판소리는 예전에 비해 생동감이 줄어들었다.

122 다음 글로 보아 '편견'에 대한 설명으로 적절하지 않은 것은?

역사학은 객관성을 추구하는 학문이다. 그러나 역사 인식에는 주관의 개입이 불가피하고, 이에 따라 객관성이 위협 받는다는 데에 역사학의 고민이 있다. 이와 관련하여 월쉬(W. Walsh)는 역사학자들 간의 견해 차이를 야기하는 주요한 주관적 요인으로 개인적 편견과 집단적 편견, 역사적 해석에 관한 이론과 세계관을 들고 있다. 이 네 가지 주관적 요인은 편견과 개념적 체계로 단순화할 수 있다.

편견과 개념적 체계는 모두 역사 인식의 과정에 영향을 미친다. 하지만 그 영향력이 같은 차원에서 작용하는 것일까? 그렇지는 않다. 편견은 어떤 합리적 근거를 가지지 못한 견해이기 때문에 객관적인 진리 획득을 방해하는 심각한 장애물이 된다. 그것은 사실의 인식을 왜곡시킨다. 따라서 역사학이 객관성을 추구하는 한 편견은 배제해야 할 대상인 것이다. 그러나 합리적 근거를 가지고 있는 개념적 체계는 사실의 특정한 측면이 우리에게 드러나도록 한다. 이는 인식의 왜곡이라기보다는 인식의 제한이라고 보는 것이 옳다. 그러므로 편견은 배제되어야 할 것이지만, 개념적 체계는 유지되어야 할 주관적 요인이다.

① 사실에 대한 인식을 제한한다. ② 배제해야 할 주관적 요인이다.
③ 합리적 근거를 갖고 있지 않다. ④ 객관적인 진리 획득을 방해한다.

123 다음 글에서 알 수 없는 것은? [2018. 지방직 9급]

소설의 출현은 사적 생활이라는 개념의 출현과 밀접한 관련이 있다. 왜냐하면 소설 읽기와 쓰기에 있어 사적 생활은 필수적인 까닭이다. 어쩌면 사적 생산과 소비 형태 탓에 사생활은 소설이라는 장르의 태동 때부터 소설의 중심 주제였는지도 모른다. 혹은 이와는 반대로 사적 경험이라는 비교적 새로운 개념을 탐색해야 할 필요 탓에 소설이 생긴 것인지도 모른다. …… 사적 공간은 개인, 가족, 친구, 그리고 자기 자신 등과의 교류에 필요한 은밀한 공간이 실제 생활 속에 구현되도록 도왔다. 자기만의 내적인 것에 대한 추구는 사람들의 이상이 되었고 점점 그 중요성이 커지면서 사람들의 존재 방식과 글쓰기 행태에 변화를 요구하였다.

이전의 지배적 문학 형태인 서사시, 서정시, 희곡 등과는 달리 소설은 낭독하는 전통이 없었다. 또한 낭독을 이상으로 삼지도 않고, 청중의 참여를 전제로 하지도 않았다. 소설 장르는 여럿이 함께 모여 문학 작품을 감상하는 청중 개념의 붕괴와 밀접한 관련이 있다. 19세기는 르네상스 시대와 17세기와는 달리 공통의 규범과 가치를 나누는 단일 사회가 아니었다. 따라서 청중이 한자리에 모여 동일한 가치를 나누는 일이 점차 불가능해졌다. 혼자 소리 내지 않고 책을 읽기 시작했다는 것은 사람들이 이미 사적 생활에 상당한 의미를 두게 되었음을 뜻한다. ……

이러한 사적 경험으로서의 책 읽기에 대응되어 나타난 것이 사적인 글쓰기였다. 사적으로 글을 쓸 경우 작가는 이야기꾼, 음유 시인, 극작가들과 달리 청중들로부터 아무런 즉각적 반응도 얻을 수 없다. 인류학자, 언어학자들에 의하면 언어의 의미는 그것을 쓸 때의 상황에 크게 좌우된다고 한다. 그러나 글쓰기, 그중에도 특히 인쇄에 의해 복제된 글쓰기는 작가에게서 떨어져 나와 결국 아무에게도 속하지 않는 자율적 담론을 창조하게 되었다.

① 사적인 글쓰기의 출현으로 작가는 독자와 직접 소통할 수 있게 되었다.
② 자기만의 내적인 것에 대한 추구가 새로운 형태의 글쓰기를 요구하였다.
③ 소설은 사적 공간에서의 책 읽기와 글쓰기가 가능해진 시기에 출현하였다.
④ 희곡작가는 낭독을 통해 청중들과 교류하며 공통의 규범과 가치를 나누고자 하였다.

124 **다음 글을 통해 알 수 있는 내용으로 적절한 것은?**

[2019. 기상직]

어느 기업이 불법 행위를 자행하여 소액 주주들에게 손해가 발생하였다고 치자. 이때 1명의 주주가 그 기업을 대상으로 손해 배상을 청구하여 승소하였다면, 다른 주주들도 별도의 재판 없이 똑같이 배상받을 수 있는 제도가 있다면 참 좋을 것이다. 한 사람의 원고를 중심으로 집단을 이루어 시민들의 작은 권리를 구제할 수 있는 제도, 바로 이것이 집단 소송제이다. 이 제도는 1960년대 시민의 권리 찾기 운동이 꽃을 피웠던 미국에서부터 시작되어 유럽에서 적극적으로 도입한 제도이다.

피해자의 숫자는 많으나 개별 피해자의 피해액이 상대적으로 적고 개별적으로 소송을 제기하기에는 비용과 절차에 대한 부담이 클 때 특히 집단 소송제가 절실해진다. 집단 소송제는 같은 피해를 받은 피해자들이 집단을 이루어 한목소리로 단일화된 소송을 제기함으로써 많은 사람들이 한꺼번에 절차를 밟고 소송비용도 분담할 수 있기 때문이다.

집단 소송제가 도입이 되면 무엇보다 분산된 사회적 권리를 더욱 많이 보호받을 수 있다. 예를 들어 어느 마을에 공장 가동으로 주변 환경이 오염되어 가고 있다고 하자. 환경오염에 대한 원인과 그 피해를 밝히자면 엄청난 경비가 들고 소송을 한다고 하더라도 많은 소송비가 필요하기 때문에 주민들은 소송을 제기할 엄두조차 못 낼 것이다. 주민 개개인에 대한 피해가 작아 보일 때는 더욱 그렇다. 이와 같이 각각 분산되어 있는 작은 환경적 권리를 집단 소송제를 통해 효율적으로 보호받을 수 있게 된다.

① 집단 소송제는 1960년대에 유럽에서 처음으로 시작되었다.
② 집단 소송제는 분산되어 있던 사회적 권리를 찾아 줄 수 있다.
③ 집단 소송제를 하면 재판을 진행하는 데에 필요한 전체 소송비용이 줄어든다.
④ 집단 소송은 다른 피해를 입은 피해자의 집단이 단일화된 소송을 제기하는 것이다.

125 **다음 글의 전개 순서로 알맞은 것은?**

[2014. 기상직 9급]

(가) 세계 최저의 문맹률이라는 자랑스러운 현상에 대해 우리는 낯익은 설명을 제시할 수 있다. 한글의 과학성과 우수성, 세계에서 둘째가라면 서러워할 한국인의 높은 교육열, 학령기의 모든 국민을 대상으로 하는 잘 짜인 공교육 제도 등이 가장 짧은 시간 동안에 가장 낮은 문맹률을 달성한 원인으로 이야기된다.

(나) 40년을 격하여 드러난 한국 문맹률의 극적인 반전을 우리는 어떻게 이해해야 할까? 40년이 지나는 동안 한국 국민들의 읽고 쓰는 능력이 심각하게 저하된 것일까? 그렇지는 않을 것이다. 이 문제를 이해하기 위한 핵심은 문해력을 바라보는 관점의 변화를 쫓아가는 데 있다.

(다) 그러나 한국 문맹률의 실상은 무엇일까? 한국교육 개발원의 2002년 보고서에 따르면 19세 이상인 우리나라 전체 성인 인구의 24.8%는 생활하는 데에서 읽기, 쓰기, 셈하기에 어려움을 겪고 있다고 보고하고 있다.

(라) 1950년대 문맹 퇴치 운동이 '신화적인 성공'을 거두면서 1959년 우리나라 비문해율은 4.1%, 그리고 1960년도 의무교육 취학률은 96%에 달했다고 한다. 한국은 전 세계에서 문맹률이 가장 낮은 국가에 속하면서 1980년대 중반 이후에는 문맹률을 조사하는 것이 의미가 없어져 더 이상 기초 조사를 하지 않고 있다.

① (나) − (라) − (가) − (다)
② (나) − (라) − (다) − (가)
③ (라) − (다) − (나) − (가)
④ (라) − (가) − (다) − (나)

25일차

121 ③

[정답풀이]

주어진 글은 판소리의 특성과 중요성에 대해 설명하고 있다. 특히 판소리가 살아 숨쉬는 생동감을 유지하기 위해 광대와 청중 간의 유기적인 호흡이 필요하다는 점을 강조하고 있다. 글에서 "우리나라의 옛 이야기 구연 방식은 모두가 '대거리' 형식이다. 이야기를 하는 사람이 일방적으로 들려만 주는 것이 아니고, 듣는 사람이 끼어들어 묻고, 따지고, 조르고, 말리고, 추어 주고, 하는 데서 이야기는 길을 잡아 나간다."라고 설명하고 있다. 이는 화자가 듣는 이의 간섭을 무시하는 것이 아니라, 오히려 듣는 이의 참여와 상호작용을 통해 이야기가 전개된다는 것을 의미한다. 따라서 옛 이야기의 화자가 듣는 이의 간섭을 무시한다는 것은 글의 내용과 일치하지 않는다.

오답

① 글에서 "판의 특성은 한 마디로 살아 숨쉬는 데 있다."라고 명시적으로 언급하고 있다. 이는 소리판의 생동감이 주요 특성임을 분명히 한다.

② 글에서 "소리판의 생명은 광대와 청중이 서로 주고받는 데, 서로 호흡하는 데 있는 것이다."라고 설명하여, 광대와 청중 간의 유기적인 호흡이 판소리 공연의 핵심임을 강조하고 있다.

④ 글에서 "애초의 이야기판에서는 더 적극적인 '대거리' 형태였으나, 오늘날 소리판에서는 훨씬 소극적인 '추임새' 형태만 형식적으로 남아 있다."라고 설명하고 있다. 이는 오늘날의 판소리가 예전에 비해 생동감이 줄어들었다는 것을 의미한다.

122 ①

[정답풀이]

주어진 글은 역사학에서 객관성을 추구하는 과정에서 편견과 개념적 체계가 어떻게 영향을 미치는지 설명하고 있다. 이 중 편견은 객관적인 진리 획득을 방해하는 요소로 배제해야 하며, 개념적 체계는 인식을 제한하지만 유지되어야 한다고 설명하고 있다. 편견은 합리적 근거를 가지지 못한 견해로, 객관적인 진리 획득을 방해하고 사실의 인식을 왜곡시킨다고 명시되어 있다. 글에서는 개념적 체계가 인식을 제한한다고 설명하고 있다. 이는 편견과 다르게 합리적 근거가 있으며, 특정 사실의 측면을 드러나게 한다고 설명한다. 따라서 편견은 사실에 대한 인식을 제한한다는 설명은 적절하지 않다.

오답

② 글에서 "편견은 배제해야 할 대상인 것이다."라고 명확히 언급하고 있어, 이 설명은 적절하다.

③ 글에서 "편견은 어떤 합리적 근거를 가지지 못한 견해이기 때문에"라고 설명하고 있어, 이 설명도 적절하다.

④ 글에서 "편견은 객관적인 진리 획득을 방해하는 심각한 장애물이 된다."라고 언급하고 있어, 이 설명 역시 적절하다.

123 ①

[정답풀이]

소설은 사적인 글쓰기이며, 청중 개념이 붕괴되어 청중들로부터 즉각적 반응을 얻을 수 없다고 했다. 따라서 '독자와 직접 소통한다.'는 내용을 알 수 없으며, 적절하지도 않다.

오답

② 사적 경험으로서의 책 읽기에 대응되어 나타난 것이 사적인 글쓰기이다.

③ 19세기 르네상스 시대는 사적인 공간과 가치를 추구하는 시기였다. 소설은 사적 생활과 사적 공간의 필요와 더불어 나타났다.

④ 과거의 지배적 문학 형태인 서사시, 서정시, 희곡은 소설과 달리 낭독하는 전통이 있었다. 이러한 낭독을 통해 청중의 참여를 유도하고 청중과 공감했다.

124 ②

[정답풀이]

3문단의 첫째 줄에서 집단 소송제가 도입이 되면 분산된 사회적 권리를 더욱 많이 보호받을 수 있다고 언급했다.

오답

① 1문단을 보면 미국에서 시작되어 유럽으로 도입되었다고 언급했다.

③ 2와 3문단을 보면 집단 소송제를 실시했다고 하여 전체 소송 비용이 줄어드는 것은 아니다. 피해자들이 분담을 할 수 있다는 장점이 있다.

④ 2단락을 보면 집단 소송제는 '같은 피해'를 입은 사람들이 집단으로 소송하는 제도다.

125 ④

(가) 언론의 자유가 얼마나 중요한 것임을 통감하지 아니할 수 없다. 오직 언론의 자유가 있는 나라에만 진보가 있는 것이다. 한국이 세계 최저의 문맹 국가임을 언급한 (라)가 도입이고, 그 현상에 대한 원인으로 구체화한 (가)가 다음에 이어져야 한다. 그런 다음 문맹률의 실상을 반론으로 제시한 (다)가 나오고, 문제의 핵심을 제시한 (나)가 마지막이 된다. 따라서 이 글의 순서는 '(라) – (가) – (다) – (나)'가 된다.

126 글의 전체적인 뜻이 통하도록 가장 잘 배열한 것은? [2013. 서울시 9급]

> 가. 과거에는 종종 언어의 표현 기능 면에서 은유가 연구되었지만, 사실 은유는 말의 본질적 상태 중 하나이다.
> 나. '토대'와 '상부 구조'는 마르크스주의에서 기본개념들이다. 데리다가 보여 주었듯이, 심지어 철학에도 은유가 스며들어 있는데 단지 인식하지 못할 뿐이다.
> 다. 어떤 이들은 기술과학 언어에는 은유가 없어야 한다고 역설하지만, 은유적 표현들은 언어 그 자체에 깊이 뿌리박고 있다.
> 라. 언어는 한 종류의 현실에서 또 다른 현실로 이동함으로써 그 효력을 발휘하며, 따라서 본질적으로 은유적이다.
> 마. 예컨대 우리는 조직에 대해 생각할 때 습관적으로 위니 아래니 하며 공간적으로 생각하게 된다. 우리는 이론이 마치 건물인 양 생각하는 경향이 있어서 기반이나 기본 구조 등을 말한다.

① 가 – 나 – 마 – 라 – 다　　　　② 가 – 다 – 나 – 마 – 라
③ 라 – 마 – 다 – 가 – 나　　　　④ 가 – 라 – 다 – 마 – 나
⑤ 라 – 가 – 다 – 나 – 마

127 〈보기〉에 대한 설명으로 가장 옳은 것은? [2018. 서울시 9급]

> ┤보기├
>
> 　내가 어렸을 때만 하더라도 미국의 어린이들은 원래 북아메리카에는 100만 명가량의 인디언밖에 없었다고 배웠다. 이렇게 적은 수라면 거의 빈 대륙이라고 할 수 있으므로 백인들의 정복을 정당화하는 데 유용했다. 그러나 고고학적인 발굴과 미국의 해안 지방을 처음 밟은 유럽인 탐험가들의 기록을 자세히 검토한 결과 인디언들이 처음에는 약 2000만 명에 달했다는 것을 알게 되었다. 신세계 전체를 놓고 보았을 때 콜럼버스가 도착한 이후 한두 세기에 걸쳐 인디언의 인구는 최대 95%가 감소했을 것으로 추정된다.
> 　인디언들이 죽은 주된 요인은 구세계의 병원균이었다. 인디언들은 그런 질병에 노출된 적이 없었으므로 면역성이나 유전적인 저항력이 전혀 없었다. 살인적인 질병의 1위 자리를 놓고 다투었던 것은 천연두, 홍역, 인플루엔자, 발진티푸스 등이었고 그것으로도 충분하지 않다는 듯 디프테리아, 말라리아, 볼거리, 백일해, 페스트, 결핵, 황열병 등이 그 뒤를 바싹 따랐다. 병원균이 보인 파괴력을 백인들이 직접 목격한 경우도 헤아릴 수 없이 많았다. 1837년 대평원에서 가장 정교한 문화를 가지고 있던 만단족 인디언들은 세인트루이스에서 미주리 강을 타고 거슬러 올라온 한 척의 증기선 때문에 천연두에 걸렸다. 만단족의 한 마을은 몇 주 사이에 인구 2000명에서 40명으로 곤두박질쳤다.
>
> － 제레드 다이아몬드, 《총, 균, 쇠》 중에서

① 유럽은 신세계였고, 아메리카는 구세계였다.
② 인디언들은 구세계의 병원균에 대한 면역성이 없었다.
③ 만단족 인디언들의 인구 감소는 백인들의 무기 때문이었다.
④ 콜럼버스 이전에 북아메리카에는 100만 명가량의 인디언이 있었다.

128 〈보기〉의 괄호에 알맞은 한자성어는?

┤ 보기 ├

일을 하다 보면 균형과 절제가 필요하다는 것을 알게 된다. 일의 수행 과정에서 부분적 잘못을 바로 잡으려다 정작 일 자체를 뒤엎어 버리는 경우가 왕왕 발생하기 때문이다. 흔히 속담에 "빈대 잡으려다 초가삼간 태운다"는 말은 여기에 해당할 것이다. 따라서 부분적 결점을 바로잡으려다 본질을 해치는 (   )의 어리석음을 저질러서는 안 된다.

① 개과불린(改過不吝) 　　　　　　② 경거망동(輕擧妄動)
③ 교각살우(矯角殺牛) 　　　　　　④ 부화뇌동(附和雷同)

129 다음 글의 핵심 논지로 가장 적절한 것은?

우리가 다 아는 말로 군사부일체(君師父一體)라는 말이 있다. '임금과 스승과 부모는 나에게 같은 존재이니 섬기기를 동일하게 하라.'라는 뜻인데, 이는 특히 스승을 섬기는 데 소홀함이 없어야 함을 강조하는 말이다.

이 내용을 좀 더 구체적으로 설명해 주는 말로 ≪국어(國語)≫에는 다음과 같은 내용이 있다. "사람은 세 분의 덕에 의해 살아가는 것이니 섬기기를 똑같이 해야 한다. 부모는 낳아 주셨고, 스승은 가르쳐 주셨고, 임금은 먹여 주셨다." 배우지 않고는 세상을 살아갈 수 없는데, 그 배움을 채워 주는 사람이 바로 스승인 것이다. 스승에 대한 논설로 가장 유명한 글로는 중국 당나라의 최고 문장가로 꼽히는 한유(韓愈)의 ≪사설(師說)≫이 있는데, 이 글에서는 스승이란 도(道)를 전하고, 학업을 가르치고, 의혹을 풀어 주는 사람이라 하였다. 그리고 태어나면서부터 모든 것을 알고 있는 사람이 아니고서는 의혹이 없을 수 없고, 그러한 의혹은 스승을 따라 배우지 않으면 풀리지 않는다고 하였다. 제대로 알지 못하는 사람이 무슨 큰일을 할 수 있겠는가.

고려 말기의 문신이었던 이곡(李穀)은 ≪사설증전정부별(師說贈田正夫別)≫에서 "임금으로부터 일반인에 이르기까지 스승을 의지하지 않고 이름을 이룬 자는 없다."라고 했다. 이 글은 이곡이, 임금의 스승이었던 전정부(田正夫)에게 작별하며 지어 준 글의 일부이다. 스승을 의지하지 않고는 이름을 이룰 수 없다는 말은 스승의 가르침에 그 사람의 성패가 달려 있다는 말이니, 스승의 역할을 어찌 소홀히 할 수 있겠는가. 더군다나 임금의 경우에는 어떻게 길러지느냐가 백성과 나라의 운명에까지 큰 영향을 미치고 있으니, 더욱 소홀히 할 수 없는 것이다.

그렇다면 어떻게 해야 좋은 스승이 되어 가르침을 잘 전할 수 있을까? 이곡은 다음과 같은 말로 당부하고 있다.

남의 스승이 되려거든 반드시 먼저 자신을 바르게 해야 하니
자신이 바르지 못하고서 남을 바르게 할 수 있는 사람은 없다.

배우는 사람은 나를 이루어 주는 사람이 스승이라는 사실을 언제나 잊지 말아야 할 것이고, 스승이 되려는 사람은 가르치려고 하기 전에 먼저 자신을 바르게 해야 할 것이다.

① 스승과 교사의 차이점
② '군사부일체'의 참된 의미
③ 임금의 스승이 훌륭해야 하는 이유
④ 스승의 중요성과 스승이 갖추어야 할 바람직한 자세

130 (가), (나) 두 글에서 글쓴이가 대상에 대해 공통적으로 가지고 있는 인식 태도를 바르게 지적한 것은?

> (가) 요즘 교통수단으로 지하철을 많이 이용하는데 지하철 안내 방송 중에 다음과 같은 것이 있습니다. "열차 가 들어오고 있으니 안전선 밖으로 물러나 주시기 바랍니다." 안전선이라는 건 지하철을 타게 되어 있 는 플랫폼에 노란색으로 쳐 놓은 것을 말합니다. 기관차가 바람을 일으키며 달려드니까 좀 멀찍이 떨어 져 있는 게 안전할 것은 분명합니다. 안내 방송은 지하철 기관차를 상대로 해서 하는 게 아니라 지하철 을 타려고 기다리는 사람들을 상대로 하는 것인데, "안전선 밖으로 물러나 주시기 바랍니다."라는 건 말이 안 됩니다. 사람들을 상대로 하는 이상 "안전선을 넘지 않도로 하시기 바랍니다."라고 해야 할 것 입니다.
>
> (나) 바람이 몹시 부는 날이었다. 동네 방송에서 개를 찾는 내용이 들려와 귀를 기울였다. 방송의 내용은 이웃의 큰 부잣집에 굉장히 비싼 개가 있다는 것을 밝혔고, 가정부의 딸이 개와 놀다가 함께 없어졌다. 그러나 방송에서는 사람 찾는 소리는 들리지 않았다. 개를 찾는 소리 외에는, 바람이 몹시 자갑게 느껴 졌다.

① 상업주의에 대한 경계
② 가치의 전도 현상에 대한 우려
③ 극단적 이기주의에 대한 우려
④ 산업 사회의 구조적 명폐 고발

126 ④

[정답풀이]

이 글은 '언어의 본질로서 은유'에 대해 말하고 있다. 우선, '가' 부분에서 '은유'에 대해 도입하며 시작하고 있고, '본질적으로 은유인 언어'에 대해 연쇄적으로 '라'에서 전개하고 있다. 그런 후 '다'에서 '기술과학 언어'를 소개한 후 '마'에서 예를 들어 '공간, 건물, 구조' 등 기술과학의 영역을 구체화했고, 마지막으로 '나'에서 '구조'로 소재를 이어받으며 마무리하고 있다. 특히 이 글은 전문(全文)이 아니라 글의 일부를 선택했기 때문에 처음과 끝의 완결성이 있다고 볼 수 없다. 따라서 전체 글의 성격보다는 문장과 문장 간의 핵심어를 찾아 연쇄적으로 나열해 보는 것이 필요하다. '본질(가) – 본질(라)', '구조(마) – 구조(나)'만 찾아도 답이 된다. 결론적으로 '가 – 라 – 다 – 마 – 나'가 답이다.

127 ②

[정답풀이]

두 번째 단락에 의하면 인디언들은 구세계의 병원균에 대한 면역성이나 유전적인 저항력이 전혀 없어서 죽게 되었다고 했다.

오답

① 유럽은 구세계이고, 뒤늦게 발견된 아메리카가 신세계이다.
③ 만단족 인디언들의 인구 감소는 천연두 때문이었다.
④ 발굴과 기록에 의하면 북아메리카에는 2,000만 명가량의 인디언들이 있었다.

128 ③

[정답풀이]

〈보기〉의 구절 중 '빈대 잡으려다 초가삼간 태운다'와 '부분적 결점을 바로잡으려다 본질을 해친다'는 내용으로 보아 '교각살우(矯角殺牛)'가 적절하다. '교각살우'는 소의 뿔을 바로잡으려다가 소를 죽인다는 뜻으로, 잘못된 점을 고치려다가 그 방법이나 정도가 지나쳐 오히려 일을 그르침을 이르는 말이다. '교왕과정(矯枉過正), 교왕과직(矯枉過直)'과도 뜻이 같다.

오답

① 개과불린(改過不吝)(고칠 개, 지날 과, 아닐 불, 아낄 린): 허물을 고침에 인색(吝嗇)하지 않음을 이르는 말.
② 경거망동(輕擧妄動): 경솔하여 생각 없이 망령되게 행동함. 또는 그런 행동. '경망한 행동'으로 순화.
④ 부화뇌동(附和雷同): 줏대 없이 남의 의견에 따라 움직임.

129 ④

[정답풀이]

이 글은 전체적으로 '스승의 중요성'에 대해 언급하면서 후반부에서 '스승이 갖추어야 할 바람직한 자세(태도)'에 대해 밝히고 있다. 따라서 이 글의 핵심 논지로 가장 적절한 것은 ④이다.

130 ②

[정답풀이]

(가)와 (나)는 지하철의 안내 방송과 개를 찾는 광고 방송에 나타나는 인간 경시 풍조를 지적하고 있다. (가)에서는 인간보다 기관차를 중시하고 있으며, (나)에서는 사람보다 개를 중시하고 있다. 모두 가치가 전도된 현상의 문제점을 지적하는 글이다.

131 다음 글에서 ⓐ의 비유가 일관성을 얻을 수 있도록 ㉠~㉢에 알맞은 말을 골라 넣을 때 필요 없는 것은?

> 임금이 정무(政務)를 볼 때 쓰는 익선관(翼善冠)도 단지 멋있게 보이려고 그런 모양을 한 것이 아니다. 관에 붙은 매미 날개는 거추장스럽지만 육우(肉牛)가 말한 오덕(五德)을 항상 염두에 두고자 디자인된 것이다. ⓐ매미의 입이 곧게 뻗은 것이 마지 선비의 갓끈이 늘어진 것을 연상하게 하므로 매미에는 학문(學文)이 있고, 이슬을 먹고 사니 맑음이 있다. 사람이 애써 가꾼 곡식이나 채소를 먹지 않으니 (㉠)가 있는 것이며, 또 다른 곤충들과는 달리 집이 없이 사니 (㉡) 하고, 거울이 되면 때맞추어 죽으니 (㉢)가 있다. 이것이 매미의 다섯 가지 좋은 점이라고 하였다. 정무(政務)에 임하는 사람은 이 매미의 오덕(五德)을 잊지 않아야 한다는 의미에서 임금이나 신하 모두 매미 날개를 관모에 붙여 사용했었다.

① 검소(儉素)
② 예의(禮義)
③ 신의(信義)
④ 염치(廉恥)

132 글쓴이가 다음 글을 통해 궁극적으로 강조하고자 하는 것은?

> 우리는 한반도가 공간적으로 만주의 몇 십분의 일밖에 안 되지만, 독립된 문화를 가졌기 때문에 자주 국가로 남고, 만주는 그렇지 못했기 때문에 오늘날 중국의 한 부분으로 남아 있음을 잘 알고 있다. 문화를 남겨준 아테네는 삼천 년 이상으로 인류의 흠모의 대상이 되고 있으나, 스파르타는 이미 그 자취를 감춘 지 오래되었다는 역사도 배우고 있다. 상고 시대에 페르시아나 이집트도 중국과 인도 같은 큰 문명권을 만들고 있었다. 그러나 공자, 맹자와 같은 사상가, 우파니샤드와 같은 전학을 남기지 못했기 때문에, 오늘날 고유의 문화적 전통이 단절되었음을 잘 안다.

① 정신적인 것을 배격해야 한다.
② 민족 문화의 전통을 계승해야 한다.
③ 철학을 국가의 정신문화로 삼아야 한다.
④ 정신과 문화에 관심을 기울여야 한다.

133 다음 (가)~(라)를 문맥에 맞게 바르게 배열한 것은?

[2019. 가상직]

(가) 그러나 기억, 사유, 상상, 표현의 인간적 시도들은 그것들이 지닌 한계 때문에 무용해지는 것이 아니라 유한한 것들만이 가지는 순간적 아름다움의 광채를 포착하고 표현하기 때문에 위대하다. 기억이 완벽할 수 있다면 아무도 기억하기 위해 애쓰지 않을 것이며, 사유가 완전할 수 있다면 아무도 사유의 엄밀성을 이상화하지 않을 것이다. 지식의 한계 때문에 상상은 위대해지고, 표현할 수 없는 것들에 대한 도전 때문에 표현은 아름다워진다.

(나) 기억과 사유, 상상과 표현은 인간을 인간이게 하는 독특한 능력들의 목록을 대표한다. 하지만 그 네 가지 능력의 어느 것도 완벽하지 않다. 기억은 수많은 구멍들을 갖고 있고 사유는불안하다. 상상은기억과 사유의 한계를 확장하지만 유한한 경험의 울타리를 아주 벗어날 수 있는 것은 아니다. 표현의 형식과 내용도 시간성에 종속된다.

(다) 책은 인간이 가진 독특한 네 가지 능력의 유지, 심화, 계발에 봉사하는 가장 유효한 매체이다. 문자를 고안하고 책을 만들고 책을 읽는 것은 결코 '자연스러운' 행위가 아니다. 인간의 뇌는 애초부터 책을 읽으라고 설계된 것이 아니다. 문자가 등장한 역사는 6,000년, 지금 같은 형태의 종이 인쇄 책의 역사는 600년에 불과하다. 자연 선택이 사냥과 채집 등 인간 종의 생존에 필요한 다른 여러 기능들을 수행하도록 설계한 뇌 건축물의 부수적 파생 효과 가운데 하나가 책을 쓰고 책을 읽는 기능이다. 말하자면 그 능력은 덤으로 얻어진 것이다.

(라) 그런데 이 '덤'이 참으로 중요하다. 책 없이도 인간은 기억하고 사유하고 상상하고 표현한다. 그러나 책과 책 읽기는 인간이 이 능력을 키우고 발전시키는 데 중대한 차이를 낸다. 책을 읽는 문화와 책을 읽지 않는 문화는 기억, 사유, 상상, 표현의 층위에서 상당히 다른 개인들을 만들어 내고 상당한 질적 차이를 가진 사회적 주체들을 생산한다. 누구도 맹목적인 책 예찬자가 될 필요는 없다. 그러나 중요한 것은 인간을 더욱 인간적이게 하는 소중한 능력들을 지키고 발전시키기 위해서책은결코 희생할수 없는 매체라는 사실이다. 그 능력의 지속적 발전에 드는 비용은 싸지 않다. 무엇보다도 책 읽기는 손쉬운 일이 아니다. 거기에는 상당량의 정신 에너지가 투입돼야 하고 훈련이 요구되고 읽기의 즐거움을 경험하는 정신 습관의 형성이 필요하다.

① (나) - (가) - (다) - (라) ② (나) - (다) - (라) - (가)
③ (다) - (나) - (라) - (가) ④ (다) - (라) - (나) - (가)

134 〈보기〉의 비판 대상으로 가장 옳지 <u>않은</u> 것은?

┃보기┃

　　폴 매카트니는 도축장의 벽이 유리로 되어 있다면 모든 사람이 채식주의자가 될 거라고 말한 적이 있다. 우리가 식육 생산의 실상을 안다면 계속해서 동물을 먹을 수 없으리라고 그는 믿었다. 그러나 어느 수준에서도 우리는 진실을 알고 있다. 식육 생산이 깔끔하지도 유쾌하지도 않은 사업이라는 것을 안다. 다만 그게 어느 정도인지는 알고 싶지 않다. 고기가 동물에게서 나오는 줄은 알지만 동물이 고기가 되기까지의 단계들에 대해서는 짚어 보려 하지 않는다. 그리고 동물을 먹으면서 그 행위가 선택의 결과라는 사실조차 생각하려 들지 않는 수가 많다. 이처럼 우리가 어느 수준에서는 불편한 진실을 의식하지만 동시에 다른 수준에서는 의식을 못하는 일이 가능할 뿐 아니라 불가피하도록 조직되어 있는 게 바로 폭력적 이데올로기다.

① 채식주의자　　　　　　　　② 식육 생산의 실상
③ 동물을 먹는 행위　　　　　④ 폭력적 이데올로기

135 다음 글을 논리적 순서에 따라 적절히 배치한 것은?

(가) 언론의 자유가 얼마나 중요한 것임을 통감하지 아니할 수 없다. 오직 언론의 자유가 있는 나라에만 진보가 있는 것이다.

(나) 이 독재정치 밑에서 우리 민족의 문화는 소멸되고 원기는 마멸된 것이다. 주자학 이외의 학문은 발달하지 못하니 이 영향은 예술·경제·산업에까지 미치었다. 우리나라가 망하고 민력이 쇠잔하게 된 가장 큰 원인이 실로 여기에 있다.

(다) 그러나 모든 계급 독재 중에서도 가장 무서운 것은 철학을 기초로 한 계급 독재다. 수백 년 동안 이조 조선에 행하여온 계급 독재는 유교, 그 중에도 주자학파의 철학을 기초로 한 것이어서, 다만 정치에 있어서만 독재가 아니라 사상·학문·사회생활·가정생활·개인생활까지도 규정하는 독재였다.

(라) 왜 그런고 하면 국민의 머리 속에 아무리 좋은 사상과 경륜이 생기더라도 그가 집권계급의 사람이 아닌 이상, 또 그것이 사문난적(斯文亂賊)이라는 범주 밖에 나지 않는 이상 세상에 발표되지 못하기 때문이다. 이 때문에 싹이 트려다가 눌려 죽은 새 사상, 싹도 트지 못하고 밟혀버린 경륜이 얼마나 많았을까.

(마) 우리나라의 양반 정치도 일종의 계급 독재이어니와 이것은 수백 년 계속하였다. 이탈리아의 파시스트, 독일의 나치스의 일은 누구나 다 아는 일이다.

- 김구, 〈나의 소원〉 중에서 -

① (가) - (다) - (나) - (라) - (마)
② (가) - (나) - (다) - (라) - (마)
③ (마) - (다) - (나) - (라) - (가)
④ (다) - (마) - (라) - (나) - (가)
⑤ (마) - (다) - (라) - (나) - (가)

27일차

131 ②
[정답풀이]
글에서는 매미의 다섯 가지 덕목을 언급하면서, 임금이 정무를 볼 때 착용하는 익선관의 매미 날개가 이 덕목을 상징함을 설명하고 있다. 각각의 덕목을 충족시키기 위해 ㉠~㉢에 들어갈 말을 선택해야 한다. 매미의 입이 곧게 뻗은 것이 선비의 갓끈을 연상하게 하므로 학문이 있고, 이는 적절한 비유이다. 그리고 이슬을 먹고 살기 때문에 맑음이 있다는 것도 비유적으로 맞다. 사람이 가꾼 곡식이나 채소를 먹지 않으므로 검소(㉠)가 있고, 이는 합리적이다. 매미가 집 없이 살므로 염치(㉢)가 있고, 이는 자립심을 강조하는 의미로 적절하다. 거울이 되면 때맞추어 죽으므로 신의(㉢)가 있고, 이는 정직함을 나타낸다. 그러나 '예의'는 매미의 덕목 중 하나로 언급되지 않으므로, 비유가 일관성을 얻는 데 필요하지 않다.

오답
① 검소(儉素): 매미가 사람이 가꾼 곡식이나 채소를 먹지 않으므로 검소함을 나타낸다.
③ 신의(信義): 매미가 거울이 되면 때맞추어 죽는다는 비유로 신의를 나타낸다.
④ 염치(廉恥): 매미가 집 없이 살므로 염치를 나타낸다.

132 ④
[정답풀이]
이 글은 다양한 역사적 사례를 통해 문화와 정신적인 전통의 중요성을 강조하고 있다. 한반도의 독립된 문화가 자주 국가로 남을 수 있었던 이유로 제시되며, 아테네와 스파르타, 페르시아와 이집트의 예시를 들어 고유 문화적 전통의 중요성을 설명하고 있다. 글쓴이는 문화를 가진 국가가 오래도록 존속할 수 있으며, 문화를 남기지 못한 국가나 집단은 그 자취가 사라지거나 단절된다는 것을 강조하고 있다. 이를 통해 궁극적으로 전하고자 하는 메시지는 정신과 문화에 대한 관심과 중요성을 잊지 말아야 한다는 것이다.

오답
① 글에서 정신적인 것을 배격해야 한다는 내용은 전혀 언급되지 않으며, 오히려 정신적인 전통의 중요성을 강조하고 있다.
② 글의 일부분은 민족 문화의 전통 계승의 중요성을 언급하고 있지만, 궁극적인 강조점은 정신과 문화에 대한 전반적인 관심과 중요성에 있다.
③ 글에서 철학의 중요성이나 국가 정신문화로 삼아야 한다는 내용은 구체적으로 언급되지 않았다.

133 ①
[정답풀이]
(다)는 글의 시작이 될 수 없다. '네 가지 능력'이 첫 줄인데 그 내용이 (나)에 나오기 때문이다. 따라서 화제 제시로 (나)를 먼저 1문단으로 보아야 한다. (나)의 주된 내용은 인간의 기억, 사유, 상상, 표현의 제약을 말한다. 그 뒤를 이어주는 것은 (가) 단락이다. '그러나 그것들이 무용해지는 것이 아니라'로 연결이 되기 때문이다. (다)는 (가)와 (나)의 내용을 이어받아 책의 중요성을 강조하였다. 마지막으로 (라)는 '댐'이 되는 책의 중요성을 강조하면서 글을 마무리하고 있다.

134 ①
[정답풀이]
'비판(批判)'은 잘못된 점을 들어 지적하는 것이다. 이 글은 '식육 생산의 문제점'을 비판의 대상으로 삼고 있다. 이 글에서 '채식주의자'를 비판하지는 않았다. 〈보기〉에서의 폴 매카트니나 채식주의자는 오히려 글쓴이가 옹호하는 대상이다.

오답
② 이 글은 '식육 생산의 실상'을 비판하고 있다. 식육 생산 과정을 구체적으로 언급하지는 않았으나, 그 과정이 매우 불편한 진실을 담고 있다는 것을 문제로 지적했다.
③ 이 글에서 '동물을 먹는 행위'에 대해 직접적으로 비판하지는 않았다. 그러나 식육 생산의 실상을 안다면 동물을 먹을 수 없으리라 지적한 것과, 동물을 먹으면서 그 행위가 선택의 결과라는 것을 지적했다. 이를 통해 동물을 먹는 행위도 간접적으로 비판의 대상임을 알 수 있다.
④ 글의 마지막 부분에서 '폭력적 이데올로기'를 지적했다. 우리가 의식하고 있는 일들에는 폭력적 이데올로기가 숨어 있음을 문제점으로 밝혔다.

135 ③
[정답풀이]
김구의 〈나의 소원〉 중 '정치 이념에 대하여'에 관한 글로, '자유'의 중요성에 대해 말하고 있다. (마)는 도입, (다)는 화제 제시, (나)는 부연, (라)는 이유 제시, (가)는 주지 문단이다. (마)의 '양반 정치, 계급 독재'라는 단어를 통해 (다)로 이어지고, (나)의 끝에 나온 '원인'이 (라)의 '왜'로 이어지는 흐름을 고려하면 된다.

136 다음 ㉠~㉣ 중 소주제에 대한 예시 문장으로 적절치 못한 것은?

> 우리 민족이 예로부터 음악을 좋아하고, 또 음악을 잘하는 민족이었음은 전통 사회의 생활을 보더라도 알 수 있다. ㉠논에 모를 심거나 김을 맬 때, 여러 사람이 손발을 맞추기 위하여 노래를 했다. ㉡또 벼를 벤다든지 타작을 할 때에도 노래를 부름으로써 일의 능률을 높여 나갔다. ㉢뿐만 아니라. 사람이 죽으면 노래를 부르며 상여를 메고 나가고, 노래 장단에 맞춰 무덤을 다져나갔다. ㉣그리고 음악을 할 때에는 마음에 느끼는 바를 바탕으로 음과 율과 조를 격식에 맞추어 나갔다. 정월 초하루나 정월 보름 등의 명절이나 절기에 이루어지는 여러 가지 민속 행사에 음악이 빠지지 않았다.

① ㉠

② ㉡

③ ㉢

④ ㉣

137 다음 글을 바탕으로 '이(利)'의 개념을 바르게 요약한 것은?

> 우리나라 사람이 중국 시장의 융성함을 보고서, "중국 사람은 이(利)만 안다." 하나 그것은 하나는 알고 둘은 모르는 소리다. 상인이라는 것이 사민(四民) 중의 하나이나 그 하나로서 셋[士農]에 통하는 것인즉, 십 분의 삼이 아니면 안 된다. 사람들이 지금 쌀밥을 먹고 비단옷을 입고 있으면 그 밖의 것은 필요 없는 줄 알고 있다. 그러나 쓸모없는 물건을 사용함으로써 쓸모 있는 물건을 통하게 하지 않으면, 쓸모 있는 물건도 장차는 모두 한쪽에 모여서 유통되지 못하고 한 구석에서만 이용할 수 있게 되어 모자라기 쉽다. 그러므로 옛 성왕(聖王)이 주옥(珠玉)과 화폐 등을 만들어서 가벼운 것으로써 무거운 것을 당하게 한 것이다. 즉 쓸모없는 것으로 쓸모 있는 것을 돕게 하는 것이다. 그리고 다시 배와 수레를 만들어서 험하고 막힌 곳을 통하게 하고서도 오히려 천 리 만 리나 되는 먼 곳의 물자가 유통되지 못할까 봐 염려하였으니 이처럼 넓은 범위에 걸쳐 애썼음을 알 수 있다. 이제 우리나라도 지방이 수천 리이고 백성이 적지 않으며 물자도 구비되어 있건마는 산과 강에서 생산되는 물자도 다 이용하지 못하는 것은 경제의 이치를 모르기 때문이다. 날마다 쓰이는 것에 대한 일은 폐하고 연구하지 않으면서, 중국의 가옥, 거마, 단청, 비단 등 훌륭한 것을 보고는 "아주 사치가 심하다."라고 한다.

① 쓸모없음과 쓸모 있음의 가치가 상황에 따라 상대적으로 결정됨을 보여 주는 것이다.

② 각 지역에서 쓸모없는 물건과 쓸모 있는 물건을 교환할 수 있도록 도와주는 역할을 하는 것이다.

③ 쓸모없는 물건과 쓸모 있는 물건을 구별할 수 있는 객관적인 기준을 제시해 줄 수 있는 것이다.

④ 쓸모없는 물건이 쓸모 있는 물건과 함께 유통되도록 함으로써 사민(四民)을 다 잘 살 수 있도록 해 주는 것이다.

138 〈보기〉를 읽고 보인 반응으로 적절하지 않은 것은?　　　　　　　　　　　　　　　　　　　　[2019. 가상직]

┤ 보기 ├

　어떤 두 진술 사이에 둘 가운데 한 진술이 옳으면 다른 진술이 그를 수밖에 없고, 또 둘 가운데 한 진술이 그르면 다른 진술이 옳을 수밖에 없는 관계를 모순 관계라고 한다. 일반적으로 어떤 진술 'p'와 그것의 부정 'p가 아니다.'라는 진술은 모순 관계이다. 그래서 '어떤 것이든 p이거나 p가 아니다.' 라는 형식으로 이루어진 진술은 반드시 옳은 진술이다. 이러한 진술 형식을 배중률이라 한다.

　또한 '어떤 것이든 p이면서 p가 아닌 것일 수 없다.'라는 형식으로 이루어지는 진술도 반드시 옳은 진술인데, 이러한 진술 형식을 무모순율이라 한다. 배중률은 모든 진술이 옳거나 그렇지 않다면 그르다는 원리를, 무모순율은 옳으면서 동시에 그른 진술은 없다는 원리를 표현하고 있다.

　한편 어떤 두 진술 사이에는 둘 다 옳을 수는 없지만, 둘 다 그를 수 있는 관계가 성립하는 수가 있다. 이런 경우 두 진술 사이의 관계를 반대 관계라고 한다.

① '나는 남자이다.'와 '나는 남자가 아니다.'는 모순 관계에 있다.
② '어떤 것이든 사람이거나 사람이 아니다.'는 배중률에 해당한다.
③ '어떤 것이든 사람이면서 남성이 아닌 것일 수 없다.'는 무모순율에 해당한다.
④ '지금 덥다.'와 '지금 춥다.'라는 진술 사이의 관계는 반대 관계이다.

139 〈보기〉에 대한 설명으로 가장 옳은 것은?　　　　　　　　　　　　　　　　　　　　　　[2018. 서울시 9급]

┤ 보기 ├

　화랑도(花郎道)란, 신라 때의 청소년들이 자신의 마음과 몸을 닦고 목숨을 바쳐 나라를 지키려는 우리 고유의 정신적 흐름을 말한다. 그리고 이를 실천하기 위하여 조직된 단체를 화랑도(花郎徒)라 한다. 그 사회의 중심인물이 되기 위하여 마음과 몸을 단련하고, 올바른 사회생활의 규범을 익히며, 나라가 어려운 시기에 처할 때 싸움터에서 목숨을 바치려는 기풍은 고구려나 백제에도 있었지만, 특히 신라에서 가장 활발하였다.
　　　　　　　　　　　　　　　　　　　　　　　　　　　　　　　　– 변태섭, ≪화랑도≫ 중에서

① 용어 정의를 통해 독자의 이해를 돕고 있다.
② 자신의 체험담을 제시하여 독자의 이해를 돕고 있다.
③ 반론을 위한 전제를 제시하여 독자의 이해를 돕고 있다.
④ 통계적 사실이나 사례 제시를 통해 독자의 이해를 돕고 있다.

140 다음 글의 논리적 전개 순서로 가장 적절한 것은?

[2019. 가상직]

(가) 인간은 단지 물질의 형태를 변화시키는 것만이 아니라 그 안에서 자신의 목적을 실현한다. 바로 그 목적이 규범적으로 그의 행동양식을 규정하며, 그의 의지는 끊임없이 그 목적을 따라야 한다. 인간은 노동하는 동안 신체적인 활동만을 하는 것이 아니라, 지속적으로 긴장하면서 주의력을 발휘하여 그 의지를 관철시켜야 하는 것이다.

(나) 거미도 방직공의 작업과 유사한 작업을 하며, 꿀벌의 벌집 구조는 건축가들의 솜씨를 능가하는 것처럼 보인다. 하지만 아무리 서툰 건축가라해도 숙련된 꿀벌보다 나은 면을 지니고 있는데, 그것은 건축가가 벌통 속의 벌집을 만들 경우 미리 자기 머릿속에 그 벌집을 그려보기 때문이다. 노동의 결과는 노동자의 상상 속에 관념으로 이미 존재한다.

(다) 노동은 인간과 자연 사이에서 일어나는 과정이다. 그 과정에서 인간은 자신의 행위를 통해 자연과의 관계를 조절하고 통제한다. 인간은 자연의 물질을 자신의 삶에 유익한 형태로 만들기 위해 팔, 다리, 머리, 손과 같은 자신의 신체 기관을 움직인다. 이 움직임을 통해 그는 외부 자연에 작용하여 자연을 변화시키면서, 동시에 자신의 본성도 변화시킨다.

(라) 그렇게함으로써 자연에 내재되어 있던 가능성을 실현시키며, 그 과정에서 자연의 힘을 자신의 통제 하에 둔다. 우리는 여기서 동물 수준의 본능적이고 원초적인 노동 방식에 대해 말하는 것이 아니다. 우리는 오직 인간의 특성을 가진 노동에만 주목하려고 한다.

① (가) − (다) − (라) − (나)　　② (가) − (나) − (다) − (라)
③ (다) − (가) − (라) − (나)　　④ (다) − (라) − (나) − (가)

136 ④
[정답풀이]
이 글은 우리 민족이 전통 생활에서 음악을 좋아하고 중요하게 여겼음을 설명하였다. ㉣은 '전통 사회의 생활과 관련이 없고, 음악에 대한 격식을 설명한 내용이다.

137 ④
[정답풀이]
주어진 글은 '이(利)'의 개념을 설명하면서, 쓸모없는 물건이 쓸모 있는 물건과 함께 유통되어야만 경제가 잘 돌아가고, 사람들이 모두 잘 살 수 있게 된다는 점을 강조하고 있다. 따라서 '이(利)'는 단순한 물질적 이익을 넘어서, 경제적 효율성과 사회적 균형을 이루는 중요한 개념으로 설명된다. "쓸모없는 물건을 사용함으로써 쓸모 있는 물건을 통하게 하지 않으면, 쓸모 있는 물건도 장차는 모두 한쪽에 모여서 유통되지 못하고 한 구석에서만 이용할 수 있게 되어 모자라기 쉽다."라고 설명하고 있다. '이'는 쓸모없는 물건과 쓸모 있는 물건이 함께 유통되어야 경제적 효율성과 균형이 이루어질 수 있다는 점을 강조하고 있다.

오답
① 글에서 쓸모없음과 쓸모 있음의 가치가 상대적으로 결정된다는 언급은 있지만, '이(利)'의 개념을 요약하기에는 부족하다.
② 글에서 물자의 유통을 통해 경제를 활성화하는 내용은 맞지만, '이(利)'의 개념을 직접적으로 설명하지는 않는다.
③ 글에서 '이(利)'의 개념은 물건의 객관적인 기준보다는 유통과 균형을 통해 얻어지는 이익을 강조하고 있다.

138 ③
[정답풀이]
③의 남성은 여성과 모순 관계이다. 모순 관계는 두 단어를 모두 부정하면 모순이 일어나는 대립 관계, 즉 중간항이 없는 대립 관계를 말한다.
예 남자:여자 ('남자도 아니고, 여자도 아니다'라는 진술은 모순) / 있다:없다, 움직이다:정지하다, 유죄:무죄, 엄마:아빠, 삶:죽음

오답
① '나는 남자이다.'와 '나는 남자가 아니다.'를 모두 부정할 수 없으므로 이 둘은 모순 관계이다.
② '어떤 것이든 사람이거나 사람이 아니다.'는 반드시 옳은 진술이므로 배중률이다.
④ '지금 덥다.'와 '지금 춥다'는 모두 부정이 가능하므로 반대 관계이다.

139 ①
[정답풀이]
이 글은 신라 때에 화랑이 지켜야 했던 도리인 '화랑도(花郞道)'의 개념을 정의한 후, 화랑의 무리인 '화랑도(花郞徒)'를 이어서 정의하고 있다.

오답
체험담, 반론, 통계, 사례 등은 제시되지 않았다.

140 ④
[정답풀이]
(가)는 구체적 이야기라 본론이라 글의 시작 문단이 될 수 없다. (다)를 글의 시작으로 보아야 한다. (다)는 '노동'의 개념을 화제로 제시했다. 그리고 노동의 역할을 설명했다. 그 뒤를 잇는 단락으로는 노동의 기능을 말하면서 화제가 확장되는 (라)이다. (나)는 거미의 건축과 건축가의 작업에 나타난 차이를 설명하며 노동의 특징을 심화하였다. 마지막으로 (가)는 이 글의 마무리라고 볼 수 있다.

141 다음 글에서 밑줄 친 ㉠이 적용된 사례로 적절하지 않은 것은?

> 　오늘날 마케팅 분야에서 초기 투입 병력에 시장 지분, 총전력에 수익 혹은 매출을 대입해, '수익(혹은 매출)=시장 지분의 제곱'이라는 공식으로 시장 전략에 적용한다. 예를 들어 갑, 을, 병 세 회사가 각각 5:3:2의 점유율로 시장을 삼분하고 있다면 벌어들이는 수익은 그 제곱인 25:9:4로 나타나게 된다. 초기에 시장 지분을 최대로 확보하면 승수 효과로 인해 남이 감히 넘볼 수 없는 강자로 군림하게 된다는 것이다. 그래서 후발 주자인 2, 3위의 기업들은 정면 승부로는 절대로 선두 기업을 이길 수 없기 때문에 특별한 전략이 필요하다.
> 　첫째, 동등한 조건에서의 경쟁을 피한다. 제품의 기능, 사용 방법, 성능, 효능이 모두 동일하다면 가격만이 비교의 대상이 될 것이고, 이때는 가장 저렴한 비용으로 생산할 수 있는 기업, 즉 선두 기업이 가장 유리하다. 따라서 후발로 시장에 참여하는 기업은 제품의 향이라도 달라야만 그 향을 좋아하는 소비자에게 비교 우위를 차지할 수 있다. 또 선두 기업이 선점하여 유리한 전국 대상 유통 판매나 대대적인 대중매체 홍보보다는 방문 판매나 일대일 상담 같은 ㉠차별화된 전략을 써야 한다.

① 다른 프로그램은 배제하고 24시간 뉴스만 보도하는 A 방송국
② 세계 자동차 회사들과 경쟁할 수 있는 우수한 엔진을 개발한 B 회사
③ 30분 이내 배달이라는 원칙으로 새로운 패러다임을 연 C 피자 체인점
④ 휴대 전화의 기본 기능만 넣고 글자를 크게 보이게 만든 '효도폰'을 생산한 D전자

142 다음 글에서 확인할 수 없는 것은?

> 　신문의 내용은 기사(記事)가 주를 이루는 가운데, 개별 저자나 신문사의 견해를 담은 논설, 심층 분석이나 특집 기획, 흥미 위주의 가벼운 촌평(寸評), 그리고 기타 생활에 필요한 정보나 만평 등의 내용으로 이루어진다.
> 　신문 언어의 특성을 잘 볼 수 있는 신문 기사는 대개 제목, 전문(前文), 본문(本文)의 세 부분으로 구성된다. 제목은 기사의 내용을 압축하여 기사 내용을 요약해 주는 기능, 독자의 관심과 주의를 끌게 하는 기능, 뉴스의 크기와 중요도를 구분해 주는 기능을 한다.
> 　제목으로 사용하는 언어는 간결하고 명료한 것이 특징이다. 제목은 신속하게 소식을 압축적으로 전하는 신문 본연의 특성이 가장 두드러지게 나타나는 부분이다. 전문은 기사의 핵심 내용을 포함하는 기사 첫머리의 도입 구절을 뜻한다. 전문은 독자들이 기사 전체를 읽지 않고도 핵심 내용을 파악할 수 있도록 돕는 기능을 한다. 전문에는 누가, 언제, 어디서, 무엇을, 어떻게 했느냐는 육하원칙의 요소가 포함된다. 본문은 제목과 전문에 압축적으로 언급된 내용을 정확하고 상세하게 풀어서 전달하는 기능을 한다.

① 신문 언어의 특징은 무엇인가?
② 신문 기사는 어떻게 구성되는가?
③ 신문의 내용은 어떻게 이루어지는가?
④ 신문의 논설과 촌평의 차이점은 무엇인가?

[143~144] 다음 글을 읽고 물음에 답하시오.

우리 사회에서는 전통적으로 물건의 낭비를 죄악으로 여겼다. 그리고 이러한 인식은 결국 부(富)도 죄악이라는 생각으로 이어졌다. 낭비는 여분의 재물이 있어야 가능한데, 여분의 재물이란 곧 잉여의 부이기 때문이다. 그래서 한국 사회는 부를 부정적인 것으로 생각해 왔다.

정약용은 목민심서에서 "의복의 사치는 뭇 사람들이 꺼리는 바이고 귀신도 미워하는 것이자 복을 깎아내리는 것이다."라고 말한 후 "여자가 방물장수를 널리 불러들여 진귀한 비단, 가는 모시 베, 고운 삼베, 용을 아로새긴 비녀, 나비 모양의 노리개 등을 사들여 치장하면 식자(識者)들은 벌써 그 남편이 바르지 못함을 알 것이다."라고 했다. 그러므로 공직자의 부인은 무릇 "나무 비녀에 베치마를 입어서 성장(盛裝)한 다른 부인들을 부끄럽게 만들어야 한다."라고 말했다.

여기서 부는 ⊙부패와 그대로 ⓒ직결되는 것으로 여겨진다. 현대 사회에서도 ⓒ사치와 낭비를 죄악으로 여기고 합리적인 지출과 검소를 중시하는 금욕적 도덕주의가 완강하게 자리 잡고 있다. 간간이 언론에서 ⓔ낭비를 마치 큰 범죄나 되는 듯이 비판하는 것을 보면, 소비에 대한 경직된 사고가 우리의 의식 속에 여전히 남아 있는 것을 알 수 있다.

그러나 실제로 이 세상에서 낭비가 사라지는 것을 바라는 것은 환상이다. 낭비는 생존하는 데 필요한 최소한의 양을 넘어선 모든 생산과 소비를 가리킨다. 그러므로 모든 사치품, 모든 유행, 모든 음식 쓰레기가 낭비이며, 공장의 과잉 설비 역시 낭비이다. 그러나 우리의 삶은 꼭 필요한 생필품만으로 유지되는 것이 아니다. 우리가 먹고사는 데 꼭 필요한 물품 이외에 더 이상을 생산하지 않고 소비하지도 않는다면 그것은 동물의 생존 방식이지, 인간의 생활 방식이 아니다. 그리고 그러한 삶에는 더 이상 문화라는 것도 존재하지 않을 것이다.

143 위의 글에 대한 이해로 가장 적절하지 않은 것은?

① 한국 사회에서는 전통적으로 물건의 낭비와 부(富)를 부정적으로 여겼다.

② 목민심서에서 정약용은 공직자 부인의 첫째 덕목으로 검소함을 꼽았다.

③ 현대 사회에서도 낭비를 죄악으로 여기는 경직된 사고가 여전히 남아 있다.

④ 생활에 필요한 물품만 생산하고 소비하는 것은 인간의 생활 방식이 아니다.

144 ⊙~ⓔ의 밑줄 친 단어를 한자로 바르게 표기한 것은?

① ⊙膚敗   ② ⓒ直決

③ ⓒ奢移   ④ ⓔ浪費

145 (가)의 내용에 이어지는 순서로 가장 자연스러운 것은?

(가) 근대 자유 민주주의는 역사적으로 민주주의의 특정한 형태로서 아테네에서 민주주의가 사라진 후 거의 2,000년이 지나서 역사의 무대에 등장하였다. 전체 서구 역사에서 볼 때 민주주의가 자유주의보다 먼저 출현했지만, 근대에 들어와서는 자유주의가 민주주의에 비해 200년이나 앞서 등장해서 그 후에 등장한 민주주의가 적응해야 하는 세계의 틀을 창조하였다. 곧 자유민주주의는 기본적으로 자유주의가 설정한 한계 내에서 규정되고 구조화된 민주주의라고 말할 수 있다.

(나) 나아가 거의 모든 고전적 자유주의자들은, 여성은 남편이나 부친을 통해 정치적으로 대표됨으로써 그들의 이익을 보호할 수 있다는 논거하에 여성의 참정권을 부정하였다. 이처럼 자유주의자들은 참정권의 부여를 일정한 기준, 곧 재산 소유, 가장으로서의 지위 또는 공식적인 교육의 수준에 따라 제한하고자 했다.

(다) 따라서 로크는 묵시적 동의가 아니라 명시적 동의를 할 수 있는 유산 계급에게만 참정권을 인정했다. 또 프랑스 대혁명 기간 중에 제1차 국민의회의 헌법 제정자들은 능동적 시민권과 수동적 시민권을 구분하고, 정치적 권리를 납세자에게만 인정하였다.

(라) 그러나 자유주의자들은 다음과 같은 이유에서 오랫동안 대중에게 참정권을 부여하는 보통 선거권을 도입하자는 민주주의자들의 요구에 대해 부정적이었다. 첫째, 그들은 대중이 대부분 가난한 사람들로 구성되어 있으며 부자와 사유재산제도 일반에 적대적이기 때문에 보통 선거권의 도입을 통해 대중의 지지를 받은 정치가가 정권을 잡게 되면, 부자의 재산을 몰수하여 가난한 자에게 분배하는 등 급진적인 경제 개혁을 실시하는 것을 두려워했다. 둘째로 그들은 대중이란 삶의 모든 영역에서 평등을 추구하기 때문에 그들이 권력을 잡게 되면 문화적 획일성·다양성에 대한 불관용 및 여론에 의한 전제 정치로 귀결될 것이라고 주장했다. 셋째, 자유주의자들은 투표권이란 합리성, 성찰 능력, 사회 정치적 사안에 대한 지식 등을 전제하며 따라서 그러한 자질들을 가진 자들에게 부여되어야 하는데, 대중은 그러한 자질을 결여하고 있기 때문에 그들에게 공공사를 맡길 수 없다고 주장했다.

① (나) − (다) − (라)

② (나) − (라) − (다)

③ (다) − (라) − (나)

④ (라) − (다) − (나)

141 ②
[정답풀이]
밑줄 친 ⑤의 '차별화된 전략'은 신두 기업과는 다른 후발 수자의 특별한 전략이어야 한다. 다른 자동차 회사들과 경쟁하면서 우수한 엔진을 개발한 것은 기술의 우위를 점하는 것이지 차별화와는 관계가 없다. ②는 오히려 선두 기업이 일반적으로 취하는 전략으로 볼 수 있다.

142 ④
[정답풀이]
신문의 내용 구성 중 논설과 촌평에 대한 언급은 있으나 그 구체적인 차이점에 대한 내용은 이 글에서 확인할 수 없다.

오답

① 신문은 간결하고 명료한 언어를 사용한다.
② 신문 기사는 제목, 전문, 본문의 세 부분으로 구성된다.
③ 셋째 문단에서 제목, 전문, 본문의 내용을 설명했다.

143 ②
[정답풀이]
② 둘째 문단에서 정약용은 공직자 부인이 사치를 해서는 안 된다는 내용을 확인할 수 있다. 그러나 정약용이 검소를 첫째 덕목으로 지적했다는 내용은 확인할 수 없다.

오답

① 첫째 문단에서 우리 사회에서는 전통적으로 낭비, 부(副)를 죄악으로 여겼다는 설명이 있다.
③ 셋째 문단에서 현대사회에서도 사치와 낭비를 죄악으로 여긴다는 설명이 있다.
④ 마지막 넷째 문단에서 우리의 삶은 꼭 필요한 생필품만으로 유지되는 것은 아니라는 설명이 제시되어 있다.

144 ④
[정답풀이]
낭비(浪 물결·함부로 낭, 費 쓸 비): 시간이나 재물 따위를 헛되이 헤프게 씀.

오답

① ㉠ 膚敗(✕) → 부패(腐敗)(○)
  • 부패(膚 살갗 부, 敗 패할 패)
  • 부패(腐 썩을 부, 敗 패할 패): ⓐ 정치, 사상, 의식 따위가 타락함. / ⓑ 유기물이 미생물의 작용에 의하여 분해되는 과정.
② ㉡ 直決(✕) → 직결(直結)(○)
  • 즉결(直 곧을 직, 決 결단할 결)
  • 직결(直 곧을 직, 結 맺을 결): 사이에 다른 것이 개입되지 않고 직접 연결됨.
③ ㉢ 奢移(✕) → 사치(奢侈)(○)
  • 사치(奢 사치할 사, 移 게 할 치)
  • 사치(奢 사치할 사, 侈 사치할 치): 필요 이상의 돈이나 물건을 쓰거나 분수에 지나친 생활을 함

145 ④
[정답풀이]
'(가) 근대 자유민주주의의 등장(도입) → (라) 대중의 참정권 부여에 대한 자유주의자들의 부정적 태도(입장 제시) → (다) 참정권 제한의 사례(구체화, 전개) → (나) 자유주의자들이 주장하는 참정권 제한(결론)'의 순서로 글이 전개되어야 한다.

146 다음 글에 관련되어 잘못 말한 것은?

> 우리들은 흔히 원시인들이나 미개인들이 사용하는 언어는 미개한 혹은 임시적인 간단한 것일지 모른다는 생각을 하기 쉽지만 문화의 발전도와 언어 구조의 추상성이나 복잡성의 정도는 아무런 관계가 없다. 미개인들의 언어라도 극히 문명한 사회의 언어만큼 복잡하고 추상적이다. 문명 사회의 언어로 말할 수 있는 것이면 미개 사회의 언어로도 다 충분히 표현할 수 있다. 반대로, 문명 사회의 언어로 표현할 수 없는 것을 미개 사회의 언어로 표현할 수 있는 것도 얼마든지 있다. 미개 언어는 어휘의 수가 적다든가, 문법이 간단하다든가, 의성, 의태어가 태반이라든가, 추상적인 개념을 표현할 수 없다는 특징이 있다. 가령 에스키모 말에는 눈[雪]을 가리키는 말이 세 가지가 있되, 눈 전체를 가리키는 총칭어는 없다. 다만 이들 생활에 있어서는 눈이라는 것이 대단히 중요한 것이기 때문에 우리보다 더 구체적으로 개념이 세분화되었을 뿐이다.

① 다른 두 언어의 우열을 평가할 수 없다.
② 언어에 따라 언어적 사고력의 차이가 발생한다.
③ 에스키모어는 '눈'에 대한 추상어가 존재하지 않는다.
④ 문화 발전도와 언어 구조의 특성은 아무런 관계가 없다.

147 다음 중 예문의 밑줄 친 부분의 예가 될 수 있는 것은?

> 근대화라고 불리는 사회의 구조 변화가 충분히 진행되어 있지 않은 상태에서는, 상당한 부분의 전통적인 생활양식이 아직도 많이 보존된 상태에서 외래적인 행위 양식도 적지 않게 도입된다. 이와 같은 중간적인 단계에서의 문화는 일종의 혼합 문화의 형태를 취하게 된다. 이러한 단계의 문화적 특징은 생활양식과 가치관 등에서 계층 간, 세대 간, 도시와 농촌 간의 격차가 심하고, 소위 비동시적인 것의 동시적인 혼재(混在)가 일어난다는 것이다.
> 사회 구성원들은 상황에 따라 적합성을 가지는 행위 양식을 발견하기 어려운 아노미(anomie)를 경험하게 된다. 이와 같은 아노미 상황에서는 일탈적 적응 기제들이 많이 나타나기도 하고, 소위 가치관의 혼란과 왜곡 현상이 일어나게 된다.

① 자본주의적 사고방식에 물들어 있는 이기주의자
② 개인주의적인 생활을 하면서 물질적 가치를 추구하는 사람
③ 개방적인 사고방식을 가지면서도 권위를 느끼게 하는 사람
④ 사회적으로는 남녀평등을 주장하면서도 가정에 돌아오면 가부장적인 태도를 보이는 사람

148 다음 글에서 추론할 수 있는 것만을 〈보기〉에서 모두 고르면?

[2022. 지방직 9급]

컴퓨터에는 자유의지가 있을까? 나아가 컴퓨터에 도덕적 의무를 귀속시킬 수 있을까? 컴퓨터는 다양한 전기회로로 구성되어 있고, 물리법칙, 프로그래밍 방식, 하드웨어의 속성 등에 따라 필연적으로 특정한 초기 상태로부터 다음 상태로 넘어간다. 마찬가지로 두 번째 상태에서 세 번째 상태로 이동하고, 이러한 과정이 계속해서 이어진다. 즉 컴퓨터는 결정론적 법칙의 지배를 받는 시스템이라는 것이다. 그럼 이러한 시스템에는 자유의지가 있을까?

결정론적 법칙의 지배를 받는 시스템의 중요한 특징은 주어진 조건에 따라 결과가 하나로 고정된다는 점이다. 다시 말해, 이러한 시스템에는 항상 하나의 선택지만 있을 뿐이다. 그런 뜻에서 결정론적 지배를 받는 다는 것과 자유의지를 가진다는 것은 양립할 수 없음이 분명하다. 어떤 선택을 할 때 그것과 다른 선택을 할 수도 있다는 것은 자유의지의 필요조건이기 때문이다. 결국 결정론적 법칙의 지배를 받는 시스템은 자유 의지를 가지지 않는다. 또한 자유의지를 가지지 않는 시스템에 도덕적 의무를 귀속시킬 수 없음은 당연하다.

┤보기├

ㄱ. 컴퓨터는 자유의지를 가지지 않으며 도덕적 의무의 귀속 대상일 수도 없다.
ㄴ. 도덕적 의무를 귀속시킬 수 있는 시스템은 결정론적 법칙의 지배를 받지 않는다.
ㄷ. 어떤 선택을 할 때 그것과 다른 선택을 할 수 없는 시스템은 자유의지를 가지지 않는다.

① ㄱ, ㄴ
② ㄱ, ㄷ
③ ㄴ, ㄷ
④ ㄱ, ㄴ, ㄷ

---

149 다음 글에서 추론한 내용으로 적절하지 않은 것은?

[2018. 국가직 7급]

범죄 용의자의 용모를 파악하기 위해 눈, 코, 입 등 얼굴 각 부분의 인상을 조립하면 하나의 얼굴 사진이 만들어진다. 이렇게 만들어진 사진을 몽타주 사진이라고 부른다. 몽타주는 '조립'을 의미하는 프랑스어이므로 몽타주 사진을 '조립된 사진'이라고 바꿔 부를 수 있다. 이처럼 몽타주에서는 각각의 이미지들이 결합되어 새로운 인상을 창조한다. 예술가들은 이러한 몽타주의 효과를 다양한 예술적 시도를 위해 사용해 왔다. 몽타주 효과는 특히 영화에서 자주 응용되며, 몽타주에 관한 이론은 영화 이론의 하나로 받아들여지곤 한다. 그 이유는 영화 자체가 몽타주에 의해 성립되는 예술이기 때문이다. 대부분의 영화에서는 따로따로 찍은 장면을 이어 붙이는 조립의 과정이 필수적이다. 예를 들어 영화에서 슬픈 장면 뒤에 등장하는 무표정한 얼굴은 슬픔을 억누르고 있는 얼굴처럼 느껴진다. 그런데 같은 무표정한 얼굴이라 해도 앞에 어떤 장면을 배치하는가에 따라 그 얼굴이 드러내는 감정은 얼마든지 다르게 받아들여질 수 있다. 이러한 몽타주를 통해 영화 특유의 시간 감각이 발생한다. 이를테면 우리가 영화를 볼 때 영화 속 침묵이 유난히 더 길게 느껴진다면, 이는 영화의 장면 조립을 통해 창조된 새로운 시간 감각 때문이다. 영화 이론가들은 이러한 영화 특유의 세계를 다루는 이론, 즉 조립에 의해 탄생하는 영화의 세계에 관한 이론을 몽타주 이론이라고 부른다.

① 몽타주 효과는 이미지들의 결합으로 생겨나는 인상의 새로움을 의미한다.
② 동일한 장면이라 해도 그 배치에 따라 의미가 다르게 받아들여질 수 있다.
③ 몽타주 이론은 이어 붙인 장면들을 통해 창조되는 영화의 시간 감각을 다룬다.
④ 표정 연기의 실감을 극대화하여 영상미를 창출함으로써 몽타주의 효과가 생겨난다.

150 다음 밑줄 친 ㉠에 들어갈 표현으로 가장 적절한 것은?

[2019. 경찰직 1차]

> 말을 하고 글을 쓰는 표현 행위는 사고 활동과 분리해서 생각할 수 없다. 창의적이고 생산적인 활동에는 당연히 사고 작용이 따르기 때문이다. 역으로, 말을 하고 난 뒤에나 글을 쓰고 난 뒤에 그 과정을 되돌아보면서 새로운 생각을 하거나 발전된 생각을 얻기도 한다. 또한 청자나 독자의 반응을 통해 자신의 생각을 바꾸거나 확신을 가지기도 한다. 이처럼 사고와 표현 활동은 지속적으로 상호 작용을 하게 된다.
>
> ㉠_____는 점을 적극적으로 고려할 필요가 있다. 머릿속에서 이루어진 사고 활동의 내용을 구체적으로 말이나 글로 표현해 보면 부족하거나 개선할 점들을 찾을 수 있게 되고 이후에 좀 더 조직적으로 사고하는 습관도 생긴다. 한편 표현 활동을 하다 보면 어휘 선택, 내용 조직 등의 과정에서 어려움을 느끼게 된다. 이러한 어려움을 해결하기 위해 그에 대해 논리적이고 체계적으로 생각해 보게 되고 이를 통해 표현 능력이 향상된다. 이렇게 사고력과 표현력은 상호 협력의 밀접한 연관을 맺고 있다.
>
> 흔히 좋은 글을 쓰기 위한 조건으로 '다독(多讀), 다작(多作), 다상량(多商量)'을 들기도 하는데, 많이 읽고, 많이 써 보고, 많이 생각하다 보면 좋은 글을 쓸 수 있다는 뜻이다. 여기에서 '다상량'은 충분한 사고 활동을 의미한다. 이는 물론 말하기에도 적용되는 것으로 표현 활동과 사고 활동의 관련성을 잘 말해 주고 있다.

① 충분한 사고 활동 후에 이루어지는 표현 활동은 세련되게 된다

② 사고한 내용을 구체적으로 표현해 보면 사고력을 향상시킬 수 있다

③ 사고와 표현 활동은 상호 작용을 하면서 각각의 능력을 상승시킨다

④ 말하기보다 글쓰기가 상대적으로 사고 활동과 깊은 관련을 맺고 있다

30일차

146 ②
[정답풀이]
언어적 사고력의 차이는 개인의 차이일 뿐, 언어에 따라 언어적 사고력의 차이가 생긴다고 할 수 없다. 에스키모 말의 사례는 언어와 문화의 관련성을 보여주는 것이지, 언어에 따라 언어적 사고력 자체가 달라진다고 할 수는 없다.

147 ④
[정답풀이]
'비동시적인 것의 동시적인 혼재'라는 말은 시대가 다른 두 문화가 동시에 존재하여 혼란을 일으키는 경우를 일컫는 말이다. 이러한 내용의 예가 될 수 있는 것은, 아노미 상황에서 볼 수 있는 일탈적 적응 기제의 한 유형이다. 남녀평등과 가부장적이라는 대립되는 문화의 태도가 한 사람에서 모두 나타나는 ④가 비동시적인 것의 동시적인 혼재의 예이다.

오답
① 자본주의적 사고방식만 나타나므로 혼재라고 할 수 없다.
② 개방주의적 태도와 물질주의적 태도는 대립적인 태도가 아니므로 비동시적인 것이라 볼 수 없다.
③ 개방적인 사고와 권위적 사고는 대립적인 태도가 아니므로 비동시적인 것이라 볼 수 없다.

148 ④
[정답풀이]
글의 내용을 정리하면, '⊙컴퓨터는 결정론적 법칙의 지배를 받는다', '⊙결정론적 법칙의 지배를 받는 시스템은 자유 의지를 가지지 않는다', '⊙자유 의지를 가지지 않는 시스템은 도덕적 의무에 귀속되지 않는다'이다.
이 내용을 바탕으로 추론하면 다음과 같다.
ㄱ: 컴퓨터는 자유 의지가 없으며 결정론적 법칙의 지배를 받는다. 따라서 컴퓨터는 도덕적 의무의 귀속 대상이 될 수 없다.
ㄴ: 도덕적 의무를 귀속시킬 수 있는 시스템은 자유 의지를 가지고 있으므로 결정론적 법칙의 지배를 받지 않는다.
ㄷ: 둘째 문단에 따르면 '어떤 선택을 할 때 그것과 다른 선택을 할 수 없는 시스템은 항상 하나의 선택지만 존재하는 결정론적 시스템이다.'로 설명했다. 따라서 결정론적 시스템은 자유 의지를 가지지 않는다.

149 ④
[정답풀이]
몽타주는 각 부분의 인상을 조립하여 하나의 얼굴 사진을 만드는 것이다. 영화에서 사용되는 몽타주 이론은 사진과 마찬가지로 따로 찍은 장면을 이어 붙여 조립하고 결합하는 것이다. 그런데 ④는 조립이나 결합과 관련된 내용이 없다. 표정 연기 자체만을 극대화하여 영상미를 창출하는 것이므로 조립을 하는 몽타주와 관련이 없다.

오답
① 몽타주에서는 각각의 이미지들이 결합되어 새로운 인상을 창조한다고 설명했다.
② 같은 무표정한 얼굴이라 해도 앞에 어떤 장면을 배치하는가에 따라 그 얼굴이 드러내는 감정이 다르게 받아들여질 수 있다고 설명했다. 관객은 장면의 배치에 따라 의미를 달리 받아들일 수 있는 것이다.
③ 영화에서 몽타주 이론은 영화의 장면 조립을 통해 창조된 새로운 시간 감각을 창조한다고 설명했다.

150 ③
[정답풀이]
첫째 문단의 첫 문장에서 '말을 하고 글을 쓰는 표현 행위는 사고 활동과 분리해서 생각할 수 없다'고 했다. 그리고 첫째 문단의 마지막 문장에서 '이처럼 사고와 표현 활동은 지속적으로 상호 작용을 하게 된다'고 했다. 이 내용을 바탕으로 둘째 문단은 첫째 문단의 마지막 문장의 내용을 이어가면서, 둘째 문단의 마지막 문장인 '이렇게 사고력과 표현력은 상호 협력의 밀접한 연관을 맺고 있다.'로 끝날 수 있는 내용이어야 한다. 따라서 ⊙에는 ③의 내용이 적절하다.

151 다음 글에 대한 이해로 옳지 않은 것은?

[2022. 국회직 9급]

몸을 닦는 일(修身)은 효도와 우애로써 근본을 삼아야 한다. 효도와 우애에 자기 본분을 다하지 않으면 비록 학식이 고명하고 문체가 찬란하고 아름답다 하더라도 흙담에다 아름답게 색칠해놓은 것에 지나지 않는다. 자기 몸을 이미 엄정하게 닦았다면 그가 사귀는 벗도 자연히 단정한 사람일 것이므로 같은 기질로써 인생의 목표가 비슷하게 되어 친구 고르는 일에 특별히 힘쓰지 않아도 된다.

이 늙은 아비가 세상살이를 오래 경험하였고 또 어렵고 험난한 일을 고루 겪어보아서 사람들의 심리를 두루 알고 있다. 무릇 천륜에 야박한 사람은 가까이해서도 안 되고 믿어서도 안 되며, 비록 충직하고 인정 있고 부지런하고 재빠르게 온 정성을 다하여 나를 섬기더라도 절대로 가까이해서는 안 된다. 이들은 끝내 은혜를 배반하고 의리를 잊어먹고 아침에는 따뜻이 대해주다가도 저녁에는 차갑게 변하고 만다.

대체로 이 세상에 깊은 은혜와 두터운 의리는 부모형제보다 더한 것이 없는데 부모형제를 그처럼 가볍게 버리는 사람이 벗들에게 어떠하리라는 것은 쉽게 알 수 있는 이치다. 너희는 이 점을 반드시 기억해두도록 하거라. 무릇 불효자는 가까이 하지 말고 형제끼리 우애가 깊지 못한 사람도 가까이해서는 안 된다.

① 자기 몸을 엄정하게 닦는 것의 중요성을 역설하고 있다.

② 효와 우애의 덕목을 충실하게 지키는 사람을 친구로 삼기를 권하고 있다.

③ 학문에 깊이가 있고 충직한 사람이라면 반드시 곁에 두어야 한다고 말하고 있다.

④ 좋은 친구를 사귀려면 먼저 스스로가 단정하고 좋은 사람이 되어야 한다고 충고하고 있다.

⑤ 어떤 일이 있어도 천륜을 어기는 사람은 경계할 것을 조언하고 있다.

152 다음은 선조 28년 7월에 사헌부에서 올린 보고문이다. 이를 통해 추론할 수 있는 사헌부의 견해로 적절하지 않은 것은?

[2018. 국회직 7급]

우리나라는 여러 대 태평을 누리는 동안 문물은 융성하고 교화의 도구는 남김없이 모두 갖추어졌습니다. 선비들은 예법으로 자신을 단속했고, 백성들은 충과 효에 스스로 힘썼습니다. 관혼상제의 법도는 옛날보다 못하지 않았고, 임금을 버리고 어버이를 무시하는 말은 세상에 용납되지 않았습니다. 그러므로 효도로 다스리는 세상에서 윤리에 죄를 얻는 사람이 거의 없었습니다.

난레[임진왜란]을 겪은 뒤로는 금방(禁防)이 크게 무너져 불온한 마음을 품는가 하면, 법도에 벗어나는 말을 외치기도 합니다. 오직 제 몸의 우환만 알고, 부모의 기른 은혜를 까맣게 잊은 나머지 저 들판과 진펄에 매장되지 못한 시신이 버려져 있는가 하면, 상복을 입은 자가 고깃국을 먹는 것을 가리지 않았습니다. 식견이 있는 사람도 이렇게 하거늘, 무지한 이들이야 어떠하겠습니까? 효자의 집안에서 충신을 찾을 수 있는 법인데, 그 어버이를 이처럼 박대한다면 의리를 따라 나라를 위해 죽는 사람은 눈을 씻고 보아도 찾을 수 없을 것입니다.

① 효를 실천하지 않는 이가 나라를 위해 희생할 리 없다.

② 시신을 매장하지 않는 장례 방식이 임진왜란 이후 생겨났다.

③ 전란 이후에 사람들 사이에서 중요한 법도가 무시되고 있다.

④ 무지한 이들은 식견 있는 이들에 비해 윤리적 과오에 더 취약하다.

153 다음 글에서 추론할 수 있는 정약용의 생각으로 가장 적절한 것은?

[2018. 국회직 7급]

다산 정약용은 ≪목민심서≫에서 공직자들의 절용(節用), 즉 아껴 쓰기를 강조했다. 다산이 말한 절용은 듣기에는 매우 간단한 것 같지만 실제로는 실천하기 어려운 것이었다. 자기 돈은 절용하기 쉽지만 정부 돈은 함부로 쓰기 십상이다. 또한 정책 과정에서 온갖 비리가 발생하기도 한다. 그렇기에 절용은 공직자가 지켜야 할 가장 중요한 덕목이다. 다산은 유배지에서 아들에게 "내가 오랫동안 귀양 살면서 너희에게 유산으로 남겨 줄 재산이 없다. 다만 너희에게 글자 두 자를 유산으로 남겨 준다. 하나는 근(勤)이요, 하나는 검(儉)이다. 너희가 근검 두 글자를 제대로 실천하려고 하면 논 100마지기 200마지기보다 좋다."는 내용의 편지를 보냈다. 청렴해야 자애로울 수 있고 자애로운 것이야말로 백성을 사랑하는 것이니, 다산은 백성을 통치하려면 먼저 절용에 힘쓰라고 말한 것이다. 다산이 말한 청심(淸心)은 맑은 마음, 깨끗한 마음을 의미하는데 이는 공직자의 기본이다. 공직자는 대가성이 없고 법적 처벌을 면할 수 있다 해서 적은 돈이라도 받아서는 안 된다. 다산은 청렴이 천하의 큰 장사라 말했다. 청렴이야말로 가장 큰 이익이 남는 일임을 역설적으로 표현한 것이다. 그래서 다산은 청렴한 사람이 진짜 욕심쟁이라고 했다. 최고의 지위까지 오르려는 공직자는 청렴해야만 그 목표를 이룰 수 있다. 다산은 사람들이 청렴하지 못한 이유를 지혜가 모자란 데서 찾았다. 다산의 청렴 사상은 '청렴한 사람은 청렴함을 편안하게 여기고, 지혜로운 사람은 청렴함을 이롭게 여긴다.'(廉者安廉 知者利廉)는 말로 요약된다. 공자는 목표가 인(仁)인 반면 다산은 목표가 청렴이었다. 인은 너무 높은 성현의 이야기이므로 일반인이 인의 경지에 이르기 힘드니 한 단계 낮추어 청렴을 이야기한 것이다.

① 공직자들은 금품과 선물을 법으로 정한 한도 내에서 주고받아야 한다.
② 관리들이 청렴하고 자애로우면 백성들이 인을 이룰 수 있게 된다.
③ 자손에게 물질적 재산을 남겨 주는 공직자는 청렴하다고 할 수 없다.
④ 지혜로운 관리는 청렴함을 통해 자신에게 이익이 되는 결과를 얻을 수 있다.

154 다음 글에서 작가가 궁극적으로 말하고자 하는 바는?

독서를 함에 있어서 쓸데없이 소리를 크게 지르거나, 음독이 뒤섞이게 하거나, 억지로 자구를 맞춘다든가. 입에서 나오는 대로 어려운 것을 들추어 낸다든가, 남의 대답이 채 끝나기도 전에 지나쳐 버리고 돌아보지 않는다든가, 한 번 묻고 한 번 대답하고는 다시 더 생각하지 않는다면, 이는 이익을 구하는 데 아무 뜻이 없는 사람이니 더불어 학문을 할 수가 없다.

성현의 언어를 볼 때는 고인을 참고하고, 이미 이루어졌던 자취를 더듬어 그것을 내 자신에게 돌이켜 적당한 변통책을 강구해야 한다. 그리고 흠앙하고 부러워하며, 마음속으로 깊이 느끼는 것이 마치 바늘로 몸을 찌르는 것 같아야 한다. 고인의 독서는 대개 이러한 본령이 있었으니, 이와 같이 아니하면 모두가 거짓 학문이 되고 만다.

① 학문에서 경계해야 할 점
② 개인적 독서 비결이 무엇보다 중요하다.
③ 젊은 시절에 깨달아 독서에 힘써야 한다.
④ 진정한 독서는 의문을 가지는 데서 비롯된다.

155 다음 글을 통해 알 수 있는 사실이 아닌 것은?

우리가 자연에서 얻을 수 있는 천연 섬유 자원은 제한이 있다. 이런 것을 극복하기 위해서 사람들은 오래 전부터 인조 섬유를 개발하기 위해서 노력하였다. 인조 섬유를 만드는 방법으로 가장 먼저 시도한 것은 자연 적으로 존재하는 고분자 곧 천연 고분자를 이용하는 것이다. 목재의 주성분은 식물이 광합성을 통해 만드는 셀룰로오스이다. 그런데 이것은 가늘고 긴 섬유의 형태를 하고 있지 않아서 그대로 섬유로 쓸 수는 없다. 이것을 섬유로 쓰기 위해서는 고분자 화합물의 모양을 바꾸어야 한다.

용수철은 탄성을 가지고 있어서 길게 늘였다 놓으면 원래의 모양으로 돌아간다. 용수철처럼 탄성을 가진 고체의 모양을 바꾸는 일은 어렵다. 그러나 액체는 담는 그릇의 모양에 따라 그 모양이 변한다. 용수철처럼 그 모양을 쉽게 바꿀 수 없는 셀룰로오스의 모양을 길게 만들기 위해서는 그것을 일단 액체로 만들어야 한다. 고분자를 액체로 만들기 위해서는 열을 가하든가 설탕을 물에 녹이는 것처럼 고분자를 용액에 녹여야 한다. 이렇게 액체로 만들어서 가늘고 길게 변형시킨 후 그것을 다시 고체 상태로 만들면 원하는 섬유 모양 을 만들 수 있다. 셀룰로오스를 액체를 만들기 위해서는 이것을 녹일 수 있는 액체 곧 용매를 찾아서 녹인 후 이를 작은 구멍을 통해서 뽑은 다음 용매를 제거하면 섬유를 얻을 수 있다. 이렇게 작은 구멍을 통해 실을 뽑는 과정을 '방사'라고 한다.

이런 과정을 통해 길게 뽑은 섬유는 필요한 길이만큼 잘라서 단섬유로 만들어 사용한다. 이런 과정에서 고분자 화합물은 분자의 구조는 바뀌지 않고 외형적인 모양만 바뀌기 때문에 이런 섬유를 일러서 재생 섬유 라고 한다. 이런 과정을 거쳐서 여러 종류의 인조 섬유가 만들어졌는데 천연 고분자인 셀룰로오스를 아세톤 에 녹여서 실로 뽑아낸 것이 비스코스레이온과 아세테이트레이온이고 누에고치나 양털과 같은 단백질을 이 용하여 만든 인조 섬유가 라니탈이다.

① 셀룰로오스는 고분자 구조를 가지고 있다.
② 라니탈도 재생 섬유의 하나라고 볼 수 있다.
③ 비스코스레이온의 원료는 식물로부터 얻는다.
④ 셀룰로오스의 분자 구조는 용수철 모양처럼 생겼다.

31일차

151 ③
[정답풀이]
다산 정약용이 아들에게 내리는 글인 〈가계(家誡)〉에서 발췌한 내용이다. 교과서에는 〈유배지에서 보낸 편지〉로 수록되었다. 첫째 문단에서, 학식이 고명하고 문체가 찬란해도 효도와 우애에 본분을 다하지 않으면 흙담에다 색칠해 놓은 것에 지나지 않는다고 비유했다. 글쓴이는 효도와 우애를 근본으로 삼은 사람이어야만 단정한 사람일 것이고, 이들은 자기 몸을 엄정하게 닦은 사람이며 서로 같은 기질의 사람이기 때문에 자연스럽게 친구가 될 것이라고 언급했다.

오답

① 첫째 문단에서 자기 몸을 엄정하게 닦아야 사귀는 벗도 자연히 단정한 사람일 것이라고 언급했다.
② 첫째 문단에서 효도와 우애를 근본으로 삼는 일을 자기 몸을 엄정하게 닦는 일로 설명했다.
④ 첫째 문단에서 자기 몸을 엄정하게 닦아야 단정한 벗을 사귈 수 있다고 언급했다.
⑤ 둘째 문단에서 천륜에 야박한 사람은 가까이해서도 안 되고 믿어서도 안 된다고 언급했다. 이들은 충직하거나 인정이 있더라도 끝내 은혜를 배반하고 의리를 잊어먹는 사람이라고 언급했다.

152 ②
[정답풀이]
임진왜란을 겪은 뒤로 금방(禁防. 금하는 둑. 사람들이 금하는 행위)이 무너져 시신을 버리는 행위가 나타난다고 했다. 시신을 매장하지 않고 버리는 행위는 임진왜란 이후 나타난 부도덕한 행위인 것이지, 그것이 장례 방식으로 생겨난 것은 아니다.

오답

① 효자의 집안에서 충신을 찾을 수 있는 법이라고 했다. 이 말을 반대로 풀이하면 효를 실천하지 않는 자는 충신이 될 수 없다는 것이므로, 효를 실천하지 않는 이는 나라를 위해 희생할 수 없다고 볼 수 있다.
③ 임진왜란 이후에 법도에 어긋나는 말을 외치기도 했다는 내용을 통해 추론할 수 있다.
④ '식견이 있는 사람도 이렇게(법도에 벗어나는 행동) 하거늘, 무지한 이들이야 어떠하겠습니까?'라고 한 내용을 통해 추론할 수 있다.

153 ④
[정답풀이]
다산 정약용은 '청렴한 사람은 청렴함을 편안하게 여기고, 지혜로운 사람은 청렴함을 이롭게 여긴다.'고 했다. 왜냐하면 청렴한 사람이어야만 최고의 지위까지 오를 수 있기 때문이다. 결국 정약용은 지혜로운 관리는 청렴함을 통해 큰 이익을 남길 수 있다고 보고 청렴을 강조했다.

오답

① 법으로 정한 한도가 있다 해도 금품과 선물을 받을 수 있다는 내용은 글에 제시되지 않았다. 글에서 공직자는 적은 돈이라도 받아서는 안 된다고 했으니, 추론한다면 법으로 정한 한도의 돈이라도 받아서는 안 된다고 해야 올바른 설명이다.
② 공직자가 청렴한 것은 백성을 사랑하는 것이라고 설명했다. 백성을 사랑하는 일이 곧 백성들이 인을 이룰 수 있다고까지 설명하는 것은 잘못되었다.
③ 청렴한 공직자가 자식에게 물질적 재산을 남겨주면 안 된다는 설명은 없다. 글쓴이인 정약용이 자식에게 남겨 줄 재산이 없다고 한 것은 오랫동안 귀양살이를 했기 때문이다. ③의 내용과는 관련이 없다.

154 ①
[정답풀이]
이 글은 독서를 할 때 경계해야 할 것들을 구체적으로 설명하고 있다. 글의 내용으로 볼 때, 독서를 하는 것이 곧 학문을 하는 것이므로 ①이 이 글의 주제가 된다. 제시된 글에서는 학문을 위한 독서의 근본적인 방법으로 고인의 독서를 본받아 자신에게 적당한 방법을 강구할 것을 말하고 있다.

155 ④
[정답풀이]
이 글에서 말한 내용은 용수철이 탄성을 가지고 있어서 쉽게 모양을 바꿀 수 없듯이 셀룰로오스 분자도 고체 상태에서는 탄성이 있어 그 모양을 쉽게 바꿀 수 없다고 한 것이다. 이것은 셀룰로오스 분자 구조가 용수철 모양이라는 뜻은 아니다.
④ 분자의 구조가 바뀌는 것을 '화학적 변화'라고 하고 분자 구조의 외형적 모양만 바꾸는 것을 '물리적 변화'라고 한다.

[156~158] 다음 글을 읽고 물음에 답하시오.

사이코패스는 '사이코'라는 단어가 들어가지만 단순한 정신 장애가 아니다. 정신 장애를 가진 사람이 범행을 저질 렀다면 우리는 그 사람을 벌하기보다는, 치료의 대상으로 간주한다. 그것은 그들은 현실 검증 능력이 없어 자기의 행동이 어떤 영향을 미칠지 모르고 행동하기 때문이다.

하지만 사이코패스는 의식도 뚜렷하고 자기가 하는 행동이 무엇인지 잘 알고 있는 사람들이다. 그들은 겁에 질렸 거나 방어를 위해 범행을 하는 것도 아니라, 단지 자기 만족을 위해 타인을 해치는 '반사회적 인격 장애자들'이다.

사이코패스의 뇌파를 찍어보면 대뇌 피질의 각성도가 낮다. 일반인의 뇌는 공포를 느낄 때 감정을 담당하는 변연 계와 판단을 하는 전두엽 사이의 상호 작용이 활성화된다. 하지만 이들은 이런 뇌활동성이 결여돼 있다. 평소 각성 도가 낮기 때문에 일반인은 견디기 어려운 수준의 흉악하고 공격적인 행동을 해야 흥분과 쾌감을 느낀다. 그러므로 흥분이나 쾌감을 느끼기 위해서 그들은 갈수록 흉악한 행동을 하려고 한다. 또 그런 행동에 대해 죄책감을 느끼거 나 앞으로 악한 행동을 자제해야겠다는 생각도 하지 않는다.

정신 의학계에서는 사이코패스 옆에 '소시오패스(sociopath)'라는 단어가 함께 붙어 다닌다. 사이코패스와 달리 소시오패스는 정상적인 사회 생활을 하며, 흉악한 범죄를 저지르지 않는다. 이들은 법이 허용하는, 또는 남의 눈에 띄지 않는 범위 안에서 지나치게 자기 중심적으로 타인을 이용하는 데 거리낌이 없다. 남을 위하는 것처럼 행동할 때도 상대를 이용하고 해치려는 마음을 가지고 있다. 자기가 원하는 대로 주변이 따라주기를 바라면서 주위 환경을 변화시키려 한다. 현대 사회에는 인구 100명당 약 4명의 소시오패스가 존재한다고 한다.

정신 분석학자 오토 컨버그는 소시오패스의 특징을 '병적인 자기애'라고 하였다. 소시오패스는 자기 합리화의 명 수다. 자기 주장이 강하고, 타인에게 인정받기를 바라지만 오직 자기만 생각한다. 자기 때문에 타인이 받는 고통을 큰 목적을 위한 희생이라고 합리화하고, 자신의 책임을 철저히 부인한다. 컨버그는 역사적으로 히틀러와 스탈린 같은 독재자들을 소시오패스의 대표적인 인물로 꼽았다.

사회가 각박해지면서 소시오패스는 점차 늘고 있다. 진화 심리학자들은 도시 생활의 어쩔 수 없는 부작용이라고 설명한다. 과거 공동체적 농경 사회에서는 제 이득만 취하는 사람은 금방 적발돼 퇴출당하거나 공동체의 징벌을 받았다. 하지만 현대 사회는 '한번 보고 끝나는'만남이 많아졌다. 그래서 자기가 원하는 것만 얻고난 뒤 은혜를 갚지 않고 관계를 단절해버려도 아무도 벌을 주지 못한다. 공동체에서 퇴출시키는 일도 불가능해졌다. 결국 사이코 패스나 소시오패스가 오랫동안 생존하면서 능력을 키워나가고 진화해갈 수 있는 바탕이 돼버린 셈이다.

156 위 글의 내용과 일치하는 것은?

① 사이코패스가 저지른 범행은 처벌의 대상이 될 수 없다.

② 사이코패스와 소시오패스 모두 정상적으로 생활을 할 수 있다.

③ 사이코패스는 변연계보다 전두엽이 발달한 뇌 구조를 가지고 있다.

④ 소시오패스는 대도시 중심의 생활로 인해서 점차 그 수가 증가하고 있다.

157 '소시오패스'의 행동 특성을 지닌 사람을 비판한 말로 가장 적절한 것은?

① 자신을 과시하는 허장성세(虛張聲勢)하는 사람들이야.

② 갈피를 잡을 수 없는 우유부단(優柔不斷)한 사람들이야.

③ 정상처럼 가장하지만 구밀복검(口蜜腹劍)하는 사람들이야.

④ 남의 호감을 얻기 위해 교언영색(巧言令色)하는 사람들이야.

158 위 글의 전개 방식으로 적절하지 않은 것은?

① 대상의 특징을 분석하여 제시한다.

② 문제의 원인을 분석하고 해결책을 제시한다.

③ 구체적인 사례를 들어서 이해를 돕는다.

④ 인용을 통하여 내용의 신뢰성을 높인다.

159 ㉠~㉣에 들어갈 말로 가장 적절한 것은?   [2015. 국가직 7급]

> 태평양전쟁이 격화되자 일제는 식민지 조선 내에서 황국신민화정책을 강화함과 동시에 일본인으로서의 투철한 국가관과 '국민' 의식을 주입하는 데 주력하게 되었다. (㉠) '국민'이란 말이 일본 내에서 실체적인 함의를 지니게 된 것은 청일전쟁 이후였다. (㉡) 이 경우 천황 아래 모두가 평등한 신민, 즉 일본의 '국민'으로서 재탄생하여야 한다는 당위적 명제는 다른 면에서는 '비국민'으로 낙인 찍힐지도 모른다는 불안감을 조장하는 일이기도 했다. (㉢) 이러한 사정은 식민지 조선 내에서도 마찬가지로 작용하였다. (㉣) '국민' 의식의 강조는 이때까지만 해도 여전히 민족적인 이질감을 유지하고 있었던 조선인들에게는 심리적인 포섭의 원리인 동시에 '비국민'으로서의 공포감을 동반한 강력한 배제의 원리로 작용하였던 셈이다.

	㉠	㉡	㉢	㉣
①	사실	그런데	그리고	요컨대
②	사실	게다가	또한	그러므로
③	실제로	또한	게다가	요컨대
④	실제로	그러나	그리고	그러므로

160 다음 글이 완전한 글이 되도록 (가)~(라)를 논리적 순서로 가장 적절히 배열한 것은? [2013. 지방직 7급]

애를 낳으면 엄마는 정신이 없어지고 지적 능력이 감퇴한다는 것이 일반 여성들의 고정관념이었다. 그런데 올봄 퓰리처상 수상 작가인 캐서린 엘리슨이 '엄마의 뇌: 엄마가 된다는 것이 우리의 뇌를 얼마나 영리하게 하는가.'라는 책을 써서 뉴욕타임즈 등의 기사가 되고, CBS, NBC, BBS 등의 기사가 된 바 있다.

엘리슨이 그런 아이디어를 얻게 된 것은 1999년의 신경 과학자 크레이그 킹슬리 등의 연구 결과를 접하고서였는데, 엄마가 되면 머리가 나빠지는 것이 아니라 더 좋아진다는 연구 결과들이 다른 신경과학자들의 연구 결과에서도 나타남을 확인했던 것이다.

최근 보스턴 글로브지에 보도된 바에 의하면 킹슬리 박사팀은 몇 개의 실험을 통하여 위의 결과를 지지하는 흥미 있는 결과를 발표하였다. 쥐를 대상으로 한 그들의 실험결과에 의하면 엄마 쥐는 처녀 쥐보다 인지 능력이 급격히 증가하여 냄새와 시각 능력이 급증하고 먹잇감을 처녀쥐보다 세 배나 더 빨리 찾았다. 엄마 쥐 뇌의 해마(기억 및 학습 담당)의 신경 통로가 새롭게 재구성되는 것 같았다고 한다. 엄마 쥐가 되면 엄마의 두뇌는 에스트로겐, 코르티솔과 같은 호르몬에 의해 마치 흠뻑 목욕을 하듯 된다.

(가) 그 결과 A 집단 임신 여성들이 B 집단보다 과제 수행 점수가 상당히 낮았다. A집단은 임신하면 머리가 나빠진다는 부정적 고정관념의 영향을 받아 헤어나지 못한 것이다.

(나) 그러면 인간은 어떨까. 대개 엄마가 되면 너무 힘들고 일에 부대껴서 결국은 머리가 젤리처럼 말랑말랑해져 지적 능력이 떨어진다고 생각한다.

(다) 그런데 흥미로운 것은 어미 혼자 내적으로 두뇌의 변화가 오는 것만 아니라 새끼와 상호 작용하는 것이 두뇌 변화에 크게 영향을 준다는 것이다. 새끼를 젖 먹이고 다루고 하는 과정에서 감각적으로 민감해지는 것과 같은 긍정적 변화가 일어나고 인지적 능력 역시 향상한다.

(라) 그러나 이러한 현상은 일부분 참일 수는 있지만, 상당 부분 사회공동체적 자기 암시에 걸리는 것이라고 볼 수 있다. 오하이오 신경심리학자 줄리에 수어의 연구에 의하면, 임신한 여성들을 두 집단으로 나누어 A집단에게는 '임신이 기억과 과제 수행에 어떤 영향을 주는가를 알아보기 위해서 검사를 한다.'고 하고 B 집단에게는 설명 없이 그 과제를 주었다.

— 이정모, 〈고정관념이란 얼마나 무서운 것인가〉 중에서 —

① (가) – (나) – (다) – (라)
② (가) – (다) – (라) – (나)
③ (다) – (가) – (라) – (나)
④ (다) – (나) – (라) – (가)

156 ④
[정답풀이]
도시 생활의 증가로 소시오패스가 진화하는 환경이 조성되었다.

오답

① 정신 장애로 저지른 범행은 치료의 대상이지만 사이코패스는 의식이 뚜렷한 상태이므로 처벌의 대상이다.
② 소시오패스는 정상적인 사회 생활을 할 수 있지만 사이코패스는 정상적인 생활을 할 수 없다.
③ 사이코패스는 변연계와 전두엽의 활동성이 모두 결여되어 있다.

157 ③
[정답풀이]
소시오패스들은 남을 이용하거나 남을 해칠 생각을 가지고 행동하는 사람들이다. 본문에서 남을 좋게 대할 때도 그 마음 속에는 그들을 해칠 마음을 가지고 있다고 하였다. 이처럼 남을 해칠 마음을 품고 행동하는 것을 구밀복검(口蜜腹劍)이라고 한다.

오답

① **허장성세(虛張聲勢)**: 실속은 없으면서 큰소리치거나 허세를 부림.
② **우유부단(優柔不斷)**: 어물어물 망설이기만 하고 결단성이 없음.
④ **교언영색(巧言令色)**: 아첨하는 말과 알랑거리는 태도.

158 ②
[정답풀이]
마지막 문단에서 소시오패스 현상이 나타나는 원인은 언급하였지만 이런 문제를 해결하기 위한 해결책이 무엇인지는 말하지 않았다.

오답

① 사이코패스와 소시오패스의 행동 특성들을 분석하여 제시하였다.
③ 소시오패스의 예로 히틀러와 스탈린을 들었다.
④ 컨버그라는 사람의 말을 인용하여 글의 신뢰성을 높이고 있다.

159 ①
[정답풀이]
여러 가지 접속어를 묻는 문제는 중요한 우선순위를 먼저 찾아야 한다. 여기에서는 ⓒ과 ⓔ이 중요하다. ⓒ은 '일본'과 '조선'은 대등하게 첨가하고 있으므로 '그리고'가 적절하다. '조선 내에서도'가 힌트가 된다. 그리고 ⓔ은 앞 내용을 요약 정리하는 부분이므로 '요컨대'가 적절하다. 이때 인과 관계를 나타내는 '그러므로'와는 구별해야 한다. 참고로, ㉠은 '사실상, 실지에 있어서'를 뜻하는 '사실'이 적절하고, ⓛ은 화제를 전환하며 전개하는 '그런데'가 적절하다.

160 ④
[정답풀이]
고정관념의 오류에 관한 글이다. 글의 일부 순서를 묻기 때문에 앞 내용을 고려해야 한다. 쥐를 대상으로 한 실험이 이어지는 부분이므로 (다)가 먼저 나오고, 이 결과를 인간에게 적용한 (나)가 다음에 나와야 하며, 잘못된 고정 관념에 대한 비판을 실험을 통해 알려 주므로 (라)와 (가)가 순차적으로 나와야 한다. 즉, '(다) → (나) → (라) → (가)'의 순서대로 오면 된다.

33일차

161 다음 글에서 알 수 있는 것은?

[2018. 국가직 7급]

우리가 들은 특정 소리는 머릿속에 존재하는 어휘 목록 속에서 어떻게 의도된 단어에 접속하여 그 의미만을 활성화할 수 있는 것일까? 즉 우리가 어떤 단어를 들었을 때, 그 단어와 다른 모든 단어들이 구별되는 과정을 거치지 않고서도 어떻게 해당 단어의 의미가 정확하게 활성화될 수 있을까? 마슬렌－윌슨(Marslen－Wilson)은 어떤 단어를 듣고 인식하는 데 필요한 조건에 관련된 실험을 진행했다. 그는 실험을 통해 앞부분이 같은 다른 단어들과 구별되는 지점까지 들어야 비로소 어떤 단어가 인식된다는 것을 알아냈다. 예를 들어 'slander'는 /d/를 들었을 때 비로소 앞부분이 같은 다른 단어들과 확실하게 구별되며, 이 지점에 도달하기 전까지는 'slant'와 구별되지 않는다. 여기서 청각 체계로 들어온 소리가 머릿속 어휘 목록의 해당 항목에 접속할 뿐만 아니라 그것을 활성화한다는 점이 중요하다. 이러한 과정은 금고를 열기 위한 숫자 조합의 원리와 유사하다. 숫자 조합 자물쇠의 회전판을 올바른 순서로 회전시킬 때, 모든 숫자를 끝까지 회전시키지 않고도 맞아떨어질 수 있다. 이와 유사하게, 특정 소리 연속체를 요구하는 신경 회로들은 진행 중인(하지만 아직 완전히 진행되지 않은) 소리의 연속체로 인해 활성화될 수 있다. 그에 따르면 /slan/은 'slander'와 'slant'에 관련되는 신경 회로들 전부를 활성화할 것이다.

① 머릿속에 저장된 단어들에, 청각 체계로 들어온 음성 신호가 접속하여 의미가 활성화된다.
② 'slander'와 'slant'의 의미를 서로 구별하기 위해서는 각 단어의 발음을 끝까지 들어야 한다.
③ 어떤 단어를 머릿속 어휘 목록에서 선택하여 발화하는 과정은 숫자 조합 자물쇠의 원리로 설명할 수 있다.
④ 특정 단어와 관련되는 신경 회로는 그 단어와 소리가 유사한 다른 단어들이 구별될 때까지 활성화되지 않는다.

162 ⊙~⊚ 중 〈보기〉의 문장이 들어가기에 적절한 곳은?

[2022. 국회직 9급]

┃보기┃

그리하여 가축과 그 고기를 먹는 인간의 건강뿐만 아니라, 세계 전역의 농지들이 그 피해를 고스란히 입고 있는 것이다.

곡물 사료는 비단 가축뿐만 아니라 세계의 가난한 사람들에게도 구조적인 폭력을 행사한다. (⊙) 우리가 다 알고 있듯이, 쇠고기를 비롯한 육류는 곡식에 비해서 낭비적 요소를 내포하고 있는 식품이다. (ⓒ) 오늘날 1인분의 쇠고기 생산을 위해서 20인분의 곡물이 투입되고 있고, 1칼로리의 쇠고기를 생산하는 데 보통 35칼로리의 석유가 소모되고 있다. 그 (ⓒ) 결과는 전세계적으로 10억의 비만 인구와 10억의 기아 인구의 공존이라는 비극적 현실이다. (ⓔ) 또한 여기서 간과할 수 없는 것은 사료용 곡물 재배에는 살충제가 무제한적으로 남용되고 있다는 점이다. (ⓜ) 오늘날 육류 소비가 늘어가는 것과 병행해서 아까운 열대 우림이 끝없이 훼손되고, 전 세계적으로 심각한 토양 오염 및 토지 열화 현상이 확대되고 있는 것은 결코 우연이 아니다.

① ⊙
② ⓒ
③ ⓒ
④ ⓔ
⑤ ⓜ

---

163 ⊙~⊚을 글의 순서에 따라 올바르게 배열한 것은?

[2019. 경찰직 1차]

잎으로 곤충 따위의 작은 동물을 잡아서 소화 흡수하여 양분을 취하는 식물을 통틀어 식충 식물이라 한다. 대표적인 식충 식물로는 파리지옥이 있다.
주로 북아메리카에서 번식하는 파리지옥은 축축하고 이끼가 낀 곳에서 곤충을 잡아먹으며 사는 여러해살이 식물이다.

⊙ 두 개의 잎에는 각각 세 개씩의 긴 털, 곧 감각모가 있다.
ⓒ 낮에 파리 같은 먹이가 파리지옥의 이파리에 앉으면 0.1초 만에 닫힌다.
ⓒ 중심선에 경첩 모양으로 달린 두 개의 잎 가장자리에는 가시 같은 톱니가 나 있다.
ⓔ 약 10일 동안 곤충을 소화하고 나면 잎이 다시 열린다.
ⓜ 이 감각모에 파리 따위가 닿으면 양쪽으로 벌어져 있던 잎이 순식간에 서로 포개지면서 닫힌다.

파리지옥의 잎 표면에 있는 샘에서 곤충을 소화하는 붉은 수액이 분비되므로 잎 전체가 마치 붉은색의 꽃처럼 보인다. 파리지옥의 잎이 파리가 앉자마자 0.1초 만에 닫힐 수 있는 것은, 감각모가 받는 물리적 자극에 의해 수액이 한꺼번에 몰리면서 잎의 모양이 바뀌기 때문이라고 알려졌다.

① ⊙ - ⓒ - ⓜ - ⓔ - ⓒ
② ⓒ - ⊙ - ⓜ - ⓒ - ⓔ
③ ⊙ - ⓜ - ⓒ - ⓒ - ⓔ
④ ⓒ - ⓜ - ⊙ - ⓔ - ⓒ

[164~165] 다음 글을 읽고 물음에 답하시오.

한글은 글자 하나하나가 소리를 나타내는 표음문자이다. 굳이 사전을 찾아보지 않고 글자를 보더라도 대략의 발음을 알 수 있는 것은 한글의 표음문자적 특성에서 기인한다. 그러므로 한글 맞춤법은 태생적으로 표준어의 소리를 비교적 충실히 드러낼 수밖에 없다고 할 수 있겠다. 그러나 이러한 한글 맞춤법의 소리대로 적는 원칙 이외에 다른 원칙이 하나 더 있는데 바로 '어법에 맞도록' 표기한다는 원칙이다. 여기서 '어법에 맞는 표기'란 의미가 잘 드러나도록 표기를 일정한 형태로 유지하는 것을 말한다. 그렇기 때문에 한 글자 한 글자가 어떤 일정한 뜻을 나타내고 있는 한자의 음을 표기할 때에 본래의 형태를 유지하려는 의도가 맞춤법 곳곳에서 엿보인다.

예를 들어 고유어끼리의 결합이나 한자어와 고유어로 된 합성어에서 사잇소리 현상이 나타날 때는 사이시옷을 받쳐 적지만 '내과(內科), 대가(代價), 시점(時點), 이권(利權), 초점(焦點)'의 경우처럼 한자어와 한자어의 결합에서는 사이시옷을 붙이지 않는다는 원칙이 있다. 이는 사잇소리 현상이 나타나는 발음 현실과 달리 한자 '內, 代, 時, 利, 焦'가 언중의 의식 속에 '내, 대, 시, 이, 초'라는 일정한 형태로 굳어져 있다고 보아 '냇, 댓, 싯, 잇, 촛'으로 쓰는 것을 피한 것이다. [게, 레, 메, 페, 헤]로 발음되는 한자 '계, 례, 메, 폐, 혜'의 본음 형태를 유지하게 한 것과, 두 번째 이하 음절에서 [이]나 [에]로 단모음화하는 '의'를 한자음 본래의 형태를 쓰도록 한 것도 이러한 맥락에서 이해된다. 즉 표준어의 소리에서 다소 멀어지더라도 한자음을 고정하여 의미가 잘 드러나도록 하는 한글 맞춤법의 원칙이 적용된 예로 볼 수 있다.

이와 달리 한자의 본음을 그대로 유지하지 않고 현실에서 나타나는 발음의 변화를 충실히 드러내주는 표기도 있다. '곳간(庫間), 툇간(退間), 찻간(車間), 숫자(數字), 횟수(回數), 셋방(貰房)'은 한자어의 결합에서 사이시옷을 표기하지 않는 기본 원칙과는 달리, 발음을 반영하여 사잇소리를 표기하고 있다. 이러한 한자음의 변화를 수용한 표기는 이렇게 몇 개의 단어에만 한정되는 것은 아니다. ㉠모음이나 'ㄴ'받침 뒤에 결합되는 '렬(列, 烈, 裂, 劣), 률(律, 率, 栗, 慄)'이 [열], [율]로 소리 나는 현상을 중시한 표기도 있고, '연연불망(戀戀不忘)'과 같이 한 단어 안에서 같은 음절이 겹쳐 나는 일부 한자어에서도 두 번째 음절의 소리 변화를 그대로 반영하고 있는 표기도 있다.

164 다음 중 이 글에서 말하는 '어법에 맞는 표기'에 대해 바르게 이해한 것은?

① 단어가 가지고 있는 의미가 바뀌게 되는 경우도 빈번하다.
② 한자어 표기가 실제 발음과 동떨어지게 되는 경우를 낳았다.
③ 고유어와 한자어를 결합할 때 고유어에 초점을 맞추는 표기이.
④ 사이시옷에 대한 규정을 현대에 맞게 수정하고 보완한 표기이다.

165 ㉠의 내용으로 보았을 때, 단어의 표기가 잘못된 것은?

① 규율(規律)
② 비율(比率)
③ 합격율(合格律)
④ 나열(羅列)

33일차

161 ①
[정답풀이]
글의 첫 문장에 답이 있다. 소리인 음성 신호가 머릿속에 저장된 어휘 목록에 접속하여 의미가 활성화된다고 했다. 마슬렌 윌슨의 실험은 앞부분이 같은 다른 단어들과 구별되는 지점까지 들어야 비로소 어떤 단어가 인식된다는 것을 알아낸 것이었다. 듣는다는 것은 청각 체계로 음성 신호가 접속한다는 것이고, 인간은 머릿속 어휘 목록이 있으므로 머릿속에 저장된 단어들이라는 표현도 적절하다.

오답

② 'slander'는 /d/를 들었을 때 비로소 단어가 구별된다. /d/를 듣기 전까지는 'slant'와 구별되지 않는다. 단어의 발음을 끝까지 들어야 한다는 설명은 잘못됐다.
③ '청각 체계'일 뿐 '발화(發話. 소리를 내어 말을 하는 현실적인 언어 행위)'와는 관련이 없고, '숫자 조합 자물쇠의 원리와 유사하다'고 한 것이지 '자물쇠의 원리로 설명할 수 있다'는 것이 아니다.
④ 'slan'은 'slander'와 'slant'에 관련되는 신경 회로를 전부 활성화한 것이다. 그 단어와 유사한 다른 단어들이 구별될 때까지 활성화되지 않는다는 설명은 잘못되었다.

162 ⑤
[정답풀이]
〈보기〉는 살충제가 인간의 건강뿐만 아니라 농지들에도 피해를 입힌다는 내용이다. 살충제를 남용한다는 내용이 ⓜ의 앞에 있기 때문에 〈보기〉는 ⓜ에 들어가야 한다. ⓜ 이후에도 살충제의 문제를 계속 설명하고 있다.

163 ②
[정답풀이]
내용이 연속적으로 이어지는 것이 주목할 필요가 있다. 먼저 ㉠에서 감각모를 처음 언급했고 ⓜ은 감각모의 기능을 설명했으므로, ㉠의 뒤에는 ⓜ이 와야 한다. ㉡과 ㉣은 ⓜ에서 언급한 감각모의 활동 과정이므로, ㉡과 ㉣은 ⓜ의 뒤에 각각 순서대로 와야 한다. 이 순서를 모두 고려하면 ㉢ - ㉠ - ⓜ - ㉡ - ㉣이 가장 적절하다.

164 ②
[정답풀이]
'어법에 맞는 표기'는 한글 맞춤법의 소리대로 적는 원칙 외의 또 다른 원칙으로, 한 글자 한 글자가 어떤 일정한 뜻을 나타내고 있는 한자의 음을 표기할 때에 본래의 형태를 유지하고자 하는 의도를 드러내는 표기를 말한다. 이런 표기법 때문에 한자의 음과 표기가 달라지는 경우를 낳게 된다.

165 ③
[정답풀이]
㉠의 핵심은 '렬, 률'이 'ㄴ'이나 모음'뒤에서는 '열, 율'로 소리가 난다는 것이다. 그러므로 이를 답지에 적용해 본다면 '합격율'은 '합격률'로 써야 맞다.

166 다음 글을 통해 얻을 수 있는 교훈으로 가장 적절한 것은?

> 그 이름만 들어도 누구나 알 수 있을 정도로 유명한 한 성인이 있었습니다. 하루는 그 성인이 기거하는 곳에 자객이 숨어 들었습니다. 자객이 숨어든 것을 이미 알고 있었던 성인은 자객이 문 앞에 이르자 다음과 같이 말했습니다.
>
> "칼을 버리고 들어오도록 하여라."
>
> 이 말을 들은 자객은 깜짝 놀랐습니다. 왜냐하면 그 자객은 자신이 몰래 잠입한 사실을 성인이 전혀 모를 것이라고 생각했기 때문이었습니다. 자신이 이미 노출된 것을 알게 된 자객은 할 수 없이 칼을 버렸습니다. 그러면서도 마음속으로는 문을 열고 들어가기만 하면 자신의 뛰어난 무술 실력으로 얼마든지 성인을 없앨 수 있다고 생각하였습니다. 이러한 자객의 속마음을 간파한 성인은 다음과 같이 말했습니다.
>
> "너는 아직 칼을 버리지 않았구나."
>
> 이 말을 들은 자객은 그제서야 진정으로 뉘우치며 다음과 같이 말했습니다.
>
> "선생님, 이 못나고 부족한 저를 제자로 거두어 주십시오. 그러면 앞으로 남은 생애, 선생님께 열심히 배우고 정진하여 언젠가는 저도 선생님과 같은 훌륭한 성인이 되겠습니다."
>
> 이 말을 들은 성인은 다음과 같이 말했습니다.
>
> "네가 내 제자가 되고 또 성인이 되고 싶거든 마음의 칼을 버려라. 그래야 진정으로 칼을 버렸다고 할 수 있느니라."

① 칼은 세상의 불의를 제거하는 데 사용해야 한다.
② 항상 겸손하고 감사할 줄 아는 삶을 살아야 한다.
③ 자신의 마음을 다스릴 줄 아는 사람이 되어야 한다.
④ 누구든지 스승으로 삼아 배우려는 자세를 지녀야 한다.

167 다음 기사가 전달하고자 하는 핵심 주장으로 적절한 것은?

> 요즘처럼 기술이 급변하는 시대에 같은 컴퓨터를 10년 이상 쓰는 사람은 아마 거의 없을 것입니다. 부지런히 업그레이드한다면 불가능한 일도 아니지만, 그러기에는 너무 번거롭고 비용도 많이 듭니다. 그래서 소비자들은 대부분 새 컴퓨터를 사는 쪽을 선택합니다. 그럼, 이런 식으로 버려진 구형 컴퓨터는 어떻게 처리되고 있을까요?
>
> 컴퓨터를 가장 많이 소비하고 있는 미국의 경우, 지금까지 팔린 컴퓨터의 4분의 3 이상이 이미 쓸모없는 천덕꾸러기로 전락해 다락방이나 지하실, 창고 같은 곳에 처박혀 있는 것으로 추정하고 있습니다. 만약 전 세계 사람들이 자신들이 사용했던 구형 컴퓨터를 한꺼번에 내다 버린다면 어떻게 될까요? 실로 엄청난 쓰레기 재난이 일어날 것입니다.
>
> 이 문제와 관련하여 미국 실리콘밸리 지역을 중심으로 활동하는 비영리 민간단체인 실리콘밸리 독성 물질 연대(SVTC)는 컴퓨터와 관련된 쓰레기 문제의 심각성을 강조하면서, 컴퓨터가 초래하는 여러 가지 환경 피해를 널리 알리고 이를 최소화하기 위해 노력하고 있습니다. 미국 환경 보호국(EPA)도 2008년까지 약 5억만 대의 컴퓨터가 이미 쓰레기 신세로 전락했다며, 정부와 업계에 적극적인 문제 해결을 주문하고 있습니다.
>
> 컴퓨터 쓰레기, 전자 쓰레기, 디지털 폐기물 등 컴퓨터 관련 쓰레기 처리 문제는 단지 미국만의 일이 아닙니다. 컴퓨터 정보 통신 선진국인 우리나라에서도 심각한 문제가 된 지 이미 오래입니다. 이 문제의 해결을 위해 하루속히 국제적인 협조 체계를 구축해야 함은 물론, 국가 단위의 관심과 실천이 절실히 필요한 때입니다.

① 컴퓨터 업그레이드 비용을 대폭 절감할 수 있도록 정부가 지원해야 한다.
② 컴퓨터 폐기물의 양이 갈수록 폭증함으로써 국제적인 갈등을 초래하고 있다.
③ 컴퓨터와 관련된 쓰레기 문제 해결에 국내외 할 것 없이 모두가 관심을 갖고 실천해야 한다.
④ 컴퓨터 정보 통신 선진국인 우리나라가 컴퓨터와 관련된 쓰레기 문제 해결에 모범을 보여야 한다.

168 다음 글의 주제로 가장 적절한 것은? [2019. 경찰직 1차]

> 옛 학자는 반드시 스승이 있었으니, 스승이라 하는 것은 도(道)를 전하고 학업(學業)을 주고 의혹을 풀어 주기 위한 것이다. 사람이 나면서부터 아는 것이 아닐진대 누가 능히 의혹이 없을 수 있으리오. 의혹하면서 스승을 따르지 않는다면 그 의혹된 것은 끝내 풀리지 않는다. 나보다 먼저 나서 그 도(道)를 듣기를 진실로 나보다 먼저라면 내 좇아서 이를 스승으로 할 것이요, 나보다 뒤에 났다 하더라도 그 도(道)를 듣기를 또한 나보다 먼저라고 하면 내 좇아서 이를 스승으로 할 것이다. 나는 도(道)를 스승으로 하거니, 어찌 그 나이의 나보다 먼저 나고 뒤에 남을 개의(介意)하랴! 이렇기 때문에 귀한 것도 없고 천한 것도 없으며, 나이 많은 것도 없고 적은 것도 없는 것이요, 도(道)가 있는 곳이 스승이 있는 곳이다.

① 스승은 도(道)를 전하고 의혹을 풀어 주는 사람이다.
② 도(道)가 있는 사람이면 나이에 관계없이 스승으로 삼을 수 있다.
③ 의혹되는 바가 있으면 스승을 좇아서 그 의혹된 것을 풀어야 한다.
④ 나보다 먼저 난 이가 도(道)를 듣지 못했다면 그는 생이지지자(生而知之者)가 아니다.

169 다음 글의 전개 순서로 가장 자연스러운 것은?

[2022 지방직 7급]

(가) 젊은이들 가운데 약삭빠르고 방탕하여 어딘가에 얽매이는 것을 싫어하는 자들이 이 말을 듣고 제 세상 만난 듯 기뻐하여 앉고 서고 움직이는 예절을 마음에 내키는 대로 한다.

(나) 성인께서도 사람을 가르치실 때 먼저 겉모습부터 단정히 해야만 바야흐로 자신의 마음을 안정시킬 수 있다고 하시었다. 세상에 비스듬히 눕고 기대서서 멋대로 말하고 멋대로 보면서 주경존심(主敬存心)* 할 수 있는 사람은 없다.

(다) 근래 어떤 자가 반관(反觀)*으로 이름을 떨쳐 겉모습을 단정하게 꾸미는 것을 가식이요, 허위라고 한다.

(라) 나도 예전에 이 병에 깊이 걸렸던 터라 늙어서까지 예절을 익히지 못했으니 비록 후회해도 고치기가 어렵다.

(마) 지난번 너를 보니 옷깃을 가지런히 하여 똑바로 앉는 것을 즐기지 않아 장중하고 엄숙한 기색을 조금도 볼 수 없었는데, 이는 내 병통이 한 바퀴 돌아 네가 된 것이다.

　　　　　　　　　　　　　　　　　　　　　　　　　　　　　　　－정약용, 〈두 아들에게 부침〉에서 －

* 주경존심(主敬存心): 공경하는 마음을 간직함.
* 반관(反觀): 남들이 하는 대로 보지 않고 거꾸로 보거나 반대로 생각하는 것.

① (가) － (나) － (다) － (라) － (마)　　　　② (나) － (라) － (마) － (다) － (가)

③ (다) － (가) － (라) － (마) － (나)　　　　④ (마) － (라) － (가) － (나) － (다)

170 (가)와 (나)에 들어갈 말로 가장 적절한 것은?

A는 다음과 같은 실험을 진행했다. 먼저, 검은색 옷과 흰색 옷을 입은 6명이 두 개의 농구공을 가지고 패스를 주고받는 동안 고릴라 복장의 사람을 지나가게 하고 그 장면을 동영상으로 촬영했다. 그리고 실험 참가자들에게 이 동영상을 보여 주면서 흰색 옷을 입은 사람들이 몇 번 패스를 주고받았는지 세어 달라고 요청했다. 이에 대해 참가자들은 패스 횟수에 대해서는 각자의 답을 말했는데, 동영상 중간 중간에 출현한 고릴라 복장의 사람에 대해서는 하나같이 보지 못했다고 답했다. 참가자들이 패스 횟수를 세는 데 집중하느라 1분이 채 안 되는 동영상 가운데 9초에 걸쳐 등장하는 고릴라 복장의 사람을 인지하지 못한 것이다. A는 이 실험을 통해 다음의 결론을 도출했다. (가   ).

이 실험 결과를 우리의 일상에서도 확인해 볼 수 있다. 오토바이 운전자의 안전을 위해 눈에 잘 띄는 밝은색 옷을 입도록 권하는데, 밝은색 옷의 오토바이 운전자는 시각적으로 더 잘 보이고, 덕분에 더 쉽게 알아볼 수 있기 때문이다. 그렇다고 해도 모든 자동차 운전자가 밝은색 옷을 입은 오토바이 운전자를 다 알아보는 것은 아니다. 바라보는 행위는 인지의 (나   ) 없기 때문이다.

① (가): 인간의 인지는 시각과 밀접하게 관련되어 있다
　(나): 충분조건일 수는 있어도 필요조건일 수는

② (가): 인간의 인지는 시각과 밀접하게 관련되어 있다
　(나): 필요조건일 수는 있어도 충분조건일 수는

③ (가): 인간은 중요하다고 생각하는 것 위주로 주의를 기울인다
　(나): 충분조건일 수는 있어도 필요조건일 수는

④ (가): 인간은 중요하다고 생각하는 것 위주로 주의를 기울인다
　(나): 필요조건일 수는 있어도 충분조건일 수는

34일차

166 ③
[정답풀이]
이야기의 전개 과정을 보면, '마음의 칼을 버려라.'는 성인의 말에 회개한 자객이 깨달음을 얻고 있다. 마음의 칼을 버리라는 것은 결국 자신의 마음을 다스리라는 말과 통한다. 따라서 이 이야기의 교훈으로 적절한 것은'자신의 마음을 다스릴 줄 아는 사람이 되어야 한다.'는 ③이다.

오답
① 성인이 칼을 세상의 불의를 제거하는 데 사용하라고 말하고 있는 것은 아니다.

167 ③
[정답풀이]
뉴스의 마지막 부분에서 기자는 '컴퓨터 관련 쓰레기 처리 문제 해결을 위해 하루속히 국제적인 협조 체계를 구축해야 함은 물론, 국가 단위의 관심과 실천이 절실히 필요한 때'라고 강조하고 있다. 따라서 뉴스의 내용을 통해 기자가 전달하고자 하는 핵심 주장은 ③임을 알 수 있다.

오답
① 컴퓨터 업그레이드 비용 절감을 위한 정부의 지원 촉구와 관련된 내용은 언급되어 있지 않다.
② 컴퓨터 폐기물 양의 급증으로 인한 문제 상황에 대한 언급은 하고 있지만, 이것이 국제적인 갈등을 초래하고 있다는 내용은 다루고 있지 않다.
④ 컴퓨터와 관련된 쓰레기 문제 해결에 모범을 보일 필요성에 대한 언급은 간접적으로 하고 있지만, 이것이 핵심 주장은 아니다.

168 ②
[정답풀이]
중국 당나라 때 문인이자 사상가인 한유의 〈사설(師說)〉이다. 글쓴이는 도(道)가 있는 곳이 스승이 있는 곳이라 하여, 도를 듣기 위하여 나이를 개의치 않고 따르겠다는 다짐을 드러냈다. 도에 따라 스승을 좇겠다는 뜻을 담은 ②가 주제로 가장 적절하다.
▶ 생이지지자(生而知之者): 태어나면서부터 아는 자

169 ③
오답
(다)는 근래 어떤 자가 겉모습을 단정하게 꾸미는 것을 가식이요 허위라고 한 말을 인용했다. (가)에서 사용한 지시어 '이 말'은 (다)에서 언급한 어떤 자가 한 말을 의미한다. 약삭빠르고 방탕한 젊은이들이 어떤 자가 한 이 말을 듣고 마음에 내키는 대로 행동한다는 내용을 제시했다. (라)에서 글쓴이는 자신도 젊은이들과 같은 병에 걸렸다고 고백했다. 그리고 '이 병'은 예절을 지키지 않는 행동임을 알 수 있다. (마)에서 글쓴이는 자신의 아들이 이처럼 예절에 어긋나는 행동을 하고 있음을 지적했다. 그리고 (나)에서 성인의 가르침을 언급하면서 아들이 '주경존심'하기를 당부하고 있다. 이 글은 '(다) − (가) − (라) − (마)'를 언급하고 결국 아들에게 (나)의 조언을 강조하고 있다.

170 ④
[정답풀이]
빈칸의 내용을 추론해야 하는 문제이다. (가)의 내용 앞에서, 실험 참가자들은 패스 횟수를 세는 데 집중하느라 고릴라 복장의 사람을 보지 못했다. 실험은 보지 못했음을 알 수 있다. 실험 참가자들이 가장 중요하다고 생각하는 것은 패스 횟수를 세는 일이었기 때문에 고릴라 복장의 사람이 지나가는 상황을 인지하지 못했다. 이 실험을 오토바이 운전자의 옷에 적용한다면, 오토바이 운전자가 시각적으로 밝은색 옷을 입을 경우 이를 바라보는 자동차 운전자가 오토바이 운전자를 더 쉽게 알아볼 수 있다는 결론을 내릴 수 있다. 그러나 모든 자동차 운전자가 밝은색 옷을 입은 오토바이 운전자를 다 알아보는 것은 아니라고 했으니, 바라보는 행위는 인지의 '필요조건'일 수는 있어도, '충분조건'일 수는 없다는 결론을 내릴 수 있다.

171 다음은 독자란에 기고할 글의 서두이다. 이어서 쓸 내용으로 적절하지 않은 것은?

> 본격적인 휴가철이 다가오고 있다. 많은 사람들이 휴가를 맞아 설레는 마음으로 여행을 준비하고 있을 것이다. 이미 모든 세부 계획을 세우고 교통편이나 숙박 시설 등의 예약까지 끝낸 사람들이 있는가 하면, 아직 어디를 어떻게 여행해야 할지 고민 중에 있는 사람들도 있을 것이다.
>
> 국민들의 생활 수준이 높아지면서 여가 활용에 대한 관심이 커지고, 몇 해 전부터 주 5일 근무제까지 본격적으로 시행되면서, 우리 국민들의 관광 활동 총량이 큰 폭으로 늘어나고 있는 것으로 나타났다. 하지만 이러한 국민 관광 활동 총량의 외형적 증가는 급격하게 늘어난 해외 여행 열기 때문이라는 분석이 지배적이다. 국내 여행 현황은 아직 답보 상태이고 우리의 관광 수지도 적자 상태라는 사실을 생각한다면, 이러한 추세가 그리 달가워할 일만은 아니다.

① 원화가 강세를 보이는 악조건 속에서도 외국인 관광객이 꾸준히 증가하고 있음을 보여주는 통계를 제시한다.

② 국내 여행의 활성화를 위해 새로 만들어 놓은 제도나 시설 중에서 활용하면 유용한 정보 몇 가지를 구체적으로 소개한다.

③ 외국인 관광객을 통한 외화 수입보다 해외 여행으로 인한 지출이 훨씬 빨리 증가하고 있음을 보여주는 자료를 제시해야겠군.

④ 우리나라 역사 유적이나 잘 알려져 있지 않은 풍물을 접하는 재미 때문에 국내 여행을 자주 하는 유명 인사의 인터뷰를 인용한다.

172 다음 글을 읽고 '나노 기술'에 대한 신문 기사문을 작성한다고 할 때, 글의 논지를 가장 잘 반영한 표제와 부제는?

> 진정한 나노 기술의 응용은 모든 물질을 자유자재로 만들 수 있게 하는 것이다. 나노 기술 연구자들은 "인간은 곧 생물은 물론 생물체까지도 만들어 낼 수 있다."고 주장한다. 그들은 물질의 특성을 결정하는 분자의 구조는 정보화될 수 있고, 그렇게 되면 물질은 곧 소프트웨어가 될 것이라고 말한다. 따라서 정보화된 물질의 분자 구조를 분해, 조합하여 나노 컴퓨터에 입력하면 그 정보에 맞는 신물질을 생산할 수도 있게 되는 것이다. 그뿐만 아니다. 세포나 유전자도 결국 수많은 분자의 조합체이므로 이 조합 정보를 알아내고, 분자를 통제할 수 있다면 생명체 창조까지도 가능한 일이다. 또한 다이아몬드와 같은 고가 물질도 무한히 만들어 낼 수 있으며, 지구 온난화 같은 환경 문제도 이산화탄소를 분해하는 나노 공장을 통해 해결할 수 있다.

① 보이지 않는 세계의 신비, 나노기술 – 나노 기술로 21세기를 선도해야

② 물질세계의 혁명, 나노 기술 시대 도래 – 분자의 조합으로 신물질 창조도 가능

③ 나노 기술, 과학기술의 새로운 방향 제시 – 소형화로 상품의 실용성 극대화 시켜야

④ 나노 기술의 발전은 어디까지 가능할까 – 인간이 생명체를 창조하는 신이 될 수도

173 다음 글의 내용에 부합하지 않는 것은?

[2018. 국가직 7급]

검증되지 않은 지식은 인간의 의식 공간에서 믿음의 체계를 구성한다. 믿음의 체계는 허구를 기초로 해서라도 성립될 수 있는 것이라는 점에서 사실의 체계와 구별된다. 물론 이 말은 스스로 허구라고 믿으면서도 그것을 가지고 자신의 의식 공간에서 믿음의 체계를 구성한다고 하는 얘기가 아니다. 어떤 사람이 허구임을 인정한 것이라면 이는 그 사람의 의식 공간에서는 어떠한 영향력도 행사할 수 없을 것이기 때문이다. 따라서 개인의 의식 공간에서 구성된 사실의 체계에 동원된 지식이나 믿음의 체계에 동원된 지식이나 모두 다 그 사람에게 있어서는 사실이 아니면 안 된다. 믿음의 체계를 구성하는 데 사용된 지식이라고 하더라도 그러한 체계를 구성해 갖추고 있는 사람에게 그것은 사실로 받아들여지는 지식이어야 하는 것이다. 일단 사실임이 전제되지 않는 것은 한 사람의 의식 공간에서 일정한 영역을 확보하지 못할 것이기 때문이다.

하나하나의 지식을 놓고 볼 때는 그것이 믿음의 체계를 구성하는 검증되지 않은 지식인지 아니면 사실의 체계를 구성하는 검증된 지식인지 구별해 볼 수 있다. 그러나 이들이 총체적으로 작용해서 이루어지는 인간의 의식 세계는 저러한 두 가지 체계가 서로 분명하게 구별되지 않고 뒤엉켜 있다. 그러므로 의식 세계에서 사실의 체계와 믿음의 체계를 확실하게 구분해 낼 수는 없을 것이다.

① 믿음의 체계는 검증되지 않은 지식이 인간의 의식 공간에 구성한 것이다.

② 어떤 이가 믿음의 체계에 포함시킨 지식이라면 그 지식은 그가 사실로 수긍한 것이다.

③ 검증된 지식과 검증되지 않은 지식의 변별이 인간의 의식 세계에서는 명확하지 않다.

④ 검증되지 않은 지식이라도 한 사람에게 사실로 인정되면 사실의 체계를 구성할 수 있다.

174 다음 글의 내용과 가장 가까운 것은?

[2015. 지방직 9급]

정보의 가장 기본적인 원천은 인간이 체험하는 감각이다. 돌이 단단하고 물이 부드럽다는 것은 감각을 통해서 알 수 있다. 그러나 감각이 체계적인 지식으로 발전하는 데는 문제가 있다. 그것은 바로 감각이 주관적이어서 사람과 시기에 따라 동일하지 않기 때문이다. 그래서 예로부터 철학자들은 감각을 중시하지 않았지만, 존 로크와 같은 경험론자들은 감각의 기능을 포기하지 않았다. 왜냐하면 감각을 통하지 않고서는 어떤 구체적인 것도 얻을 수 없다고 생각했기 때문이다.

① 나는 생각한다. 그러므로 나는 존재한다.

② 마음을 다하면 인간의 본성을 알게 되고, 인간의 본성을 알게 되면 천명을 알게 될 것이다.

③ 종 치는 것을 보지 못했다면 종을 치면 소리가 난다는 것을 모를 것이다.

④ 세계의 역사는 다름이 아니라 바로 자유 의식의 진보이다.

175 (가)~(마)의 글을 논리적 순서에 맞게 나열한 것은?

> (가) 흔히 방언에 따라 발음이 다르다고 하는 것은 이러한 상황을 가리키는 것에 불과하다.
>
> (나) 그런데 언어 변화는 지역에 따라 차이를 보이기도 하고, 동일한 지역이라도 성별이나 연령, 계층 등의 사회적 변수에 따라 달리 진행되기도 한다.
>
> (다) 만약 언어 변화가 모든 지역의 모든 언중에게서 같은 모습으로 나타난다면 발음의 변이란 생길 수가 없다.
>
> (라) 발음의 변이가 나타나는 가장 중요한 이유는 언어 변화가 일률적으로 일어나지 않은 데 있다.
>
> (마) 이처럼 언어 변화가 여러 조건들에 따라 상이하게 이루어지기 때문에 그와 더불어 발음의 변이도 발생하게 된다.

① (가) − (나) − (라) − (마) − (다)
② (다) − (나) − (마) − (라) − (가)
③ (다) − (라) − (나) − (가) − (마)
④ (라) − (가) − (다) − (나) − (마)
⑤ (라) − (다) − (나) − (마) − (가)

35일차

171 ①
[정답풀이]
뒤에 이어질 내용은 가급적 해외 여행을 자제하고 국내 여행을 활성화하자는 논지가 될 것이다. 따라서 ①은 국내를 여행하는 외국인 관광객이 증가하고 있음을 통계로 보여주는 자료이므로 적절하지 않다. 또한 앞에 제시한 관광 수지 적자라는 내용과도 어긋나기 때문에 적절하지 않다.

172 ②
[정답풀이]
표제와 부제는 글의 핵심 논지를 포괄할 수 있어야 한다. 제시된 지문이 나노 기술을 소개하는 그림이므로 부제에는 나노 기술의 성격이나 특징, 활용 분야를 요약하여 제시해야 한다. 따라서 나노 기술 시대의 도래를 알리면서 활용 분야를 강조하고 있는 ②가 적절하다.

173 ④
[정답풀이]
검증되지 않은 지식은 인간의 의식 공간에서 믿음의 체계를 구성한다고 했다. 믿음의 체계는 허구를 기초로 성립되는 검증되지 않은 지식이다. 반면 사실의 체계는 검증된 지식을 바탕으로 하는 것이므로 믿음의 체계와는 다르다. 검증되지 않은 지식이라도 한 사람에게 사실로 인정된다면 믿음의 체계가 되는 것이다.

> **오답**

① 믿음의 체계는 인간의 의식 공간에서 믿음의 체계를 구성한다고 설명했다.
② 믿음의 체계를 구성하는 데 사용된 지식이라도 그 사람이 그것을 사실로 받아들일 수 있다. 이것은 그 지식을 그가 사실로 수긍한 것이다.
③ 글의 마지막에서 의식 세계에서 사실의 체계와 믿음의 체계를 확실하게 구분해 낼 수 없을 것이라고 설명했다.

174 ③
[정답풀이]
추상적인 관념이 아니라 '감각의 중요성'을 말하는 글이다. 종을 치는 것을 시각적으로 볼 때 종을 치면 소리가 난다는 것을 안다는 의미와 가깝다.

175 ⑤
[정답풀이]
언어 변화가 이루어지는 원인을 설명한 글이다. (라)는 이 글의 도입이다. 언어 변화가 일률적이지 않기 때문에 발음의 변이가 나타난다고 설명했다. (다)는 언어 변화가 일률적인 경우를 가정하여 발음의 변이를 설명했다. (나)는 (다)의 내용을 이어 받아, 언어 변화를 지역적 측면과 사회적 측면으로 나누었다. (마)와 (가)는 언어 변화의 조건이 다양함을 지적했다. 글의 흐름은 (라) - (다) - (나) - (마) - (가)이 적절하다.

[176~177] 다음 글을 읽고 물음에 답하시오.

[2018. 소방직]

이런 통계 수치 본 적 있니? 현재 지구촌의 65억 인류 중 약 1/4이 하루 1달러 미만으로 살고 있고, 그 중 70%가 여성과 아이들이래. 또 약 20억 명의 전 세계 어린이 가운데 1억 2천만 명의 어린이가 학교에 가지 못하며, 비슷한 수의 어린이들이 거의 노예 노동을 하고 있어. 또한 매일 3만 명의 어린이들이 굶어 죽어 가고 있지.

그런데 이상한 점은 후진국 사람들이 게으르거나 나쁜 사람들이어서 평생 빈곤에 시달리는 것이 아니라는 거야. 그런데도 해가 갈수록 나아지기는커녕 빈익빈 부익부 현상이 깊어지지. 왜 그럴까?

그것은 대부분의 제3 세계 나라들이 선진국의 식민지였거나 독립 이후 자유 무역에서도 여전히 종속적 위치여서 진정한 자치와 자율을 실현하고, 자립할 수 있는 기회가 없었기 때문이지. 또 그런 구조 속에 이뤄진 경제 발전조차 내실 없이 외형만 커졌던 탓이기도 하고. 그 결과 오늘날 선진국은 1인당 GDP가 3~4만 달러이고, 한국은 2만 달러 수준이지만, 제3 세계 나라들은 아직도 100~200달러 수준이 많아.

바로 이런 상황 속에서 선진국의 양심적 사람들 사이에서 나온 것이 공정 무역 운동이야. 한마디로 선진국 사람들이 누리는 풍요가 후진국 사람들의 희생에 기초하고 있다는 반성, 그래서 선진국 사람들이 먼저 나서서 후진국 사람들이 빈곤의 고통에서 벗어나게 도와야 한다는 성찰이 공정 무역을 탄생시킨 것이지.

공정 무역은 1950년대 말 영국의 국제 구호 단체 '옥스팜'에서 중국 난민들이 만든 수공예품을 판매하면서 시작되었고, 1980년대 후반에는 '옥스팜'과 '텐 사우전드 빌리지'같은 시민 단체들이 제3 세계의 정치적 민주화를 지원하기 위해 이 운동에 뛰어들면서 그 흐름이 대중화되었어. 특히 1989년, 전 세계 270개 공정 무역 단체가 가입한 국제 공정 무역 협회의 출범 이후 지금은 세계적으로 그 운동이 활발하지. 〈중략〉

한 통계에 따르면, 2006년 전 세계 공정 무역 제품 판매는 16억 유로(약 2조 1,500억 원)어치로, 2005년에 비해 42% 늘었대. 공정 무역 인증제품만 2,000여 개 품목이 유통되고, 700만 명 이상의 생산자들이 혜택을 보고 있어.

스위스에서는 판매되는 바나나 중 47%가 공정 무역으로 들여온 것이고, 영국에서는 공정 무역 원두커피의 점유율이 20%나 된다고 해. 독일에서는 노동계, 환경 단체, 기업이 위원회를 구성해 공정 무역을 인증하는 제도가 있어. 이 제도를 통해 농산물이 유기 농법으로 생산되도록, 또 농산물이 제값에 소비자에게 전달되도록 잘 감시하지.

이렇게 윤리적 소비 운동이 활발한 유럽에서는 공정 무역이 50여 년의 오랜 역사를 지녔지만, 우리나라에서는 공정 무역이 아직 생소한 개념이야. 그러나 2000년대에 들어와 공정 무역에 대한 관심이 부쩍 늘었어.

2004년에 우리나라의 한 소비자 단체에서 필리핀 네그로스 섬의 마스코바도 설탕을 팔기 시작하였고, 그 이후 점점 관심이 늘어나 몇몇 시민 단체에서도 커피, 의류 등의 공정 무역 제품을 내놓고 있지. '착한 커피'나 '아름다운 커피' 같은 것도 이런 운동에서 나온 거야.

2007년에는 한 은행의 노동조합과 소비자 단체가 연대하여 '윤리적 소비' 실천을 위한 물품 공급 협약식을 맺었어. 이 협약은 노동조합이 윤리적 소비 실천을 통해 친환경 유기농 운동을 펴는 농민이 생산한 농산물과 식품, 그리고 제3 세계의 농민 공동체에서 생산해 공정 무역으로 수입되는 제품을 소비하겠다고 다짐한 첫 사례라 큰 의미가 있다고 봐. 최근 강조되는 '1사 1촌 운동'을 통한 농촌 살리기가 공정 무역을 매개로 국경을 넘어 세계화할 수 있는 좋은 사례지.

176 윗글을 어떤 질문에 대한 답변이라 할 때, 그 질문으로 가장 적절한 것은?

① 공정 무역의 뜻은 무엇일까?

② 공정 무역의 문제나 한계는 없을까?

③ 공정 무역을 하면 우리에게 무엇이 좋을까?

④ 공정 무역은 언제 시작하였으며 현재의 실태는 어떠할까?

177 윗글의 내용과 일치하는 것은?

① 공정 무역은 선진국의 대기업에서 시작되었다.

② 후진국의 빈익빈 부익부 현상이 나아지고 있다.

③ 우리나라에서는 공정 무역이 50여 년의 역사를 지니고 있다.

④ '착한 커피'나 '아름다운 커피'도 공정 무역 운동의 하나이다.

[178~179] 다음 글을 읽고 물음에 답하시오.

문학과 사회는 언뜻 생각하기에도 무척 가까운 관계에 있다. 문학은 사회의 의사소통 수단인 언어를 사용한다. 또 독자라는 사회를 상대로 한다. 문학가는 사회의 일원임에 틀림없다. 더더구나 문학은 사회상을 반영한다. 문학이 즐겨 말하는 인생이란 결국 사회 생활이 아닌가? 문학에서 다루는 가족 관계, 교우 관계, 연애와 결혼, 전쟁, 죽음 등은 모두 사회생활의 양상들이다.

그런데 문학과 사회와의 관계는 사회학과 사회의 관계와 다르다. 사회학은 사회를 학문의 대상으로서 다루지만, 문학은 사회를 예술적으로 창조의 대상으로서 다룬다. 사회학과 사회의 관계처럼 직접적인 연관성을 지니고 있지 않은 것이다. 그러나 문학을 '사회의 표현'이라고 한다. 그만큼 문학과 사회의 관계가 밀접함을 나타내 주는 말이다. 일반적인 의미에서 본다면, 표현이란 내부로부터 외부로 밀어내는 것을 뜻한다. 사회를 표현한다는 말은 사회의 양상이 일단 문학가의 내부 의식 또는 정신 속으로 들어가 그 실상이 파악되었다가 언어를 매개로 하여 밖으로 나온다는 뜻이 된다. 외부 사회의 양상이 작가의 내부로 들어온다는 말은, 작가가 사회의 영향을 받는다는 말도 된다. 대체로 유교 사회에 속한 작가는 유교적 사회관을 갖게 된다.

사회가 작가를 완전히 결정한다고 보는 것은, 인간은 환경의 지배를 절대적으로 받는다는 말과 같은 말이다. 이러한 절대적 결정론은 사실과 다르므로 배격해야 하겠지만, 작가가 사회의 영향을 받는다는 말은 사회의 환경, 즉 교육, 종교, 사회 제도, 심지어는 작가라는 직업, 출판업계의 상황, 생활 근거지 등이 작가의 문제 선택과 그 해석에 큰 영향을 준다는 말이다. 그래서 작가는 사회를 여실히 반영한다는 말을 하는 것이다. ㉠사실주의의 극단론에 가면 "작가는 사회를 그대로 비추는 거울이어야 한다."는 주장이 나온다. 이것은 이광수의 '무정'은 이광수가 아니었더라도 이 시대에는 이런 작품의 출현이 가능했을 것이라는 이야기와 같다. 반면 통속 문학 작가들은 사회를 그대로 반영하는 것보다도 사회의 일부 계층의 취미가 요구하는 대로 꾸며대는 사람들이다. 대개의 신문 소설들이 그렇다.

그러나 문학과 사회의 관계는 그렇게 명백하게 직접적인 것은 아니다. 작가는 민감하게 선택하고 자각한다. 그는 무색투명한 유리가 아니고 농도(濃度)와 도수(度數)가 있는 렌즈이다. 작가는 사회의 어느 층에 속하며, 또한 그 층에 속하는 도덕률이나 인습을 견지하고, 그의 사회적 신분이나 지위로 말미암아 사회생활의 어떤 특수 분야에 특별한 관심을 두며, 거기에 대한 특별한 해석을 내리기도 한다. 그래서 그가 상대하는 독자의 층이 한정될 수도 있다. 순수 문예 작품은 교육 정도가 낮은 층이나 노년층은 상대하지 않는 것이 보통이다.

178 글쓴이가 밝힌 '문학과 사회의 관계'와 거리가 먼 것은?

① 작가는 독자를 통해 사회에 영향을 끼친다.

② 문학은 사회의 양상들을 작품 속에 반영한다.

③ 문학은 사회를 예술적 창조의 대상으로 다룬다.

④ 작가는 사회 변혁을 위한 운동에 직접 참여도 한다.

179 ㉠의 입장에서 작품을 평가한 것은?

① '홍길동전'은 허균이라는 작가의 상상력의 소산이 아니라 당대의 사회가 낳은 산물이다

② '흥부전'은 해학성이 잘 드러나 있어서 한국문학의 전통을 계승한 것으로 평가받는다.

③ '심청전'은 전래의 설화에 효 사상을 결부시켜서 허구화된 이야기로 만든 작품이다.

④ '구운몽'은 김만중이 몸소 당쟁을 겪으면서 체험한 사건을 작품으로 만든 것이다.

180 다음 글에서 말하고자 하는 바는?

[2006. 선관위]

> 선인들의 문집을 뒤적이다가 생각지 못한 글들과 뜻밖에 만나는 수가 종종 있다. 면앙정 송순(宋純) 선생이 아홉 살 때 지은 〈곡조문(哭鳥文)〉은 이렇다.
>
> "나는 사람, 너는 새, 새가 죽었는데 사람이 곡하다니 의리상 안 될 말이나, 네가 나 때문에 죽었기에 그래서 곡하노라."
>
> 원문으로 23자밖에 안 되는 짧은 제문이다. 어린 날 새를 잡아 놀다가 잘못해서 죽게 했던 모양이다. 그것이 마음에 걸려 새를 묻어 주며 지은 글이다. 궁금한 것은 어린 날의 이런 글까지 수습해 두었다가 문집에 올린 그 마음이다.
>
> 퇴계 선생의 임종을 전후해서 병상에서의 모습을 이덕홍(李德弘) 등의 제자들이 일기체로 기록한 〈퇴계선생고종기(退溪先生考終記)〉는 위대한 학자의 마지막 모습을 사뭇 장엄하게 적고 있다. 남명 조식(曺植) 선생의 고제(高弟) 정인홍도 〈남명선생병시사적(南冥先生病時事跡)〉이란 글에서 스승의 마지막 가시는 길을 증언으로 남겼다. 다른 어떤 글보다 이 글들 속에 두 분 선생의 참된 면목이 오롯이 담겨 있음을 느낀다. 그러나 이제 아무도 이런 기억들을 글로 쓰려 들지 않는다.
>
> — 정민, 〈독서 에세이 − 옛 사람의 기록정신〉 −

① 선인들의 어린 시절

② 선인들의 글을 읽는 이유

③ 선인들의 기록정신

④ 고서적의 중요성

36일차

176 ④
[정답풀이]
이 글은 세계적인 빈익빈 부익부 현상의 문제점을 글의 화제로 삼았다. 이 문제점의 원인인 선진국 중심의 자유 무역을 언급하며 공정 무역의 탄생을 설명했다. 그리고 중략 이후에서 공정 무역의 실태를 설명했다.

오답

①, ② 공정 무역의 뜻이나 문제점, 한계 등을 설명하지 않았다.
③ 공정 무역의 취지가 후진국 사람들의 빈곤에서 벗어나게 하는 것인 만큼 공정 무역의 장점을 설명하고 있으나 그것이 우리에게 좋은 점이라고 말할 수는 없다. 또한 글이 전달하는 질문이라면 이 글의 주제를 말하는 것이므로 ③은 주제와 관련이 있다고 할 수 없다.

177 ④
[정답풀이]
9문단에서 '착한 커피'나 '아름다운 커피'는 공정 무역 운동에서 나온 것이라고 지적했다.

오답

① 5문단에서 공정 무역은 영국의 국제 구호 단체인 '옥스팜'에서 시작했다고 언급했다.
② 2문단에서 빈익빈 무익부 현상은 해가 갈수록 깊어지고 있다고 언급했다.
③ 8문단을 보면 유럽의 공정 무역은 50여 년의 역사를 지녔지만, 우리나라는 아직 생소한 개념이라고 언급했다.

178 ④
[정답풀이]
글쓴이는 문학과 사회가 관련이 있다는 것을 다양한 측면에서 이야기하고 있다. 그러나 작가가 사회 변혁 운동에 직접 관여하였다거나 관여할 수 있다는 점을 지적하지는 않았다.

179 ①
[정답풀이]
'사신주의 극단론'이란 '작가는 사회를 비추는 거울이어야 한다.'고 보는 견해를 의미한다. 작가는 사회를 비추는 거울이라는 것은 작가가 상상력으로 작품을 쓰는 것이 아니라 당대의 모습을 그대로 기록했다는 뜻이다. '홍길동전'을 당대의 소산으로 보는 것은 작가는 그것을 단지 기록만 했다는 뜻이다.

180 ③
[정답풀이]
'궁금한 것은 어린 날의 이런 글까지 수습해 두었다가 문집에 올린 그 마음이다.', '그러나 이제 아무도 이런 기억들을 글로 쓰려 들지 않는다.'의 문장들을 통해 기록 정신에 대해 말하고자 함을 알 수 있다.

[181～182] 다음 글을 읽고 물음에 답하시오.

　　우리나라의 건축을 보면 지붕이 상당히 큰 편이다. 실제로 우리나라의 지붕은 서까래 위에 흙과 기와를 많이 얹는 무거운 구조로 되어 있다. 옛날 사람들은 이렇게 크고 무거운 지붕을 만드는 문제를 해결하기 위해 건축에서 가장 독자적인 구조를 고안했다. 즉 작은 집에서는 들보와 기둥을 간단히 연결할 수 있지만, 그렇게 되면 지붕이 낮고 처마가 좁아진다. 그 때문에 옛날 사람들은 '공포'라는 것을 발명(發明)하여 지붕을 높이 올리고 처마가 앞으로 많이 나오도록 했던 것이다.

　　공포의 구조를 좀더 자세히 살펴보자. 우선 기둥머리 또는 기둥과 다른 기둥의 머리에 가로놓인 나무(창방이라고 한다) 위에 주두(柱頭: 기둥 머리에 장식으로 끼우는 대접처럼 넓적한 나무. 대접받침이라고도 한다)를 놓는다. 다음으로 그 주두 위에 첨차(檐遮), 잔미(棧尾)라고 하는 짧은 나무를 십자형으로 놓는다. 이때 지붕을 더 높이 올리기 위해서는 첨차, 잔미를 한 겹이 아니라 두 겹, 세 겹으로 했다. 그렇게 하면 서까래의 무게를 더욱 높은 곳에서 받을 수 있고, 처마도 더 길게 낼 수 있었다. 첨자와 잔미 끝에는 접시받침(틈 사이에 끼우는 네모진 나무. '소로'라고 한다) 즉 대접받침을 작게 만든 것을 놓았다. 이상과 같은 구조였으므로 작은 목재를 쓰면서도 역학적으로 대단히 튼튼한 틀을 갖출 수 있었다. 이것은 옛날 사람들의 목공 기술이 대단히 세밀했다는 것과, 그 구조가 매우 뛰어났다는 것을 말해주는 것이다.

　　이러한 공포 구조는 삼국시대부터 이미 사용되고 있었다. 실제 건물은 남아 있지 않지만 쌍영총 벽화를 보면 이러한 건축 구조가 분명히 나와 있다. 또한 안악 3호 고분에는 이러한 구조를 끌로 쪼아서 간단히 만든 것도 있다. 이상과 같은 공포 구조의 원리는 우리나라 건축물 전체에 걸쳐서 공통적으로 널리 이용(利用)되고 있었다. 그리고 시대가 바뀔 때마다 더욱 복잡해지고, 웅장하고 화려하게 발전해 갔다. 아무리 복잡한 구조라도 그것을 자세히 들여다보면, 결국은 목재를 교묘히 연결하고 위에 걸리는 무게를 기둥과 들보에 적당히 분배하게끔 역학적인 균형을 지키는 공포 구조인 것이다.

　　고려 초기의 건축인 부석사 무량수전도 지붕 속을 들여다보면 실로 복잡하고 세밀한 구조가 나타난다. 그러나 이 같은 복잡한 구조를 자세히 분석하면 역시 그 구조에 일정한 법칙이 있음을 알 수 있다. 결국은 잔미, 또는 그것을 조금씩 길게 낸 것과 접시받침의 튼튼한 결합으로 이뤄져 있는 것이다.

　　공포 구조를 사용한 건축물은 천장을 따로 만들지 않고, 결국 내부의 구조 자체가 그대로 천장이 되어 있었다. 여기에도 우리 선조들의 면밀한 세계와 정교한 시공이 잘 담겨 있다. 그리하여 이 같은 구조가 만들어 낸 집 내부의 공간은 그 한가운데가 높고 넓은 느낌을 준다. 또한 구조가 모두 겉으로 드러나 보이기 때문에 각 부분을 가공)할 때도 매우 정밀하게 손질을 해서 그 특색이 잘 나타나도록 신경을 썼다. 이처럼 우리 선조들은 공포를 기본으로 하는 목조 건축에서 귀중한 전통을 남겼다.

181 위 글을 건축 잡지에 기고하고자 할 때, 그 제목과 부제의 내용으로 적절한 것은?

　　① 한국의 건축 – 공포에 배여 있는 선인들의 삶
　　② 우리 건축의 우월성 – 재료의 효과적 이용 기술
　　③ 우리 건축의 과거 – 목공 기술이 남긴 위대한 유산
　　④ 한국의 목조 건축 – 공포의 구조에 나타난 선조들의 지혜

182 위 글에서 중심 화제를 다루는 방식으로 가장 적절한 것은?

① 개념의 정의와 설명 대상의 유형화

② 대상의 변모 과정에 대한 통시적 고찰

③ 구조 분석과 실제 사례를 통한 구체적 설명

④ 다양한 사례를 기반으로 한 일반적 원리 도출

183 다음 글의 내용과 부합하지 않는 것은?   [2023. 국가직 9급]

> 과학 혁명 이전 아리스토텔레스 철학은 로마 가톨릭교의 정통 교리와 결합되어 있었기 때문에 오랜 시간 동안 지배적인 영향력을 발휘하였다. 천문 분야 또한 예외는 아니었다. 아리스토텔레스의 세계관을 따라 우주의 중심은 지구이며, 모든 천체는 원운동을 하면서 지구의 주위를 공전한다는 천동설이 정설로 자리 잡고 있었다. 프톨레마이오스가 천체들의 공전 궤도를 관찰하던 도중, 행성들이 주기적으로 종전의 운동과는 반대 방향으로 움직인다는 관찰 결과를 얻었을 때도 그는 이를 행성의 역행 운동을 허용하지 않는 천동설로 설명하고자 하였다. 그래서 지구를 중심으로 공전하는 원 궤도에 중심을 두고 있는 원, 즉 주전원(周轉圓)을 따라 공전 궤도를 그리면서 행성들이 운동한다고 주장하였다.
>
> 과학과 아리스토텔레스 철학의 결별은 서서히 일어났다. 그 과정에서 일어난 가장 중요한 사건은 1543년 코페르니쿠스가 행성들의 운동 이론에 관한 책을 발간한 일이다. 코페르니쿠스는 천체의 중심에 지구 대신 태양을 놓고 지구가 태양의 주위를 공전한다고 주장하였다. 태양을 우주의 중심에 둔 코페르니쿠스의 지동설은 행성들의 운동에 대해 프톨레마이오스보다 수학적으로 단순하게 설명하였다.

① 과학 혁명 이전 시기에는 천동설이 정설로 받아들여졌다.

② 프톨레마이오스의 주전원은 지동설을 지지하고자 만든 개념이다.

③ 천동설과 지동설은 우주의 중심을 어디에 두느냐에 따라 구분된다.

④ 행성의 공전에 대한 프톨레마이오스의 설명은 코페르니쿠스의 설명보다 수학적으로 복잡하였다.

184 '허균'이 궁극적으로 말하고자 하는 바는?

[2011. 국가직 9급]

> 옛날에 어진 인재는 보잘것없는 집안에서 많이 나왔었다. 그 때에도 지금 우리나라와 같은 법을 썼다면, 범중엄(范仲淹)이 재상 때에 이룬 공업(功業)이 없었을 것이요, 진관(陳瓘)과 반양귀(潘良貴)는 곧은 신하라는 이름을 얻지 못하였을 것이며, 사마양저(司馬穰), 위청(衛靑)과 같은 장수와 왕부(王符)의 문장도 끝내 세상에서 쓰이지 못했을 것이다. 하늘이 냈는데도 사람이 버리는 것은 하늘을 거스르는 것이다. 하늘을 거스르고도 하늘에 나라를 길이 유지하게 해 달라고 비는 것은 있을 수 없는 일이다.
>
> — 허균, 〈유재론〉 중에서 —

① 인재는 많을수록 좋다.
② 인재를 중하게 여겨야 한다.
③ 인재를 차별 없이 등용해야 한다.
④ 인재를 적재적소에 배치해야 한다.

185 다음 글에 따라 추론한 내용으로 옳지 않은 것은?

[2018. 국회직 8급]

> 어떤 타입의 사람에게 "소설이란 무엇을 하는 것입니까?" 하고 물어 보면, 그는 조용히 대답할 것이다. "글쎄요, 잘 모르겠는데요. 질문치고는 묘한 질문이군요." 이 사람은 온순하고 애매한데, 아마 버스 운전이라도 하면서 문학에 대해서는 필요 이상의 관심이 없는 경우이다. 또 한 사람은 골프장에 있다고 생각해 보지만, 무척 괄괄하고 똑똑할 것이다. 그는 이렇게 대답할 것이다. "소설이 무엇을 하느냐구? 그야 물론 이야기를 하지. 그렇지 않으면 내게는 필요가 없는 물건이야. 난 이야기를 좋아하니까 나로서는 확실히 나쁜 취미이지만, 이야기는 좋단 말이야. 예술도 가져가고 문학도 가져가고 음악도 가져가도 좋지만, 재미있는 이야기는 나를 달라구. 그리구 말이지 이야기는 이야기다운 게 좋더군. 마누라도 역시 그렇대." 그리고 세 번째 사람은 약간 침울하고 불만스러운 듯한 어조로 말한다. "그렇지요. 글쎄 그렇겠지요. 소설은 이야기를 합니다."

① 세 명의 답변은 소설에 대한 공통적 인식을 찾기 어려울 정도로 제각기 다르다.
② 첫 번째 사람의 답변은 단정이 보류된 상태에서 의문이 숨겨져 있다.
③ 두 번째 사람의 답변은 뻔뻔스럽게 느껴질 정도로 단정적이며 자신에 차 있다.
④ 세 번째 사람의 답변은 의문을 지닌 상태에서 단정적인 태도를 보인다.
⑤ 소설의 정의는 한마디로 단정하기 어려운 부분이 있음을 알 수 있다.

37일차

181 ④
[정답풀이]
이 글은 우리나라 목조 건축 양식 중 공포 구조와 그 우수성을 설명하고 있는 글이다. 공포 구조는 무거운 지붕 문제를 해결하기 위해 고안되었지만 그 독특한 역학적 구조로 우리 목공 기술의 높은 수준을 보여 주며 구조 자체가 천장이 되기 때문에 높고 넓은 내부 공간을 사용하게 되는 등 우리 선조들의 지혜가 담겨 있는 귀중한 전통이라고 하고 있다.

오답

① 표제의 범위가 너무 넓고 부제 '선인들의 삶'도 글의 내용과 다르다.
②, ③ 모두 표제와 부제가 글의 핵심인 공포 구조를 담아내지 못하고 있다.

182 ③
[정답풀이]
둘째 문단에서 공포 구조의 원리를 창방, 주두, 첨차, 잔미, 접시받침 등으로 자세히 분석하고 있고 그 이하에서 무량수전을 예로 들어 자세히 설명하고 있다.

183 ②
[정답풀이]
'지구를 중심으로 공전하는 원 궤도에 중심을 두고 있는 원, 즉 주전원(周轉圓)을 따라 공전 궤도를 그리면서 행성들이 운동한다고 주장하였다.'에서 알 수 있다. 지구를 중심으로 공전하는 원 궤도에 중심을 두고 있는 원인 주전원(周轉圓)은 관찰 결과를 행성의 역행 운동을 허용하지 않는 천동설을 설명하기 위한 것이다.

오답

① 과학 혁명 이전 시기에는 아리스토텔레스의 세계관에 따라 모든 천체는 원운동을 하면서 지구의 주위를 공전한다는 천동설이 정설이었다.
③ 천동설은 우주의 중심은 지구이며, 천체는 원운동을 하면서 지구의 주위를 공전한다고 주장한다. 그러나 지동설은 우주의 중심은 태양이며, 지구가 태양의 주위를 공전한다고 주장한다.

④ 마지막 문장에서 알 수 있다. 코페르니쿠스의 지동설은 프톨레마이오스보다 수학적으로 단순하게 설명하였다. 따라서 행성의 공전에 대한 프톨레마이오스의 설명은 코페르니쿠스의 설명보다 수학적으로 복잡하다고 추론할 수 있다.

184 ③
[정답풀이]
글의 주제를 묻는 문제이다. 〈유재론(遺才論)〉은 인재를 버리는 것을 경계하는 글이다. 보잘것없는 집안의 자식이나 서자일지라도 뛰어난 인재가 될 수 있음을 말하고 있다.

185 ①
[정답풀이]
질문은 '소설은 무엇을 하는 것인가?'이다. 이에 대해 세 명의 사람은 각기 다른 대답을 보였다. 첫 번째 사람은 문학에 대해 관심이 없는 태도를 보였다. 그런데 두 번째와 세 번째 사람은 소설이 이야기하는 것이라는 데에는 공통적 인식을 보였으나 두 번째 사람은 단정적이고 자신에 찬 어조로 이야기했고, 세 번째 사람은 적극적 반응 없이 침울한 어조로 답변을 하고 있다. 따라서 공통된 인식을 찾기 어렵다고 본 ①은 적절하지 않다.

오답

② 첫 번째 사람은 질문에 대한 답을 보류한 상태에서 '묘한 질문이군요'라 하면서 의문을 숨겼다. 글에서는 이를 문학에 관심이 없다고 설명했다.
③ 두 번째 사람은 자신에게 필요 유무를 소설에 적용했다. 괄괄하고 뻔뻔스러우며 자신에 차 있다.
④ 세 번째 사람은 침울하고 불만스러운 태도를 보였다.
⑤ 소설의 정의에 대해 각각 다른 답변을 하고 있으므로 한 마디로 단정하기 어려운 부분이 있음을 알 수 있다.

참고   출전

E. M. 포스트, 〈스토리(Story)〉

186 ㉠과 같은 행동에 대한 비판으로 가장 적절한 것은?

> 우리 나라 음식점들은 좀 우스꽝스러운 방법으로 자신의 음식점이 훌륭하다는 신호를 보낸다. 어디에 가나 원조를 내세우는 음식점들을 볼 수 있다. 원조는 하나뿐이어야 한다는 평범한 진리가 무색해지는 광경이다. ㉠또 어느 방송에 소개된 적이 있다고 크게 써 붙인 광경도 우스꽝스럽기는 마찬가지다. 상식이 있는 사람이라면 우리 나라 방송의 생리로 보아 음식의 질을 객관적으로 평가해 보도하지 않을 때가 많다는 것을 잘 안다. 그러므로 자기가 원조라든가 혹은 어디에 소개된 적이 있다는가 하는 신호는 아예 무시하는 것이 합리적인 선택이 될 수 있다.

① 옳지 않은 권위에 의지하려 하였다.
② 선후 관계를 인과 관계로 잘못 판단하였다.
③ 부분적인 속성을 전체적인 것에 적용하였다.
④ 이분법적인 사고로 대상의 속성을 파악하였다.

187 다음 글의 서술 방법과 효과에 대한 설명으로 잘못된 것은?

> 나는 일찍이 맹자의 '내 뜻으로써 남의 뜻을 거슬러 구한다.'는 '이의역지(以意逆志)' 네 글자를 가지고 독서의 비결로 삼았다. 고인이 지은 글에는 의리와 사공뿐만 아니라 시문을 짓는 방법이나 기승전결 등 문장의 말기라도 모두가 각각 그 뜻이 담겨져 있지 않은 것이 없다. 이제 나의 뜻으로써 고인의 뜻을 받아들여 빈틈 없이 합하고 흔연히 풀리면, 이는 고인의 정신과 식견이 내 마음 속에 침투해 들어온 셈이 된다. 비유건대 굿을 하는 무당이 신이 내려 호령이 몸에 붙으면 훤히 깨달아져 그것이 어디로부터 온 것인지 알지 못하는 것과 같다. 능히 이와 같이 되면, 장구에 의지하거나 묵은 자취를 답습하지 않아도 모든 변화에 적응하되, 이리 가나 저리 가나 근원을 찾게 될 것이니. 나도 또한 고인이 되는 것이다.

① 대조적 상황을 제시하여 주제를 강조하고 있다.
② 자신의 체험을 제시하여 설득력을 높이고 있다.
③ 유추의 방법을 사용하여 독자의 이해를 돕고 있다.
④ 다른 사람의 말을 인용하여 단조로움을 피하고 있다.

188 (가)~(마)의 글을 논리적 순서에 맞게 나열한 것은?

[2019. 국회직 8급]

> (가) 바로 이런 점 때문에 사실상 사과는 거의 불가능하다. 잘못한 이가 자신이 누구에게 어떤 고통을 줬는지를 이미 알고 있는 경우를 생각해보자. 이 경우에 가해자는 이미 자신이 무슨 짓을 하는지 알면서도 고통을 줬다. 그것이 뻔히 고통인 줄을 알면서도 고의적으로 고통을 준 것이다. 그렇기에 그의 사과는 들켰기 때문에 하는 사과다. 들키지 않았더라면 결코 사과하지 않았을 것이다.
>
> (나) 사과는 자신이 가한 행위의 '의도'에 대한 것이 아니라 '결과'에 대해 책임을 지는 행위다. 자신의 의도가 선한 것이었건, 악한 것이었건 그것이 피해자에게 구체적으로 고통을 가했기 때문에 그 결과에 대해 책임을 지는 것이 사과다. 따라서 사과에 선행해야 하는 것은 자신의 행위가 왜 상대방에게 '본의와 달리' 고통을 줄 수밖에 없었는지를 깨닫는 것이다. 그래야 같은 일을 반복하지 않을 수 있다. 사과가 그저 한번의 사건에 대한 것이 아니라 앞날에 대한 맹세여야 하는 이유가 여기에 있다.
>
> (다) 게다가 어느 경우라도 고통에 대한 이해가 없다. 아무리 '진정한' 사과라고 하더라도 사과한다고 고통이 그 순간에 사라지는 것이 아니다. 대부분 고통은 지속된다. 그렇기에 상황을 끝내려고만 하는 것은 고통을 가한 자의 입장일 뿐이다. 그렇다보니 사과를 하는 것이 아니라 사과를 받을 것을 종용하는 일이 종종 벌어진다. 자신의 사과가 얼마나 진정한 사과인지를 보여주기 위해 피해자의 의사와는 상관없이 막무가내로 찾아가는 것이 대표적이다.
>
> (라) 반대로 가해자가 그가 고통을 가한 것에 대해 모르는 경우에도 사과는 불가능해진다. 무엇을 사과해야 할지 모르는 상태에서 사과를 해야 하기 때문이다. 따라서 이들은 "본의가 아니었다"고 말한다. 악의적인 경우를 제외하고 이 말은 대부분 사실일 가능성이 높다. 한번도 피해자의 입장이 되어본 적이 없기에 그것이 고통이 될 것이라고 생각해보지 않았기 때문이다. 그렇기에 그들은 '본의'가 아니지만 어쨌든 피해자가 고통을 느꼈다고 하니 사과한다고 말한다. 따라서 이 경우도 제대로 된 사과가 될 수 없다. 무엇을 잘못했는지 모르는데 어떻게 사과를 할 수 있단 말인가?
>
> (마) 제대로 된 사과를 보기가 힘들다. 전쟁, 국가폭력과 같은 범죄에 대한 국가와 국정 최고책임자의 사과에서부터 뇌물수수와 같은 정치인들의 사과, '갑질'한 기업인, 혐오 발언한 연예인에 이르기까지 다 그렇다. 이들은 자신이 누구에게 무엇을 어떻게 사과해야 하는지를 잘 모르는 듯하다. 뻔히 고통을 당한 당사자들이 있는데 그들은 제쳐놓고 '국민'이나 '시청자'에게 사과한다. 아니 '사과' 대신 '유감'이라고 말해서 누가 가해자고 누가 피해자인지 헷갈리게 되는 경우도 있다.

① (나) − (가) − (라) − (다) − (마)

② (나) − (마) − (가) − (다) − (라)

③ (나) − (마) − (가) − (라) − (다)

④ (마) − (나) − (가) − (라) − (다)

⑤ (마) − (나) − (라) − (가) − (다)

189 (가)~(라)를 논리적 순서에 맞게 나열한 것은?

(가) 아동 정신의학자 존 볼비는 엄마와 아이 사이의 애착을 연구하면서 처음으로 이 현상에 관심을 갖게 되었다. 그가 처음 연구를 시작할 때만 해도 아이가 엄마와 계속 붙어 있으려고 하는 이유는 먹을 것을 얻기 위해서라는 생각이 지배적이었다.

(나) 아동 정신의학자로 활동하며 연구를 이어산 끝에, 볼비는 엄마와의 애착관계가 불안정한 아이는 정서 발달과 행동 발달에 큰 문제가 생길 수 있음을 알게 됐다. 또한 아이가 애착을 느끼는 대상이 아이를 세심하게 돌보고 보살필 때 아이는 보호받는 기분, 안전함, 편안함을 느끼고, 이는 아이가 건강하게 발달해서 생존할 확률을 높이는 요소라는 사실을 밝혀냈다.

(다) 애착이란 시간이 흐르고 멀리 떨어져 있어도 유지되는 강력한 정서적 유대감으로 정의할 수 있다. 특정한 사람과 어떻게든 가까이 있고 싶은 감정이 애착의 핵심이지만 상대가 반드시 똑같이 느껴야 하는 것은 아니다.

(라) 하지만 볼비는 아이가 엄마와 분리되면 엄청나게 괴로워하며, 다른 사람이 돌봐 주거나 먹을 것을 줘도 그러한 고통이 해소되지 않는다는 사실을 발견했다. 엄마와 아이의 유대에 뭔가 특별한 것이 있다는 의미였다.

① (가) – (나) – (다) – (라)

② (가) – (다) – (나) – (라)

③ (나) – (가) – (다) – (라)

④ (다) – (가) – (라) – (나)

⑤ (다) – (라) – (가) – (나)

190 다음 글의 중심 내용으로 가장 적절한 것은?

[2014. 지방직 7급]

옛날 어느 나라에 장군이 있었다. 병사들과 생사고락을 같이하는, 능력 있는 장군이었다. 하루는 전쟁터에서 휘하의 군사들을 점검하다가 등창이 나서 고생하는 한 병사를 만났다. 장군은 그 병사의 종기에 입을 대고 피고름을 빨아냈다. 종기로 고생하던 병사는 물론 그 장면을 지켜본 모든 군사들이 장군의 태도에 감동했다. 하지만 이 소식을 들은 그 병사의 어머니는 슬퍼하며 소리 내어 울었다. 마을 사람들이 의아해하며 묻자 그 어머니는 말했다. 장차 내 아들이 전쟁터에서 죽게 될 텐데, 어찌 슬프지 않겠는가.

이 병사의 어머니는, 교환의 질서와 구분되는 증여의 질서를 정확하게 간파하고 있다. 말뜻 그대로 보자면 교환은 주고받는 것이고, 증여는 그냥 주는 것이다. 교환의 질서가 현재 우리 삶의 핵심적인 요소라는 점에는 긴 설명이 필요 없을 것이다. 자본주의 시장 경제의 으뜸가는 원리가 등가 교환이기 때문이다. 그렇다면 증여의 질서란 무엇인가. 단지 주기만 하는 것인가. 일단 간 것이 있는데 오는 것이 없기는 어렵다. 위의 예에서처럼 장군은 단지 자기 휘하 병사의 병을 걱정했을 뿐이지만 그 행위는 다른 형태로 보답받는다. 자기를 배려하고 인정해 준 장군에게 병사가 돌려줄 수 있는 최고의 것은 목숨을 건 충성일 것이다. 어머니가 슬퍼했던 것이 바로 그것이기도 했다. 내게 주어진 신뢰와 사랑이라는 무형의 선물을 목숨으로 갚아야 한다는 것.

그렇다면 교환이나 증여는 모두 주고받는 것이라는 점에서는 마찬가지가 아닌가. 이 둘은 어떻게 구분되는가. 최소한 세 가지 점을 지적할 수 있겠다. 첫째, 교환과 달리 증여는 계량 가능한 물질을 매개로 하지 않는다. 둘째, 교환에서는 주고받는 일이 동시적으로 이루어지지만, 선물을 둘러싼 증여와 답례는 시간을 두고 이루어진다. 그래서 증여는 '지연된 교환'이다. 셋째, 교환과는 달리 증여에는 이해관계가 개입하지 않는다.

① 증여와 교환의 차이
② 어머니의 자식 사랑
③ 자본주의 시장 경제의 원리
④ 장군의 헌신과 사랑

186 ①

[정답풀이]

음식의 질과 그 음식점이 방송에 보도된 것은 필연적인 연관성이 있다고 보기 어려운데 방송에 보도되었다는 점을 내세우는 것은 부당한 권위에 호소한 것으로 논리적 모순이다.

187 ①

[정답풀이]

'독서의 바른 방법'을 소개하기 위해 '독서하는 사람'을 '굿을 하는 무당'에 비유하여 유추하였다. 또한 자신의 체험을 좀 더 설득력 있게 말하기 위해 '맹자'의 말을 인용하고 있다. 대조적 상황이 제시되어 있지는 않다.

188 ④

[정답풀이]

문화학자 엄기호의 〈사과의 딜레마〉라는 글의 일부이다. (마)는 사과를 하지 않는 사회의 모습을 사례를 들어 설명했다. (나)는 사과의 특성을 설명했다. 사과는 결과에 대해 책임을 지는 것임을 설명했다. (가)는 (나)의 내용을 이어 받아 사과의 어려움을 언급했다. (라)는 (나)의 내용과 반대되는 경우를 설명했다. (다)는 피해자의 의사와 상관이 없는 진정하지 못한 사과의 태도를 비판했다. 글의 순서는 (마) – (나) – (가) – (라) – (다)로 보아야 한다.

(가)~(마)의 글이 완결되지 않아서 글의 논리적 순서를 나열하기 어렵게 느껴질 수 있다.

189 ④

[정답풀이]

(가)는 '애착'을 정의하고 특징을 설명했다. (가)는 엄마와 아이 사이의 애착을 다룬 존 볼비의 연구를 소개했다. (라)는 (가)에서 언급한 존 볼비의 연구에서 엄마와 아이의 유대에 존재하는 특별한 것을 언급했다. (가)의 내용 뒤에는 (라)가 연결되어야 한다. (나)는 (가)와 (라)에서 언급한 존 볼비의 연구를 정리하고 연구가 밝혀낸 사실을 설명하고 있다. 존 볼비의 연구는 (가) – (라) – (나)로 설명해야 하며 (다)는 (나)의 뒤에 올 수 없기 때문에 글의 앞에 와야 한다.

190 ①

[정답풀이]

두 번째와 세 번째 단락에 주제가 나온다. 교환의 질서와 증여의 질서가 다름을 강조하면서 세 가지 점에서 구분된다고 설명하고 있다.

[191~192] 다음 글을 읽고 물음에 답하시오.

　사피어(Sapir)와 워프(Whorf)가 내세운 '언어적 상대성의 가설'은 문화 인류학이나 언어학자의 입장에서 최초로 언어와 문화와의 직결성을 주장했다는 점에서 학계에 커다란 파문을 던졌다. 이러한 발상은 많은 철학자들이 그보다 훨씬 전부터 가지고 있었고, 또한 한 나라의 언어를 깊이 연구하거나 공부해 본 사람이면 누구라도 한두 번은 이런 생각을 가져 본 적이 있었다. 그렇기 때문에 그들의 가설이 그렇게 쉽게 많은 사람의 관심을 모을 수 있었는지도 모른다.

　사피어와 워프는 문화의 상이성은 언어의 상이성에서 비롯된다고 가정했다. 즉 이 세상의 여러 나라나 민족들이 서로 다른 문화를 가지고 있는 것은 그들이 각각 서로 다른 철학이나 세계관을 가지고 있기 때문인데, 이러한 철학이나 세계관의 다양성은 결국 언어의 다양함에서 비롯된다는 것이었다. 이렇게 상정한 후, 자신의 연구 결과를 서구의 그것들과 비교할 목적으로, 워프(Whorf)는 먼저 애리조나 주에 살고 있는 호피(Hopi)족의 언어와 문화를 깊이 연구하였다. 그가 발견한 것은 영어와 같은 서구어에서는 너무나 당연한 것으로 받아들여지고 있는 (㉠)의 개념이 호피어에는 전혀 없다는 사실이었다.

　예컨대 호피어에는 영어의 'will'과 같이 미래를 나타낼 수 있는 낱말이 전혀 없다는 것이었다. 그뿐만 아니라 호피어에서는 '번개가 친다, 파도가 친다, 불꽃이 붙는다'와 같은 동사형이 아닌 '번개, 파도, 불꽃'과 같은 명사로만 표현이 가능한 것으로 미루어 보아, 호피인들에게는 순간이라는 (㉠)의 개념도 없는 것으로 짐작이 되었다. 즉 서구인들은 그런 것들을 잘게 나눌 수 있는 대상으로 보고 있는 데 반하여, 호피인들은 그것들을 하나의 덩치나 흐름으로 파악하고 있었던 것이다.

　이와 같은 워프의 가설은 발표와 동시에 많은 사람의 호응을 얻었고 그 결과 적지 않은 문화 인류학자나 언어학자들이 각자의 유사한 연구 업적을 근거로 그 타당성을 주장하고 나섰다. 이들의 근거 가운데 가장 대표적인 것이 에스키모어의 '눈'에 관한 것과 오스트레일리아어의 '모래'에 대한 단어들이었다. 에스키모어에는 '눈'에 관한 단어가 '가루눈', '젖은눈', '큰눈' 하는 식으로 굉장히 다양하게 발달되어 있고, 오스트레일리아어에서는 '모래'에 관한 단어들이 많이 발달되어 있어서, 'snow'와 'sand'라는 단어를 단 하나밖에 가지고 있지 않은 영어의 경우와 좋은 대조를 이루고 있다. 두말할 것도 없이 이것으로 미루어 보아 그곳에서는 눈이나 모래에 대한 의식과 문화가 크게 발달되어 있음이 틀림없다는 것이 그들의 주장이다.

　물론 언어적 상대성에 대한 연구는 이처럼 유형적인 사물에 관한 것 이외에도 무형적이며 추상적인 사고 방식에 관한 것도 적지 않게 쏟아져 나왔다. 가장 대표적인 예가 바로 리(Lee)에 의한 '키리위나(Kiriwina)어'에 대한 연구였다. 키리위나어란 뉴기니아의 동쪽 바다에 있는 트로브리안드 군도에서 쓰이고 있는 토착어 중의 한 가지인데, 그녀가 연구한 바에 따르자면 그 말에는 영어의 'and'나 'but'과 같은 연결어들이 하나도 들어있지 않았다. 그들이 사용하는 언어에 연결어가 없다는 것은, 명제와 명제를 하나의 논리적인 형태로 조립해 가는 사고력을 가지고 있지 않다는 증거였다. 다시 말해서 키리위나인들에게는 하나하나의 독립된 명제가 사고의 최대 단위였으며, 따라서 여러 명제 간의 인과 관계나 병렬 관계 등은 사고의 영역 밖에 있는 것들이었다.

191 위 글을 통해 미루어 알 수 있는 사실이 아닌 것은?

① 호피족은 '번개'가 순간적으로 나타나는 것이 아니라 존재하는 대상으로 인식한다.

② 사피어와 워프의 발상은 철학자들에게 있어서는 훨씬 이전부터 있었던 것이다.

③ 워프는 언어의 상이성이 문화의 상이성에서 비롯된다고 전제하고 있다.

④ 문화 인류학자들의 연구는 사피어와 워프의 가설 검증에 도움이 된다.

192 ⊙에 들어갈 말로 적절한 것은?

① 문장   ② 논리

③ 존재   ④ 시제

193 밑줄 친 문장의 ㉠, ㉡에 들어갈 표현으로 옳은 것은?

[2019. 국회직 8급]

> 삶과 죽음이 이웃처럼 붙어 있는 것을 극단적으로 보여 주는 조각 작품이 있다. 전시 공간에 뒹굴 듯이 던져져 있는 두 개의 머리는 꼭 달라붙어 있었다. 아래쪽 두상과 위쪽 두개골상이 작품의 제목처럼 각각 삶과 죽음을 상징하고 있음을 포착하기는 그리 어렵지 않다. 마치 시인 윤동주의 〈또 다른 고향〉에서 "고향에 돌아온 날 밤에 / 내 백골이 따라와 한 방에 누웠다."라는 시구를 조각으로 빚어 놓은 것 같다.
>
> 이 작품을 잘 들여다보면 해골이 잠든 듯 살포시 눈을 감은 아래쪽 두상의 볼을 물어뜯고 있는데, 언뜻 보면 죽음이 삶을 잠식하는 듯하다. 그런데 작가는 해골을 붉은색 계열의 빛깔로 표현하였다. 흔히 떠올리는 백골의 이미지와는 동떨어져 있다. 죽음을 상징하는 아래쪽 두상은 죽은 것처럼 피부색이 납빛이다. 살아 있는 해골과 죽어 있는 삶이라니! 이렇게 되면 삶과 죽음의 경계가 모호해진다. 작가는 죽음 안에 삶이 들어 있고 삶 안에 죽음이 숨 쉬고 있음을 (㉠)과(와) (㉡)의 기법으로 표현하고 있다.

	㉠	㉡
①	비교	모순
②	대조	역설
③	대립	묘사
④	분석	대조
⑤	묘사	대칭

194 다음 글에서 추론한 내용으로 옳지 않은 것은?

[2019. 국회직 8급]

단어의 형태는 시간의 흐름에 따라 변화한다. 단어들의 형태 변화는 많은 경우 음운의 변화에 의해 나타나게 된다. 중세국어에는 현대국어와 달리 체언 말음에 'ㅎ'을 가진 단어들이 제법 많이 존재하였다. '하늘, 나라'는 중세국어에서 '하늟, 나랗'이었다. 이 단어들은 '하늘'처럼 단독형으로 쓰일 때나 관형격 조사 'ㅅ' 앞에서는 'ㅎ'이 실현되지 않았다. 그러나 '하늘콰, 하늘토'와 같이 'ㄱ, ㄷ'으로 시작하는 조사와 결합할 때에는 'ㅎ' 말음이 뒤에 오는 조사와 결합하여 'ㅋ, ㅌ'으로 축약되었다. 또한 '하늘히'와 같이 모음이나 매개모음으로 시작하는 조사 앞에서는 연음이 되어 나타났다. 현대국어에서는 대체로 'ㅎ'이 탈락하였으나 '안팎, 암캐, 머리카락' 등의 복합어에 그 흔적이 남아 있는 경우도 있고 '따ㅎ > 땅'처럼 받침 'ㅇ'으로 나타나거나 '셓, 넿 > 셋, 넷'처럼 'ㅅ'으로 나타나기도 한다.

중세국어에는 현대국어와 달리 뒤에 결합하는 조사에 따라 체언이 달리 나타나기도 하였다. 현대국어의 '나무'에 해당하는 중세국어의 어형인 '나모'는 '나모, 나모도, 나모와'와 같이 단독형으로 쓰일 때나 자음으로 시작하는 조사와 '와'와 결합할 때는 '나모'로 나타난다. 그런데 '남기, 남군, 남굴'에서 보듯이 '와'를 제외한 모음으로 시작하는 조사와 결합할 때는 '낡'으로 나타났음을 보여 준다. 물론 이 때도 체언과 조사 사이에는 모음조화가 적용되었다. 현대국어에서는 '나무, 나무와, 나무도, 나무가, 나무는'과 같이 하나의 형태로 고정되게 되었다. '구멍'에 해당하는 중세국어의 '구무'도 '나무'와 동일한 양상을 보여 준다.

① 현대국어의 '하늘과 땅도'는 중세국어에서는 '하늘콰 따토'로 나타났겠군.

② '수캐, 수탉'의 단어들을 보면 '수'도 중세국어에서는 '숳'이었을 가능성이 있겠군.

③ 중세국어에서는 '셋히, 셋흐로'로 쓰이던 것이 현대국어에서 '셋이, 셋으로'가 되었겠군.

④ '나무'는 중세국어에서 '와'를 제외한 모음으로 시작하는 조사와 결합하던 형태가 현대국어로 오면서 사라진 것이군.

⑤ 중세국어의 '구무'도 다른 조사와 결합할 때 '구모도, 구무와, 굼기, 굼근'과 같이 쓰였겠군.

195 다음 글의 내용 전개 방식으로 적절한 것은?

[2018. 소방직]

국가 지정 문화재는 국보, 보물, 사적, 명승 등으로 나눌 수 있다. 국보는 보물에 해당하는 문화재 중 그 가치가 크고 유례가 드문 것이고, 보물은 건조물 · 전적 · 서적 · 회화 · 공예품 등의 유형 문화재 중 중요한 것이다. 사적은 기념물 중 유적 · 신앙 · 정치 · 국방 · 산업 등으로서 중요한 것이고, 명승은 기념물 중 경승지로서 중요한 것이다. 이외에도 천연기념물, 중요 무형 문화재, 중요 민속 문화재도 국가 지정 문화재에 속한다.

① 분류   ② 서사

③ 대조   ④ 인과

191 ③

[정답풀이]

시피어와 워프의 가설은 문화의 상이성이 언어의 상이성에서 비롯된다고 가정한다.

오답

① 호피족의 언어가 시제가 없다는 사실에서 추론할 수있고, '번개'라는 말이 동사(동작)가 아니라 명사(존재)로 인식하는 것에서 알 수 있다.

② 사피어와 워프 가설을 내세우기 훨씬 전부터 철학자들이 그러한 발상을 가지고 있었다고 밝혔다.

④ 문화 인류학자들의 에스키모어나 오스트레일리아어 연구 등은 사피어와 워프의 가설 검증에 근거가 될 수 있다.

192 ④

[정답풀이]

'will'이라는 '미래'가 없다는 사실과 '순간'이라는 개념에 대한 인식이 없다는 것에서 추론할 수 있는 것으로는 '시제'가 적절하다.

193 ②

[정답풀이]

대조는 어떤 사물이나 사실을 강조하려 할 때, 성질이 다른 두 대상에서 차이점을 찾아내어 선명한 인상을 주는 표현 방법이다. 역설은 표면적으로 이치에 어긋나거나 모순되는 진술을 하지만 그 속에 보다 깊은 뜻을 담고 있는 표현 방법이다. 죽음과 삶은 반대의 의미이므로 대조의 기법이 쓰였다. 또한 죽음 안에 삶이 있고, 삶 안에 죽음이 있다는 표현은 역설이다.

194 ③

[정답풀이]

중세국어에는 '셓, 넿'이었으므로 '세히, 세흐로'로 나타났고 현대국어에서는 'ㅎ'이 'ㅅ'으로 바뀌어서 '셋이, 셋으로'로 나타난다.

오답

① 현대국어의 '하늘'과 '땅'은 중세국어에서는 '하늟'과 '짷'였으므로 '하눓콰, 짜토'로 축약되어 나타난다.

② 중세국어에는 '앓, 숳'이었던 체언(현대 국어에서 '암-, 수-'는 접두사이다.)의 'ㅎ'이 복합어가 되면서 '안팎, 암캐, 수캐, 수탉'으로 축약되어 나타난다.

④ '木'은 자음으로 시작하는 조사나 '와' 결합할 때는 '나모'의 형태였다. 그러나 '와'를 제외한 모음으로 시작하는 조사와 결합할 때는 '낢'으로 나타났다. 그리고 현대국어에서는 '나무'의 형태로 쓰인다.

⑤ '구무'도 '나무'와 동일한 양상으로 나타났다.

195 ①

[정답풀이]

하위 개념을 상위 개념으로 묶어 가면서 설명하는 방식은 '분류(分類)'이다. 국가 지정 문화재를 국보, 보물, 사적, 명승으로 분류하여 설명했다.

[196~197] 다음 글을 읽고 물음에 답하시오.

인생 설계에 있어서 '내면적 가치'를 지켜야 한다는 주장은, 개인의 소질과 적성 등을 존중해야 한다는 주장처럼, 상식적으로 자명한 명제는 아니다. 자신의 소질과 개성을 무시한 인생 설계가 바람직하지 않다는 것을 의심하는 사람은 거의 없을 것이나, 외면적 가치를 우위에 놓은 인생 설계가 잘못이라는 주장에 대해서는 회의를 느끼는 사람도 많을 것이다. 따라서 왜 내면적 가치의 우위를 지켜야 하는지에 대해서는 이론적 설명이 뒤따라야 한다. 우리는 가치의 비교를 위해서 사용할 수 있는 몇 가지 척도(尺度)를 생각할 수 있거니와, 어떤 척도를 통해서 보다라도 내면적 가치에 우위를 인정해야 옳다는 일치된 결론에 도달한다는 것을 알 수가 있다.

가치를 비교할 수 있는 척도의 하나로서 우선 가치의 지속성, 즉 가치의 수명을 생각할 수가 있는데, 수명이 짧은 가치를 가진 것보다는 수명이 오랜 가치를 가진 것을 더 높이 평가하는 것이 사리에 맞을 것이다. 그런데, 일반적으로 말해서, 내면적 가치는 그 수명이 긴 데 비해서 외면적 가치는 대체로 짧은 생명을 누리는 데 그친다. 몇 년 전에「한국미술오천년전」이라는 전시회를 세계 각지에서 열어 성공을 거둔 적이 있다. 예술의 가치가 한국에서도 5000년의 생명을 유지해 왔음을 단적으로 말해 주는 사례이다. 기원전 약 3000년 전에 만든 것으로 보이는 빗살무늬토기가 남아 있어서 5000년 전의 한국 미술을 자랑할 수 있었던 것이다. 예술뿐 아니라 학문과 사상 그리고 도덕 등도 수천 년의 생명을 지속할 수 있음은 여러 선철(先哲)과 성현(聖賢)들의 업적에서 드러난다.

가치를 비교하는 기준으로서 또 한 가지 생각할 수 있는 것은 가치가 줄 수 있는 혜택의 범위와 크기이다. 가치를 보유하고 있는 대상은 사람들에게 혜택을 줄 수 있는 힘을 가지고 있거니와, 어떤 것은 아주 많은 사람들에게 큰 혜택을 입힐 수 있는 힘을 가지고 있으나, 다른 어떤 것은 오직 소수에게만 큰 혜택을 줄 수 있을 뿐이다. 이 경우 소수에게만 혜택을 입힐 수 있는 것보다는 다수에게 혜택을 줄 수 있는 것의 가치를 더 높이 평가하는 것이 사리에 맞을 것이다. 그런데 일반적으로 말해서, 내면적 가치를 보유하는 것들은 많은 사람들에게 큰 혜택을 나누어 줄 수가 있으나, 외면적 가치를 보유하는 것들은 오직 소수에게만 혜택을 줄 수 있을 뿐이다.

세계적인 관현악단이 불후의 명곡을 연주했을 때, 무수한 음악 애호가들이 그것을 감상할 수 있으며, 청중이 는다 해서 한 사람에게 돌아오는 감명이 반비례해서 줄어들지 않는다. 음반에 녹음을 하면 더 많은 사람들이 그 명곡을 즐길 수 있거니와, 음반 복사의 수를 늘린다 해서 한 장에 담긴 가치가 줄지는 않는다. 이와는 달리, 외면적 가치의 경우에는 그 혜택을 나누는 사람들의 수가 늘수록 각자에게 돌아가는 혜택은 반비례적으로 줄어든다. 예컨대 재산은 여러 사람이 나눌수록 각자의 몫에 담긴 혜택은 줄게 마련이고, 권력은 여럿이 나누는 것 자체가 어려우며 나눌 수 있을 경우에는 그 힘이 크게 감소한다.

우리가 내면적 가치의 우위를 주장하는 또 하나의 이유는, 외면적 가치에 우위를 두는 가치 풍토 안에서는 사회적 협동이 어렵다는 사실에 있다. 경쟁성이 강한 목표를 가운데 두고 여러 사람이 서로 얻으려 할 경우에는 경쟁 관계에 놓인 사람들은 이해가 서로 엇갈리는 까닭에 공동의 과제를 위해서 협동하기가 어렵다. 그런데 개인들이 각자의 뜻을 이루기 위해서는 생활의 터전인 사회가 질서와 번영을 누려야 하며, 그러기 위해서는 사회적 협동이 필수적이다. 그러므로 경쟁성이 강한 외면적 가치에 대한 집념이 지나친 가치 풍토는 우리 모두를 위해서 바람직하지 않다는 결론을 얻게 된다.

196 윗글의 내용과 일치하지 않는 것은?

① 외면적 가치는 내면적 가치보다 그 생명이 짧다.

② 내면적 가치는 외면적 가치의 한 부분을 구성한다.

③ 내면적 가치는 다수에게 큰 혜택을 줄 수 있는 힘을 가지고 있다.

④ 외면적 가치를 우위에 두는 풍토에서는 사회적 협동이 이루어지기 어렵다.

197 윗글의 서술상 특징으로 가장 적절한 것은?

① 부분적인 현상에서 유추하여 일반화하고 있다.

② 일정한 기준에 의해 두 개념의 우열을 따지고 있다.

③ 중심 화제를 쉽고 평이한 것에 비유하여 설명하고 있다.

④ 현상을 유발한 원인을 밝히고 그 해결책을 모색하고 있다.

198 다음 글의 전개 순서로 가장 자연스러운 것은?　　　　　　　　　　　　　　[2018. 지방직 7급]

(가) 미술 작품에 등장하는 동물은 그 성격에 따라 나누어 보면 종교적 · 주술적인 동물, 신을 위한 동물, 인간을 위한 동물로 구분할 수 있다. 물론 이 구분은 엄격한 것이 아니므로 서로의 개념을 넘나들기도 하며, 여러 뜻을 동시에 갖기도 한다.

(나) 인류가 남긴 수많은 미술 작품을 살펴보다 보면 다양한 동물들이 등장하고 있음을 알 수 있다. 미술 작품 속에 등장하는 동물에는 일상에서 흔히 접할 수 있는 개나 고양이, 꾀꼬리 등도 있지만 해태나 봉황 등 인간의 상상에서 나온 동물도 적지 않음을 알 수 있다.

(다) 종교적 · 주술적인 성격의 동물은 가장 오랜 연원을 가진 것으로, 사냥 미술가들의 미술에 등장하거나 신앙을 목적으로 형성된 토템 등에서 확인할 수 있다. 여기에 등장하는 동물들은 대개 초자연적인 강대한 힘을 가지고 인간 세계를 지배하거나 수호하는 신적인 존재이다. 인간의 이지가 발달함에 따라 이들의 신적인 기능은 점차 감소되어, 결국 이들은 인간에게 봉사하는 존재로 전락하고 만다.

(라) 동물은 절대적인 힘을 가진 신의 위엄을 뒷받침하고 신을 도와 치세(治世)의 일부를 분담하기 위해 이용되기도 한다. 이 동물들 역시 현실 이상의 힘을 가지며 신성시되는 것이 보통이지만, 이는 어디까지나 신의 권위를 강조하기 위한 것에 지나지 않는다. 이들은 신에게 봉사하기 위해서 많은 동물 중에서 특별히 선택된 것들이다. 그리하여 그 신분에 알맞은 모습으로 조형화되었다.

① (나) – (다) – (라) – (가)　　　　　② (나) – (가) – (다) – (라)

③ (가) – (나) – (다) – (라)　　　　　④ (가) – (나) – (라) – (다)

199 다음 글의 내용 파악으로 옳지 <u>않은</u> 것은?

[2019. 국회직 8급]

> 음식은 매우 강력한 변칙범주이다. 왜냐하면 음식은 자연과 문화, 나와 타인, 내적 세계와 외적 세계라는 매우 중요한 영역의 경계를 지속적으로 넘나들기 때문이다. 따라서 문화적으로도 중요한 의미를 지닌 행사들은 늘 식사 대접을 통해 표현되었고, 날로 먹는 문화에서 익혀 먹는 문화로 변형되는 과정 역시 가장 중요한 문화적 과정 중의 하나였다. 이 과정은 음식에 어떠한 인위적인 조리를 가하기 이전에 이미 음식에 대한 개념에서부터 시작되었는데, 비록 문화마다 음식에 대한 범주가 다르긴 하지만 모든 문화는 자연 전체를 '먹을 수 있는 것'과 '먹을 수 없는 것'으로 구분하기 때문이다.
>
> 인간의 위장은 거의 모든 것을 소화시킬 능력이 있기 때문에 식용과 비식용을 구벽하는 것은 생리적 근거에 의해서가 아니라 문화적인 토대에 입각한 것이다. 한 사회가 다른 사회를 낯설고 이질적인 사회라고 증명하는 근거로서 자기 사회에서 먹지 못하는 대상을 그 사회에서는 먹고 있다는 식으로 구분하는 무수한 사례를 통해 이 같은 구분이 지닌 중요성을 인식할 수 있다. 따라서 영국인들에게 프랑스인들은 개구리를 먹는 사람들로 알려져 있고, 스코틀랜드 사람들은 해지스(haggis: 양의 내장을 다져서 오트밀 따위와 함께 양의 위에 넣어서 삶은 것)를 먹는 사람으로 알려져 있다. 아랍인들은 양의 눈을 먹기 때문에 영국인들에게 낯선 인종이며 원주민들은 애벌레를 먹기 때문에 이방인 취급을 받는 것이다.

① 음식의 개념과 범위는 문화에 따라 다르게 정해질 수 있다.
② 위장의 소화 능력에 따라 식용과 비식용이 구별되는 것은 아니다.
③ 음식과 음식 아닌 것을 구분하는 가장 중요한 기준은 문화적인 성격을 갖는다.
④ 사람들은 다른 문화의 낯선 음식에 대해서는 야만적이라고 생각한다.
⑤ 문화마다 음식 개념이 다르니만큼, 음식 문화는 상대적인 성격을 갖는다.

200 다음 글의 논지 전개 방식으로 적절한 것은?

[2019. 국회직 8급]

> 군산이 일본으로 쌀을 이출하는 전형적인 식민 도시였다면, 금강과 만경강 하구 사이에서 군산을 에워싸고 있는 옥구는 그 쌀을 생산하는 대표적인 식민 농촌이었다. 1903년 미야자키 농장을 시작으로 1910년 강점 이전에 이미 10개의 일본인 농장이 세워졌으며, 1930년 무렵에는 15~16개로 늘어났다. 1908년 한국인 지주들도 조선 최초의 수리조합인 옥구서부수리조합을 세우긴 했지만 일본인의 기세를 꺾지 못했다. 1930년 무렵 일본인은 전라북도 경지의 대략 1/4을 차지하였으며, 평야 지역인 옥구는 절반 이상이 일본인 땅이었다. 쌀을 군산으로 보내기 편한 철도 부근의 지역에서는 일본인 지주의 비중이 더 높았을 것이다. '이리부터 군산에 이르는 철도 연선의 만경강 쪽 평야는 90%가 일본인이 경영한다.'는 말이 허풍만은 아닐 거다. 일본인이 좋은 땅 다 차지하고 조선인은 '산비탈 흙구덩이'에 몰려 사는 처지라는 푸념 또한 과언이 아닐 거다.

① 구체적인 사실과 정보를 중심으로 대상을 설명하고 있다.
② 풍자와 해학을 동원하여 대상을 희화화하고 있다.
③ 반어적 수사를 동원하여 대상을 비판하고 있다.
④ 인과적 연결을 통해 대상을 논증하고 있다.

40일차

196 ②
[정답풀이]
내면적 가치가 외면적 가치보다 우월하다는 내용은 있으나 내면적 가치가 외면적 가치의 한 부분을 구성하고 있다는 내용은 찾아볼 수 없다.

197 ②
[정답풀이]
이 글은 일정한 기준에 입각하여 외면적 가치와 내면적 가치를 비교함으로써 내면적 가치의 우위성을 밝혀 내고 있다.

오답
① 이 글에는 부분적인 현상에서 유추하여 일반화하는 귀납적 추론 방식이 사용되지 않았다.
③ 이 글에는 비유에 의한 설명이 나타나지 않았다.
④ 원인 분석은 이 글에 나타나지 않았다.

198 ②
[정답풀이]
(나)는 화제 제시 문단이다. 미술 작품에는 다양한 동물이 등장하는 것을 화제로 제시한 문단이므로 글의 시작 문단이 되어야 한다. (가)는 (나)의 내용을 이어받아 미술 작품에 등장하는 동물을 성격에 따라 구분하였다. (다)는 (나)에서 언급한 동물들의 구분 중에서 먼저 미술작품에 등장하는 종교적인 성격의 동물과 주술적인 성격의 동물을 설명했다. 그리고 (라)는 (나)에서 언급한 동물들의 구분 중에서 신을 위한 동물을 설명했다. 따라서 글의 순서는 (나) – (가) – (다) – (라)가 적절하다.

199 ④
[정답풀이]
이 글에서 한 사회가 다른 사회를 낯설고 이질적인 사회로 보는 것을 설명하기 위해 음식의 사례를 국가별로 들었다. 이들은 자신과 다른 문화를 이질적으로 보았으며 이방인 취급을 하였다. ④에서 제시한 '야만적'이라는 표현은 잘못되었다.
▶ 야만적: 미개하여 문화 수준이 낮은 것. / 교양이 없고 무례한 것.

200 ①
[정답풀이]
1900년대 옥구에 세워진 일본인 농장의 수와 1930년 무렵 일본인이 점유한 땅의 비중 등 구체적 사실과 정보를 중심으로 당시 일본에 침탈당한 조선의 상황을 설명하였다.

오답
② 이 글은 풍자나 해학과는 관련이 없다.
③ 반어적 표현이 사용되지 않았다.
④ 인과적 연결이 사용되지 않았다.

41일차

20 . . .

201 다음 글에 대한 이해로 적절한 것은?

[2018. 지방직 7급]

이산화탄소와 온실효과가 처음부터 자연에 해가 되었던 것은 아니었다. 오히려 온실효과는 지구의 환경을 생태계에 적합하도록 해 주었다. 만약 자연적인 온실효과가 없다면 지구 표면에서 복사된 열이 모두 외계로 방출되어 지구의 온도는 지금보다 평균 3, 4도 정도 낮아져서 생물들이 살아갈 수 없게 될 것이다. 그런데 화석연료의 사용이 늘어나면서 대기 중에 이산화탄소가 너무나 많아져서 지구 온난화 현상이 생기는 것이 문제이다.

특히 이산화탄소는 공기 중에 50~200년이나 체류하기 때문에 그 효과가 크다. 이산화탄소 외에도 온실효과를 일으키는 기체로는 프레온, 아산화질소, 메탄, 수증기 등이 있다. 프레온은 전자 제품을 생산할 때 세척제 혹은 냉장고의 냉매로 쓰인다. 아산화질소와 메탄은 공장과 자동차의 배기가스에서 생긴다. 수증기도 지구 온난화에 영향을 미치기는 하지만 그 양은 자연 생태계가 조절하고 있어서 별 문제가 되지는 않는다.

① 프레온, 아산화질소, 메탄 등의 기체는 지구 온난화에 직접적인 영향이 없다.

② 자연적인 온실효과 때문에 지구 표면에서 복사된 열이 모두 외계로 방출된다.

③ 이산화탄소는 공기 중에 체류하는 기간이 길어서 지구 온난화 방지에 도움을 준다.

④ 수증기도 이산화탄소처럼 온실효과를 나타내지만 지구 온난화에 미치는 영향은 작다.

[202~204] 다음 글을 읽고 물음에 답하시오.

[2014. 경찰직 9급(2차)]

(가) 신이 생각하건대, 나라에 인재가 부족한 지 실로 오래였습니다. 전국의 인재를 모조리 선발하여 등용한다 하더라도 오히려 그 부족함을 느낄 것인데, 도리어 그 열에 아홉은 버리고 있으며, 전국의 인구를 모두 다 간부로 양성한다 하더라도 오히려 넉넉하지 않을 것인데, 도리어 그 열에 아홉은 버리고 있습니다.

(나) 평민과 천민은 전부 버림을 받은 자들이며, 중인(中人)도 그 버림을 받은 자들이며, 평안도와 함경도 지방의 백성들도 그 버림을 받은 자들이며, 황해도, 개성 및 강화도 지방의 백성들도 그 버림을 받은 자들이며, 강원도와 전라도 지방의 백성들은 각각 그 절반씩 버림을 받은 자들입니다. 뿐만 아니라 서얼(庶孼) 자손들이 그 버림을 받은 자들이며, 북인(北人), 남인(南人)들은 일부 등용된다고 하나 역시 버려진 것에 가까울 따름이며, 오직 그 버림을 받지 않은 자라고는 이른바 명문 벌족이라고 일컫는 수십 가문에 지나지 않습니다. 그러나 이들 중에서도 각종 사변으로 인하여 버림을 받은 자들이 적지 않습니다.

(다) 무릇 일체 버림을 받은 자들은 모두 자포자기하여 학문·정치·경제·군사 등 방면에 유의하지 않고 다만 세정(世情)에 대한 불평만을 품고 술이나 마시기를 즐겨 하여 방탕한 세월을 보내고 있습니다. 그러므로 나라의 인재들이 장성할 수 없습니다.

(라) 사람들은 흔히 이러한 현상을 보고 "그들은 마땅히 버려져야 한다."고 하나, 이것이 어찌 옳은 이론이겠습니까? 천지자연의 운수와 명산대천의 정기가 어찌 저 수십 가문만을 보호하여 주고 기타 전체 백성들에 대하여는 돌보지 않는다고 말할 수 있겠습니까?

(마) 만일 지역적 관계로써 인재를 버린다면 김일제는 휴저왕의 아들로 출생하였으니 이는 서융 지방의 사람이었으며, 설인귀는 삭방(朔方)에서 출생하였으니 이는 북적(北狄) 지방의 사람이었으며, 구준은 경주에서 출생하였으니 남만(南蠻) 지방의 사람이었습니다. 어찌 출신 조건으로써 인재를 버릴 수 있겠습니까?

　　　　　　　　　　　　　　　　　　　　　　　　　- 정약용, 〈올바른 인재 등용에 관하여〉 중에서 -

202 윗글의 (가)~(마)의 요지를 설명한 것 중 옳지 않은 것은?

① (가), (나)는 인재가 버려지고 있는 현실을 기술하고 있다.
② (다)는 버려진 인재의 참담한 생활에 대한 내용이다.
③ (라)는 인재에 대한 사람들의 인식을 옹호하고 있다.
④ (마)는 지역을 따져 인재를 등용하는 것의 부당함을 이야기하고 있다.

203 윗글의 내용 흐름으로 보아 (마)에 이어지는 내용으로 가장 적절한 것은?

① 지역별 인재의 특성
② 인재 선발 방식의 문제점
③ 인재 등용 방식의 개선 방안
④ 등용된 인재들의 현실 정치 참여

204 윗글에서 글쓴이의 입장으로 가장 적절한 것은?

① 지방 인재를 선발하여야 한다.
② 명문 벌족의 인재를 선발하여야 한다.
③ 인재 선발 절차를 체계화하여야 한다.
④ 지역과 신분을 차별하지 말고 고르게 인재를 등용해야 한다.

205 다음 글의 핵심 비판 내용으로 옳은 것은? [2019. 국회직 8급]

우리의 밥상에는 밥과 함께 국이 주인이다. 봄이면 냉잇국이나 쑥국의 향긋한 냄새가 좋고, 여름엔 애호박국이 감미로우며, 가을엔 뭇국이 시원하다. 그리고 겨울이면 시래깃국과 얼큰한 배추김칫국이 있어서 철따라 우리의 입맛을 돋운다.

가을 뭇국은 반드시 간장을 넣고 끓여야 제 맛이 나고, 겨울 시래깃국은 된장을 풀어야 구수한 맛이 돈다. 사람들이 지닌 성품과 애정(愛情)도 이처럼 사계절의 국물맛과 같지 않을까? 조선시대 왕들은 해마다 봄이 되면 동대문 밖 선농단에서 제사를 지냈다. 그 해 농사가 잘 되기를 바라는 의미에서 왕이 친히 선농단까지 나갔던 것이다. 왕이 직접 제사를 지내니 백성들도 구름같이 몰려들었다. 궁궐에서만 사는 왕을 먼발치에서라도 볼 수 있고, 또 한 해 농사가 풍년이 들기를 바라는 마음이 간절하기도 해서였다. 흉년이 든 다음해는 백성들이 더 많았는데, 그 까닭은 그곳에 가면 국물을 얻어먹을 수 있었기 때문이다. 그러고 보면 선농단의 국물에는 은혜와 감사, 또는 마음속 깊은 기원(祈願)이나 따뜻한 사랑이 담겨 있었다고 해야 할 것이다.

선농단에서 백성들에게 국물을 나누어 주다가 갑자기 사람이 더 늘어나면 물을 더 붓는다. 그리고 간을 다시 맞추어 나누어 먹는다. 물을 더 부으면 그만큼 영양가가 줄어드는 것은 사실이지만, 어디 지난날 우리가 영양가를 따져가며 먹고 살아왔던가? 가난을 나누듯 인정(人情)을 사이좋게 실어나르던 고마운 국물이었던 것이다.

엿장수 인심에 '맛보기'라는 것도 예외가 아니다. 기분만 나면 맛보기 한 번에다 덤을 주는데, 이 역시 국물 한 대접 같은 인정의 나눔이다.

시장에서 콩나물을 살 때도 값어치만큼의 양은 당연히 준다. 그러나 덤으로 콩나물이 얹히지 않을 때 아낙네들은 금방 섭섭한 눈치를 한다. 파는 이가 두꺼비 같은 손잔등을 쫙 펴서 서너 개라도 더 올려놓아야 아낙네들은 언제 그랬느냐는 듯 흐뭇한 미소를 지으며 돌아서 간다. 그 덤 역시 국물과 같은 끈끈한 인정의 나눔이리라.

그런데 요즈음 우리네 식탁엔 점차 국물이 사라지고 있다. 걸어가면서 아침을 먹고, 차에 흔들리면서 점심을 먹어야 하는 바쁜 사람들이 많이 생겨서인가? 아니면, 개척시대 미국 이주민의 생활(生活)이 부러워 그것을 흉내내고 싶어서인가? 즉석 요리, 인스턴트 식품이 판을 치고 있는 세상이다.

내 아이들도 예외는 아니다. 생선은 굽고, 닭고기는 튀겨야 맛이 있다고 성화인 것만 보아도 그렇다. 나는 그 반대 입장에 서서 국물이 있는 것으로 입맛을 챙기려 하니, 아내는 늘 지혜롭게 식탁을 꾸려갈 수 밖에 없다. 기다릴 줄을 모르고, 자기 욕심 자기 주장이 통할 때까지 고집을 피워대는 내 아이들의 모습을 보면서, 혹시 그런 성격이 서구화(西歐化)된 식탁문화에서 빚어진 것이 아닌가 하는 걱정도 커진다.

오늘 아침에도 조기 한 마리를 사다 놓고, 구울까 찌개를 끓일까 망설이는 아내의 처지가 참 안쓰러웠다. 한참을 망설이던 아내는 내 눈치를 보면서 끝내 조기를 굽는다. 국물 없는 아침밥을 먹고 출근하는 발걸음이 어째 가볍지가 않다.

① 나눔과 인정이 사라진 현대 사회
② 전통문화를 부러워하는 현대인들
③ 자기 주장을 고집하는 세태
④ 바쁘게 돌아가는 현대인의 생활
⑤ 인스턴트 식품의 범람

201 ④

[정답풀이]

둘째 문단에서 프레온, 이산화질소, 메탄, 수증기는 온실효과를 일으킨다고 설명했다. 그러나 그 양은 자연 생태계가 조절하고 있어 지구 온난화에 별 문제가 되지는 않는다고 설명했다.

오답

① 둘째 문단에서 온실 효과를 유발하는 기체로 이산화탄소, 프레온, 아산 화질소, 메탄, 수증기 등이 있다고 언급하였다.

② 첫째 문단을 통해 자연적인 온실효과가 지구 표면의 복사열이 외계로 방출되는 것을 막아준다는 것을 알 수 있다.

③ 둘째 문단에 따르면, 이산화탄소는 공기 중에 체류하는 기간이 길어 지구 온난화에 미치는 효과가 더욱 크다고 했으므로 옳지 않다.

202 ③

[정답풀이]

이 글은 '차별적 인재 등용의 문제점'을 주제로 한다. (라)는 출신 조건으로 인재를 따지는 사람들의 생각을 비판하고 있으므로 ③은 적절하지 않다.

203 ③

[정답풀이]

(마)는 인재 등용의 문제점을 지적하고 있으므로 다음에 이어질 내용은 '인재 등용의 개선 방안'이 나와야 한다.

204 ④

[정답풀이]

글쓴이는 신분, 지역, 가문 등 출신과 조건에 따라 차별하지 말고 인재를 고르게 등용해야 한다고 주장하고 있다.

205 ①

[정답풀이]

왕이 직접 제사를 지내며 백성들에게 국물을 나누어 준 것은 백성에 대한 왕의 사랑이다. 백성들은 임금의 은혜에 감사했고 마음 속 깊은 기원을 보냈다. 엿장수의 인심과 시장에서 콩나물을 사는 사례는 모두 과거의 인정을 드러내기 위한 것들이다. 반면 현대 사회에서 이러한 국불이 사라시고 있나고 지적하며, 나눔과 인정이 사라진 현대 사회를 비판하고 있다.

206 다음 글에서 필자와 대상과의 심리적 거리가 가장 멀게 느껴지는 것은?

바통을 든 오케스트라의 지휘자는 찬란한 존재다. 토스카니니 같은 지휘자 밑에서 플루트를 분다는 것은 또 얼마나 영광스러운 일인가. 그러나 다 지휘자가 될 수는 없는 것이다. 다 콘서트 마스터가 될 수도 없는 것이다.

오케스트라와 같이 하모니를 목적으로 하는 조직체에 있어서는 멤버가 된다는 것만도 참으로 행복된 일이다. 그리고 각자의 맡은 바 기능이 전체 효과에 종합적으로 기여된다는 것은 의의 깊은 일이다. 서로 없어서는 안 된다는 신뢰감이 거기에 있고, 칭찬이거나 혹평이거나 '내'가 아니요 '우리'가 받는다는 것은 마음 든든한 일이다.

자기의 악기가 연주하는 부분이 얼마 아니 된다 하더라도, 그리고 독주하는 부분이 없다 하더라도 그리 서운할 것은 없다. 남의 파트가 연주되는 동안 기다리고 있는 것도 무음(無音)의 연주를 하고 있는 것이다.

야구 팀의 외야수와 같이 무대 뒤에 서 있는 콘트라베이스를 나는 좋아한다. 베토벤 교향곡 제5번 '스켈소'의 악장 속에 있는 트리오 섹션에도 둔한 콘트라베이스를 쩔쩔매게 하는 빠른 대목이 있다. 나는 이런 유머를 즐길 수 있는 베이스 연주자를 부러워한다.

'전원' 교향악 제3악장에는 농부의 춤과 아마추어 오케스트라가 나오는 장면이 묘사되어 있다. 서투른 바순이 제때 나오지를 못하고 뒤늦게야 따라나오는 대목이 몇 번 있다. 이 우스운 음절을 연주할 때의 바순 연주자의 기쁨을 나는 안다.

팀파니스트가 되는 것도 좋다. 하이든 교향곡 94번의 서두가 연주되는 동안은 카운터 뒤에 있는 약방 주인 같이 서 있다가, 청중이 경악하도록 갑자기 북을 두들기는 순간이 오면 그 얼마나 신이 나겠는가? 자기를 향하여 힘차게 손을 흔드는 지휘자를 쳐다볼 때, 그는 자못 무상의 환희를 느낄 것이다.

어렸을 때 나는, 공책에 줄치는 작은 자로 교향악단을 지휘한 일이 있었다. 그러나 그후 지휘자가 되겠다는 생각을 해 본 적은 없다. 토스카니니가 아니라도 어떤 존경받는 지휘자 밑에서 무명의 플루트 연주자가 되고 싶은 때는 가끔 있었다.

① 콘서트 마스터
② 베이스 연주자
③ 바순 연주자
④ 팀파니스트

[207~209] 다음 글을 읽고 물음에 답하시오.

조선 후기 화단에서 큰 비중을 차지하는 인물 중의 한 사람은 단원 김홍도이다. 당대의 유명한 화가이자 비평가였던 강세황은 그를 산수와 풍속, 화조 등 다방면에 걸쳐 재능을 발휘한 화가로 높이 평가하였지만, 사실 ㉠김홍도의 작품 세계를 단정적으로 규정하기는 쉽지 않다.

김홍도는 산수화에서 정선의 영향을 다소 받은 것으로 보이지만 대부분의 작품을 보면 개성이 강한 독창적인 세계를 펼쳤다. 그가 50대나 60대에 그린 것으로 생각되는 '무이귀도도'와 같은 산수화를 보면 그의 독창적인 화풍을 엿볼 수 있다. 반원을 그으며 흐르는 급류의 강물, 그것을 헤쳐 나가는 배 그리고 강가의 기암절벽을 그린 이 그림은 산수와 인물을 묘사하는 그의 독창적인 능력을 잘 보여 준다.

또한 그는 이 그림에서 근경의 산과 원경의 산을 특유의 '하엽준법'을 사용하여 잘 묘사하였다. 물론 이 기법은 원대의 조맹부 이래 남종화가들이 주로 사용한 것으로 김홍도가 창안한 준법은 아니다. 그러나 그는 예리한 필선으로 이를 더욱 날카롭게 변형시킴으로써 그만의 것으로 만들어 내었다. ㉡남종 화가로부터 기법을 배웠으나 그들을 뛰어넘는 경지에 이른 셈이다. 특히 산에 자라는 소나무와 활엽수, 강의 물결 등을 묘사한 데서 그의 특유의 기법을 보여 주었다. 그리고 배에 타고 있는 사공들과 선비 그리고 시동들이 모두 절경을 보고 경이롭다는 표정을 짓도록 표현한 것은 작품 전체에 한층 생동감을 불어넣은 뛰어난 수법이라고 할 수 있다.

김홍도는 이렇듯 산수화에서 독특한 자신의 양식을 선보였지만 그를 보다 돋보이게 한 것은 인물화와 풍속화다. 그는 혜원 신윤복과 더불어 조선 후기 풍속화의 유행을 주도하였다. 물론 풍속화가 처음 시작된 것은 김홍도보다 훨씬 이전이다. 넓은 의미의 풍속화는 고려 시대 선비들의 계나 연회 장면을 그린 데서 찾아볼 수 있다. 이런 그림들은 풍속적인 요소를 많이 가지고 있어 풍속화라고 할 수 있다. 또 조선 후기에도 윤두서의 '나물 캐는 여인들'이나 김두량의 '전원행렵도' 등과 같은 풍속화가 김홍도 이전부터 그려졌다. 이런 사실은 김홍도 이전에 풍속화가 유행할 기미가 있었다는 것을 말해 준다. 김홍도보다 앞서 풍속화를 그린 화가들 중에는 문인화가들의 존재가 눈에 많이 띈다. 이런 화가들이 열어 놓은 길을 김홍도와 그 후의 화가들이 다져서 뚜렷한 양상을 이루게 된 것이다. 김홍도의 풍속화는 특히 인물이 중심을 이루고 있다는 특징이 있다.

김홍도의 풍속화는 조선 후기의 농민이나 수공업자 등의 서민 생활의 단면을 소재로 한 것이 많으며, 또 조선적인 정취를 십분 풍기는 것들이 많다. 이전의 풍속화에 비해 서민들의 생활상과 그들의 생업을 간략하면서도 한국적 해학과 정감이 넘치도록 그림에 담는 화단의 풍조는 김홍도에 이르러 본격적인 유행을 보게 되었다.

그의 풍속화의 주인공들은 얼굴이 둥글넓적하고 흰 바지와 저고리를 입은 서민들이다. 정선이 그의 진경 산수화에서 중국이 아닌 우리 나라의 산천을 소재로 삼았듯이 김홍도는 그의 풍속화에서 조선 후기 사회의 점경을 다루었다. 그의 대표작으로는 '서당도'와 '씨름도'를 들 수 있다. 두 그림은 한국적인 소재를 간략하면서도 성공적으로 다룬 정감이 넘치는 작품들이다. 이 그림들에 보이는 선들은 정직하고 투박하다. 이런 선들은 능란한 구도 및 풍부한 해학적 감정의 표현과 함께 승화되어 그의 작품들을 돋보이게 한다. 특히 작품에 구심점을 주어 자연스럽게 시선을 모으는 구도는 웬만한 화가로서는 흉내낼 수 없는 것이다. 그는 가장 재미있는 장면을 포착하여 가장 해학적으로 표현할 수 있는 뛰어난 풍속화가였다.

207 윗글을 바탕으로 신문 기사문을 만들었을 때, 표제로 가장 적절한 것은?

① 조선 풍속화의 효시 김홍도

② 조선 산수화의 최고봉 김홍도

③ 한국적 산수화의 개척자 김홍도

④ 조선 후기 미술을 꽃피운 김홍도

208 ㉠에 대한 설명으로 옳지 <u>않은</u> 것은?

① 산수화에서 독창적인 세계를 펼쳤다.

② 산수화에 풍속화의 요소를 가미하였다.

③ 풍속화에서 한국적인 정취를 표현하였다.

④ 풍속화에서는 인물이 중심을 이루고 있다.

209 ㉡과 가장 관계 깊은 것은?

① 청출어람(靑出於藍)

② 점입가경(漸入佳境)

③ 괄목상대(刮目相對)

④ 금상첨화(錦上添花)

210 〈보기〉의 밑줄 친 어휘들 가운데 문맥적 의미가 다른 하나는? [2019. 서울시 9급]

┤보기├

불문곡직하는 직설은 사람을 찌른다. 깜짝 놀라게 해서 제압하는 방식이다. 거기 비해 완곡함은 <u>틈</u>을 들이면서 에두른다. 듣고 읽는 이가 비켜갈 틈을 준다. 그렇다고 완곡함이 곡필인 것도 아니다. 잘못된 길로 접어들도록 하는 게 아니라 화자와 독자의 교행이 이루어지는 <u>공간</u>을 준다. 곱씹어볼 말이 사라지고 상상의 <u>여지</u>를 박탈하는 글이 군림하는 세상은 살풍경하다. 말과 글이 세상을 따라 갈진대 세상을 갈아엎지 않고 말과 글이 세상과 함께 아름답기는 난망한 일인가. 아마 아닐 것이다. 막힐수록 옛것을 더듬으라고 했다. 물태와 인정이 극으로 나뉘는 <u>세상</u>에서 다산은 선인들이 왜 산을 바라보며 즐기되 그 흥취의 반을 항상 남겨두는지 궁금했다. 그는 미인을 만났던 사람이 적어놓은 글에서 그 까닭을 발견했다. 그가 본 글은 이러했다. '얼굴은 아름다웠으나 그 자태는 기록하지 않았다.'

① 틈   ② 공간

③ 여지   ④ 세상

42일차

206 ①
[정답풀이]
이 글에서 필자는 겉으로 드러나지 않고 뒤에서 최선을 다하는 사람들에게 애정을 표현한다. '콘서트 마스터'는 지휘자로서 화려한 역할을 하는 인물이다. 필자는 어릴 때 지휘자가 되겠다는 생각을 했으나 그 후 그런 생각을 하지 않았다고 말하고 있다.

207 ④
[정답풀이]
이 글에서 필자는 김홍도가 풍속화나 산수 화를 처음 그린 사람은 아니라고 하였다. 그러므로 그를 풍속화의 효시나 산수화의 개척자라고는 할 수 없다. 그는 과거부터 그려오던 산수화나 풍속화를 독창적으로 발전시킨 인물이다. 이렇게 보면 그는 조선 후기 미술을 꽃피운 인물이라고 할 수 있다.

208 ②
[정답풀이]
산수화에서는 남종화가들의 기법을 이어받아 독창적인 기법을 발전시켰으며, 풍속화에서는 서민형의 인물을 통해 한국적이고 해학적인 정취를 드러냈다는 내용이 나와 있다. 그러나 산수화에 풍속화의 요소를 가미했다는 내용은 언급되어 있지 않다.

209 ①
[정답풀이]
남종화가들의 기법을 이어받았으나 더욱 뛰어난 솜씨를 발휘했다는 내용이므로, '제자나 후진이 스승이나 선배보다 더 뛰어남'을 이르는 ①이 답이다.

> [오답]
> ② **점입가경(漸入佳境)**: 갈수록 더욱 좋거나 재미있는 경지로 들어감.
> ③ **괄목상대(刮目相對)**: 눈을 비비고 다시 본다는 뜻으로, 주로 손아랫사람의 학식이나 재주 따위가 놀랍도록 향상된 경우에, 이를 놀라워하는 의미로 쓰임.
> ④ **금상첨화(錦上添花)**: 좋은 일에 또 좋은 일이 더함.

210 ④
[정답풀이]
이 글은 완곡한 말과 글의 효용성에 대해 말하고 있다. 완곡한 말과 글은 듣고 읽는 이가 비켜갈 '틈'을 주고, 화자의 독자의 교행이 이루어 지는 '공간'을 주고, 상상의 '여지'를 준다. '물태(物態: 세상 물질)와 인정이 극으로 나뉘는 세상'은 완곡함이 없는 곳이므로 나머지와 의미상 대조가 된다.

211 다음 글의 글쓰기 방식에 대한 설명으로 적절한 것은?   [2019. 지방직 9급]

> 멕시코의 환경 운동가로 유명한 가브리엘 과드리는 1960년대 이후 중앙아메리카 숲의 25 % 이상이 목초지 조성을 위해 벌채되었으며 1970년대 말에는 중앙아메리카 전체 농토의 2/3가 축산 단지로 점유되었다고 주장했다. 실제로 1987년 이후로도 멕시코에만 1,497만 3,900 ha의 열대 우림이 파괴되었는데, 이렇게 중앙아메리카의 열대림을 희생하면서까지 생산된 소고기는 주로 유럽과 미국으로 수출되었다. 그렇지만 이 소고기들은 지방분이 적고 미국인의 입맛에 그다지 맞지 않아 대부분 햄버거의 재료로 사용되었다.

① 통계 수치를 활용하여 논거의 타당성을 높이고 있다.
② 이론적 근거를 나열하여 주장의 전문성을 강화하고 있다.
③ 전문 용어의 뜻을 쉽게 풀이하여 독자의 이해를 돕고 있다.
④ 예측할 수 없는 결과를 나열하여 사태의 심각성을 알리고 있다.

212 다음 글에 대한 이해로 가장 적절한 것은?   [2019. 지방직 9급]

> 책은 벗입니다. 먼 곳에서 찾아온 반가운 벗입니다. 배움과 벗에 관한 이야기는 ≪논어≫의 첫 구절에도 있습니다. '배우고 때때로 익히니 어찌 기쁘지 않으랴. 벗이 먼 곳에서 찾아오니 어찌 즐겁지 않으랴.'가 그런 뜻입니다.
> 그러나 오늘 우리의 현실은 그렇지 못합니다. 인생의 가장 빛나는 시절을 수험 공부로 보내야 하는 학생들에게 독서는 결코 반가운 벗이 아닙니다. 가능하면 빨리 헤어지고 싶은 불행한 만남일 뿐입니다. 밑줄 그어 암기해야 하는 독서는 진정한 의미의 독서가 못 됩니다.
> 독서는 모름지기 자신을 열고, 자신을 확장하고, 자신을 뛰어넘는 비약이어야 합니다. 그렇기 때문에 독서는 삼독(三讀)입니다. 먼저 글을 읽고 다음으로 그 글을 집필한 필자를 읽어야 합니다. 그 글이 제기하고 있는 문제뿐만 아니라 필자가 어떤 시대, 어떤 사회에 발 딛고 있는지를 읽어야 합니다. 그리고 최종적으로 그것을 읽고 있는 독자 자신을 읽어야 합니다. 그렇게 함으로써 자신의 처지와 우리 시대의 문맥을 깨달아야 합니다.

① 독서는 타인의 경험이나 생각 등을 자기화(自己化)하는 과정이다.
② 반가운 벗과의 독서야말로 진정한 독자로 거듭날 수 있는 첩경(捷徑)이다.
③ 시대와 불화(不和)한 독자일수록 독서를 통해 자신의 위치를 발견하기 쉽다.
④ 자신이 배운 것을 제때에 적용하기 위해서는 친밀한 교우(交友) 관계가 중요하다.

213 다음 글에 대한 이해로 적절하지 않은 것은?

요트 중에서도 엔진과 선실을 갖추지 않은 1~2인용 딩기(dinghy)는 단연 요트의 백미라고 할 수 있다. 딩기는 엔진이 없기에 오로지 바람에 의지해 나아가는 요트다. 그러므로 배 다루는 기술도 중요하지만 바람과 조화를 이루고 그 바람을 어떻게 타느냐에 따라 속도가 달라진다.

배는 바람을 받고 앞으로 전진하는 게 상식이다. 그러나 요트는 맞바람이 불어도 거뜬히 전진할 수 있다. 도대체 요트에 어떤 비밀이 숨어 있는 걸까? 해답은 삼각형 모양의 지브세일(jib sail)에 숨어 있다. 바람에 평행하게 맞춘 돛이 수직 방향으로 부풀어 오르면 앞뒤로 공기의 압력이 달라진다.

요트의 추진력은 돛이 바람을 받을 때 생기는 풍압과 양력에 의하여 생긴다. 따라서 요트의 추진 원리를 이해하기 위해서는 풍압이 추진력의 주(主)가 되는 풍하범주(風下帆舟)와, 양력이 주(主)가 되는 풍상범주(風上帆舟)를 구분하여야 한다.

요트가 바람을 뒤쪽에서 받아 주행하는 풍하범주의 경우에는 바람에 의한 압력이 돛을 경계로 하여 풍상 측에서 높고 풍하 측에서 낮게 된다. 따라서 압력이 높은 풍상 측에서 압력이 낮은 풍하 측으로 나아가려는 힘이 발생하는데 이 힘을 총합력이라고 한다. 이 총합력의 힘은 평행사변형 법칙에 의하여 요트를 앞으로 추진시키는 전진력과 옆으로 밀리게 하는 횡류력으로 분해될 수 있다. 센터보드나 킬(keel)과 같은 횡류방지 장치에 의하여 횡류를 방지하면서 전진력을 이용하여 앞으로 나아갈 수 있게 된다.

요트가 바람을 거슬러 올라가는 풍상범주의 경우는 비행기 날개에서 양력이 발생하여 비행기가 뜨게 되는 원리와 동일한 원리에 의하여 요트가 추진하게 된다. 베르누이의 정리에 의하면 유체의 속도가 빠르면 압력이 낮아지고, 속도가 느리면 압력이 높아진다. 비행기 날개와 비슷한 모양을 하고 있는 돛의 주위에 공기가 흐를 때 돛을 경계로 하여 풍상 측의 공기 속도는 느려지고 풍하 측의 공기 속도는 빨라진다. 그러므로 베르누이의 정리에 의하여 풍하 측으로 흡인력이 발생하게 되는데 이것이 총합력이 된다. 이 총합력은 풍하범주의 경우와 마찬가지로 전진력과 횡류력으로 분해된다. 횡류력은 요트를 옆 방향으로 미는 힘으로서 센터보드 등의 횡류방지장치에 의하여 상쇄된다. 따라서 요트는 전진력에 의하여 앞으로 나아갈 수 있게 된다.

① 딩기는 순풍이 불 때는 횡류력으로, 역풍이 불 때는 전진력으로 나아간다.

② 센터보드나 킬로 인해 요트는 옆으로 가지 않고 앞으로 나아갈 수 있게 된다.

③ 풍하범주는 풍압이 추진력의 주(主)가 되며, 풍상범주는 양력이 추진력의 주가 된다.

④ 요트가 바람을 등지고 갈 때는 풍압에 의존하고, 맞바람을 받고 갈 때는 양력에 의존하게 된다.

[214~215] 다음 글을 읽고 물음에 답하시오.

정보 산업의 성장은 기존의 산업 구조에 근본적인 변화를 일으킨다. 과거에 공업화가 농림, 어업 등의 1차 산업의 비중을 감소시키면서 제조업을 성장시켰던 것처럼 오늘날의 정보화는 1차 산업은 물론 2차 산업의 비중을 낮추면서 정보 산업을 중심으로 3차 산업의 비중을 높여 가고 있는 것이다.

가령 오늘날 미국의 산업 구조를 보면 1차 산업에 종사하는 취업 인구의 비율은 2.8%에 지나지 않으며, 한때는 30%를 넘었던 2차 산업의 취업 인구 비중도 18.6%로 크게 감소하였다. 그 대신 3차 산업의 비중은 오늘날 78.6%로 크게 증가하였다. 이와 같은 산업 구조의 변화는 3차 산업 취업 인구의 비율이 77%인 영국, 72%인 프랑스, 59%인 일본 등도 마찬가지다.

이와 같은 '정보의 산업화'에 의한 산업 구조의 변화는 직업 구조에 변동을 일으키고, 그에 따라 계층 구조는 물론 인구 구조, 가족 구조 등에 이르기까지 광범한 구조적 변동을 수반한다. 그리고 더 나아가서 정보화는 사회 조직의 원리에서부터 사회 성원들의 직장 생활, 가족 생활, 공동체 생활, 여가 생활 등 생활 양식과 가치관 전반에 다양한 변화를 일으키면서 '정보의 사회화'와 '사회의 정보화'를 통해 정보 사회 문명이라는 새로운 문명을 탄생시키고 있는 것이다.

정보화가 일종의 문명사적 전환이라고 보는 것은 정보화로 인해 사회 구조의 조직 원리에서부터 근본적인 변화가 일어나기 때문이다. 과거에 농업 사회 문명이 산업 사회 문명으로 전환될 때, 농업 중심의 산업 구조가 공업 중심의 산업 구조로 변동되는 데 그치지 않고 사회 조직의 기본 원리에 변화가 일어났던 것과 같은 근본적인 사회 변동이 정보화로 인해 진행되고 있는 것이다. 산업화는 기계적 동력의 발명으로 대량 생산 체제를 촉진시켰다. 또한 대량 생산은 자원, 자본, 노동력의 집중화와 표준화를 가져오고, 집중화와 표준화는 집권화, 대형화를 일으켰다. 그로 인해 산업 사회의 모든 사회 조직 원리는 집중화, 표준화, 집권화, 대형화, 동시화 등으로 바뀌게 된 것이다.

그러나 토플러에 의하면 정보화는 대량 생산 체계를 다품종 소량 생산 체계로 변화시킨다. 즉 컴퓨터 등에 의한 자동화 기술의 발달로 다양한 소비자의 욕구와 취향을 저렴한 생산비로 생산해서 공급할 수 있는 생산 체계가 보편화된다는 것이다. 그 결과 대량 생산이 아닌 다품종 소량 생산 체계에서는 집중화보다는 분산화, 표준화보다는 다원화, 집권화보다는 분권화, 대형화보다는 소규모화 등으로 사회 조직의 원리가 전환된다는 것이다. 이와 같은 조직 원리의 변화는 점차로 거대 도시가 아닌 소규모의 도시, 대형 공장이 아닌 작은 상점 같은 공장들로 변모할 것이며, 대형 교회, 맘모스 대학과 같은 것들도 사라지게 될지도 모른다.

또한 이와 같은 조직 원리의 변화는 지방화를 촉진할 것이며, 하나의 단위 조직 안에서도 종래의 관료제적 피라미드형 조직 구조를 네트워크형 조직 형태로 전환시킨다. 즉 조직 내의 개인 또는 팀과 같은 일선 현장의 행동 단위들이 위계 조직이 아닌 그물형 조직으로 연계되면서, 개인이나 팀의 자율성이 크게 높아지는 조직 형태가 확대되어 갈 것이다. 다시 말해서 종적 구조가 횡적 구조로 바뀌어 간다는 것이다.

정보 사회화는 한편으로 지방화를 촉진하지만 다른 한편으로는 세계화 또는 지구화를 촉진하기도 한다. 정보 통신 기술의 발달이 지역이나 국가의 경계를 뛰어넘어 전세계를 하나의 시장 또는 하나의 생활권으로 통합시켜 주기 때문이다. 기든스가 이야기한 이른바 공간 귀속성의 탈피가 정보 사회에 이르러 본격화되고 있기 때문인 것이다.

214 윗글의 서술상의 특징을 올바르게 지적한 것은?

① 서술 대상의 사례를 열거하여 그들의 공통점을 제시하고 있다.

② 서술 대상의 철학적 배경을 분석함으로써 이해를 높이고 있다.

③ 서술 대상의 변화 과정과 변화에 따른 결과를 예측하고 있다.

④ 서술 대상의 문제점을 열거한 다음 그에 대한 해결책을 강구하고 있다.

215 윗글로 보아 '정보화가 일으키는 변화'의 예로 적합하지 않은 것은?

① 지식과 기술을 포함하는 넓은 의미에서의 '정보'가 가장 중요한 '상품 가치'를 갖게 됨.

② 디자인이나 지식, 기술, 프로그램과 같은 소프트웨어 상품보다 매출액이 많은 하드웨어 산업이 더욱 중요해짐.

③ 정보화의 결과 나타난 전사 결재 방식에 의한 전세계 금융 시장의 통합과 같은 세계화 현상이 생활 전반으로 확대됨.

④ 전세계의 누구와도 전화, 팩스는 물론 화상 통신 등을 이용하여 면접적인[face to face] 상호 작용과 다름없는 대화가 가능해짐.

⑤ 정보화가 진행된 사회일수록 육체 노동에 의존하여 원자재를 생산하는 1차 산업은 급격히 쇠퇴하게 됨.

43일차

211 ①

[정답풀이]

글쓴이는 '숲의 25% 이상', '전체 농토의 2/3', '1,497만 3,900ha의 열대 우림' 등 구체적인 통계 수치를 활용하여 논거의 타당성과 객관성을 높이고 있다.

오답

이론적 근거를 나열하지 않고, 전문 용어의 뜻을 풀이하지 않았으며, 예측할 수 없는 결과를 나열하지도 않았다.

212 ①

[정답풀이]

독서의 중요성에 대한 글이다. 맨 마지막 단락에서 '독서는 글을 읽고, 필자를 읽고, 최종적으로 독자 자신을 읽는 것이다.'라고 하면서 자기화(自己化)하는 과정이라고 보고 있다.

오답

나머지는 글의 내용과 전혀 관계가 없다.

참고 출전

신영복, 〈책은 먼 곳에서 찾아 온 벗입니다〉(2011)

213 ①

[정답풀이]

순풍이 불 때와 역풍이 불 때, 각각 풍압과 양력이라는 서로 다른 원리를 이용하지만 결과적으로는 전진력을 통해 앞으로 나아가게 된다. 횡류력은 진행 방향이 아닌, 양옆의 방향으로 분산되는 힘으로 순풍, 역풍의 두 경우에 모두 발생하지만, 센터보드나 킬 등의 횡류방지장치에 의해 억제된다.

오답

② 넷째 및 다섯째 문단의 마지막 부분에서, 센터보드나 킬 등의 '횡류방지 장치'에 의해 횡류력을 억제하여 앞으로 나아갈 수 있게 된다고 설명했다.

③ 셋째 문단의 마지막 부분을 통해 풍하범주는 풍압이, 풍상범주는 양력이 추진력의 주가 된다는 것을 알 수 있다.

④ 바람을 등지는 풍하범주의 경우, 돛을 경계로 한 풍상과 풍하의 풍압 차이를 이용해 전진한다. 맞바람을 받는 풍상범주의 경우, 돛을 경계로 한 풍상과 풍하의 유속 차이로 인해 발생하는 양력을 이용해 전진한다.

214 ③

[정답풀이]

이 글은 정보 산업의 성장과 정보화의 확산이 어떤 과정을 통해 일어나고 있으며, 그러한 변화가 어떤 결과를 가져올 것인지에 대해 구체적으로 설명해 주고 있다.

215 ②

[정답풀이]

②의 내용은 '3차 산업의 증가'라고 하는 본문의 언급과 분명한 차이를 보이고 있다. 하드웨어보다는 소프트웨어의 중요성이 커진다고 보아야 타당하다.

[216~217] 다음 글을 읽고 물음에 답하시오.

[2018. 경찰직 2차]

(가) 근대에 이르러 인간은 신분 사회의 구성원이 아니라 '개인'으로 존재하게 되었으며, 자신의 삶을 스스로 선택할 수 있다는 점에서 자유로운 존재가 되었다. 또한 이러한 자유의 권리가 신분적 특권이 아니라 모든 개인이 향유하는 보편적 권리로 부여되었다는 점에서 인간은 평등한 존재로 변화되었다. 근대 이전의 전통 사회는 신분 사회이자 통일적 세계관이 지배하는 사회로, 태어나면서부터 모든 인간의 역할과 의무가 이미 결정된 사회였기 때문이다. 다시 말해 근대로의 이행은 전통 사회의 권위로부터 개인이 해방되는 과정이었으며, 동시에 인간의 자유와 평등이 증대되는 과정이었다.

(나) 또한 칸트는 인간이 자유로운 존재이기 때문에 도덕적 존재가 될 수 있다고 보았다. 어떤 행위에 대해 도덕적 책임을 묻기 위해서는 그 행위가 행위자의 자유 의지에 따른 것이어야 하기 때문이다. 칸트는 자유 의지에 따라 스스로 부과한 도덕적 명령인 '정언 명법'을 통해 자신의 윤리학을 구체화했다. 칸트의 정언 명법이란 모든 조건으로부터 독립된 무조건적인 행위 명령을 말한다. 이는 'A는 X를 해야 한다.'라는 형식을 지닌 명제로, 'A가 Y를 원한다면, X를 해야 한다.'라는 형식의 가언 명법과는 구분된다. 정언 명법에 따른 행위는 그 행위가 다른 목적에 상관없이 필연적이라고 생각하기 때문에 해야만 하는 행위이다. 그리고 이때 그 행위를 하는 필연성은 보편적 이성에 의해 발견된다.

(다) 이런 시대적 변화 속에서 칸트의 윤리학은 자유롭고 평등한 근대적 개인을 완성시킨 철학적 기반이 되었다. 칸트에게 있어 자유란 인간이 자신에게 스스로 부여한 법칙 이외에 어떠한 법칙에도 복종하지 않는다는 것을 의미한다. 그에 따르면 외부의 명령뿐만 아니라 본능적 충동 역시 인간이 스스로 선택한 것이 아니기 때문에 이에 따른 행위는 자유로운 행위가 아니다. 따라서 칸트는 인간이 본능이나 감정이 아닌 오직 보편적 이성에 따라 행동하는 주체일 때 자유로운 존재가 될 수 있다고 보았다. 이때 이성이란 절대적으로 타당한 도덕 법칙을 따를 수 있는 인간의 보편적 능력으로, 칸트에 따르면 인간은 이러한 보편적 능력에 근거하여 자유로울 뿐만 아니라 평등한 존재로 규정된다.

(라) 하지만 ㉠탈근대주의 철학자들은 칸트의 윤리학이 자유와 복종을 동일시하는 문제점을 안고 있다고 비판한다. 칸트는 인간의 자유를 이성적 인간이 자기 자신에게 부여한 보편 법칙에 따라 행동하는 것으로 규정하지만, 정작 이 보편 법칙은 이성에 의해 선험적으로 부과된 것으로 인간 자신이 구성한 법칙이 아니기 때문이라는 것이다. 따라서 보편 법칙에 따라 행동한다는 것은 사실 그 법칙에 복종한다는 것과 마찬가지가 되며, 결국 자유와 복종이 동일시되는 역설이 나타난다. 이렇게 자유가 복종과 일치하게 되면 '타자'에 대한 억압과 폭력이 나타난다는 점을 탈근대주의 철학자들은 지적한다.

(마) 따라서 자유 의지에 따라 스스로에게 부과한 도덕적 명령인 정언 명법은 보편적 이성에 근거한다는 점에서 모든 사람에게 적용될 수 있는 보편적 원칙이 된다. 즉 칸트의 도덕 법칙은 개인적 조건이나 형편에 관계없이 누구에게나 적용될 수 있는 필연적으로 타당한 보편 법칙이다. 이와 같이 칸트의 윤리학은 인간을 자유롭고 평등한 도덕적 개인으로 규정했으며, 모든 인간을 동등하게 대우받아야 할 보편적 존재로 인식했다.

216 (가)의 내용에 이어지는 순서로 가장 자연스러운 것은?

① (다) - (나) - (마) - (라)
② (나) - (다) - (라) - (마)
③ (다) - (라) - (마) - (나)
④ (라) - (나) - (다) - (마)

217 밑줄 친 ㉠에 포함될 수 있는 사람과 그 주장이 가장 적절하게 연결된 것은?

① 포퍼는 반증 가능성이 없는 지식, 곧 아무리 반증을 해 보려 해도 경험적인 반증이 아예 불가능한 지식은 과학적 지식이 될 수 없다고 비판한다. 가령 '관찰할 수 없고 찾아낼 수 없는 힘이 항상 존재한다.'처럼 경험적으로 반박할 수 있는 사례를 생각할 수 없는 주장이 그것이다.

② 호네트에 따르면 인간의 자아실현은 자기 자신에 대한 긍정적 태도를 통해 가능하며, 이러한 긍정적 자기 관계는 타자의 긍정적 평가에 의존한다. 따라서 타자로부터의 긍정적 반응이 좌절될 경우 인간은 심리적 상처를 받게 될 뿐만 아니라 자아실현이 불가능한 상태에 처하게 된다.

③ 흄은 과거의 경험을 근거로 미래를 예측하는 귀납이 정당한 추론이 되려면 미래의 세계가 과거에 우리가 경험해 온 세계와 동일하다는 자연의 일양성, 곧 한결같음이 가정되어야 한다고 보았다.

④ 비트겐슈타인은 기존의 철학자들이 다루었던 신, 영혼, 형이상학적 주체, 윤리적 가치 등과 관련된 논의가 의미 없는 말들에 불과하다고 보았다. 왜냐하면 그 말들이 가리키는 대상이 세계 속에 존재하지 않는, 즉 경험 가능하지 않은 대상이기 때문이다.

218 다음 글의 제목으로 가장 적절한 것은?

[2019. 지방직 9급]

> 계몽주의 사상가들은 명백히 모순되는 두 개의 견해를 취했다. 그들은 인간의 위치를 자연계 안에서 해명하려고 애썼다. 역사의 법칙이란 것을 자연의 법칙과 동일한 것으로 여겼다. 다른 한편, 그들은 진보를 믿었다. 그렇다면 그들이 자연을 진보하는 것으로, 다시 말해 끊임없이 어떤 목적을 향해서 전진하는 것으로 받아들인 데에는 어떤 근거가 있었던가? 헤겔은 역사는 진보하는 것이고 자연은 진보하지 않는 것이라고 뚜렷이 구분했다. 반면, 다윈은 진화와 진보를 동일한 것으로 주장함으로써 모든 혼란을 정리한 듯했다. 자연도 역사와 마찬가지로 진보하는 것으로 본 것이다. 그러나 이것은 진화의 원천인 생물학적인 유전(biological inheritance)을 역사에서의 진보의 원천인 사회적인 획득(social acquisition)과 혼동함으로써 훨씬 더 심각한 오해에 이를 수 있는 길을 열어 놓았다. 오늘날 그 둘이 분명히 구별된다는 것은 익히 알려진 것이다.

① 자연의 진보에 대한 증거
② 인간 유전의 사회적 의미
③ 역사의 법칙과 자연의 법칙
④ 진보와 진화에 관한 견해들

　　생활에 여유를 주는 공간이라면 더 큰 공간일수록 좋으리라는 생각을 할 수도 있다. 그러나 한국적 공간 개념에는 그와 같은 여유를 추구하면서도 그것이 큰 공간일수록 좋다는 생각은 포함되어 있지 않은 것 같다. 왜 여유의 공간을 넓은 공간으로 생각하지 않았을까? 우리의 국토가 너무 좁기 때문이었을까? 넓은 공간을 유지하기에는 너무 가난했기 때문이었을까? 이러한 부정적 해답도 가능할 것이다. 그러나 그것을 긍정적으로 받아들여서 적극적인 가치 부여를 한다면 거기에는 아주 중요한 사상적 근거가 전제되어 있음을 발견할 수 있다. 그것은 한 미디로 말하자면 자연과 인간이 조화를 이루어야 한다는 사상이다. 인간은 결코 자연을 정복할 것이 아니라 자연과의 조화 속에서 궁극적인 가치들을 추구해야 한다는 사상이다. 자연과의 조화를 최대한으로 살리는 공간 개념을 근거로 하고 있음이 중요한 것이다.

　　이와 같은 우리의 공간 개념을 환경 문제와 결부시켜서 생각하면 어떤 시사점들을 얻을 수 있을까? 건축 행위라는 것은 자연 환경을 인간의 생활환경으로 고쳐 가는 행위라고 할 수도 있다. 물질문명의 발달은 계속 더 적극적인 건축 행위를 필요로 하는 것도 사실이다. 더 많은 공간을 차지하는, 더 크고 화려한 건축물을 요구해 오는 사람들에게 건축은 아무 거리낌 없이 건축 행위를 계속해 왔다. 그러나 이제는 그러한 팽창 위주의 건축 행위가 무제한 계속될 수 없다는 사실에 부딪치게 되었다.

　　인간의 요구 조건만이 아니라 자연의 필요조건도 들어 주어야 한다는 것을 인식하게 되었다. 새로운 공간 설계를 원하는 고객도 그것만으로는 충분하지 않다는 생각을 하게 되었다. 우리의 건축 행위가 적극적으로 어떤 가치를 만들어 내느냐도 생각해야 하지만, 그것으로 인해서 어떤 부정적 결과가 야기되는지도 고려해 봐야 한다는 뜻이다. 이를 '네거티비즘'이라고 할 수 있는데, 여기서 네거티비즘이라고 한 것은 이러한 부정적 측면도 고려해 보는 사고 방식을 표현하기 위한 것이다.

　　네거티비즘은 결코 건축 행위를 하지 말자는 뜻이 아니다. 적극적으로 건축 행위를 하되 긍정적인 면과 밝은 면, 또는 건축주의 요청만을 고려하기 때문에 건축 설계에서 제외되기 쉬운 중요한 측면이나 인간 중심적인 면 등을 신중하게 고려하자는 것이 네거티비즘의 뜻이다. 그러므로 이것은 하나의 건축 행위가 전제하고 있는 기본 가치관에 관한 문제가 된다. 네거티비즘은 하나의 건축 사상 내지는 건축 철학적 입장이다.

　　　　　　　　　　　　　　　　　　　　　　　　　　　　　　　　　　　－ 김수근, 〈건축과 동양 정신〉 －

219 '네거티비즘' 건축에 대한 설명으로 가장 적절한 것은?

　　① 인간과 자연과의 조화를 지향한다.

　　② 건축주의 요구 조건을 충실히 수행한다.

　　③ 가능한 한 넓은 여유의 공간을 확보한다.

　　④ 인간의 요구 조건 충족을 최우선으로 한다.

220 윗글의 글쓴이가 자신의 견해를 강조하기 위해 인용할 수 있는 시조는?

① 구렁에 낫는 풀이 봄비에 절로 길어 / 알을 이 업스니 긔 아니 조흘소냐. / 우리는 너희만 못ᄒᆞ야 실람겨워 ᄒᆞ노라.

② 국화(菊花)야 너는 어이 삼월(三月) 동풍(東風) 다 보ᄂᆡ고 / 낙목한천(落木寒天)에 네 홀로 픠엇ᄂᆞᆫ다. / 아마도 오상고절(傲霜孤節)은 너 샏인가 ᄒᆞ노라.

③ 十年(십년)을 經營(경영)ᄒᆞ야 草廬三間(초려삼간) 지어내니. / 나 ᄒᆞᆫ 간 달 ᄒᆞᆫ 간에 淸風(청풍) ᄒᆞᆫ 간 맛져 두고. / 江山(강산)은 드릴 듸 업스니 둘러 두고 보리라.

④ 청산(靑山)은 엇뎨ᄒᆞ야 만고(萬古)에 프르르며, / 유수(流水)는 엇뎨ᄒᆞ야 주야(晝夜)에 긋디 아니ᄂᆞᆫ고. / 우리도 그치디 마라 만고상청(萬古常靑) ᄒᆞ리라.

44일차

216 ①

[정답풀이]

(가)의 중심 내용은 마지막 부분에 있다. 근대로의 이행은 전통 사회의 권위로부터 개인이 해방되는 과정이었으며, 동시에 인간의 자유와 평등이 증대되는 과정이었다. (다)는 '이런 시대적 변화'라는 말로 시작하여 (가)의 내용을 이어 받았다. (다)에서 칸트는 인간의 이성을 통해 자유와 평등을 추구할 것을 설명했다. (나)의 내용은 앞에서 언급한 칸트의 주장에 대한 구체적인 부연 설명이다. 따라서 (다)의 뒤에는 (나)가 와야 적절하다. (나)는 자유 의지에 따라 스스로 부과한 도덕적 명령인 '정언 명법'을 설명했다. (마)는 (나)의 내용을 이어 받으면서도 (다)와 (라)에서 언급한 칸트의 자유에 대한 윤리학을 종합 설명했다. (라)는 (다), (나), (마)에서 언급한 칸트의 윤리학에 대한 문제점을 비판했다. 따라서 이 글의 전체적인 흐름은 '(가) – (다) – (나) – (마) – (라)'이다.

217 ②

[정답풀이]

칸트는 인간의 자유를 이성적 인간이 자기 자신에게 부여한 보편 법칙에 따라 행동하는 것으로 규정하였다. (다)의 내용을 보면 칸트에게 있어 자유란 인간이 자신에게 스스로 부여한 법칙 이외에 어떠한 법칙에도 복종하지 않는다는 것을 의미한다. 외부의 명령뿐만 아니라 본능적 충동 역시 인간이 스스로 선택한 것이 아니기 때문에 이에 따른 행위는 자유로운 행위가 아니다. ②의 내용에서 타자로부터 좌절이나 심리적 상처 등은 인간이 자신에게 스스로 부여한 법칙 이외에도 복종하는 것이므로 칸트의 보편적 법칙에 대한 비판으로 적절하다.

218 ④

[정답풀이]

글쓴이는 진보와 진화에 관한 다양한 견해들을 소개한 후 '생물학적 유전인 진화(進化)와 사회적 획득인 진보(進步)는 분명히 구별된다.'는 견해를 제시하고 있다. 제시된 글의 중심 소재인 '진보와 진화'를 통해 제목을 도출하면 된다.

참고	출전

에드워드 카(Carr), 〈역사란 무엇인가〉(1961)

219 ①

[정답풀이]

첫 번째 단락 끝에 '인간과 자연의 조화'라는 핵심 구절이 반복되고 있다. '네거티비즘(negativism)'은 '소극주의, 부정주의'라는 뜻으로, 문맥적으로는 자연 친화적 발상을 의미한다.

220 ③

[정답풀이]

자연과 조화를 이루는 공간 개념을 찾으면 된다. ③은 송순의 시조로, 자연과 함께 하는 물아일체의 삶을 노래하고 있다. 참고로, ④는 자연 친화가 아니라 '학문에 대한 정진'을 노래하고 있다.

221 노령화 사회에서 나타날 수 있는 문제점에 대해 글을 쓰려고 한다. 〈보기〉 중에서 그 내용으로 적절한 것은?

> **┤보기├**
>
> ㄱ. 노동 가능 인구의 감소로 노동력 부족 현상이 심화될 것이다.
> ㄴ. 인구의 도시 집중이 점점 심화되어 농촌의 공동화 현상이 대두될 것이다.
> ㄷ. 홀로 사는 노인이 증가하는 등 노인 부양이 사회적인 문제로 떠오를 것이다.
> ㄹ. 의학이 발달하고 건강에 대한 관심이 증가하여 평균 수명이 점점 늘어날 것이다.
> ㅁ. 노인 연금이나 노인 부양 가족에 대한 세제 혜택 등 노인 복지 정책이 강화될 것이다.

① ㄱ, ㄴ
② ㄱ, ㄷ
③ ㄴ, ㄹ
④ ㄷ, ㅁ

222 다음 글의 내용을 바탕으로 간언(諫言)의 대상이 되는 임금의 유형은?

> 근래 조정(朝廷)을 보건대 국가의 기본 정책을 정하고 국론을 결단하여 백성이 믿고 따르게 하는 대신이 한 사람도 없습니다. 이것은 전하께서 대신에게 일을 전적으로 맡겨 주시는 믿음이 없어서 그런 것입니다. 옛말에도 '어진 이를 구하기에 힘써야 하며, 어진 이를 구해서 맡겼으면 안심하라.' 하였습니다. 전하께서는 어질게 보좌(補佐)할 수 있는 이를 구하여 자신의 수고를 대신하게 해야 하는데도 자잘한 말단의 일에 까지 마음을 쓰시니 어찌 편안하실 때가 있을 것이며, 그렇다면 누가 전하께서 정치의 근본을 아신다고 하겠습니까?
>
> 신(臣)이 들으니 '의심나면 맡기지 말고, 맡겼으면 의심하지 말라.' 하였습니다. 참으로 인재를 얻어 벼슬에 임명했다면 그 직무에 간여해서는 안 됩니다. 그런데 전하께서는 이런 점에 대해서 애쓰지 않으시고 어쩌다 한 가지 잘못이 있어도 뭔가 사사로운 정(情)이 개입되어 있는가 의심을 하십니다. 심지어는 서류를 갖고 오라 하여 친히 열람하시면서 엄하게 문책을 하시어 사람들로 하여금 서로 의심나게 하고 두렵게 만들고 계십니다. 만약, 온 조정을 의심하고 믿지 못하시겠다면 전하께서 믿고 의지할 사람은 누구란 말씀입니까? 신의 생각에는 아마 전하께서는 정치하는 근본이 되는 중요한 강령을 알지 못하고 계신 듯 싶습니다.

① 내일을 위해 살기보다는 오늘만을 위해 사는 임금
② 인재를 고르게 등용하여 적재적소에 쓰지 못하는 임금
③ 조정의 일들을 신하에게 맡기지 못하고 자신이 직접 챙기는 임금
④ 잘한 일을 칭찬하기보다는 잘못한 일을 문책하기를 좋아하는 임금
⑤ 신하들과 의논을 하기보다는 독단적으로 조정의 일을 처리하는 임금

223 다음 글에 대한 이해로 적절하지 <u>않은</u> 것은?

[2019. 지방직 9급]

> 그동안 나는 〈일 포스티노〉를 세 번쯤 빌려 보았다. 그 이유는 이 아름다운 영화 속에 아스라이 문학이 똬리를 틀고 앉아 있기 때문이다. 특히 시란 무엇인가에 대한 해답을 이처럼 쉽고도 절실하게 설명해 놓은 문학 교과서를 나는 아직까지 보지 못했다. 그래서 학생들에게 시를 가르칠 때 나는 종종 영화 〈일 포스티노〉를 활용한다. 수백 마디의 말보다 〈일 포스티노〉를 함께 보고 토론하는 것이 시의 본질에 훨씬 깊숙이, 훨씬 빨리 가 닿을 수 있다는 것을 경험하기도 했다.
>
> 시를 공부하면서 은유에 시달려 본 사람이라면 이 영화를 보고 수차례 무릎을 쳤을 것이다. 마리오 루폴로가 네루다에게 보내기 위해 고향의 여러 가지 소리를 녹음하는 인상적인 장면이 있다. 여기서 해변의 파도 소리를 녹음하는 것이 은유의 출발이라면 어부들이 그물을 걷어 올리는 소리를 담고자 하는 모습은 은유의 확장이라고 할 수 있다. 더 나아가 밤하늘의 별빛을 녹음하는 기막히게 아름다운 장면에 이르면 은유는 절정에 달한다. 더 이상의 구차한 설명이 필요하지 않다.

① 영화 〈일 포스티노〉는 시를 이해하는 데 도움이 되는 교과서와도 같다.
② 영화 〈일 포스티노〉의 인물들은 문학적 은유의 본질과 의미를 잘 알고 있다.
③ 시의 본질에 대해 질문하고 답을 얻기 위해 영화 〈일 포스티노〉를 참고할 만하다.
④ 문학의 미적 자질과 영화 〈일 포스티노〉의 미적 자질 사이에서 공통점을 찾을 수 있다.

224 다음 글을 이해한 내용으로 가장 적절한 것은?

[2024. 국가직 9급]

> A가 주장한 다중지능이론은 기존 지능이론의 대안으로 제시되었다. 그는 기존 지능이론이 언어지능이나 논리수학지능 등 인간의 인지 능력에만 초점을 맞추고 있다고 비판하면서 이뿐 아니라 신체와 정서, 대인 관계의 능력까지 포괄한 총체적 지능 개념을 창안해 냈다. 다중지능이론은 뇌과학 연구에 일정 부분 영향을 받았는데, 뇌과학 연구에 따르면 인간의 좌뇌는 분석적, 논리적 능력을 담당하고, 우뇌는 창조적, 감성적 능력을 담당한다. 다중지능이론에서는 좌뇌의 능력에만 초점을 둔 기존의 지능 검사에 대해 반쪽짜리 검사라고 혹평한다.
>
> 그런데 다중지능이론에 대해 비판적인 연구자들은 다음과 같은 점들을 지적한다. 우선, 다중지능이론에서 주장하는 새로운 지능의 종류들이 기존 지능이론에서 주목했던 지능의 종류들과 상호 독립적일 수 있는가 하는 점이다. 그들에 따르면, 전자는 후자의 하위 영역에 속해 있고, 둘 사이에는 유의미한 상관관계가 있으므로 서로 독립적일 수 없으며, 따라서 '다중'이라는 개념이 성립하지 않는다. 다음으로, 다중지능을 정확하게 측정할 수 있는 도구가 만들어질 수 있겠는가 하는 점이다. 그들은 지능이라는 말이 측정 가능한 인지 능력을 전제하는 것인데, 다중지능이론이 설정한 새로운 종류의 지능들을 정확하게 측정할 수 있는 도구가 만들어지기는 어려울 것이라 주장한다.

① 논리수학지능은 다중지능이론의 지능 개념에 포함되지 않는다.
② 대인 관계의 능력과 관련된 지능을 정확하게 측정할 수 있는 도구의 개발 가능성에 대해 회의적인 사람들이 있다.
③ 다중지능이론에서는 인간의 우뇌에서 담당하는 능력과 관련된 지능보다 좌뇌에서 담당하는 능력과 관련된 지능에 더 많이 주목한다.
④ 다중지능이론에 대해 비판적인 연구자들은 인간의 모든 지능 영역들이 상호 독립적이라는 이유에서 '다중' 개념이 성립하지 않는다고 주장한다.

225 다음 글에서 추론한 내용으로 적절하지 않은 것은? [2023. 지방직 9급]

> 한글은 소리를 나타내는 표음문자여서 한국어 문장을 읽는 데 학습해야 할 글자가 적지만, 한자는 음과 상관없이 일정한 뜻을 나타내는 표의문자여서 한문을 읽는 데 익혀야 할 글자 수가 훨씬 많다. 이러한 번거로움에도 한글과 달리 한자가 갖는 장점이 있다. 한글에서는 동음이의어, 즉 형태와 음이 같은데 뜻이 다른 단어가 많아 글자만으로 의미를 파악하지 못하는 경우가 많다. 하지만 한자는 그렇지 않다. 예컨대, 한글로 '사고'라고만 쓰면 '뜻밖에 발생한 사건'인지 '생각하고 궁리함'인지 구별할 수 없다. 한자로 전자는 '事故', 후자는 '思考'로 표기한다. 그런데 한자는 문맥에 따라 같은 글자가 다른 뜻으로 쓰이지는 않지만 다른 문장성분으로 사용되기도 해 혼란을 야기한다. 가령 '愛人'은 문맥에 따라 '愛'가 '人'을 수식하는 관형어일 때도, '人'을 목적어로 삼는 서술어일 때도 있는 것이다.

① 한문은 한국어 문장보다 문장성분이 복잡하다.

② '淨水'가 문맥상 '깨끗하게 한 물'일 때 '淨'은 '水'를 수식한다.

③ '愛人'에서 '愛'의 문장성분이 바뀌더라도 '愛'는 동음이의어가 아니다.

④ '의사'만으로는 '병을 고치는 사람'인지 '의로운 지사'인지 구별할 수 없다.

45일차

221 ②
[정답풀이]
〈보기〉에는 노령화 사회의 원인과 문제점과 해결책이 모두 제시되고 있는데, 그 중에서 문제점에 대해 찾으면 된다. 노령화 사회의 원인은 출생률의 저하와 소자녀관의 대두, 의학의 발달과 영양 상태 호전으로 인한 평균 수명의 증가 등이 있다. 이에 다른 문제점으로는 노동 가능 인구의 감소로 인한 노동력 부족 현상, 독거 노인의 증가로 인한 노인 문제의 대두 등이 있으며, 해결책으로는 노인 복지의 확대 실시 등이 있다. 그러므로 문제점으로는 ㄱ, ㄷ이 적절하다.

222 ③
[정답풀이]
이 간언은 임금의 자리에 있으면서 모든 일을 세세하게 관여하고 간섭하는 임금에게 신하들을 믿고 일을 맡기라는 내용을 담고 있다.

223 ②
[정답풀이]
영화 〈일 포스티노〉는 시의 본질과 은유를 잘 드러내고 있다는 것일 뿐 영화의 등장인물들이 문학적 은유의 의미를 잘 알고 있다는 것이 아니다.

오답
④ 문학과 영화 〈일 포스티노〉에서 공통적인 은유의 아름다움을 느낄 수 있다.

224 ②
[정답풀이]
다중지능이론은 신체와 정서, 대인 관계의 능력까지 포괄한 총체적 지능의 개념이다. 그러나 다중지능이론에 대해 비판적인 연구자들은 다중지능을 정확하게 측정할 수 있는 도구가 만들어지기 어려울 것이라 주장한다. 따라서 다중지능이론에 비판적인 연구자들은 대인 관계의 능력과 관련된 지능을 정확하게 측정할 수 있는 도구의 개발 가능성에 대해 회의적이다.

오답
① 다중지능이론은 기존 지능이론이 다루던 언어지능이나 논리수학지능뿐 아니라 신체와 정서, 대인 관계의 능력까지 포괄한 총체적 개이다. 따라서 논리수학지능이 다중지능이론의 지능 개념에 포함된다.
③ 다중지능이론은 기존의 지능 검사가 좌뇌의 능력에만 초점을 둔 반쪽짜리 검사라고 비판했다. 하지만 이는 좌뇌와 우뇌의 능력능력을 종합적으로 파악하려는 시도이다. 다중지능이론이 우뇌 능력보다 좌뇌 능력에 더 주목한다는 것은 알 수 없다.
④ 다중지능이론에 대해 비판적인 연구자들은 다중지능이론에서 주장하는 새로운 지능이 기존의 지능이론에서 주목했던 지능의 하위 영역에 속해 있고, 둘 사이에 유의미한 상관관계가 있어 '서로 독립적일 수 없으'므로 '다중'이라는 개념이 성립하지 않는다고 주장한다.

225 ①
[정답풀이]
글에 제시되지 않은 내용이다. 한자는 개별 글자를 말하고, 한자어는 한자로 이루어진 단어이다. 그리고 한문은 한자어로 이루어진 문장을 의미한다. 이 글에서는 한문이나 한국어 문장의 문장성분을 언급하지 않았다.

오답
② '愛人'의 사례에서 '愛'는 '人'을 수식하는 관형어일 때도 있고 '人'을 목적어로 삼는 서술어일 때도 있다는 사례와 같다. '정수(淨 깨끗할 정, 水 물 수)'
③ 한자는 문맥에 따라 같은 글자가 다른 뜻으로 쓰이지는 않지만 다른 문장성분으로 사용되는 경우가 있다. '愛人'에서 '愛'의 문장성분이 바뀌더라도 동음이의어가 되는 것은 아니다.
④ '사고'의 사례와 같다.

226 다음 글에 대한 반응으로 적절하지 않은 것은?

> 여러분은 좌익과 우익의 본래 뜻을 아십니까? 이것은 본래 왼쪽 날개와 오른쪽 날개라는 뜻을 가지고 있습니다. 이 본래 뜻에서 의미가 확장되어 사회에서 진보적, 혁신적 사고를 지닌 사람을 좌익이라고 하고, 보수적, 수구적 사고를 지닌 사람을 우익이라고 합니다. 인류가 수천 년, 수만 년에 걸쳐 축적한 지식과 경험은 이념적으로 말하자면 '극좌'에서 '극우'까지 매우 다양합니다. 그리고 그 사이는 매우 넓습니다. '우'의 극단에서 보면 우주의 모든 것이 '좌'로 보이게 마련입니다. '좌'도 그 극에 서서 보면 모든 것이 '우'로 보일 수밖에 없겠지요.
>
> 벽시계의 시계추를 한번 생각해 보십시오. 한번 오른쪽 끝까지 갔다가 왼쪽 끝까지 돌아가고, 다시 그 과정을 되풀이합니다. 그러면서, 아니 그래야만 시계는 제 구실을 하는 것입니다. 벽시계는 왔다갔다 하는 진자의 일정한 움직임에 따라 시간을 가리킵니다. 이 시계의 진자에 손을 대어 그것을 한쪽 끝에 고정시켜 버리면 어떻게 되겠습니까? 시계는 당연히 멈춰 버리겠지요.
>
> 새는 두 날개가 있기에 하늘을 날 수 있습니다. 한쪽 날개만으로는 결코 넓은 하늘을 향해 날아 오를 수 없습니다. 815 해방 이후 거의 반세기 동안 우리 나라 사람들은 오른쪽은 신성하고 왼쪽은 불온하다는 잘못된 생각 속에서 살아왔습니다. 조금이라도 진보적인 생각을 가진 사람이면 무조건 핍박하고 부당하게 사회와 격리시킨 경우도 많았습니다. 이제는 바뀌어야 할 때가 되지 않았을까요? 그러지 않고서야 어찌 우리 사회의 장기적인 발전과 도약을 꿈꿀 수 있겠습니까?

① 진보적인 생각도 받아들일 수 있는 성숙한 사회 분위기를 조성할 필요가 있겠어.
② 새에게 두 날개가 있어야 하듯이 우리 사회도 좌익과 우익이 공존할 수 있어야 해.
③ '좌'는 무조건 나쁘고 '우'는 무조건 옳다는 식의 이분법적 사고는 매우 위험한 것이야.
④ 역사적 경험을 통해 형성된 선입견이 우리 사회의 장기적인 발전을 가로막을 수도 있군.
⑤ 좌익과 우익 사이에서 우왕좌왕하지 말고 어느 한 쪽을 확실하게 선택하는 것이 좋겠어.

[227~228] 다음 글을 읽고 물음에 답하시오.

한국인들은 생활 현장에서 '정(情)'이라는 말을 많이 쓴다. 정(情)은 인간 관계에만 국한하여 쓰이는 말은 아니다. 시조나 가사 작품에서도 유정(有情)이라는 말이 자주 나타나는데, '……이 유정도 유정할샤'와 같이 쓰인다. 이것은 어느 사물이나 자연 경관이 우리들 마음에 깊은 감흥을 뚜렷하게 불러일으키는 경지를 가리킨다. 사물과 객체로 밀미암아 내 마음이나 감정이 크게 동하고 있음을 내가 뚜렷하게 의식하는 상태가 곧 유정이다. 굳이 인간 관계에 비교하자면, 사람과 사물 또는 사람과 자연 사이에 정이 오고 갈 뿐만 아니라 그 오고 감에 따라 하나의 정으로 어울리는 상태, 그것이 곧 유정이다.

세계와 인간, 사물과 인간 사이에도 인간과 인간을 엮어 주는 정이 끼어들 수 있다는 믿음이 이 유정이라는 말에 담겨 있다. 이럴 때 유정 또는 정은 정서적인 세계 인식의 경지에까지 높여질 수 있는 어떤 속성을 지니고 있는 것이라 볼 수도 있을 것이다. '정겹다'라는 말이 자연물을 두고 쓰일 때에도 비슷한 얘기를 할 수 있을 것이다. 한국인에게는 산과 물, 꽃과 나비, 나무와 물이 꼭 마음에 드는 사람처럼 정다웠던 것이다. 자연을 두고 쓰일 때, '정겹다'는 '흥겹다'와 거의 같은 뜻으로 쓰이기도 하였다. 이 경우의 정은 자연이 주는 감흥이었던 셈이다. 이 경우 정은 서정적 공감과 다를 수 없게 된다.

그런가 하면 자연에 관한 정서적 경험을 유정과는 정반대인 '무정'이란 말에 담기도 하였다. ㉠이것은 몰아의 경지, 즉 어느 사이엔가 망연자실(茫然自失), 자신을 잃어버리는 상태에서 이루어진 자연과 인간의 은근한 신비적 융합감, 신비로운 도취감을 뜻하고 있다. 유정이 보다 더 적극적으로 의식되는 자연과의 합일감이라면, 무정은 소극적이고 부지불식간의 합일감이다. 이런 경우 '무정'은 '무심'이라는 말과 아주 가까워진다. 그만큼 인간 관계에 쓰이는 무정이라는 말과는 사뭇 다른 뜻을 가진 말이다. 정취(情趣)가 있다고 할 때의 정은 여기서 언급된 유무정의 정에 아주 가까워진다.

그러나 아무래도 정이란 말이 쓰이는 본령은 인간 관계이다. '정을 주다', '정을 두다'고 할 때의 그 정은 연정이나 애정이다. 하지만 정이 인간 관계를 두고 쓰일 때, 애정보다는 훨씬 넓은 테두리에 걸쳐 있다. 사람과 사람 사이의 따뜻하고 부드러운 관계는 일단 이 정이란 말에 포괄되어 있다. 결국 정은 자연과 인간의 관계, 그리고 인간과 인간의 관계에 걸쳐 매우 넓고 다양하게 쓰이고 있는 셈이다.

한국인은 정에 매달려 살아 왔다. 인간 관계의 최선이 정이었다. 때로는 의리감보다 앞서는 정의의 원리로서 작용하기까지 하였다. '정 때문에 그럴 수가……' 할 때 그 정은 비판 의식이나 윤리 의식을 앞지르게 된다. 본래 '미운'이나 '더러운'은 정이란 말에 붙여 쓸 수가 없는 말이지만 '미운 정'이라는 말과 '더러운 정'이란 말도 쓰이고 있다. '미운 정'은 모순 어법의 극단적인 보기인 것이다. 정이란 말의 다양성 내지 복합성은 한국의 전통 사회가 '정의 사회'라 불릴 만한 국면을 지니고 있음을 보여 주고 있다. 그러나 오늘날 산업화해 가고, 도시화해 가고 있는 한국이 정을 잃어가고 있다며 걱정하는 사람들이 많다. 그들은 정을 고향과 함께 회고하고 그리워하고 있다. 그것은 정이 여전히 사회적인 아픔과 인간적인 상처를 매만져 주는 효과를 지니고 있음을 뜻한다. 그래서 잃어가고 있는 정의 회복이 여기저기서 제창되고 있는 것이다.

227 윗글의 내용과 일치하는 것은?

① 인간과 자연의 관계에서도 애정이란 말을 사용할 수 있다.

② 유정(有情)은 인간과 인간 사이가 정으로 어울리는 상태이다.

③ 무정은 자연을 대할 때 자아를 적극적으로 인식하는 경지이다.

④ 정이 인간 관계에서 쓰일 때에는 애정보다는 넓은 범위에서 쓰인다.

228 ㉠이 가장 잘 나타나 있는 것은?

① 나는 그믐달을 몹시 사랑한다. 그믐달은 요염하여 감히 손을 댈 수도 없고, 말을 붙일 수도 없이 깜찍하게 여쁜 계집 같은 달인 동시에 가슴이 저리고 쓰리도록 가련한 달이다.　　　　　　– 나도향, 〈그믐달〉 –

② 깊은 밤, 이 골짝 저 골짝에서 나무들이 눈에 꺾이는 메아리가 울려올 때, 우리들은 잠을 이룰 수가 없다. 정정한 나무들이 부드러운 것에 넘어지는 그 의미 때문일까. 산은 한겨울이 지나면 앓고 난 얼굴처럼 수척하다.　　　　　　– 법정, 〈설해목(雪害木)〉 –

③ 나는 구름같이 핀 매화 앞에 단정히 앉아 행여나 풍겨 오는 암향(暗香)을 다칠세라 호흡도 가다듬어 쉬면서 격동하는 심장을 가라앉히기에 힘을 씁니다. 그는 앉은 자리에서 나에게 곧 무슨 이야긴지 속삭이는 것 같습니다.　　　　　　– 김용준, 〈매화(梅花)〉 –

④ 또, 사실 이즈음의 신록(新綠)에는 우리의 마음에 참다운 기쁨과 위안을 주는 이상한 힘이 있는 듯하다. 신록을 대하고 있으면, 신록은 먼저 나의 눈을 씻고, 나의 머리를 씻고, 나의 가슴을 씻고, 다음에 나의 마음을 구석구석 하나하나 씻어낸다.　　　　　　– 이양하, 〈신록예찬(新綠禮讚)〉 –

229 다음 글에서 추론한 바로 적절하지 않은 것은?　　　　　　[2019. 지방직 9급]

　　우리는 도시화, 산업화, 고도성장 과정에서 우리 경제의 뒷방살이 신세로 전락한 한국 농업의 새로운 가치에 주목해야 한다. 농업은 경제적 효율성이 뒤처져서 사라져야 할 사양 산업이 아니다. 전 지구적인 기후 변화와 식량 및 에너지 등 자원 위기에 대응하여 나라와 생명을 살릴 미래 산업으로서 농업의 전략적 가치가 크게 부각되고 있다. 농본주의의 기치를 앞세우고 농업 르네상스 시대의 재연을 통해 우리 경제가 당면한 불확실성의 터널을 벗어나야 한다.

　　우리는 왜 이런 주장을 하는가? 농업은 자원 순환적이고 환경 친화적인 산업이기 때문이다. 땅의 생산력에 기초해서 한계적 노동력을 고용하는 지연(地緣) 산업인 동시에 식량과 에너지를 생산하는 원천적인 생명 산업이기 때문이다. 물질적인 부의 극대화를 위해서 한 지역의 자원을 개발하여 이용한 뒤에 효용 가치가 떨어지면 다른 곳으로 이동하는 유목민적 태도가 오늘날 위기를 낳고 키워 왔는지 모른다. 급변하는 시대의 흐름에 부응하지 못하는 구시대의 경제 패러다임으로는 오늘날의 역사에 동승하기 어렵다. 이런 맥락에서, 지키고 가꾸어 후손에게 넘겨주는 정주민의 문화적 지속성을 존중하는 농업의 가치가 새롭게 조명 받는 이유에 주목할 만하다. 과학 기술의 눈부신 발전 성과를 수용하여 새로운 상품과 시장을 창출할 수 있는 녹색 성장 산업으로서 농업의 잠재적 가치가 중시되고 있는 것이다.

① 고도성장을 도모하는 경제 정책을 추진하는 과정에서 농업 중심의 경제 패러다임을 지양하였다.

② 효율성을 중요한 가치로 내세우는 경제 시스템은 미래 사회를 대비하는 데 한계가 있다.

③ 유목 생활을 하는 민족에 비해 정주 생활을 하는 민족이 농업의 가치 증진에 더 기여할 수 있다.

④ 녹색 성장 산업으로서 농업의 효용성을 드높이기 위해서 과학 기술의 부작용을 성찰할 필요가 있다.

230 〈보기 1〉의 (가)~(다)에 들어갈 가장 적절한 문장을 〈보기 2〉에서 순서대로 바르게 나열한 것은?

[2023. 서울시 9급]

┤보기 1┠

생존을 위해 진화한 우리 뇌는 본능적으로 생존에 이롭고 해로운 대상을 구분하는 능력이 있다. 단맛을 내는 음식은 영양분이 많을 가능성이 높고 역겨운 냄새가 나는 음식은 부패했거나 몸에 해로울 가능성이 높다. 딱히 배우지 않아도 우리는 자연적으로 선호하거나 혐오하는 반응을 보인다. _____(가)_____

초콜릿 케이크를 한 번도 먹어보지 못한 사람이 있다고 해보자. 처음 그에게 초콜릿 케이크의 냄새나 색은 전혀 '맛있음'과 연관이 없을 것이다. 하지만 일단 맛을 본 사람은 케이크 자체만이 아니라 케이크의 냄새, 색, 촉감 등도 무의식적으로 선호하게 된다. 그러면 밸런타인데이와 같이 초콜릿을 떠올릴 수 있는 신호만으로도 강한 반응을 이끌어 낼 수 있다. _____(나)_____

인공지능과 달리 동물은 생존과 번식에 대한 생물학적 조건을 기반으로 진화했다. 생물은 생존을 위해 에너지를 구하고 환경에 반응하며 유전자를 남기기 위해 번식을 한다. 이런 본능적인 목적을 달성하기 위한 여러 종류의 세부 목표가 있다. 유념할 점은 한 기능적 영역에서 좋은 것(목적 달성에 유용한 행동과 자극)이 다른 영역에서는 전혀 도움이 되지 않고 오히려 해로울 수 있다는 사실이다.

한 여우가 있다. 왼편에는 어린 새끼들이 금세 강물에 빠질 듯 위험하게 놀고 있고 오른쪽에는 토끼 한 마리가 뛰고 있다. 새끼도 보호해야 하고 먹이도 구해야 하는 여우는 어떤 선택을 해야 할까. _____(다)_____ 우리는 그 과정을 의사결정이라고 한다. 우리는 의사결정을 의식적으로 한다고 생각하지만 실제로는 선택지에 대한 계산의 상당 부분이 무의식적으로 빠르게 일어나기 때문에 다행히도 행동을 하는 데 어려움이나 갈등을 많이 느끼지 않는다. 그래서 위와 같은 상황에서 여우는 두 선택지의 중요도가 비슷하더라도 중간에 멍하니 서 있지 않고 재빨리 반응한다. 그래야 순간적인 위험을 피하고 기회를 잡을 수 있다.

┤보기 2┠

ㄱ. 이와 더불어 동물은 경험에 따라 좋고 나쁜 것을 학습하는 능력을 가지고 있다.

ㄴ. 뇌는 여러 세부적인 동기와 감정적, 인지적 반응을 합쳐서 선택지에 가치를 매긴다.

ㄷ. 이렇듯 우리는 타고난 기본 성향과 학습 능력을 통해 특정 대상에 대한 기호를 형성한다.

	(가)	(나)	(다)
①	ㄱ	ㄴ	ㄷ
②	ㄱ	ㄷ	ㄴ
③	ㄴ	ㄱ	ㄷ
④	ㄷ	ㄱ	ㄴ

46일차

226 ⑤

[정답풀이]

이 글(강연)의 핵심은 좌익과 우익, 즉 진보적 사고와 보수적 사고가 조화롭게 공존해야 한다는 것이다. 벽시계의 시계추가 오른쪽과 왼쪽을 왔다갔다 해야 그 시계가 제 구실을 하고, 새는 두 날개가 있어야 하늘을 제대로 날 수 있듯이 이제는 우리 사회도 장기적 발전을 위해 진보적인 생각을 받아들일 때가 되었다는 것이 연사의 주장이다. 따라서 우왕좌왕하지 말고 좌익이든 우익이든 어느 한 쪽을 확실하게 선택하는 것이 좋겠다는 반응은 연사의 주장과 거리가 멀다.

227 ④

[정답풀이]

정이 인간 관계에서 쓰일 때에는 애정보다는 넓은 범위에서 쓰인다는 내용은 넷째 문단에서 확인할 수 있다.

228 ④

[정답풀이]

㉠의 핵심은 몰아의 경지, 즉 자연과 하나가 되어 자신을 잃어버리는 상태에서 이루어지는 자연과 인간의 신비한 융합감이다. 이러한 경지가 잘 나타나 있는 것은 글쓴이가 신록과 하나가 되어 느끼는 신비한 융합감을 표현한 ④이다. 나머지는 자연과 하나가 되는 일체감이 드러나지 않았다.

오답

① 그믐달을 사랑하는 마음
② 나무에 대한 호기심
③ 매화를 완상(玩賞)하는 자세. 매화를 의인화하고 있으나 일체감과는 관련이 없다.

229 ④

[정답풀이]

마지막 문장에 의하면 '과학 기술의 눈부신 발전 성과를 수용하여 녹색 성장 산업으로서 농업의 효용성을 드높일 수 있다.'고 볼 수 있다. 따라서 '과학 기술의 부작용을 성찰하자.'는 것은 적절한 추론이 아니다.

오답

① 첫 번째 단락. ②, ③ 두 번째 단락.

230 ②

[정답풀이]

뇌인지심리학자인 이상아의 글 〈삶의 가치는 내가 구성하는 것〉 중 일부이다.

(가) 〈보기 1〉에서 첫째 문단은 인간과 동물의 차이를 설명하며 화제를 제시하고 있다. 인간은 본능적으로 생존에 이롭고 해로운 대상을 구분하는 능력이 있지만, 동물은 경험에 따라 좋고 나쁜 것을 학습하는 능력을 가지고 있다.

(나) 먼저 인간의 특징을 예를 들어 설명하고 있다. 초콜릿 케이크를 먹어서 경험한 사람은 케이크의 냄새, 색, 촉감 등을 넘어서 밸런타인데이와 같이 특정 기호만으로도 초콜릿을 떠올릴 수 있다.

(다) 그러나 동물은 생존과 번식에 대한 생물학적 조건을 기반으로 진화했다. 새끼도 보호해야 하고 먹이도 구해야 하는 상황에서 여우는 재빨리 반응을 한다. 동물의 뇌는 여러 세부적인 동기와 감정적, 인지적 반응을 합쳐서 선택지에 가치를 매긴다. 따라서 순간적인 위험을 피하고 기회를 잡을 수 있다.

231 다음 글의 중심 내용은?

사실 사투리를 통하여 우리의 경험의 폭을 넓히고 생각의 다양성을 얻는 효과를 기대할 수 있다. 사투리는 한 지역 안에서 사용되는 언어의 총체이기 때문에 일반적으로 언어가 갖는 요소를 모두 포함하고 있다. 거기에는 마땅히 소리의 체계도 있을 것이며, 문법과 어휘의 체계도 갖추어져 있다. 그런데 각 사투리의 언어체계는 사투리마다 다른 것이기 때문에, 다른 지방의 사투리가 갖는 독특한 체계를 인정하게 되면 그것은 다시 그 사투리를 사용하는 사람을 이해하는 것이 되며, 그만큼 우리는 상이한 언어체계의 만남을 통하여 인식을 넓히고 다양한 문화를 체험하게 되는 것이다.

① 사투리의 효용
③ 사투리의 본질
② 사투리의 한계
④ 사투리 쇠퇴의 원인

232 다음 글을 바탕으로 이끌어 낼 수 있는 주제로 적합한 것은?

신문은 취재 과정에서 입수한 많은 자료를 대부분 사장하고 기자들의 판단에 의해 정리한 사안의 일부만 보여 주는 경우가 많다.

방송은 화면을 위주로 한 보도로 현장성이 높은 대신 심층성이 부족할 가능성이 있고, 일간지는 방송에 비해 현장성은 낮으나 심층성이 클 수 있다. 그러나 지면의 제약 때문에 심층성이 약화되는 경향도 있다.

이에 비해 주간지는 일간의 삶의 양식에 맞는 일주일 단위로 사건을 끊어서 정리하고 깊이를 보완해 준다. 하지만 주간지도 지면 제약은 어쩔 수 없다. 우리 사회에는 월간지가 있어 심층 보도를 하고 또한 사건의 와중에서 당시에는 하지 못했던 증언들을 담아내고 있다. 그러나 이러한 매체들이 시분 단위가 아닌 초 단위로 빠르게 변모하는 우리 현실에서 과연 제 역할을 모두 감당할 수 있는가에 대한 의문을 버릴 수 없다.

① 방송의 약점과 신문의 보완성
② 기자들의 사회의식에 대한 각성
③ 시대 변화에 대처하지 못하는 기존 매체
④ 디지털 신문 등 새로운 매체 개발의 필요성

233 다음 글쓴이의 입장에 부합하는 것은? [2019. 지방직 9급]

> 효(孝)가 개인과 가족, 곧 일차적인 인간관계에서 일어나는 행위를 규정한 것이라면, 충(忠)은 가족이 아닌 사람들과의 관계, 곧 이차적인 인간관계에서 일어나는 사회적 행위를 규정한 것이었다. 그런데 언제부터인가 우리는 효를 순응적 가치관을 주입하는 봉건 가부장제 사회의 유습이라고 오해하는가 하면, 충과 효를 동일시하는 오류를 저지르는 경향이 많아졌다. 다음을 보자.
>
> "부모에게 효도하고 형제를 사랑하는 사람은 윗사람의 명령을 거역하는 경우가 드물다. 또 윗사람의 명령을 어기지 않는 사람은 난동을 일으키는 경우도 드물다. 군자는 근본에 힘쓴다. 근본이 확립되면 도가 생기기 때문이다. 효도와 우애는 인(仁)의 근본이다."
>
> 위 구절에 담긴 입장을 기준으로 보면 효는 윗사람에 대한 절대 복종으로 연결된다. 곧 종족 윤리의 기본이 되는 연장자에 대한 예우는 물론이고 신분 사회의 엄격한 상하 관계까지 포괄적으로 인정하는 것이다. 하지만 이 구절만을 근거로 효를 복종의 윤리라고 보는 것은 성급한 판단이다. 왜냐하면 원래부터 효란 가족 윤리 또는 종족 윤리로서 사회 윤리였던 충보다 우선시되었을 뿐만 아니라, 유교의 기본 입장은 설사 부모의 명령이라 하더라도 옳고 그름을 가리지 않는 맹목적인 복종은 그 자체가 불효라고 보았기 때문이다.
>
> 유교에서는 부모와 자식의 관계가 자연에 의해서 결정된다고 한다. 이 때문에 부모와 자식의 관계는 인위적으로 끊을 수 없다고 본다. 이에 비해 임금과 신하의 관계는 공동의 목표를 위한 관계로서 의리에 의해서 맺어진 관계로 본다. 의리가 맞지 않는다면 언제라도 끊을 수 있다고 생각하는 것이다.

① 효는 봉건 가부장제 사회에서 비롯한 일차적 인간관계이다.
② 효는 부모와 자식 간의 관계이므로 조건 없는 신뢰에 기초한 덕목이다.
③ 윗사람에 대한 복종을 절대시하지 않는 것이 유교적 윤리의 한 바탕이다.
④ 충의 도리를 다함으로써 효의 도리에 도달할 수 있다는 것이 인의 이치다.

234 다음 글의 제목으로 가장 적절한 것은? [2007. 국가직 9급]

> '언어는 사고를 규정한다.'고 주장하는 연구자들은 인간이 언어를 통해 사물을 인지한다고 말한다. 예를 들어, 우리나라 사람은 '벼'와 '쌀'과 '밥'을 서로 다른 것으로 범주화하여 인식하는 반면, 에스키모인은 하늘에서 내리는 눈, 땅에 쌓인 눈, 얼음처럼 굳어서 이글루를 지을 수 있는 눈을 서로 다른 것으로 범주화하여 파악한다. 이처럼 언어는 사물을 자의적으로 범주화한다. 그래서 인간이 언어를 통해 사물을 파악하는 방식도 다양할 수밖에 없다.

① 언어와 인지
② 언어의 범주화
③ 언어의 다양성
④ 한국어와 에스키모어

235 다음 글에 대한 이해로 적절하지 않은 것은? [2014. 국가직 9급]

한국 건축은 '사이'의 개념을 중요시한다. 그리고 '사이'의 크기는 기능과 사회적 위계에 영향을 받는다. 또한 공간, 시간, 인간 모두를 '사이'의 한 동류로 보기도 한다. 서양의 과학적 사고가 물체를 부분들로 구성되었다고 보고 불변하는 요소들을 분석함으로써 본질 파악을 추구하였다면, 동양은 사이 즉, 요소들 간의 관련성에 초점을 두고, 거기에서 가치와 의미의 원천을 찾았던 것이다. 서양의 건축이 내적 구성, 폐쇄적 조직을 강조한 객체의 형태를 추구했다면, 동양의 건축은 그보다 객체의 형태와 그것이 놓이는 상황 및 자연환경과의 어울림을 통해 미를 추구하였던 것이다.

동양의 목재 가구법(낱낱의 재료를 조립하여 구조물을 만드는 법)에 의한 건축 구성 양식에서 '사이'의 중요성을 알 수 있다. 이 양식은 조적식(돌·벽돌 따위를 쌓아 올리는 건축 방식)보다 환경에 개방적이고, 우기에도 환기를 좋게 할 뿐 아니라 내·외부 공간의 차단을 거부하고 자연과의 대화를 늘 강조한다. 그로 인해 건축이 무대나 액자를 설정하고 자연이 끝을 내 주는 기분을 느끼게 한다.

① 동양과 서양 건축의 차이를 요소들 간의 관련성으로 설명하고 있다.
② 동양의 건축 재료로 석재보다 목재가 많이 쓰인 이유를 알 수 있다.
③ 한국 건축에서 '사이'의 개념은 공간, 시간, 인간 모두를 포함하고 있다.
④ 동양의 건축은 자연환경에 개방적이지만 인공 조형물에 대해서는 폐쇄적이다.

47일차

231 ①
[정답풀이]
이 글에서는 사투리의 효용에 대하여 진술하고 있다. 즉, 사투리는 저마다 고유한 언어체계를 가지고 있기 때문에 다양한 사투리를 접하면 경험의 폭이 넓어지고 생각의 다양성을 얻게 된다는 것이다. 이렇게 사투리의 효용가치를 설명한 이유는 사투리 쇠퇴를 막아야 한다는 앞 문단의 타당성을 확보하기 위해서이다.

232 ④
[정답풀이]
이 글에서 다루고 있는 것은 신속성도 떨어지고, 방대한 정보를 심층적으로 전달할 수 없는 기존 매체들의 약점에 대한 문제 제기라고 할 것이다. 결국 이러한 약점을 극복할 수 있는 새로운 매체의 필요성이 이후 글의 핵심적 내용이 될 것이다. 현실적이며 구체적으로 그 대안은 디지털 신문 등 인터넷을 이용한 매체가 될 것이다.

233 ③
[정답풀이]
마지막 단락에 의하면 유교의 기본 입장에서 인간관계는 맹목적인 복종이 아니라 공동의 목표를 위한 의리에 의해 맺어진 관계이다. 따라서 윗사람에 대한 복종을 절대시하지 않는다는 ③은 적절한 설명이다.

> **오답**
> ① 효는 개인과 가족, 곧 일차적인 인간관계에서 일어나는 행위이다. '봉건 가부장제 사회'라고 말한 것이 아니다(첫 번째 단락).
> ②, ④ 마지막 단락.

234 ①
[정답풀이]
언어가 인간의 머릿속, 즉 인지에 어떠한 영향을 미치는지를 예시를 통해 설명하는 글이다.
• 인지(認知)하다: 어떤 사실을 인정하여 알다.

235 ④
[정답풀이]
한국 건축의 특징에 대한 글이다. 한국 건축은 '사이'의 개념을 중요시하며, 자연과의 대화를 늘 강조한다고 말하고 있다. 하지만 '자연 환경'과 '인공 조형물'을 대비해서 말하고 있는 것은 아니므로 ④는 적절하지 않다.

236 다음 글의 제목으로 가장 적절한 것은?

생각해 보면 우리는 오래도록 망각이 미덕이 되는 세월을 살아 왔다. 뒤돌아 봄 없이 앞만 보고 뛰어 가는 '의지의 한국인' 상은 적어도 30년 이상 우리 사회를 지배해 온 강력한 상징이자 도덕률이었다. 그 상징체계 안에서 가난한 과거는 풍요한 미래를 위해 서둘러 지워버려야 할 어떤 것일 따름이다. '망각의 제도화'라고 할 이 현상은 그대로 오늘의 현실이다. 특히 하루가 다르게 발달하는 과학기술은 뒤돌아 볼 겨를도, 필요도 남겨두지 않는다. 이런 리듬을 좇다 보면 과거는 오직 잊혀지고 극복되기 위해 존재한다는 생각이 실감으로 자리 잡을 만도 하다.

우리도 이제 선진국 문턱에 접어들었다는 자부심에 대하여 근래 빚어진 대형사고들이 일대 타격을 가했음을 우리는 알고 있다. 그것은 과거에 대한 오만함이 어떤 결과를 낳는가를 보여 준다. 과거를 기억하고 그것 앞에 겸허해질 줄 아는 능력은 무작정 앞으로만 내달리려는 사회적 충동을 제어하고 보완하기 위해서 현실 적으로 요청되는 자질이다.

① 성숙한 사회
② 자부심과 오만함
③ 기억의 교훈적 의미
④ 반성적 사고의 중요성

237 다음 글의 내용을 신문기사로 만들 경우, 표제와 부제로 가장 적절한 것은?

현재 가장 기대를 모으는 생체모방 로봇은 위험 지역탐사나 군사정탐용 등 다목적 활용이 가능한 '비행 로봇'이다. 지난 7월 UC 버클리대학교 비행 로봇 개발팀은 초소형 헬리콥터 시제품을 내놓았다 이 로봇은 30cm에 450g으로 파리의 날개처럼 생긴 얇은 천을 이용해 하늘 높이 치솟았다. 문제는 크기를 획기적으로 줄여 실제 파리처럼 자신의 무게를 들어 올려 전투기보다 빠르게 선회해야 한다는 것이다. 과실파리는 공중 부양을 위해 1초에 200회나 날개를 펄럭거리며 선회하며 공중에서 U자 선회도 한다 이것을 곤충로봇에 적 용하려면 날개를 상하로 움직이는 '플래핑(flapping)'이 효율적으로 이루어져야 한다. 하지만 아직까지는 공 중에서 계속 비행할 수 있을 정도로 플래핑이 자유롭지 않다. 기껏해야 3, 4회 정도의 날갯짓을 한 뒤 땅바닥 에 곤두박질치고 만다.

① 난항에 부딪친 생체공학 – 곤충의 생체비밀 파악 어려워
② 비행기술, 파리에게 배운다 – 파리의 날갯짓을 모방한 초소형 헬리콥터 개발
③ 생체공학, 어디까지 왔나 – 파리의 날갯짓을 모방한 초소형 헬리콥터 시판에 즈음하여
④ 파리의 날갯짓을 모방한 초소형 헬리콥터 개발 – 생체공학의 윤리성에 대한 문제제기 잇따라

238 다음 글을 통해 알 수 있는 내용으로 적절하지 않은 것은?

[2014. 국가직 9급]

우리나라를 찾는 외국인들이 가장 즐겨 찾는 곳은 이태원이다. 여기서 '원(院)'이란 이곳이 과거에 여행자들을 위한 휴게소였다는 것을 말해 준다. 사리원, 조치원 등의 '원'도 마찬가지이다. 조선 전기에는 여행자가 먹고 자고 쉴 수 있는 휴게소를 '원'이라고 불렀다. 1530년에 발간된 ≪신증 동국여지승람≫에 따르면 원은 당시 전국에 무려 1,210개나 있었다고 한다.

조선 전기에도 여행자를 위한 편의 시설은 잘 갖추어져 있었다. 주요 도로에는 이정표와 역(驛), 원(院)이 일정한 원칙에 따라 세워졌다. 10리마다 지명과 거리를 새긴 작은 장승을 세우고, 30리마다 큰 장승을 세워 길을 표시했다. 그리고 큰 장승이 있는 곳에는 역과 원을 설치했다. 주요 도로마다 30리에 하나씩 원이 설치되다 보니, 전국적으로 1,210개나 될 정도로 많아진 것이다.

역이 국가의 명령이나 공문서, 중요한 군사 정보의 전달, 사신 왕래에 따른 영송(迎送)과 접대 등을 위해 마련된 교통 통신 기관이었다면, 원은 그런 일과 관련된 사람들을 위해 마련된 일종의 공공 여관이었다. 원은 주로 공공 업무를 위한 여관이었지만 민간인들에게 숙식을 제공하기도 했다. 원은 정부에서 운영했기 때문에 재원도 정부에서 마련했는데, 주요 도로인 대로와 중로, 소로 등에 설치된 원에는 각각 원위전(院位田)이라는 땅을 주어 운영 경비를 마련하도록 했다. 그렇다면 누가 원을 운영했을까? 역에는 종육품 관리인 찰방(察訪)이 파견되어 여러 개의 역을 관리하며 역리와 역노비를 감독했지만, 원에는 정부가 일일이 관리를 파견할 수 없었다. 그래서 대로변에 위치한 원에는 다섯 가구, 중로에는 세 가구, 소로에는 두 가구를 원주(院主)로 임명했다. 원주는 승려, 향리, 지방 관리 등이 있는데 원을 운영하는 대신 각종 잡역에서 제외시켜 주었다.

조선 전기에는 원 이외에 여행자를 위한 휴게 시설이 따로 없었으므로 원을 이용하지 못하는 민간인 여행자들은 여염집 대문 앞에서 "지나가는 나그네인데, 하룻밤 묵어갈 수 있겠습니까?"라고 물어 숙식을 해결할 수밖에 없었다. 그러나 임진왜란과 병자호란을 거치면서 점사(店舍)라는 민간 주막이나 여관이 생기고, 관리들도 지방 관리의 대접을 받아 원의 이용이 줄어들게 되면서 원의 역할은 점차 사라지고 지명에 그 흔적만 남게 되었다.

① 여행자는 작은 장승 두 개를 지나 10리만 더 가면 '역(驛)'이 나온다는 것을 알았을 것이다.

② '원(院)'을 운영하는 승려는 나라에서 요구하는 각종 잡역에서 빠졌을 것이다.

③ 외국에서 사신이 오면 관리들은 '역(驛)'에서 그들을 맞이하거나 보냈을 것이다.

④ 민간인 여행자들도 자유롭게 '원(院)'에서 숙식을 해결했을 것이다.

239 〈보기〉의 내용에 대한 이해로 가장 옳지 않은 것은?

[2024. 서울시 9급]

┤보기├

철은 세균을 포함한 거의 모든 생명체에 들어 있는 아주 중요한 물질이다. 하지만 사람의 몸 안에 든 철은 다 합쳐도 3g 정도에 불과하다. 철의 절반 이상은 적혈구에 분포하고 산소를 운반하는 중책을 맡고 있다. 간에도 1g 정도가 들어 있다. 해독 작용에 철 원소가 필요한 까닭이다. 오래된 적혈구를 깨는 비장에도 철이 많으리라 추측할 수 있다. 적혈구에서 나온 철은 혈액을 따라 골수로 운반되고 혈구 세포가 만들어질 때 거기에 다시 들어간다. 철은 쉼 없이 순환하지만 소화기관을 거쳐 몸 안으로 들어오는 철의 양은 하루 1~2mg에 불과하다. 마찬가지로 그만큼의 철이 매일 몸 밖으로 나간다. 하루에 빠져나가는 1.5g의 각질에도 철이 들어 있다.

① 세균에도 철이 들어 있다.
② 철은 주로 소화기관의 작용을 돕는다.
③ 간 속에 든 철은 해독 작용을 돕는다.
④ 적혈구 속의 철은 산소 운반에 관여한다.

240 다음 글의 내용과 부합하지 않는 것은?

[2015. 국가직 9급]

글의 기본 단위가 문장이라면 구어를 통한 의사소통의 기본 단위는 발화이다. 담화에서 화자는 발화를 통해 '명령', '요청', '질문', '제안', '약속', '경고', '축하', '위로', '협박', '칭찬', '비난' 등의 의도를 전달한다. 이때 화자의 의도가 직접적으로 표현된 발화를 직접 발화, 암시적으로 혹은 간접적으로 표현된 발화를 간접 발화라고 한다.

일상 대화에서도 간접 발화는 많이 사용되는데, 그 의미는 맥락에 의존하여 파악된다. '아, 덥다.'라는 발화가 '창문을 열어라.'라는 의미로 파악되는 것이 대표적인 예이다. 방 안이 시원하지 않다는 상황을 고려하여 청자는 창문을 열게 되는 것이다. 이처럼 화자는 상대방이 충분히 그 의미를 파악할 수 있다고 판단될 때 간접 발화를 전략적으로 사용함으로써 의사소통을 원활하게 하기도 한다.

공손하게 표현하고자 할 때도 간접 발화는 유용하다. 남에게 무언가를 요구하려는 경우 직접 발화보다 청유 형식이나 의문 형식의 간접 발화를 사용하면 공손함이 잘 드러나기도 한다.

① 발화는 구어를 통한 의사소통의 기본 단위이다.
② 간접 발화의 의미는 언어 사용 맥락에 기대어 파악된다.
③ 간접 발화가 직접 발화보다 화자의 의도를 더 잘 전달한다.
④ 요청할 때 청유문이나 의문문을 사용하면 더 공손해 보이기도 한다.

48일차

236 ④
[정답풀이]
먼저 글의 제재를 찾아야 한다. 이 글의 제재는 '기억'이고, 그 중에서도 '과거에 대한 기억'을 문제 삼고 있다. 그 반대편에 '망각'이 있음도 기억해야 정답에 접근할 수 있다.
이 글은 사회 속에서 '기억'이 갖는 의미를 되짚어 보고 있다. '기억의 의미'는 그 자체로도 화제가 될 수 있다. 그러나 더 정확하게 살펴보자면, '기억'이 함축하고 있는 '반성적 사고'가 글의 주제이며, 따라서 제목은 '반성적 사고의 중요성'으로 정해야 한다.

237 ②
[정답풀이]
이 글에서는 파리의 날갯짓을 모방한 초소형 헬리콥터 개발이라는 내용을 다루고 있다. 이를 신문의 기사로 만들 때에는 우선 사실에 기초하여 제목을 추출해야 할 것이다. 파리의 날갯짓을 모방한 비행기술을 개발하는 것이 이 기사의 주된 내용이다. 그리고 이를 응용한 초소형 헬리콥터 개발 현황을 부제로 작성하는 것이 가장 적절하다.

오답

① 이 기사는 곤충의 생체비밀과는 관련이 없다.
③ 헬리콥터 제품이 시판에 들어갔는지는 이 글을 통해 알 수 없다.
④ 이 기사는 윤리적 측면과는 관련이 없다.

238 ④
[정답풀이]
'원(院)'은 민간인들에게 숙식을 제공하기도 하였지만 주로 공공 업무를 위한 여관이었다. 따라서 원을 이용하지 못하는 민간인 여행자들은 여염집에서 숙식을 해결할 수밖에 없었다고 마지막 단락에 나와 있다. 따라서 ④는 적절하지 않다.

239 ②
[정답풀이]
주어진 글에 철이 소화기관의 작용을 돕는다는 내용은 없다. 철은 소화기관을 거쳐 몸 안으로 들어오지만, 들어오는 양이 적고 들어오더라도 밖으로 나간다. 이 내용은 철이 소화기관의 작용을 돕는다는 것과 관련이 없다.

오답

① '철은 세균을 포함한 거의 모든 생명체에 들어 있는 아주 중요한 물질이다.'
③ '간에도 1g 정도가 들어 있다. 해독 작용에 철 원소가 필요한 까닭이다.'
④ '철의 절반 이상은 적혈구에 분포하고 산소를 운반하는 중책을 맡고 있다.'

240 ③
[정답풀이]
화자의 의도를 더 잘 전달하는 것은 간접 발화가 아니라 직접 발화이므로 ③은 적절하지 않다.

241 다음 글을 통해 알 수 있는 것은?

[2015. 국가직 7급]

요한 세바스티안 바흐는 '경건한 종교음악가'로서 천직을 다하기 위한 이상적인 징소를 라이프치히라고 생각하여 27년 동안 그곳에서 열심히 칸타타를 써 나갔다고 알려졌다. 그러나 실은 7년째에 라이프치히의 칸토르(교회의 음악감독)직으로는 가정을 꾸리기에 수입이 충분치 못해서 다른 일을 하기도 했고 다른 궁정에 자리를 알아보기도 했다. 그것이 계기가 되어 칸타타를 쓰지 않게 되었다는 사실이 최근의 연구에서 밝혀졌다. 또한 볼프강 아마데우스 모차르트의 경우에는 비극적으로 막을 내린 35년이라는 짧은 생애에 걸맞게 '하늘이 이 위대한 작곡가의 죽음을 비통해하듯' 천둥 치고 진눈깨비 흩날리는 가운데 장례식이 행해졌고 그 때문에 그의 묘지는 행방을 알 수 없게 되었다고 하는데, 그 후 이러한 이야기는 빈 기상대에 남아 있는 기상 자료와 일치하지 않는다는 사실도 밝혀졌다. 게다가 만년에 엄습해 온 빈곤에도 불구하고 다수의 걸작을 남기고 세상을 떠난 모차르트가 실제로는 그 정도로 수입이 적지는 않았다는 사실도 드러나 최근에는 도박벽으로 인한 빈곤설을 주장하는 학자까지 등장하기에 이르렀다.

① 바흐는 일이나 신앙 못지않게 처우를 중시했다.
② 바흐는 생애 중 7년 정도 칸타타를 작곡하였다.
③ 모차르트가 사망하던 당일 빈의 날씨는 궂었다.
④ 모차르트의 작품 수준은 자신의 경제적 상황과 반비례했다.

242 다음 글에서 알 수 있는 내용이 아닌 것은?

[2015. 국가직 9급]

사물놀이는 사물(四物), 즉 꽹과리, 징, 장구, 북의 네 가지 타악기만으로 연주하는 음악을 말한다. 사물놀이는 풍물놀이와는 좀 다르다. 풍물놀이를 무대 공연에 맞게 변형한 것이 사물놀이인데, 풍물 놀이가 대체로 자기 지역의 가락만을 연주하는 데 비해 사물놀이는 거의 전 지역의 가락을 모아 재구성해서 연주한다.

사물놀이 연주자들은 흔히 쟁쟁거리는 꽹과리를 천둥이나 번개에, 잦게 몰아가는 장구를 비에, 둥실대는 북을 구름에, 여운을 남기며 울리는 징을 바람에 비유한다. 천둥이나 번개, 비, 구름, 바람이 어우러지며 토해 내는 소리가 사물놀이 소리라는 것이다. 사물놀이는 앉아서 연주하는 사물놀이와 서서 연주하는 사물놀이의 두 가지 형태로 나뉘어 있는데, 전자를 '앉은반', 후자를 '선반'이라고 한다.

① 사물놀이의 가치
② 사물놀이의 소리
③ 사물놀이의 악기 종류
④ 사물놀이의 연주 형태

243 다음 글에서 추론한 내용으로 가장 적절한 것은?

[2019. 국가직 7급]

애리조나주 북부의 나바호 인디언과 유럽계 미국인은 오랜 세월에 걸쳐 서로의 시간 개념을 적응시키고자 노력해 왔다. 나바호인에게 시간은 공간과 같다. 즉 지금 여기만이 실재하며 미래라는 것은 현실감을 거의 주지 못한다. 나바호 마을에서 성장한 나의 옛 친구는 그 점을 다음과 같이 표현했다.

"자네도 알다시피 나바호인은 말[馬]을 사랑하고 경마로 내기하기를 즐기지. 그런데 만약 나바호인에게 '자네 지난 독립기념일에 플래그스태프에서 경주를 온통 휩쓸었던 내 말을 기억하지?' 하고 물었을 때, '그럼, 기억하고말고.' 하면서 그 말을 아주 잘 알고 있다는 듯이 끄덕인다 해도 그에게 다시, '그 말을 다음 가을에 자네에게 주겠네.' 하고 말하면 그는 낙담한 표정으로 돌아서서 가 버릴 것이네. 그러나 만약 '내가 방금 타고 온 저 비루먹은 말 알지? 영양실조에다 안짱다리인 저 늙은 말을 해진 안장과 함께 자네에게 줄게. 저놈을 타고 가게나.' 하고 말하면, 그 나바호인은 희색이 만면하여 악수를 청한 다음 자신의 새 말에 올라타서 사라질 것이네. 나바호인은 눈앞에 보이는 선물만을 실감할 뿐, 장래의 이익에 대한 약속은 고려할 가치조차 느끼지 못하는 것이지."

① 나바호인은 기억력이 좋아서 기념일에 선물을 잘 챙긴다.
② 나바호인은 지금 여기만이 실재한다는 인식으로 약속을 잘 지키지 않는다.
③ 나바호인은 앞으로 투자 가치가 있는 마을 구획정리 사업에는 긍정적이지 않다.
④ 나바호인은 기마민족으로 말에 대한 애착이 강하고 말을 최상의 선물로 간주한다.

244 〈보기〉의 문장이 들어가기에 가장 적절한 위치는? [2009. 국회직 8급]

┃ 보기 ┃

그러나 현대 사회로 접어들면서는 정치, 경제를 비롯한 사회의 모든 분야가 개인보다도 사회를 중심으로 운영되는 성격을 띠게 되었다.

(가) 모든 사회는 그 시대에 따르는 문제를 안고 있다. 우리가 사는 현대 사회도 여러 가지 과제를 지니고 있다. 그 문제가 무엇인가를 파악하고, 해결을 모색하는 것이 무엇보다도 시급하고 중요한 일이다. 그러나 이 모든 문제보다도 앞서는 것이 있다면, 그것은 개인과 사회의 관계를 어떻게 보는가 하는 것이다.

(나) 역사가 옛날로 올라갈수록 개인의 비중이 사회보다도 컸던 것 같다. 사회 구조가 개인 중심으로 이루어졌고, 산업과 정치가 현대와 같은 복합 사회를 필요로 하지 않았기 때문이다.

(다) 개인이 모여서 사회가 되므로, 마치 사회는 개인을 위해 있으며, 개인이 사회의 주인들인 것같이 생각되어 왔다.

(라) 영국을 출발점으로 삼는 산업 혁명은 경제의 사회성을 강요하게 되었고, 프랑스 혁명은 정치적인 사회성을 강조하기에 이르렀다.

(마) 19세기 중엽에 탄생된 여러 계통의 사회과학을 보면, 우리들의 생활이 급속도로 사회 중심 체제로 변한 것을 실감케 된다.

(바) 그러므로 옛날에는 개인이 중심이고 사회가 그 부수적인 현상같이 느껴졌으나, 오늘에 이르러서는 사회가 중심이 되고 개인은 그 사회의 부분들인 것으로 생각되기에 이르렀다. 특히, 사회가 그 시대의 사람들을 만든다는 주장이 대두되면서부터 그 성격이 점차 굳어졌다.

(사) 실제로, 현대를 살고 있는 우리들의 생활을 살펴보면, 내가 살고 있다기보다는 '우리'가 살고 있으며, 이때의 '우리'라 함은 정치, 경제 등의 집단인 사회를 가리키고 있는 것이 오늘의 현실이다.

① (다) 앞
② (라) 앞
③ (마) 앞
④ (바) 앞
⑤ (사) 앞

245 다음 글의 제목으로 가장 적절한 것은?

> 사슴이나 돼지 등 대부분의 동물은 이성을 유혹할 때 페로몬이란 화학물질을 분비하는데, 최근에는 사람도 페로몬을 분비하는 것으로 알려졌습니다.
>
> 어떤 향수회사의 연구팀은 페로몬을 추출하는 데 성공했습니다. 피부의 화학적 특성을 연구하던 이 연구팀, 실험실에서 피부세포의 추출물이 담긴 플라스크를 열어 놓으면 성미 까다로운 과학자들이 냄새를 맡아 연구실 안이 유쾌하고 화기애애한 분위기로 바뀌는 것을 발견했습니다. 그러다가 플라스크를 막아버리면 시무룩한 표정으로 돌아가 서로에게 관심도 갖지 않는다는 것을 알아 냈습니다. 그래서 이 추출물이 사람의 감정이 일어날 때 분비되는 화학물질이라는 것이 밝혀지게 된 것이지요. 이렇게 보면 제 취는 몸 밖에서 느껴지는 사랑이라 할 수 있습니다. 이처럼 사랑도 두뇌의 화학적 작용에 의해 일어납니다. 먼저 상대방에게 호감을 느끼는 단계에선 '도파민'이 분비되어 사랑을 무르익게 만들어 줍니다. '옥시토신'이라는 호르몬이 분비될 때는 상대를 껴안고 싶은 충동이 강하게 일어납니다. '엔도르핀'이 분비되는 단계에서 아무리 무뚝뚝한 사람이라도 상대를 소중히 여기며 애착을 느끼게 됩니다. 이런 생화학물질이 조화롭게 작용했을 때 사랑의 감정을 오랫동안 유지할 수 있습니다. 남녀가 만난 지 2년쯤 지나면 대뇌에 항체가 생겨 사랑의 화학물질이 더 이상 생성되지 않는데, 그래서 가슴 뛰는 사랑의 기간도 18~30개월에 불과합니다.

① 향수의 발견

② 건강과 호르몬

③ 사랑! 장수의 비밀

④ 사랑을 만드는 화학물질

49일차

241 ①
[정답풀이]

제시문은 '음익게에 잘못 알려진 이야기들'에 관한 글이다. 바흐는 '경건한 종교음악가'였지만 수입이 충분치 못해서 다른 일을 하기도 했고 다른 궁정에 자리를 알아보기도 했다. 이것으로 보아 현실적인 처우를 중시했다고 볼 수 있다.

오답

② 바흐가 27년 동안 칸타타를 써 나갔다고 알려졌지만 실제로는 처우 문제로 칸타나를 쓰지 않게 되었다고 했을 뿐, 7년 정도만 칸타타를 작곡했다는 것은 아니다.
③ 모차르트 사망 때 날씨가 궂었다고 알려져 왔지만 실제 자료와 일치하지 않는다고 했다.
④ '반비례'한다고 단정할 수 없고, 실제로는 경제적 상황도 나쁘지 않았다고 한다.

242 ①
[정답풀이]

제시문은 사물놀이의 개념과 특징, 종류 등에 대해서 설명하는 글이다. 하지만 '사물놀이의 가치(= 장점 = 좋은 점)'은 언급되어 있지 않다.

243 ③
[정답풀이]

나바호인은 시간과 공간을 같다고 여기기 때문에 지금 여기만이 실재한다고 생각한다. 따라서 나바호인은 미래를 현실성이 거의 없다고 간주한다. 글의 마지막에서 나바호인은 장래의 이익에 대한 약속은 고려할 가치조차 느끼지 못한다고 말한다. 그렇다면은 투자 가치가 있는 마을 구획정리 사업 역시 미래의 이익과 관련된 것이므로 나바호인은 이에 긍정적이지 않을 것이다.

오답

① 다음 글에 나바호인이 기억력이 좋다는 부분은 제시되어 있지 않다.
② 장래의 이익과는 별개인 사람과의 약속까지 지키지 않을지는 해당 글을 통해서는 추론할 수 없다.
④ 나바호인이 말을 사랑하고 경마로 내기하기를 즐긴다고는 제시되었지만, 나바호인이 기마민족인지, 말을 최상의 선물로 생각하는지는 알 수 없다.

244 ②
[정답풀이]

〈보기〉의 글이 '그러나'라는 역접의 접속어로 시작했다는 것을 확인해야 한다. 〈보기〉는 개인보다 사회를 중시하는 현대사회의 성격을 진술하고 있다. 따라서 〈보기〉의 앞에는 개인 중심의 체계가, 뒤에는 사회 중심의 체계가 들어가야 내용이 자연스럽게 연결된다. (가)~(다)는 모두 개인 중심의 사회체계를 서술하고 있고, (라)부터 사회성의 중요성을 실명하고 있으므로, 〈보기〉는 (라)의 앞에 들어가야 적절하다.

245 ④
[정답풀이]

인간도 '페로몬'이라는 화학물빌을 분비하여 이성을 유혹한다는 사실과,, '도파민, 옥시토신, 엔도르핀'과 같은 화학물질이 사랑의 감정을 불러일으킨다는 사실을 설명하고 있다. 강연의 제목은 중심내용을 보여 줄 수 있어야 하므로, '사랑'과 '화학물질'이 들어가거야 한다.

246 다음 글을 통해 알 수 있는 사실과 가장 관계가 깊은 것은?

> 에스키모의 말에는 그들만의 자연환경과 생활양식이 어우러져 축적됨으로써 '눈'에 대한 단어가 발달하여 가루 눈, 젖은 눈, 심한 눈 등 30여 가지 이상의 어휘가 자연스럽게 사용된다. 그리고 북아프리카 사막의 유목민들은 낙타에 관해 열 개 이상의 어휘가 있으며, 페루의 인디언들은 감자에 대해 50개 이상의 어휘를 사용한다고 한다.

① 배타성을 갖고 있는 언어생활
② 언어에서 발견할 수 있는 창조성
③ 동물과 구별되는 인간 언어의 분절성
④ 문화적 특수성 속에서 장조되는 언어

247 다음 글에 대한 평가로 적절하지 않은 것은?

> 여러분, 나는 이 땅에서 자라고 있는 자생 식물과 관련지어 청소년 여러분이 어떤 삶을 살아야 할 것인지에 대해 말해 볼까 합니다. 자생 식물은 언제부터인지 저절로 이 땅에 자리잡고 삶을 누려 온 야생의 초목입니다. 온실 속에서 인공적으로 재배되는 화초와는 성격이 판이합니다. 자생 식물은 풍우의 어려움을 견디며 끈질기게 삶을 유지해 나갑니다. 작은 장애물만 만나도 쉽게 좌절하고 마는 청소년은 온실 속의 화초입니다. 조금만 찬바람이 스며들어도 온실 속의 화초는 쉽게 가지가 꺾이거나 잎이 시들고 맙니다. 여러분들은 이 땅의 자생 식물로부터 강인한 삶의 자세를 배워야 합니다. 그래도 온실 속에서의 삶을 부러워하시겠습니까?
> 여러분, 놀라지 마십시오. 이 땅에서 자라는 자생 식물은 그 종의 다양성이 하늘의 별만큼이나 된답니다. 아니 해변의 모래알만큼 된다고 할까요. 한반도에는 무려 4천여 종의 자생 식물이 자라고 있는데 국내에서만 볼 수 있는 고유종도 4백여 종이나 되거든요. 이 정도면 국토 면적에 비해 생물의 다양성 정도는 세계 최상위 그룹에 속합니다.
> 미국 제약 회사 BMS를 돈방석에 앉게 해 준 암 치료제 탁솔의 주성분은 우리 나라를 비롯한 태평양 지역에서 자라는 주목나무 껍질에서 추출한 것이라고 합니다. 또한 1920년부터 2000년까지 80년 간 발표된 520여 종의 신약 가운데 40%인 2백여 종이 식물로부터 얻어진 것이라고 합니다. 자생 식물은 이처럼 우리 인간에게 무한한 혜택을 베푸는 존재입니다. 우리가 자생 식물로부터 또 하나 배워야 할 점은 남에게 베푸는 삶의 태도가 아닐까 합니다. 여러분은 이 땅의 자생 식물이 되어야 합니다.

① 자문 자답의 형식으로 내용을 쉽게 이해시키고 있어.
② 구체적인 수치를 제시하여 신뢰감을 주고 있어.
③ 과장된 표현을 써서 주의와 관심을 끌고 있어.
④ 비유에 의해 청소년의 바람직한 덕성을 강조하였어.

248 다음 글의 내용과 일치하는 것은?

[2019. 국가직 7급]

엄마가 아이에게 하는 "지금 뭐 하니?"라는 말의 의미는 상황에 따라 달라질 수 있다. 아이가 컴퓨터로 학교 숙제를 하고 있다면 엄마의 말은 단순한 질문이 될 수 있지만, 게임에 열중하고 있다면 질책이 될 수 있다. 여러 가지 상황을 가정하면 엄마의 말은 더 다양한 의미로 이해될 수도 있다. 예를 들어 엄마도 컴퓨터를 좀 쓰자는 제안의 기능을 수행할 수도 있고, 심부름을 해 달라는 요청의 기능을 수행할 수도 있고, 식사 시간이 되었으니 밥을 먹으러 나오라는 명령의 기능을 수행할 수도 있다. 이처럼 같은 말도 상황에 따라 의미가 다르게 해석되기 때문에 우리가 주고받는 말은 일정한 상황을 전제하지 않고서는 제대로 이해되지 않는다. 상황에 따른 의미의 해석이 제대로 이루어지지 않으면 여러 가지 오해와 갈등이 생기기 십상이다.

① 같은 의미라도 어감의 차이는 생길 수 있다.
② 같은 말이라도 억양에 따라 의미가 다를 수 있다.
③ 같은 발화라도 상황에 따라 기능이 다를 수 있다.
④ 발화 의미를 해석할 때에는 문자 텍스트 그 자체를 우선시해야 한다.

249 다음 글을 읽은 독자의 반응으로 적절하지 않은 것은?

[2014. 국가직 7급]

인간의 변화는 단지 성숙의 산물만은 아니다. 성숙에 의한 변화는 대체로 신체적, 성적 발달에 국한되는 경우가 많다. 인간은 자기가 속한 환경 속에서 여러 가지를 경험하고 배우며 살아간다. 이러한 경험과 배움을 학습이라고 하는데, 인간의 지적, 정의적 특성은 특히 그와 같은 후천적 학습의 영향이 크다 할 수 있다.

그런데 학습이라 할 때는 경험한 것 모두를 다 지칭하지는 않는다. 학습이란 경험의 결과 상당히 지속적으로 변화가 일어나는 경우를 두고 말한다. 약을 복용한 후나 우리 몸이 피로할 때 일어나는 일시적 변화는 학습이라 하지 않는다.

학습을 개념화하는 데는 어떤 측면을 강조하여 보느냐에 따라 약간 차이가 있을 수 있다. 행동에 초점을 맞추어 행동의 변화를 학습이라 하기도 하고, 지식에 초점을 두어 지식의 획득을 학습으로 보기도 하며, 정의적 측면을 강조하여 유의미한 인간적 경험, 예를 들면 무엇을 배운 결과 삶의 보람을 느낀 것을 학습이라 보기도 한다.

따라서 좀 더 넓은 뜻으로 학습을 정의하자면, 학습은 경험에 의한 비교적 지속적인 지적, 정서적, 행동적 변화를 의미한다고 볼 수 있다.

① 인간의 변화에는 성숙만이 아니라 학습도 있는 거야.
② 아이가 자라서 키가 커지는 것은 성숙에 의한 변화겠네.
③ 학습의 개념이 성립되려면 비교적 지속적인 변화라는 성격을 지녀야 해.
④ 과학을 배워서 보람을 느꼈다면, 이는 지적 변화에 초점을 둔 학습 개념이지.

250 다음 글의 내용과 사실이 다른 것은?

산업화와 도시화 과정에서 인간과 동물의 관계는 많이 소원해졌다. 맹수의 위협을 받는 일도 없어졌거니와 아름다운 새소리를 접하기도 어려워진 것이다. 그러면 저개발 국가의 경우는 어떨까? 아프리카의 비극적인 상황을 증언하는 책 속에 유명한 일화가 실려 있다. 탄자니아의 한 초등학교에 갔을 때 함께 간 TV 방송국 사람이 도화지와 크레용을 아이들에게 건네주면서 이렇게 부탁했다.

"얘들아, 아무거나 좋으니까 동물 그림을 그려 보렴." 아이들은 처음으로 만져보는 흰 도화지가 신기한지 기뻐서 어쩔 줄 모르는 듯한 표정이었다. 한 시간쯤 후에 선생님께서 "다 그린 사람, 손들어 보세요. 하며 아이들을 자상한 눈길로 바라보았다. 그랬더니 아이들은 저마다 손에 도화지를 높이 들고 자기들이 그린 그림을 앞 다퉈 보여주었다. 하지만 저자는 아이들의 그림을 보는 순간 충격을 받았다. 동물을 그린 아이는 단 두 명밖에 없었기 때문이다. 한 남자애는 도화지 한쪽 끝에 파리를 그렸다. 또 한 남자애는 아주 가느다란 두 다리를 지닌 새를 그렸다. 동물 그림이라고는 그것뿐이었다. 도대체 믿기지 않는 광경이었다. 다른 아이들은 물동이나 밥그릇을 그렸다.

저자는 처음에는 이렇게 생각했다. "아프리카 아이들이라면 멋진 코끼리나 기린이나 얼룩말을 그릴 거야." 그러나 아프리카에 동물을 볼 수 있는 곳은 그리 많지 않다. 몇몇 보호 구역에서만 동물을 볼 수 있다. 그런 곳 주위에서 살고 있는 아이라면 동물을 보거나 동물에 대해 좀 알고 있을지도 모른다. 하지만 대부분의 아이들은 아프리카에 살고 있는데도 아프리카 동물을 알지 못한다. 왜냐하면 동물원도 없고 텔레비전도 없고 그림책도 없기 때문이다.

① 두 명의 아이만 동물을 그리고 나머지 아이들은 엉뚱한 것을 그렸다.
② 저자는 직접 탄자니아 아이들에게 동물 그림을 그려 보게 했다.
③ 산업화·도시화로부터 소외된 아이들은 도화지도 신기해 했다.
④ 아프리카 아이들이라도 야생 동물을 직접 보기는 어렵다.
⑤ 산업화 사회에서 인간과 동물의 관계가 많이 멀어졌다.

246 ④

[정답풀이]

주어진 글은 '에스키모의 말, 북아프리카 사막의 유목민들의 말, 페루의 인디언들의 말'의 사례를 들고 있다. 이를 종합한 일반적 진술을 찾아야 한다. 이 글은 사회집단의 어휘는 오랜 세월에 걸쳐 그 생활양식에 따라 쌓이고 만들어짐을 설명하고 있다.

247 ①

[정답풀이]

글에서 "그래도 온실 속에서의 삶을 부러워하시겠습니까?"라는 질문은 던졌지만 이는 그래서는 안 된다는 뜻의 수사적 표현이므로 자문 자답의 물음이 아니다.

오답

② '4천여 종, 4백여 종, 1920년부터 2000년까지 80년 간 발표된 520여 종의 신약 가운데 40%인 2백여 종' 등 구체적인 수치를 제시하였다.

③ '이 땅에서 자라는~모래알만큼 된다고 할까요.'는 청중의 주의를 끌기 위한 과장된 표현이다.

④ '청소년은 온실 속의 화초입니다.', '여러분은 이 땅의 자생식물이 되어야 합니다.' 등은 비유적 표현이다.

248 ③

[정답풀이]

제시된 글은 같은 말이라도 상황에 따라 다양한 의미로 이해되고 다양하게 해석될 수 있다는 내용이다. 대화 상황에서 화자와 청자는 상황에 따른 의미를 올바로 이해해야 한다. 그렇지 않을 경우 여러 가지 오해와 갈등이 생길 수 있음을 지적했다.

오답

① 글의 내용을 추론한다면, 같은 말이라도 어감에 따라 의미 차이가 생길 수 있다로 설명해야 한다.

249 ④

[정답풀이]

두 번째 단락 마지막 부분에 '보람을 느낀 것은 정의적 측면을 강조한 것이다'라고 했으므로 ④는 적절하지 않다.

오답

① 첫 번째 단락. ② 첫 번째 단락. ③ 두 번째 단락.

250 ②

[정답풀이]

저자가 직접 탄자니아 아이들에게 동물 그림을 그려 보게 한 것이 아니라 TV 방송국 사람이 그려 보게 했으므로 ②는 적절하지 않다.

251 다음 글에 드러나지 않은 내용은?

불모지를 뜻하는 아랍어 '사흐라(sahra)'에서 유래한 사하라 사막은 아프리카 대륙의 1/4이나 차지하는 세계에서 가장 큰 사막입니다. 해발고도가 3백m가 넘지 않는 평평한 지형이 대부분을 차지하는데, 아무것도 존재하지 않을 듯한 극한 자연 환경으로 이루어져 있습니다.

사하라 사막 중에서도 사람이 접근하기 어려운 지역에 있는 타실리나제르 고원은 태초의 아름다움을 간직하고 있습니다. 고원으로 들어가는 통로인 사암 골짜기는 미국의 그랜드캐년처럼 오랜 기간 동안 침식으로 만들어진 것입니다. 골짜기의 벽면에는 고대 문명의 향기가 담긴 암벽화가 그려져 있는데, 현재까지 확인된 수만 만5천 점이 넘을 정도로 엄청난 규모입니다. 고고학자들은 이 암벽화들이 얼마나 오래 된 것인지 정확히 밝혀 내지 못했습니다만 최소한 기원전 6천 년 이전에 그려졌다는 사실에는 동의하고 있습니다. 이집트의 피라미드 건설보다 무려 5천 년이나 빠른 시기입니다.

타실리나제르의 암벽화는 살아 숨쉬는 고대 아프리카의 문명을 담고 있습니다. 이집트나 크레타 섬의 유적에서 발견되는 그림과 비슷해 보이는 종류도 있고, 인상파나 입체파 화가의 작품을 떠올리게 하는 것도 있습니다. 또한 대형 동물이나 화살을 든 목동의 모습 등 인간과 동물을 사실적으로 묘사한 그림도 있어 기원전 6세기부터 1세기까지의 사하라 지방의 인간 생활의 진화 과정, 동물 이주, 기후 변화 등을 짐작 할 수 있게 합니다.

① 사하라 사막의 지형적 특성
② 사하라 사막이라는 이름의 유래
③ 타실리나제르 암벽화의 개략적 내용
④ 타실리나제르 암벽화를 그린 사람들의 정체

252 다음 글을 읽고 스승의 마지막 질문에 대한 제자의 대답으로 가장 올바른 것은?

옛날 어느 나라에 뛰어난 학식을 가진 스승이 있었는데, 어느 날 제자가 스승에게 물었습니다.

"속세 사람들은 왜 자기만 옳다고 싸우는 줄 모르겠습니다."

스승은 질문에 대답하지 않고 제자에게 물었습니다.

"네 얼굴에 생긴 상처는 무엇이냐?"

제자가 말했습니다.

"산을 오르다가 넘어졌습니다."

스승이 말했습니다.

"그믐날 자정에 혼자 햇불 하나를 들고 그 산에 다시 가서 땅을 파 보아라."

제자는 그믐날 산에 올랐습니다. 그리고 넘어진 그 자리에 가서 땅을 파 보았습니다. 땅에는 해골이 파묻혀 있었습니다. 제자는 그 자리에서 도망치고 말았습니다. 다음날 아침 스승이 물었습니다.

"무엇을 보았느냐?"

제자가 두려워하며 대답했습니다.

"무서운 해골이었습니다."

스승이 말했습니다.

"그 자리에 다시 가 보아라."

제자가 그 곳으로 다시 가서 보니 그 자리에 있는 것은 평범한 깨진 바가지였습니다. 제자가 돌아오자 스승이 다시 물었습니다.

"이번엔 무엇을 보았느냐?"

제자가 대답했습니다.

"깨진 바가지였습니다."

스승이 그제야 빙그레 웃으며 물었습니다.

"왜 사람들이 자기만 옳다고 싸우는지 알겠느냐?"

① 사람마다 알고 있는 지식이 다르기 때문입니다.

② 사회의 이익보다 개인의 이익을 중시하기 때문입니다.

③ 자신에게는 관대하나 타인에게 너무 엄격하기 때문입니다.

④ 현상적이고 주관적인 판단을 진실이라고 고집하기 때문입니다.

253 다음 글의 주장으로 가장 적절한 것은?

> 사람은 일곱 자의 몸뚱이를 지니고 있지만 마음과 이치를 제하고 나면 귀하다 할 만한 것은 없다. 온통한 껍데기의 피고름이 큰 뼈덩어리를 감싸고 있을 뿐이다. 배고프면 밥 먹고 목마르면 물 마신다. 옷을 입을 줄도 알고 음탕한 욕심을 채울 줄도 안다. 가난하고 천하게 살면서 부귀를 사모하고, 부귀하게 지내면서 권세를 탐한다. 성날 때는 싸우고 근심이 생기면 슬퍼한다. 궁하게 되면 못 하는 짓이 없고, 즐거우면 음란해진다. 무릇 백 가지 하는 바가 한결같이 본능에 따르니, 늙어 죽은 뒤에야 그만둘 따름이다. 그렇다면 이를 짐승이라 말하여도 괜찮을 것이다.

① 자연의 이치를 알고자 하는 욕구는 사람에게 본능적이다.

② 마음으로 본능을 다스리는 삶의 자세가 필요하다.

③ 빈부 격차는 인간 삶의 지향성에 영향을 준다.

④ 근심과 슬픔은 늙기 전까지 끊이지 않는다.

254 다음 글의 견해와 가장 거리가 먼 것은?

> "오륜(五倫)에 충실하고 오사(五事)를 옳게 하는 것은 사람의 예절이며, 떼를 지어 다니고 어미 새끼가 서로 부르며 먹이는 것은 짐승의 예절이며, 떨기로 무성하고 가지가 뻗어 나가는 것은 초목의 예절이니, 사람으로서 다른 생물들을 보면 사람이 귀하고 다른 생물들이 천하지만 다른 생물로서 사람을 보면 그들이 귀하고 사람은 천할 것이며, 하늘에서 전체를 보면 사람과 모든 생물이 균등할 것이다."
>
> − 홍대용, 《의산문답(醫山問答)》 중에서 −

① 기질로 말한다면 바르고 통하는 기(氣)를 얻은 것은 인(人)이 되고, 치우치고 막힌 기(氣)를 얻은 것은 물(物)이 된다. 바르고 통하는 가운데도 맑고 흐리며, 순수하고 불순한 구분이 있다. 치우치고 막힌 가운데도 이따금 통하기도 하고 아주 막히기도 하는 차이가 있다.

② 하늘이 명한 바에서 본다면, 범이나 사람이나 다 같이 물(物)의 하나이다. 하늘과 땅이 물(物)을 낳는 일에서 논한다면, 범이나 메뚜기, 누에, 벌, 개미가 사람과 함께 양육되어 서로 어그러질 수 없다.

③ 물(物)에는 저것 아닌 것이 없고 이것 아닌 것이 없다. 그러나 저것으로부터는 보지 못하고 스스로 아는 것만 안다. 그러므로 저것은 이것 때문에 생겨나고 이것은 저것 때문에 생겨난다.

④ 무릇 생명이 있는 것이라면, 사람으로부터 소나 말, 돼지와 염소, 개미 같은 곤충에 이르기까지, 삶을 사랑하고 죽음을 싫어하는 법이라오. 어찌 꼭 큰 생물만이 죽음을 싫어하고 작은 생물은 그렇지 않다 하겠소?

255 다음 글에서 글쓴이가 긍정적으로 평가하는 것만으로 묶인 것은? [2012. 국가직 9급]

언어순결주의자들은 국어의 혼탁을 걱정한다. 그들은 국어의 문체가 번역 문투에 감염되어 있다고 지탄한다. 나는 국어가 혼탁하다는 그들의 진단에 동의한다. 그 혼탁을 걱정스럽게 생각하지는 않는다. 우선, 국어의 혼탁이 현실적으로 불가피한 일이기 때문이다. 외딴섬에 이상향을 세우고 쇄국의 빗장을 지르지 않는 한 국어의 혼탁을 막을 길은 없다.

그러나 내가 국어의 혼탁을 걱정하지 않는 더 중요한 이유는 내가 불순함의 옹호자이기 때문이다. 불순함을 옹호한다는 것은 전체주의나 집단주의의 단색 취향, 유니폼 취향을 혐오한다는 것이고, 자기화는 영 다르게 생겨 먹은 타인에게 너그러울 수 있다는 것이다. 나는 이른바 토박이 말고 한자어(중국산이든 한국산이든 일본산이든)와 유럽계 어휘(영국제이든 프랑스제이든)가 마구 섞인 혼탁한 한국어 속에서 자유를 숨 쉰다. 나는 한문 투로 휘어지고 일본 문투로 굽어지고 서양 문투로 닳은 한국어 문장 속에서 풍요와 세련을 느낀다. 순수한 토박이말과 토박이 문체로 이루어진 한국어 속에서라면 나는 질식할 것 같다. 언어 순결주의, 즉 외국어의 그림자와 메아리에 대한 두려움에서 외국인 노동자에 대한 박해, 혼혈인 혐오, 북벌(北伐), 정왜(政倭)의 망상까지는 그리 먼 걸음이 아니다. 우리가 잊지 말아야 할 것은 '순화'의 충동이란 흔히 '죽임'의 충동이란 사실이다.

① 혼탁, 불순, 감염, 섞임
② 자유, 풍요, 세련, 순결
③ 외딴섬, 쇄국, 빗장, 북벌
④ 단색, 유니폼, 순화, 전체주의

51일차

251 ④
[정답풀이]
암벽화를 그린 사람들이 누구인지는 나타나 있지 않다.

오답

① 첫째 문단에 설명이 되어 있다.
② '사하라'는 아랍어 '사흐라'에서 유래되었다.
③ 마지막 문단에 설명이 되어 있다.

252 ④
[정답풀이]
일화가 전달하고자 하는 바를 파악하여 제자의 대답을 추리한다. 이 일화에서 제자의 행동을 결정하는 것은 대상을 바라보는 자신의 생각이었다. 밤에 무서운 해골로 여기고 두려워했던 것이 낮에 다시 보니 별것 아닌 깨진 바가지였다는 것을 통해 스승은 본질을 파악하지 못하고 현상적이고 주관적인 판단을 진실이라고 고집하는 태도가 잘못된 것임을 깨우쳐 주려 한 것이다.

253 ②
[정답풀이]
명나라 때의 학자였던 진헌장(陳獻章, 1428~1500)이 백사자(白沙子)에서 남긴 말이다. 사람으로 태어났으면 '마음과 이치'를 깨닫고 이에 따라야 함을 강조한다. 만일 그렇지 않고 '본능'에만 따르면 이를 짐승으로 치부하고 있다. '마음으로 본능을 다스리는'을 언급한 ②가 주제로 적절하다.

참고

人具七尺之軀, 除了此心此理, 便無可貴, 渾是一包膿血裏一大塊骨頭. 饑能食, 渴能飲, 能着衣服, 能行淫欲. 貧賤而思富貴, 富貴而貪權勢. 忿而爭, 憂而悲. 窮則濫, 樂則淫. 凡百所爲, 一身氣血, 老死而後已. 則命之曰禽獸, 可也.

254 ①
[정답풀이]
이 글은 사람과 모든 생물이 균등하다고 말하며, 평등한 세계관을 강조하고 있다. 하지만 ①은 각각의 세계가 구분되며 차이가 있다는 내용이므로 주어진 글과 상반된다.

255 ①
[정답풀이]
글쓴이는 국어의 어휘 사용에 대해 외래어와 한자어를 사용할 수 있다고 말한다. 다양한 어휘를 통해 오히려 국어가 풍부해질 수 있다는 것이다. 따라서 글쓴이는 문맥적으로 '혼탁, 불순, 감염, 섞임'과 같은 '들여온 말'을 긍정적으로 보고 있다. 참고로, 순우리말에 해당하는 말은 '순결, 순화, 순수'로 글쓴이는 부정적으로 보고 있다.

256 (가)와 (나)의 글쓴이가 만나 대화를 나눈다고 할 때, 두 사람이 모두 동의할 내용으로 알맞은 것은?

> (가) "비행기가 아닌 물체를 공중에 놓으면 땅으로 떨어지도록 만드는 것은 무엇인가?"라고 물으면 우리는 대부분 중력이라고 대답할 것이다. 하지만 그것은 이름을 대는 것에 불과하다. 그 대답은 중력을 이해하는 데 별로 도움이 되지 않는다. 떨어지도록 만드는 그 무엇은 여전히 비가시적(非可視的)이다. 그것은 "마술이다"라고 대답한 것과 다를 바 없다. 중력을 이해하려면 중력을 보아야 한다. 그것이 바로 17세기 뉴턴이 그의 운동 및 역학 법칙들을 통해 해낸 일이다. 뉴턴의 수학은 우리로 하여금, 지구가 태양 주위를 돌게 만들고 사과가 나무에서 떨어지게 만드는 비가시적인 힘들을 볼 수 있게 만든다. 베르누이 방정식과 뉴턴 방정식은 모두 미적분학을 사용한다. 미적분학은 무한히 작은 것을 가시화함으로써 가능하다.
>
> (나) 사냥꾼 4명이 토끼 4마리를 잡았다면 4분의 4씩 나누는 것이 아니라 한 마리씩 갖는 것이다 만일 4명이 토끼 5마리를 잡은 경우 역시 4분의 5씩 나누는 것이 아니라 각각 한 마리와 4분의 1씩 나눠 갖는 것이다. 이같이 생활에 활용될 수 있는 분수는 '4분의 4, 4분의 5, 4분의 6…'과 같은 가분수(假分數)가 아니고, '1과 4분의 1, 1과 4분의 2'와 같은 대분수이다. 가분수는 실제 생활에 활용되는 분수가 아니기 때문에 '가짜 분수'라고 할 수 있다. '분자가 분모보다 크거나 같은 분수'라고 가르치는 것은 가분수의 용어 풀이일 뿐이다. 수학을 이렇게 허다하게 잘못 가르치고 있는 것이 우리 교육의 현실이다.

① 현실 세계를 이론화하여 이해하는 일이 중요 하다.
② 실생활과 밀착된 학문을 하는 일이 우선되어야 한다.
③ 모든 학문에 수학적인 태도를 가지고 접근해야 한다.
④ 용어를 외우는 일보다 원리를 이해하는 것이 중요합니다.

257 다음 글에서 '기자'가 경계하고자 하는 바는?

> 옛날, 은나라에 '기자'라는 충신이 있었습니다. 어느 날 은나라의 주왕이 상아로 자신의 젓가락을 만들려고 했습니다. 이 이야기를 들은 기자는 주왕에게 다음과 같이 말했습니다.
> "상아로 젓가락을 만들면 국을 오지그릇에 담을 수 없으니 뿔이나 주옥으로 만든 그릇이 있어야 할 것입니다. 그리고 주옥 그릇과 상아 젓가락을 사용하게 되면, 반찬은 채소보다는 그에 어울리는 쇠고기나 표범 고기로 차려야 하겠지요. 또, 그런 고기를 먹게 되면 아무래도 짧은 삼베옷을 입거나 초가집에 살 수는 없는 노릇이므로, 반드시 비단옷을 입고 고대광실(高臺廣室)에 살고 싶어질 것입니다. 이와 같이 모든 것을 상아 젓가락의 격에 맞추다 보면 천하의 재물을 모두 동원해도 모자라게 됩니다. 결국 사치와 향락으로 망국의 지경에 이르게 될 것입니다. 부디 바라건대, 상아 젓가락을 만들라는 명은 거두어 주시기 바랍니다."
> 그러나 이와 같은 기자의 말은 무시되었고, 결국 주왕은 은나라의 마지막 임금이 되고 말았습니다.

① 분수에 벗어난 과욕은 삼가야 한다.
② 사소한 방심이 큰 화를 초래할 수 있다.
③ 큰 것을 얻으려면 작은 것은 버려야 한다.
④ 개인보다 조직의 안위가 더 소중한 법이다.

258 다음 글의 내용으로 적절하지 않은 것은?

[2019. 국가직 7급]

> 20대의 체험은 40대의 체험을 못 따르고, 40대의 체험은 70대의 체험을 못 당할 것이다. 그러므로 장자(莊子)도 소년(少年)은 대년(大年)을 못 따른다고 했다. 그러나 인간이 장수를 한들 몇백 년을 살 것인가. 수백 년 수천 년의 체험은 오직 독서를 통해서만 얻을 것이니, 연령이 문제가 아니라 독서가 문제인 것이다.
> 책이 너무 많아 일생을 읽어도 부족하다고 걱정할지 모른다. 그러나 내 눈을 꼭 한번 거쳐야 될 필요가 있는 서적이란 열 손가락을 넘지 아니할 것이다. 박학다식이니 박람강기니 하여 널리 알고 많이 기억하지 못하는 것을 걱정할 필요는 없다. 때로는 이것이 오히려 글 쓰는 데 지장이 될 수 있다. 잡박한 지식의 무질서한 기억은 우리의 총명을 혼미하게 할 수도 있기 때문이다.

① 널리 알고 많이 기억하는 것이 글쓰기에 방해가 될 수도 있다.
② 70대의 독서가 20대의 독서보다 글쓰기에 더 도움이 된다.
③ 인간의 체험에는 한계가 있으므로 독서가 중요하다.
④ 자신에게 필요한 독서를 해야 한다.

259 다음 글의 내용으로 적절하지 않은 것은?

[2019. 국가직 7급]

> 우리나라를 비롯해 동양에는 빛과 그림자의 대비를 사실적으로 표현하는 명암법이 존재하지 않았다는 점이 새삼 흥미롭게 다가온다.
> 단원 김홍도의 '씨름'을 보자. 어디에도 그림자는 없다. 숨바꼭질하는 아이들이 꼭꼭 숨어 버린 것처럼 모든 그림자가 다 사라져 버렸다. 이처럼 선묘에 의지해 대상을 나타내는 우리의 전통 회화에서는 그림자 표현을 찾아보기 어렵다. 동양 회화는 명암을 의도적으로 외면하는 경향이 있다. 빛과 그림자를 통해 그림의 사실성을 높이고 사물의 물리적인 실재감을 높이는 것은 선의 맛을 중시하여 정신성을 극대화해 온 동양 회화의 전통과 배치되기 때문이다.
> 하지만 현상의 원리로서 음양의 조화를 추구해 온 역사가 시사하듯 물리적인 빛과 그림자를 그리지는 않았어도 그 조화와 원리에 대한 관념은 화포에 진하게 물들어 있다. 사실의 묘사보다 정신의 표현을 중시한 까닭에 동양 회화에서 빛과 그림자는 이처럼 정신의 현상으로 녹아 있다고 할 수 있다.
> 그럼에도 조선 후기에 들어서면 명암 표현이 어렴풋이 시도되는데, 이는 북경으로부터 명암법, 원근법 등에 기초한 서양 화법이 우리나라로 흘러들어 왔기 때문이다. 김두량의 '견도(犬圖)', 이희영의 '견도(犬圖)' 등 일부 화인들의 그림에서 그 흔적을 찾아볼 수 있다.

① 선의 맛을 중시한 전통 때문에 동양 회화에서는 명암 표현을 찾기가 어렵다.
② 김홍도의 '씨름'과 김두량의 '견도'는 다른 명암법을 사용하고 있다.
③ 회화에서 명암은 사물의 실재감을 높이는 데 중요한 역할을 한다.
④ 동양 회화는 정신성을 추구하기 위하여 사실성과 거리를 두었다.

260 논지 전개상 괄호 안에 들어갈 말로 가장 적절한 것은?

[2013. 지방직 7급]

전통문화는 근대화의 과정에서 해체되는 것인가, 아니면 급격한 사회 변동의 과정에서도 유지될 수 있는 것인가 전통문화의 연속성과 재창조는 왜 필요하며, 어떻게 이루어지는가? 외래문화의 토착화(土着化), 한국화(韓國化)는 사회 변동과 문화 변화의 과정에서 무엇을 의미하는가? 이상과 같은 의문들은 오늘날 한국 사회에서 논란의 대상이 되고 있으며, 입장에 따라 상당한 견해 차이도 드러내고 있다. 전통의 유지와 변화에 대한 견해 차이는 오늘날 한국 사회에서 단순하게 보수주의와 진보주의의 차이로 이해될 성질의 것이 아니다. 한국 사회의 근대화는 이미 한 세기의 역사를 가지고 있으며, 앞으로도 계속되어야 할 광범하고 심대(深大)한 사회 구조적 변동이다. 그렇기 때문에, 보수주의적 성향을 가진 사람들도 전통문화의 변질을 어느 정도 수긍하지 않을 수 없는가 하면, 사회변동의 강력한 추진 세력 또한 문화적 전통의 확립을 주장하지 않을 수 없다. 또, 한국 사회에서 전통문화의 변화에 관한 논의는 단순히 외래문화이냐 전통문화이냐의 양자택일적인 문제가 될 수 없다는 것도 명백하다. 근대화는 전통문화의 연속성과 변화를 다 같이 필요로 하며, 외래문화의 수용과 그 토착화 등을 다 같이 요구하는 것이기 때문이다. 그러므로 전통을 계승하고 외래문화를 수용할 때에 무엇을 취하고 무엇을 버릴 것이냐 하는 문제도 단순히 문화의 보편성(普遍性)과 특수성(特殊性)이라고 하는 기준에서만 다룰 수 없다. 근대화라고 하는 사회구조적 변동이 문화 변화를 결정지을 것이기 때문에, 전통 문화의 변화 문제를 (   )에서 다루어 보는 분석이 매우 중요하리라고 생각한다.

① 보수주의의 시각
② 진보주의의 시각
③ 사회 변동의 시각
④ 보편성과 특수성의 시각

52일차

256 ④
[정답풀이]
(나)의 글쓴이는 가분수를 '분자가 분모보다 크거나 같은 분수'라고 가르치는 것은 용어 풀이일 뿐이고, 실제 생활에 사용되지 않기 때문에 가짜 분수로 가르쳐야 한다고 주장하고 있다. 이는 가분수가 왜 '가분수'인지의 개념과 원리를 가르치는 일이다. (가)의 글쓴이는 '물체를 공중에 놓으면 땅으로 떨어지도록 하는 것이 무엇인가?'라는 질문에 '중력이다'로 대답하는 것은 이름을 대는 것일 뿐이고, 중력을 제대로 이해하려면 중력을 보아야 한다고 주장하고 있다. 여기서 '중력을 본다'는 것은 중력의 개념과 원리를 수학적인 방법으로 이해하는 것을 의미한다. 따라서 두 사람이 동의할 수 있는 것은 "개념과 원리를 이해하는 일의 중요성"으로 보아야 한다.

257 ②
[정답풀이]
이야기에서 '기자'는 젓가락이 비록 작은 물건이지만, 사치품인 상아로 젓가락을 만들게 되면 거기에 맞추어 의식주가 모두 사치스럽게 되고 그렇게 되면 결국 사치와 향락으로 나라가 망하게 될 위험에 처할 수 있음을 경계하고 있다. 즉, 그가 걱정하고 경계하는 바는 작은 것을 허용하면 커다란 문제가 발생할 수 있으니 작은 것이라도 쉽게 허용하고 인정해서는 안 된다는 것이다. 따라서 정답은 ②라고 할 수 있다.

오답

① 왕이 상아로 자신의 젓가락을 만드는 것을 분수에 벗어난 과욕이라고 보기는 어렵다.

258 ②
[정답풀이]
글의 시작에서 70대가 20대보다 우월한 것은 '독서'가 아니라 '체험'이라고 지적했다. 인간은 수백 년 수천 년의 체험을 '독서'를 통해서 얻을 수 있다고 했다. 글쓰기에 도움이 되는 것은 '독서'이고, '체험'만을 언급한다면 20대보다 70대가 우월하다. ②는 잘못된 설명이다.

오답

① '널리 알고 많이 기억하지 못하는 것'이 '오히려 글쓰는 데 지장이 될 수 있다'는 내용을 통해 확인할 수 있다.
③ 인간은 수백 년을 장수할 수 없으므로 체험을 오직 독서를 통해서만 얻어야 한다고 주장했다.

④ 세상에 책은 많지만 '내 눈을 꼭 한번 거쳐야 될 필요가 있는 서적'은 열 손가락을 넘지 않는다고 주장했다.

259 ②
[정답풀이]
김홍도의 '씨름'에는 그림자가 없다며 명암법이 사용되지 않았다고 하였다. 그러나 '조선 후기에 들어서면서 명암 표현이 어렴풋이 시도'되었다며 김두량의 '견도'에서그 흔적을 찾아볼 수 있다고 하였다. 두 작품은 다른 명암법을 사용한 것이 아니라, '씨름'은 명암법을 사용하지 않았고 '견도'는 명암법을 사용한 것이다.

오답

① '우리의 전통 회화에서는 그림자 표현을 찾아보기 어렵다. 빛과 그림자를 통해 그림의 사실성을 높이고 사물의 물리적인 실재감을 높이는 것은 선의 맛을 중시하여 정신성을 극대화해 온 동양 회화의 전통'이라는 부분을 통해 확인할 수 있다.
③ '빛과 그림자를 통해 그림의 사실성을 높이고 사물의 물리적인 실재감을 높이는 것'을 통해 회화에서 명암은 사물의 실재감을 높임을 알 수 있다.
④ 동양 회화의 전통은 '선의 맛을 중시하여 정신성을 극대화'하는 것이다. 명암을 사용해 사실성과 실재감을 높이는 것은 이러한 전통과 배치되기 때문에 동양 회화는 사실성과 거리를 두었다.

260 ③
[정답풀이]
〈사회 변동과 문화 변동〉을 제목으로 한 구교과서 글이다. 전통 문화가 변하는 원인을 사회 변동에서 찾고 있으며, 괄호에 들어갈 말 역시 바로 앞에 나오는 내용인 '사회 구조적 변동이 문화 변화를 결정짓는다.'라는 구절을 통해 답을 찾을 수 있다.

261 다음 글에서 알 수 없는 것은?

[2019. 국가직 7급]

> 팰럼시스트(palimpsest)란 원래 양피지 위에 글자기 여러 겹 겹쳐서 보이는 것을 일컫는다. 종이가 발명되기 전에는 양피지에 글을 썼는데 양피지는 귀했기 때문에 이를 재활용하기 위해 이미 쓰여있는 글자를 지우고 그 위에 다시 글자를 쓰는 일이 빈번했다. 이로 인해 이전에 쓴 글자 위로 새로 쓴 글자가 중첩되어 보이는 현상이 벌어졌다. 건축에서는 이러한 팰럼시스트를 오래된 역사적 흔적이 현재의 공간에 영향을 미칠 때 그것을 은유적으로 설명하기 위해 원용하고 있다.
>
> 가장 손쉬운 예로 서울 강북의 복잡한 도로망을 들 수 있다. 조선 시대 한양에는 상하수도 시설이 부재하였다. 하지만 물은 인간 생활에 가장 필요한 기본 요건인바, 물을 효율적으로 사용하기 위해 이 당시 주거들은 한강의 지류 하천을 따라서 형성될 수밖에 없었다. 실개천 주변으로 주거들이 들어서게 되고 그 옆으로 사람과 말들이 지나다니면서 자연 발생적으로 도로가 만들어지게 되었다. 수변(水邊) 공간에서 일상생활을 영위하고 하천을 상하수도 시설처럼 사용하는 커뮤니티가 자연스럽게 형성되었다고 볼 수 있다.
>
> 그러나 이후 인구 밀도가 높아지면서 위생 문제가 심각해지고, 동시에 자동차가 급증하여 자동차 도로를 확보하는 것이 도시 형성의 필수 조건으로 부각되면서 하천 주변은 상당 부분 자동차 도로로 바뀌었다. 강북의 도로망 가운데 많은 부분이 구불구불한 자연 하천과도 같은 모습을 갖게 된 것은 이러한 연유에서이다. 산업화 이후 대형 간선도로의 등장이 본격화되면서 하천을 중심으로 형성되었던 기존 커뮤니티는 간선도로에 의해 나눠지게 된 것이다.

① 팰럼시스트는 종이가 발명되기 이전, 양피지를 재활용하면서 빚어진 현상을 말한다.

② 하천이 커뮤니티의 중심이었던 과거와 달리 지금은 간선 도로가 커뮤니티를 나누고 있다.

③ 도시 주거의 기본 요건 중 하나가 상하수도 시설이기 때문에 하천 주변이 자동차 도로가 된 것은 필연적이다.

④ 강북의 복잡한 도로망은 상하수도 시설이 없었던 시절의 흔적이 현재의 공간에 영향을 미친 팰럼시스트의 예이다.

262 다음 글에서 강조하는 것은 무엇인가?

> 링컨이 대통령 후보로 전국을 누비며 선거 유세를 하고 있을 때의 일이다. 한 소녀가 어머니와 산책을 하다 연설하고 있는 링컨 후보를 봤다. 엄마가 노예 해방을 외치는 훌륭한 대통령 후보라고 말하자, 소녀는 링컨이 큰일을 하기에는 너무 말랐다는 생각이 들어 링컨 후보에게 편지를 썼다.
>
> "링컨 선생님, 선생님의 얼굴은 무척 말라 보여요. 턱수염을 기르시는 게 어떨까요?"
>
> 링컨은 이 편지에 짤막한 감사의 답장을 잊지 않았다. 선거에서 링컨이 당선되어 워싱턴에 연설을 하러 갔다. 기차역에 내려서 인사하는데, 바로 그 작은 소녀가 손을 내밀며 축하의 말을 건넸다. 그러자 링컨은
>
> "고마워요. 모두 아가씨 덕분이야."
>
> 하고 뽀뽀를 해 주었다. 수염 때문에 따가웠지만 소녀는 기뻤다. 그 수염은 '국민의, 국민에 의한, 국민을 위한 정부'를 외치는 자유의 인간 링컨의 상징이 되었다.
>
> 또한 다음과 같은 일화가 있다. 남북 전쟁 때 링컨은 장군에게 총공격을 명령하며 한 통의 편지를 썼다.
>
> "미드 장군, 이 작전이 성공한다면 그것은 모두 당신의 공이오. 실패의 모든 책임은 내가 지겠소. 만약 작전이 실패하면 장군은 링컨의 명령이었다고 말하시오. 그리고 이 편지를 공개하시오."
>
> 이 편지를 받은 미드 장군은 링컨 대통령의 전폭적인 지지를 받으며 전쟁에서 큰 승리를 거두었다.

① 지도자는 자신의 잘못을 남에게 전가해서는 안 된다.
② 지도자는 국민에게 호감을 주는 외양을 갖추어야 한다.
③ 지도자는 힘들고 어려운 일일수록 결단력을 발휘해야 한다.
④ 지도자는 뛰어난 인재를 적재적소에 등용할 줄 알아야 한다.
⑤ 지도자는 사람을 신뢰하고 소중히 여기는 덕망을 갖추어야 한다.

263 밑줄 친 ⓐ – ⓑ와 가장 유사한 관계인 것은?

> 민족지를 일차 자료로 하여 한 문화 속에 들어 있는 생활 양식을 구명하거나 다른 문화와 비교 연구를 하여 그 문화의 특색을 밝히는 것을 민족학이라고 한다. ⓐ민족학에는 크게 두 방향이 있다. 하나는 기술, 풍속, 제도 등을 다른 지역과 비교 연구하여 그것의 공간적인 분포를 밝히는 '지리민족학'이고, 다른 하나는 이것들의 발달 과정을 시간적으로 다루는 '역사민족학'이다. 민족지의 자료 위에 민족학이 성립하고 민족학을 한 민족, 한 문화의 영역에서 더욱 확대하여 전체 인간을 문제삼을 때 이를 문화인류학이라고 한다. 따라서 ⓑ문화인류학은 다른 학문과 연계성도 필요하지만 무엇보다 조사 연구의 종합과 모든 영역의 통합을 통하여 형성되는 학문이라고 할 수 있다.

① 문학 – 한국학
② 국어학 – 언어학
③ 방언 – 방언학
④ 역학 – 토목학

264 ( ) 안에 들어갈 표현으로 가장 적절한 것은?

[2013. 서울시 7급]

> 서양인들은 동양인들에 비해 세상을 '덜 복잡한 곳'으로 파악하기 때문에 적은 수의 요인들만으로도 세상을 이해할 수 있다고 믿는다. 연구팀은 미국과 한국의 대학생들에게 어떤 사건을 간단히 요약하여 기술하고, 총 100여 개에 달하는 요인들을 제시해 준 다음 각 요인이 그 사건과 관련이 있는지 없는지 선택하게 했다. 그 결과, 한국 대학생들은 약 37%의 요인들만 그 사건과 관계없는 요인으로 판단했으나, 미국 대학생들은 55%에 이르는 요인들이 그 사건과 관계없다고 판단했다. 동양계 미국인 참가자들은 한국인과 미국인의 중간 정도에 해당하는 반응을 보였다. 연구팀은 '어떤 요인이 어떤 사건과 관계없다고 판단 내리기를 꺼리는 경향, 다시 말해 '( )'이 종합주의적 사고와 관련이 있음을 발견했다.

① 무수히 많은 요인들이 어떤 사건에 관련되어 있다고 믿는 경향
② 인과론적으로 사건을 파악하려고 하는 경향
③ 세상을 덜 복잡한 곳으로 파악하고 관계를 판단하는 경향
④ 발생한 결과를 요인들로 미리 예측할 수 없다고 믿는 경향
⑤ 맥락이 중시되는 상황에서 맥락을 무시하는 경향

265 다음 글의 괄호 안에 들어갈 말로 가장 적절한 것은?

[2014. 지방직 9급]

> 우리는 대체로 머리끝에서 발끝까지를 서양식(西洋式)으로 꾸미고 있다. "목은 잘라도 머리털은 못 자른다."라고 하던 구한말(舊韓末)의 비분강개(悲憤慷慨)를 잊은 지 오래다. 외양(外樣)뿐 아니라, 우리가 신봉(信奉)하는 종교(宗敎), 우리가 따르는 사상(思想), 우리가 즐기는 예술(藝術), 이 모든 것이 대체로 서양적(西洋的)인 것이다.
> 우리가 연구하는 학문(學問) 또한 예외가 아니다. 피와 뼈와 살을 조상(祖上)에게서 물려받았을 뿐, 문화(文化)라고 일컬을 수 있는 거의 모든 것이 서양(西洋)에서 받아들인 것들인 듯싶다. 이러한 현실(現實)을 앞에 놓고서 민족 문화(民族文化)의 전통(傳統)을 찾고 이를 계승(繼承)하고자 한다면, 이것은 편협(偏狹)한 배타주의(排他主義)나 국수주의(國粹主義)로 오인(誤認)되기에 알맞은 이야기가 될 것 같다.
> 그러면 민족 문화의 전통을 말하는 것이 반드시 보수적(保守的)이라는 멍에를 메어야만 하는 것일까? 이 문제(問題)에 대한 올바른 해답(解答)을 얻기 위해서는, 전통이란 어떤 것이며, 또 ( )를 살펴보아야 할 것이다.

① 전통은 서구 문화와 어떤 관계를 맺고 있는가
② 전통은 어떻게 계승되어 왔는가
③ 전통은 앞으로 어떤 변화를 겪을 것인가
④ 전통은 서구 문화와 어떤 차이가 있는가

53일차

261 ③
[정답풀이]
하천 주변이 자동차 도로로 변한 것은 인구 밀도가 높아지면서 위생 문제가 불거지고 동시에 자동차가 급증해 자동차 도로를 확보하는 것이 도시 형성의 필수 조건으로 부각되었기 때문이다.

오답
① 팰럼시스트의 의미는 종이가 발명되기 전 양피지에 글씨를 쓸 때 이를 재활용하기 위해 이미 쓰여 있는 글자를 지우고 그 위에 글자를 쓰게 되면서 글자가 중첩돼 보이는 현상을 일컫는다.
② '산업화 이후 대형 간선도로의 등장이 본격화되면서 하천을 중심으로 형성되었던 기존 커뮤니티는 간선도로에 의해 나눠지게 된 것'이라고 하였다.
④ 건축에서의 팰럼시스트는 오래된 역사적 흔적이 현재 공간의 영향을 미칠 때라고 말한다. 서울 강북의 복잡한 도로망의 경우 과거 실개천 주변에 형성된 주거와 도로가 현재 복잡한 도로망의 영향을 준 것으로 팰럼시스트의 예라고 볼 수 있다.

262 ⑤
[정답풀이]
링컨은 턱수염을 기르라는 어린 소녀의 말에도 귀를 기울였고, 미드 장군을 전폭적으로 신뢰하며 사기를 북돋워 주고 그에게 큰일을 맡기고 있다. 지도자는 사람들의 말을 신뢰하고 그들을 소중히 여길 줄 알아야 함을 강조하고 있는 일화이다.

263 ②
[정답풀이]
이 글에 따르면 문화인류학은 여러 민족학에서 그 공통점을 뽑아서 일반화한 것이다. 이것은 각 나라의 말을 연구한 여러 나라의 '국어학'을 바탕으로 '언어학'이 성립하는 것과 같다.

264 ①
[정답풀이]
리처드 니스벳이 지은 〈생각의 지도〉라는 글의 일부이다. 세상을 바라보는 동양인과 서양인의 서로 다른 시선에 대해 말하고 있다. 이 부분은 '서양인들의 종합주의적 사고'와 관련된 내용이며 예측 가능한 단순 모델로 판단한다고 보았다. 단락의 맨 처음과 괄호의 바로 위 문장을 통해 답을 찾을 수 있다.

265 ②
[정답풀이]
〈민족 문화의 전통과 계승〉이라는 글의 일부이다. 서론에서 문제 제기를 하는 부분이며, 전통의 개념과 계승에 관한 부분이므로 ②가 적절하다.

266 다음 글의 내용과 일치하지 않는 것은?

　　사언 생태계를 지탱하고 있는 약육강식과 적자생존을 원칙으로 하는 먹이사슬의 핵심은 분자의 재활용이다. 태양의 핵융합 반응에서 방출된 에너지를 이용해 녹색식물이 광합성으로 만들어 낸 분자들이 그 시작이다. 지구상의 모든 생물들은 그렇게 만들어진 유기물을 이용해서 소중한 삶을 이어가고, 그 대가로 광합성에 필요한 화학 원료를 제공하는 역할을 한다.

　　문제는 생태계의 분자 재활용 과정이 완벽하지 못해서 끊임없는 손실이 일어난다는 점이다. 그런 손실을 제대로 보충해 주지 못하면 지구 생태계의 생물 총량은 줄어들 수밖에 없다. 생태계를 위협하는 환경 파괴의 위험은 자연의 내재된 특성이라는 뜻이다. 그 중에서도 가장 문제가 되는 것이 바로 질소의 재활용이다. 물에 잘 녹는 특성을 가진 질소 화합물은 상당량이 재활용 과정에서 생물이 살지 않는 깊은 땅 속으로 스며들거나 바다로 흘러가 버린다. 편리한 도시 생활에 필수적인 수세식 화장실과 생활 쓰레기 매립장이나 소각장은 그런 손실을 더욱 가속화시키는 원인이 되고 있다.

　　20세기에 들어서 독일의 프리츠 하버가 개발한 암모니아 합성 기술이 바로 그런 손실을 인공적으로 보충해 주는 획기적인 역할을 한다. 사실 5억을 넘기 어려웠던 지구상의 인구가 65억을 넘어서게 된 것은 인공적으로 합성한 화학비료의 기여가 있었기 때문이다. 요즘은 그런 화학비료를 마구 사용해서 오히려 문제가 되고 있다. 필요 이상으로 사용한 비료가 토양을 산성화시키고, 수질 오염을 일으키는 원인이 되기 때문이다. 그렇다고 화학비료를 완전히 포기하는 유기농업만으로는 늘어나는 인구를 먹여 살릴 수도 없을 뿐만 아니라, 이미 돌이킬 수 없는 수준에 이른 도시 생활의 편리함을 계속 누릴 수도 없다.

　　20세기에 개발된 합성 분자의 꽃은 플라스틱을 대표로 하는 각종 고분자들이다. 탄소를 기반으로 하는 다양한 플라스틱의 사용량이 인류 역사에서 가장 중요한 소재로 널리 활용되어 왔던 목재 사용량을 넘어선 것은 이미 오래 전의 일이다. 만약 플라스틱이 개발되지 않았더라면 오늘날 우리가 즐기고 있는 현대 문명 생활은 불가능했을 것이다. 석유 자원을 이용하는 플라스틱은 다른 생물 자원의 소비를 절감시켜서 자연의 생태계 보존에도 획기적인 기여를 해 왔다. 현대의 과학과 기술이 자연을 파괴하기만 한 것이 아니라는 뜻이다.

① 플라스틱의 개발은 자연의 생태계 보존에 큰 역할을 담당하였다.
② 암모니아 합성 기술은 질소의 손실을 보충하는 데 크게 기여하였다.
③ 현대 문명은 분자를 인공적으로 합성하는 기술에 힘입은 바가 크다.
④ 생태계의 분자 재활용 과정이 불완전해진 것은 과다한 인구 때문이다.
⑤ 수세식 화장실의 보급은 질소의 재활용을 어렵게 만드는 요인이 되고 있다.

267 ㉠과 같은 태도로 문학 작품을 대하고 있는 것은?

> 진솔하게 살아온 서민들의 삶 속에서 우러나온 감정으로부터 형성된 민화는 겨레의 꿈과 신화, 종교, 정신이 깃들어 있는 귀중한 우리의 유산이다. 그러나 일상 생활이나 행사 때에 치장용으로 사용하던 풍습이 생활 양식의 급격한 변화와 함께 사라지면서 자연히 민화를 그리는 화공의 맥도 끊어지게 되었고 민화는 점차 퇴보하였다. 게다가 민화는 오랫동안 세인의 각광은 고사하고 관심조차 얻지 못하고 속물스러운 천덕꾸러기로 취급받아 왔다. 순수한 감상적 목적보다는 장식되는 장소나 쓰임새가 확실할 정도로 실용성을 구비한 회화였기 때문에 소위 ㉠감상만을 평가의 대상으로 삼아온 종래의 미술사에서는 거의 무시되어 왔던 것이다.

① 이 작품은 사실성은 떨어지지만 심미성을 살리기 위해 이런 우연적인 장면을 설정해 놓은 거로군.

② 이 기행문은 답사 과정을 아주 상세히 기록해서 그 곳을 여행하는 사람들에게 좋은 안내서가 될 것 같아.

③ 이 시는 민중들의 현실 참여를 촉구하고 있어 사회 개혁을 추구하는 우리 단체를 홍보하는 데 도움이 될 거야.

④ 이 소설은 청소년들에게 올바른 삶의 자세를 일깨워 주는 교훈적 내용을 지니고 있으므로 수업 자료로 활용하면 좋을 것 아.

⑤ 이 희곡은 일제말 비참했던 우리의 농촌 현실을 사실적으로 묘사한 작품이므로 일제 시대를 연구하는 사료적 가치를 지니고 있군.

268 다음 글의 내용에 부합하지 않는 것은? [2019. 국가직 7급]

> 세계 각국의 정부와 기업에 미래 전략을 연구하는 부서가 급증하고 있다. 미래에 대한 다양한 정보를 수집하면 의사 결정의 질을 높일 수 있다는 인식하에 이들은 의사 결정 지원 시스템과 미래 예측 시스템을 지속적으로 개선하고 있다. 그렇지만 빠른 변화와 복합적인 세계화로 미래에 대한 정보를 판단하는 것은 점점 어려워지고 있다.
>
> 그 결과, 기관은 컴퓨터 시스템에 더욱 의존하게 되었으며, 빅데이터와 연결된 인공지능을 의사 결정에 적극적으로 이용하게 되었다. 이러한 현상을 증폭시킨 것이 적시에 지식을 제공해 의사 결정에 도움을 주는 집단 지성 시스템이다. 이는 인간의 두뇌, 지식 정보 시스템 등의 개체들이 협력이나 경쟁을 통해 기존의 지적 수준을 뛰어넘는 새로운 지성을 얻는 시스템을 의미한다. 예를 들어 집단 지성 시스템을 활용하면 재해 예방 및 대응에 관한 의사 결정 과정에서 재해를 예측하고, 재해에 대응하고, 재해로부터 회복하는 복원 시스템을 수립할 수 있다.
>
> 그러기에 미래 전략을 수립하고 분별 있는 결정을 내리기 위해 의사 결정자들은 미래학자에게서 단순히 전망 보고나 브리핑을 받는 데서 그치지 않고, 그들과 정기적으로 장기적인 사안을 논의할 수 있어야 한다. 이러한 장기적 관점의 논의 과정이야말로 빠르고 정확한 의사 결정 수립에 필수적이기 때문이다. 입법부에 미래위원회가 설립되고 정부 지도자 의사 결정 과정에 미래학자가 참여하는 이유가 여기에 있다.

① 기관은 미래에 대한 정보를 판단하기 위해 컴퓨터 시스템을 활용하고 있다.

② 미래학자가 의사 결정 과정에 참여하는 주된 의의는 미래 예측 시스템의 경쟁력을 제고하기 위해서이다.

③ 정부와 기업의 의사 결정자들은 의사 결정의 질을 높이기 위해서 미래 예측 능력을 개선해야 한다고 생각한다.

④ 발생 가능한 재해를 예측하고 이에 대응하기 위한 복원 시스템을 수립하는 데 집단 지성 시스템을 이용할 수 있다.

269 다음 기사에 나타난 통계를 통해 추론할 수 없는 것은?

[2009. 지방직 9급]

　　일본에서 나이가 들어서도 부모 곁을 떠나지 않고 붙어사는 '캥거루족'이 증가하고 있는 것으로 나타났다. 일본 국립사회보장인구문제연구소가 2004년 전국 1만 711가구를 대상으로 조사해 21일 발표한 가구 동태 조사를 보면, 가구당 인구수는 평균 2.8명으로 최저치를 기록했다. 2인 가구는 28.7%로 5년 전 조사 때보다 조금 증가한 반면, 4인 가구는 18.1%로 조금 줄었다. 부모와 함께 사는 자녀의 비율은 크게 증가했다. 30~34살 남성의 45.4%가 부모와 동거하는 것으로 나타났다. 같은 연령층 여성의 부모 동거 비율은 33.1%였다. 5년 전에 비해 남성은 6.4%, 여성은 10.2% 증가한 수치이다. 25~29살 남성의 부모 동거 비율은 64%, 여성은 56.1%로 조사됐다. 부모를 모시고 사는 기혼자들도 있지만, 상당수는 독신으로 부모로부터 주거와 가사 지원을 받는 캥거루족으로 추정된다.

① 25~34살의 남성 중 대략 반 정도가 부모와 동거한다.
② 현대사회에서 남녀를 막론하고 만혼 현상이 널리 퍼져 있다.
③ 30~34살의 경우 부모 동거 비율은 5년 전에도 여성이 남성보다 높지 않았다.
④ '캥거루족'이 늘어난 것은 젊은이들이 직장을 구하기가 점점 어려워지고 있기 때문이다.

270 글의 내용으로 미루어 알 수 있는 내용으로 가장 적절한 것은?

[2014. 국가직 7급]

　　과학철학자 칼 포퍼는 과학 연구 과정에서 아무리 오랫동안 대표 이론으로 간주되었던 것이라도 그것의 장점이 아니라 문제점을 지속적으로 발견하려 노력해야 하며 문제점이 정말로 발견되었을 때는 기존 이론을 폐기하고 새로운 대안을 찾아야 한다고 주장했다. 긍정적으로 보면 끊임없이 더 나은 이론을 도출하려는 도전적 태도로, 부정적으로 보면 현실적인 대안을 확보하기 전에 무책임하게 여러 장점을 지닌 이론을 폐기하는 완고한 태도로도 읽힐 수 있는 이러한 입장을 그는 '비판적'이라고 규정했다. 이런 태도를 견지하는 과학자는 어떤 편견으로부터도 자유로우면서 순전히 경험적 근거와 논리적 추론을 통해 과학 연구를 수행해야 한다.
　　포퍼의 지적 영향력은 과학철학 분야에만 머물지 않는다. 그는 매우 영향력 있는 정치철학자이기도 했다. 전체주의와 역사주의에 대한 그의 비판은 극단적인 자유주의를 옹호하지는 않으면서도 결국에는 사회를 구성하는 개개인의 자발적 선택을 부각하는 입장으로 나아갔다. 개인의 자발적 선택을 강조하는 근거는, 역사란 미리 정해진 목표에 따라 계획되고 실현될 수 있는 것이 아니라 무수한 개인의 자발적 행동이 모여 개인의 수준에서는 의도하지 않았던 결과로 나타난다는 생각이었다.

① 비판적 태도는 논리와 경험을 중시한다.
② 비판적 태도는 역사주의의 이론적 근거가 된다.
③ 비판적 태도는 불특정 개인보다 사회를 먼저 고려한다.
④ 비판적 태도는 갈등하는 이념 간의 타협점을 찾는 데 유용하다.

54일차

266 ④

[정답풀이]

둘째 문단에 보면 생태계의 분자 재활용 과정이 완벽하지 못한 것은 자연의 내재된 특성 때문이라고 밝히고 있다. 과다한 인구가 환경 오염과 파괴의 원인이 되고 있는 것은 분명하지만 생태계의 분자 재활용 과정을 불완전하게 만든 것은 아니다.

오답

①과 ③은 넷째 문단에서, ②는 셋째 문단에서 확인할 수 있는 내용이다.

267 ①

[정답풀이]

감상만을 평가의 대상으로 삼는다는 것은 예술성을 중시하는 태도에 해당한다. ①과 같이 예술적 심미성에 주목하며 감상하는 태도가 이에 해당된다.

오답

②~④는 모두 문학 작품의 실용적 가치에 주목하고 있다.

268 ②

[정답풀이]

이 글에서 미래학자가 의사 결정 과정에 참여하는 주된 의의는 미래 전략을 수립하고 분별있는 결정을 내리기 위해 의사 결정자들과 장기적 사안을 논의하여 빠르고 정확한 의사 결정을 수립'하기 위함이다.

오답

① 둘째 문단의 '기관은 컴퓨터 시스템에 더욱 의존하게 되었으며' 부분을 통해 기관이 미래에 대한 정보를 판단하기 위해 컴퓨터 시스템을 활용함을 알 수 있다.

③ 첫째 문단의 정부와 기업의 의사 결정자들은 '미래에 대한 다양한 정보가 의사 결정의 질을 높일 수 있다'고 보고 '미래 예측 시스템을 지속적으로 개선하고 있다'를 통해 알 수 있다.

④ 둘째 문단에 제시된 집단 지성 시스템을 활용하여 '재해를 예측하고, 재해에 대응하고, 재해로부터 회복하는' 복원 시스템을 수립할 수 있다는 것을 알 수 있다.

269 ④

[정답풀이]

이 글은 현상에 대해 설명해 주고 있을 뿐, 그러한 현상의 원인에 대해 추론할 수 있는 언급은 없다. ④는 캥거루족이 부모와 동거할 수 밖에 없는 이유는 될 수 있어도 캥거루족이 늘어날 이유가 되지는 못한다.

오답

② 부모와 동거하는 나이대가 25~29살(64%, 56%), 30~34살(45%, 33%)임을 통해 알 수 있다.

270 ①

[정답풀이]

지문의 중간 부분에 '비판'에 대한 칼 포퍼의 입장이 나온다. '과학자는 경험적 근거와 논리적 추론을 통해 과학 연구를 수행해야 한다.'고 했으므로 ①이 적절하다.

271 다음 글을 읽고 '아동 교육'과 관련된 글을 쓰기 위해 연상한 내용으로 적절하지 않은 것은?

> 송(宋)나라의 한 농부가 벼를 심어 놓고 며칠이 지나도록 싹이 잘 자라지 않음을 안타깝게 여기게 되었다. 하루는 새벽같이 들로 나아가, 그 벼 싹 하나하나를 조금씩 뽑아 올려 주고는 집으로 돌아와 말하길 "아, 피곤하다. 내가 벼 싹이 자라도록 도와 주고 왔다. 이제야 벼 싹이 좀 자랄 것 같다."라고 하자, 아들이 급히 달려 나가 보니 벼 싹들이 모조리 말라 죽어 있었다.

① 잘못된 조기 교육은 아이의 정상적 발달을 해칠 수 있다.
② 마음을 열고 아이와 자주 대화를 하는 기회를 가져야 한다.
③ 부모들의 지나친 도움은 오히려 나쁜 결과를 낳을 수도 있다.
④ 올바른 교육을 하기 위해서는 아동의 성장 과정을 알아야 한다.
⑤ 아이들이 스스로 성장할 때까지 기다릴 줄 아는 지혜가 필요하다.

272 밑줄 친 ㉠에 대한 비판으로 알맞은 속담은?

> 실용주의는 인간 이성의 상대성과 오류 가능성을 인정하며, 관념적, 절대적 진리 추구에 매달려 온 유럽 철학을 정면으로 반박한다. 실용주의자들에 의하면, 사상이란 포크나 나이프처럼 사람들이 사용하는 도구에 지나지 않는다. 절대적 진리를 추구하는 태도의 문제점은 남북 전쟁 당시 남군과 북군이 노예제의 찬반 여부를 놓고 싸웠듯, 그들이 가진 신념과 반할 경우 폭력까지도 불사한다는 것이다. 따라서 실용주의는 ㉠모든 관념·이론·사상 등은 그 자체로 의미가 없으며, 그것이 실제 현실에서 유용한 결과로 나타날 때 가치를 지닌다는 인식에 기초한다. 즉 올리버 홈스가 '이는 사회적 행동양식인 관습을 바탕으로 불변의 법적 원칙을 정하는 관습법의 원리와 비슷하다'고 주장했듯 실용주의는 실생활이나 인간에 직접적인 도움을 주는 결과가 곧 진리가 된다는 가변적 진리론을 펼쳤다.
>
> 이처럼 유일무이한 진리의 존재를 부정하는 실용주의는 기존의 철학에 비해 훨씬 유동적이라는 평가를 받는다. 즉 대다수의 사람들이 믿지 않는 관념들도 충분히 그 유용성에 따라 참일 가능성이 있는 것이다. 이는 민주주의 정치 체제에 대한 자연스러운 지지로 이어진다. 실용주의자들에게 민주주의란 옳은 사람뿐만 아니라 옳지 않은 사람에게도 말할 권리를 주는 것이다. 때문에 그들에게 민주주의란 소수의 반대 의견에 여지를 남김으로써 다수와 소수 양측이 모두 존재할 수 있는 관용적, 실용주의적 체제로서 가치가 있었다.

① 사공이 많아서 배가 산으로 올라갈 수도 있겠군.
② 나무에 오르라 하고 흔드는 격이라고 할 수 있겠군.
③ 소문난 잔치에 먹을 것 없는 상황이 될 수도 있겠군.
④ 모로 가도 서울만 가면 된다는 사고방식을 낳을 수 있겠군.

273 다음 글을 문맥에 맞게 배열한 것은?

[2012. 국가직 7급]

> (가) 그뿐 아니라, 자신을 알아주는 이, 즉 지기자(知己者)를 위해서라면 기꺼이 자신의 전부를 버릴 수 있어야 하며, 더불어 은혜는 은혜대로, 원수는 원수대로 자신이 받은 만큼 되갚기 위해 전력하여야 한다.
>
> (나) 무공이 높다고 하여 반드시 협객으로 인정되지 않는 이유는 바로 이런 원칙에 위배되는 경우가 심심치 않게 발생하기 때문이다. 요컨대 협이란 사생취의(捨生取義)의 정신에 입각하여 살신성명(殺身成名)의 의지를 실천하는 것, 또는 그러한 실천을 기꺼이 감수할 준비가 되어 있는 상태를 뜻한다고 할 수 있다.
>
> (다) 협으로 인정받기 위해서는 무엇보다도 절개와 의리를 숭상하여야 하며, 개인의 존엄을 중시하고 간악함을 제거하기 위해 노력해야만 한다. 신의(信義)를 목숨보다도 중히 여길 것도 강조되는데, 여기서의 신의란 상대방을 향한 것인 동시에 스스로에게 해당되는 것이기도 하다.
>
> (라) 무와 더불어 보다 신중하게 다루어야 할 것이 '협'의 개념이다. 무협 소설에서 문제가 되는 협이란 무덕(武德), 즉 무인으로서의 덕망이나 인격과 관계가 되는 것으로, 이는 곧 무공 사용의 전제가 되는 기준 내지는 원칙이라고 할 수 있다.

① (라) − (가) − (다) − (나)

② (라) − (다) − (가) − (나)

③ (나) − (다) − (라) − (가)

④ (나) − (다) − (가) − (라)

274 다음 글의 설명 방식으로 가장 적절한 것은?

[2019. 지역인재 9급]

> 자동차의 장치는 크게 몇 가지로 나뉜다. 움직이기 위해 동력을 만드는 동력 발생 장치, 동력을 바퀴에 전달하는 동력 전달 장치, 노면의 진동이나 충격을 흡수해 안전하고 편안하게 주행하도록 하는 현가 장치, 주행 도중 방향을 바꾸기 위한 조향 장치, 주행 중 속도를 줄이거나 멈추기 위한 제동 장치, 자동차의 운전을 돕기 위한 각종 계기·조명·전기 부품 등을 포함하는 기타 장치로 되어 있다.

① 비교

② 분류

③ 분석

④ 정의

275 괄호 안에 들어갈 말로 가장 적당한 것은? [2012. 지방직 7급]

> 같은 시대를 살면서도 그 시대의 의미를 모두 똑같이 파악하고 있지 않은 경우도 있다. 자기가 살고 있는 현재의 시대를 파악하는 것은 더욱 어려운 일이겠지만, 지나간 시대의 역사적 의미를 파악하는 것도 그리 쉽지는 않다. 가령, 우리나라의 일제시대를 식민지 시대나 반봉건(半封建) 시대로 보는 사관이 있는가 하면, 근대화와 자본주의적 산업화가 이루어진 시대로 보는 사관도 있다. 심지어, 일본의 국수주의적 사가(史家)들은 일제의 점령기를 한국의 경제 발전과 교육 근대화에 크게 기여했던 시기로 긍정적으로 평가하려고까지 한다.
>
> 여기서 우리는 같은 시대의 의미를 파악할 때도 민족주의자의 눈과 제국주의자의 눈은 서로 다른 평가를 내리고 있음을 본다. 따라서 오늘의 시대적 의미를 파악하는 것도 어떤 사람의 눈으로 파악하느냐에 따라 달라지기 때문에, 역사를 파악하는 데 있어서는 누가 보는 역사냐 하는 것이 중요한 문제가 된다. 이런 점에서 역사의식은 곧 (   )이라고 할 수 있다.

① 주체의식

② 저항의식

③ 근대의식

④ 시민의식

55일차

271 ②
[정답풀이]
제시문의 벼 싹을 성장 과정의 아동으로, 벼 싹이 스스로 자라기를 기다리지 못하고 성급히 뽑아 올리는 농부를 부모나 교육자로 보아야 한다. 부모들의 성급함이나 지나친 도움, 잘못된 조기 교육은 오히려 아이의 성장에 방해가 될 수 있으며, 올바른 교육을 위해서는 아동의 성장 과정에 대한 바른 이해와 기다림이 필요하다는 내용을 연상할 수 있다. 그러나 제시문의 이야기에서 벼와 농부의 대화를 이끌어 내기는 곤란하다. 그러므로 ②의 연상은 적절하지 않다.

272 ④
[정답풀이]
실용주의가 가변적 진리론에 해당하는 것은 실생활이나 인간에 직접적인 도움을 주는 결과가 진리가 된다고 믿기 때문이다. 이는 실생활이나 인간에 도움이 되는 결과를 중시하는 것으로, 그렇게 되면 결과지상주의를 낳게 되어 결국 결과를 위해서는 수단을 경시하고 '모로 가도 서울만 가면 된다'는 사고방식으로 이어질 수 있다.

273 ②
[정답풀이]
선택지를 보면 첫 문장이 (라) 또는 (나)로 시작된다는 사실을 알 수 있다. (나)를 읽어보면 '~한 이유는, ~때문이다'로 시작되는 것으로 보아 글의 첫 문장으로는 적절하지 못하다. 따라서 (라)가 글의 첫 문장이 됨을 알 수 있다. (라)에서는 '협'에 대한 개념을 밝히고 있다. (다)에서는 이러한 '협'으로 인정받기 위한 여러 가지 원칙에 대해 얘기하고 있으며, (가)에서는 앞서 말한 원칙에 추가하여 '협'으로 인정받기 위한 또 다른 원칙을 제시하고 있다. 마지막으로 (나)에서는 아무리 무공이 높다하여도 협객으로 인정받지 못하는 이유를 앞서 말한 원칙에 위배되는 경우가 많기 때문이라고 말하면서 다시 한번 '협'의 개념을 밝히고 있다.

274 ③
[정답풀이]
이 글은 자동차의 장치를 여섯 가지로 나누어 설명하고 있다. 즉, 분석의 방법을 사용하고 있다. 분석은 어떤 복잡한 대상이나 관념을 구성 요소들로 나누어 설명하는 방식이다. 나눈다는 점에서는 구분과 같으나, 분석은 '유기적'으로 조직되어 있는 대상으로 나눈다는 점이 특징적이다.

275 ①
[정답풀이]
글쓴이는 누가 역사를 보느냐에 따라, 즉 역사를 보는 개인이 현실과 역사를 어떻게 인식하고 있느냐에 따라 역사를 어떻게 판단하는지도 달라진다고 이야기하고 있다. 이러한 내용에 가장 잘 부합하는 것은 세상이 어떤 것인지 인식하는 주관적 자아와 관련 있는 '주체의식'이다.

276 다음 글은 어떤 질문에 대한 설명으로 볼 수 있는가?

> '동종요법'이란 말이 요즘에는 일상어처럼 여러 가지 대안 치료법을 가리키는 데 쓰일 때가 많다. 그런데 이 말은 오로지 사무엘 하네만이 세운 치료법에만 써야 맞다. 의사이자 화학자였던 그는 키니네의 원료인 기나나무 속껍질을 가지고 실험을 하다가 '유사 원칙'이라는 것을 개발했다. 그러니까 건강한 사람에게 병의 증상을 일으키는 바로 그것으로 환자의 그 질병을 고친다는 것이다.
>
> 그런데 처음 이 치료법을 쓰기 시작하면서 중독현상이 자주 나타났다. 그래서 팅크(tincture, 액제 液劑)를 고도로 묽게 희석시킬 필요가 있었는데, 문제는 그만큼 약효가 떨어진다는 데 있었다. 하네만은 '촉진법'이라는 특별한 흔들기 과정을 거치면서 희석을 시키면 이 문제를 어느 정도 해결할 수 있다고 주장했다. 그러니까 '촉진법'을 쓰면 물질의 효과가 크게 높아져 희석이 되더라도 약효를 유지할 수 있다는 것이다.
>
> 이 방법은 곧바로 자연과학을 지향하는 의사들의 저항에 부딪혔다. 왜냐하면 중독현상이 없어질 정도로 희석이 되려면, 애초의 팅크 한 방울을 세계의 바닷물 모두를 합친 것만큼의 용액에 풀어야 했기 때문이다. 그리고 그 상태에서는 약효를 기대할 수 없었기 때문이다. 그러나 하네만은 '에너지의 흔적'이 그 용액에 남아 있는 한 치료의 효과는 남아 있게 된다고 주장했다.

① 동종요법에 대한 과학계의 편견은 과연 타당한가?

② 동종요법의 효능, 면역학적 원리는 무엇인가?

③ 동종요법의 효능, 과학적으로 입증되었는가?

④ 동종요법, 지지지와 반대자의 접점은 없는가?

277 다음 글에 사용된 설명방법으로 볼 수 없는 것은?

1990년 파리 6대학 컴퓨터 공학 연구소가 처음으로 "적응행동의 시뮬레이션: 동물에서 로봇 동물까지"라는 주제로 국제 회의를 열었다. 당시 파리에 모인 많은 젊은 연구원들은 '신체적으로 자신의 환경에 완전히 적응'하고 가능한 한 인간의 지능으로부터 도움을 받지 않고 움직이는 인공 피조물(로봇 동물)을 만드는 새로운 방식의 연구에 빠져들었다. '로봇 동물'이라는 용어는 다른 존재의 특별한 도움 없이 자신이 처한 환경에서 살아남을 수 있는 적응능력을 지닌 피조물 또는 실제 로봇을 말한다.

로봇 동물 연구의 핵심은 그때까지의 인공 지능에 대한 연구를 진화론적 관점에서 재검토하는 것이다. 인간의 지능은, 수억 년에 걸쳐 진화하는 과정에서 만들어진 수많은 적응 메커니즘을 동물 조상으로부터 물려받은 결과이다. 따라서 로봇 동물은 우선 곤충처럼 장애물에 부딪히지 않고 특정한 방향을 정해 움직이고, 배고프면 먹기로 결정하며, 목마르면 마시기로 결정할 줄 알아야 한다. 그러려면 무엇보다도 먼저 그 메커니즘부터 알아 내야 한다. 그것을 알지 못하면 로봇 동물이라는 뛰어난 발상은 부화되지 못한 채 공상으로만 남을 것이다.

그러므로 로봇 동물 연구는, 인간 고유의 지능에 대한 이해보다는, 가장 복잡한 생물이라 할 수 있는 인간과 가장 단순한 동물들이 공통으로 갖는 적응 메커니즘을 이해하는 것을 우선으로 한다. 이 메커니즘에 힘입어 로봇 동물은 인간 지능의 도움 없이 자신들이 처한 환경에 스스로 적응하면서 생존할 수 있는 자주성을 갖는다. 따라서 로봇 동물들은 이미 알려진 환경에 적합하게 행동하도록 적응되어 있어야 할 뿐만 아니라 미지의 환경에 익숙해질 수 있어야 하고, 부지불식간에 환경이 바뀌면 그에 맞추어 행동을 바꿀 수 있어야 한다.

로봇 동물 제작자들은 진화의 산물을 모방하기 위해 해부학과 신경 생리학, 동물 행동학 분야에서 도움을 구했다. 그런데 정말로 자연은 좋은 조언자일까? 과거에 수많은 학자들이 생물을 모방해 무언가 해 보려고 시도했지만 언제나 쓰라린 실패를 맛보았다. 레오나르도 다 빈치와 그의 후계자들은 새를 본떠서 날개를 퍼덕여 떠오르는 기계를 고안했지만, 결코 땅에서 이륙하지 못했다. 그들의 생각은 이후 비행기의 탄생에 영감을 불어 넣었고, 결국 라이트 형제가 비행에 성공했지만, 라이트 형제가 설계한 비행기에 달린 날개는 고정되어 있었다. 새의 날개가 이렇게 생겼다면 하늘에서 바로 떨어졌을 것이다.

① 묻고 답하는 방식을 통해 논의를 확장한다.
② 구체적인 예를 들어 독자의 이해를 돕는다.
③ 관련 연구 사례를 소개하며 화제를 이끌어 낸다.
④ 단계별로 대상이 변화하는 과정에 따라 서술한다.

278 다음 예문들을 문맥이 통하도록 배열한 것은? [2012. 국가직 7급]

> ㄱ. 하지만 덴마크의 왕 프레데릭 3세는 애써 태연한 척하면서 그것을 세 번 반복해 달라고 요청했다.
> ㄴ. 어쨌든 여기서 우리는 이 새로운 매체의 효과가 '공포'에 있었음을 알 수 있다.
> ㄷ. 발겐슈텐이 코펜하겐에서 '마술 환등'을 시연했을 때의 일이다.
> ㄹ. 신하들 앞에서 군왕으로시 용기를 과시하고 싶었던 것이다.
> ㅁ. 어둠 속에서 갑자기 해골이 등장하는 모습에 모두 겁을 집어 먹었다.

① ㄷ - ㅁ - ㄱ - ㄹ - ㄴ
② ㄷ - ㄹ - ㅁ - ㄴ - ㄱ
③ ㅁ - ㄷ - ㄹ - ㄱ - ㄴ
④ ㅁ - ㄷ - ㄴ - ㄹ - ㄱ

279 다음은 정약용이 유배지에서 아들에게 보낸 편지의 일부이다. 중심 생각으로 가장 적절한 것은? [2012. 지방직 7급]

> 학문에 뜻을 두지 않으면 독서를 할 수 없으며, 학문에 뜻을 둔다고 했을 때에는 반드시 먼저 근본을 확립해야 한다. 근본이란 무엇을 일컬음인가? 오직 효제(孝悌)가 그것이다. 먼저 반드시 효제를 힘써 실천함으로써 근본을 확립해야 하고, 근본이 확립되고 나면 학문은 자연스럽게 몸에 배어들고 넉넉해진다. 학문이 이미 몸에 배어들고 넉넉해지면 특별히 순서에 따른 독서의 단계를 강구하지 않아도 괜찮다.
> 또한, 나는 천지간에 의지할 곳 없이 외롭게 서 있는지라 마음 붙여 살아갈 곳은 글과 붓이 있을 뿐이다. 문득 한 구절이나 한 편 정도 마음에 드는 곳을 만났을 때 다만 혼자서 읊조리거나 감상하다가 이윽고 생각하길 이 세상에서는 오직 너희들에게나 보여 줄 수 있겠다 여기는데, 너희들 생각은 독서에서 이미 연(燕)나라나 월(越)나라처럼 멀리 떨어져 나가서 문자를 쓸데없는 물건 보듯 하는구나. 몇 년의 세월이 쏜살같이 지나가, 그 동안 너희들은 나이가 들어 신체는 커지고 또한 수염까지 덥수룩한 그 모습을 대한다면 밉상스럽게 되어 있을 텐데 어찌 나의 책을 읽으려고 하겠느냐. 내가 보기에는 천하의 불효자였던 한(漢)나라의 조괄은 그가 아버지의 글을 잘 읽었기 때문에 나중에는 어진 아들이 되었다고 생각한다. 너희들이 참말로 독서를 하고자 않는다면 내 저서는 쓸모없는 것이 되고 말 것이다. 내 저서가 쓸모없다면 나는 할 일이 없는 사람이 되고 만다. 그렇다면 나는 앞으로 마음의 눈을 닫고 흙으로 빚은 사람처럼 될 뿐 아니라 열흘이 못 가서 병이 날 것이고 이 병을 고칠 수 있는 약도 없을 것인즉 너희들이 독서하는 것은 내 목숨을 살려 주는 것이다. 너희들은 이런 이치를 생각해 보거라.

① 건강의 중요성
② 실천의 중요성
③ 독서의 중요성
④ 경험의 중요성

280 다음의 두 예문에 사용된 설명의 방법으로 옳은 것은?

[2010. 지방직 9급]

> ㄱ. 문학은 운문 문학과 산문 문학으로 크게 나누어진다. 운문 문학은 시가 대표적인 형태이다. 산문 문학에
> 는 소설, 수필, 희곡 등이 있다.
> ㄴ. 우리가 쓰는 글에는 여러 가지 종류가 있다. 설명문, 논설문, 보고서, 비평 등은 논리적인 글에 속하며
> 시, 소설, 희곡, 수필 등은 예술적인 글에 속한다. 그리고 주문서, 독촉장, 소개장, 광고문 등은 모두 실용
> 적인 글이라고 할 수 있다.

	ㄱ	ㄴ
①	구분	분류
②	정의	분류
③	분류	구분
④	정의	지시

276 ③

[정답풀이]

이 글은 동종요법이 과학을 주장하는 사람들에게 반박되고 있는 것을 보여 주고 있다. 동종요법의 효능에 관한 과학적 입증이 이 글의 중심 화제이다

277 ④

[정답풀이]

이 글은 로봇 동물 연구 진행 상황에 대해 밝히고 있으나, 로봇 동물의 변화 과정을 단계별로 나누어서 서술하고 있지는 않다.

오답

① 네 번째 단락에서 묻고 답하는 형식을 통해 논의를 확장하고 있다.
② 라이트 형제의 비행기를 예로 들어 자연이 항상 좋은 조언자가 되지는 못함을 밝히고 있다.
③ 첫 번째 단락에서 파리 6대학 연구소의 국제회의를 언급하며 화제를 도입하고 있다.

278 ①

[정답풀이]

선택지를 보면 첫 문장이 'ㄷ' 또는 'ㅁ'으로 시작된다는 사실을 알 수 있다. 어느 한 때를 소개하면서 글을 시작하는 'ㄷ'이 가장 먼저 온다. 이후 'ㅁ'이 오는지 'ㄹ'이 오는지를 알 수 있다면 답을 찾을 수 있을 것이다. 'ㄹ'은 어떤 사건에 대한 이유를 들고 있는 문장으로서, 이 앞에는 이러한 이유를 추론할 수 있는 특정 사건의 내용이 나와야 하는데 'ㄷ'은 그러한 사건으로는 적절하지 않다. 따라서 'ㄷ' 뒤에는 'ㄹ'이 아닌, 'ㅁ'이 위치해야한다. 'ㅁ'에서는 해골의 등장에 모두가 겁을 먹었다고 했는데 왕만이 애써 태연한 척했다고 말하는 'ㄱ'이 이어지는 게 가장 자연스럽다. 왕이 태연스러워했던 이유를 설명하는 'ㄹ'이 그 다음에 이어지고 이러한 일화를 통해 어떠한 사실을 깨닫는 내용인 'ㄴ'이 마지막에 위치하며 문장이 끝을 맺는다.

279 ③

[정답풀이]

정약용은 이 글에서 '독서'라는 화제를 반복적으로 제시하면서 그 중요성을 강조하고 있다.

280 ①

[정답풀이]

하나의 일정한 기준을 가지고 상위어를 하위어로 나누어 설명하는 것을 '구분'이라고 한다. 하나의 일정한 기준을 가지고 하위어를 상위어로 묶어 가면서 설명하는 것을 '분류'라고 한다. 'ㄱ'은 상위어 '문학'을 하위어 '운문문학'과 '산문문학'으로 나누었고, 상위어 '산문문학'을 다시 하위어 '소설', '수필', '희곡'으로 나누어 설명하고 있으므로 '구분'의 방법이 사용되었다. 'ㄴ'은 하위어 '설명문, 논설문, 보고서, 비평'을 묶어 상위어 '논리적인 글'이라고 설명했다. 그리고 하위어 '주문서, 독촉장, 소개장, 광고문'을 묶어 상위어 '실용적인 글'이라고 설명했다. 그리고 하위어 '시, 소설, 희곡, 수필'을 묶어 상위어 '예술적인 글'이라고 설명하고 있으므로, 'ㄴ'은 '분류'의 방법이 사용되었다.

281 밑줄 친 ㉠의 사례로 적절하지 않은 것은?

> 기업들이 제품을 판매할 때 씀씀이가 좋은 고객에게는 높은 가격을 청구하고 돈을 아끼는 고객에게는 낮은 가격을 제시할 수 있다면 양쪽에서 최고의 이득을 볼 수 있다. 그렇기 때문에 잘 운영되고 있는 기업들은 모두 기꺼이 돈을 지불할 의사가 있고, 또 그렇게 하고 있는 고객들을 구별해 최고의 가격을 받는 방법을 모색하고 있다. 가격에 크게 신경 쓰지 않는 고객을 발견하는 데에는 몇 가지 전략이 있다.
>
> 그 중 하나는 ㉠개별 표적화' 전략이다. 각 고객들을 개별적으로 평가하여 그가 얼마나 지불할 것인가에 따라 가격을 매기는 것이다. 이는 중고차 세일즈맨이나 부동산 중개인이 사용하는 전략이다. 이를 이용하기 위해서는 기술과 노력이 필요하기 때문에, 투자 시간에 비해 높은 가치를 지닌 품목을 판매하는 경우에 흔히 발견된다. 자동차나 집을 판매하는 경우는 물론이고, 아프리카에서 기념품을 파는 노점 상인들도 흥정하는 과정에서 그 유용성을 발견한다. 그러나 '개별 표적화' 방식은 고객들이 다른 사람과 비교하여 자신이 더 높은 가격으로 제품을 구매했음을 깨달았을 때 고객들에게 불신을 얻을 수 있다.

① 집을 급하게 구하는 세입자에게 시세보다 전셋값을 높여 부르는 집주인
② 공무원에 비해 자영업자에게 상대적으로 높은 금리로 대출을 해 주는 은행
③ 돈이 많아 보이는 사람에게 보통 팔던 가격보다 비싸게 물건값을 부르는 노점상
④ 자동차를 잘 모르는 초보운전자에게 여러 가지 선택사항을 강요하는 자동차 판매인

282 다음 글의 제목으로 가장 적절한 것은?

[2019. 지역인재 9급]

> 가상현실(virtual reality)은 컴퓨터 모형화와 모의실험을 통해 사용자로 하여금 인공적인 3차원의 시각적 및 그 밖의 감각적 환경과 상호 반응하게 하는 것을 말한다. 따라서 가상현실은 자연적으로 우리에게 주어지는 경험의 세계가 아니다. 이것은 우리가 살고 있는 물리적 세계의 기술과 과학을 바탕으로 만들어지는 인공적인 세계이다. 즉 가상현실은 인공 정원이나 인공 호수처럼 과학 기술에 의해 인위적으로 만들어진 환경이다. 가상이라는 말이 주는 뉘앙스 때문에 환상이나 신기루 같은 것과 연관 지어 생각하기 쉽지만 가상현실은 현실이 아님에도 실재처럼 생각하고 보이게 하는 컴퓨터가 만들어낸 가상 환경이다.

① 상호 반응에 의한 가상현실
② 인공적 세계로서의 가상현실
③ 경험적 세계로서의 가상현실
④ 감각적 환경에 의한 가상현실

283 다음 글의 제목으로 가장 적절한 것은?

> '아는 것이 힘이다.'라는 말은 대상에 대한 지식이 그 대상을 이용하고 지배할 수 있게 해 준다는 뜻이다. 그렇다면 이 말의 주어와 서술어를 바꾼 '힘은 지식이다.'라는 말도 성립할까? 동서고금을 막론하고 권력의 주변에는 많은 지식인들이 몰려 있고, 오늘날 경제적인 힘을 가진 대기업의 연구소에는 많은 지식인들이 일을 하고 있다. 그렇다면 지식과 권력은 어떤 관계에 있을까.
>
> 우리는 주변의 대상을 아무 제약 없이 객관적으로 보고 판단하는 것이 아니라 이해 관계에 따라 바라보게 된다. 이렇게 이해 관계가 반영된 생각과 판단의 틀이 이데올로기인데, 이데올로기를 규정하는 사회적 처지의 하나로 사회 계층을 들 수 있다. 그 중 지배계층은 자신들이 진리라고 여기는 것을 그 사회의 피지배계층에게 주입시키는 경우가 많다. 그런 까닭에 어떤 사회의 중심 이데올로기 속에 포함된 특정한 지식은 지배 계층에 의해 형성되고 유포된 지식인 경우가 많다. 따라서 그 지식은 결코 권력과 무관할 수 없게 된다.

① 지식이 힘이고 힘이 지식이다.
　　 – 진리를 확립하기 위해 무엇을 해야 하나?
② 권력과 지식의 상호 갈등 양상
　　 – 지식인의 관점에서 볼 때 무엇이 문제인가?
③ 지식을 이용하고 조종하는 권력
　　 – 권력의 외도를 방지할 수 있는 방법은 무엇인가?
④ 지식과 권력이 밀착되어 있는 현실
　　 – 이에 대처하는 지식인의 바람직한 자세는 무엇인가?

284 다음 글의 전제로 가장 적절한 것은? [2009. 지방직 9급]

> 말로 표현되지 않으면 우리의 생각은 꼴 없이 불분명한 덩어리에 지나지 않는다. 기호의 도움 없이는 우리가 두 생각을 똑똑히 그리고 한결같이 구별하지 못하리란 것은 철학자나 언어학자나 다같이 인정하는 바이다. 언어가 나타나기 전에는 미리 형성된 관념이 존재할 수 없으며 어떤 생각도 분명해질 수 없다.

① 인간은 언어 사용 이전에도 개념을 구분할 수 있다.
② 언어학자들은 언어를 통해 사고를 분석한다.
③ 말과 생각은 일정한 관련이 있다.
④ 생각은 말로 표현되어야 한다.

285 다음 예문에서 (　　)에 들어갈 내용으로 가장 적절한 것은?　　　　　[2012. 국가직 7급]

> 　고양이는 영리한 편이지만 지능적으로 기억을 관장하는 전두엽이 발달하지 않아 썩 머리가 좋다고 할 수는 없다. 그러나 개와 더불어 고양이가 오랫동안 인간의 친구가 될 수 있었던 것은 (　　　　　　　　　　) 때문이다. 주인이 슬퍼하면 고양이는 위로하듯이 응석을 부리고, 싸움이 나면 겁에 질려 걱정하고, 주인이 기뻐하면 함께 기뻐한다. 고양이는 인간의 말을 음성의 고저 등으로 이해한다. 말은 못하지만 고양이만큼 주인 마음에 민감한 동물도 없다. 어차피 동물이라 모를 거라고 무시했다가 큰코다칠 수 있다.

① 말귀를 잘 알아듣기

② 행동의 실천을 바로 하기

③ 감정의 이해가 아주 빠르기

④ 주인에게 충성하기

281 ②

[정답풀이]

개별 표적화 전략은 각 고객들을 개별적으로 평가하어 그가 얼마나 지불할 것인가에 따라 가격을 매기는 것이고, 그것을 통해 수익을 최대화하려는 것에 목적이 있다. 이렇게 볼 때 ②는 개별 표적화 전략이 아니라 그룹 표적화 전략의 예라고 할 수 있다.

282 ②

[정답풀이]

이 글은 가상현실은 자연적 세계가 아니라 인공적인 세계임을 구체적으로 설명했다. 가상현실은 과학 기술에 의해 인위적으로 만들어진 세계이지만, 실재처럼 생각하게 만들어진 환경임을 설명했다.

283 ④

[정답풀이]

이 글의 둘째 문단을 보면 특정 지식은 지배계층에 의해 형성되고 유포된다는 내용이 나온다. 이렇게 글쓴이는 지식과 권력의 밀착 사례를 제시한 다음 지식과 권력의 밀착으로 인한 부작용을 방지하기 위해서는 비판적 지식인이 필요하다는 사실을 강조하고 있다. 따라서 글의 제목으로 ④가 가장 적절하다.

284 ③

[정답풀이]

제시된 글을 포괄할 수 있는 진술은 ③이다. ④를 답으로 선택하기 쉬운데, 이 글에서는 말을 단순히 '표현'의 도구로만 보는 것이 아님을 간파해야 한다. 언어가 없으면 사고할 수 없다는 언어우위론에 대한 내용이다. 이 글의 전제는 "말(언어)과 생각(사고)은 일정한 관련이 있다."라고 보아야 한다.

285 ③

[정답풀이]

'~이기 때문이다.' 라고 말하고 난 후 뒷 문장에서 그러한 까닭에 대한 근거를 들고 있으므로 뒷 문장의 내용을 통해서 앞 문장의 내용을 추론할 수 있을 것이다. 뒷 문장의 내용을 살펴보면 주인이 슬퍼할 때 고양이는 그러한 주인의 감정을 알아차리고는 위로하듯 응석을 부린다고 했고, 또한 싸움이 나면 겁에 질려 하고 기쁜 일이 있을 때는 함께 기뻐한다고 말하고 있다. 이를 통해 고양이가 주인의 감정을 아주 빠르게 이해할 수 있다는 걸 유추해볼 수 있다.

58일차

20 . . .

286 〈보기 1〉을 바탕으로 〈보기 2〉를 이해한 내용으로 적절하지 않은 것은?

┤보기 1├

비판적 지식인은 반성을 통해 기존의 이해 관계의 망을 넘어서고자 한다. 그래서 권력이 정상적인 틀이라고 설정해 놓은 경계의 바깥에서 안을 바라보고자 한다. 그럼으로써 기존의 경계를 유동화하여 그 경계를 무력화시킬 수 있는 여지를 만들어 내고, 지식과 권력이 연결되어 지배적으로 작동하는 것을 견제할 수 있기 때문이다.

┤보기 2├

조선 시대에 들어와서는 인재 등용의 길이 더 좁아져서 대대로 명망있는 집 자식이 아니면 좋은 벼슬자리를 얻지 못하고 바위 구멍과 띠풀 지붕 밑에 사는 선비는 비록 뛰어난 재주가 있어도 억울하게 등용되지 못한다. 과거에 합격하지 않으면 높은 지위를 얻지 못하고 비록 덕이 훌륭해도 과거를 보지 않으면 재상 자리에 오르지 못한다. 하늘은 재주를 고르게 주는데 이것을 명문의 집과 과거로써 제한하니 인재가 늘 모자라 걱정하는 것은 당연하다. 동서고금에 첩이 낳은 아들의 재주를 쓰지 않는다는 말은 듣지 못했다. 우리나라만이 천한 어미를 가진 자식이나 두 번 시집간 자의 자손을 벼슬길에 끼지 못하게 한다. 조막만하고 더욱이 양쪽 오랑캐 사이에 끼어 있는 이 나라에서 인재를 제대로 쓰지 못할까 두려워해도 더러 나랏일이 제대로 될지 점칠 수 없는데, 도리어 그 길을 스스로 막고서 "우리나라에는 인재가 없다"라고 탄식한다.

－ 허균, 〈유재론〉 중에서 －

① 〈보기 2〉를 쓴 글쓴이는 '경계를 무력화'시키려는 입장에 동조하는 사람이다.
② '명망가의 집 자식만이 벼슬자리를 얻는 것'은 '경계의 안'에서 벌어지는 일이다.
③ 〈보기 2〉의 글쓴이는 '경계의 바깥에서 안을 바라보고자' 노력하는 사람으로 볼 수 있다.
④ '하늘이 재주를 고르게 주는 것'은 '권력이 정상적이라고 설정해 놓은 틀'에 해당한다.

287 다음 글의 제목으로 가장 적절한 것은?

[2012. 지방직 7급]

> 고전 시대의 수사학자들은 여러 종류의 아이러니를 구별하는 데 능하였고, 바로크 시인들과 비평가들은 아이러니를 의식적으로 개발하여 18세기 작가들에게 전달해 주었는데 슐레겔과 티크 등 독일 낭만주의자들은 아이러니를 실제의 역설적(逆說的) 본질을 표현하는 수단으로 파악하였다. 이후 아이러니의 현대적 논의에서는 두 개의 주요한 유형인 말의 아이러니(verbal irony)와 극적 아이러니(dramatic irony)가 강조되고 있다. 말의 아이러니는 하나의 의미가 진술되고 정반대의 다른 의미가 의도되는 말하기의 한 형태이다. 반면에 극적 아이러니는 플롯 장치의 하나인데, 주로 등장인물이 적절하고 현명한 방법과는 반대로 반응하거나 등장인물과 상황들이 반어적 효과를 위해서 비교되거나 대조되는 경우를 지칭한다.

① 아이러니와 수사학의 정체성
② 아이러니의 역사와 유형
③ 아이러니의 내용과 창작
④ 아이러니의 현대적 계승과 사례

288 안견에 대한 글쓴이의 평가로 가장 적절한 것은?

[2010. 지방직 9급]

> 광묘(光廟)가 정난(靖難)할 무렵에 안평대군(安平大君)은 고귀한 공자(公子)로서 문장(文章)과 재화(才華)와 한묵(翰墨)으로 한때의 명류(名流)들과 두루 교유하였으므로, 누구도 그를 흠모하여 붙좇지 않은 이가 없었다. 안견 또한 기예로써 공자의 초대를 받았는데, 본디 필치가 뛰어났으므로, 공자가 특별히 그를 사랑하여 잠시도 공자의 문 안을 떠나지 못하게 하였다. 그러니 안견으로서는 시사(時事)의 위태로움을 알고서 스스로 소원(疏遠)해지고 싶었지만 그렇게 할 수가 없는 상황이었다.
>
> 그러다가 하루는 공자가 연시(燕市)에서 용매묵(龍媒墨)을 사다 놓고는 급히 안견을 불러 먹을 갈아서 그림을 그리게 하였는데, 마침 공자가 일어나 내당(內堂)에 들어갔다가 돌아와 보니 용매묵이 없어졌다. 공자가 노하여 시비(侍婢)를 꾸짖으니, 시비들이 스스로 변명을 하면서 안견을 의심하는 기색이 있었다. 그러자 안견이 일어나서 소매를 떨치며 스스로 변명을 하는 도중에 먹이 갑자기 안견의 품 안에서 떨어지니, 공자가 대번에 노하여 그를 꾸짖어 내쫓으며 다시는 그의 집에 얼씬도 못하게 하였다. 안견은 부끄러워 말도 못하고 달려 나와 집에 돌아와서는 꼼짝도 하지 않고 은복(隱伏)하여 자중하였는데, 마침내 이 일이 온 세상에 떠들썩하게 전파되었다. 그런데 이윽고 공자가 대죄(大罪)에 걸리자, 그의 문하에 출입하던 자들이 모두 연루되어 죽었으나, 안견만은 유독 이 일 때문에 화를 면하였으므로, 사람들이 그제야 비로소 그를 이상하게 여기었다.

① 덕을 품고서 더러운 행실을 삼갔다.
② 뜻을 굽히지 않는 대나무 같은 소신이 있다.
③ 세속을 초월하는 은일과 탈속의 기풍이 있다.
④ 세리(勢利)를 헤아려 화를 벗어나는 능력을 지녔다.

289 다음 글을 읽고 해결할 수 있는 의문점과 거리가 먼 것은?　　　　　　　　　　[2014. 기상직 9급]

　　근대 과학의 성립과 더불어 과학과 문학의 기능은 재현과 표현으로 구별되어 왔다. 과학이 세계에 대한 객관적 정보를 제공하는데 반하여 문학은 세계에 대한 작가의 정서를 드러내 줄 뿐이라는 것이다. 과학적 텍스트의 내용이 사실적 서술인데 반하여 소설이나 희곡과 같은 문학 텍스트의 세계는 허구적 상상물이다.

　　그러나 시의 경우는 다르다. 시는 허구가 아니며, 시인이 시에서 의도하는 것은 어떤 상상할 수 있는 경우를 제시하는데 있지 않다. 그는 자신이 발견했거나 경험했다고 확신하는 어떤 객관적 진리를 재현해 보이려는 것이다. 그가 재현하고자 하는 진리가 자신의 내면적 세계일 경우도 마찬가지다. 그렇다면 시적 의도는 어디까지나 인지적이며 그 텍스트가 나타내는 것은 외적 혹은 내적 세계에 대한 정보이다. 인지적이라는 점에서 시의 의도는 과학의 의도와 가깝고 소설이나 희곡의 의도와는 멀다.

　　이처럼 시와 과학은 세계를 객관적으로 파악하고 표상하고자 하는 동일한 의도를 갖지만, 인식의 대상과 목적이라는 측면에서는 서로 다르다.

① 과학의 의도는 시의 의도와 유사한 점이 있는가?
② 시인이 재현하려는 세계는 무엇인가?
③ 시인과 과학자가 세계를 인식하는 목적과 그 대상은 어떻게 다른가?
④ 시가 내용면에서 소설이나 희곡과 다른 점은 무엇인가?

290 다음 글에서 도킨스의 논리에 대한 필자의 문제 제기로 가장 적절한 것은?　　　　[2013. 서울시 9급]

　　도킨스는 인간의 모든 행동이 유전자의 자기 보존 본능에 따라 일어난다고 주장했다. 사실 도킨스는 플라톤에서부터 쇼펜하우어에 이르기까지 통용되던 철학적 생각을 유전자라는 과학적 발견을 이용하여 반복하고 있을 뿐이다. 이에 따르면 인간개체는 유전자라는 진정한 주체의 매체에 지나지 않게 된다. 그런데 이 같은 도킨스의 논리에 근거하면 우리 인간은 이제 자신의 몸과 관련된 모든 행동들에 대해 면죄를 받게 된다. 모든 것들이 이미 유전자가 가진 이기적 욕망으로부터 나왔다고 볼 수 있기 때문이다. 그래서 도킨스의 생각에는 살아가고 있는 구체적 생명체를 경시하게 되는 논리가 잠재되어 있다.

① 고대의 철학은 현대의 과학과 양립할 수 있는가?
② 유전자의 자기 보존 본능이 초래하게 되는 결과는 무엇인가?
③ 인간을 포함한 생명체는 진정한 주체인가?
④ 생명 경시 풍조의 근원이 되는 사상은 무엇인가?
⑤ 인간은 자신의 행동에 책임을 질 필요가 있는가?

286 ④
[정답풀이]
'하늘이 새주를 고르게 주는 것'은 글쓴이(비판적 지식인)가 '권력이 정상적이라고 설정해 놓은 틀'을 비판할 수 있는 논리적인 근거가 된다. '권력이 정상적이라고 설정해 놓은 틀'은 권력자들이 자신들의 이해 관계에 맞게 만들어 놓은 부조리한 사회 제도를 가리킨다. 이 글의 '경계'는 권력자들이 자신들의 이해관계에 맞게 만든 틀 즉, 사회 제도를 의미하는데, <보기>에서 명망있는 집 자식만이 벼슬자리를 얻고 미천한 집안의 선비는 아무리 능력이 있더라도 등용되지 못하는 조선의 부조리한 인재 등용 제도가 이에 해당한다. <보기>의 글쓴이는 이러한 제도의 이해 관계에서 벗어난 객관적인 입장에서 부조리한 제도를 비판하고 있다.

287 ②
[정답풀이]
고전 시대 → 바로크 시대 → 18세기(독일 낭만주의) → 현대에 이르기까지 각 시대별로 '아이러니'라는 개념이 어떤 식으로 논의되었는지를 소개하고, 다시 현대적 논의에서 구분하고 있는 아이러니의 유형에 대해 설명하고 있으므로 ②가 가장 적절하다.

288 ④
[정답풀이]
'안견으로서는 시사(時事)의 위태로움을 알고서 스스로 소원(疏遠)해지고 싶었지만'이란 내용으로 보아 안견이 일부러 도둑의 누명을 쓰고 안평대군과 멀어지려 한 것임을 알 수 있다. 따라서 안견을 세리(권세와 이익)를 헤아려 화를 벗어나는 능력을 지닌 인물로 평가하는 것이 가장 적절하다. 참고로 '광묘'는 세조(세종의 둘째 아들인 수양대군)를 말하는 것이고, '정난(靖難)'은 수양대군의 '계유정난'을 이르는 것이다. 윗글은 계유정난 당시, 수양대군에 의해 안평대군이 화를 당할 것을 미리 짐작한 안견이 자신의 기지로 화를 모면한 이야기이다.

289 ③
[정답풀이]
시인과 과학자가 세계를 인식하는 각각의 목적과 대상이 다르다는 내용은 위 글에 나오지 않았다. 참고로, 마지막 단락의 내용에 따르면 시는 세계를 인식의 대상으로 보고, 과학은 세계를 인식의 목적으로 본다고 했을 뿐이다.

오답

① 세계를 객관적으로 파악하고 표상하고자 한다는 점에서 시와 과학의 의도는 같다.
② 시인은 자신이 발견했거나 경험했다고 확신하는 객관적 진리를 재현하려고 한다.
④ 인지적이라는 점에서 시의 의도는 소설이나 희곡과 다르다.

290 ③
[정답풀이]
리처드 도킨스는 <이기적 유전자>에서 인간의 주체에 대해 '유전자'라고 보았다. 하지만 이렇게 볼 경우 인간의 개체를 유전자에 종속시키는 결과를 낳게 된다. 따라서 필자는 인간의 주체가 생명체인지, 유전자인지에 대해 문제를 제기하고 있다.

오답

④ 생명 경시 풍조 사상은 지나치게 포괄적이고 광범위하다. 직접적 소재에서 벗어나는 것은 답이 아니다.

291 밑줄 친 ㉠이 전제하고 있는 내용으로 볼 수 없는 것은?

> 조선 초의 유학자 관료들은 임금이 공식적인 장소에 나와서 신하들과 대면할 것을 바랐는데, 이때 제시된 장소가 바로 편전이었다. 편전은 임금이 신하들과 함께 공개적으로 정치를 논하는 공간이면서, 동시에 함께 공부하는 공간이기도 했다. 특히 임금이 공부해야 한다는 생각은 성리학적 사회에서야 비로소 등장한 것이 었다. 그 이전의 우리나라나 중국에서도 임금이 훌륭한 자질을 지니는 문제가 중요했고, 임금들이 공부를 하지 않은 것은 아니었지만, 이것보다 더 강조된 것은 임금이 신성한 혈통을 지녔다는 점이었다. 그래서 우리나라의 삼국 시대 임금들은 하늘의 자손임을 강조했고, 고려의 임금은 용손(龍孫)을 자처했으며, 중국 송나라 황실은 스스로 도교에서 신성시하는 원시 천존(元始天尊)의 후손이라고 주장하기까지 했다.
>
> 성리학의 세계에서는 이러한 주장이 인정되지 않는다. 사람들이 선천적으로 가진 기품에 차등이 있다는 점을 부인하지는 않지만, 누구나 본성이 선하기 때문에 노력하면 성인(聖人)이 될 수 있다고 본다. 그러므로 ㉠임금도 그 선한 본성이 가려지지 않도록 열심히 수양해야 한다는 것이다. 특히, 임금은 막대한 힘을 지니고 있는 만큼 그 영향력이 지대하므로 수양에 더욱 힘쓰기를 바란다. 이를 위해 『대학(大學)』에서 규정한 공부법인 격물치지(格物致知)*를 행해야 하는 것이며, 이를 제도적으로 구현한 것이 바로 경연(經筵)이다. 경연이란 임금이 학문을 닦기 위하여 학식과 덕망이 높은 신하를 불러 왕도에 관하여 강론하게 하는 일을 말한다. 경복궁의 주요 전각의 이름을 지은 정도전은 경연을 하는 편전에 '사정전(思政殿)'이란 이름을 붙이면서, 천하의 이치를 깨달으려면 '사(思)', 즉 생각을 지극히 해야 한다고 했다.

① 임금은 선천적으로 좋은 본성을 지니고 있는 사람이다.
② 임금도 성인이 되기 위해서는 노력해야 하는 존재이다.
③ 임금이 수양을 하지 않으면 정치를 제대로 하기 어렵다.
④ 임금은 권력을 지니고 있기 때문에 그 영향력이 지대하다.
⑤ 임금의 신성한 혈통은 자기 수양을 통해서 인정될 수 있다.

292 다음 글에 대한 설명으로 가장 적절한 것은?
[2015. 지방직 9급]

> 노동 시장은 생산물 시장과 본질적으로 유사하지만, 생산물 시장이나 타 생산요소 시장과 다른 특징을 지니고 있다. 그중 가장 중요한 특징은 인간이 상품의 일부라는 점이다. 생산물 시장에서 일반 재화는 구매자와 판매자간에 완전한 이전이 가능하고, 수요자와 공급자는 상대방이 누구인가에 대해 전혀 신경 쓸 필요 없이 오로지 재화 그 자체의 가격과 품질을 고려하여 수요·공급 의사를 결정한다. 그러나 노동 시장에서 노동이라는 수요자와 공급자는 단순히 물건을 사고파는 것 이상의 인간적 관계를 맺게 되고, 수요·공급에 있어서 봉급, 부가 급여, 직업의 사회적 명예, 근무 환경, 직장의 평판 등 가격 이외의 비경제적 요소가 많은 영향을 미친다. 따라서 노동 시장은 가격의 변화에 따라 수요·공급이 유연성 있게 변화하지 않는 동시에 수요·공급의 불균형이 발생해도 가격의 조절 기능이 즉각적으로 작동하지 않는다.

① 여러 이론을 토대로 노동 시장에 대한 다양한 관점을 소개하고 있다.
② 여러 사례를 근거로 삼아 노동 시장에 대한 통념을 비판하고 있다.
③ 대비의 방식을 사용하여 노동 시장이 가지는 특징을 설명하고 있다.
④ 노동 시장에 관한 기존의 논의를 분석하여 새로운 주장을 제시하고 있다.

293 리더십 부재와 잘못된 정책을 '등산'에 빗대어 설명한 것으로 가장 적절한 것은?
[2015. 국가직 9급]

① 사공이 많으면 배가 산으로 간다는 속담처럼 말이 많으면 어느 산을 오를 것인지 결정할 수 없습니다.
② 등산로를 잘 알지 못하더라도 길잡이가 용기 있는 결단을 내리면 많은 사람들이 등산에 성공할 수 있습니다.
③ 길잡이가 방향을 잘못 가리키고 혼자 가 버리면 많은 사람들이 산 정상에 오를 수 없어 등산의 기쁨을 맛볼 수 없습니다.
④ 등산의 목적은 다른 사람들보다 먼저 봉우리에 올랐다는 기쁨 그 자체이므로 길잡이는 항상 등산하는 사람들이 경쟁할 수 있도록 도와야 합니다.

294 다음 중 〈보기〉와 같은 서술 방식이 쓰인 문장은?
[2015. 서울시 9급]

┤보기├

> 포장한 지 너무 오래되어 길에는 흙먼지가 일고 돌이 여기저기 굴러 있었다. 길 양쪽에 다 쓰러져가는 집들, 날품팔이 일꾼들이 찾아가는 장국밥집, 녹슨 함석지붕이 찌그러져 있었고, 흙먼지가 쌓인 책방, 조선 기와를 올린 비틀어진 이층집, 복덕방 포장이 찢기어 너풀거린다.

① 탈피 후 조금 쉬었다가 두 번째 먹이를 먹고 자리를 떠났다.
② 잎은 어긋나게 붙고 위로 올라갈수록 작아지면서 윗줄기를 감싼다.
③ 사람을 접대하는 것은 글을 잘 짓는 것과 같다.
④ 성장이 둔화되어 일자리가 늘지 않았기 때문이다.

295 다음 글의 내용과 부합하지 않는 것은?

규장(奎章)이란 제왕의 시문이나 글씨를 이르는 말로, 규장각은 역대 임금의 시문과 글씨를 보관하기 위한 왕실 도서관을 가리킨다. 정조는 왕실 도서관이 여러 차례 화재와 전란 등으로 부침을 겪는 것을 보고 크게 탄식했다. 그래서 즉위 이튿날, 창덕궁의 후원에 규장각을 건립하라고 명령했다. 부친인 사도세자의 폐위로 정통성이 흔들린 정조는 자신이 조선 왕실의 적통임을 분명히 한다는 뜻에서 선왕인 영조의 시문을 정리하는 일을 가장 먼저 시도했다. 이렇게 정리된 선왕의 문헌을 체계적으로 보관하기 위하여 설립한 것이 규장각이다.

왕실에 도서관을 두는 제도는 중국 송나라 때 확립된 바 있다. 송나라에서는 용도각, 천장각, 보문각 등 독립적인 건물을 두어 황제에 따라 별도로 시문과 글씨를 보관했다. 정조는 임금별로 시문과 글씨를 따로 관리하는 송나라의 제도가 번거롭다고 여겨 하나의 궁궐 전각에 함께 봉안하도록 했다. 처음에는 임금이 직접 지은 글을 보관하는 곳이라는 뜻에서 어제각(御製閣)이라 했다가 세조가 직접 쓴 '奎章閣'이라는 액자를 현판으로 옮겨 달면서 규장각이라는 명칭을 본격적으로 사용하게 된 것이다.

규장각을 설립한 사람은 정조지만 그 구상은 세조 때의 학자 양성지가 제공했다. 이러한 사실을 나중에 안 정조는 "규장각을 건립하자는 의견이 오랜 세월을 두고 합치함이 있기에 그 말을 이용하여 그 사람을 생각하려 함이다."라고 하면서 양성지의 문집을 편찬하여 간행하게 했다. 또한 정조는 양성지의 외손 30여 명이 홍문관 요직에 등용되었던 것을 기리고자 규장각에서 ≪양문양공외예보(梁文襄公外裔譜)≫를 편찬하게 했다.

① 정조는 즉위 초부터 왕실의 정통성 확립을 위한 노력을 기울였다.
② 정조는 송나라의 제도를 답습하여 왕권을 강화하고자 하였다.
③ 규장각이라는 명칭은 정조 시대 이전에 이미 만들어졌다.
④ 정조는 양성지와 그의 후손들을 기리려고 했다.

59일차

291 ⑤
[정답풀이]
이 글의 내용으로 볼 때, 성리학의 세계에서는 임금이 신성한 혈통을 지녔다는 점을 강조하지 않는다. ⑤는 임금의 신성한 혈통을 강조하는 입장이므로 ㉠이 전제하고 있는 내용으로 보기 어렵다.

292 ③
[정답풀이]
제시문은 '노동 시장'과 '생산물 시장'의 차이점을 중심으로 대비(對比)하여 설명하는 글이다.

293 ③
[정답풀이]
문제 속에 힌트가 있다. '리더십 부재와 잘못된 정책'에 대한 두 가지 내용이 나와야 하므로 '길잡이의 잘못된 역할'을 빗대어 말한 ③이 적절한 답이다. '방향을 잘못 가리키고'는 잘못된 정책'을 말하고, '혼자 가 버리면'은 '리더십의 부재'에 해당한다.

오답

① '리더십 부재'는 어느 정도 가능하나 '잘못된 정책'은 알 수 없다.

294 ②
[정답풀이]
〈보기〉의 서술방식은 그림 그리듯이 자세히 설명하는 '묘사(描寫)'이다.

오답

① 서사, ③ 유추, ④ 인과.

295 ②
[정답풀이]
정조가 송나라의 제도를 답습하여 왕권을 강화하려 했다는 내용은 제시되지 않았다. 오히려 정조는 송나라의 제도가 번거롭다고 하여 임금의 시문과 글씨를 궁궐 전각에 함께 봉인했다.

오답

① 정조는 즉위 이튿날 창덕궁 후원에 규장각을 건립했다. 이는 자신이 조선 왕실의 적통임을 분명히 하기 위한 것이었다.
③ 세조가 직접 쓴 '규장각(奎章閣)'의 명칭을 정조 때에 사용한 것이므로, '규장각'이라는 명칭은 정조 시대 이전에 만들어진 것이다.
④ 정조는 양성지의 문집을 편찬하여 간행했다. 그리고 양성지의 외손 30여 명이 등용된 것을 기리고자 규장각에서 ≪양문양공외예보≫를 편찬하게 했다.

296 다음 글에 대한 설명으로 가장 적절한 것은?

> 자본과 노동은 똑같이 생산 수단이지만 자본주의에서는 자본이 노동보다 우월한 지위를 갖는다. 그러므로 자아실현의 수단이며 삶의 주요 활동인 노동은 자본에 의해 그 의미가 축소된다. 자본주의 사회의 노동 형태인 분업은 효율성을 높인다는 장점이 있긴 하지만, 분업에 참여한 사람들이 단순 작업 과정을 반복하게 된다는 단점이 있다. 이 때문에 노동자들은 전체로서의 노동의 의미와 결과를 제대로 알지 못한 채 소외를 맛보게 된다.
>
> 마르크스에 의하면 자본주의에서 노동자가 소외되는 이유 중의 하나는 '잉여가치'와도 관련이 있다. 인간의 노동은 상품보다 훨씬 큰 가치를 지니고 있기 때문에 노동자가 제공하는 노동력은 고용주가 노동에 대해 지불하는 비용보다 훨씬 많은 이익을 고용에게 안겨 준다. 이것이 바로 마르크스가 말하는 잉여 가치이다. 이윤 추구가 기업의 목표인 자본주의 사회에서 고용주는 잉여 가치를 창출하고자 노력하게 되고, 이는 필연적으로 노동자에게 '잉여노동'을 요구하게 된다. 또 고용주는 생산된 상품을 자신이 지불한 비용(원료비, 인건비등) 보다 더 높은 가격으로 팔게 된다. 결론적으로 노동자는 자신이 만든 상품보다 낮은 임금을 받게 되고, 그 임금으로는 자신이 만든 상품을 살 수 없는 상황이 발생하게 된다. 자신의 노동의 결과물은 쇼윈도안의 '낯선 것'이 되어 자신을 소외시킨다.

① 인간이 지닌 노동력의 한계를 지적하고 있다.
② 인간이 노동의 결과물로부터 소외되는 상황을 설명하고 있다.
③ 노동을 통한 잉여가치 창출의 필요성을 설명하고 있다.
④ 노동과 자본이 대등하게 다루어지는 경우를 제시하고 있다.

297 다음 글에서 설명한 '우리 음악'의 특징을 확인할 수 있는 예로 가장 적절한 것은?

> 우리 음악은 뭐니 뭐니 해도 농현(弄絃), 즉 현을 떠는 데 특징이있다. 줄을 한 번에 누르지 않고 각각 다른 세기로 누르는 동작을 반복함으로써 현이 떨리게 연주하는 것이다. 서양음악으로치면 바이브레이션에 해당될 터인데, 서양의 바이브레이션은 우리의 농현에 비해 훨씬 진동의 규모가 작다. 줄이판에서 거의 떨어져 있지 않아 세게 떠는 것이 불가능하기 때문이다. 이렇게 떠는 연주법은 악기 연주뿐 아니라 시조나 민요, 판소리와 같은 성악에서도 발견된다. 민속 성악으로 가면 이 떨림의 정도가 더해져 아예 소리를 꺾어버리는 경우도 많다.

① '동창이 밝았느냐 노고지리 우지진다.'로 시작하는 시조를 창으로 부를 때는 '동창이~'로 딱 떨어지게 부르지 않고 '도옹창이이히이히히히'라고 늘여 부른다.
② 관객과 무대를 따로 분리하지 않고 마당놀이 형태로 공연되던 판소리의 경우, 창자는 관객들의 호응에 따라 즉흥적으로 내용을 바꾸어 부르는 경우가 많다.

③ 민요는 무지한 민중이 향유하던 노래인 만큼 가사가 쉽고, "형님온다/형님온다/분고개로/형님온다"와 같이 유사한 구절을 반복해서 부르는 형식이 많다.

④ 고전 시가 중 유일하게 현재까지 불리는 시조의 경우, 정형시인 만큼 부르기 쉽도록 4음보의 율격을 지니고 있는 데 특히 종장 첫 음보의 경우 가사가 3음절로 되어 있다.

298 다음 (가)~(바)를 논리적 순서에 맞게 나열한 것은?

[2019. 국회직 9급]

(가) 그러기에 절도는 동서고금을 막론하고 사회적 금기이다. 하지만 인간의 내부에는 절도에 대한 은밀한 욕망이 자리 잡고 있다. 절도는 적은 비용으로 많은 먹이를 획득하고자 하는 생명체의 생존욕과 관련이 있을 것이다.

(나) 절도는 범죄지만 인간은 한편으로 그 범죄를 합리화한다. 절도의 합리화는 부조리한 사회, 주로 재화의 분배에 있어 불공정한 사회를 전제로 한다. 그리고 한 걸음 더 나아가 절도 행위자인 도둑을 찬미하기도 한다.

(다) 따라서 사회적 금제 시스템이 무너졌을 때 절도를 향한 욕망은 거침없이 드러난다. 1992년 LA 폭동 때 우리는 그 야수적 욕망의 분출을 목도한 바 있다.

(라) 혹 그 도둑이 약탈물을 달동네에 던져주기라도 하면 그는 의적으로 다시 태어나 급기야 전설이 되고 소설이 된다. 그렇게 해서 가난한 우리는 일지매에 빠져들고 장길산에 열광하게 되는 것이다.

(마) 법은 절도를 금한다. 십계 중 일곱 번째 계명이 '도둑질하지 말라'이며, 고조선의 팔조금법에도 '도둑질을 하면 노비로 삼는다'는 내용이 포함되어 있다. 절도가 용인되면, 즉 개인의 재산을 보호하지 않으면 사회 자체가 붕괴된다.

(바) 지위를 이용한 고위 공무원의 부정 축재와 부잣집 담장을 넘는 밤손님의 행위 사이에 어떤 차이가 있는가? 만약 그 도둑이 넘은 담장이 부정한 돈으로 쌓아올려진 것이라면 월장은 도리어 미화되고 찬양받는다.

① (마) – (가) – (다) – (나) – (바) – (라)

② (마) – (나) – (바) – (가) – (다) – (라)

③ (마) – (바) – (라) – (다) – (나) – (가)

④ (나) – (마) – (가) – (다) – (바) – (라)

⑤ (나) – (다) – (라) – (마) – (바) – (가)

299 다음 문장들을 이용하여 두괄식으로 한 단락을 구성한다면 전개 순서로 가장 적절한 것은?

[2019. 경찰직 2차]

> ㉠ 지리적으로 독도는 '울릉도의 부속 도서'이다.
> ㉡ 독도를 당시 '우산도'라고 호칭한 것도 옛 우산국의 영토로서 본도(本島)를 '울릉도'로 호칭하게 되자 울릉도의 속도(屬島)인 독도에 '우산도'의 명칭이 옮아 붙은 것이다.
> ㉢ 15세기의 "세종실록"에는 울릉도를 '본도'라 하고, 독도의 당시 명칭인 우산도를 울릉도의 속도라고 하였다.
> ㉣ 울릉도의 영유 국가가 독도의 영유 국가가 된다.

① ㉠ - ㉡ - ㉢ - ㉣
② ㉠ - ㉡ - ㉣ - ㉢
③ ㉢ - ㉡ - ㉠ - ㉣
④ ㉣ - ㉠ - ㉢ - ㉡

300 다음 글의 서술 방식으로 적절하지 않은 것은?

[2014. 국가직 9급]

> 대개 사람은 스스로 자신의 잘못을 깨닫는다. 지난번 우리 조정에서는 부끄러움을 무릅쓰고 너를 달래기 위하여 지방의 요직에 임명한 일이 있었다. 그런데도 너는 만족할 줄 모르고 오히려 못된 독기를 발산하여 가는 곳마다 사람을 죽이고 군주를 욕되게 하여, 결국 황제의 덕화(德化)를 배신하고 말았다.
> ≪도덕경≫에 이르기를, "갑자기 부는 회오리바람은 한나절을 지탱하지 못하고, 쏟아지는 폭우는 하루를 계속하지 못한다." 하였다. 천지에 갑작스럽게 일어난 변화도 이와 같이 오래가지 못하는 법인데 하물며 사람의 일이야 말할 나위가 있겠는가?
> 지금 너의 흉포함이 쌓이고 쌓여 온 천지에 가득 찼다. 그러나 이러한 위험 속에서 스스로 안주하고 반성할 줄 모르니, 이는 마치 제비가 불이 붙은 초막 위에 집을 지어 놓고 만족해하는 것과 같고, 물고기가 솥 안에서 즐거워하며 헤엄치는 것과 같다. 눈앞에 닥친 삶을 즐겨 죽을 운명을 생각지 못하고 말이다.
> 나는 지금 현명하고 신기로운 계획으로 온 나라의 군대를 규합하니 용맹스러운 장수가 구름처럼 모여들고, 죽음을 가벼이 여기는 용사들이 소나기처럼 몰려온다. 진격하는 깃대를 높이 세워 남쪽 초(楚)나라에서 불어오는 바람을 잠재우고, 전함과 누선을 띄워 오(吳)나라 강의 풍랑을 막으려고 한다.
>
> — 최치원, 〈토황소격문〉 중에서 —

① 단호한 어조로 상대의 오만함을 지적하고 있다.
② 역사적 사례를 들어 상대의 미묘한 심리를 언급하고 있다.
③ 상대가 행한 일을 나열하며 부당한 처사였음을 지적하고 있다.
④ 상대가 처한 상황을 비유적으로 표현하며 반성을 촉구하고 있다.

296 ②

[정답풀이]

첫째 문단에서는 노동자가 노동의 과정에서 소외되는 경우를 설명하였다. 그리고 둘째 문단에서는 노동자들이 자신들이 받는 임금으로 자신들이 만든 노동의 결과물을 살 수 없는 상황, 즉 노동의 결과물로부터 소외당하는 경우를 설명하고 있다.

297 ①

[정답풀이]

글에서는 우리 음악의 특징인 '농현'에 대해 설명하고 있는데, 농현은 '줄을 한 번에 누르지 않고 각각 다른 세기로 누르는 동작을 반복함으로써 현이 떨리게 연주하는 것'을 말한다. 그리고 이러한 연주법은 악기 연주뿐 아니라 시조나 판소리와 같은 성악에서도 발견된다고 하고 있다. ①에서 '동창이'의 '-이' 한 음절을 '이이히이히히히'라고 늘여 부르는 경우가 이에 해당한다고 할 수 있다.

298 ①

[정답풀이]

(마)는 글의 도입이다. 인간은 법으로 절도를 금지한다는 내용을 설명했다. 화제를 제시한 문단이다. (가)는 (마)의 내용을 심화하여 절도가 사회적 금기임을 설명했다. 그리고 인간의 내부에는 절도에 대한 욕망이 있다는 것을 새롭게 제시했다. (다)는 (가)에서 제시한 절도의 욕망을 LA폭동을 예로 들어 설명했다. (나)에서는 절도를 합리화하려는 인간의 또다른 심리를 제시했다. (바)는 (나)의 내용을 이어서 절도가 미화되고 찬양받는 예를 제시했다. 마지막으로 (라)는 도둑에 열광하게 되는 상황을 예로 들고 있다.

299 ④

[정답풀이]

이 글은 울릉도를 영유하는 국가가 독도를 영유하는 국가임인 이유를 역사적으로 설명한 글이다. 글을 두괄식으로 작성해야 하므로 먼저 이 글 전체의 주제인 ㉣이 앞에 와야 한다. ㉠은 ㉣의 지리적 근거이므로 ㉣의 뒤에 온다. ㉢은 근거를 들어 ㉠을 구체적으로 설명했으므로 ㉠의 뒤에 온다. 마지막으로 ㉡은 앞서 제시한 근거들을 구체적으로 설명하여 마무리하고 있다.

300 ②

[정답풀이]

'역사적 사례'를 들거나, '상대의 미묘한 심리를 언급'한 것은 없다. ≪도덕경≫을 인용하며, 모반을 일으킨 황소를 질책하고 있다.

61일차 20 . . .

301 다음 글에서 설명하는 '민족주의사학'의 입장에서 역사를 설명한 예로 가장 적절한 것은?

> 현대의 한국사학은 일제 어용사가들의 식민주의적 한국사관을 타파하는 한편, 한국학자들 자신이 쌓아올린 근대 사학의 전통을 계승하고 발전시킴으로써 성장하였다. 일제의 식민 통치라는 악조건 밑에서도 한국 사학자들은 올바른 한국사학을 키우기 위한 노력을 계속해 왔다. 이들 중에서 민족주의사학은 한국사의 발전을 민족의 정신적 측면에서 설명하려 하였다. 한국사의 근원이 되는 것은 한민족(韓民族)의 혼이므로 이것이 왕성할 때는 한국사도 찬란한 발전을 하였으나 약해지면 역사도 또한 약해졌다고 믿었다. 따라서 이들은 비록 국가의 외형은 잃었더라도 그 근원이 되는 혼을 지켜나간다면, 언젠가는 다시 국권을 회복할 날이 온다고 주장하였다. 한편 사회경제사학은 민족 속에는 경제적으로 지배하는 자와 지배받는 자의 대립이 있어 왔고, 그 대립의 양상은 일정한 법칙에 따라 역사적으로 전개되어 왔다고 주장하였다. 이에 대해서 실증사학은 한국사의 발전을 어떤 선입견을 가지고 이에 맞추는 것에 반대하였다. 오히려 실증적인 태도로 객관적인 사실과 그 원인을 정확하게 인식함으로써 한국사를 체계화하고 바르게 이해할 수 있다고 주장하였다.

① 임진왜란 이후 서민들의 자각은 신분 제도의 변화를 낳고 이것이 근대로 나아가는 계기가 되었다.

② 서민들의 생활상이 드러난 풍속화나 문학 작품들을 보면 조선 후기에는 서민 의식이 신장되었음을 알 수 있다.

③ 고려가 몰락하자 불교가 그 몰락의 한 요인으로 본 조선의 정도전 등은 불교를 배척하고 유교를 중심으로 나라의 기틀을 확립하였다.

④ 신라는 국가에 대한 충성과 애국을 중시하는 화랑도 정신을 바탕으로 국가의 기강을 바로잡고 삼국을 통일할 수 있었다. 그러나 화랑도 정신이 변질되면서 결국 몰락하고 말았다.

302 다음 글의 화제로 가장 적절한 것은?

무심코 버리는 전자 제품에는 금과 은, 구리 같은 값비싼 금속이 포함되어 있다. 특히 인쇄회로기판(PCB)이 탑재되어 있는 컴퓨터나 휴대 전화에는 약 0.02~0.05g의 금이 존재한다. 이를 회수하기 위해 지금까지는 제련소의 뜨거운 용광로에서 녹이는 방법을 사용했다. 그러나 이 방법은 에너지 소모가 크고 온실가스도 많이 발생하는 단점이 있다. 그렇다면 PCB에서 귀금속을 얻어낼 수 있는 좋은 방법은 없을까?

PCB에는 플라스틱 층이 10겹 이상 모여 있으며 각 층 사이에는 얇은 판 모양의 금속이나 선이 존재한다. 따라서 꼭꼭 숨어 있는 금속을 찾아내는 일이 가장 큰 과제다. 방법은 두 가지로, 첫 번째는 PCB를 7mm보다 작은 크기로 분쇄한 뒤 자력과 풍력, 정전기를 이용해 성분에 따라 분류하는 것이다. 철을 많이 포함한 금속 성분은 자석에 붙여 분류하고, 플라스틱처럼 가벼운 성분은 바람에 날리게 하여 분리하며, 물질들끼리 서로 마찰시켜 극성을 띠는 성분은 그 극성을 이용하여 분리하기도 한다. 두 번째 방법으로는 PCB를 용매에 담근 채 100℃로 가열해 기판의 층들을 벌어지게 하여 구리선이나 금속이 떨어져 나오게 하는 것이다. 이런 방법으로 선별한 금속을 액체 상태로 만든다.

① 가전 제품의 수명을 늘리는 기술
② 전자 제품에서 금속을 분리하는 기술
③ 전자 제품을 재활용품으로 만드는 기술
④ 전자 제품 내부에 금속을 내장하는기술

303 밑줄 친 ㉠에 대한 이해로 가장 적절한 것은?

비잔틴 미술은 말 그대로 비잔틴 제국의 미술을 말하는데, 비잔틴 미술을 대표하는 것이 성스러운 형상 또는 성스러운 이미지를 뜻하는 '성상(Icon)'이다. 구체적으로 ㉠성상은 주로 그리스도와 성모 또는 기독교의 여러 성인과 순교자들의 모습을 재현한 회화나 조각을 가리키는데, 이들은 종교적 목적으로 제작되었다. 성상 앞에서 기도하며 소망한다는 것은 성상이 신비한 힘을 지녔다는 믿음을 전제로 하는 것인데, 이는 그리스나 메소포타미아 지역의 다신교 전통에서 성행하던 것이다. 따라서 애초에 성상을 모시고 경배하는 것은 기독교와 무관한 전통이었다. 그런데 서기 4세기 기독교의 공인과 더불어 예수 그리스도의 권능과 정신 등을 드러내려는 의도와 성상을 경배한 과거의 전통이 결합하여 비잔틴 제국에서 기독교적인 성상을 제작하고 이를 경배하는 현상이 나타나게 된 것이다.

하지만 신적 이미지를 구현한 성상은 기독교 전통 안에서는 본질적으로 곤란한 측면을 포함하고 있었다. 구약 성서는 신의 이미지와 신적 형상의 사용 금지를 분명히 밝히고 있다. 따라서 신의 형상을 표현한 모든 것은 신의 계율을 어긴 것이자 신을 모독하는 행위로 우상이 된다. 이러한 곤란함과 수도원의 힘을 견제하려는 정치적 의도로 인해 서기 8세기에 성상 파괴 운동이 일어났다. 당시 황제인 레오 3세는 성상 금지령을 선포하여 벽화와 조각상들을 닥치는 대로 파괴하였다.

① 비잔틴 제국의 강성한 국력을 상징하는 도상
② 소박하게 기독교적 교리를 표현한 신적인 형상
③ 황제의 권위가 수도원보다 강함을 나타내는 증거
④ 기독교적 사상과 과거의 전통이 결합한 종교 미술

304 다음 글에 나타난 '아리스토텔레스'의 견해로 적절하지 않은 것은?

> 플라톤은 국가는 선(善)의 이데아를 알고 있는 사람, 즉 철인(哲人)이 권력을 쥐고 통치해야 한다고 생각했다. 즉, 철인(통치자, 이성), 군인(수호자, 기개), 농민(생산자, 욕망)의 세 계급이 각각 지혜의 덕, 용기의 덕, 절제의 덕으로 질서를 이룰 때 이상 국가가 실현된다고 보았다.
>
> 플라톤의 제자 아리스토텔레스(BC 384 ~ BC 322)는 스승과는 다른 의견을 내세웠다. 그는 참다운 존재를 찾아야 할 영역은 우리가 살아가는 이 세상이라고 주장했다. 그는 발을 딛고 살아가는 이 세상 이외에 가치 있는 것은 없으며, 설사 있다고 해도 그것을 인식하고 경험할 수 없기 때문에 고려할 필요가 없다고 주장했다.
>
> 또한 아리스토텔레스는 인간의 궁극적 목적은 행복이고, 행복해지기 위해서는 덕을 쌓아야 한다고 주장했다. 덕을 쌓기 위해서는 좋은 행동이 몸에 배이도록 끊임없이 습관화하는 것과 어느 한쪽으로 치우치지 않는 중용(中庸)의 생활 자세가 필요하다는 점을 강조하였다. 나아가 극단적인 부와 가난은 모두 올바로 판단 내리기가 어렵기 때문에 가장 이상적인 정치 형태는 어느 정도 재산과 상식을 가진 사람들, 즉 중산층이 다스리는 정치라고 주장했다.

① 경험할 수 없는 세계는 고려할 가치가 없다.
② 덕을 쌓으려면 중용의 생활 자세가 필요하다.
③ 삶의 궁극적 목적은 참다운 덕을 수립하는 것이다.
④ 꾸준한 습관화를 통해 좋은 행동이 몸에 밸 수 있다.

305 다음 글의 논리적 전개 순서로 가장 적절한 것은?

[2019. 기상직]

> (가) 인간은 단지 물질의 형태를 변화시키는 것만이 아니라 그 안에서 자신의 목적을 실현한다. 바로 그 목적이 규범적으로 그의 행동양식을 규정하며, 그의 의지는 끊임없이 그 목적을 따라야 한다. 인간은 노동하는 동안 신체적인 활동만을 하는 것이 아니라, 지속적으로 긴장하면서 주의력을 발휘하여 그 의지를 관철시켜야 하는 것이다.
>
> (나) 거미도 방직공의 작업과 유사한 작업을 하며, 꿀벌의 벌집 구조는 건축가들의 솜씨를 능가하는 것처럼 보인다. 하지만 아무리 서툰 건축가라해도 숙련된 꿀벌보다 나은 면을 지니고 있는데, 그것은 건축가가 벌통 속의 벌집을 만들 경우 미리 자기 머릿속에 그 벌집을 그려보기 때문이다. 노동의 결과는 노동자의 상상 속에 관념으로 이미 존재한다.
>
> (다) 노동은 인간과 자연 사이에서 일어나는 과정이다. 그 과정에서 인간은 자신의 행위를 통해 자연과의 관계를 조절하고 통제한다. 인간은 자연의 물질을 자신의 삶에 유익한 형태로 만들기 위해 팔, 다리, 머리, 손과 같은 자신의 신체 기관을 움직인다. 이 움직임을 통해 그는 외부 자연에 작용하여 자연을 변화시키면서, 동시에 자신의 본성도 변화시킨다.
>
> (라) 그렇게함으로써 자연에 내재되어 있던 가능성을 실현시키며, 그 과정에서 자연의 힘을 자신의 통제 하에 둔다. 우리는 여기서 동물 수준의 본능적이고 원초적인 노동 방식에 대해 말하는 것이 아니다. 우리는 오직 인간의 특성을 가진 노동에만 주목하려고 한다.

① (가) – (다) – (라) – (나)
② (가) – (나) – (다) – (라)
③ (다) – (가) – (라) – (나)
④ (다) – (라) – (나) – (가)

61일차

301 ④
[정답풀이]
④에서 실명한 화랑도의 정신이란 바로 민족주의사학에서 밀하는 혼이다. 이 혼이 강하면 역사도 흥하지만 혼이 약해지거나 변질되면 역사가 쇠한다고 보는 것이 민족주의사학의 입장이다.

오답
① 서민의 자각으로 역사 발전 전체를 설명한 것이 아니라 근대화의 한 원인을 서민의 자각으로 본 것으로 사회경제사적인 입장에서 역사를 설명한 것이다.
② 객관적인 역사적 사실을 바탕으로 역사 현실을 설명하는 실증적 방법이다.
③ 역사적 사실 자체를 기록한 것으로 실증적 방법에 속한다.

302 ②
[정답풀이]
이 글은 무심코 버리는 전자제품 등에서 여러 가지 금속을 분리해 내는 기술에 대해 다루고 있다. 인쇄회로기판에서 금속을 분리하고, 이를 녹이고 다시 금속으로 추출하는 기술의 과정을 다루고 있다. 그러므로 이 글의 화제는 '전자 제품에서 금속을 분리하는 기술'이라고 할 수 있다.

303 ④
[정답풀이]
첫째 문단의 '서기 4세기 기독교의 공인과 ~ 성상을 경배한 과거의 전통이 결합하여 비잔틴 제국에서 기독교적인 성상을 제작하고 이를 경배하는 현상이 나타나게 된 것이다.'라는 내용에서 알 수 있다. 나머지는 모두 글의 내용에 제시되어 있지 않다.

304 ③
[정답풀이]
지문에서 아리스토텔레스는 인간의 궁극적 목적이 행복이고, 행복을 이루기 위해서는 덕을 쌓아야 한다고 말했다. 즉, 아리스토텔레스는 덕을 쌓다 보면 삶의 궁극적 목적인 행복에 도달할 수 있다고 본 것이다. 그런데 ③은 삶의 궁극적 목적이 참다운 덕의 수립이라고 보고 있으므로 적절하지 않다.

305 ④
[정답풀이]
(가)는 구체적 이야기라 본론이라 글의 시작 문단이 될 수 없다. (다)를 글의 시작으로 보아야 한다. (다)는 '노동'의 개념을 화제로 제시했다. 그리고 노동의 역할을 설명했다. 그 뒤를 잇는 단락으로는 노동의 기능을 말하면서 화제가 확장되는 (라)이다. (나)는 거미의 건축과 건축가의 작업에 나타난 차이를 설명하며 노동의 특징을 심화하였다. 마지막으로 (가)는 이 글의 마무리라고 볼 수 있다.

306 다음 글의 필자가 〈보기〉의 필자에게 할 수 있는 조언으로 가장 적절한 것은?

제가 독서하는 방법은 이렇습니다. 성현이 의리(義理)에 대해 말씀하신 것이 명백하게 드러난 경우에는, 그 명백한 것을 그대로 따라 연구하지 감히 경솔하게 은미(隱微)한 데서 연구하지 않습니다. 그리고 성현이 의리에 대해 말씀하신 것이 은미할 경우에는, 그 은미한 것을 그대로 따라 탐구하지 감히 경솔하게 명백한 데서 탐구하지 않습니다. 심오하지 않고 얕은 경우에는 그렇게 얕은 대로 하지 감히 천착하여 심오하게 만들지 않으며, 심오하면 그 심오한 데로 나아가지 얕은 수준에서 그치지 않습니다. 성현이 따로따로 나누어 보여 준 곳은 저도 그렇게 나뉜 대로 보되 한 덩어리로 종합하는 데 방해가 되지 않도록 하며, 성현이 한 덩어리로 합쳐서 설명한 곳은 저도 그렇게 한 덩어리로 보되 따로따로 나누어 분석하는 데 방해가 되지 않도록 합니다. 저는 이미 따로따로 나뉘어진 것을 제 사사로운 의견에 따라 여기저기서 끌어들여 멋대로 합쳐서 한 덩어리로 만들지도 않고, 한 덩어리로 합쳐진 것을 제 사사로운 의견에 따라 멋대로 찢고 쪼개어 따로따로 나누지도 않습니다.

오랫동안 이렇게 하다 보면, 조리 정연하여 어지럽힐 수 없는 곳이 있다는 것을 자연히 차츰차츰 알게 될 것입니다. 그리고 성현의 말씀은 경우에 따라 그때그때 설명한 것이어서 각기 해당하는 구체적인 상황이 있으므로, 일견 어떤 구절들이 서로 모순되어 보이더라도, 잘 생각해 보면 결국 서로 상충하는 곳이 없다는 것을 알 수 있을 것입니다. 이렇게 한 뒤에 혹 이것으로 자기 나름의 학설을 주장한다면, 본래부터 정해져 있는 의리의 본분에 거의 어긋나지 않을 것입니다.

— 이황, 〈답기명언(答奇明彦) 후론(後論)〉 —

┤보기├

복잡한 문장은 하나가 아닌 여러 개의 명제를 포함하고 있기 때문에, 그 각각을 분석해 하나씩 정리하면 복잡한 내용을 명쾌하게 이해할 수 있다. 이때 자기가 각 명제를 제대로 찾아내고 이해했는지를 점검하려면, 그 명제를 다른 말로 바꿔 보거나 다르게 설명해 보면 된다.

① 글의 모든 내용을 단순한 명제들로 나누는 연습을 중단하면 안 됩니다.
② 여러 개의 명제를 포함한 문장이 많은 글만 골라 읽으려고 해서는 안 됩니다.
③ 복잡한 문장의 분석 과정 자체가 글쓰기 훈련의 기회임을 잊어서는 안 됩니다.
④ 분석한 명제를 다른 말로 바꿀 때 자신의 주관이 글의 본뜻을 훼손해서는 안 됩니다.

307 밑줄 친 ㉠의 이유로 가장 적절한 것은?

뇌의 기본 코드는 문자가 아닌 음성이다. 그래서 인간의 뇌가 문자를 이용하기 위해서는 이를 일일이 해독하는 과정을 거쳐야만 한다. 이런 일련의 과정은 뇌 뒤쪽의 '후방 읽기 시스템'이란 곳에서 일어난다. 단어를 분석하고 분해해 소리로 연결하는 초보적인 과정은 후방 읽기 시스템 중 '측두 두정 영역'이 담당한다. 반면에 숙련자는 낱글자가 아니라 단어 전체를 하나의 패턴으로 인식해 더 빠르게 읽을 수 있는데, 이런 속독은 '측두 두정 영역' 아래에 있는 '후두 측두 영역'에서 일어난다. 읽기 초보자가 유창하게 읽지 못하는 까닭은 문자를 해독하는 데 걸리는 시간이 길기 때문이다.

난독증을 겪는 사람들은 글을 읽을 때 후방 읽기 시스템이 거의 작동하지 않는다. 그래서 난독증을 겪는 그들에게 글자는 뜻을 알 수 없는 기호처럼 보인다. 좀 더 자세히 살펴보면, 난독증이 없는 사람들은 글자를 구성하는 음운을 파악해서 글을 읽는다. 예를 들어, '곰'이라는 글자를 보면 후방 읽기 시스템이 이를 3개의 음운(ㄱ, ㅗ, ㅁ)으로 나누고 이를 기반으로 '곰'이라는 글자를 뇌의 기본 코드인 음성으로 바꿔 그 의미를 떠올릴 수 있게 한다. 그런데 난독증에 시달리는 사람은 '곰'이 3개의 음운으로 구성되어 있음을 잘 모른다. 이를 '음운론적 취약성'이라 하는데 이것이 바로 난독증 있는 사람이 글씨를 읽기 힘든 근본 원인이다.

그런데 의외로 난독증을 앓고 있는지를 판별하기가 쉽지 않은 경우가 있다. 글자나 단어를 통째로 외워버리는 난독증 아이들이 종종 있기 때문이다. 그래서 난독증의 유무를 확인하는 검사에서는 꼭 비단어 읽기 검사를 포함한다. ㉠비단어 검사는 '궥'이나 '쀏'처럼 낯선 글자를 읽을 수 있는지 확인하는 것으로 낯선 글자는 음운을 정상적으로 구분할 줄 알고 또 합칠 수 있어야 제대로 읽을 수 있다. 난독증과 정상 사이에는 뚜렷한 기준이 없어, 통계적으로 하위 10% 수준에 해당하면 경미한 난독증이 있는 것으로 보고 있으며, 하위 3.5%는 치료가 꼭 필요한 대상으로 보고 있다. 그리고 난독증은 여아보다 남아에게서 3배 이상 더 많이 나타난다.

① 난독증이 있다면 모든 글자가 낯설게 느껴지기 때문이다.
② 난독증이 있다면 처음 보는 글자를 잘 읽지 못할 것이기 때문이다.
③ 난독증 환자가 음성을 문자로 해독하는 과정을 확인하기 위해서이다.
④ 난독증 환자에게 글자가 3개의 음운으로 구성되어 있다는 정보를 알려 주지 않기 위해서이다.

308 다음 글에서 설명하는 '와류 발생기'에 대한 이해로 가장 적절한 것은?

항공기가 공중에서 날 때에는 항공기의 진행을 방해하는 힘, 곧 항력이 발생한다. 항력에는 여러 종류가 있는데, 대표적인 것이 운동하는 물체의 표면에 작용하는 마찰에 의한 항력이다. 대부분의 항공기는 공기와 항공기 표면 사이에서 발생하는 마찰을 줄이기 위해 공기 저항이 적은 유선형 형태로 만들어진다. 비행기의 표면을 매끄럽게 만드는 것도 이런 이유 때문이다. 그런데 날개 표면이 매끈하면 마찰에 의한 항력은 줄일 수 있지만 또 다른 항력을 발생시킬 수 있다. 항공기의 날개 표면에 공기가 흐를 때, 속도가 높지 않은 동안은 공기가 날개의 표면을 따라 흐른다. 그런데 속도가 일정 수준 이상으로 높아지면 공기는 표면에서 이탈하기 시작한다. 이를 박리(剝離) 현상이라 하는데 표면이 매끄러우면 이 현상이 더 심해진다. 박리 현상이 나타나게 되면 날개의 뒷부분에는 공기가 흐르지 않게 되어 압력이 진공에 가까운 매우 낮은 상태가 되고, 결국 날개의 앞부분과 압력 차이가 크게 발생하여 앞으로 진행하는 항공기를 뒤에서 잡아 끄는 큰 힘이 발생한다. 마찰로 인한 항력을 줄이려다 더 센 항력을 만들 수도 있는 것이다.

최근 항공기에는 이러한 박리 현상을 막기 위해 여러 장치를 두고 있다. 대표적인 것이 와류 발생기이다. 와류 발생기는 주날개의 윗부분에 설치된 돌기이다. 날개 표면을 따라 흐르던 공기가 이 돌기를 만나면 소용돌이, 즉 와류를 일으킨다. 이렇게 소용돌이가 만들어지면 주날개의 공기는 날개 표면을 이탈하지 않고 날개의 뒤쪽까지 이르게 된다. 이처럼 와류 발생기를 설치하면 마찰로 인한 저항은 커지겠지만, 날개 표면의 공기 흐름을 날개의 뒷부분에까지 이르게 하여 날개의 앞부분과 뒷부분의 공기 압력 차이를 줄일 수 있다. 또 박리 현상을 막기 위해 주날개 끝부분에 설치되어 있는 플랩을 활용하기도 한다. 원래 플랩은 공기의 흐름을 조절하여 항공기의 양력을 만드는 역할을 하는 장치인데, 일부러 플랩과 플랩 사이의 틈을 크게 만들어 놓고 있다. 이는 이 틈에서 만들어지는 와류를 날개 표면에 잡아 두기 위한 것이다.

① 날개 표면의 공기 흐름을 더 빠르게 만드는 장치이다.
② 일부러 박리 현상을 일으켜 큰 양력을 발생시키는 장치이다.
③ 마찰로 인한 저항을 발생시켜 박리 현상을 줄이는 장치이다.
④ 날개의 윗부분보다 아랫부분의 공기 압력을 낮추는 장치이다.

309 다음 글에 대한 설명으로 가장 적절한 것은?

키네틱 아트는 다다와 초현실주의에서 파생된 것으로 작품 제작에 있어서 작가의 정신을 중요시한다. 여기에서 정신이라 함은 동작 중인 대상의 순수한 형태를 창조하려는 욕망을 뜻한다. 키네틱 아트의 대표적인 작가로는 1920년대 초의 만레이, 브리어 등이 있는데, 특히 브리어는 숨겨진 모터에 의해 섬유관과 목재 원반, 그리고 금속 막내기가 작동하도록 뇌어 있는 작품을 창작하였다. 또한 팅겔리는 피아노, 자전거, 선풍기 등으로 기괴한 기계들을 만들어 기묘한 동작을 되풀이하면서 불을 뿜어내고 소음을 내도록 고안한 작품을 발표하기도 하였다.

1960년대는 키네틱 아트의 황금시대였다. 이 시기에는 키네틱 아트라는 말이 미술계에서 일종의 공용어가 되었다. 특히, 독일의 피네, 마크 등은 새로운 소재와 인공의 빛을 이용한 키네틱 아트의 방향을 강조했다. 1970년대에 들어오면서 키네틱 아트는 물, 안개, 연기, 불, 생물적 요소를 포함하는 일종의 생태학적 방법론을 활용하는 쪽으로 옮겨가기 시작했다. 또 한편으로는 커뮤니케이션 미디어 즉, 비디오 아트, 레이저 아트, 홀로그래피 등의 첨단 기술을 미술에 접목하는 미술가들이 생겨나면서 기계 장치의 운동에 역점을 두었던 키네틱 아트가 점차 미디어 매체의 활용을 통한 여러 가지 효과와 결과에 주안점을 두는 키네틱 아트로 옮겨가게 되었다.

① 키네틱 아트의 흐름을 통시적인 관점에서 소개하고 있다.
② 키네틱 아트가 발전하게 된 역사적인 배경을 밝히고 있다.
③ 키네틱 아트 작가들을 소개하고 그들의 업적을 평가하고 있다.
④ 키네틱 아트의 개념을 설명하고 구체적인 작품을 제시하고 있다.

310 다음 글에서 추론한 내용으로 적절하지 않은 것은?

[2020. 국가직 9급]

> 과학의 개념은 분류 개념, 비교 개념, 정량 개념으로 구분할 수 있다. 식물학과 동물학의 종, 속, 목처럼 분명한 경계를 가지고 대상들을 분류하는 개념들이 분류 개념이다. 어린이들이 맨 처음에 배우는 단어인 '사과', '개', '나무' 같은 것 역시 분류 개념인데, 하위 개념으로 분류할수록 그 대상에 대한 정보가 더 많이 전달된다. 또한, 현실 세계에 적용 대상이 하나도 없는 분류 개념도 있을 수 있다. 예를 들어 '유니콘'이라는 개념은 '이마에 뿔이 달린 말의 일종임' 같은 분명한 정의가 있기에 '유니콘'은 분류 개념으로 인정되는 것이다.
> '더 무거움', '더 짧음' 등과 같은 비교 개념은 분류 개념보다 설명에 있어서 정보 전달에 더 효과적이다. 이것은 분류 개념처럼 자연의 사실에 적용되어야 하지만, 분류 개념과 달리 논리적 관계도 반드시 성립해야 한다. 예를 들면, 대상 A의 무게가 대상 B의 무게보다 더 무겁다면, 대상 B의 무게가 대상 A의 무게보다 더 무겁다고 말할 수 없는 것처럼 '더 무거움' 같은 비교 개념은 논리적 관계를 반드시 따라야 한다.
> 마지막으로 정량 개념은 비교 개념으로부터 발전된 것인데, 이것은 자연의 사실로부터 파악할 수 있는 물리량을 측정함으로써 만들어진다. 물리량을 측정하기 위해서는 몇 가지 규칙이 필요한데, 그 규칙에는 두 물리량의 크기를 비교하는 경험적 규칙과 물리량의 측정 단위를 정하는 규칙 등이 포함된다. 이러한 정량 개념은 자연에 의해서 주어지는 것이 아니라 우리가 자연현상에 수를 적용하는 과정에서 생겨나는 것이다. 정량 개념은 과학의 언어를 수많은 비교 개념 대신 수를 사용할 수 있게 하여 과학 발전의 기초가 되었다.

① '호랑나비'는 '나비'와 동일한 종에 속하지만, 나비에 비해 정보량이 적다.

② '용(龍)'은 현실 세계에 적용할 수 있는 지시물이 없더라도 분류 개념으로 인정된다.

③ '꽃'이나 '고양이'와 같은 개념은 논리적 관계를 따라야 하는 것은 아니기 때문에 비교 개념에 포함되지 않는다.

④ 물리량을 측정할 수 있는 'cm'나 'kg'과 같은 측정 단위는 자연현상에 수를 적용할 수 있게 해 주었다.

306 ④

[정답풀이]

〈보기〉에서는 복잡한 문장을 이해하기 위해서는 문장을 여러 개의 명제로 나누고 각각을 다른 말로 바꾸거나 다르게 설명해 보면 된다고 말하고 있다. 그런데 (가)에서는 기본적으로 복잡한 한 덩어리의 문장을 단순한 여러 개의 명제로 나누지 않고, 있는 그대로 이해하는 독서를 선호한다는 입장이다. 이는 (가)의 필자가 성현이 의도한 글의 본뜻을 중요하게 생각하기 때문이다. 따라서 (가)의 필자는 분석한 명제를 다른 말로 바꾸어 보거나 다르게 설명하면 된다는 〈보기〉의 필자에게 ⑤와 같은 조언을 할 것임을 짐작할 수 있다.

307 ②

[정답풀이]

글자를 통째로 외워 버리면 난독증의 유무를 판별하기가 어렵다. 따라서 평상시에 쉽게 접하지 못하는 글자를 통해 난독증의 유무를 판별하는 것이다. 난독증 환자가 낯선 글자를 읽지 못하는 이유는 글자를 음운으로 구분하지 못하기 때문이다.

오답

① 난독증이 있더라도 글자를 통째로 외울 수 있기 때문에 모든 글자가 낯설게 느껴지는 것은 아니다.
③ 비단어 검사는 음성을 문자로 해독하는 과정과 크게 관련이 없다.
④ 난독증 환자에게 하나의 글자가 3개의 음운으로 구성되어 있다는 정보를 알려 주어도 난독증 환자는 글자를 읽는 데 어려움을 겪는다.

308 ③

[정답풀이]

와류 발생기는 매끈한 날개의 표면에 일부러 돌기를 만들어 마찰 저항을 만드는 장치이다. 와류 발생기를 설치하면 공기의 마찰로 인한 저항이 커지지만 결국 날개의 앞부분과 뒷부분의 공기 압력 차이를 줄임으로써 박리 현상을 막을 수 있게 된다.

309 ①

[정답풀이]

키네틱 아트가 발전해 온 과정을 주로 통시적인 관점에서 설명하고 있다. 키네틱 아트는 1920년대부터 현재까지 조금씩 다른 경향을 띠면서 발전하여 왔다고 소개하고 있다.

310 ①

[정답풀이]

과학의 개념인 '분류 개념, 비교 개념, 정량 개념'을 설명한 글이다. '호랑나비'는 '나비'의 하위 개념이므로 ①은 '분류 개념'에 해당한다. 첫째 문단에서 분류 개념은 '하위 개념으로 분류할수록 그 대상에 대한 정보가 더 많이 전달된다'고 설명했다. 상위 개념인 '나비'에 비해 하위 개념인 '호랑나비'의 정보량이 더 많다.

오답

② 첫째 문단에서 언급한 '유니콘'과 같은 사례이다.
③ 둘째 문단에서 '비교 개념'은 논리적 관계가 반드시 성립되어야 한다고 설명했다. '꽃'이나 '고양이'는 논리적 관계가 성립되지 않기 때문에 '비교 개념'에 포함되지 않는다.
④ 셋째 문단에서 '정량 개념'은 자연의 사실로부터 파악할 수 있는 물리량을 측정함으로써 만들어진다고 설명했다. 물리량을 측정하는 'cm'나 'kg'과 같은 측정 단위가 자연 현상에 수를 적용할 수 있게 해 주었다고 추론할 수 있다.

311 ⓐ~ⓓ에 대한 설명으로 적절하지 않은 것은?

　　스마트그리드는 한마디로 '지능화[smart]된 전력망[grid]'을 의미한다 '발전-송·배전-판매'의 단계로 단방향이었던 기존의 전력망과 달리, 스마트그리드는 기존 전력망에 정보통신기술을 접목하여 전력 공급자와 소비자가 양방향으로 실시간 정보를 교환함으로써 에너지 효율을 최적화하는 차세대 전력망이다.

　　스마트그리드의 다양한 서비스를 실현하기 위해서는 우선 기본 인프라인 ⓐ'지능형 전력망'이 필요하다. 지능형 전력망은 다양한 소비와 공급원을 네트워크로 묶어 주는 역할을 하는 개방형 전력망으로, 양방향 통신을 이용해 수요와 공급이 상호 신속하게 반응하도록 하는 것이다. 지능형 전력망이 제 역할을 수행하기 위해서는 몇 가지 시스템이 필요한데, 가장 기본적으로 요구되는 것은 ⓑ'양방향 통신 시스템'이다. 이는 유·무선 방식을 사용하여 소비자와 공급자가 양방향으로 에너지 사용 및 제어 데이터 등을 자유롭게 전달할 수 있도록 돕는다. 아울러 공급된 전력을 최적으로 사용할 수 있도록 하는 ⓒ'에너지 관리 시스템[Energy Management System]'이 전력 사용 단위별로 필요한데, 가정의 냉장고나 세탁기, 빌딩의 경우 냉난방, 조명 등 각종 전력 사용 설비에 센서와 제어장치를 사용하여 최적의 운전 효율을 내도록 하는 시스템을 사용하기도 한다. 또한 발전소뿐 아니라 각 가정과 공장, 빌딩 등이 잉여 전력을 보관하여 사용할 수 있도록 하는 ⓓ'대용량 전력 저장장치[Energy Storage System]'가 필요하며, 전력의 부하 정도에 따라 요금이 실시간으로 책정되어서 부과될 수 있는 요금 체계를 개발해야 한다. 이렇게 되면 소비자의 선택권을 확대함과 동시에 소비자가 자발적으로 에너지 절약에 참여할 것을 기대할 수 있다.

① ⓐ는 스마트그리드 실현을 위한 전제 조건이다.
② ⓑ는 전력 공급자와 소비자를 이어주는 기능을 한다.
③ ⓒ는 주로 전력 공급자의 상황을 파악하는 기능을 한다.
④ ⓓ는 전력 공급자와 소비자가 모두 갖춰야 할 시설이다.
⑤ ⓑ, ⓒ, ⓓ를 모두 갖추어야 비로소 ⓐ가 완성된다.

312 글쓴이가 강조하고 있는 독서의 방법으로 가장 적절한 것은?

　　곰곰이 생각해 보면 독서의 도리는 이미 요 임금과 순임금, 우왕과 탕왕, 문왕과 무왕 그리고 주공과 공자를 본거지로 삼았다. 그러므로 마땅히 사실에 근거하여 올바른 진리를 찾아야지 공허하고 헛된 말에 의지하여 잘못된 곳으로 빠져서는 안 된다. 독서하는 사람들 중에는 경전의 정확하고 세밀한 고증과 해석을 추구한 한(漢) 나라 시대의 유학자들을 높게 여기는 데 참으로 옳은 일이 아닐 수 없다.

　　성현의 도는 마치 규모가 크고 호화로운 대저택과 같다. 주인은 항상 그곳에 머물고 있지만 좁은 문을 지나지 않으면 그 주인이 머무는 곳으로 다가갈 수 없다. 경전에 대한 정확한 고증과 해석, 곧 훈고는 바로 호화로운 대저택의 주인이 머무는 곳으로 다가가는 '좁은 문'에 비유할 수 있다. 그러나 사람들이 평생 좁은 문 사이에서 배회할 뿐, 주인이 머무는 곳에 오르지 못한다면 끝내는 하인의 신세를 벗어나지 못할 것이다. 따라서 독서를 할 때 반드시 고증과 해석을 정확하고 세밀하게 하는 일은 주인이 머무는 곳에 오르기 위함이지 고증과 해석만 한다고 다 끝마친 것은 아니다.

① 실제 생활에 응용할 것을 염두에 두고 읽는 실용적 독서.

② 글쓴이의 주장이 타당한지 따져가면서 읽는 비판적 독서.

③ 글 속에 들어있는 의미를 정확하게 읽어내는 사실적 독서.

④ 글의 내용을 통하여 새로운 아이디어를 얻으려는 창조적 독서.

[313~314] 다음 글을 읽고 물음에 답하시오.

닭이 울면 일어나서 눈을 감고 꿇어앉아 이전에 외운 것을 복습하고 가만히 다시 음미해 보라. 그 내용이 이해되지 않는 곳은 없는가, 그 뜻이 통하지 않는 곳은 없는가, 글자를 착각한 것은 없는가? 마음속으로 검증하고 몸으로 체험해 보아 스스로 터득한 것이 있으면 기뻐하여 잊지 말아야 한다.

등불을 켜고 옷을 다 입고서 엄숙하고 공경히 책상을 마주한다. 이어 새로 읽을 글을 정하고 묵묵히 반복해서 읽어 음미하되 몇 줄씩 단락을 끊어서 읽는다. 그런 다음 서산(書算)*을 덮어 밀쳐 놓고 가만히 의미를 따져 보며 세밀히 해석을 훑어보아 그 차이를 분별하고, 그 음과 뜻을 깨우친다. 차분하고 너그러운 마음으로 대하며 제멋대로 해석하지 말고 억지로 의심하지 말 것이며, 납득이 가지 않는 것이 있으면 반복해서 생각하고 그대로 두어서는 안 된다.

하늘이 밝아지면 세수와 양치질을 하고 곧바로 부모님의 침실로 가서 문밖에서 기다리다가 기침 소리가 들리거나 하품 소리가 들리면 들어가서 문안을 드린다. 부모님과 이야기를 하다가 혹 무슨 일을 시키면, 급히 제 방으로 돌아가서도 안 되고 글을 읽는다는 핑계로 거절해서도 안 된다. 이것도 하나의 글을 읽는 것이니, 혹 글 읽기에 열중하느라 혼정신성(昏定晨省)도 제때에 하지 아니하고 때 묻은 얼굴과 헝클어진 머리로 지내는 것은 글을 읽는 것이 아니다.

부모가 물러가라고 말씀하시면 제 방으로 돌아와서 책상 위의 먼지를 털고 책들을 가지런히 바로 놓고 단정히 앉아 잡된 생각을 가라앉히기를 얼마쯤 한 후에 책을 펴고 읽는다. 느리게도 급하게도 읽지 말 것이며 자구(字句)를 분명히 하고 고저를 부드럽게 해서 읽는다.

긴요한 말이 아니면 한가하게 응답하지 말며, 바쁜 일이 아니면 문득 일어나지 말라. 부모가 부르면 책을 덮고 바로 일어나며, 손님이 오면 읽는 것을 멈추되 귀한 손님이 오면 책을 덮는다. 밥상이 들어오면 책을 덮되 반쯤 읽었으면 그 횟수는 끝마치며, 밥을 먹고 나면 바로 일어나 천천히 거닐고, 밥이 소화되고 나면 다시 읽는다.

— 박지원, 〈원사(原士)〉 —

* 서산: 글을 읽은 횟수를 세는 데 쓰는 물건.

313 위 글의 글쓴이가 강조하고 있는 독서 방법으로 가장 적절한 것은?

① 교양을 높이고 지식을 쌓기 위한 다독(多讀).

② 많은 분량의 글을 읽기 위한 속독(速讀).

③ 글에 대한 집중과 이해를 높이는 묵독(默讀).

④ 글의 내용과 뜻을 깊이 이해하기 위한 정독(精讀).

314 위 글의 글쓴이가 제시한 독서에 임하는 자세로 적절하지 않은 것은?

① 글을 읽을 때에는 글의 형식까지 고려한다.

② 글을 읽을 때에는 엄숙하고 공경히 행한다.

③ 글의 내용을 차분하고 넓은 마음으로 대한다.

④ 글을 읽으며 익힌 태도를 일상에서도 실천한다.

315 (가)~(라)에 들어갈 말로 가장 적절한 것은?

[2021. 지역인재 9급]

데이비드슨 박사는 뇌파 전위 기록술인 'EEG'를 사용하여 사람들의 두뇌 활동을 측정하였는데, 이를 통해 일상생활에서 행복 또는 불행한 사람들의 두뇌 활동에서 발견되는 특이한 비대칭성을 발견하게 되었다. 그리하여 그는 좌뇌와 우뇌에 대한 뇌 과학적 사실에 비추어 스스로 행복하다고 말한 사람들의 경우, 좌측 전두엽이 우측 전두엽에 비해 더 많이 활성화될 것이고, 불행하다고 말한 사람들의 경우, 그 반대의 결과가 나타날 것이라고 가정하였다.

그는 이 가정을 입증하기 위해 추가 실험을 진행하였다. 첫 번째로는 신생아들에게 빨기 좋은 물건을 주고 뇌의 활성화 패턴을 측정하였으며, 두 번째로는 성인들을 대상으로 코미디 영화를 보여 주고서는 한창 즐거워할 때 뇌의 활성화 패턴을 분석하였다. 첫 번째 실험 결과, 위의 가정에 부합하였는데, 신생아들은 주어진 물건을 빨면서 즐거워할 때 ⎡ (가) ⎤ 전두엽이 ⎡ (나) ⎤ 전두엽에 비해 더 활성화되었다. 반면, 빨고 있던 물건을 강제로 빼앗았을 때는 그 반대의 결과가 나타났다.

두 번째 실험 역시 마찬가지였다. 실험 대상에게 코미디 영화를 보여 주었을 때 ⎡ (다) ⎤ 전두엽은 ⎡ (라) ⎤ 전두엽에 비해 활성화 정도가 낮았던 반면, 공포 영화를 보여 주었을 때 뇌의 활성화 패턴은 정반대로 나타났다. 이러한 실험 결과는 뇌 과학의 발전을 통해 사람들을 인위적으로 행복하게 만들 수 있는 방법이 있을 수 있음을 말해 준다.

	(가)	(나)	(다)	(라)
①	좌측	우측	우측	좌측
②	좌측	우측	좌측	우측
③	우측	좌측	우측	좌측
④	우측	좌측	좌측	우측

311 ③
[정답풀이]
ⓒ가 하는 역할은 전력을 소비하는 곳에서 전력이 어떻게 사용되는지를 감지하여 최적으로 사용할 수 있게 만드는 것이다. 그러므로 전력 공급자의 상황을 파악하는 기능을 하는 것이 아니다.

312 ③
[정답풀이]
글쓴이는 독서를 사실에 근거하여 올바른 진리를 찾는 일이라고 보았다. 그러면서 정확하게 뜻을 밝히고 고증을 하는 것이 중요하다고 하였다. 이것은 독서를 통해 글 속에 들어 있는 의미를 정확하게 밝힘으로써 진리에 도달하려 한 것이다.

313 ④
[정답풀이]
이 글에서 구체적인 독서 방법은 1문단과 2문단에 자세히 나타나 있다. 제시된 내용으로 미루어 볼 때, 글쓴이가 강조하고 있는 독서 방법은 '글의 내용과 뜻을 깊이 이해하기 위해 글을 자세하고 꼼꼼하게 새겨 읽는 '정독(精讀)'임을 알 수 있다.

오답
① 꾸준한 독서를 통해 다독(多讀)이 이루어질 수는 있겠지만, 글쓴이가 이 글에서 강조하는 독서 방법으로 다독을 제시하고 있다고 보기는 어렵다.

314 ①
[정답풀이]
이 글에서 독서를 할 때에 글의 형식까지 고려하며 읽어야 한다는 것을 파악할 수 있는 내용은 찾기 어렵다. 2문단에서 '몇 줄씩 단락을 끊어서 읽는다.'라고 하였으나, 이는 단순히 글을 나누어 읽으라는 의미이지 글의 형식까지 고려하며 읽으라는 의미와는 거리가 멀다.

오답
② 2문단에서는 '엄숙하고 공경히 책상을 마주한다.'라고 함으로써 독서에 임하는 바른 자세를 제시하고 있다.
③ 2문단의 끝에서는 좁은 소견으로 제멋대로 해석하는 것을 경계하고 있다.

④ 3문단에서는 '이것도 하나의 글을 읽는 것이니~제대로 글을 읽는 것이 아니다.'라고 하여 글을 읽으며 익힌 태도를 일상에서도 유지하여 실천해야 함을 말하고 있다.

315 ①
[정답풀이]
스스로 행복하다고 말한 사람들의 경우 좌측 전두엽이 활성화되고, 불행하다고 말한 경우 우측 전두엽이 활성화된다. 신생아들이 주어진 물건을 빨면서 즐거워할 때 (가) 좌측 전두엽이 (나) 우측 전두엽보다 더 활성화된다. 두 번째 실험도 이와 마찬가지이다. 코미디 영화를 보여 주었을 때 (다) 우측 전두엽은 (라) 좌측 전두엽에 비해 활성화 정도가 낮다.

316 〈보기 1〉과 〈보기 2〉를 참고할 때, '광고'에 대한 이해로 가장 적절한 것은?

┤보기 1├

　광고는 대중문화의 성장과 더불어 발달하였다. 대중문화는 대중이 자신의 문화적 욕구를 실현하기 위해 스스로 만들어 나가는 것이다. 광고는 이처럼 자발적으로 생성되는 대중문화와 더불어, 문화의 영역 안에서 스스로 영향력을 키워 왔다. 그리고 마침내 현대 광고는 대중 예술의 위상까지 넘보게 되었다.

┤보기 2├

　광고는 다양한 이미지와 메시지를 통해 대중들의 경계심을 허물고 그들의 마음속으로 파고든다. 이때 광고는 단순히 상품의 정보 전달에만 그치지 않고 대중들의 욕구와 심리를 반영하여 전달함으로써 대중들의 문화적 경향을 변화시키기도 한다. 수많은 이미지와 메시지를 통해 문화의 범주를 넓혀 가는 일, 이것이 현대광고의 가장 중요한 역할이다.

① 광고는 대중 매체의 부속물이다.
② 광고는 여론 형성의 주체가 된다.
③ 광고는 문화의 영역 확장에 기여한다.
④ 광고는 현대인의 교양 수준을 한층 높여준다.

317 ㉠에 대한 글쓴이의 생각으로 가장 적절한 것은?

　음악 자체의 변화 가능성과 음악에 대한 관점의 다양성을 고려할 때, 소위 클래식 음악만 좋은 것이고 유행가는 나쁘다거나, ㉠클래식 음악을 하는 사람이 어떻게 유행가를 할 수 있느냐 하는 식의 '클래식 음악 경건화'는 매우 위험한 생각이다. 이러한 생각 즉 특정 음악에 대해 편견을 갖는 것은 사람들이 음악을 종류에 따라 차별하도록 만들고, 또 많은 대중들이 음악을 사랑하고 가까이 하기를 주저하게 하는 장애 요인이 되는 것이다. 무엇보다도 이러한 생각에 따른 교육은 감수성이 예민한 어린이를 음악에서 멀어지게 하는 결과를 낳는다.

① 정서 발달에 도움이 되지 않는 유행가는 배제해야 한다.
② 유행가와 클래식은 발생 배경이 다르다는 것을 인정해야 한다.
③ 음악에는 좋고 나쁜 것이 없기 때문에 유행가도 수용해야 한다.
④ 유행가는 대중들이 즐겨야 하고 클래식은 상류층이 즐겨야 한다.

318 다음 글에서 설명하는 물리학의 연구 대상인 '힘'의 사례로 가장 적절한 것은?

> 물리학은 힘에 대한 이론이다. 여기에서 힘이라고 하는 것은 어떤 물체가 다른 물체에 일방적으로 가하는 것이 아니라 서로 주고받는 것이기 때문에 상호 작용이라고도 한다. 우주에는 중력(重力), 전자기력(電磁氣力), 강력(强力), 약력(弱力)의 네 가지 기본 힘이 존재한다. 만유인력이라고도 하는 중력은 질량이 있는 물체들끼리 서로 끌어 삼아당기는 힘을 말한다. 전자기력은 전기를 띤 입자들끼리 혹은 전류끼리 상호 작용하는 힘이다. 이 중력과 전자기력은 우주 전체를 고려하는 먼 거리까지 작용하는, 범위가 무한히 넓은 힘들이다. 반면에 강력은 핵 안에서 핵자*들끼리 작용하며 약력은 방사성 붕괴의 하나인 베타 붕괴 때 작용하는 힘으로, 핵 크기에 해당하는 극히 작은 범위에서만 작용한다.
>
> * 핵자: 양성자 중성자 중간자등 핵을 구성하는 요소.

① 움직이는 물체끼리 부딪치면 반동으로 서로 튕겨져 나간다.
② 사회를 구성하는 이익 집단 사이에도 강자와 약자가 형성될 수 있다.
③ 나른해지기 쉬운 오후 간단한 체조나 심호흡만으로도 활력을 되찾을 수 있다.
④ 생명체는 영양소를 섭취함으로써 생명을 유지하는 데 필요한 에너지를 얻는다.

319 글에서 설명하는 당쟁의 예로 가장 적절한 것은?

> 당쟁이란 어디까지나 당파의 이익을 앞세운 정쟁이었다. 즉, 당파 사이의 대립은 대부분 지방색이나 문벌적·개인적 이해(利害) 문제를 바탕으로 한 정권 쟁탈전이었을뿐 외교 정책·농업 정책·상공업 정책·문화 정책 등과 관련된 공익성 있는 정책적 대립은 아니었다. 따라서 당파 사이에 정권이 몇 번을 바뀌어도 국가의 정책에는 별다른 변화가 없었다.

① 최영 장군이 명나라의 무례함을 징벌해야 한다는 명분으로 군대를 일으키려 하자 이성계 등은 작은 나라가 큰 나라를 공격할 수 없고, 특히 장마철에 공격하는 것은 무리라고 주장하며 이를 반대하였다.
② 17세기 말엽 조선 시대에 회화에 관한 일을 맡아보던 관청인 도화서의 화원들은 주제도 중국적이요, 그림의 기법도 중국적인 산수화를 주로 그렸었는데, 겸재 정선은 이를 배격하고 자신이 창안한 독창적인 방법으로 한국의 산을 대상으로 한 진경산수화를 창작하였다.
③ 선조(宣祖) 때 이조 전랑직(吏曹銓郎職)에 김효원이 천거되자 심의겸은 그가 소인배라며 개인적 감정을 드러내며 반대하였다. 하지만 김효원은 전랑이 되었고, 후에 자신의 후임으로 심의겸의 아우가 천거되자 과거의 감정을 떠올리며 이를 거절하여 양자 사이에 불화가 생기게 되었다.
④ 병자호란 때 인조가 머물던 남한산성에서는 오랑캐와의 오랜 항전(抗戰)으로 군량이 바닥나고 죽는 백성이 늘어났지만 기다리던 구원병은 도착하지 않았다. 이에 백성의 고충을 가슴 아파하며 화의(和議)를 주장하는 측과 오랑캐에 대한 국가적 자존심을 강조하는 측 사이에 첨예한 대립이 발생했다.

320 다음 (가)~(라)를 논리적 순서에 맞게 나열한 것은?

[2020. 국회직 9급]

어빙 고프먼은 일반적인 용법과 달리 비인격이라는 범주를 사회적·법적 성원권의 상실과 연관시키지 않고 순수하게 연극적인 맥락에서 사용한다. 이러한 접근은 혼란을 유발할 수 있지만, 분명한 장점 또한 지닌다.

(가) 하지만 이 얼굴은 우리 몸의 일부도 아니고, 영혼의 반영도 아니다. 우리는 다른 사람들과의 만남 속에서 얼굴이 있는 듯이 행동하고, 우리의 얼굴에 대해 존중을 요구함으로써 얼굴이 실제로 거기 있게 해야 한다.

(나) 이를 통해 우리는 인격이 고정된 실체가 아니라 상호작용 속에서 끊임없이 현상하는 것임을 이해하게 된다. 고프먼은 "얼굴은 그것을 갖고 있는 사람의 내부나 표면이 아니라, 만남을 구성하는 사건들의 흐름 속에 퍼져 있다."라고 표현한다. 우리는 얼굴을 갖고 있다는 사실에 의해 사람이 된다.

(다) 마찬가지로 우리는 상대방의 사람 연기에 호응하고, 그의 얼굴에 대해 경의를 표시하며, 그가 얼굴을 유지할 수 있게 도와야 한다. 말하자면 얼굴은 상호작용 속에서 가정되고 또 실현되는, 의례적 픽션이다. 우리는 서로의 얼굴에 대해 의례를 행함으로써 서로를 사람으로 임명한다.

(라) 다시 말해 고프먼의 접근은 사람의 수행성을 강조한다. 사람은 단순한 법적 카테고리도 아니고, 사회화를 통해 어떤 속성들을 획득함으로써 도달하게 되는 상태도 아니다. 고프먼의 관점에서 사람이란 곧 연기자를 말하는데, 우리는 사회라는 무대 위에 올라가서 실제로 연기를 하면서 우리의 사람 자격을 확인받게 된다.

① (가) – (나) – (라) – (다)

② (나) – (가) – (다) – (라)

③ (나) – (다) – (라) – (가)

④ (다) – (가) – (나) – (라)

⑤ (다) – (나) – (가) – (라)

64일차

316 ③

[정답풀이]

이 문제는 소비 대중 사회에서 광고의 역할과 기능이 무엇인가를 묻고 있는 문제이다. 〈보기 1〉의 내용으로 볼 때, 광고는 자발적으로 생성되는 대중문화와 더불어 스스로 문화의 영향력을 창출해 나가는 것이라고 할 수 있다. 〈보기 2〉의 내용을 통해서도, 광고가 단순히 상품의 정보만 전달하는 것이 아니라 사람들의 욕구와 심리를 반영하여 전달한다는 점에서 역시 소비자나 수용자의 사회 심리를 반영한 것이라고 할 수 있다. 그리고 이러한 광고는 문화의 영역을 넓혀 감으로써 기존 문화의 영역 확장에 기여한다고 표현할 수 있다.

오답

① 광고는 대중 매체의 부속물이라기보다는 대중문화와 함께 문화의 영향력을 창출하는 역할을 한다고 할 수 있다.
② 광고가 문화에 대한 영향력을 지니고 있다고 해서 여론 형성의 주체가 된다고 볼 수는 없다.
④ 광고가 현대인들의 교양을 높이는 역할을 한다고 보는 것은 지나친 확대 해석이다.

317 ③

[정답풀이]

글쓴이는 클래식만을 좋은 것이라고 보는 견해는 많은 대중들이 음악을 사랑하고 가까이하기를 주저하게 하는 장애 요인이 된다고 보았다. 이런 점에서 클래식은 좋은 것이고 유행가는 나쁜 것이라는 구분이 적절하지 않음을 말하고 있다. 따라서 유행가도 나름대로 음악으로서의 가치를 지니고 있기 때문에 수용하여야 한다는 것이 글쓴이의 견해임을 추리할 수 있다.

오답

① 어느 하나를 배제해야 한다고 보고 있지는 않다.
② 발생 배경에 대해서는 언급하고 있지 않다.
④ 계층의 차이를 강조하고 있지는 않다.

318 ①

[정답풀이]

글에서 물리학에서 다루는 '힘'은 물체들 사이에 서로 주고받는 힘이기 때문에 상호 작용이라 한다고 하였다. 물체가 부딪쳐 서로 튕겨져 나간다는 것은 물체들 사이에 힘을 서로 주고받았음을, 즉 물체들이 상호 작용을 하였음을 말해 준다.

오답

②는 사회적으로 작용하는 힘, ③은 쾌적한 심신의 상태를 만드는 힘, ④는 생명체가 생명을 유지하는 힘이다.

319 ③

[정답풀이]

심의겸과 김효원의 대립은 정책의 대립이 아닌 개인적인 이해관계에 의한 대립이므로 당쟁의 예로 볼 수 있다. 역사적으로 볼 때, 이들의 대립은 결국 동(東)·서(西)의 분당(分黨)으로 이어진다.

오답

① 당쟁과는 무관한 고려 말의 역사적 사건에 대한 기술이다.
② 정치와는 무관한 미술사에 관한 설명이다.
④ 주화파(主和派)와 척화파(斥和派) 사이의 논쟁은 지방색이나 문벌적·개인적 이해(利害) 문제를 바탕으로 한 정권 쟁탈전으로 볼 수 없다

320 ②

[정답풀이]

글의 시작에서 고프먼은 비인격을 사회적·법적 측면에서 접근하지 않고 연극적인 맥락에서 접근했다. 뒤에 이어질 문단으로는 (나)와 (라)가 적절한데 (라)는 선택지에 없으므로 (나)로 글을 이어나가야 한다. (가)와 (다)는 연기를 하면서 변하게 되는 얼굴을 언급하고 있는데 이 내용은 글의 시작의 바로 뒤에 올 수 없다. (나)에서 얼굴은 사람의 내부나 만남을 구성하는 사건의 흐름에 퍼져있다고 설명했다. (가)는 얼굴이 사람과의 관계를 존재한다는 내용이므로 (나)의 내용 뒤에 이어질 수 있다. (다)는 (가)의 내용을 구체적으로 다시 설명했다. 얼굴이 상호작용 속에서 가정된다는 내용과 우리는 서로의 얼굴에 대해 의례를 행한다는 내용은 얼굴이 사람과의 관계에서 중요하다는 내용이다. (라)는 글의 시작에서 언급한 비인격의 연극적인 접근을 종합하여 설명하고 있다.

20 . . .

321 밑줄 친 '위치 찾기 표시'를 알기 쉽게 설명하기 위해 활용할 수 있는 대상으로 가장 적절한 것은?

위치 찾기 표시

데이터 영역

셀(Cell)

QR코드는 사각형의 데이터 영역 안에 <u>위치 찾기 표시</u>와 셀(Cell)로 이루어져 있다. 위치 찾기 표시는 세 모서리에 있는데, QR코드가 기울어져 있어도 이것들의 관계를 통해 회전 각도를 인지할 수 있으므로 사용자는 QR코드를 360도 어느 각도에서든지 인식할 수 있다. 셀은 사각의 흑백으로 된 점으로, 그 수에 따라 QR코드의 버전이 결정된다. 즉, 가로와 세로가 각각 21셀씩 구성된 버전 1(21셀×21셀)부터 177셀씩 구성된 버전 40(177셀×177셀)까지 있으며, 버전이 높을수록 담을 수 있는 정보량이 많다.

① 수면의 <u>낚시찌</u>를 보고 낚싯대를 채야 하는 때를 안다.
② <u>북극성</u>을 확인해 보고 자신이 있는 곳의 위치를 안다.
③ <u>리트머스 종이</u>의 색깔 변화를 보고 용액의 성질을 안다.
④ 환자의 <u>얼굴빛</u>을 자세히 보고 상태가 어느 정도인지를 안다.

322 밑줄 친 ㉠의 이유로 가장 적절한 것은?

역사가는 역사 연구를 위해 수집된 사료들을 현재까지 검증된 객관적 지식을 근거로 분석, 비판하여 과거의 사실과 사건 해명에 그것들이 얼마나 적합한지를 판단한다. 이렇듯 수집된 사료의 확실성과 진실성을 평가하는 것을 '사료 비판 작업'이라고 한다. 이러한 사료 비판 작업은 역사가가 역사를 서술하기 이전에 반드시 선행해야 하는 의무이다. 그런데 왜 이런 작업이 꼭 필요한 것일까?

과거에 기록된 사료는 고의적이든 아니든 사실이나 사건을 왜곡하거나 잘못 이해하여 기록되었을 가능성이 있다. 사료는 문헌, 비문(碑文), 유물 등 어떤 형태든 과거의 모습을 단편적으로 전달하는데, 당시의 사회적, 민족적 관점에 따라, 그리고 국가적, 시대적 사고 성향에 따라 일정한 경향성을 띤 내용들을 담고 있다. 이런 이유로 역사가들은 수집된 사료가 진짜인지, 그 내용이 어느 정도 실제와 부합하는지를 비판적으로 검토하여 과거 사실을 재구성하는 데 사용할 수밖에 없다.

따라서 ㉠역사가는 사료에 의존하되 사료를 그대로 믿어서는 안 된다. 역사가는 수집된 사료를 철저히 분석하여 역사 연구의 자료로 삼아야 한다. 이것은 역사가의 연구가 객관적인 설득력을 얻기 위해 필요한 최소한의 조건이다.

① 수집된 사료가 과거의 객관적 사실과 부합하지 않을 수도 있기 때문이다.
② 과거의 역사적 사실이 모두 역사적 문헌에 기록되어 있는 것은 아니기 때문이다.
③ 과거로 올라갈수록 역사적 사실을 표현하는 언어 수단이 충분치 않기 때문이다.
④ 과거에는 역사적 사료를 보관하던 장소가 신분이나 지위에 따라 달랐기 때문이다.

323 다음 글의 내용과 가장 어긋나는 것은?

> 많은 사람들이 자신의 프라이버시가 심각하게 침해당했다고 느끼기 이전에는 그것을 꼭 지켜야 할 권리로 생각하지 않는다. 우리는 홀로 살아가는 것이 불가능하고, 내 정보를 내가 백 퍼센트 통제하는 것이 불가능한 세상에 살고 있다. 그래서 혹자는 내가 감추고 싶은 프라이버시에 집착하기보다는 아예 모든 사람이 세상의 모든 것에 대해 다 알 수 있는 상태가 더 바람직하다고 생각한다. 감추는 것 없이 아예 우리 모두가 다 드러내 놓고 살 때, 세상은 투명해지리라는 것이다. 그러나 이는 차별 없는 세상에서나 가능한 이야기이다. 우리는 서로 다른 조건의 현실적 삶을 살고 있기 때문에 정보의 공개가 차별을 없애는 세상이 아니라 오히려 더 은밀한 차별을 만들어 내는 세상에 살고 있다. 그렇기 때문에 프라이버시는 더욱 중요하다. 특히 실질적이고 잠재적인 차별을 낳을 수 있는 개인 정보 공개는 철저히 막아야 한다. 이를 위해서는 개인, 시민 단체, 정부가 협력 관계를 유지해야 한다. 프라이버시는 죽었다고 간주해야 하는 권리가 아니라 21세기에 적극적인 의미로 새롭게 부활시켜야 할 기본권인 것이다.

① 개인의 알 권리와 또 다른 개인의 프라이버시는 충돌할 수 있다.
② 현대인은 자기도 모르는 사이에 프라이버시를 침해받는 일이 있다.
③ 모든 사람이 세상의 모든 것에 대해 다 알 수 있는 상태가 이상적이다.
④ 실질적이고 잠재적인 차별을 낳을 수 있는 개인 정보 공개는 막아야 한다.

324 ㉠을 이해한 내용으로 가장 적절한 것은?

> 송강(松江)의 〈관동별곡(關東別曲)〉, 〈전후사미인곡(前後思美人曲)〉은 우리나라의 '이소'(離騷)*나, 그것은 한자(漢字)로는 쓸 수가 없기 때문에 오직 음악하는 사람들의 입을 빌려 전해지고 혹은 한글로 써서 전해질 뿐이다. 어떤 사람이 칠언시(七言詩)로써 〈관동별곡〉을 번역하였지만, 아름답게 될 수가 없었다. 혹은 택당(澤堂)이 젊었을 때에 지은 작품이라고 하지만, 옳지 않다.
>
> 구마라습*이 말하기를, "인도인의 풍속은 가장 문채(文彩)*를 숭상하여 그들의 찬불사(讚佛詞)*는 극히 아름답다. ㉠이제 이를 중국어로 번역하면 단지 그 뜻만 알 수 있지, 그 말씨는 알 수 없다." 하였다. 이치가 정녕 그럴 것이다.
>
> 사람의 마음이 입으로 표현된 것이 말이요, 말의 가락이 있는 것이 시가문부(詩歌文賦)이다. 사방(四方)의 말이 비록 같지는 않더라도 진실로 말할 수 있는 사람이 각각 그 말에 따라서 가락을 맞춘다면, 다같이 천지를 감동시키고 귀신을 통할 수가 있는 것은 유독 중국만이 그런 것은 아니다. 지금 우리나라의 시문(詩文)은 자기 말을 버려두고 다른 나라의 말을 배워서 표현한 것이니, 설사 아주 비슷하다 하더라도 이는 단지 앵무새가 사람의 말을 하는 것이다. 여염집 골목길에서 나무꾼이나 물 긷는 아낙네들이 '에야디야' 하며 서로 주고받는 노래가 비록 저속하다 하여도 그 진가(眞價)를 따진다면, 정녕 학사 대부(學士大夫)들의 이른바 시부(詩賦)라고 하는 것과 같은 입장에서 논할 수는 없다.
>
> 하물며 이 삼별곡(三別曲)은 천기(天機)의 자발(自發)함이 있고*, 이속(夷俗)의 비리(鄙俚)함도 없으니*, 자고로 좌해(左海)*의 진문장(眞文章)은 이 세 편뿐이다. 그러나 세 편을 가지고 논한다면, 〈후미인곡〉이 가장 높고 〈관동별곡〉과 〈전미인곡〉은 그래도 한자어를 빌려서 수식(修飾)을 했다.
>
> — 김만중, 〈서포만필(西浦漫筆)〉 —
>
> * 이소: 중국 초나라의 시인 굴원이 참소를 받은 슬픔을 읊은 시부로, 문학성이 뛰어난 낭만주의 걸작으로 평가됨. 으뜸이 되는 작품을 비유적으로 나타낸 말.
> * 구라마습: 인도의 고승(高僧). 중국 진나라 때 포로로 잡혀 가 많은 불경을 번역함.
> * 문채: 문장의 멋.
> * 찬불사: 부처의 공덕을 찬미하는 글.
> * 천기의 자발함이 있고: 하늘의 비밀이 저절로 나타나 있고.
> * 이속의 비리함도 없으니: 오랑캐 풍속의 천박스러움도 없으니.
> * 좌해: 지난날 중국에서, 발해의 왼쪽에 있다는 뜻으로 '우리나라'를 달리 이르던 말.

① 문학 작품에서 진솔한 표현이 중요하다는 것을 강조하고 있다.
② 한문학만을 중시하는 당시 지배적인 견해에 대해 비판하고 있다.
③ 문학 작품마다 어울리는 언어가 따로 있다는 점을 제시하고 있다.
④ 문학 작품은 자국어로 표현되어야 그 묘미를 느낄 수 있음을 말하고 있다.

325 다음 글의 내용으로 적절하지 않은 것은? [2019. 국가직 7급]

　　우리나라를 비롯해 동양에는 빛과 그림자의 대비를 사실적으로 표현하는 명암법이 존재하지 않았다는 점이 새삼 흥미롭게 다가온다.

　　단원 김홍도의 「씨름」을 보자. 어디에도 그림자는 없다. 숨바꼭질하는 아이들이 꼭꼭 숨어 버린 것처럼 모든 그림자가 나 사라져 버렸다. 이처럼 선묘에 의지해 대상을 나타내는 우리의 전통 회화에서는 그림자 표현을 찾아보기 어렵다. 동양 회화는 명암을 의도적으로 외면하는 경향이 있다. 빛과 그림자를 통해 그림의 사실성을 높이고 사물의 물리적인 실재감을 높이는 것은 선의 맛을 중시하여 정신성을 극대화해 온 동양 회화의 전통과 배치되기 때문이다.

　　하지만 현상의 원리로서 음양의 조화를 추구해 온 역사가 시사하듯 물리적인 빛과 그림자를 그리지는 않았어도 그 조화와 원리에 대한 관념은 화포에 진하게 물들어 있다. 사실의 묘사보다 정신의 표현을 중시한 까닭에 동양 회화에서 빛과 그림자는 이처럼 정신의 현상으로 녹아 있다고 할 수 있다.

　　그럼에도 조선 후기에 들어서면 명암 표현이 어렴풋이 시도되는데, 이는 북경으로부터 명암법, 원근법 등에 기초한 서양 화법이 우리나라로 흘러들어 왔기 때문이다. 김두량의 「견도(犬圖)」, 이희영의 「견도(犬圖)」등 일부 화인들의 그림에서 그 흔적을 찾아볼 수 있다.

① 선의 맛을 중시한 전통 때문에 동양 회화에서는 명암 표현을 찾기가 어렵다.

② 김홍도의 「씨름」과 김두량의 「견도」는 다른 명암법을 사용하고 있다.

③ 회화에서 명암은 사물의 실재감을 높이는 데 중요한 역할을 한다.

④ 동양 회화는 정신성을 추구하기 위하여 사실성과 거리를 두었다.

65일차

321 ②

[정답풀이]

밑줄 친 '위치 찾기 표시'는 QR코드가 기울어져 있어도 회전 각도를 인지함으로써, 어느 각도에서든지 QR코드를 인식할 수 있도록 하는 것이다. ②의 경우에도 북극성을 기준으로 하여 자신이 있는 곳의 위치를 인식하는 것이다. 따라서 QR코드의 위치 찾기 표시는, 그 위치가 기준으로 작용한다는 점에서 북극성을 통해 쉽게 설명할 수 있을 것이다.

오답

① '낚시찌'는 낚싯대를 채야 하는 때를 알려 주는 신호의 역할을 한다.

③ '리트머스 종이'는 자체의 색깔이 변하여 용액의 성질을 나타내는 역할을 한다.

④ '얼굴빛'은 그것들과 관련된 대상의 상태를 보여 주는 역할을 한다.

322 ①

[정답풀이]

지문에서는, 과거에 기록된 사료가 고의적이든 아니든 사실이나 사건을 왜곡하거나 잘못 이해하여 기록되었을 가능성이 있고, 사료의 내용 속에는 의식적으로든 무의식적으로든 거짓이나 오류, 과장 등이 담겨 있을 가능성이 있다고 서술하고 있다. 그리고 이러한 이유로 인해 역사가는 역사를 서술하기 이전에 반드시 사료 비판 작업을 수행해야 한다고 말하였다. 따라서 ⊙과 같이 말한 이유로 가장 적절한 것은 ①이 된다.

323 ③

[정답풀이]

글에서 혹자는 아예 모든 사람이 세상의 모든 것에 대해 다 알 수 있는 상태가 더 바람직하다고 생각하지만, 글쓴이는 이는 차별 없는 세상에서나 가능한 이야기이고 우리는 정보의 공개가 더 은밀한 차별을 만들어 내는 세상에 살고 있기 때문에 개인 정보 공개를 막아야 한다고 말하고 있다. 따라서 ③은 글쓴이의 생각과 다르다.

324 ④

[정답풀이]

글쓴이는 어떤 사람이 칠언시(한시)로써 〈관동별곡〉을 번역하였지만 아름답게 될 수가 없었다고 말하고, 인도의 아름다운 찬불사를 중국어로 번역하였더니 그 뜻은 알 수 있었지만,

그 말씨는 알 수 없었다고 ⊙에서 말하고 있다. 이는 문학 작품을 다른 나라의 언어로 번역하면 작품의 뜻은 알 수 있지만 작품의 묘미는 느낄 수 없다는 것이다. 따라서 ⊙은 ④처럼 이해할 수 있다.

> **참고** 김만중, 〈서포만필(西浦漫筆)〉
>
> 이 글은 송강의 가사를 중심 제재로 하여, 우리말로 우리의 정서를 드러내는 글이 진정으로 가치 있는 글임을 말하고 있다. 우리나라 사람들이 한자어로 문학 작품을 짓고 그 안에 자신의 정서를 담아내는 것에 한계가 있음을 지적하면서, 송강의 작품은 우리말로 우리의 정서를 드러냈다는 점에서 높이 평가받을 만하다는 것을 역설하고 있다.

325 ②

[정답풀이]

김홍도의 「씨름」에는 그림자가 없다며 명암법이 사용되지 않았다고 하였다. 그러나 '조선 후기에 들어서면서 명암 표현이 어렴풋이 시도'되었다며 김두량의 「견도」에서 그 흔적을 찾아볼 수 있다고 하였다. 두 작품은 다른 명암법을 사용한 것이 아니라, 「씨름」은 명암법을 사용하지 않았고 「견도」는 명암법을 사용한 것이다.

오답

① '우리의 전통 회화에서는 그림자 표현을 찾아보기 어렵다. 빛과 그림자를 통해 그림의 사실성을 높이고 사물의 물리적인 실재감을 높이는 것은 선의 맛을 중시하여 정신성을 극대화해 온 동양 회화의 전통'이라는 부분을 통해 확인할 수 있다.

③ '빛과 그림자를 통해 그림의 사실성을 높이고 사물의 물리적인 실재감을 높이는 것'을 통해 회화에서 명암은 사물의 실재감을 높임을 알 수 있다.

④ 동양 회화의 전통은 '선의 맛을 중시하여 정신성을 극대화'하는 것이다. 명암을 사용해 사실성과 실재감을 높이는 것은 이러한 전통과 배치되기 때문에 동양 회화는 사실성과 거리를 두었다.

326 다음 글에서 ㉠과 ㉡에 대한 내용으로 적절하지 않은 것은?

> 우리가 경험하는 감정의 수는 얼마나 될까? '감정'을 우리가 경험하는 주관적인 느낌으로 본다면 감정의 수는 아마도 무한할 것이다. 우리가 사용하는 감정 단어들은 그렇게 무한한 수의 감정 경험들을 묶고 정리한 결과물이다. 국어사전에 수록된 감정 단어 가운데 ㉠'정적(正的) 감정'을 나타내는 단어는 약 30%에 불과한 반면 ㉡'부적(負的) 감정'을 나타내는 단어는 약 70%에 달한다. 정적 감정은 '쾌(즐거움)'를 포함하는 감정(기쁨, 즐거움, 행복 등)들이고, 부적 감정은 '불쾌'를 포함하는 감정(슬픔, 분노, 혐오, 공포, 경멸, 수치심 등)들이다. 여러 연구 결과에 따르면, 우리는 부적 감정보다 정적 감정을 더 자주 경험하는 것으로 알려져 있다. 그런데 왜 감정 단어 중에는 부적 감정을 나타내는 단어의 수가 훨씬 더 많은 것일까?
>
> 그 이유는 부적 감정들은 생존에 굉장히 중요한 감정들로서 서로 분명하게 구별할 필요가 있기 때문이다. 반대로 정적 감정은 생존과 관계없이 단순히 향유하기만 해도 되는 감정 상태이다. 그렇다면 정적 감정은 아무런 기능도 하지 않는 것일까? 그렇지 않다. 정적 감정은 삶의 활력소로서 인생을 살아가는 데에 없어서는 안 될 필수 요소이다. 또한 정적 감정은 우리의 사고를 자유롭게 확장하고 건설적이도록 만들며, 정신 건강뿐 아니라 신체 건강에도 이로운 역할을 하는 것으로 밝혀졌다. 따라서 어떤 사건이나 상황을 접했을 때 그것을 긍정적으로 해석하는 방식을 몸에 익혀 두는 것도 지혜로운 자세이다.

① ㉠을 반복 사용하면 ㉡으로 전환될 수 있다.
② ㉠은 ㉡에 비해 삶의 활력소 역할을 한다.
③ ㉡이 ㉠보다 표현하는 단어의 수가 많다.
④ ㉡이 ㉠보다 생존에 미치는 영향이 크다.

327 글에 대한 설명으로 가장 적절한 것은?

> 잠수함은 어떤 원리로 물속에서 자유롭게 다닐 수 있을까? 이것을 이해하기 위해서는 우선 부력을 알아야 한다. 모래를 채운 밀폐봉지를 물속에 넣어 보자. 이 봉지는 모래의 무게에 따라 바닥으로 가라앉을 수도 있고, 바닥으로 가라앉지도 않고 위쪽으로 떠오르지도 않으면서 중간 깊이쯤에 잠겨 있을 수도 있다. 봉지가 가라앉도록 아래쪽으로 작용하는 힘은 봉지와 모래에 작용하는 중력이고 봉지가 떠오르도록 위쪽으로 작용하는 힘은 봉지 주변의 물에 의해 봉지에 가해지는 힘인 부력이다. 물체가 수면 아래로 가라앉은 부분만큼의 부피가 부력의 크기를 결정하므로 수면 아래로 잠긴 부분이 많을수록 부력이 커진다.
>
> 만약 봉지가 중간 깊이쯤에 잠겨 있다면 이 봉지를 중간쯤에 떠 있게 하는 힘은 무엇일까? 이때에는 중력과 부력이 힘의 평형을 이루고 있다. 여기에 봉지에 있는 모래를 빼내고 무거운 돌멩이를 채우면 봉지는 바닥으로 가라앉을 것이다. 이는 봉지에 작용하는 부력보다 봉지 속에 채워진 물질의 무게가 더 커져서, 즉 부력보다 중력이 더 커져서 봉지가 아래로 가라앉기 때문이다.

① 과학적인 원리를 일반화하여 이론을 정립하고 있다.
② 다른 대상에 빗대어 대상의 장단점을 소개하고 있다.
③ 과학적인 원리를 바탕으로 대상의 한계를 분석하고 있다.
④ 비유적인 방법을 활용하여 대상의 특성을 드러내고 있다.
⑤ 구체적인 사례를 활용하여 대상에 적용된 과학적 원리를 설명하고 있다.

[328~329] 다음 글을 읽고 물음에 답하시오.

일반적으로 물건을 많이 사면 값을 싸게 해 주는 것을 당연하게 여기곤 한다. 그런데 세금을 부과하는 제도 중 하나인 누진제의 원리는 이와는 반대이다. 쓰면 쓸수록 요금을 더 많이 내는 제도인 누진제는 물건을 많이 살수록 값이 비싸지는 것과 같기 때문이다. 이러한 누진제가 적용되는 대표적인 분야에는 전기 요금과 소득세가 있다. 전기 요금 누진제란 전기 사용량에 따라 전기 요금 단가를 높이는 제도이다. 현행 전기 요금은 전기를 사용하는 용도에 따라 주택용, 일반용, 교육용, 산업용 등으로 구분하여 차등적으로 적용되는데, 누진제는 가정용 전기 요금에만 적용되고 있다.

사용량 요금제의 구간은 1단계(사용량 100kWh 이하), 2단계(101~200kWh), 3단계(201~300kWh), 4단계(301~400kWh), 5단계(401~500kWh), 6단계(501kWh 이상)로 구분되며 사용량이 많을수록 많은 요금이 부과된다. 예를 들어 월 사용량이 500kWh를 초과한 6단계 요금 단가는 200kWh 이하인 2단계보다 10배 이상 더 내도록 하고 있다. 따라서 전기 요금에서의 누진제는 에너지 절약을 유도하려는 의도가 숨어있다고 할 수 있다.

전기 요금과 마찬가지의 원리로 소득세에서의 누진제는 많이 버는 사람이 더 많은 세금을 내는 것이다. 소득세에서의 누진제는 단순 누진 세율과 초과 누진 세율로 나뉜다. 단순 누진 세율은 과세 표준(소득에서 각종 공제를 뺀 금액)이 늘어나는 대로 변화되는 비율을 과세 표준 전체에 적용시키는 방법이다. 예를 들어 200만 원 이하 세율이 5%, 200만 원 초과 세율이 7%라면 100만 원을 번 사람은 5만 원을, 300만 원을 번 사람은 21만 원을 내는 식이다.

328 윗글의 서술 방식에 대한 설명으로 가장 적절한 것은?

① 시간의 흐름에 따른 대상의 변화 과정을 밝히고 있다.

② 대상의 원리를 적용되는 사례 중심으로 설명하고 있다.

③ 현상을 설명한 뒤 관련된 이론의 장단점을 분석하고 있다.

④ 대상에 대한 상반된 견해를 소개한 뒤 이를 절충하고 있다.

329 윗글을 통해 이끌어 낼 수 없는 사실은?

① 산업용 전기에는 누진제가 적용되지 않는다.

② 가정용 전기는 사용량에 따라 요금 단가가 달라진다.

③ 가정용 전기는 쓰면 쓸수록 요금이 급격히 늘어난다.

④ 단순 누진제는 과세 표준의 일부를 과세의 대상으로 삼는다.

330 다음 글의 내용을 이해한 것으로 옳지 않은 것은?

그동안 자본주의 경제체제는 고용관계를 기반으로 근로기준법, 노동 3권을 보장하여 노사가 힘의 균형을 이루는 산업민주주의를 추구해 왔다. 그러나 플랫폼 노동은 상시 고용, 사업장 출퇴근, 8시간 정규노동 등을 중심으로 구축된 표준적 고용 관계를 해체시키고, 노동법과 사회복지가 적용되기 어려운 비정형 노동을 확대시키고 있다.

플랫폼 기업 측에서는, 플랫폼은 일종의 중개이므로 자신들은 정보서비스를 제공하는 것이지 플랫폼 노동자를 직접 통제하는 것은 아니라고 주장한다. 플랫폼 노동자는 노동제공 여부를 스스로 결정할 수 있고 업무시간도 조정할 수 있으므로 독립적인 계약으로 보아야 한다는 것이다.

그러나 플랫폼 노동자들은 어느 정도 업무의 자주성을 갖지만, 동시에 플랫폼의 통제도 받고 있다고 봐야 한다. 플랫폼에서 일할 때 노동과정에 대해, 플랫폼 기업은 보상 메커니즘과 업무설계를 통해 노동자들이 자연스럽게 업무를 수행하도록 만들기 때문이다.

플랫폼은 접근성, 편리성, 저렴한 가격, 일자리 창출 등의 장점이 있고, 참가자가 많을수록 네트워크 효과로 생태계가 구축되어 다양한 사업모델을 개발할 수 있다. 이러한 플랫폼 경제가 새로운 성장의 기회가 되어 경제를 발전시키기 위해서라도, 사회복지와 노동법의 사각지대에 방치된 플랫폼 노동에 대해 정부 차원의 플랫폼 노동에 대한 정의, 노동기본권 부여, 사회 안전망 마련 등이 절실하다. 사용자 책임을 회피하려는 기업들이 플랫폼 노동을 악용할 수 있기 때문이다.

플랫폼 기업이 신기술과 사업모델 혁신으로 경제를 발전시키고 고용을 창출한다면 환영하겠다. 그러나 앱과 인터넷으로 노동을 매개하는 형식만 바뀔 뿐 기존 사업과 별 차이 없이 중간착취와 불안정노동을 지속한다면 이는 지양되어야 한다. 플랫폼 노동이 새로운 중간착취로 이용되지 않도록 사회적 통제와 제도보완이 필요하다.

① 플랫폼 노동자는 업무의 자주성을 갖는 동시에 플랫폼의 통제도 받는다.
② 플랫폼 노동자는 사회복지와 노동법의 사각지대에 놓여있다.
③ 플랫폼 노동의 긍정적 정착을 위한 사회적 책임이 필요하다.
④ 플랫폼 기업은 보상 메커니즘을 통해 노동의 독립성을 보장한다.
⑤ 플랫폼의 장점을 활용해 다양한 사업모델을 개발할 수 있다.

66일차

326 ①

[정답풀이]

국어사전에는 부적 감정이 정적 감정보다 더 많은 단어로 수록되어 있다. 그러나 인간은 부적 감정보다 정적 감정을 더 자주 경험한다고 설명했다. 그러나 정적 감정을 반복 사용한다고 해서 그것이 부적 감정으로 전환된다는 정보는 나타나 있지 않다.

오답

② 2문단에서 정적 감정은 삶의 활력소로서 인생을 살아가는 데에 필수 요소라고 설명했다.

③ 정적 감정의 단어는 약 30%이지만, 부적 감정의 단어는 약 70%이다.

④ 인간은 정적 감정을 더 자주 경험하지만 사전에는 부적 감정의 단어가 더 많다. 그 이유는 부적 감정들이 생존에 중요한 감정들로서 서로 분명하게 구별할 필요가 있기 때문이다.

327 ⑤

[정답풀이]

2문단에서 봉지에 모래나 무거운 돌멩이를 채우고 물에 넣었을 때 부력과 중력이 어떻게 작용하는지에 대한 사례를 제시한 후, 이를 활용하여 잠수함이 뜨고 가라앉는 원리를 과학적으로 설명하고 있다.

328 ②

[정답풀이]

전기 요금과 소득세라는, 누진제와 관련된 분야를 둘로 제시한 뒤 관련된 사례를 들어 누진제의 원리에 대해 설명하고 있다.

오답

① 시간의 흐름에 따라 글을 전개하고 있지 않으며, 대상의 변화 과정 또한 밝히고 있지 않다.

③ 누진제와 관련된 현상을 설명하고 있다고 볼 수는 있지만, 관련된 이론의 장단점을 분석하고 있지는 않다.

④ 누진제의 개념과 그 원리 등을 설명하고 있을뿐, 이에 대한 상반된 견해를 소개한 뒤 절충하고 있지는 않다.

329 ④

[정답풀이]

단순 누진제는 과세 표준에 따라 책정된 세율을 과세 표준 전체에 적용하는 것이다. 따라서 단순 누진제가 과세 표준의 일부를 과세의 대상으로 삼는다는 것은 적절하지 않다.

오답

① 첫째 문단에서 누진제는 가정용 전기 요금에만 적용된다고 하였다.

② 첫째 문단에서 "전기 요금 누진제란 전기 사용량에 따라 전기 요금 단가를 높이는 제도이다."라고 하였으므로 적절한 설명이다.

③ "월 사용량이 500kWh를 초과한 6단계 요금 단가는 200kWh 이하인 2단계보다 10배 이상 더 내도록 하고 있다."고 하였으므로 전기는 쓸수록 요금이 기하급수적으로 늘어난다고 볼 수 있다.

330 ④

[정답풀이]

셋째 문단에서 플랫폼 기업은 보상 메커니즘과 업무설계를 통해 노동자들이 자연스럽게 업무를 수행하도록 만든다고 설명했다. 플랫폼 기업의 보상 메커니즘은 노동자들의 자연스러운 업무 수행에 영향을 끼친다. 노동의 독립성과는 관련이 없다. 노동의 독립성을 자주성이라고 볼 때, 플랫폼 기업에서 노동자가 자주성을 갖는 것은 플랫폼 노동의 특징 때문이라고 볼 수 있다. 보상 메커니즘과 자주성이 직접 관련이 있지는 않다.

오답

① 둘째 문단의 첫 문장에서 설명했다.

331 ㉠, ㉡에 대한 이해로 적절하지 않은 것은?

> 많은 ㉠선통적 인식론자는 임의의 명제에 대해 우리가 세 가지 믿음의 태도 중 하나만을 ⓐ 가질 수 있다고 본다. 가령 '내일 눈이 온다.'는 명제를 참이라고 믿거나, 거짓이라고 믿거나, 참이라 믿지도 않고 거짓이라 믿지도 않을 수 있다. 반면 ㉡베이즈주의자는 믿음은 정도의 문제라고 본다. 가령 각 인식 주체는 '내일 눈이 온다.'가 참이라는 것에 대하여 가장 강한 믿음의 정도에서 가장 약한 믿음의 정도까지 가질 수 있다. 이처럼 베이즈주의자는 믿음의 정도를 믿음의 태도에 포함함으로써 많은 전통적 인식론자들과 달리 믿음의 태도를 풍부하게 표현한다.

① 만약 을이 ㉠이라면 을은 동시에 ㉡일 수 없다.

② ㉠은 을이 '내일 눈이 온다.'가 거짓이라 믿는 것은 그 명제가 거짓임을 강한 정도로 믿는다는 의미라고 주장한다.

③ ㉠은 을이 '내일 눈이 온다.'가 참이라고 믿는다면 을은 '내일 눈이 온다.'가 거짓이라고 믿을 수는 없다고 주장한다.

④ ㉡은 을의 '내일 눈이 온다.'가 참이라는 것에 대한 믿음의 정도와 '내일 눈이 온다.'가 거짓이라는 것에 대한 믿음의 정도가 같을 수 있다고 본다.

[332~333] 다음 글을 읽고 물음에 답하시오.

> 사람의 갑상샘은 성대 바로 아래에 위치하며, 부갑상샘은 양쪽 갑상샘 표면에 두 개씩 모두 4개가 박혀 있다. 갑상샘의 활동은 뇌의 일부인 시상하부 바로 아래의 주머니형 뼈 안에 위치한 뇌하수체에 의해 조절된다. 시상하부가 갑상샘자극호르몬방출호르몬(TRH)을 분비하면, TRH가 뇌하수체 전엽에서 갑상샘자극호르몬(TSH)을 분비하게 하고, 분비된 TSH가 갑상샘을 자극하여 혈액으로 4개의 요오드 원자를 갖고 있는 티록신을 분비하게 한다. 혈중 티록신 농도가 높아지면 시상하부와 뇌하수체 전엽에 작용하여 ㉠티록신 합성이 억제되는 음성 되먹임 기작[*]이, 농도가 낮아지면 시상하부와 뇌하수체 전엽에 작용하여 ㉡티록신 합성이 촉진되는 양성 되먹임 기작이 작동하여 항상성이 유지된다. 그런데 티록신의 농도가 너무 높으면 갑상샘 기능 항진증에 걸려 심리 불안, 땀 분비 증가, 발열, 고혈압, 체중 감소 등의 증상이 나타난다. 반대로 티록신의 농도가 너무 낮으면 갑상샘 기능 저하증에 걸려 체중이 증가하고, 무기력해지며, 추위를 잘 견디지 못하는 증상 등이 나타난다.
>
> 갑상샘과 부갑상샘은 칼슘 이온의 항상성에 작용하여 적정 수준의 농도, 즉 '10mg칼슘/100mL혈액'을 유지하는 역할을 한다. 신체의 여러 기능을 조절하는 데에는 혈중 칼슘 농도와 세포사이액 내의 칼슘의 적정 농도가 매우 중요하다. 칼슘이 없이는 세포와 세포 간의 신경 신호의 전달이 불가능하고, 근육이 제대로 기능을 할 수 없으며, 혈액의 응고와 세포막을 통한 물질 이동도 일어날 수 없다.

갑상샘에서 만들어지는 칼시토닌과 부갑상샘에서 분비되는 부갑상샘호르몬은 칼슘의 혈중 농도를 조절한다. 칼시토닌과 부갑상샘호르몬은 서로 반대의 효과가 나타나도록 하는 호르몬들인 길항 호르몬이다. 즉, 칼시토닌은 칼슘의 혈중 농도를 낮추는 역할을 하는 반면, 부갑생샘호르몬은 칼슘의 혈중 농도를 높이는 역할을 한다. 이 두 길항 호르몬은 되먹임 기작에 의해 칼슘의 혈중 농도를 항상성의 조절점인 약 10mg/100mL가 되도록 유지한다.

* 되먹임 기작: 피드백(feedback)에 의해 제어량값을 목푯값과 비교하여 서로 일치하도록 정정 동작을 하는 제어.

332 윗글을 통해 알 수 질문이 아닌 것은?

① 갑상샘의 활동이 조절되는 원리는 무엇인가?

② 칼슘이 인체 내에서 담당하는 기능은 무엇인가?

③ 혈중 칼슘 농도가 부족해지는 원인은 무엇 때문인가?

④ 티록신 농도의 높고 낮음에 따른 증상은 무엇인가?

333 ㉠, ㉡에 대한 설명으로 가장 적절하지 않은 것은?

① ㉠이 제대로 작동하지 않으면 갑상샘 기능 항진증에 걸릴 수 있다.

② ㉡이 작동하는 경우 TRH가 분비됨으로써 TSH의 분비로 이어진다.

③ ㉠은 갑상샘에서 일어나는 현상이고, ㉡은 부갑상샘에서 일어나는 현상이다.

④ ㉠과 ㉡ 모두 혈중 티록신 농도의 항상성을 유지하기 위해 이루어지는 인체 내의 활동이다.

334 밑줄 친 ㉠의 이유로 가장 적절한 것은?

역사적 사실을 철저하게 고증하고 사실에 입각하여 역사를 서술해야 한다는 데 반대할 사람은 없다. 그러나 역사적 사실을 고증하는데 뛰어난 솜씨를 보인다고 해서 곧 훌륭한 역사가라 할 수는 없으며 확실한 사실을 많이 늘어놓는다고 해서 잘 쓴 역사인 것도 아니다. 역사를 연구하는 사람이면 누구나 사료를 성실하게 고증해야 한다. 만약 역사가가 어떤 사료를 고증하는 데 어려움을 느끼면 고고학, 문화 인류학, 지리학 등 여러 분야의 전문가에게 도움을 청할 수 있다. 그러나 아무리 큰 어려움을 겪는다 할지라도 역사가가 그들에게 역사적 사실의 의미를 해석해 달라고 손을 내밀 수는 없다. 역사적 사실에 대한 해석, 이것이야말로 누구도 대신해 줄 수 없는 역사가 고유의 임무인 것이다.

이런 점에 비추어 랑케와 같이 '사실 그대로의 역사'를 내세우면서 공정하고 냉정하게 역사를 이야기한다고 주장하는 것은 자기는 물론 남을 속이는 일이 될 수 있다. 역사가는 누구나 자기의 눈으로 관찰한 역사를 쓸 수밖에 없다. 그리고 역사가의 눈은 그가 사는 시대의 한계를 넘어서지 못한다. 역사가들이 역사적 사실로 인정하여 역사책의 한 모퉁이에 모셔 두는 것은 과거의 수많은 사실들 가운데 오늘날 의미 있는 사실들이다. 시간과 공간을 뛰어넘어 스스로 의미를 가지는 역사적 사실이란 없다. 이런 의미에서 ㉠인간이 쓴 모든 역사는 현대사라 할 수 있다.

① 현대사로 올수록 대중의 관심이 커졌기 때문에

② 과거에 일어난 일은 역사적 사실로 신뢰하기 어렵기 때문에

③ 현대인의 삶에 영향을 주는 것은 현대에 발생한 일이기 때문에

④ 현재 시점에서 의미를 가지는 역사적 사실들만이 역사로 서술되기 때문에

335 다음 (가)~(라)를 논리적 순서에 맞게 나열한 것은? [2019. 국회직 9급]

> (가) 인물 그려내기라는 말은 인물의 생김새나 차림새 같은 겉모습을 그려내는 것만 가리키는 듯 보이기 쉽다.
>
> (나) 여기서 눈에 보이는 것의 대부분을 뜻하는 공간에 대해 살필 필요가 있다. 공간은 이른바 공간적 배경을 포함한, 보다 넓은 개념이다.
>
> (다) 하지만 인물이 이야기의 중심적 존재이고 그가 내면을 지닌 존재임을 고려하면, 인물의 특질을 제시하는 것의 범위는 매우 넓어진다. 영화, 연극 같은 공연 예술의 경우, 인물과 직접적·간접적으로 관련된 것들, 무대 위나 화면 속에 자리해 감상자의 눈에 보이는 것 거의 모두가 인물 그려내기에 이바지한다고까지 말할 수 있다.
>
> (라) 그것은 인물과 사건이 존재하는 곳과 그곳을 구성하는 물체들을 모두 가리킨다. 공간이라는 말이 다소 추상적이므로, 경우에 따라 그곳을 구성하는 물체들, 곧 비나 눈 같은 기후 현상, 옷, 생김새, 장신구, 가구, 거리의 자동차 등을 '공간소'라고 부를 수 있다.

① (가)－(나)－(다)－(라)

② (가)－(다)－(나)－(라)

③ (가)－(라)－(나)－(다)

④ (라)－(나)－(가)－(다)

⑤ (라)－(다)－(가)－(나)

67일차

331 ②

[정답풀이]

글에서 '많은 전통적 인식론자'(㉠)는 임의의 명제에 대해 우리가 세 가지 믿음의 태도 중 하나만을 가질 수 있다고 본다고 언급하면서 '내일 눈이 온다.'는 명제를 참이라고 믿거나, 거짓이라고 믿거나, 참이라 믿지도 않고 거짓이라 믿지도 않을 수 있다고 설명하고 있다. 따라서 그들은 을이 '내일 눈이 온다.'가 거짓이라 믿는 태도에 강하거나 약한 것이 있을 수 없다고 본다. 그 명제가 거짓임을 강한 정도로 믿는다는 것처럼 임의의 명제에 대한 믿음을 정도의 문제라고 보는 이들은 '베이즈주의자'(㉡)이다.

오답

① ㉠은 임의의 명제에 대해 각 인식 주체는 세 가지 믿음의 태도 중 하나만을 가질 수 있다고 본다고 언급하고 있다. 한편 ㉡은 믿음은 정도의 문제라고 본다고 언급하고 있다. 따라서 을이 ㉠이라면 을은 동시에 ㉡일 수 없다고 할 수 있다.

③ ㉠은 임의의 명제에 대해 우리가 세 가지 믿음의 태도 중 하나만을 가질 수 있다고 본다고 언급하고 있으므로 ㉠은 을이 '내일 눈이 온다.'가 참이라고 믿는다면 을은 '내일 눈이 온다.'가 거짓이라고 믿을 수는 없다고 주장할 수 있다.

④ ㉡은 믿음은 정도의 문제라고 보고, 각 인식 주체는 가장 강한 믿음의 정도에서 가장 약한 믿음의 정도까지 가질 수 있다고 하였으므로 ㉡은 을의 '내일 눈이 온다.'가 참이라는 것에 대한 믿음의 정도와 '내일 눈이 온다.'가 거짓이라는 것에 대한 믿음의 정도가 같을 수 있다고 볼 수 있다.

332 ③

[정답풀이]

글의 마지막 문단에서 칼슘의 혈중 농도가 조절되는 원리에 대해 구체적으로 설명했다. 그러나 인체 내에서 혈중 칼슘 농도가 왜 부족해지는지에 대해서는 언급하지 않았다. 따라서 ③의 '혈중 칼슘 농도가 부족해지는 원인'은 지문을 통해 알 수 없다.

오답

① 첫째 문단의 전반부 '갑상샘의 활동은 뇌의 일부인 시상하부 바로 아래의 주머니형 뼈 안에 위치한 뇌하수체에 의해 조절된다.'를 통해 알 수 있다.

② 둘째 문단 '칼슘이 없이는 세포와 세포 간의 신경 신호의 전달이 불가능하고, 근육이 제대로 기능을 할 수 없으며,

혈액의 응고와 세포막을 통한 물질 이동도 일어날 수 없다.'를 통해 알 수 있다.

④ 첫째 문단의 후반부 '티록신의 농도가 너무 높으면 갑상샘 기능 항진증에 걸려 심리 불안, 땀 분비 증가, 발열, 고혈압, 체중 감소 등의 증상이 나타난다.'를 통해 알 수 있다.

333 ③

[정답풀이]

첫째 문단은 갑상샘의 역할을 설명했다. ㉠과 ㉡ 모두 혈중 티록신 농도가 정상치를 벗어날 때 시상하부와 뇌하수체 전엽에 작용하여 각각의 기작이 작동함으로써 티록신의 항상성이 유지되도록 하는 것이다. 이는 '뇌의 일부인 시상하부 바로 아래의 주머니형 뼈 안에 위치한 뇌하수체에 의해 조절'되는 갑상샘의 활동과 관련이 있을 뿐, 부갑상샘의 활동과는 관련이 없다. 따라서 ③은 적절하지 않다.

오답

① ㉠은 혈중 티록신 농도가 높아질 때 작동하는 것이므로, 이것이 제대로 작동하지 않으면 혈중 티록신 농도가 높아질 것이다. 첫째 문단에서 티록신의 농도가 너무 높으면 갑상샘 기능 항진증에 걸린다고 언급했다.

② '시상하부가 갑상샘자극호르몬방출호르몬(TRH)을 분비하면, TRH가 뇌하수체 전엽에서 갑상샘자극호르몬(TSH)을 분비하게 하고, ~ 티록신을 분비하게 한다.'라는 내용을 통해 알 수 있다.

334 ④

[정답풀이]

둘째 문단에서 역사가의 눈은 그가 사는 시대의 한계를 넘어서지 못하며, 역사가들이 역사적 사실로 인정하는 것은 오늘날 의미 있는 사실이라고 하였다. 따라서 인간이 쓴 모든 역사를 현대사라고 일컬을 수 있는 것은 현재의 관점에서 가치를 가지는 역사적 사실들만이 역사로 서술되기 때문이라고 할 수 있다.

335 ②

[정답풀이]

(가)는 글의 도입으로, 인물 그려내기의 일반적인 견해를 제시했다. (다)는 (가)와 달리 인물 그려내기가 단순히 겉모습만을 그리는 것이 아니라 보다 다양한 특질을 제시하는 것으로 넓어진다고 설명했다. (나)는 (다)에서 언급한 내용을 심화하여 공간의 개념을 제시했다. (다)가 인물 그려내기를 다양한 측면에서 포괄하였다면, (나)는 그중에서 공간의 개념에 중요성을 둔 것이다. (라)는 (나)의 내용을 이어받아 공간의 개념을 구체적으로 설명했다.

[336~337] 다음 글을 읽고 물음에 답하시오.

순자는 고대 논리 체계의 발전에 크게 이바지하였다. 순자의 논리는 공자의 정명론에 바탕을 두고 있다. 그러나 공자와 맹자의 논리가 도덕적인 목적을 그 안에 담고 있다면, 순자는 순수하게 논리적 관점으로 발전시켰다. 당시에는 명가(名家)와 후기 묵가(墨家) 사상가들의 역설적 논리가 지배적이었다. 순자는 이들의 논리를 극복하기 위한 방법의 하나로 '명(名)'의 문제를 따진 것이다. 순자는 명이란 무엇이며 어디에서 생겨났는가, 그리고 어떻게 사용하는 것이 바른 방법인가를 탐구하였다.

순자는 먼저 '지(知)'와 '지(智)'를 구별하였다. 순자에 따르면 지(知)는 사람들이 가지고 있는 앎의 능력이다. 그리고 지(智)는 사람들이 안 것과 실제 대상이 들어맞았을 때 쓰는 용어이다. 순자는 감각 기관은 바깥 사물을 받아들이는 통로이고, 마음은 감각 기관을 통해 받아들인 사물을 해석하고 의미를 부여하는 기능을 한다고 보았다. 순자에 의하면 마음은 먼저 감각 기관이 받아들인 사물을 비슷한 것끼리 나누고, 그것들을 이전에 가졌던 경험과 맞추어 본다. 이 과정에서 같은 것도 나오고 다른 것도 나온다. 그렇게 함으로써 비로소 인식이 성립한다는 것이다. 그 과정에서 감각 기관이 받아들이고도 알지 못하거나 마음이 해석해 내지 못하는 것을 '모른다.'라고 한다는 것이다.

336 윗글에 대한 설명으로 가장 적절한 것은?

① 구체적인 근거를 들어 순자의 이론에 대해 반박하고 있다.

② 순자의 이론이 변해 온 과정을 시간의 흐름에 따라 서술하고 있다.

③ 순자의 이론을 소개한 후 그에 대한 글쓴이의 평가를 덧붙이고 있다.

④ 용어의 개념에 대한 설명을 바탕으로 순자의 이론에 대해 소개하고 있다.

337 윗글을 이해한 내용으로 적절하지 않은 것은?

① 순자는 감각 기관을 통하지 않고도 인식이 성립하는 경우가 있다고 보았다.

② 순자는 명가와 후기 묵가들의 역설적 논리에 대해 부정적인 태도를 취했다.

③ 순자의 견해는 논리적인 측면을 강조했다는 점에서 공자의 정명론과 달랐다.

④ 순자는 감각 기관이 받아들인 것들에 대해 다 아는 것은 아니라고 생각했다.

[338~339] 다음 글을 읽고 물음에 답하시오.

언론 매체가 뉴스를 구성하는 특정 시각을 엔트만은 '뉴스 프레임'이라는 개념으로 이론화하였다. 그는 현실을 특정한 관점에 따라 판단하여 뉴스에서 보다 두드러지고 유의미하게 하는 것을 뉴스 프레임이라고 보았다. 뉴스 프레임이란 현실의 한 측면을 이슈로 선택해 원인을 진단하고 도덕적 평가를 내린 뒤, 그 문제에 대한 해결의 방향을 제안하는 관점이며, 선택한 이슈에 대해 어떻게 이해해야 하는지를 제시하고 수용자가 이해하게 만드는 준거의 틀인 것이다. 또한 뉴스 프레임에 따라 논쟁의 대상이 되는 정치적, 사회적인 공적 이슈를 정의하고 구성하는 과정을 '뉴스 프레이밍'이라고 하였다. 현실의 특정 문제를 뉴스화하여 특정한 측면을 강조하거나, 뉴스 프레임이 반영된 용어나 사례를 선택함으로써 특정 시각을 부각시키고 동시에 다른 시각은 배제하여 드러나지 않게 하는 방식으로 공적 이슈를 구성하는 행위 패턴이 바로 뉴스 프레이밍인 것이다.

아이엥가는 이러한 뉴스 프레이밍을 언론 매체가 제시하는 메시지 형식에 근거하여 ㉠일화 중심적(episodic) 프레이밍 방식과 ㉡주제 중심적(thematic) 프레이밍 방식으로 범주화했다. 일화 중심적 프레이밍 방식은 이슈를 실제 사례나 상세한 사건들로 구체화한다. 반면 주제 중심적 프레이밍 방식은 이슈를 좀 더 심층적으로 분석하여 전달하는 일반적이고 추상적인 형태를 띠게 된다. 뉴스 보도에 있어서 일화 중심적 프레이밍이 개별적 사례나 사건 중심적 보도 형태라고 한다면, 주제 중심적 프레이밍은 원인과 결과, 통계, 전문가 조언 등을 강조하는 형식이라고 할 수 있다. 따라서 일화 중심적 프레이밍은 시각적 호소나 현장성이 강조되고, 주제 중심적 프레이밍은 보다 해석적인 분석이 제시된다.

이처럼 뉴스는 사실 그 자체만을 전달하는 것이 아니라 뉴스 프레임을 통해 그 사실을 바라보는 특정 시각을 함께 보여 준다. 이때 뉴스 프레임 역시 객관적이지 않을 수 있다. 언론사는 뉴스 보도를 통해 사회 현상을 공정하게 전달하기 위해 노력하기도 하지만, 이윤을 추구하는 사기업으로서의 성격도 갖기 때문이다. 이런 이유로 뉴스 프레임의 형성은 정치권, 광고주, 고정 독자층 등 언론 매체 외부의 정치·경제·사회적 압력으로부터 영향을 받을 수 있다. 그리고 이는 뉴스 프레임에 의거한 뉴스 프레이밍 또한 언론 매체 외부의 압력을 반영하며 이루어질 수 있음을 의미한다.

338 윗글에 대한 설명으로 가장 적절한 것은?

① 뉴스 프레임을 중심으로 뉴스 보도에 대해 설명하고 있다.
② 뉴스의 생산 과정을 보도 방식과 비교해서 설명하고 있다.
③ 매체별 뉴스 생산 과정의 차이를 병렬적으로 설명하고 있다.
④ 뉴스 프레임에 영향을 미치는 독자의 수용 태도를 분석하고 있다.

339 ㉠과 ㉡에 대한 설명으로 가장 적절한 것은?

① ㉠은 구체적 사건 중심으로, ㉡은 추상적 분석 중심으로 현실을 뉴스화하는 방식이다.
② ㉠은 논쟁적 정치 이슈를, ㉡은 도덕적 사회 이슈를 중심으로 준거 틀을 제시하는 방식이다.
③ ㉠과 ㉡은 모두 구체적 상황에 대한 심층적 해석을 담은 뉴스 보도 방식이다.
④ ㉠과 ㉡은 모두 특정 현실에 대한 수용자의 이해를 분석하는 뉴스 보도 방식이다.

340 ㉠~㉢을 문맥적 의미가 유사한 것끼리 올바르게 묶은 것은?

[2021. 지역인재 9급]

> 한때 ㉠가족의 종말을 예견하는 목소리가 유행했었다. 19세기 초에 샤를 푸리에는 상부상조에 기반한 공동체인 '팔랑스테르'를 만들었고, 그 뒤를 계승한 실험이 유럽 곳곳에서 이루어졌다. 또한 엥겔스는 사유 재산의 종말과 함께 가족 역시 종말을 맞을 것이라고 예언했다. 어쩌면 유토피아에 대해 꿈꾸는 일은 근본적으로 ㉡가족의 개념에 배치될 수밖에 없는지도 모른다. 토머스 모어의 '유토피아'는 예외적으로 기존의 가부장제 ㉢가족을 사회 구성의 핵심 요소로 제안했지만, 섬 전체가 '한 ㉣가족, 한 가정'을 이루어야 한다는 사회적 단일체의 이상에 대한 강조를 잊지 않았다. 이러한 ㉤가족은 사적 재산을 소유할 수 없으며, 똑같이 생긴 집을 10년마다 바꿔 가며 살아야 한다. 유토피아의 가족은 사회의 거센 바람을 피하는 둥지가 아니라 사회 그 자체이며, 그런 의미에서 더 이상 ㉥가족이 아닌 ㉦가족인 것이다.

① ㉠, ㉡, ㉥ / ㉢, ㉣, ㉤, ㉦
② ㉠, ㉡, ㉢, ㉥ / ㉣, ㉤, ㉦
③ ㉠, ㉣, ㉤, ㉦ / ㉡, ㉢, ㉥
④ ㉠, ㉣, ㉦ / ㉡, ㉢, ㉤, ㉥

68일차

336 ④

[정답풀이]
둘째 문단에서는 '지(知)'와 '지(智)', '모른다' 등 용어의 개념에 대한 설명을 바탕으로 '명(名)'의 문제를 따진 순자의 논리학에 대해 소개하고 있다.

오답

① 순자의 이론이 명가와 묵가 사상을 극복하기 위한 방법임을 설명하고 있다. 숫자의 이론에 대해 반박하고 있지 않다.
② 순자의 이론이 변해 온 과정을 설명하지 않았다.
③ 글쓴이의 평가를 덧붙이지 않았다.

337 ①

[정답풀이]
둘째 문단에서 '순자는 감각 기관은 바깥 사물을 받아들이는 통로이고, 마음은 감각 기관을 통해 받아들인 사물을 해석하고 의미를 부여하는 기능을 한다고 보았다.'라고 설명했다. 이 내용으로 볼 때, 순자는 인식이 성립하려면 먼저 감각 기관을 통해 바깥 사물을 받아들이는 것이 선행되어야 한다고 보았음을 알 수 있다. 따라서 ①은 적절하지 않다.

오답

② 첫째 문단 '당시에는 명가(名家)와 후기 묵가(墨家) 사상가들의 역설적 논리가 지배적이었다. 순자는 이들의 논리를 극복하기 위한 방법의 하나로 '명(名)'의 문제를 따진 것이다.'를 통해 알 수 있다.
③ 첫째 문단 '공자와 맹자의 논리가 도덕적인 목적을 그 안에 담고 있다면, 순자는 순수하게 논리적 관점으로 발전시켰다.'를 통해 알 수 있다.
④ 둘째 문단 '감각 기관이 받아들이고도 알지 못하거나 마음이 해석해 내지 못하는 것을 '모른다'라고 한다는 것이다.'를 통해 알 수 있다.

338 ①

[정답풀이]
제시문은 뉴스 보도가 갖는 의의를 설명한 후, 뉴스의 구성과 보도에 있어서 뉴스 프레임이 어떻게 기능하는지를 중심으로 설명하고 있다.

오답

② 뉴스의 생산 과정을 기술하고 있지 않다.
③ 매체별 차이를 설명하고 있지 않다.
④ 독자의 수용 태도를 분석하지 않았다.

339 ①

[정답풀이]
둘째 문단에서 일화 중심적 프레이밍 방식은 실제 사례나 상세한 사건을 통해 이슈를 보도한다고 설명하고 있고, 주제 중심적 프레이밍 방식은 이슈를 심층적으로 분석하여 전달하는 추상적인 보도 형태를 갖는다고 설명하고 있다.

오답

③ 공공 이슈 등에 대한 심층적인 분석은 주제 중심적 프레이밍 방식이라고 설명하고 있다.
④ 실제 사례나 상세한 사건들을 제시하는 것은 일화 중심적 프레이밍 방식이라고 설명하고 있다.

340 ②

[정답풀이]
㉠, ㉡, ㉢, ㉥은 전통적 가족 구성원으로 이루어진 가정이자 가족이다. 'familly'의 의미이다. 그러나 ㉣, ㉤, ㉦는 사회적 단일체이자 사적 구성원인 '집단'이자 '단체'의 의미이다.

341 다음 글을 통해 알 수 없는 내용은?

화석 에너지는 경제 성장을 이끌었던 가장 대표적인 에너지 자원이었지만 대기 오염 및 지구 온난화라는 문제를 발생시켰다. 이에 대한 대안으로 새로운 자원을 활용하는 친환경적인 신재생 에너지 개발에 대한 관심이 전세계적으로 퍼졌다. 우리나라의 경우 삼면이 바다로 둘러싸인 지리적 환경을 고려한다면 여러 신재생 에너지 중에서도 해양 에너지를 이용하는 것이 현실적으로 유리하다고 할 수 있다.

그렇다면 해양 에너지를 활용하는 발전 방식에는 어떤 것들이 있으며, 어떤 발전 방식을 활용하는 것이 좋을까? 해양 에너지 발전 방식으로는 댐이나 방조제 등을 건설하고 물이 떨어지는 힘을 이용하는 방식, 바닷물의 온도 차이를 이용하는 방식, 바닷물의 움직임을 이용하는 방식 등이 있다. 그중에서도 바닷물의 움직임을 이용하는 방식인 조류 발전은 바닷물의 흐름, 즉 조류가 발생하는 곳에 터빈이 달린 발전기를 설치하고, 조류의 힘으로 터빈을 돌려서 전기를 생산한다. 이러한 조류 발전 방식은 다른 방식에 비해서 다음과 같은 장점을 지니고 있기 때문에 각광을 받고 있다.

첫째, 안정적인 전력 생산이 가능하다. 신재생 에너지 생산 방식 중에 하나인 풍력 발전의 경우는 언제 어느 정도의 바람이 불어올 것인지를 예측하기 어렵기 때문에 전력량을 예측하기 힘들고 이로 인해 안정적인 전력 생산이 어렵다. 하지만 밀물과 썰물이라는 바닷물의 흐름은 날씨나 계절에 따라 양의 차이가 거의 없이 일정하게 일어나는 자연현상이라는 점에서 다른 발전 방식에 비해 발전량을 비교적 정확하게 예측할 수 있다. 둘째, 발전기의 설치가 생태계에 미치는 영향이 거의 없는 친환경적 에너지이다. 조류 발전은 댐이나 방조제를 필요로 하지 않기 때문에 바닷물의 움직임과 해양 환경에 미치는 영향이 거의 없다. 셋째, 경제적으로 유용하다. 해양 에너지 발전 방식이지만 물이 떨어지는 힘을 이용하는 조력 발전의 경우에는 댐이나 방조제를 만드는 비용이 많이 든다. 풍력 발전의 경우에도 공기의 밀도가 바닷물의 밀도에 비해서 약 840분의 1 정도밖에 되지 않기 때문에 조류 발전보다 큰 터빈을 설치해야 하는 경제적 부담이 존재한다. 하지만 조류 발전은 이러한 비용이 상대적으로 적게 든다.

① 신재생 에너지에 대한 관심이 늘어난 배경
② 조류 발전 방식에서 에너지를 생산하는 원리
③ 우리나라가 해양 에너지를 이용하는 데 유리한 이유
④ 해양 에너지를 활용해 발생한 다른 나라의 부작용

342 글에서 설명하는 '장자'의 사상으로 가장 적절하지 않은 것은?

> 장자는 어느 날 꿈속에서 나비가 되었다. 너풀너풀 날아가는 즐거운 나비였다. 그런데 갑자기 잠에서 깨어 보니 장자였다. 장자는 자기가 꿈속에서 나비가 된 것인지 나비가 꿈속에서 장자가 된 것인지 알 수 없었다. 이것은 도가 사상가로 유명한 장자의 호접몽 이야기이다. 장자는 나비 꿈을 회고하면서 꿈과 현실의 경계, 그리고 자신이 누구인지를 단정하여 말하기란 쉽지 않다고 생각하였다. 이는 나비 또는 장자의 관점에 고착되어 생각하는 작은 관점에서 벗어나 큰 관점을 획득함으로써 현실과 자신에 대한 인식을 새로운 차원으로 확장해 나가는 것이다.
>
> 장자가 큰 관점을 획득하는 과정에는 작은 관점들에 대한 회의가 동반된다. 장자는 호접몽을 통해 삶이 꿈과 얼마나 다른지에 대해 반문함으로써 작은 관점들에 대해 회의한다. 이러한 회의 때문에 장자의 큰 관점이 결국 인식론적 회의주의로 귀결되는 것이 아니냐는 의문을 불러오기 쉽다. 인식론적 회의주의에서는 확실성을 가진 지식이란 성립할 수 없다고 주장한다. 하지만 그러한 회의주의는 자신의 회의주의적 주장마저 회의해야 한다는 점에서 자기모순에 직면한다. 그렇지만 장자는 논리적으로 자기모순을 범할 만큼의 극단적 회의에 이르지 않고, 작은 관점에 대한 이의 제기를 통해 얻게 되는 큰 관점을 지지한다. 그러한 점에서 장자의 회의는 큰 관점을 얻기 위한 보조자 역할을 하는 것이다.

① 특정 입장에 고착되어 세상을 바라보아서는 안 된다.

② 내가 누구인지 의심하는 나 자신도 의심해 보아야 한다.

③ 큰 관점을 얻기 위해서는 자신의 관점을 의심해 보아야 한다.

④ 내가 누구인지를 단정하는 것은 작은 관점에서 바라본 것이다.

[343~344] 다음 글을 읽고 물음에 답하시오.

우리는 일상에서 '인간답다' 혹은 '인간답지 않다'라는 말을 쓴다. 그런데 이 말은 '인간이란 무엇인가'에 대한 물음이 선결되지 않는 한 의미 없는 언명에 불과하다. 인간을 인간이도록 하는 조건, 즉 인간의 본성은 인류 역사에서 활발하게 다루어진 주제이다. 그러나 이 주제는 단일한 이론 체계로 통합되지 못한 채 독자적인 방식으로 발전해 왔다. 인간의 본성에 대한 논의들 중에 특정 존재 양식으로부터 인간의 고유성을 찾는 방식이 있다.

인간의 고유성을 특정 존재 양식에서 찾는 방식에는 ㉠인간의 본성을 특정 목적에서 찾는 인간관이 대표적이다. 이것은 인간에게 부여된 특정 목적이 있고, 전 생애를 통해 이 목적을 완성하도록 노력해 가는 것이야말로 인간 삶의 의미요, 본성이 된다는 입장이다. 여기엔 종교적 목적론을 비롯하여 여러 갈래의 변주곡들이 있지만, 특히 사유가 아닌 경험적 관찰을 통해 존재의 본성을 목적과 연관 지은 아리스토텔레스의 철학은 독창적이다. 세상에 존재하는 것들에 대한 지속적인 관찰을 통해 그가 도출해 낸 결론은 바로 개별 사물들 간에 유기적 관련성이 있다는 것이었다. 즉 신체의 일부와 몸의 관계처럼, 모든 개별 사물들은 우주의 한 부분으로서 고유한 특정 목적을 수행하고 있다는 것이다. 이렇듯 아리스토텔레스 철학에 나타나는 목적론의 특징은 우주의 모든 개체가 저마다의 엔텔레키, 즉 '자신에게 고유한 특정 목적'을 갖는다는 데에 있다. 동물과의 비교 연구를 통해 그가 얻어 낸 인간만의 본성은 바로 '호모 사피엔스'였다. 따라서 호모 사피엔스의 엄밀한 의미는 '인간은 이성적이다.'라는 사실이 아니라, 일종의 당위를 함축한 <u>인간은 이성적인 존재가 되어야만 한다.</u>'라는 것이다.

343 ㉠의 입장에서 '제2차 세계 대전, 극한의 환경에서 인간은 어떻게 행동할까?'의 질문에 대해 보일 수 있는 반응으로 가장 적절한 것은?

① 극한의 환경에서는 삶의 의미를 생존 자체에서 찾으려고 한다.

② 극한의 환경에서도 자신의 삶의 목적을 실현하기 위한 선택을 한다.

③ 자신이 지닌 고유한 특성을 잃지 않기 위해 극한의 환경을 이용한다.

④ 자신의 욕구를 실현하기 위해 극한의 환경에 적응하려는 의지를 보인다.

344 윗글의 밑줄 친 '인간은 이성적인 존재가 되어야만 한다.'의 이유를 추론한 내용으로 가장 적절한 것은?

① 이성적 존재라는 사실 자체가 인간의 고유한 본성이기 때문에

② 자신에 대한 지속적인 관찰이 삶의 목적을 찾을 수 있도록 하기 때문에

③ 자신의 고유한 목적을 실현해 가는 것이 바로 자신의 본성이 되기 때문에

④ 사유를 통해 자신이 이성적 존재임을 확인하는 것이 인간의 본성이기 때문에

345 다음 글에 대한 설명으로 적절하지 않은 것은?

[2019. 국가직 9급]

(가) 20세기 들어서 생태학자들은 지속성 농약이 자연 생태계에 어떤 악영향을 미치는지를 밝힐 수 있었다. 예컨대 제2차 세계대전 이후 전 세계에서 해충 구제용으로 널리 사용됨으로써 농업 생산량 향상에 커다란 기여를 한 디디티(DDT)는 유기 염소계 살충제의 대명사이다.

(나) 그렇지만 이 유기 염소계 살충제는 물에 잘 녹지 않고 자연에서 햇빛에 의한 광분해나 미생물에 의한 생물학적 분해가 거의 이루어지지 않는다. 그래서 디디티는 토양이나 물속의 퇴적물 속에 수십 년간 축적된다 . 게다가 디디티는 지방에는 잘 녹아서 먹이사슬을 거치는 동안 지방 함량이 높은 동물 체내에 그 농도가 높아진다. 이렇듯 많은 양의 유기 염소계 살충제를 체내에 축적하게 된 맹금류는 물질대사에 장애를 일으켜서 껍질이 매우 얇은 알을 낳기 때문에, 포란 중 대부분의 알이 깨져 버려 멸종의 길을 걷게 된다.

(다) 디디티는 쉽게 분해되지 않기 때문에 한번 뿌려진 디디티는 물과 공기, 생물체 등을 매개로 세계 전역으로 퍼질 수 있다. 그래서 디디티에 한 번도 노출된 적이 없는 알래스카 지방의 에스키모 산모의 젖에서도 디디티가 검출되었고, 남극 지방의 펭귄 몸속에서도 디디티가 발견되었다. 이러한 생물 농축과 잔존성의 특성이 밝혀짐으로써 미국에서는 1972년부터 디디티 생산이 전면 중단되었고, 1980년대에 이르러서는 유기 염소계 농약의 사용이 대부분 금지되었다.

(라) 이와 같이 디디티의 생물 농축 현상에서처럼 생태학자들은 한 생물 종에 미치는 오염의 영향이 오랫동안 누적되면 전체 생태계를 훼손시킬 수 있다는 사실을 발견하였다. 그래서인지 최근 우리나라에서도 사소한 환경오염 행위가 장차 어떠한 재앙을 몰고 올 수 있는지에 대한 연구가 활발히 이루어지고 있다.

① (가)는 중심 화제를 소개하고, 핵심어를 제시함으로써 전개될 내용을 암시하고 있다.
② (나)는 디디티가 끼칠 생태계의 영향을 인과 분석의 방법으로 설명하고 있다.
③ (다)는 디디티의 악영향을 제시하고, 그것의 사용 금지를 주장하고 있다.
④ (라)는 환경오염에 대한 경각심을 암시적으로 드러내고 있다.

69일차

341 ④
[정답풀이]
제시문에 해양 에너지를 활용한 다른 나라의 부작용 사례는 제시되지 않았다.

오답
① 첫째 문단을 통해 확인할 수 있다.
② 둘째 문단을 통해 확인할 수 있다.
③ 첫째 문단을 통해 확인할 수 있다.
⑤ 셋째 문단을 통해 확인할 수 있다.

342 ②
[정답풀이]
둘째 문단에 따르면, 장자는 자신의 회의주의적 주장마저 회의하는, 논리적으로 자기모순을 범할 만큼의 극단적 회의에는 이르지 않았다고 설명하고 있다. 글의 내용을 바탕으로 추론한다면, ③의 내용과 같이 내가 누구인지 의심하는 나 자신을 의심하게 될 경우 논리적인 자기모순에 빠질 수 있다.

오답
① 첫째 문단에서 호접몽 이야기를 통해 장자는 나비 또는 장자의 관점에서 고착되어 생각하는 작은 관점을 벗어나야 함을 말하고 있다.
③ 첫째 문단에서 장자는 호접몽이 장자가 나비의 꿈을 꾼 것이 아니라 나비가 장자의 꿈을 꾼 것일 수도 있다는 생각을 한다. 이는 장자가 자신의 입장에 고착되어 생각한 것이 아닌지를 의심하는 것이다.
④ 첫째 문단에서 장자는 호접몽 이야기를 통해 자신이 누구인지를 단정하는 것이 쉽지 않다고 말한다. 자신이 누구인지를 단정하는 것은 고착된 관점, 즉 작은 관점이라고 할 수 있다.

343 ②
[정답풀이]
㉠은 인간에게는 부여된 특정 목적이 있는데, 이를 완성하기 위해 전 생애를 통해 노력해 가는 것이 인간 삶의 의미이며, 본성이 된다는 입장이다. 따라서 ㉠의 입장에서 인간은 자신에게 부여된 특정 목적이 있으므로 극한 환경에서도 삶의 목적을 실현하기 위해 노력할 것이며 이를 위한 선택을 할 것이므로 적절한 반응이다.

오답
① ㉠은 자신에게 부여된 특정 목적을 전 생애를 통해 완성하기 위해 노력해 가는 것을 삶의 의미로 보는 입장이므로, 삶의 의미를 생존 자체에서 찾으려고 한다는 반응은 적절하지 않다.
③ ㉠은 인간의 본성을 신체적, 정신적 특성 등의 인간 고유의 특성에서 찾는 것이 아니라 특정 목적에서 찾는 입장이므로, 고유한 특성을 잃지 않기 위해 극한의 환경을 이용한다는 반응은 적절하지 않다.
④ ㉠은 인간을 인간이도록 하는 조건을 특정 목적에서 찾는 관점이다. 즉 인간은 자신에게 부여된 특정 목적을 실현하기 위해 노력하는 것이지 욕구를 실현하기 위함이 아니며, 또한 욕구 실현을 위해 환경에 적응하려는 의지를 보인다는 반응도 적절하지 않다.

344 ③
[정답풀이]
인간이 이성적 존재가 되어야 한다는 것은 아리스토텔레스의 철학에 나타나는 목적론의 특징을 '호모 사피엔스'의 의미를 통해 설명한 것이다. 인간의 본성은 자신에게 부여된 특정 목적을 완성하기 위해 노력하는 것이므로 이성적이라는 사실 자체가 아니라 이성적인 존재가 되도록 노력해야 한다는 당위성이 중요하다. 즉 자신의 고유한 목적을 실현해 나가는 것이 자신의 본성이 되기 때문에 인간은 이성적 존재가 되어야만 하는 것이다.

오답
① 인간의 본성은 자신에게 부여된 특정 목적을 완성하기 위해 노력하는 것이므로 이성적이라는 사실 자체가 아니라 이성적인 존재가 되도록 노력해야 한다는 당위성이 중요하다. 그러므로 이성적 존재라는 사실 자체가 인간의 고유한 본성이라는 것은 적절하지 않다.
② 인간에게는 자신에게 부여된 특정 목적이 있고 이 목적을 실현하기 위해 전 생애를 통해 노력해 가는 것이 삶의 의미이다. 그러므로 인간이 이성적 존재가 되어야만 하는 이유가 자신에 대한 지속적인 관찰을 통해 삶의 목적을 찾을 수 있도록 하기 때문이라는 것은 적절하지 않다.
④ 인간의 본성은 특정 목적을 실현하기 위해 전 생애를 통해 노력하는 것이므로 이성적이라는 사실 자체가 아니라 이성적인 존재가 되도록 노력해야 한다는 당위성이 중요하다. 따라서 인간이 이성적 존재가 되어야만 하는 이유가 사유를 통해 자신이 이성적 존재임을 확인하는 것이 인간의 본성이기 때문이라는 추론은 적절하지 않다.

345 ③

[정답풀이]

(다)는 '디디티'가 검출된 사례와 금지 현황을 설명하고 있을 뿐 사용 금지를 주장한 것이 아니다. '설명'과 '주장'은 분명히 다르므로 구별해야 한다. (다)는 '발견되었다', '금지되었다'는 상황을 설명하고 있지만 '~해야 한다'고 주장한 것은 아니다.

오답

① (가)는 중심 화제로 '지속성 농약'을 소개하고 그것의 한 예로 '디디티(DDT)'를 핵심어로 제시하였으므로 앞으로 그와 관련된 내용이 전개될 것을 암시하고 있다.

② '디디티'는 물에 잘 녹지 않고 광분해나 생물학적 분해가 거의 이루어지지 않는 반면, 지방에는 잘 녹는 특성을 가지고 있다. 따라서 지방 함량이 높은 동물의 체내에서는 '디디티'의 농도가 더욱 높아진다. 이러한 특성으로 인해 맹금류의 물질대사에 장애를 일으키게 되고, 껍질이 얇은 알을 낳게 되고, 그 알이 대부분 깨져 궁극적으로는 맹금류가 멸종하게 된다. '디디티'가 지닌 특성이 생태계에 악영향을 끼치는 과정을 인과 분석의 방법으로 설명하고 있는 것이다.

④ (라)에서는 오염의 영향이 오랫동안 누적되면 전체 생태계를 훼손시킬 수 있다는 사실을 제시하며 우리나라에서도 사소한 환경오염 행위가 어떠한 재앙을 몰고 올 수 있는지에 대한 연구가 활발히 이루어지고 있다고 하였다. 이를 통해 사소한 오염도 재앙을 몰고 올 수 있는 환경오염에 대한 경각심을 암시적으로 드러내고 있다.

346 ㉠에 대한 반응으로 적절한 것은?

[2012년 수능]

> 영화와 만화는 촬영된 이미지와 수작업에 따라 관계가 다르게 규정된다. 영화는 실제 대상과 이미지가 인과 관계로 맺어져 있어 본질적으로 사물에 대한 사실적인 기록이 된다. 이 기록의 과정에는 촬영장의 상황이나 촬영 여건과 같은 제약이 따른다. 그러나 최근에는 촬영된 이미지들을 컴퓨터상에서 합성하거나 그래픽 이미지를 활용하는 ㉠디지털 특수 효과의 도움을 받는 사례가 늘고 있는데, 이를 통해 만화에서와 마찬가지로 실재하지 않는 대상이나 장소도 만들어 낼 수 있게 되었다.
>
> 만화의 경우는 구상을 실행으로 옮기는 단계가 현실을 매개로 하지 않는다. 따라서 만화 이미지는 그 제작 단계가 작가의 통제에 포섭되어 있는 이미지이다. 이 점은 만화적 상상력의 동력으로 작용한다. 현실과 직접적으로 대면하지 않기에 작가의 상상력에 이끌려 만화적 현실로 향할 수 있는 것이다.

① 제작 주체가 이미지를 의도대로 만들기가 더 어려워지겠군.
② 영화 촬영장의 물리적 환경이 미치는 영향이 더 커지겠군.
③ 촬영된 이미지에만 의존하는 제작 방식의 비중이 늘겠군.
④ 실제 대상과 영화 이미지 간의 인과 관계가 약해지겠군.
⑤ 영화에 만화적 상상력을 도입하기가 더 힘들어지겠군.

[347~348] 다음 글을 읽고 물음에 답하시오.

정보 통신 기술이 발전하면서 정보의 ㉠集積이 쉬워진 만큼 정보 유출의 위험도 커졌다. 이에 따라 최근에는 개인 정보 보안이 사회적으로 중요한 문제 중의 하나가 되었다. 보안 방법으로는 간단한 비밀번호 보안법에서부터 눈, 얼굴, 지문 등 신체의 일부로 ㉡身元을 확인하는 생체 인식 보안법 등이 있다. 생체 인식 보안법 중에서 지문 인식 기술이 가장 보편적으로 이용되고 있다. 지문을 인식하여 신원을 확인하는 방법은 정보 통신 기술이 발달하기 전에도 이용되었는데 정보 통신 기술이 발달되면서 더욱 널리 이용되고 있다. 지문 인식 기술은 스마트폰 보안, 공항의 출입국 심사, 출입문 잠금장치, 컴퓨터 마우스 등 다양한 분야에 이용된다.

지문은 개인의 고유한 생체 정보로 평생 변하지 않는 특성을 갖고 있다. 지문 인식 기술은 이러한 지문 정보를 이용하여 신원을 확인하거나 개인 간의 차이를 ㉢識別할 수 있는 기술이다. 지문을 인식하는 기술은 지문에 빛을 쏜 후 반사되는 빛의 정보를 추출해 지문의 굴곡을 인식하여 판독하는 방법이 일반적이다. 인식 결과로부터 지문의 유형을 파악한 후 지문의 갈라진 점, 이어진 점, 끝점과 같은 ㉣局部的 특징을 스캔하여 각 지문의 특징을 좌표로 얻어 기존 데이터와 대조하여 개인을 식별할 수 있는 것이다.

손가락의 지문에서 산맥과 같이 솟아 오른 부분을 융선이라 하고, 융선과 융선 사이에 계곡같이 파인 부분을 골이라 한다. 일차적으로 융선에 기초하여 지문의 유형을 파악하고, 이후 국부적인 특징에 기초한 분석을 통해 개인을 식별하게 된다. 이렇게 수집한 지문 정보를 비교하여 개인을 식별할 수 있게 된다. 어떤 지문이 다른 지문과 동일한지를 판단하기 위해서는 지문의 특징 중 50~0%가 일치하면 동일인의 지문으로 인정하게 된다.

347 윗글에 대한 설명으로 가장 적절한 것은?

① 지문 인식 기술의 장점을 언급한 후 보완해야 할 점들을 제시하고 있다.
② 지문 인식 기술이 지니고 있는 문제점을 거론한 후 개선 방향을 제시하고 있다.
③ 지문 인식 기술이 발명된 배경을 언급하며 이 기술이 지닌 의의를 제시하고 있다.
④ 지문 인식 기술의 개념을 설명한 후 지문 분석의 구체적인 방법을 제시하고 있다.

348 ㉠~㉣의 사전적 의미로 적절하지 않은 것은?

① ㉠: 모아서 쌓음.
② ㉡: 개인의 성장 과정과 관련된 자료. 곧 신분이나 평소 행실, 주소, 원적(原籍), 직업 따위를 이름.
③ ㉢: 분별하여 알아봄.
④ ㉣: 전체의 모든 부분에 관계된. 또는 그런 것.

349 〈보기 1〉을 〈보기 2〉에 삽입하려고 할 때 문맥상 가장 적절한 곳은? [2023. 서울시 9급]

┤보기 1├

왜냐하면 학문의 세계에서는 하나의 객관적 진실이 백일하에 드러나 모든 다른 견해를 하나로 귀결시키는 일은 일어나지 않기 때문이다.

┤보기 2├

민족이 하나로 된다면 소위 "민족의 역사"가 하나로 통합되는 것은 너무나 당연한 일이라고 생각할 수 있다. (㉠) 그러나 좀 더 곰곰이 생각해 보면 역사학을 포함한 학문의 세계에서 통합이란 말은 성립되기 어렵다. (㉡) 학문의 세계에서는 진실에 이르기 위한 수많은 대안이 제기되고 서로 경쟁하면서 발전이 이루어진다. (㉢) 따라서 그 다양한 대안들을 하나로 통합한다는 것은 학문을 말살하는 것이나 다름없다. (㉣) 학문의 세계에서는 통합이 아니라 다양성이 더 중요한 덕목인 것이다.

① ㉠

② ㉡

③ ㉢

④ ㉣

350 다음 글에 따라 추론한 내용으로 옳지 않은 것은? [2019. 국회직 8급]

어떤 타입의 사람에게 "소설이란 무엇을 하는 것입니까?" 하고 물어 보면, 그는 조용히 대답할 것이다. "글쎄요, 잘 모르겠는데요. 질문치고는 묘한 질문이군요." 이 사람은 온순하고 애매한데, 아마 버스 운전이라도 하면서 문학에 대해서는 필요 이상의 관심이 없는 경우이다. 또 한 사람은 골프장에 있다고 생각해 보지만, 무척 괄괄하고 똑똑할 것이다. 그는 이렇게 대답할 것이다. "소설이 무엇을 하느냐구? 그야 물론 이야기를 하지. 그렇지 않으면 내게는 필요가 없는 물건이야. 난 이야기를 좋아하니까 나로서는 확실히 나쁜 취미이지만, 이야기는 좋단 말이야. 예술도 가져가고 문학도 가져가고 음악도 가져가도 좋지만, 재미있는 이야기는 나를 달라구. 그리구 말이지 이야기는 이야기다운 게 좋더군. 마누라도 역시 그렇대." 그리고 세 번째 사람은 약간 침울하고 불만스러운 듯한 어조로 말한다. "그렇지요. 글쎄 그렇겠지요. 소설은 이야기를 합니다."

① 세 명의 답변은 소설에 대한 공통적 인식을 찾기 어려울 정도로 제각기 다르다.

② 첫 번째 사람의 답변은 단정이 보류된 상태에서 의문이 숨겨져 있다.

③ 두 번째 사람의 답변은 뻔뻔스럽게 느껴질 정도로 단정적이며 자신에 차 있다.

④ 세 번째 사람의 답변은 의문을 지닌 상태에서 단정적인 태도를 보인다.

⑤ 소설의 정의는 한마디로 단정하기 어려운 부분이 있음을 알 수 있다.

70일차

346 ④
[정답풀이]
영화 이미지는 촬영을 통해 구현되는 것이므로, 이는 수작업에 의해 만들어지는 만화의 이미지와 다를 수밖에 없다. 하지만 최근 영화에서는 촬영한 이미지들을 컴퓨터상에서 합성하거나 그래픽 이미지를 활용하는 등 디지털 특수 효과가 활용되는데, 이는 영화가 만화처럼 실재하지 않는 대상이나 장소도 만들어낼 수 있음을 의미한다. 즉, 디지털 특수 효과는 실제 대상과 이미지가 인과 관계로 이어져 있던 영화의 특성을 약화시키는 역할을 하게 된다.

오답
① ㉠으로 인해 제작 주체의 의도가 비교적 자유롭게 구현될 수 있기 때문에, 제시된 내용은 적절하지 않다.
② 물리적 환경이 미치는 영향을 크게 받은 것은 기존의 영화이다.
③ 촬영된 이미지를 다시 합성하거나 변형하는 과정이 이루어진다.
⑤ ㉠은 영화에 만화적 상상력이 도입되는 과정을 의미하는 것이다. 그러므로 이를 '더 힘들어질 것'이라고 반응하는 것은 적절하지 않다.

347 ④
[정답풀이]
1, 2문단에서 지문 인식 기술의 개념과 원리를 설명한 후에 3문단에서 지문 인식 기술에서 이용하는 지문 분석의 구체적인 방법을 제시하고 있다.

오답
① 이 글에서는 지문 인식 기술이 지닌 장점을 제시하고 있지 않으며 보완해야 할 점 또한 제시하고 있지 않다.
② 지문 인식 기술이 지닌 문제점을 거론하고 있지 않으며, 따라서 개선 방향도 제시되어 있지 않다.
③ 지문 인식을 통한 신원 확인 방법은 정보 통신 기술이 발전하기 전에도 이용되었다는 1문단의 내용을 볼 때, 이 글에 지문 인식 기술이 발명된 배경은 제시되어 있지 않다.

348 ④
[정답풀이]
'국부적(局部的)'의 사전적 의미는 '전체의 어느 한 부분에만 한정되는. 또는 그런 것.'이다.

오답
① 집적(集積): 모아서 쌓음.
② 신원(身元): 개인의 성장 과정과 관련된 자료. 곧 신분이나 평소 행실, 주소, 원적(原籍), 직업 따위를 이른다.
③ 식별(識別): 「1」 분별하여 알아봄. 「2」 『군사』 방공 및 대잠수함전에서 탐지된 물체가 적인지의 여부를 결정함. 또는 그런 일.

349 ②
[정답풀이]
〈보기 1〉의 내용은 학문의 세계에서 하나의 객관적 진실 때문에 모든 다른 견해를 하나로 귀결시킬 수 없다는 것이다. ㉡의 앞에서는 〈보기 1〉의 내용의 구체적인 사례로 역사를 언급하였다. 역사학을 포함한 학문의 세계에서 통합은 성립되기 어렵기 때문에 ㉡에는 〈보기 1〉의 내용을 삽입하는 것이 가장 적절하다.

350 ①
[정답풀이]
질문은 '소설은 무엇을 하는 것인가?'이다. 이에 대해 세 명의 사람은 각기 다른 대답을 보였다. 첫 번째 사람은 문학에 대해 관심이 없는 태도를 보였다. 그런데 두 번째와 세 번째 사람은 소설이 이야기하는 것이라는 데에는 공통적 인식을 보였으나 두 번째 사람은 단정적이고 자신에 찬 어조로 이야기했고, 세 번째 사람은 적극적 반응 없이 침울한 어조로 답변을 하고 있다. 따라서 공통된 인식을 찾기 어렵다고 본 ①은 적절하지 않다.

오답
② 첫 번째 사람은 문학에 관심이 없어 답변을 하지 못하고 있다.
③ 두 번째 사람은 괄괄하고 똑똑하다. 그의 말이 자신에 차 있다고 지적할 수 없다.
④ 세 번째 사람은 침울하고 불만스러운 태도를 보였다.
⑤ 소설의 정의에 대해 각각 다른 답변을 하고 있으므로 한마디로 단정하기 어려운 부분이 있음을 알 수 있다.

참고   출전
E. M. 포스트, 〈스토리(Story)〉

정호국어

PART

03

비문학_부록

CHAPTER 01 수능시험 기출지문(언어·문법 내용 모음)

소수 언어 보존의 필요성

다음 글을 읽고 물음에 답하시오.

언어는 배우는 아이들이 있어야 지속된다. 그러므로 ㉠성인들만 사용하는 언어가 있다면 그 언어의 운명은 어느 정도 정해진 셈이다. 언어학자들은 이런 방식으로 추리하여 인류 역사에 드리워진 비극에 대해 경고한다. 한 언어학자는 현존하는 북미 인디언 언어의 약 80%인 150개 정도가 빈사 상태에 있다고 추정한다. 알래스카와 시베리아 북부에서는 기존 언어의 90%인 40개 언어, 중앙아메리카와 남아메리카에서는 23%인 160개 언어, 오스트레일리아에서는 90%인 225개 언어, 그리고 전 세계적으로는 기존 언어의 50%인 대략 3,000개의 언어들이 소멸해 가고 있다고 한다. 사용자 수가 10만 명을 넘는 약 600개의 언어들은 비교적 안전한 상태에 있지만, ㉡세계 언어 수의 90%에 달하는 그 밖의 언어는 21세기가 끝나기 전에 소멸할지도 모른다.

언어가 이처럼 대규모로 소멸하는 원인은 중첩적이다. 토착 언어 사용자들의 거주지가 파괴되고, 종족 말살과 동화(同化) 교육이 이루어지며, 사용 인구가 급격히 감소하는 것 외에 '문화적 신경가스'라고 불리는 전자 매체가 확산되는 것도 그 원인이 된다. 물론 우리는 소멸을 강요하는 사회적, 정치적 움직임들을 중단시키는 한편, 토착어로 된 교육 자료나 문학 작품, 텔레비전 프로그램 등을 개발함으로써 언어 소멸을 어느 정도 막을 수 있다. 나아가 소멸 위기에 처한 언어라도 20세기의 히브리 어처럼 지속적으로 ㉢공식어로 사용할 의지만 있다면 그 언어를 부활시킬 수도 있다.

합리적으로 보자면, 우리가 지구상의 모든 동물이나 식물 종들을 보존할 수 없는 것처럼 모든 언어를 보존할 수는 없으며, 어쩌면 그래서는 안 되는지도 모른다. 여기에는 도덕적이고 현실적인 문제들이 얽혀 있기 때문이다. 어떤 언어 공동체가 경제적 발전을 보장해 주는 주류 언어로 돌아설 것을 선택할 때, 그 어떤 외부 집단이 이들에게 ㉣토착 언어를 유지하도록 강요할 수 있겠는가? 또한, 한 공동체 내에서 이질적인 언어가 사용되면 사람들 사이에 심각한 분열을 초래할 수도 있다. 그러나 이러한 문제가 있더라도 전 세계 언어의 50% 이상이 빈사 상태에 있다면 이를 그저 바라볼 수만은 없다.

왜 우리는 위험에 처한 언어에 관심을 가져야 하나? 언어적 다양성은 인류가 지닌 언어 능력의 범위를 보여 준다. 언어는 인간의 역사와 지리를 담고 있으므로 한 언어가 소멸한다는 것은 역사적 문서를 소장한 도서관 하나가 통째로 불타 없어지는 것과 비슷하다. 또 언어는 한 문화에서 시, 이야기, 노래가 존재하는 기반이 되므로, 언어의 소멸이 계속되어 소수의 주류 언어만 살아남는다면 이는 인류의 문화적 다양성까지 해치는 셈이 된다.

01

글의 내용과 일치하지 않는 것은?

① 언어의 소멸 가능성은 사용 인구의 수와 연관이 있다.
② 언어의 소멸은 토착 언어 사용자들의 거주지를 파괴한다.
③ 언어의 소멸에는 전자 매체도 영향을 미친다.
④ 언어의 소멸을 막으려는 노력은 도덕적인 문제와 연관될 수 있다.

02

위 글의 글쓰기 전략으로 적절하지 않은 것은?

① 실태를 생생하게 전달하기 위해 구체적인 수치를 제시하고 있다.

② 문제의 복잡성을 드러내기 위해 관점이 다른 견해도 소개하고 있다.

③ 대책의 신뢰성을 높이기 위해 권위 있는 전문가의 견해에 기대고 있다.

④ 독자의 관심을 환기하기 위해 묻고 답하는 방식으로 주장을 제시하고 있다.

03

위 글의 논지에 비추어 〈보기〉를 가장 적절하게 해석한 것은?

┤ 보기 ├

영어에는 1인칭 복수로 *we* 한 가지만 있으나, 자이세 어에서는 청자를 포함하느냐 제외하느냐에 따라 *núy* 와 *níy* 로 구별되고, 체로키 어에서는 '화자 + 청자'를 가리키느냐 '화자 + 제3자', '화자 + 복수의 타인', '화자 + 청자 + 복수의 타인'을 가리키느냐에 따라 말이 달라진다.

① 언어가 발전해 가면서 구분 체계도 복잡하고 정교해진다.

② 언어 간의 차이는 인류의 언어 능력이 풍부함을 보여 준다.

③ 문법적으로 더 세밀히 구분을 하는 언어일수록 생존에 유리하다.

④ 국제간의 원활한 교류를 위해서는 언어 간의 차이를 줄여 가야 한다.

04

㉠~㉣ 중 문맥상 이질적인 것은?

① ㉠

② ㉡

③ ㉢

④ ㉣

정답 및 해설

지문해설 이 글은 사라질 위기에 처한 소수 언어의 현황을 제시하여 문제의 심각성을 제기하고, 소수 언어가 사라지는 원인을 살펴본 후 우리가 소수 언어에 관심을 가져야 하는 이유에 대한 글쓴이의 의견을 소개하고 있다. 구체적인 수치를 통한 내용의 제시와 예측되는 미래의 상황 및 비유적 표현을 통해 자신의 생각을 효과적으로 표현하고 있다.

주제 소수 언어 보존의 필요성

01 ②
[정답풀이]
글쓴이는 2문단에서 언어가 소멸하는 다양한 원인을 제시하고 있다. 이 중에 하나로 제시된 것이 토착 언어 사용자들의 거주지 파괴이다. 하지만 이는 언어 소멸의 원인이지, 언어의 소멸로 인한 결과가 아니다. ②의 진술 내용은 인과 관계를 잘못 파악한 것이다.

오답
① 1문단의 후반부에서 글쓴이는 언어 사용자 수가 10만 명을 넘어야 비교적 안전한 상태에 있다고 생각한다.
③ 2문단의 4행에서 '문화적 신경가스'라는 비유적 표현으로 전자 매체의 확산이 언어 소멸의 원인이 될 수 있음을 진술하였다.
④ 3문단의 전반부에서 모든 언어를 보존할 수 없는 것은 도덕적이고 현실적인 문제들이 얽혀 있기 때문이라고 했다.

02 ③
[정답풀이]
이 글은 언어의 소멸이라는 현상에 대해 글쓴이의 주관적인 의견을 펼치고 있다. 글쓴이는 여러 근거를 동원하며 언어의 소멸을 막기 위해 노력해야 한다는 주장을 하고 있으며, 그에 대한 대책 몇 가지를 2문단에서 제시하고 있으나 전문가의 견해에 기대고 있지는 않다. 또한 권위 있는 전문가의 견해를 인용하고는 있으나 이는 언어의 소멸에 대한 예측을 보여주기 위한 것이다. ③의 진술은 각각의 내용을 마치 연관 있는 것처럼 진술하고 있기에 잘못이다.

오답
① 1문단에서 언어의 소멸에 대한 예측을 구체적 수치를 동원하여 실태를 생생하게 보여주고 있다.
② 3문단에서 언어의 소멸에 대해 자연스러운 현상으로 받아들이는 견해를 소개하고 있다.
④ 글에서 묻는 방식의 진술은 독자로 하여금 그 대답을 생각하게 하기에 독자의 관심을 환기시킬 수 있다. 3문단과 4문단에서 이러한 방식을 확인할 수 있다.

03 ②
[정답풀이]
이 글에서 글쓴이는 언어의 소멸을 막아야 한다고 생각하고 있다. 그 이유는 언어적 다양성은 인류가 지닌 언어 능력의 범위를 보여주는 것이며, 인류의 문화적 다양성을 보여주는 것이기 때문이다. 그런데 〈보기〉는 언어에 따른 1인칭 복수 표현의 차이를 설명하고 있다. 영어와 달리 자이세 어는 두 가지의 1인칭 복수 표현이 있으며, 체로키 어에는 더욱 다양한 표현이 있다고 했다. 그러므로 이 자료는 이 글의 논지대로 '언어의 다양성이 인간의 언어 능력이 풍부함을 보여주는 것'으로 해석할 수 있다.

오답
④ 글쓴이는 언어의 다양성을 바람직한 상황으로 인식한다.

04 ③
[정답풀이]
ⓒ은 특정한 나라나 민족에서 공식적으로 사용되는 언어이기에 소멸될 위기에 처한 것이 아니다. 하지만 나머지 네 개는 모두 '소멸될 위기에 처한 언어'의 의미를 담고 있다.

개구도를 중심으로 한 음절의 특성

다음 글을 읽고 물음에 답하시오.

일상생활에서 우리는 음절을 많이 활용한다. '이야기 - 기상대 - 대리점'으로 이어 가는 끝말잇기 게임이나 '불고기 백반'을 '불백'이라고 하는 것 등은 모두 음절을 바탕으로 한다. 음절은 시에서 운을 맞추거나 랩에서 리듬을 맞출 때에 활용되기도 한다.

사람의 말소리는 물리적으로 연속되어 있으나, 우리는 이것을 음소, 음절 등으로 분절하여 인식한다. 음절이 어떻게 이루어졌는지를 알기 위해, 이웃한 자음과 모음의 개구도(開口度, 입의 벌림 정도)를 비교하는 소쉬르의 방법을 많이 이용한다. 이 방법에 따라 국어 말소리의 개구도를 7단계로 나누면, 폐쇄음(ㄱ, ㄷ, ㅂ 등)은 0도, 마찰음(ㅅ, ㅆ, ㅎ)과 파찰음(ㅈ, ㅉ, ㅊ)은 1도, 비음(ㅁ, ㄴ, ㅇ[ŋ])은 2도, 유음(ㄹ)은 3도, 고모음(ㅣ, ㅟ, ㅡ, ㅜ)은 4도, 중모음(ㅔ, ㅚ, ㅓ, ㅗ)은 5도, 저모음(ㅐ, ㅏ)은 6도가 된다.

이를 바탕으로 인접한 두 말소리의 개구도를 비교하여, 뒤쪽이 크면 '〈'로, 뒤쪽이 작으면 '〉'로 부등호를 매겨 나가되, 마지막 말소리는 '〉'로 닫는다. '동대문'을 예로 들면 다음과 같다.

말소리	ㄷ	ㅗ	ㅇ	ㄷ	ㅐ	ㅁ	ㅜ	ㄴ
개구도	0	5	2	0	6	2	4	2
부등호	〈	〉	〉	〈	〉	〈	〉	〉

이러한 부등호 배열에서 '〉〈' 모양을 갖는 두 부등호 사이가 음절 경계가 된다. 이 경계를 중심으로 음절을 나누면, 'ㄷㅗ ㅇㄷㅐ ㅁㅜㄴ'이 '동-대-문'으로 되어 있음을 확인할 수 있다.

음절에서 개구도가 가장 큰 말소리가 음절의 핵이 된다. 국어에서 음절의 핵은 언제나 모음이고, 그 앞과 뒤에 자음이 하나씩 올 수도 있으므로, 국어의 음절 구조는 '(자음) + 모음 + (자음)'이 된다. 이러한 음절 구조에서 각 위치에 올 수 있는 자음과 모음은 제한되기도 한다. 음절 초에는 'ㅇ[ŋ]'을 제외한 대부분의 자음이 올 수 있지만, 음절 말에는 'ㄱ, ㄴ, ㄷ, ㄹ, ㅁ, ㅂ, ㅇ[ŋ]' 7개의 자음밖에 올 수 없다.

그리고 음절 초 자음이 'ㅈ, ㅉ, ㅊ'이면 모음 'ㅑ, ㅕ, ㅛ, ㅠ'가 오지 못한다.

국어의 음절에는 모음이 하나씩 있으므로 모음의 수가 곧 음절의 수라고 할 수 있으나, 그것이 모든 언어에 통용되는 것은 아니다. 영어와 같이 [n]이나 [l] 같은 자음이 음절의 핵이 되는 언어도 있기 때문이다. 음절 구조가 다른 두 언어가 접촉하면 음절의 수나 구조에 변동이 오기도 한다. 영어에서 1음절인 [spriŋ]이 국어에 오면 3음절의 '스프링'이 된다. 이런 점에서 발음의 최소 단위인 음절의 구조는 해당 언어의 발음을 지배하는 기본 골격이라 할 만하다.

01

위 글에 대한 설명으로 적절하지 않은 것은?

① 모음이 변화하는 현상을 중심으로 국어 음절의 특성을 제시하고 있다.

② 특정한 방법론을 적용하여 말소리가 음절로 나누어지는 양상을 보여 주고 있다.

③ 구체적인 사례를 통해 음절이 실생활에서 다양하게 활용되고 있음을 보여 주고 있다.

④ 국어의 음절 구조를 분석하여 위치에 따라 올 수 있는 요소가 제한됨을 제시하고 있다.

02

위 글을 바탕으로 〈보기〉와 같이 국어의 음절을 정의할 때, ㄱ∼ㄹ에 들어갈 말이 바르게 배열된 것은?

┤보기├

  음절은 개구도가 (ㄱ) 모음을 핵으로, 그 앞과 뒤에 개구도가 (ㄴ) 자음이 각각 (ㄷ)까지 올 수 있는 (ㄹ)의 최소 단위이다.

	ㄱ	ㄴ	ㄷ	ㄹ
①	큰	작은	하나	발음
②	큰	큰	둘	글자
③	큰	작은	하나	글자
④	작은	큰	하나	발음

03

위 글로 보아 부등호 배열이 '< > < > >'의 모양을 가지는 것은?

① 다수 ② 가족

③ 승부 ④ 성질

정답 및 해설

> **지문해설** 이 글은 자음과 모음의 개구도를 비교하는 소쉬르의 방법을 이용하여 음절이 어떻게 이루어졌는지를 설명하고 있다. 국어 말소리의 개구도를 7단계로 나눈 다음, 인접한 두 말소리의 개구도를 비교하여 부등호를 매겨나가는 것이다. 이런 소쉬르의 방법론을 국어 음절에 적용시켜 보면, 국어의 음절은 모음이 핵이 되며, 모음을 중심으로 그 앞과 위에 자음이 하나씩 올 수 있는 구조로 이루어짐을 확인할 수 있다.
>
> **주제** 모음과 자음의 개구도를 중심으로 한 음절의 구조

01 ①

[정답풀이]

이 글은 '입의 벌림 정도' 즉 모음과 자음의 '개구도(開口度)를 중심으로 국어 음절의 구조를 설명하고 있다. 국어 말소리의 개구도를 7단계로 나누면 폐쇄음 0도, 마찰음과 파찰음 1도, 비음 2도, 유음 3도, 고모음 4도, 중모음 5도, 저모음 6도가 된다. 이를 바탕으로 인접한 두 말소리의 개구도를 비교해 나가는 방법으로 국어 음절의 특성을 제시한 것이다. 따라서 모음의 변화 현상을 중심으로 국어 음절의 특성을 제시했다고 설명한 ①은 적절하지 않다.

오답

② 인접한 두 말소리의 개구도를 비교하여 부등호를 붙여 나가면 '〉〈' 모양을 갖는 두 부등호 사이가 음절 경계가 되는데, 이를 통해 말소리가 음절로 나누어지고 있음을 알 수 있다.

③ 1문단에 보면 '끝말잇기 게임'이나 시에서 운을 맞추는 등의 구체적인 사례를 통해 음절이 일상생활에서 활용되고 있음을 보여주고 있다.

④ 음절 초에는 'ㅇ[ŋ]'이, 음절 말에는 'ㄱ, ㄴ, ㄷ, ㄹ, ㅁ, ㅂ, ㅇ[ŋ]'이 제한된다고 하였다.

02 ①

[정답풀이]

음절에서 개구도가 가장 큰 말소리가 음절의 핵이 되는데, 국어에서 음절의 핵은 언제나 모음이다. 이 모음을 중심으로 그 앞과 뒤에, 모음보다 개구도가 작은 자음이 하나씩 올 수 있다. 이러한 음절은 발음을 지배하는 기본 골격으로, 국어를 발음하는 최소 단위가 된다.

03 ②

[정답풀이]

인접한 두 말소리의 개구도를 비교한 부등호 배열을 보고 음절의 모양을 추리해 보는 문제이다. 부등호 배열이 '〈〉〈〉〉'라고 했으므로, 두 부등호 사이의 음절 경계를 보아 2음절의 단어임을 알 수 있고, 음절의 구조는 '자음 + 모음'인 음절과 '자음 + 모음 + 자음'인 음절로 이루어졌음을 알 수 있다. ①의 '가족'은 '개구도 0 6 1 5 0'으로 부등호로 배열하면 '〈〉〈〉〉'의 구조이다.

오답

①, ③ 두 번째 음절이 '자음 + 모음'이다.

④ '〈〉〉〈〉〉'의 구조이다.

음운의 변별적 자질

다음 글을 읽고 물음에 답하시오.

언어학에서 변별적 자질은 두 대상이 어떤 특성에서 구별된다는 것을 나타내는 유용한 개념이다. 이 것은 본래 음운을 변별하는 데 필요한 음성적 특성을 나타내어 음운 간의 대립을 체계적으로 설명하기 위한 것이었다. 변별적 자질은 [+F]나 [−F]와 같은 형식으로 표시되는데, 이때 'F'는 음성적 특성을, '+/−'는 그러한 특성이 있고 없음을 나타낸다. 예컨대 두 음운 /ㅁ/과 /ㅂ/은 두 입술로(양순성) 공기를 막았다가 터뜨리는 공통점이 있으나, 공기가 코를 통과한다는(비음성) 점에서는 차이를 보이므로 /ㅁ/은 [+양순성, +비음성], /ㅂ/은 [+양순성, −비음성]이라는 변별적 자질들의 묶음으로 표시될 수 있다.

변별적 자질을 사용하면 음운 현상에서 함께 행동하면서 하나의 부류를 형성하는 음들을 체계적으로 설명할 수 있다. 예를 들어 A가 C 앞에서 B가 되는 형식 (A → B /___C)의 음운 동화 현상에서 ㉠규칙을 적용받기 전의 음, ㉡규칙을 적용받은 후의 음, ㉢규칙의 환경이 되는 음은 각각 하나의 부류를 형성한다. 더 나아가 ㉣규칙을 적용받기 전의 음과 적용받은 후의 음, ㉤규칙을 적용받은 후의 음과 규칙의 환경이 되는 음도 각각 또 다른 하나의 부류를 형성한다. 이때 하나의 부류를 형성하는 음들은 공통의 변별적 자질(들)로 표시할 수 있다.

변별적 자질은 일반적으로 +나 −의 양분적인 값을 가지므로, 말소리가 인간의 기억 속에서 범주적인 양상으로 지각되거나 저장된다는 사실을 설명해 준다. 또한 이러한 양분적인 값의 사용은 한 개의 자질을 선택함으로써 동시에 두 개의 정보를 알려 주는 효과, 즉 상호 예측성을 지니므로 정보 전달의 효율성을 극대화할 수 있다. 이와 같이 변별적 자질을 통해 우리는 음운과 음운 현상을 체계적으로 이해할 수 있다.

01

위 글의 내용과 일치하는 것은?

① 음운 간의 대립은 변별적 자질보다는 음성적 특성에 의해 파악될 수 있다.

② 음운 현상에서 함께 행동하는 음들은 공통의 변별적 자질로 표시할 수 있다.

③ 하나의 변별적 자질을 알면 해당 음운의 모든 음성적 특성을 알 수 있다.

④ 어떤 한 음운은 [+F]이면서 동시에 [−F]인 변별적 자질을 가질 수 있다.

02

위 글을 참고할 때, 〈보기〉에서 알 수 있는 내용으로 적절하지 않은 것은?

┤ 보기 ├

[−비음성]의 A가 [+비음성]의 C 앞에서 [+비음성]의 B가 되는 자음 동화 규칙과 그 실례는 다음과 같다.

【규칙】 A → B / → C
【실례】 ㄱ → ㅇ / → ㅁ 국물 [궁물]
　　　　ㄷ → ㄴ / → ㅁ 맏며느리 [만며느리]
　　　　ㅂ → ㅁ / → ㄴ 읍내 [음내]

① ㉠에 해당하는 'ㄱ, ㄷ, ㅂ'은 공통적으로 [−비음성]을 갖는군.

② ㉡에 해당하는 음들은 비음성을 기준으로 하나의 부류를 형성하는군.

③ ㉢에 해당하는 'ㄴ, ㅁ'은 공통적으로 [+비음성]을 갖는군.

④ '읍내'에서 ㉣에 해당하는 'ㅂ'과 'ㅁ'은 공통적으로 [+양순성]을 갖는군.

⑤ '국물'에서 ㉤에 해당하는 음들은 비음성을 기준으로 하나의 부류를 형성하지 못하는군.

01 ②

[정답풀이]

두 번째 단락 첫 번째 문장 '변별적 자질을 사용하면 음운 현상에서 함께 행동하면서 하나의 부류를 형성하는 음들을 체계적으로 설명할 수 있다.'를 통해 확인할 수 있다.

오답

① 음운 간의 대립을 체계적으로 설명하기 위한 방법으로 변별적 자질을 적용한 말과 어긋난다.
③ 음성적 특성을 나타내어야만 그 변별적 자질을 알 수 있다.
④ [F]는 음성적 특성을 의미한다.

02 ⑤

[정답풀이]

국물에서 규칙을 적용받은 후의 음과 / 규칙의 환경이 되는 음에 해당하는 ㅇ / ㄴ / ㅁ → ㅁ / ㅁ / ㄴ 이 비음성을 기준으로 하나의 부류를 형성할 수 있느냐를 물었다. 규칙을 적용받은 후의 음인 ㅁ/ㅁ/ㄴ과 규칙의 환경이 되는 음인 ㅇ/ㄴ/ㅁ은 모두 [+비음성]을 지닌다고 보기의 앞부분에 설명되어 있다. 따라서 〈보기〉에 따르면 비음성을 기준으로 모두 [+비음성]으로 부류를 형성한다.

다음 글을 읽고 물음에 답하시오.

오늘날 단일어로 여겨지는 '두더지'는 본래 두 단어가 결합한 말이다. '두디'는 무엇인가를 찾으려고 샅샅이 들추거나 헤친다는 뜻을 지닌 동사 '두다'(>뒤지다)에서 왔으며, '지'는 '쥐'가 변화된 것이다. 따라서 두더지는 '뒤지는 쥐'라는 뜻을 갖는 합성어였다.

'뒤지는 쥐'라고 하면 이해하기 쉽지만 '뒤지쥐'라고 하면 어색하게 느껴진다. 그것은 '뒤지쥐'가 마치 '달리는 차'를 '달리차'라고 하는 것과 같기 때문이다. '뒤지는 쥐'나 '달리는 차'는 국어에서 단어가 둘 이상 결합된 단위인 구(句)를 만드는 방법을 따르고 있으므로 우리에게 자연스럽게 받아들여진다.

구를 만드는 이러한 방법은 합성어를 만드는 데에도 적용된다. 체언과 체언이 결합한 ⓐ'호두과자', 관형사와 체언이 결합한 '한번', 부사와 용언이 결합한 '잘생기다', 용언의 관형사형과 체언이 결합한 ⓑ'된장', 체언과 용언이 결합한 '낯설다', 용언의 연결형과 용언이 결합한 '접어들다' 등은 구를 만드는 것과 같은 방법을 따라 만들어진 합성어들로 이를 통사적 합성어라고 한다.

반면에 이런 방법을 따르지 않고 만들어진 합성어들도 있다. 두 개의 용언 어간끼리 결합한 ⓒ'오르내리다'와 용언 어간에 체언이 직접 결합한 ⓓ'밉상'이 그 예이다. 또한 '깨끗하다'의 '깨끗'과 같이 독립적인 쓰임을 보이지 않는 어근인 '어둑'에 체언이 결합한 ⓔ'어둑새벽', 그리고 ㉠'귀엣말'과 같이 부사격 조사 '에'와 관형격 조사였던 'ㅅ'의 결합형이 포함된 단어 등도 구를 만드는 방법을 따르지 않는 경우이다. 이러한 합성어를 비통사적 합성어라고 한다.

'두더지'는 본래 용언 어간에 체언이 직접 결합했으므로 비통사적 합성어였다. 그러나 '두디쥐>두더지'의 어형 변화로 이제는 이것이 합성어였음을 알아차리기 쉽지 않다. '숫돌' 또한 본래 용언 '붖다'(비비다)의 어간에 체언 '돌'이 직접 결합해 만들어진 비통사적 합성어였다. 그러나 '붖>숫'의 형태 변화와 더불어 동사 '붖다'의 소멸로 이 단어의 원래 짜임새를 알기 어렵게 되었다.

01

위 글에 대한 이해로 가장 적절한 것은?

① 본래 단일어였던 '두더지'는 현재 합성어로 인식된다.

② 결합되는 단어의 수는 합성어의 유형 구분에 기준이 된다.

③ 구(句)와 합성어가 만들어지는 방식에는 서로 차이가 없다.

④ 언어 변화는 단어의 짜임새를 파악하기 어렵게 만들기도 한다.

02

〈보기〉와 ㉠을 통해 탐구한 내용으로 적절하지 않은 것은?

┤보기├

[15세기] 그 새 거우루엣 제 그르멜 보고 (『석보상절』 권 24)

[오늘날] 그 새가 거울에 있는 제 그림자를 보고

① '귀엣말'의 '귀엣'과 '거우루엣'은 그 짜임새가 같군.

② 15세기에는 '거우루엣 그르멜'과 같은 구성도 자연스럽게 쓰였겠군.

③ 15세기라면 '귀엣'과 '말' 사이에 다른 말이 들어가 구(句)가 만들어질 수도 있었겠군.

④ '거우루엣'의 '엣'은 오늘날 '귀에 걸다'의 '에'와 같은 기능을 하는군.

⑤ '귀엣말'이 15세기에도 합성어였다면 통사적 구성 여부를 기준으로 볼 때 시대에 따라 다른 유형의 합성어로 이해될 수 있겠군.

03

다음과 같이 가상의 순화어를 만들 때, ⓐ~ⓔ의 합성어 형성 방법을 잘못 적용한 것은?

바꿀 말	재료가 되는 말	방법	가상의 순화어	
샤프펜슬	• 가락 • 빼빼하다 • 연필	ⓐ	가락연필	⋯ ①
		ⓑ	빼빼한 연필	⋯ ②
스캔하다	• 읽다 • 갈무리하다	ⓒ	읽어갈 무리하다	⋯ ③
스파게티	• 부드럽다 • 새큼달큼하다 • 국수	ⓓ	부드럽 국수	⋯ ④
		ⓔ	새큼달큼 국수	⋯ ⑤

정답 및 해설

01 ④

[정답풀이]

'두더지'는 본래 용언 어간에 체언이 직접 결합한 비통사적 합성어였지만 현재에는 단일어로 여겨져 단어의 원래 짜임새를 파악하기 어렵게 되었다. 이는 예를 들어 '두디다'〉'뒤지다'와 같은 그동안의 언어 변화로 인한 것이다.

오답

① 본래 합성어였던 '두더지'는 현재 단일어로 여겨진다.

② 합성어 유형 구분의 기준은 구를 만드는 방법을 따르느냐 혹은 그렇지 않느냐에 있다.

③ 구가 만들어지는 방식을 따른 것은 통사적 합성어이고, 구가 만들어지는 방식을 따르지 않은 것은 비통사적 합성어이다. 합성어가 만들어지는 방식은 구가 만들어지는 방식에 견주어 볼 때 차이가 드러난다.

④ '숫돌'을 형성했던 용언의 어간은 '뿟-'인데, '뿟 〉 숫'의 형태 변화로 인해 아예 소멸되었다.

02 ④

[정답풀이]

'거우루엣'의 '엣'은 부사격 조사 '에'와 관형격 조사였던 'ㅅ'의 결합형에 해당한다. 따라서 그 기능이 오늘날의 '에'에 대응하지는 않는다.

오답

① '귀엣'은 '귀(명사)+에(부사격 조사)+ㅅ(관형격 조사)'로 분석되며, '거우루엣'은 '거우루(명사)+에(부사격 조사)+ㅅ(관형격 조사)'로 분석된다.

② 〈보기〉에서 '제'는 생략될 수 있다.

③ 〈보기〉에서는 '거우루엣'과 '그르멜' 사이에 다른 말이 들어가 구를 이루었는데 '거우루엣'은 '귀엣'과 유사한 구성이고 〈보기〉의 '그르메'와 ③의 '말'은 모두 명사이므로 '귀엣'과 '말' 사이에도 다른 말이 들어가 구를 이룰 수 있다는 점을 추리할 수 있다.

03 ③

[정답풀이]

ⓒ는 '오르라'는 용언 어간과 '내리-'라는 용언 어간의 결합을 바탕으로 만들어진 '오르내리다'라는 합성어로서, 비통사적 합성어에 해당한다. '읽다'와 '갈무리하다'가 이러한 방식으로 결합하면 '읽갈무리하다'가 된다.

오답

① '가락'이라는 체언과 '연필'이라는 체언이 결합한 것이다.

② '빼빼한'이라는 용언의 관형사형과 '연필'이라는 체언이 결합한 것이다.

④ '부드럽-'이라는 용언 어간에 '국수'라는 체언이 직접 결합한 것이다.

⑤ '새큼달큼'이라는, 독립적인 쓰임을 보이지 않는 어근에 '국수'라는 체언이 직접 결합한 것이다.

어미의 문법적 특성

다음 글을 읽고 물음에 답하시오.

용언은 어간과 어미로 이루어진다. 일반적으로 용언이 활용할 때 변하지 않는 부분을 어간이라 하고 변하는 부분을 어미라 한다. ㉠용언은 서술어뿐 아니라 주어, 목적어, 관형어, 부사어 등 여러 문장 성분으로 쓰이면서 다양한 문법적 기능을 한다. 이러한 문법적 기능은 주로 어미에 의하여 나타나게 되므로 국어 문법 연구에서 어미의 특성을 이해하는 것은 매우 중요하다.

어미의 특성을 이해하기 위해서는 어미를 그와 유사한 것들과 함께 살펴볼 필요가 있다. 먼저, 조사와 비교해 볼 때 어미와 조사는 모두 홀로 쓰일 수 없다는 공통점이 있다. 그런데 ㉡어미는 항상 어간과 결합하여 쓰이므로 그 선행 요소인 어간도 독립적으로 쓰일 수 없다. 이러한 점을 고려하여 학교 문법에서는 어미를 단어로 인정하지 않고 그에 따라 별도의 품사로 설정하지 않는다. 따라서 '어간 + 어미' 전체가 한 단어로 취급된다. 이에 반해 조사는 홀로 쓰이지는 못하지만 ㉢조사의 앞에 결합하는 요소(주로 체언)가 단독으로 쓰일 수 있고 문맥에 따라 조사의 생략도 가능하므로 선행 요소와 분리되기가 쉽다. 이 점을 고려하여 조사는 단어로 인정하여 별도의 품사로 설정한다.

홀로 쓰이지 못한다는 공통점은 어미와 접미사 사이에서도 발견된다. 더욱이 접미사 중에는 어간 뒤에 결합하는 것들이 있어 어미와 혼동을 불러일으키기도 한다. 그러나 어미와 접미사는 새로운 단어를 생성하는지 여부로 구별할 수 있다. '읽었고, 읽겠습니다, 읽었느냐, ……'와 같이 용언 어간 '읽-'에 어떤 어미들이 결합하더라도 그것은 '읽다'라는 한 단어의 활용형일 뿐 새로운 단어가 만들어지는 것은 아니다. 활용형들은 별도의 단어가 아니므로 일일이 사전에 등재하지 않으며, 활용형 중 어간에 평서형 종결 어미 '-다'를 결합한 것을 기본형이라 하여 이것만을 사전에 표제어로 등재한다. 이에 반해 접미사는 어미와 달리 새로운 단어를 파생시키며 이 단어는 사전에 등재한다. ㉣파생된 단어의 품사가 파생 이전과 달라지는 경우도 있다. 가령 동사 어간

'먹-'에 사동 접미사 '-이-'가 결합하면 '먹이다'라는 새로운 동사가 만들어지는데, 이때는 파생 전과 후가 모두 동사여서 품사가 바뀌지 않는다. 하지만 명사 파생 접미사 '-이'가 결합하면 '먹이'라는 명사가 되어 품사가 바뀐다. 또한 ㉤어미는 대부분의 용언 어간과 결합할 수 있는 데 비해 접미사는 결합할 수 있는 대상이 제한된다는 점에서도 차이를 보인다.

01

윗글의 설명 방식으로 가장 적절한 것은?

① 여러 대상의 역사적 변천 과정을 설명하고 있다.
② 어려운 개념들을 익숙한 대상에 비유하여 설명하고 있다.
③ 전문가의 견해를 인용하여 대상의 특성을 설명하고 있다.
④ 중심 대상과 다른 대상들의 공통점과 차이점을 대비하여 설명하고 있다.

02

윗글을 통해 알 수 있는 내용으로 적절하지 않은 것은?

① 용언은 어간에 어미가 결합해야만 문장 성분이 될 수 있다.
② 어미는 조사와 마찬가지로 선행 요소와 분리되어 쓰일 수 있다.
③ 어미는 학교 문법에서 품사로 분류되지 않는다.
④ 용언은 특정한 어미가 결합한 활용형만 사전에 표제어로 등재한다.
⑤ 어미는 접미사와 달리 새로운 단어를 파생시키지 않는다.

03

〈보기〉의 ⓐ~ⓔ를 ㉠~㉤의 예로 들어 설명할 때, 적절하지 않은 것은?

┤보기├

지훈: 어제 집 앞에서 ⓐ지나가는 선우를 ⓑ만났어. ⓒ병원에 가는 길이라고 하더라. 많이 좋아졌대.
수진: 정말? 이제 마음이 ⓓ놓이네. 계속 ⓔ걱정하고 있었거든.

① ⓐ: 문장 내에서 '선우'를 꾸며 주는 관형어로 기능하고 있으므로 ㉠의 예로 들 수 있다.

② ⓑ: 어간인 '만나-'와 어미인 '-았-', '-어'가 모두 문장 내에서 독립적으로 쓰일 수 없으므로 ㉡의 예로 들 수 있다.

③ ⓒ: 조사 '에'는 생략 가능하므로 ㉢의 예로 들 수 있다.

④ ⓓ: 동사 어간 '놓이-'는 '놓-'에 피동 접미사 '-이-'가 결합하여 만들어진 것이므로 ㉣의 예로 들 수 있다.

⑤ ⓔ: '걱정하-'에 어미 '-고'가 결합한 '걱정하고'는 쓰일 수 있으나 피동 접미사 '-이-'가 결합한 '걱정하이-'는 쓰일 수 없으므로 ㉤의 예로 들 수 있다.

정답 및 해설

지문해설 이 글은 용언의 문법적 기능이 용언의 어미에 의해 나타난다는 내용을 제시하면서 용언의 어미가 지닌 속성을 살펴보고 있는 글이다. 특히 어미의 특성을 조사나 접미사의 특성과 대비함으로써 그 속성을 더욱 선명하게 부각시키고 있다. 용언의 어미는 홀로 쓰일 수 없다는 점에서는 조사와 공통적이지만 대상의 앞에 오는 선행 요소가 독립적인가 아닌가에서는 차이를 보인다. 또 어미와 접미사는 홀로 쓰이지 못한다는 점에서는 공통적이지만, 새로운 단어를 생성하는지의 여부와 결합할 수 있는 대상에 제한이 있느냐 없느냐에서는 차이를 보인다.

주제 용언의 어미가 지닌 문법적 특성

01 ④
[정답풀이]
이 글은 용언의 어미를 중심 논의 대상으로 삼아 그 특성을 설명하고 있는데, 보다 효과적인 설명을 위해 '자립적으로 쓰일 수 없다'라는 점에서 공통점을 지닌 조사와 접미사를 활용하고 있다. 즉 중심 논의 대상인 어미와 다른 대상인 조사, 접미사의 공통점과 차이점을 대비하여 설명하고 있는 것이다.

오답
① 여러 대상의 역사적 변천 과정을 설명하고 있지는 않다.
② 어려운 개념들을 익숙한 개념에 비유하여 설명하는 부분은 없다. 용언의 어미를 조사와 먼저 비교하고, 그 다음에 접미사와 비교하면서 병렬적인 방식으로 설명하고 있다.
③ 전문가의 견해가 인용된 부분은 없다.

02 ②
[정답풀이]
본문의 내용들을 통해 어미, 조사, 접미사에 대한 정보를 확인하면, 선택지에 제시된 내용에 대해서도 옳고 그름을 판단할 수 있다. 어미와 조사는 둘 다 홀로 쓰일 수 없다. 하지만 어미는 항상 어간과 함께 쓰이므로 선행 요소인 어간 또한 자립할 수 없음에 비해, 조사와 함께 쓰이는 선행 요소는 독립할 수 있다는 차이점이 있다. 그러므로 어미가 조사와 마찬가지로 선행 요소와 분리되어 쓰일 수 있다는 내용은 적절하지 않다.

오답
① 용언은 어간과 어미의 결합으로, 어간과 어미는 둘 다 홀로 쓰일 수 없기 때문에 '어간 + 어미'의 형태로 문장 성분이 된다.
③ 어미는 반드시 어간과 함께 쓰이므로 학교 문법에서는 어미를 품사로 분류하지 않는다.
④ 용언은 종결 어미 '-다'가 결합한 기본형만을 사전에 표제어로 등재한다.
⑤ 어미는 새로운 단어를 파생시키지 않는 반면 접미사는 새로운 단어를 파생시키는 경우도 있다.

03 ④
[정답풀이]
'마음이 놓이네.'라고 할 때의 '놓이네'는 동사 어간 '놓-'에 피동 접사 '-이-'가 결합하여 만들어진 것이다. 하지만 이 경우 '놓다'와 '놓이다'는 모두 동사로 품사가 달라지지 않았으므로 ②의 경우에 해당하지 않는다.

오답
① '지나가는'이라는 용언은 '선우'라는 체언을 꾸며주고 있으므로 관형어의 기능을 하고 있다.
② '만났어'는 '만나', '-았-', '-어'가 결합한 형태인데, 이들은 모두 홀로 쓰일 수 없다는 특징을 갖고 있다.
③ '병원에 가는 길'은 '병원 가는 길'로 써도 의미상 아무런 문제가 없다. 즉 조사가 생략이 가능하다는 것이다. 그러므로 이는 ⓒ의 예가 될 수 있다.
⑤ '걱정하고'라는 용언은 '걱정하'라는 어간에 어미 '-고'가 결합한 형태인데, '걱정하'라는 어간에 피동 접미사 '-이-'를 결합시킬 수는 없다. 이를 통해 접미사는 결합할 수 있는 대상에 제한이 있음을 확인할 수 있다.

단어의 의미 관계

다음을 읽고 물음에 답하시오.

단어들은 의미를 중심으로 상호 유기적인 관계를 맺고 있다. 여기서는 단어의 의미가 종적으로 대치되는 의미의 계열 관계를 중심으로 단어의 유의 관계를 살펴보기로 하자.

먼저 유의 관계는 의미가 같거나 비슷한 둘 이상의 단어가 맺는 의미 관계를 말하며, 그 짝이 되는 말들은 '동의어' 혹은 '유의어'라고 한다. 실제로 의미가 같고 모든 문맥에서 치환이 가능한 '동의어'는 그 수가 매우 제한되어 있기 때문에, 유의 관계의 대부분은 개념적 의미의 동일성을 전제로 한 '유의어'를 가리킨다.

동일한 지시 대상을 가리키는 유의어는 다섯 가지 양상으로 대별되는 데 표준어와 방언, 고유어와 외래어, 일반어와 특수어, 긍정어와 부정어, 직접어법과 완곡어법에 따라 유의 관계가 형성되는 것들이다.

┌ (표준어 : 방언) 국물 : 말국, 옥수수 : 강냉이
│ (고유어 : 외래어) 이 : 치아, 술 : 약주
㉮ (일반어 : 특수어) 소금 : 염화나트륨, 반찬 : 부식
│ (긍정어 : 부정어) 흑인 : 깜둥이, 절약가 : 노랭이
└ (직접어법 : 완곡어법) 죽다 : 돌아가다, 변소 : 화장실

개념적 의미가 동일한 유의어라 하더라도 구체적 문맥을 고려하면 의미 차이가 나타나기도 한다. 다양한 문맥에서 개념적 의미가 동일한 경우가 있는가 하면 한정된 문맥에서만 그런 경우도 있는데 이 경우에는 두 단어 간에 의미 차이가 나타난다. 한정된 문맥에서만 개념적 의미가 동일한 단어도 포괄적 의미에서 유의어라 할 수는 있지만, 다양한 문맥에서 그러한 경우와 비교할 때 유의성의 정도가 다르다.

유의 관계를 알아보는 데는 교체 검증, 대립 검증, 배열 검증의 세 가지 방법을 사용할 수 있다.

첫째, 문맥 속에서 한 단어를 다른 단어로 바꾸어 보는 교체 검증의 방법을 쓸 수 있다. ㉠'달리다'와 '뛰다'의 경우, '학교를 향해 달렸다/뛰다'는 동일한 사태를 나타낸다. 하지만 '기차가 달린다/*뛴다'(*는 비문임을 표시함.)와 같은 문장을 보면 '기차가 달린다'는 가능하지만 '기차가 뛴다'는 불가능하다는 점

에서 동일한 사태를 나타낸다고 볼 수 없다. 결국 이들은 한정된 문맥에서만 개념적 의미가 동일하다고 해야 할 것이다.

둘째, 대립어를 사용하여 두 단어의 의미 차이를 밝히는 ㉡대립 검증의 방법을 사용할 수 있다. '맑다 – 깨끗하다'의 경우, '물, 공기, 시야 등과의 결합에서 그 경계가 분명하지 않은데, 이들과 대립 관계에 있는 '흐리다 – 더럽다'를 대비시키면 '맑은 물 / 흐린 물', '깨끗한 물 / 더러운 물'에서 보듯이 '흐리다'와 '더럽다'의 거리만큼 '맑다'와 '깨끗하다'에도 의미 차이가 있음이 드러난다. 즉 '흐린 물'이라 하더라도 반드시 '더러운 물'이라고 단정할 수 없듯이 '맑은 물'이라고 반드시 '깨끗한 물'이라고 생각할 수 없음을 알 수 있다.

셋째, 유의성의 정도가 모호한 단어들을 하나의 계열로 배열하는 배열 검증의 방법을 사용할 수 있다. 예를 들면, '실개천-개울-시내-내-하천-강-대하'에서처럼 관련된 단어들을 하나의 축으로 배열하게 되면 '개울'과 '시내'에도 미세한 의미 차이가 드러난다.

유의어는 동일한 개념 영역에 대해서 서로 다른 형태를 갖고 있으므로 상호간에 경쟁을 하게 된다. 그러나 장기적으로는 그 경쟁 관계를 해소시키는 방향으로 이들은 변화하게 된다.

01

위 글의 내용 전개상의 특징과 효과로 바르지 않은 것은?

① 적절히 예를 들어 가며 설명하여 이해를 쉽게 하고 있다.

② 용어의 개념을 분명히 하여 내용의 정확한 이해를 가능하게 하고 있다.

③ 일정한 기준에 따라 대상을 분석함으로써 내용을 체계적으로 제시하고 있다.

④ 사실과 의견을 명확히 구분하여 내용의 신뢰성을 높이고 있다.

02

㉮로 미루어 알 수 있는 사실이 아닌 것은?

① 과학 분야에서 쓰이는 특수어 '염화나트륨'은 일반어 '소금'과 다른 사물을 가리키는 단어임을 알 수 있다.

② 새로 도입되는 외래어 중 일부는 이미 있던 고유어와 유의 관계를 형성할 수 있다.

③ 유의 관계를 이루는 단어라도 듣는 사람이 각각의 단어에서 받는 느낌은 달라질 수 있다.

④ 언어 사회 속의 여러 하위 언어 집단이 동일 대상에 대해 서로 다른 단어를 사용하면 이들 사이에는 유의 관계가 형성된다.

⑤ 이미 있던 말의 어감이 좋지 않아서 다른 표현이 나타나면 본래 있던 말과 경쟁을 하게 된다.

03

㉠에 대해 〈보기〉의 자료를 바탕으로 심화 학습을 한 후 발표한 내용이다. 적절하지 않은 것은?

> **┤ 보기 ├**
>
> ⓐ 말이 결승점을 향해 달린다/뛴다.
> ⓑ 말이 놀란 듯이 높이 *달린다/뛴다.
> ⓒ 물가가 *달린다/뛴다.

① 수인: 비슷한 문장 구조인데도 ⓐ와 달리 ⓑ에서는 '달리다'와 '뛰다'를 바꾸어 쓸 수 없다면, 두 문장에서 표현이 차이나는 부분의 의미에 주목해야 할 것 같아.

② 민철: ⓐ의 '뛰다'는 '앞으로 나아가다'의 의미로 해석되는데 ⓑ의 '뛰다'는 그런 의미로 해석할 수 없어.

③ 호수: ⓑ의 '뛰다'는 '높이 솟구쳐 오르다'의 뜻으로 해석할 수 있지 않을까? 그렇다면 이런 경우에는 '달리다'와 '뛰다'를 바꾸어 쓸 수 없을 것 같아.

④ 수민: '기차가 달린다/*뛴다'는 예문까지 함께 생각해 보면 높이 뛰는 것이 가능한 사람이나 동물이 주어로 올 때, 두 단어가 유의 관계를 형성하게 될 것 같아.

⑤ 인호: ⓒ와 같은 문맥에서도 두 단어가 바뀔 수 없는 것을 보면 이 둘 사이에 유의 경쟁이 일어날 수 있는 문맥은 제한적인 것 같아.

04

㉡을 사용하기에 적절한 예는?

① 작다 – 적다

② 두껍다 – 두텁다

③ 따뜻하다 – 따스하다

④ 넓다 – 너르다

01 ④

[정답풀이]

이 글은 단어간의 유의 관계가 무엇인가를 정의하여 내용의 정확한 이해를 가능하게 하고(②), 유의 관계의 여러 유형이나 유의 관계를 검증하는 각각의 방법에 대해 구체적 사례를 제시하여 독자의 이해를 돕고 있으며 (①), 유의 관계의 유형이나 교체 검증의 방법을 분석적으로 설명하고 있다.(③) 그러나 이 글은 설명문으로 의견에 해당할 만한 것이 없으므로 ④와 같은 진술은 바르지 않다.

02 ①

[정답풀이]

②는 ㉮의 자료(유의 관계의 유형 분류) 중 고유어와 외래어의 유의 관계에서, ③은 긍정어와 부정어 또는 직접 어법과 완곡 어법에서, ④는 일반어와 특수어 또는 표준어와 방언에서, ⑤는 직접 어법과 완곡 어법에서 확인할 수 있다. ①은 염화나트륨과 소금이 동일한 지시 대상을 가진다는 점에서 잘못된 내용이다.

03 ④

[정답풀이]

'뛰다'가 '높이 솟구쳐 오르다'의 뜻으로 쓰이면 '앞으로 빨리 나아가다'는 뜻의 '달리다'와는 바꾸어 쓸 수 없으므로 유의 관계를 이루지 못한다. 아울러 '물가가 뛰다/*달리다.'는 예문으로 보아 '뛰다'가 사람이나 동물이 아닌 무생물 주어를 가질 때에도 '달리다'와 유의 관계를 이룰 수 없다.

04 ①

[정답풀이]

대립 검증은 반대말을 이용하여 의미 차이가 있는지를 알아보는 방법이다. '작다 – 적다'의 반대말이 '크다 – 많다'여서 의미 차이가 있음을 알 수 있다. 나머지는 반대말이 같거나 반대말이 달라도 의미 차이가 드러나지 않는다.

주시경의 언어 연구 업적

다음 글을 읽고 물음에 답하시오.

한힌샘 주시경은 국어학자이면서 국어 교육자이다. 그는 과학적이고 독창적인 국어 연구를 통해 국어학을 하나의 학문으로 정립시켰을 뿐 아니라 국어 교육의 필요성을 널리 인식시키기 위해 노력하였다. 또한 맞춤법의 통일 같은 국어 정책의 수립에도 관심을 갖고 참여하였다.

국어학자로서 주시경은 근대 국어학의 기틀을 세운 선구적인 인물이었다. 과학적 연구 방법이 전무하다시피 했던 국어학 연구에서, 그는 ㉠단어의 원형을 밝혀 적는 형태주의적 입장을 가지고 독자적으로 문법 현상을 분석하고 이론으로 체계화하는 데 힘을 쏟았다. 이를 위해 순수 고유어를 사용하여 학술 용어를 만들기도 했다. 오늘날의 관점에서 보면 모호하거나 엄밀하지 못한 부분이 있는 것도 사실이지만, 그의 연구는 체계적이고 분석적이었을 뿐 아니라 놀라운 통찰력을 보여 주는 것이었다. 특히 '늣씨'와 '속뜻'의 개념을 도입한 것은 주목할 만하다.

그는 단어를 뜻하는 '씨'를 좀 더 작은 단위로 분석하면서 여기에 '늣씨'라는 이름을 붙였다. 예컨대 '해바라기'를 '해ㅅ바라ㅅ기', '이더라'를 '이ㅅ더라'처럼 늣씨 단위로 분석했다. 이는 그가 오늘날 '형태소'라 부르는 것과 유사한 개념을 인식하고 있었음을 보여 준다. 이것은 1930년대에 언어학자 블룸필드가 이 개념을 처음 사용하기 훨씬 이전이었다. 또한 그는 숨어 있는 구조인 '속뜻'을 통해 겉으로는 구조를 파악하기 어려운 문장을 분석했고, 말로 설명하기 어려운 문장의 계층적 구조는 그림을 그려 풀이하는 방식으로 분석했다. 이러한 방법은 현대 언어학의 분석적인 연구 방법과 유사하다는 점에서 연구사적 의의가 크다.

주시경은 국어학사에서 길이 기억될 연구 업적을 남겼을 뿐 아니라, 국어 교육자로서도 큰 공헌을 하였다. 그는 언어를 민족의 정체성을 나타내는 징표로 보았으며, 국가와 민족의 발전이 말과 글에 달려 있다고 생각하여 국어 교육에 온 힘을 다하였다. 여러 학교에서 우리말을 가르쳤을 뿐만 아니라, 국어 강습소를 만들어 장차 교사가 될 사람들에게 국어 문법을 체계적으로 교육하였다. 이러한 교육은 그의 국어학 연구가 없었더라면 불가능한 일이었다. 세종 대왕이 훈민정음을 창제하였다면, 주시경은 '한글'이라는 용어를 만들고 우리말과 글을 바르게 보급하는 일에 앞장섰던 인물이었다.

그는 맞춤법을 확립하는 정책에도 자신의 학문적 성과를 반영하고자 했다. 이를 위해 연구 모임을 만들어 맞춤법의 이론적 근거를 확보하기 위한 논의를 지속해 나갔다. 그리고 1907년에 설치된 '국문 연구소'의 위원으로 국어 정책을 수립하는 일에도 적극 참여하였다. 그의 이러한 노력은 오늘날 우리에게 지대한 영향을 미치고 있다. 우리가 사용하고 있는 현행 '한글 맞춤법'도 일찍이 주시경이 취했던 형태주의적 입장으로부터 영향을 받은 바 크다.

01

중심 화제에 대한 글쓴이의 서술 태도로 가장 적절한 것은?

① 중심 화제의 위상을 자의적으로 평가하고 있다.
② 중심 화제의 성격을 객관적으로 논증하고 있다.
③ 중심 화제의 의의를 권위적으로 규정하고 있다.
④ 중심 화제의 가치를 적극적으로 부각시키고 있다.

02

주시경의 국어 연구에 대한 설명으로 볼 수 없는 것은?

① 고유어를 활용하여 학술 용어를 창안했다.
② 문장의 계층적 구조를 쉽게 설명하려고 했다.
③ 겉으로 드러나지 않는 문장의 구조를 밝히려 했다.
④ 단어의 의미 변화 과정을 통시적으로 밝히려 했다.

03

위 글에 근거하여 판단한 내용으로 적절하지 않은 것은?

① 주시경이 국어 문법을 가르친 데에는 좀 더 효과적으로 국어 교육을 확산시키려는 이유도 있었겠구나.

② 주시경이 국어 연구에 새로운 개념을 도입한 까닭은 서구 언어학 이론의 한계를 극복하기 위해서였겠구나.

③ 주시경이 국어 보급에 앞장선 까닭은 국어가 우리 민족의 정체성을 반영하고 있다고 생각했기 때문이었겠구나.

④ 주시경의 연구에 부족한 점이 있었던 까닭은 당시에 과학적 국어 연구 방법이 정립되어 있지 않았기 때문이었겠구나.

04

현행 '한글 맞춤법'에서 ㉠의 사례로 가장 적절한 것은?

① 체언과 조사를 구별하여 '집이', '집을'처럼 적는다.

② 불규칙 용언 '돕다'의 경우 '도와', '도우니'처럼 적는다.

③ 끝소리가 'ㄹ'인 말과 딴 말이 어울릴 경우 '소나무', '바느질'처럼 적는다.

④ 겹받침의 끝소리가 드러나지 않을 경우 '짤막하다', '널따랗다'처럼 적는다.

⑤ '－이'나 '－음' 이외의 접미사가 붙어서 품사가 바뀐 경우 '마개', '마감'처럼 적는다.

정답 및 해설

지문해설 이 글은 주시경이 남긴 업적을 구체적으로 살펴보고 그에 대한 평가를 내리고 있다. 주시경은 근대 국어학의 기틀을 세운 선구자인데, 특히 오늘날 형태소에 해당하는 개념 '늣씨'를 인식했다는 사실과, 문장의 구조를 파악하기 위해 분석적인 방법을 사용했다는 점을 높이 평가하고 있다. 주시경은 국어학자만이 아니라 국어 교육자로서도 큰 공헌을 남겼는데, 그의 성과는 오늘날 우리에게 지대한 영향을 미치고 있다고 했다.

주제 주시경의 연구 업적과 그에 대한 평가

01 ④

[정답풀이]
이 글의 중심 화제는 주시경의 업적이다. 그런데 글쓴이는 국어학자로서, 국어 교육자로서 주시경의 업적을 다루면서 그 가치를 부각시키고 있다. '주시경은 근대 국어학의 기틀을 세운 선구적인 인물, 놀라운 통찰력, 의의가 크다, 큰 공헌을 하였다, 우리에게 지대한 영향' 등의 표현에서 글쓴이는 주시경의 업적을 객관적인 입장에서 소개하는 것이 아니라, 가치 부여를 하고 있음을 알 수 있다.

02 ④

[정답풀이]
제시된 지문에서 단어의 의미 변화에 대한 내용은 다루어지지 않았다. 의미 변화 과정을 통시적으로 다룬다면 특정한 어휘의 의미가 시대의 흐름에 따라 어떻게 변해 가는지를 서술해야 한다.

오답
① 2문단의 5행에서 알 수 있다.
②, ③ 3문단에서 알 수 있다.

03 ②

[정답풀이]
국어학에서 주시경은 고유어를 활용하여 새로운 개념을 도입하였고, 분석적이며 체계적으로 연구를 하였다고 했다. 그가 도입한 '늣씨'라는 개념은 서양의 블룸필드보다 훨씬 이전이라고 하였다. 그가 이렇게 국어 연구에 매진한 이유는 서구 언어학의 한계를 극복하기 위해서라기보다는 언어를 민족 정체성의 징표로 보았기 때문이다. 그랬기에 연구로 그치지 않고 이를 실천하기 위한 국어 교육에도 앞장섰던 것이다.

오답
① 주시경은 국가와 민족의 발전이 국어 교육에 달려 있다고 생각하여 국어 문법을 체계적으로 교육하였다고 했다.
③ 주시경은 국어학자로서만이 아니라, 국어 교육자로서도 많은 활동을 했는데 그 이유는 언어를 민족 정체성의 징표로 여겼기 때문이라고 4문단에 제시되어 있다.
④ 2문단에 제시되었듯이 그의 연구 업적은 오늘날의 관점에서 보면 모호하거나 엄밀하지 못한 부분도 있다고 했다. 하지만 그의 연구는 과학적 연구 방법이 전무했던 시대에 나온 것이다.

04 ①

[정답풀이]
단어의 원형을 밝혀 적는 형태주의적 입장이란, 소리보다는 의미를 중시하는 것이다. 그렇기에 모음으로 시작되는 조사가 결합되어도 앞 낱말의 받침이 연음되지 않고 ①에 제시된 '집이', '집을'처럼 그냥 결합된다.

오답
② 용언이 불규칙으로 활용한다는 것은 어간의 형태가 변한다는 것이기에 형태주의의 사례로 볼 수 없다.
③ 형태주의가 적용된다면 '소나무'는 '솔나무'가 되어야 하며, '바느질'은 '바늘질'이 되어야 한다.
④ '짤막하다'는 '짧다'의 어간 '짧'의 형태가 유지되지 않고 있다. '널따랗다' 역시 '넓다'의 어간 '넓'이 변하였다.
⑤ '마개'는 '막다'의 어간 '막'이 변하였고, '마감' 역시 '막'에 '암'이 결합되면서 어간이 변하였다. 즉 형태가 유지되지 않았다.

조사의 기능과 용법

다음 글을 읽고 물음에 답하시오.

국어는 문법적 기능을 담당하는 요소인 조사가 풍부하게 발달한 언어이다. 따라서 이러한 조사의 기능이나 용법을 규명하는 일은 국어의 문법적 특징을 이해하는 데 반드시 필요하다.

(가) 영수가 삼국지를 읽었다.
(나) 영수가 삼국지는 읽었다.
(다) 염소와 말이 풀을 먹었다.

(가)의 '삼국지'에는 '를'이 붙어 있는데, '를'은 '삼국지'가 이 문장의 목적어임을 드러내는 표지이다. 하지만 (나)의 '삼국지' 뒤에 붙은 '는'은 '삼국지'가 목적어임을 표시하는 기능 없이 의미만을 더해 주는 기능을 한다. 즉, (나)는 '영수가 삼국지가 아닌 다른 책은 읽지 않았다.'는 뜻을 내포하고 있다. 이처럼 조사는 체언에 붙어 다른 말과의 관계를 표시하거나 어떤 뜻을 더해 주는 기능을 하는데, 전자를 격조사라 하고 후자를 보조사라 한다.

(다)에서 '와'는 '염소'와 '말'을 병렬적으로 이어주는데, 이처럼 ㉠둘 이상의 체언을 이어주는 기능을 하는 조사를 접속조사라 한다. '와'와 같은 조사를 격조사가 아닌 접속조사로 따로 나눈 것은 그 기능이 격조사와 차이가 있기 때문이다. 격조사가 붙은 체언은 문장의 한 성분이 되지만 접속조사가 붙은 체언은 접속조사에 의해 이어진 모든 체언이 한 덩어리로 문장 성분이 된다.

(다)와 (가)를 비교해 보면, 주어 자리의 조사가 '가'에서 '이'로, 목적어 자리의 조사가 '를'에서 '을'로 바뀌었다. 이것은 앞말이 모음으로 끝나느냐 자음으로 끝나느냐에 따라서 조사의 형태만 바뀐 것이다. 이와 같이 기능은 같으면서도 다른 요소의 영향을 받아 형태가 바뀐 쌍을 이형태 관계에 있다고 한다.

조사는 원칙적으로 자립형식 뒤에 붙는 문법적 요소이다. 자립형식이란 더 이상의 문법적 요소가 붙지 않고도 단독으로 문장 속의 어떤 성분으로 쓰일 수 있는 말이다. 조사가 붙을 수 있는 말들의 자립성은 어미가 붙는 말들과 견주어 보면 뚜렷해진다. (가)에서 '-었-'이 붙은 '읽-'이나 '-다'가 붙은 '읽었-'은 단독으로 문장 속에 나타날 수가 없기 때문에 자립성이 없다. 국어 문법에서 '가, 를' 따위에 대해서는 단어 자격을 주고, '-었, -다' 따위에 대해서는 단어 자격을 주지 않는 것은 이들이 붙을 수 있는 말들의 자립성 유무를 고려한 것이다.

앞에서 조사를 설명할 때 무엇에 붙어 쓰인다는 표현을 썼는데, 조사나 어미처럼 다른 말에 붙어 쓰이는 말들을 접사라 한다. 접사 가운데는 조사나 어미가 아닌 것도 있다. '사람들이 많이 모여 있다.'에서 '-들'이 그것인데 이것을 파생접사라 한다. 흔히 좁은 의미로 접사라고 할 때는 이러한 파생접사만을 가리킨다. 그런데 '-들'은 자립형식인 체언에 붙는 것이어서 조사와 혼동하기가 쉽다. 이 '-들'을 조사가 아닌 파생접사라고 하는 까닭은, 조사는 그것들이 붙을 수 있는 어휘 범주가 주어지면 그 범주에 속하는 모든 단어들에 다 붙을 수 있지만 '-들'은 그렇지가 못하기 때문이다.

01

위 글을 읽고 해결할 수 없는 의문은?

① 조사의 문법적 기능은 무엇인가?
② 조사는 어떠한 경우에 생략되는가?
③ 조사의 종류에는 어떤 것이 있는가?
④ 조사의 형태 바뀜의 조건은 무엇인가?

02

㉠의 예로 제시하기에 적절하지 않은 것은?

① 벼루하고 먹하고 가져 오너라.
② 술에 밥에 떡에 아주 잘 먹었다.
③ 머루랑 다래랑 먹고 즐겁게 놀았다.
④ 옷이며 신이며 죄다 흩어져 있었다.
⑤ 집집마다 마을마다 웃음꽃이 피었다.

03

위 글로 수업을 한 후 선생님이 〈보기〉와 같은 질문을 하였을 때, 학생의 답변으로 가장 적절한 것은?

┤보기├

격조사와 보조사는 어떻게 구별할 수 있을까?

① 그것들이 붙은 말의 자립성 여부로 구별할 수 있습니다.
② 다른 말에 붙어 쓸 수 있는가의 여부로 구별할 수 있습니다.
③ 동일 어휘 범주에서 그것들이 붙을 수 있는 단어들의 수가 많고 적음에 따라 구별할 수 있습니다.
④ 다른 말과의 관계를 표시하는가, 뜻만을 더해 주는가에 따라 구별할 수 있습니다.

04

〈보기〉에 대한 설명으로 적절하지 않은 것은?

┤보기├

하늘은 푸르고 낙엽이 지는 가을, 낙엽을 태우는 냄새같이 좋은 향기가 있을까?

① '낙엽, 향기'에 붙은 '이'와 '가'는 서로 이형태 관계에 있다.
② '좋은'의 '은'은 자립형식 뒤에도 붙을 수 있는 문법 요소이다.
③ '냄새같이'에서 '같이'는 국어 문법에서 단어의 자격을 갖는다.
④ '낙엽이'에서 '낙엽'은 '이'가 붙지 않아도 문장에 단독으로 쓰인다.
⑤ '하늘'에 붙은 '은'과 '낙엽'에 붙은 '이'는 문법적 기능에 차이가 있다.

정답 및 해설

01 ②

[정답풀이]

지문에는 조사가 어떤 경우에 생략되는지에 대한 설명은 없기 때문에 ②와 같은 의문은 이 글을 통해서는 해결할 수 없다.

02 ⑤

[정답풀이]

'하고, 에, 랑, 이며'는 둘 이상의 사물을 같은 자격으로 이어 주는 접속 조사이다. 반면에 '마다'는 '낱낱이 모두'의 뜻을 나타내는 보조사이다.

03 ④

[정답풀이]

격조사는 체언에 붙어 다른 말과의 관계를 표시하는 문법적 기능을 하며, 보조사는 다른 말과의 관계를 표시하는 구실 없이 의미만을 더해 주는 기능을 한다고 설명하고 있다.

04 ②

[정답풀이]

조사가 붙은 말은 자립형식이지만 어미가 붙는 말은 단독으로 문장 속에 나타날 수 없다고 설명했다. 따라서 어미는 자립성이 없는 말에 붙는다는 것을 알 수 있다.

소쉬르의 언어 공시태

다음 글을 읽고 물음에 답하시오.

(가) 20세기 초에 이르기까지 유럽의 언어학자들은 언어를 진화하고 변화하는 대상으로 보고, 언어학이 역사적이어야 한다고 생각하였다. 이러한 관점은 "언어가 역사적으로 발달해 온 방식을 어느 정도 고찰하지 않고서는 그 언어를 성공적으로 설명할 수 없다."라는 파울의 말로 대변된다.

(나) 이러한 경향에 반해 소쉬르는 언어가 역사적인 산물이더라도 변화 이전과 변화 이후를 구별해서 보아야 한다고 주장하였다. 언어는 구성 요소의 순간 상태 이외에는 어떤 것에 의해서도 규정될 수 없는 가치 체계이므로, 그 자체로서의 가치 체계와 변화에 따른 가치를 구별하지 않고서는 언어를 정확하게 연구할 수 없다는 것이다. 화자는 하나의 상태 앞에 있을 뿐이며, 화자에게는 시간 속에 위치한 현상의 연속성이 존재하지 않기 때문이다. 그러므로 한 시기의 언어 상태를 기술하기 위해서는 그 상태에 이르기까지의 모든 과정을 무시해야 한다고 하였다.

(다)

A 시대

B 시대

소쉬르에 따르면, 공시태는 위 그림에서 가로축에 해당한다. 공시태는 공존하는 사항 간의 관계를 말하는 동시성의 축이며, 시간의 어떠한 개입도 배제된 정적인 언어 상태이다 (A 시대, B 시대). 통시태는 한 상태에서 다른 상태로의 이행이다 (A 시대→B 시대). 공시적, 통시적이라는 말은 현상 자체를 말하기도 하고, 언어 현상을 기술하는 언어학자의 방법론이나 관점을 말하기도 한다. 공시적 연구는 언어의 한 상태를 고찰하는 것이고, 통시적 연구는 한 상태에서 다른 상태로의 이행을 고찰하는 것이다.

(라) 소쉬르의 개념과 방법론은 언어학의 발전에 큰 기여를 하였으며 오늘날에도 여전히 유효하다. 다만 소쉬르가 공시태를 정적인 상태, 즉 정태와 동일시하였던 점에 대해서는 비판적인 논의가 있어 왔다. 언어는 변화하는 것이므로 시간의 개입이 완전히 배제된 정적인 상태라는 것은 현실에서 존재하기 어렵다. 야콥슨은 음운 변이는 변하지 않는 언어 요소들과 같은 자격으로 공시적 연구의 대상이 되어야 하며, ㉠정태와 ㉡공시태를 동의어로 보는 것은 오류라고 하였다. 마르티네도 언어가 변화하지만 기능이 그치는 것이 아니며, 또한 어떤 언어의 기능을 기술하려 할 때에도 그 언어가 변화하고 있는 중이라는 것을 유념해야 한다고 하였다. 이러한 논의들은 소쉬르가 말한 공시태 개념이 갖는 문제점을 비판하고 수정한 것이다.

01

(나)의 소쉬르의 관점에서 (가)의 파울의 관점을 비판한 것으로 가장 적절한 것은?

① 언어에는 역사의 유물과 같은 증거가 없기 때문에 언어학은 과거의 언어와 관련된 사실을 밝힐 수 없다.

② 화자의 말은 발화 당시의 언어 상태를 반영하므로 언어 연구는 그 당시의 언어를 대상으로 해야 한다.

③ 언어는 끊임없이 변화하므로 변화의 내용보다는 변화의 원리를 밝히는 것이 더 중요하다.

④ 현재의 언어와 과거의 언어는 각각 정적인 상태이지만 전자는 후자를 바탕으로 하고 있다.

02

〈보기〉와 같이 '좁쌀'이란 단어에 대해 정리한 후, (다)에 쓰인 용어들을 적용해 이해한 것으로 적절하지 않은 것은?

┤ 보기 ├

- '좁쌀'의 중세 국어 어형은 '조뿔'인데, 이는 '조ㅎ'과 '뿔'이 결합한 것이다.
- '조뿔'은 'ㅄ'이 'ㅆ'으로, 'ㆍ'가 'ㅏ'로 변화하여 오늘날의 '좁쌀'이 되었다.
- '좁쌀'의 'ㅂ'은 '뿔'의 흔적이다.

① 현재 우리가 사용하는 '좁쌀'은 현대 국어에서 공시태이겠네.

② 현대 국어를 공시적으로 연구할 때는 '좁쌀'의 'ㅂ'이 무엇인지 알 수가 없겠네.

③ '뿔'이 어떻게 '쌀'이 되었는지를 고찰하면 그것은 통시적 연구이겠네.

④ '쌀'로 변하기 이전의 '뿔'은 중세 국어에서 통시태이겠네.

⑤ 중세 국어에서 '조뿔'을 '조ㅎ+뿔'로 분석하면 그것은 공시적 연구이겠네.

03

(라)를 바탕으로 ㉠과 ㉡의 개념을 비유적으로 표현한 것으로 가장 적절한 것은?

① 날아가는 화살이 한 순간에 정지되어 있다고 볼 수도 있고 그 순간에도 이동성을 갖고 있다고 볼 수도 있는데, 전자가 ㉠이고 후자가 ㉡이다.

② 사람은 태어나서 자라다가 어느 시점에서는 성장이 멈추는데, 이때 성장하는 과정이 ㉠이고 성장이 멈춘 상태가 ㉡이다.

③ 퍼즐 조각이 다 맞춰졌을 때와 그렇지 않을 때 퍼즐판의 상태는 다른데, 전자가 ㉠이고 후자가 ㉡이다.

④ 음표는 악보에서는 기호이지만 연주될 때는 소리인데, 악보의 음표가 ㉠이고 연주된 소리가 ㉡이다.

정답 및 해설

이 글은 공시태를 시간의 개입이 완전히 배제된 정적인 상태로 본 소쉬르의 언어학적 견해에 대해 문제가 있음을 지적하고 있다. 완벽하게 정적인 상태라는 것이 실제로 현실에서 존재하기는 어렵기 때문에, 정태와 공시태를 동의어로 본 소쉬르의 견해는 오류라는 것이다. 따라서 언어의 기능을 기술할 때에도 그 언어가 변화하고 있는 중임을 유념해야 한다는 보고 있다.

주제 소쉬르의 공시태 개념과 그것의 문제점

01 ②

[정답풀이]

파울은 언어를 진화하고 변화하는 대상으로 보기 때문에, 언어 연구에는 언어가 역사적으로 발달해 온 방식에 대한 고찰이 전제되어야 한다고 본다. 그러나 소쉬르는 언어가 역사적인 산물이라 하더라도 변화 이전과 변화 이후를 구별해서 보아야 한다고 주장한다. 언어는 구성 요소의 순간 상태 이외에는 어떤 것에 의해서도 규정될 수 없는 가치 체계이므로, 소쉬르는 화자가 발화한 당시의 언어 상태를 연구 대상으로 해야 한다고 주장할 것이다.

02 ④

[정답풀이]

본문에 제시된 공시태와 통시태의 개념을 '좁쌀'이라는 단어에 적용시켜 보는 문제이다. 공시태는 동시성의 축을 말하고, 통시태는 한 상태에서 다른 상태로의 이행을 말한다. 따라서 '조ᄡᆞᆯ'이 음운 변화를 거쳐 '좁쌀'이 된 것은 통시적 연구(④)이고, 현재 우리가 사용하는 '좁쌀'과 중세 때 사용한 '조ᄡᆞᆯ'은 각각 그 당시의 언어 현상에서 바라보는 공시적 연구(①, ⑤) 대상이다. 그런 의미에서 'ᄡᆞᆯ'은 중세 국어에서의 공시태이고, '쌀'은 현대 국어에서의 공시태라 할 수 있다.

오답

② '좁쌀'은 현대 국어의 공시태이므로, '좁쌀'에서의 'ㅂ'이 'ᄡᆞᆯ'의 흔적이라는 것을 알 수 없다.

03 ①

[정답풀이]

언어는 변화하는 것이므로 시간의 개입이 완전히 배제된 '정적인 상태'라는 것은 현실에서 존재하기 어렵다. 그런데 소쉬르는 '공시태(ⓒ)'를 시간의 개입이 완전히 배제된 '정태(㉠)'로 보았다. 언어는 '날아가는 화살'처럼 어느 한 순간만을 보면 정지되어 있는 '정태'로 보이지만, 정지되어 있다고 보는 그 순간에도 계속 움직이고 있는 '공시태'로서의 개념을 소쉬르는 간과했던 것이다.

오답

② (라)에서 언어는 계속 변화하고 있는 중이라고 했으므로, 변화하다가 어느 시점이 되면 고정되어 버리는 사례는 적절하지 않다.

④ 악보에 있는 '음표'라는 기호를 실현한 것이 '소리'이다.

발음기관의 작용, 자음과 모음

다음 글을 읽고 물음에 답하시오.

인간은 자음과 모음으로 분절되는 다양한 말소리를 발음할 수 있는 능력이 있다. 이것은 인간의 발음 기관이 특유의 구조와 운용 방식을 가졌기 때문이다. 언어마다 말소리의 종류와 수는 다르지만, 말소리를 내는 데 참여하는 신체 기관과 그 기본적인 작동 원리는 같다.

[A]
말소리는 생존에 필수적인 여러 신체 기관의 협력 작용에 의해 만들어진다. 입 안의 여러 기관들과 코, 후두, 기관(氣管), 허파 등이 그것들인데, 이 중 후두는 발성 작용과 관련하여 특히 주목할 만하다. 후두의 일차적 기능은 공기 외의 이물질이 기도로 넘어가는 것을 막는 일이기 때문에 목구멍 정도의 높이에 있는 것이 가장 효율적이다. 그런데 인간의 후두는 갓난아이 시기에는 목구멍과 비슷한 높이에 있다가, 자라면서 서서히 하강하여 더 아래쪽에 자리 잡는다. 흥미로운 사실은, 같은 영장류인 침팬지나 오랑우탄의 후두는 목구멍 정도의 높이에 있다는 점이다.

후두의 위치는 모음의 발음 및 분화와 직접 관계된다. 모음은 후두의 안쪽에 있는 목청이 떨리면서 소리 나게 되는데, 이것이 여러 종류로 분화되는 것은 후두 위쪽의 두 공간, 즉 목안과 입안을 울림통으로 사용하기 때문이다. 즉, 혀의 앞부분을 센입천장에 최대한 가깝게 함으로써 입안을 최소화하고 목안을 최대화하면 'ㅣ'가 발음되고, 혀를 바짝 낮춤으로써 입안을 최대화하고 목안을 최소화하면 'ㅏ'가 발음되며, 혀의 뒷부분을 여린입천장에 가깝게 함으로써 두 공간의 크기를 비슷하게 하면 'ㅜ'가 발음된다. 이러한 과정을 거쳐 모음은 전설 모음 - 후설 모음, 고모음 - 중모음 - 저모음 등으로 분화된다. 한편, 입술도 모음의 분화에 관여하는데, 입술을 오므리고 폄에 따라 원순 모음과 평순 모음이 나누어진다.

자음은 대개 입술과 입 안의 여러 기관의 작용에 의해 분화된다. 이 기관들은 후두를 통과해 올라온 공기의 흐름을 특정 위치에서 방해하는 작용을 통해 자음의 다양한 소릿값을 만들어 낸다. 예를 들어, 'ㄷ'은 혀끝을 윗잇몸 근처에 대어 공기의 흐름을 일단 막았다가 터뜨리듯 엶으로써 내는 파열음이다. 여기서 '혀끝 - 윗잇몸'은 이 자음의 조음 위치가 되고 '공기의 흐름을 막았다가 터뜨리듯 엶'은 조음 방법이 된다. 'ㄱ'은 혀의 뒷부분을 여린입천장에 대고, 'ㅂ'은 두 입술을 닫는다는 점에서 조음 위치는 'ㄷ'과 다르지만 조음 방법은 같다. 그 밖에도 짝을 이루는 아래위의 두 기관 사이를 최대한 좁히고 그 사이로 공기를 마찰시켜 내는 마찰음이 있고, 공기를 코로 내보내면서 코안을 울려서 내는 비음과, 혀끝을 잇몸에 가볍게 대었다가 떼거나 혀끝을 윗잇몸에 댄 채 공기를 그 양 옆으로 흘려보내는 방법으로 내는 유음도 있다.

01

위 글을 통해 알 수 있는 사실이 아닌 것은?

① 모음은 혀의 위치와 입술의 모양을 기준으로 분류할 수 있다.

② 자음을 발음할 때에는 공기의 흐름을 방해하는 작용이 나타난다.

③ 언어마다 말소리의 수가 다른 것은 발음 기관 구조의 차이 때문이다.

④ '마찰음'이나 '유음'은 조음 방법상의 특징에 따라 붙여진 이름이다.

⑤ 감기에 걸려 코가 막히면 'ㄴ, ㅁ, ㅇ'과 같은 비음을 제대로 발음하기 어렵다.

02

[A]와 〈보기〉의 정보를 종합하여 추론한 내용으로 옳지 않은 것은?

┤보기├

• 갓난아이의 울음소리에서는 다양한 모음이 발견되지 않는다.
• 침팬지를 대상으로 실험한 결과 침팬지는 기본 모음인 [i], [a], [u]를 구별하여 발음하지 못했다.
• 화석 인류의 발성 기관을 재구하여 실험한 결과, 불과 몇 개의 모음만이 발성되었다고 한다.

① 후두가 목구멍보다 아래쪽에 있는 것은 모음이 다양하게 분화되는 데 유리한 조건으로 작용했을 것이다.
② 갓난아이와 침팬지가 다양한 모음을 발음하지 못하는 이유는 같을 것이다.
③ 침팬지나 오랑우탄과 같은 유인원이 다양한 모음을 발성할 수 없는 것은 후천적인 요인에 기인할 것이다.
④ 화석 인류의 후두는 현대인에 비해 높은 곳에 자리 잡고 있었을 것이다.

정답 및 해설

지문해설 이 글은 인간 발음 기관 특유의 구조와 운용 방식에 따른 모음과 자음의 발음 원리에 대해 설명하고 있다. 말소리는 인간의 여러 신체 기관의 협력 작용에 의해 만들어지는데, 언어마다 말소리의 종류는 다르지만 소리를 내는 발음 기관과 그 작동 원리는 같다고 설명하고 있다. 모음의 경우에는 후두의 위치와 입술의 모양에 따라서, 자음의 경우에는 입술과 입안의 여러 기관의 작용에 의해 소리가 분화된다.

주제 발음기관의 작용에 따른 자음과 모음의 발음 원리

01 ③

[정답풀이]

언어마다 말소리의 종류와 수는 다르지만 소리를 내는 데 참여하는 신체 기관과 그 기본적 작동 원리는 같다고 첫 번째 형식단락에 언급되어 있다. 하지만 말소리의 수가 다른 것이 발음 기관 구조의 차이란 언급은 본문에 나와 있지 않다.

오답

① 3단락을 보면, 후두의 위치와 입술 모양이 모음의 분화에 관계를 한다고 나와있다.
② 4단락에 발음에 관계되는 기관들은 후두를 통과해 올라온 공기의 흐름을 특정 위치에서 방해하는 작용을 통해 자음의 소리값을 만들어낸다고 언급하였다.
④ '마찰음'은 공기를 마찰시켜 소리를 내는 것이고, '유음'은 혀끝을 잇몸에 댄 채 공기를 흘려보내는 방법으로 소리를 낸다.
⑤ '비음'은 코안을 울려서 소리를 내는 것이므로, 코가 막히면 비음을 제대로 발음하기 어렵다.

02 ③

[정답풀이]

인간이나, 침팬지, 오랑우탄은 이 후두의 위치가 모두 목구멍 정도의 높이로 태어난다. 모음은 이 후두의 위치와 직접적 관련이 있다. 모음은 후두 안쪽에 있는 목청이 떨리면서 소리가 나기 때문이다. 인간은 자라면서 서서히 하강하여 후두가 목구멍 아래쪽에 자리 잡게 되면서 모음이 분화할 수 있는데 비해, 유인원들은 그 위치가 변함이 없다. 따라서 유인원이 다양한 모음을 발성할 수 없는 것은 선천적으로 목구멍 정도의 높이에 후두가 위치하기 때문이다.

오답

① 모음은 후두의 안쪽에 있는 목청이 떨리면서 소리 나게 되므로 후두가 목구멍보다 아래쪽에 있는 것이 모음 분화에 유리한 조건이 될 수 있다.
② 인간의 경우에도 갓난아이일 때는 유인원과 마찬가지로 후두의 위치가 목구멍과 비슷한 높이에 있다.
④ 화석 인류의 발성 기관을 재구해 보았을 때 몇 개의 모음만 발성되었다는 것은 현대인에 비해 완전히 모음이 분화되지 못했다는 이야기이므로, 후두의 위치가 현대인에 비해 높은 곳에 자리 잡고 있었을 것이라 추론할 수 있다.

훈몽자회

다음 글을 읽고 물음에 답하시오.

16세기에 편찬된 최세신의 『훈몽자회(訓蒙字會)』는 훈민정음 자음의 명칭을 한자의 음과 뜻을 이용하여 밝히고, 자음과 모음의 순서를 정리한 책이다. 이 책에서 글자의 배열은 첫소리(초성)와 끝소리(종성)에 모두 쓰일 수 있는 여덟 자(ㄱ,ㄴ,ㄷ,ㄹ,ㅁ,ㅂ,ㅅ,ㅇ), 첫소리에만 쓰일 수 있는 여덟 자(ㅋ,ㅌ,ㅍ,ㅈ,ㅊ,ㅿ,ㆁ,ㅎ), 가운뎃소리(중성)에만 쓰일 수 있는 열한 자(ㅏ, ㅑ, ㅓ, ㅕ, ㅗ, ㅛ, ㅜ, ㅠ, ㅡ, ㅣ, ㆍ)의 순서로 이루어져 있다. 그 뒤로 자음과 모음의 운용 원리에 대한 설명이 이어진다. 즉 첫소리와 가운뎃소리를 합해 글자를 만드는 예(가, 갸, 거, 겨, 고, 교, 구, 규, 그, 기, ᄀᆞ)를 보여주고 있고, 첫소리와 가운뎃소리와 끝소리를 합해 글자를 만드는 예(각, 간, 갇, 갈, 감, 갑, 갓, 강)를 보여준다.

『훈몽자회』에서는 자음의 이름을 'ㄱ:其役(기역), ㄴ:尼隱(니은), ㄷ:池末(디귿), ㄹ:梨乙(리을) … ㅋ:箕(키) … ㅊ:治(치)…'로 표시하고 있다. 여기서 첫째 글자인 '其(기), 尼(니), 池(지→디), 梨(리)'는 첫소리에 사용되는 자음의 용례를 보인 것이고, 둘째 글자인 '役(역), 隱(은), 末(귿), 乙(을)'은 끝소리에 사용되는 자음의 용례를 보인 것이다. 따라서 자음의 이름은 해당 자음이 첫소리와 끝소리에 모두 쓰이면 두 글자로 하고, 첫소리에만 쓰이면 '箕(키), 治(치)'와 같이 한 글자로 한 것임을 알 수 있다. 첫소리에는 사용되지만 끝소리로는 사용되지 않기 때문이다. 우리가 지금 한글 자음의 이름을 '기역, 니은, 디귿…'으로 부르는 것은 『훈몽자회』에 나타난 자음의 이름을 한글로 적은 것이다. ㉠『훈몽자회』가 현대의 자음 명칭과 다른 것이 있다면 '키, 티, 피, 지…' 등이 '키읔, 티읕, 피읖, 지읒…'으로 바뀐 것뿐이다.

그러면 자음은 어떤 원칙에 의해 순서가 정해졌을까? 『훈몽자회』에는 특별한 설명이 나타나지 않지만, 이는 훈민정음에서 기본자 'ㄱ, ㄴ, ㅁ, ㅅ, ㅇ'에 가획된 것을 해당 기본자 뒤에 배치하는 방식으로 순서를 정한 것으로 보인다. 기본자의 가획 순서는 훈민정음 해례의 조음 위치에 따른 배열순서와 일치

한다. 즉 '어금닛소리(ㄱ), 혓소리(ㄴ), 입술소리(ㅁ), 잇소리(ㅅ), 목구멍소리(ㅇ)'의 순서로 배열된다. 이 중 'ㅇ'은 첫소리에만 사용되므로 가획자인 'ㆁ'이 그 자리를 차지하고, 나머지는 'ㄴ→ㄷ→ㄹ(가획과 이체)', 'ㅁ→ㅂ(가획)'등과 같은 순서로 배열된다. 첫소리에만 쓰이는 여덟 글자의 순서 역시 같은 원리로 정해졌다. '(ㄱ) → ㅋ', '(ㄴ → ㄷ) → ㅌ', '(ㅁ) → ㅍ', '(ㅅ) → ㅈ → ㅊ → ㅿ (가획과 이체)', '(ㅇ) → ㅎ(가획)' 등의 순서대로 배열된 것이다.

01

위 글을 바탕으로 ㉠의 이유를 이해한 것으로 가장 적절한 것은?

① 현대의 자음과 16세기의 자음이 같았기 때문이다.

② 현대로 오면서 새로운 자음이 만들어졌기 때문이다.

③ 16세기의 자음 중 현대로 오면서 사라진 자음이 있기 때문이다.

④ 현대의 표기법에서는 해당 자음이 받침에 쓰일 수 있기 때문이다.

⑤ 16세기의 받침 표기 방식과 현대의 받침 표기 방식이 같기 때문이다.

02

〈보기〉는 〈세종어제 훈민정음〉의 일부를 현대어로 풀이한 것이다. 위 글과 〈보기〉를 비교하여 이해한 것으로 적절하지 않은 것은?

┤보기├

ㄱ는 어금닛소리니 '君(군)'자 처음 발음되는 소리와 같으니라.

ㅋ는 어금닛소리니 '快(쾌)'자 처음 발음되는 소리와 같으니라.

ㆁ는 어금닛소리니 '業(업)'자 처음 발음되는 소리와 같으니라.

ㄷ는 혓소리니 '斗(두)'자 처음 발음되는 소리와 같으니라.

ㅌ는 혓소리니 '呑(탄)'자 처음 발음되는 소리와 같으니라.

ㄴ는 혓소리니 '那(나)'자 처음 발음되는 소리와 같으니라.

① 『훈몽자회』도 〈보기〉처럼 한자(漢字)를 이용하여 한글의 자음을 설명하고 있군.

② 『훈몽자회』와 〈보기〉는 훈민정음 해례의 조음 위치에 따라 자음을 배열했다고 할 수 있겠군.

③ 〈보기〉는 한글 자음의 명칭을 표시하고 있지만, 『훈몽자회』는 자음의 소리를 설명하고 있군.

④ 〈보기〉보다 『훈몽자회』의 자음 배열순서가 오늘날의 자음 배열순서와 더 유사하다고 할 수 있겠군.

03

위 글과 〈보기〉의 신문 기사를 읽고 보인 반응으로 적절하지 않은 것은?

┤보기├

최근 중국에 있는 교포가 중국어를 한글로 입력하는 프로그램을 개발해 화제가 되고 있다. 그는 "한자(漢字)는 컴퓨터와는 어울리지 않는 문자입니다. 수만 자가 넘는 한자를 컴퓨터 자판에 다 올려놓을 수 없잖아요. 글자를 한글처럼 분해할 수도 없고요. 그래서 한글로 중국어 발음만 입력하면 한자로 변환되도록 한 것입니다."라고 설명한다. 그리고 그 예로 등소평의 중국 발음인 '덩샤오핑'을 한글 자판으로 입력하면 화면에 '등소평(鄧小平)'이라는 한자가 나타나는 것을 들고 있다.

이 프로그램의 한글 입력 방식은 세벌식이다. 자판 배열이 첫소리는 왼쪽에, 모음은 오른쪽에, 받침은 아래쪽에 했다. '박'이라고 하면 'ㅂ ㅏ ㄱ' 등 세 자판을 동시에 누르는 것이다. 피아노 건반을 동시에 누르는 것과 비슷하다.

"중국 단둥시(市)에서는 직업학교에서 그의 입력 방식을 쓰겠다며 도움을 요청했고, 일본의 한 업체는 저작권을 팔라는 제안도 했다."고 그는 말했다.

① 적은 수의 문자로 다양한 소리를 표기할 수 있는 한글의 효율성을 알려주는 사례로군.

② 한자뿐만 아니라 다른 나라의 언어를 표기하는 발음 기호로도 한글을 이용할 수 있겠어.

③ 소리를 첫소리와 가운뎃소리, 끝소리로 분석하여 만든 한글의 과학성을 활용한 프로그램이로군.

④ 이제는 중국에서 사용하는 한자(漢字)도 우리가 사용하는 한글처럼 분해해서 표기할 수 있게 되었군.

01 ④

[정답풀이]

자음의 명칭을, 첫소리와 끝소리에 모두 쓰이는 것은 두 글자, 첫소리에만 쓰이면 한 글자로 하였다고 하였으므로, 현대 자음의 명칭이 모두 두 글자로 쓰인 것은 해당 자음이 첫소리와 끝소리에 모두 쓰일 수 있기 때문이라고 할 수 있다.

02 ③

[정답풀이]

〈훈몽자회〉는 한글 자모의 명칭을 밝히고 있으며, 〈보기〉는 한글 자음의 음가를 설명하고 있다.

03 ④

[정답풀이]

〈보기〉에서 '한자는 해체할 수 없다'고 하였으므로 적절하다고 할 수 없다.

말소리의 특징과 발음

다음 글을 읽고 물음에 답하시오.

인간의 언어는 말소리로 구성되어 있다. 그런데 인간이 입으로 발화하는 말소리는 자연계의 소리나 기계의 소리와는 다른 점이 있다. 언어마다 조금씩 차이는 나지만 공통적인 것은 자음과 모음으로 구분된다는 것이다. 그런데 많은 사람들은 자음과 모음을 서로 상반되는 것으로 인식하고 있다. 그러나 자음과 모음은 서로 깊은 상관성을 갖는 경우가 많다.

현대 국어에서 '돕다, 덥다'와 같은 말을 활용하면, 즉 어간에 '-어/아'를 붙이면 각각 '도와, 더워'와 같이 된다. 한국어로 강아지 짖는 소리는 '멍멍'인데 이 말은 '멍 + 멍'이다. 영어에서도 우리와 비슷한 방법을 사용하여 'bow'를 두 번 써서 나타낸다. 그렇다면 'bowbow'가 되어야 할 텐데 실제로는 'bowwow'이다. 'b'가 우리말의 '우'와 비슷한 'w'로 바뀌었다. 영어에서 이가 흔들리는 것을 'wobble'과 같은 말로 표현하는데, 젖니가 빠질 때의 영어권 아이들은 그것을 종종 'bobble'이라고 말한다. 이 경우는 'w'가 'b'로 바뀐 것이다. 이러한 예는 한국어와 영어뿐만이 아니라 많은 언어에서 어렵지 않게 찾아 볼 수 있다. 이를 통해 우리는 입술소리가 'ㅜ'와 매우 밀접한 관계에 있음을 알 수 있다. 그것은 이들 자음이 'ㅜ'와 같은 구성 원소를 갖기 때문이다. 따라서 'ㅂ'과 같은 소리가 다른 소리로 바뀐다면 그것은 '우'[w]일 가능성이 가장 높다.

우리말에 구개음화라는 것이 있다. '굳이, 같이' 등과 같은 말의 발음이 [ㄷ]이나 [ㅌ]으로 발음되지 않고 [ㅈ]이나 [ㅊ]으로 발음되는 경우이다. 그런데 이런 구개음화는 항상 'ㅣ' 모음이나 'ㅑ'나 'ㅕ'와 같이 'ㅣ' 모음이 포함된 'ㅣ' 계열 이중 모음이 있을 때 ㉠일어난다. 즉, '굳어, 같아'와 같은 경우에는 그대로 [ㄷ]과 [ㅌ]으로 발음된다. 그리고 'strike'와 같은 외래어나 외국어를 들을 때, 's'와 't' 사이, 't'와 'r' 사이, 그리고 마지막 'k' 다음에 마치 'ㅡ'가 있는 것처럼 들리거나, 한글로 표기할 때 '스트라이크'와 같이 'ㅡ'를 넣어서 쓴다. 이는 'ㅡ' 모음은 음성학적인 면에서 아무런 특징을 가지지 않은 모음이기 때문이다. 즉, 'ㅡ'는 마치 투명한 유리와 같아서 다른 색깔의 소리와 만나게 되면 자신은 사라지고 전적으로 다른 소리의 색깔을 그대로 비춰 준다. 이런 이유로 '크(다), 뜨(다)'와 같이 'ㅡ' 모음으로 끝난 말 다음에 '-아서/어서'와 같은 말이 결합하면 '커서, 떠서' 등과 같이 발음된다. 그러나 'sponge, lunch' 등과 같은 경우에는 'ㅡ' 모음이 아닌 'ㅣ' 모음을 사용하여 [스펀지], [런치] 등과 같이 발음한다.

이와 같은 사실은 구개음과 'ㅣ'가 매우 밀접한 관계가 있음을 알려준다. 그것은 구개음 안에 'ㅣ'라는 구성 원소가 들어 있기 때문이다. 즉, 구개음화의 경우에는 'ㄷ, ㅌ'이 'ㅣ' 모음을 받아들여 'ㅈ, ㅊ'으로 변하고, 외래어 발음의 경우에는 구개음 안에 들어 있는 'ㅣ'가 밖으로 나와 모음으로 실현된 것이다.

01

위 글에 대한 설명으로 가장 적절한 것은?

① 자연계의 소리와 인간의 말소리를 비교해 공통점과 차이점을 드러내고 있다.

② 특정 음운이 변화하는 양상을 통해 자음과 모음의 관련성을 보여 주고 있다.

③ 영어의 음운 현상이 한국어의 음운 규칙 설정에 영향을 끼쳤다는 것을 제시하고 있다.

④ 인간의 말소리와 자연계의 소리를 분석하여 말소리의 보편적 특성을 이끌어내고 있다.

02

㉠의 문맥적 의미와 가장 가까운 것은?

① 그녀의 심경에 변화가 일어나기 시작했다.

② 나는 아침 느지감치 일어나 밥 한 술을 떴다.

③ 막내아들의 성공으로 집안이 크게 일어났다.

④ 그는 열흘 동안이나 몸져누워 일어나지 못했다.

03

위 글의 논지를 뒷받침할 수 있는 근거를 〈보기〉에서 고른 것은?

┤보기├

㉮ '춥다'가 활용될 때는 '춥 + 어 > 추워'와 같이, 어간의 자음 'ㅂ'이 모음 'ㅜ'로 바뀐다.

㉯ '밭이'가 발음될 때는 'ㅣ' 모음 때문에 'ㅌ'이 'ㅊ'으로 변하여 [바치]라고 발음된다.

㉰ '국물'이 [궁물]로 발음되는 것은 앞 음절의 받침 'ㄱ'이 뒤 음절의 첫소리 'ㅁ'에 영향을 받은 결과이다.

㉱ 우리말 '설 + 달, 술 + 가락'이 '섣달, 숟가락'으로 바뀌고, 미국 영어에서 'water, city'를 [워러], [시리]와 같이 발음하는 것은 'ㄷ'과 'ㄹ'이 서로 넘나든다는 것을 보여준다.

① ㉮, ㉯   ② ㉮, ㉰

③ ㉯, ㉰   ④ ㉯, ㉱

04

위 글을 통해 알 수 있는 사실이 아닌 것은?

① 'ㅡ'는 음성학적으로 아무런 특징을 가지고 있지 않구나.

② '모으다'를 활용할 때도 'ㅡ'가 탈락되는 현상이 생기겠구나.

③ 자음이 없이 모음 하나로도 하나의 음절을 이룰 수가 있구나.

④ 언어의 공통된 특성은 자음과 모음으로 나누어진다는 것이구나.

한글과 한자 병행 표기

다음 글을 읽고 물음에 답하시오.

한글 창제 후 다양한 방식으로 한글과 한자를 섞어 쓰게 됨으로써 우리나라의 문자 생활사에는 큰 변화가 일어났다. 이러한 변화는 서적의 간행에 영향을 미쳤는데, 서적을 간행할 때에 서적의 내용과 간행 목적에 따라 예상 독자층을 상정하고 그들에게 적합한 방식으로 한글과 한자를 섞어 쓰게 되었다.

한글 창제 직후 간행된 『용비어천가』, 『월인천강지곡』, 『석보상절』은 모두 한글과 한자를 섞어 표기하였다. 하지만 세 문헌은 구체적인 표기 방식에 차이가 있는데, 이는 상정한 예상 독자가 달랐기 때문이다.

『용비어천가』는 '海東六龍이 ᄂᆞᄅᆞ샤'에서와 같이 한글과 한자를 혼용하였다. 이것은 한자와 한문을 많이 아는 사람을 주요 독자층으로 상정했기 때문이다. 이와 달리 『월인천강지곡』은 '솅世존尊'에서처럼 ㉠해당 한자음에 한자를 병행하여 적었고, 『석보상절』은 '世솅尊존'에서처럼 해당 한자에 한자음을 병행하여 적었다. 『월인천강지곡』과 『석보상절』에는 공통적으로 ㉡동국정운식 한자음이 사용되었다. 하지만 이것은 당시 우리나라에서 발음되지 않는 한자음을 표기하려 했기 때문에 현실적으로 수용되지 않았다. 『월인천강지곡』과 『석보상절』은 한자를 아는 사람뿐만 아니라 한자를 모르는 사람들까지도 독자층으로 상정하였다는 점에서는 같지만 누구를 주된 독자층으로 상정하느냐에 따라 구체적인 표기 방식이 달랐다. 『월인천강지곡』은 한자를 잘 모르는 독자, 즉 한글 창제를 통해 새로 확보하게 될 독자들을 우선적으로 고려한 방식으로 간행된 것이다.

앞의 세 문헌보다 후대에 간행된 『두시언해』와 『백련초해』도 한글과 한자를 섞어 쓰는 방식에 서로 차이를 보인다. 성종 때 간행된 『두시언해』는 두보의 한시를 한글로 번역한 책인데, '東녀그로 萬里예'에서 보듯 한글과 한자를 혼용하는 방식을 채택하고 있다. 그 이유는 『두시언해』가 두보의 시를 한문으로도 향유할 수 있는 사람들을 독자로 상정하였기 때문이다. 그러나 『백련초해』는 원문의 시는 한자로 적고 각 한자에 한글로 음과 훈을 달았으며, 번역문은 순 한글로 적고 있다. 이는 한자를 모르는 아동을 독자로 상정하였기 때문이다. 『백련초해』의 번역문은 독자층을 적극적으로 고려하여 순 한글로만 적는 표기 방식을 채택했다는 점에서 주목된다.

01

위 글의 내용과 일치하지 않는 것은?

① 『용비어천가』는 한자음을 한글로 밝혀 적는 방식을 채택했다.

② 『월인천강지곡』은 한글 창제로 인해 확대될 독자층을 우선적으로 고려한 표기 방식을 채택했다.

③ 『석보상절』은 서로 다른 부류의 예상 독자를 고려하여 표기했다.

④ 『두시언해』는 한자와 한문에 익숙한 독자층을 고려했다.

⑤ 『백련초해』의 번역문은 한글로만 표기되었다.

02

〈보기〉의 내용을 근거로 ㉠의 원리를 오늘날에 맞게 적용한 것은?

┤보기├

한글과 한자는 음절 단위로 끊어 적을 수 있다는 공통점이 있다. 그러나 알파벳은 음소 문자라는 점에서는 한글과 같지만 문자를 운용할 때에는 한글과 달리 음절 단위로 끊어 적어서는 안 된다. 따라서 한글과 알파벳을 함께 사용할 때는 이 점을 주의해야 한다.

① London에 살아요.

② 런던(London)에 살아요.

③ London(런던)에 살아요.

④ Lon런don던에 살아요.

⑤ 런Lon던don에 살아요.

03

ⓛ의 사례로 미루어 보아, 〈보기〉의 주장을 도입한다고 할 때 예상되는 결과로 가장 적절한 것은?

┤ 보기 ├

국어에는 [f]에 해당되는 음이 없기 때문에 외래어 표기법에서는 영어의 'file'과 같은 단어를 '파일'로 적도록 규정하고 있다. 그러나 'ㅍ'의 발음이 [f]와 다르다는 이유로 부가적인 기호 'ㅇ'을 사용하여 'ㆄ'을 만들어 써야 한다는 주장이 있다.

① 외국어의 다양한 문자를 적기 위해 많은 부가적 기호가 개발된다.
② 표기하려는 음이 국어에 없는 음이므로 현실적으로 받아들여지지 않는다.
③ 외국어 발음이 부자연스럽게 통일되므로 외국어 학습에 도움이 되지 않는다.
④ 외국어의 정확한 음을 한글로 표기할 수 있으므로 국어의 문자 생활이 편리해진다.

01 ①

[정답풀이]
『용비어천가』는 한글과 한자를 혼용하는 방식을 채택하고 있다. ③『석보상절』은 한자를 아는 사람뿐만 아니라 한자를 모르는 사람들까지 독자층으로 상정하고 있다.

02 ②

[정답풀이]
㉠은 '해당 한자음'에 '한자'를 병행하여 적는 방식이므로 이러한 원리를 알파벳에 적용하면 '해당 알파벳음' 뒤에 '알파벳'을 적어야 한다(②, ⑤). 이 중 ⑤는 '알파벳은 음절 단위로 끊어 적어서는 안 된다'는 〈보기〉의 유의 사항에 어긋나기 때문에 적절하지 못하다. 따라서 답은 ②다. ②는 해당 알파벳음('런던') 뒤에 알파벳('London')을 적는 방식이면서 음절 단위로 끊어 적지 않고 있다.

03 ②

[정답풀이]
발문의 'ⓛ의 사례로 미루어 보아'에서 문제 해결의 단서가 ⓛ임을 알 수 있다. ⓛ의 사례는 동국정운식 한자음이 '당시 우리나라 실정에 맞지 않았기 때문에'(우리나라에서 발음되지 않는 한자음을 표기하려 했음) 현실적으로 수용되지 못했음을 보여 준다. 그런데 〈보기〉의 주장 또한 '동국정운식 한자음'처럼 외래어를 표기할 때 실제음을 반영하여 국어에는 없는 부가적인 기호를 만들어 사용해야 함을 주장하고 있다. ⓛ을 참고할 때, 이는 우리나라 실정에 맞지 않기 때문에 현실적으로 받아들이기 힘든 주장임을 알 수 있다. 그러므로 예상되는 결과는 '표기하려는 음이 국어에 없는 음이므로 현실적으로 받아 들여지지 않는다'가 적절하다. 나머지 선택지들은 ⓛ의 내용을 반영하고 있지 못하므로 적절하지 못하다고 할 수 있다.

어근의 의미와 파생어의 의미

다음 글을 읽고 물음에 답하시오.

파생어는 실질적 의미를 나타내는 중심이 되는 부분인 어근과, 단독으로 쓰이지 아니하고 항상 다른 어근이나 단어에 붙어 새로운 단어를 구성하는 부분인 접사의 결합으로 이루어져있다. 따라서 파생어의 의미는 일차적으로 어근의 의미와 접사의 의미로부터 나오는 것으로 보아야 할 것이다. 파생어의 의미가 이와 같이 어근의 의미와 접사의 의미의 합으로 예측될 때, '합성성의 원리'를 준수하고 있다고 말한다. 그리고 파생어의 의미가 합성성의 원리를 준수하고 있을 때, 그것을 '규칙적'이라고 정의할 수 있다.

파생어 '걸레질'은 그 의미가 합성성의 원리를 준수한 좋은 사례가 된다. 이 파생어의 의미는 그 어근인 '걸레'의 의미와, 동작이나 행동을 이르는 말인 접사 '-질'의 의미로부터 쉽게 예측될 수 있다. 하지만 파생어의 의미가 항상 규칙적으로 도출될 수 있는 것은 아니다. 예를 들어 '나비질'은 '곡식의 검부러기, 먼지 따위를 날리려고 키 따위로 부쳐 바람을 일으키는 일'을 의미하는데, 이 의미는 곤충인 '나비'의 의미와 '－질'의 의미의 단순한 합이라고 볼 수 없다.

파생어 형성에 참여하는 어근이 여러 가지 의미를 갖는 다의어인 경우도 있다. 그렇다면, 어근의 여러 가지 의미가 파생어에 그대로 다 반영되어 나타나는 것일까? 어근 '먹-'과 접사 '-이'가 결합된 말인 파생 명사 '먹이'의 경우를 보면, '먹다'의 사전적 의미는 '음식 따위를 입을 통하여 배 속에 들여 보내다.', '어떤 마음이나 감정을 품다.' 등과 같이 여러 가지로 나타나는 반면, '먹-'과 접사 '-이'의 결합형인 '먹이'의 의미는 '동물이 살아가기 위하여 먹어야 할 거리'나 '사육하는 가축에게 주는 먹을거리'로 한정된다. 이러한 예를 보면 파생어의 의미가 어근의 모든 의미와 관련을 맺고 있는 것은 아니라는 점을 알 수 있다.

그렇다면 파생어의 의미는, 어근의 여러 가지 의미들 중에서 어떤 의미가 파생어에 반영되어 나타나는 것일까? 위의 '먹이'의 경우를 보면, '먹이'의 의미는 '먹다'의 기본적인 의미가 반영되어 나타난 것임을 알 수 있다. 단어의 기본적인 의미는 그 단어의 중심적 의미로, 어떤 단어를 사전에서 찾아보았을 때 가장 먼저 제시되는 의미인 경우가 일반적이다.

한편, 어근의 의미 중 반드시 하나만이 파생어에 반영되어 나타나는 것은 아니라는 점도 주목된다. 예를 들어 '길다'는 '물체의 두 끝이 서로 멀다.', '이어지는 시간상의 한 때에서 다른 때까지의 동안이 오래다.' 등의 의미를 갖는데, '길이'는 '한 끝에서 다른 한 끝까지의 거리'와 '어느 때로부터 다른 때까지의 동안' 등의 의미를 갖는다. '길다'의 여러 의미가 파생 명사인 '길이'의 여러 의미에 반영된 것이다.

01

위 글의 내용상 흐름을 다음과 같이 정리했을 때, [A]에 들어 갈 내용으로 적절한 것은?

파생어의 의미 도출 원리와 합성성 원리 준수의 개념

↓

[A]

↓

어근의 의미가 파생어의 의미에 반영되는 양상

① 합성성의 원리에 대한 새로운 해석

② 합성성의 원리를 분석하는 여러 이론 검토

③ 합성성의 원리에 영향을 미치는 요인 분석

④ 합성성의 원리 준수 여부에 따른 파생어의 양상

[02~03] 〈보기〉를 보고 물음에 답하시오.

┤ 보기 ├

▼ 국어대사전 검색

풀이

「1」 모르거나 어려운 것을 알기 쉽게 밝히어 말하는 일.

「2」 어떤 문제가 요구하는 결과를 얻어 내는 일. 또는 그 결과.

풀다

「1」 묶이거나 감기거나 얽히거나 합쳐진 것 따위를 그렇지 아니한 상태로 되게 하다.

「2」 어떤 감정이나 분노 따위를 누그러뜨리다.

「3」 마음에 맺혀 있거나 품고 있는 것을 이루다.

「4」 모르거나 복잡한 문제 따위를 알아내거나 해결하다.

−이

「1」 (몇몇 형용사, 동사 어간 뒤에 붙어) 명사를 만드는 접미사.

02

위 글의 내용을 바탕으로 〈보기〉에 대해 설명한 내용으로 적절하지 않은 것은?

① '풀이'의 의미는 '풀다'의 의미 「1」~「4」 모두와 관련이 있는 것은 아니다.

② '풀이 「1」'은 어근과 접사의 의미를 통해서 그 의미를 예측할 수 없다.

③ '풀이'의 '-이'는 '먹이'의 '-이'와 문법적 기능이 동일하다.

④ '풀이'는 어근과 접사가 결합하여 만들어진 파생어이다.

⑤ '풀다'에서 '풀-'은 다의적인 어근이다.

03

위 글과 관련하여 〈보기〉를 활용하는 방안으로 가장 적절한 것은?

① 접사의 의미가 파생어의 의미를 확장시킨 사례로 제시한다.

② 파생어의 의미에 의해 어근의 의미가 결정된 사례로 제시한다.

③ 접사의 의미가 파생어의 의미에 반영되지 않은 사례로 제시한다.

④ 어근의 기본적인 의미가 파생어의 의미에 반영되지 않은 사례로 제시한다.

01 ④

[정답풀이]

첫째 문단에서 글쓴이는 파생어의 의미가 일차적으로 어근의 의미와 접사의 의미로부터 나오는 것으로 보아야 한다고 하면서 파생어의 의미 도출 원리를 언급하고 있다. 또한 파생어의 의미가 어근과 접사의 의미의 합으로 예측될 때 합성성의 원리를 준수하고 있다고 말한다고 하여 합성성의 원리 준수의 개념을 설명하고 있다. 그리고 셋째~다섯째 문단에서는 어근의 의미가 파생에 어떻게 반영되어 나타나는지에 대해 서술하고 있다. 둘째 문단이 [A]에 해당하는데, 둘째 문단에서는 합성성의 원리를 준수한 파생어의 사례와 그러하지 아니한 파생어의 사례를 모두 언급하고 있다. 합성성의 원리 준수 여부에 따른 파생어의 양상을 설명하고 있는 것이다.

02 ②

[정답풀이]

'풀이'는 '모르거나 어려운 것을 알기 쉽게 밝히어 말하는 일', '어떤 문제가 요구하는 결과를 얻어 내는 일(또는 그 결과)'을 의미한다. 이로 보아 '풀다'의 의미 중 '모르거나 복잡한 문제 따위를 알아내거나 해결하다' 등의 의미와 접사 '-이'의 의미로부터 '풀이'의 의미를 예측할 수 있다는 것을 알 수 있다.

오답

① '풀이'의 의미는 '풀다'의 의미 중 일부와만 관련된다. '풀이'의 의미는 '풀다'의 의미 중 '묶이거나 감기거나 얽히거나 합쳐진 것 따위를 그렇지 아니한 상태로 되게 하다', '어떤 감정이나 분노 따위를 누그러뜨리다' 등과는 관련성이 없다.

03 ④

[정답풀이]

이 글의 내용에 의하면 단어의 중심적(기본적) 의미는 그 단어의 사전 뜻풀이의 첫 번째 항목에 해당하는 것이 일반적이다. 이에 의하면 '풀다'의 중심적(기본적) 의미는 '묶이거나 감기거나 얽히거나 합쳐진 것 따위를 그렇지 아니한 상태로 되게 하다'라고 볼 수 있는데, '풀이'에는 그러한 의미가 반영되지 않고 주변적 의미가 반영되어 있다.

한국어의 경어법

다음 글을 읽고 물음에 답하시오.

한국어에서는 비슷한 의미를 지닌 단어들이 높임법 차원에서 서로 구별되어 쓰이는 경우가 많다. '나이'와 '연세(年歲)', '생일(生日)'과 '생신(生辰)', '밥'과 '진지' 등의 명사 어휘를 비롯하여 '주다'와 '드리다', '고맙다'와 '감사하다', '미안하다'와 '죄송하다' 같은 동사나 형용사들이 전형적인 예이다. 이러한 단어들이 보이는 높임의 차이는 단어의 종류와 관련이 있어, ㉠'나이'와 '연세'처럼 고유어와 한자어의 의미가 비슷할 경우, 일반적으로 고유어보다는 한자어가 더 높은 말로 쓰인다. 물론 ㉡'생일'과 '생신'의 예처럼 같은 한자어끼리도 높임의 정도에 차이를 보이거나 ㉢'밥'과 '진지'처럼 고유어 가운데서도 높임의 정도가 다른 예들이 있다.

그렇다면 실제 대화에서 한국어 높임 표현의 선택을 결정하는 사회적 요인으로는 어떤 것들을 들 수 있을까? 여기에는 대화 참가자들 사이의 '서열'이나 '친분', 또는 대화가 이루어지는 상황의 '격식성' 등이 중요한 요인으로 작용한다.

일반적으로 '서열'이란 화자와 청자의 나이나 직위, 친족 항렬 등의 차이를 말하는데, 이러한 서열에 따라 높임 표현의 선택이 달라진다. 가령 사과나 부탁을 하는 상황에서 쓰는 '미안하다'와 '죄송하다'의 경우, 상위자에게는 '죄송하다'를, 하위자에게는 '미안하다'를 쓰는 것이 더 적절하다. 이러한 언어적 사실을 뒷받침해 주는 것 가운데 하나로, 두 단어가 쓰일 수 있는 높임의 등급에 상당한 차이가 있다는 점을 들 수 있다. 즉 '미안하다'는 '하십시오체'에서부터 '해라체'까지 특별한 제약 없이 자연스럽게 쓰이는 반면, '죄송하다'는 '하십시오체'나 '해요체'에서는 많이 쓰이지만, '하오체' 이하에서는 거의 쓰이지 않는 제약이 있다. 이와 같은 높임의 차이는 '죄송하다'의 쓰임 영역이 주로 상위자를 대상으로 하는 것인 반면, '미안하다'는 하위자에게도 쓰일 수 있음을 의미한다. 많은 한국인 화자들이 사회적 신분이 더 높은 사람에 대한 사과의 표현으로 '미안하다'보다 '죄송하다'를 쓰는 것이 더 적절하다고 보는 것도 바로 이러한 이유에서이다.

그러나 사람들은 대부분 서열상으로 높은 신분에 속하는 사람이라고 하더라도 상대와의 '친분', 곧 상대와 얼마나 가까운 사이인가에 따라 높임 표현을 달리 선택한다. 따라서 윗사람에게는 '죄송하다'를 쓰는 것이 더 적절하지만 같은 윗사람이더라도 친밀감을 갖는 사람에게는 '미안하다'를 쓸 수 있다. 또한 아랫사람이더라도 별로 친하지 않거나 심리적으로 거리감을 느끼는 사람에게는 '죄송하다'를 쓸 수 있는 것이다.

또한 높임 표현의 선택은 대화가 이루어지는 상황의 '격식성'에 의해 결정되기도 한다. 즉 평소에는 친밀감을 느끼는 사람에게 '미안하다'를 쓰더라도, 회의석상이나 법정에서와 같은 격식적인 상황에서는 '죄송하다'를 선택하는 것이 더 적절한 표현이다.

01

위 글에서 언급한 내용이 아닌 것은?

① 단어의 선택을 통해 높임을 표현할 수 있다.

② 상대와의 친분에 따라 높임 표현이 선택될 수 있다.

③ 높임 표현은 화자와 청자의 성별에 따라 차이를 보인다.

④ 한자어는 의미가 비슷한 고유어보다 일반적으로 높임의 정도가 더 높다.

02

⊙~ⓒ과 동일한 유형의 사례로 바르게 짝지어진
것은?

	⊙	ⓒ	ⓒ
①	술 – 약주	말 – 말씀	묻다 – 여쭙다
②	이 – 치아	사망 – 별세	있다 – 계시다
③	딸 – 따님	마누라 – 부인	자다 – 주무시다
④	엄마 – 어머니	책방 – 서점	먹다 – 잡수다
⑤	속옷 – 내의	너 – 당신	가난하다 – 빈곤하다

03

위 글을 참고하여 〈보기〉를 이해한 내용으로 적절하
지 않은 것은?

┤보기├

ㄱ. (시장이 과장에게) 김 과장님, 죄송하지만 이 일
   은 내일까지 끝내 주세요.
ㄴ. (지갑을 가져오지 않아서) 형, 오늘은 제가 내려
   했는데, 정말 미안해요.
ㄷ. (사장인 어머니에게) 엄마, 저녁을 함께 못 해
   미안해요. / 사장님, 회의에 늦어서 죄송합니다.
ㄹ. 부장: 사장님, 오늘 정말 죄송했습니다.
   사장: 남 부장, 내가 오히려 미안했네.
ㅁ. (약속 시간에 늦어서 친구에게) 길이 너무 막혀
   서 늦었어. 정말 미안해.

① ㄱ: 이 상황에서 '죄송하다' 대신 '미안하다'는 쓸 수
   없군.
② ㄴ: 친한 사이의 상위자에게는 '미안하다'도 쓸 수
   있군.
③ ㄷ: 같은 상대라도 대화 상황에 따라 '미안하다'와 '죄
   송하다'를 바꿔 쓸 수 있군.
④ ㄹ: 상대의 지위에 따라 '미안하다'와 '죄송하다'를 구
   별하여 사용했군.
⑤ ㅁ: 이 상황에서 '미안하다' 대신 '죄송하다'는 쓸 수
   없겠군.

정답 및 해설

지문해설 한국어에는 비슷한 의미를 갖지만 경어법 면에서 서로 구별되어 쓰이는 표현들이 많다. 이 글은 명제적 의미는 유사하나 경어법 면에서 다른 '감사하다'와 '고맙다', 비슷한 의미 기능으로 쓰이지만 어휘적 의미의 차이로 경어법이 다른 '미안하다'와 '죄송하다'를 예로 들어 경어법에 영향을 미치는 힘과 거리의 요인을 분석한 글이다.

01 ③
[정답풀이]

이 글에서는 한국어 높임 표현의 선택을 결정하는 사회적 요인으로, 대화 참가자들 간의 '서열', '친분', 대화가 이루어지는 상황의 격식성' 등을 들었다. 성별에 따라 높임 표현의 차이를 보인다는 내용은 글 속에 나와 있지 않다.

오답

① '연세', '생신', '진지'가 '나이', '생일', '밥'보다 높임 표현으로 쓰이는 데서 확인할 수 있다.

② 4문단에서 친분이 높임 표현의 선택에 영향을 줄 수 있다고 설명하고 있다.

④ 1문단에서 고유어와 한자어가 의미가 비슷할 경우, 일반적으로 고유어보다는 한자어가 더 높은 말로 쓰인다고 하였다.

02 ②
[정답풀이]

㉠은 고유어 '나이'보다 한자어 '연세(年歲)'가 더 높은 말임을 보여 주는 사례로, '이-치아(齒牙)'가 동일한 유형이다. ㉡은 '생일(生日)'과 '생신(生辰)' 둘 다 한자어인데 후자인 '생신'이 높임의 정도가 더 큰 말로 통용되는데, '사망(死亡)-별세(別世)'의 경우가 동일한 유형이다. ㉢은 '밥'과 '진지' 둘 다 고유어인데 후자인 '진지'가 높임의 정도가 더 큰 말로 통용되는데, '자다 - 주무시다'의 경우가 동일한 유형이다.

오답

① ㉡의 '말'과 '말씀'은 둘 다 고유어인데 후자가 높임의 정도가 더 큰 경우이다.

③ ㉠의 '따님'은 한자어가 아니다.

④ ㉠의 '어머니'는 한자어가 아니다. ㉡의 '서점'은 '책방'보다 높임의 정도가 크지 않다.

⑤ ㉠의 '내의'가 '속옷'보다 높임의 정도가 크지 않다. ㉢의 '빈곤하다' 역시 '가난하다'보다 높임의 정도가 큰 표현이 아니다.

03 ①
[정답풀이]

일반적으로 '죄송하다'는 말은 서열상 상위자에게, '미안하다'는 말은 하위자에게 사과나 부탁을 할 때 쓰는 말이다. ㉠의 경우에도 화자인 '시장' 입장에서 볼 때 '과장'은 하위자에 해당하므로 '미안하다'는 말을 쓸 수 있다.

오답

② 비록 상위자이지만 대화 내용으로 보아 친한 사이로 보이므로 '미안하다'의 쓰임이 적절하다고 할 수 있다.

③ 회의석상 같은 격식적인 상황에서는 '죄송하다'라는 표현을 쓰더라도 평소 친밀감을 느끼는 사람에게 사석에서는 '미안하다'를 쓸 수 있다고 한 마지막 문단의 내용에 부합하는 사례이다.

④ 하위자인 부장은 상위자인 사장에게 '죄송하다'를, 상위자인 사장은 하위자인 부장에게 '미안하다'를 썼으므로 적절하다고 할 수 있다.

⑤ '죄송하다'는 하오체 이하에서는 거의 쓰지 않으므로 가까운 친구에게 사과하는 말로는 부적절하다.

CHAPTER 02

비문학 긴 지문 요약

인문 · 사회

10일 만에 배우는 경제학 200년

유토피아 섬의 모든 사람들이 예외 없이 종사하는 유일한 직업은 농업이다. 이들은 어렸을 때부터 농사짓는 기술을 학교에서 배우고 실습까지 한다. 그냥 옆에서 구경하는 것이 아니라 도시에 가까운 농촌 지대로 가서 심신을 단련하기도 하고 호연지기*를 기르며 직접 농사짓는 법에 대하여 배우기도 한다. 유토피아 인들은 하루를 24시간으로 하여 그 중 6시간만을 노동에 할애한다. 오전에 3시간, 점심을 먹고서 2시간 쉬고는 다시 3시간, 해서 총 6시간 일하고 저녁 먹을 시간에 일을 끝낸다. 그들은 하루의 첫 시간을 정오에서부터 헤아리기 때문에 8시경에 잠자리에 든다. 보통 8시간을 잔다. 언뜻 생각하기에 유토피아의 시민들이 하루에 6시간만 노동한다고 하면 생활 필수품의 공급이 부족하지 않을까 싶지만 사실은 그렇지 않다. 그만한 시간이면 생활에 필요한 물건이나 생활을 편하게 하는 물건을 모두 생산하는 데 충분할 뿐만 아니라 오히려 시간이 남을 정도이다. 이 문제는 다른 나라의 얼마나 많은 사람들이 놀고먹고 있는가를 생각해 보면 쉽게 이해할 수 있다.

우선 다른 나라에서는 전 인구의 반인 여자들이 아무 일도 하지 않고 놀고 있다. 혹시 여자들이 일을 하는 경우에는 그 대신 남편들이 번들번들 놀고 있는 게 보통이다. 둘째로, 놀고먹는 수많은 성직자와 수도자라는 게으른 집단이 있다. 게다가 돈 많은 부자들을 보라. 그뿐만이 아니다. 이들 유한 계급의 등에 기대 놀고먹는 수행원들과 놀기만 하면서도 세도*를 부리며 돌아다니는 식객들까지 모두 계산에 넣어 보라. 그리고 마지막으로 게으름을 은폐하기 위해 꾀병을 부리며 구걸하러 다니는 건장하고도 탐욕스런 거지 떼를 가산해 볼 때, 놀고먹는 자가 얼마나 많은지 알 수 있을 것이다. 그밖에 일하는 사람 중에서도 생활에 필요한 직업에 종사하는 사람이 얼마나 적은지도 생각해 보아야 한다. 모든 것을 금전의 척도로 재는 곳에선 생활 필수품이 아니고 사치나 욕망만을 키우는 무익하고도 쓸데없는 일에 종사하는 사람도 많기 때문이다. 그러므로 지금 일하고 있는 노동자들이 당연한 수요를 채우는 데 필요한 만큼의 직업에만 배치된다면 물자는 필연적으로 풍부하게 될 것이며, 그 결과 노동 시간이 대폭 줄어들어도 아무 문제될 것이 없을 것이다.

유토피아가 오로지 자유로운 상상력의 산물은 아니다. 모어는 현실에 대한 대안으로 유토피아를 생각했으며 따라서 거기에는 당시의 사회 현실이 반영되어 있었다. 그 중에서 우리가 경제사적으로 중요한 사건으로 취급하는 것은 흔히 '엔클로저 운동'이라고 역사에 기술*되어 있는 목양(牧羊) 엔클로저이다. 토마스 모어가 〈유토피아〉를 저술한 것은 1516년이다. 모어는 그의 저서에 "양의 발굽은 모래를 황금으로 만들었다."고 썼다. 이것은 당시의 상황을 그대로 반영한 것인데 양털로 만든 모직물이 크게 인기를 끌면서 목양이 수지맞는 장사가 된 것이다. 그리고 이렇게 목양이 늘어나면서 자본주의의 (㉠   )이/가 싹트기 시작했다.

목양 엔클로저. 즉, 양을 치기 위한 방목장이 어떻게 자본주의 발달의 기초가 되었는가? 그것은 봉건 영주들의 횡포 때문이었다. 목양이 수지맞는 일이 되자 봉건 영주들은 마을의 공동지를 양을 키우는 농장으로 변모시켰다. 원래 공동지란 황무지와 목초지로 이루어진 땅이어서 영주들이 별 신경을 안 썼고 농민들이 이용권을 가지고 있었다. 따라서 영주들이 공동지에 울타리를 치고 양을 치면서 농민들을 내쫓자 농민들은 재생산의 기반을 하나 잃게 되었고, 뒤이어 영주들이 농민들에게 빌려 주었던 경작지조차 빼앗아 목양을 하게 되자 당연히 무산 빈민이 된 농민들은 생존을 위해 도시로 몰려갈 수밖에 없었다.

근대적 자본주의 형성의 토대 중 하나는 자본과 노동의 관계가 성립되는 것이다. 그러기 위해서는 가진 것이라고는 노동력밖에 없는 노동자의 존재가 필수적이다. 목양 엔클로저는 많은 농민을 폭력적으로 농토에서 내쫓아 무산 빈민 노동자를 양산함으로써 노동력을 상품화할 수 있는 토대를 구축했고, 이것이 영국에 일찍 자본주의가 발달할 수 있는 하나의 토대가 된 셈이다.

* 호연지기(浩然之氣): 하늘과 땅 사이에 가득 찬 넓고 큰 정기. 공명정대하여 조금도 부끄러울 바 없는 도덕적 용기.
* 세도(勢道): 세력을 쓸 수 있는 사회적 지위나 권세.
* 기술(記述): 사물의 특질을 객관적, 조직적 학문으로 적음.

요약하기 +

01 다음은 각 문단을 한 문장으로 요약한 것이다. 빈칸에 적합한 말을 써 넣으시오.

1문단	유토피아 인들은 누구나 농사에 종사하며 하루 6시간씩 노동을 하는데, 이 시간은 ( )하는 데 충분한 시간이다.
2문단	다른 나라에서는 노동을 하지 않거나 ( )에 매달리는 사람이 많다.
3문단	'유토피아'에 반영된 ( ) 현상은 자본주의 발달의 기초가 되었다.
4문단	목양이 돈이 되자 영주들은 농민들에게 임대한 농지를 빼앗았고 농민들은 ( )이 되어 도시로 몰려갔다.
5문단	( )가 된 농민들 덕에 영국에서는 일찍부터 자본주의가 발달할 수 있게 되었다.

실전문제

01 위 글에 대한 추측으로 적절하지 않은 것은?

① 토마스 모어는 실용성을 중요시하였을 것이다.

② 영국의 자본주의는 농민들의 고통의 바탕 위에서 성장하였을 것이다.

③ 토마스 모어는 당대 현실에 대해 비판적인 의식을 가지고 있었을 것이다.

④ 토마스 모어는 종교의 효용성에 대해 긍정적인 인식을 가지고 있었을 것이다.

02 위 글은 궁극적으로 어떤 질문에 대한 답변으로 볼 수 있는가?

① 영국 자본주의의 토대는 어떻게 마련되었는가?

② 토마스 모어가 상상한 유토피아는 어떤 사회인가?

③ 토마스 모어가 생각한 당대 현실의 개선책은 무엇이었는가?

④ 유토피아가 현대 사회에 직접적으로 미친 영향은 무엇인가?

03 문맥을 고려할 때, ㉠에 들어갈 수 있는 말로 가장 적절한 것은?

① 희망(希望) ② 맹아(萌芽)

③ 발달(發達) ④ 상징(象徵)

생명의 우연성

　우리 주변에는 아직도 다윈을 단순히 자연 선택설에 입각하여 진화적 현상을 설명하려 했던 영국의 한 생물학자로만 알고 있는 이들이 적지 않다. 그가 사상가로서 우리 현대인들의 의식 구조에 얼마나 큰 영향을 미치고 있는가를 아는 사람들은 그리 많지 않은 것 같다. 하지만 서양에서는 이미 오래 전부터 다윈에 대한 재평가 작업이 활발하게 이루어져 왔다. 그 결과 그의 진화론이 생물학의 범주를 넘어 다른 학문 영역들은 물론 우리의 일상 생활에도 폭넓게 영향을 미쳤음을 인정받았다. 실제로 그 영향은 가히 혁명적이라 평가되어 과학 사학자들은 이를 흔히 '다윈 혁명(Darwinian revolution)'이라 부른다.

　다윈이 제안한 자연 선택설의 의의 중 가장 중요한 것의 하나는 바로 인간을 다른 생물체들로부터 분리시키는 이른바 이원론에 바탕을 둔 인본주의(humanism)의 허구와 오만으로부터 우리를 구원해 주었다는 점이다. 인간과 원숭이가 그 옛날 공동 조상을 지녔다는 사실만큼 우리를 철저히 겸손하게 만드는 일은 또 없을 것이다. 분자 생물학적 연구에 의하면 우리 인간은 침팬지와 거의 99%에 가까운 유전자들을 공유한다고 한다. 인간도 침팬지와 같이 남자와 여자가 따로 있고 그들이 만나 수태하여 아이를 만들어 자궁 속에서 일정 기간 키우다가 낳은 후에는 또 젖을 먹여 키우는 젖먹이 동물의 일종임에 틀림이 없다.

　그러나 인간이 참으로 특별한 종임을 부인할 수도 없다. 아무리 침팬지가 우리 인간과 유전적으로 유사하다고 해도 그들의 언어는 이른바 대뇌 변연계(limbic system)라고 부르는 뇌 부위에서 만들어지고 이해된다. 자연계에서 어떤 형태로든 언어를 구사하는 모든 동물들 중 인간만이 유일하게 언어 기관을 생각하는 뇌인 대뇌로 옮기는 데 성공했다. 이는 실로 엄청난 진화적 도약이었다.

　요사이 부쩍 달이나 화성을 비롯한 다른 행성들에 생명이 존재할 가능성에 대해 많은 관심과 논란이 일고 있다. 그러나 설령 지구를 제외한 다른 행성에 생명체가 존재한다고 하더라도 그들이 지구의 생명체들과 같은 매커니즘에 의한 생명 현상들을 보이리라고 기대하는 것은 확률상 대단히 어려운 일이다. 진화학자 굴드 박사는 그의 저서 〈멋진 인생〉을 통하여 지구 상에 존재하는 생명 현상의 (　　㉠　　)에 대해 논하고 있다. 그는 만일 우리가 지구 생태계의 역사를 담은 필름을 처음부터 다시 돌린다고 했을 때 지금과 같은 생명체들이, 그 중에서도 특히 우리 인간이 출현할 가능성은 희박하다고 설명한다.

　생명의 역사를 돌이켜보면 단세포 동물들로부터 보다 복잡한 다세포 동물이 분화되어 나온 것은 사실이나, 모든 단순한 생물들의 구조가 다 복잡해지는 방향으로 진화하는 것은 아니다. 시간이 흐름에 따라 전보다 복잡한 생물들도 등장한 것이지 모든 생물들이 다 복잡해지는 방향으로 진화하는 것은 결코 아니다. 단세포 동물 중에서도 아메바처럼 태초부터 지금까지 이렇다 할 변화를 겪지 않고 살아 남은 것들도 있고 비교적 최근에 분화된 것들도 있다. 문제를 보다 효과적으로 풀기 위해 구조가 언제나 복잡해져야 하는 것은 아니기 때문이다. 보다 진보된 제트 엔진 비행기가 구조적으로는 프로펠러 비행기보다 훨씬 단순하지 않은가?

　이렇게 볼 때 진화의 자연 선택이란 ㉡눈 먼 시계공에게 맡겨진 시계의 운명과도 같다. 늘 아끼던 시계가 고장이 나서 시계방에 가지고 갔는데 시계를 고쳐 주겠다는 시계공이 맹인이었다고 상상해 보라. 그 시계가 제대로 고쳐지리라고 기대하기 어려울 것이다. 지금 지구상에 현존하는 생물들의 엄청난 다양성도 그동안 이 지구에 살았다 절멸해 버린 모든 종들에 비하면 극히 일부에 지나지 않는 것도 바로 이런 연유 때문이다.

01 글쓴이가 다윈의 진화론에 부여한 의의를 한 문장으로 요약하시오.

02 위 글에 대한 다음 개요를 완성하시오.

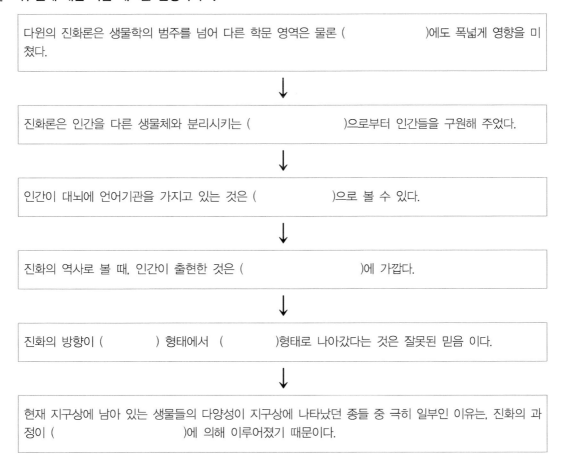

다윈의 진화론은 생물학의 범주를 넘어 다른 학문 영역은 물론 (   )에도 폭넓게 영향을 미쳤다.

↓

진화론은 인간을 다른 생물체와 분리시키는 (   )으로부터 인간들을 구원해 주었다.

↓

인간이 대뇌에 언어기관을 가지고 있는 것은 (   )으로 볼 수 있다.

↓

진화의 역사로 볼 때, 인간이 출현한 것은 (   )에 가깝다.

↓

진화의 방향이 (   ) 형태에서 (   )형태로 나아갔다는 것은 잘못된 믿음 이다.

↓

현재 지구상에 남아 있는 생물들의 다양성이 지구상에 나타났던 종들 중 극히 일부인 이유는, 진화의 과정이 (   )에 의해 이루어졌기 때문이다.

01 위 글의 서술상 특징으로 적절하지 않은 것은?

① 유사한 상황에 빗대어 설명함으로써 이해를 돕고 있다.
② 두 대상이 가진 유사한 점에 초점을 맞춰 설명하고 있다.
③ 권위자의 말을 인용하여 정보의 신뢰성을 강화하고 있다.
④ 시간의 흐름에 따라서 대상의 변화 양상을 제시하고 있다.

02 위 글에 중점적으로 제시된 진화의 성격으로 적절한 것은?

① 진화의 과정에는 목적성도 없고 방향성도 없다.
② 진화는 예정된 자연 법칙이 실현되는 과정이다.
③ 진화 과정의 마지막 단계에는 인간이 놓여 있다.
④ 진화는 단순한 구조가 점차 복잡하게 바뀌는 과정이다.

03 문맥상 ㉠에 들어갈 내용으로 가장 적절한 것은?

① 진보성   ② 상징성
③ 우연성   ④ 반복성

04 글쓴이가 진화에 대해 ㉡과 같은 표현을 쓴 의도로 가장 적절한 것은?

① 똑같은 과정을 끊임없이 되풀이한다는 점이 비슷하기 때문
② 불굴의 노력을 통해 한계를 극복한다는 점이 비슷하기 때문
③ 정해진 바와 같이 작업을 하지 못한다는 점이 비슷하기 때문
④ 특별한 보람 없이 기계적으로 일을 한다는 점이 비슷하기 때문

인간 진화의 다음 단계는 사이보그

미래의 사이보그에 대한 학자들의 의견은 "ⓐ로봇은 절대로 인간을 뛰어넘을 수 없다."는 주장과 "로봇이 인간의 능력을 뛰어넘을 수 있다."는 두 가지로 나뉜다. 그 주장을 대변하는 것이 'ⓑ사이보그'와 '안드로이드'다.

1960년 등장한 낱말인 사이보그(cyborg)는 '인공적 유기체*(cybernetic organism)'의 합성어로 생물과 기계 장치의 결합체를 뜻한다. 엄청난 완력을 지닌 사람만이 사이보그가 될 수 있는 것이 아니라 생물체에 기계가 결합되면 그것이 사람이건 바퀴벌레이건 사이보그라 부른다. 단, 인간의 지적 능력은 대행할 수 없다고 보기 때문에 인간의 뇌 이외의 수족이나 장기 등을 교체한 개조 인간만이 사이보그로 지칭된다.

이에 반해 '인간을 닮은 것'이라는 뜻의 그리스 말에서 유래된 안드로이드(android)는 겉보기에 말이나 행동이 사람과 거의 구별이 안 되는 로봇을 말한다. 우리말로 옮기면 '인조 인간'에 가장 근접한 개념이다. 외모는 물론 동작이나 지능까지도 인간과 다를 바 없어야 하기 때문에 현재의 기술로는 아직 실현할 수 없고 먼 미래에나 가능하다. 결론적으로 사이보그는 인간의 두뇌를 대체할 수 없다는 데 초점을 맞춘 반면 안드로이드는 로봇의 한계가 없다는 것을 뜻한다.

사이보그는 미래에 인간이 우주 공간이나 바닷속 같은 가혹한 환경에서도 생존할 수 있게 만든다는 공상 과학적 상상에 뿌리를 두어 왔다. 하지만 현재는 신체 일부를 인공 장기로 대체하는 개념까지를 포함하므로 인공 심장, 맥박 조정기, 인공 와우각(귓속의 달팽이관), 인공뼈, 의안, 의수를 장착한 환자들도 병리학적 사이보그에 속한다. 그런 의미에서 인간은 지금 사이보그로 진화해 간다고 할 수 있다.

사이보그로 진화해 가는 징후는 이미 다양하게 개발된 바이오닉(bionic) 장기에서 찾아볼 수 있다. 바이오닉 장기란 잃어버린 손과 발, 제 기능을 발휘하지 못하는 눈과 심장을 대체할 전자 공학적 장기다. 1998년 스코틀랜드의 캠벨 에어드라는 사람은 16년 전 암으로 잃은 오른팔을, 전자 장치를 이용해 팔과 손가락을 자유롭게 움직일 수 있는 '바이오닉 팔'로 바꾼 뒤 '무늬'만 팔인 의수를 던져 버렸다.

현재 사이보그 연구가 가장 활성화되고 있는 곳은 군사 분야이다. 미 국방부는 이미 1900년대 중반부터 수백 가지의 사이보그 프로젝트를 기획하여 연구해 왔다. 가장 대표적인 프로젝트는 장시간 행군해야 하는 보병들에게 필요한 '이동 보조기'로, 이것을 허리와 다리 옆에 장착하고 걸으면 기계가 자동적으로 다리를 움직여 주므로 피로를 적게 느낀다. 빨리 뛸 수도 있다. 자신이 힘을 쓰지 않아도 저절로 다리 근육을 움직여 점프력을 도와 주기 때문에 단거리 육상 선수처럼 속도를 낼 수도 있고, 언덕을 뛰어 올라갈 때도 쉽게 도약할 수 있다. 이와 같은 이동 보조기는 병사 한 명 한 명을 ⓒ슈퍼 사이보그로 만들기 위함이 목적이다.

'입는 컴퓨터(wearable computer)'도 사이보그 프로젝트에 속한다. 입는 컴퓨터란 말 그대로 옷처럼 둘둘 말고 입을 수 있는 컴퓨터로, 사이보그로 진화하기 이전에 시도되는 인간 기능의 확장이라고 볼 수 있다. 당분간 사이보그는 옷이나 안경 형태의 입는 컴퓨터를 주된 장비로 쓸 것이다. 그러나 곧 쌀알 크기의 컴퓨터 칩을 몸 여기저기에 이식하고 다니게 될 것이며, 우리 몸 속의 작은 컴퓨터들은 독자적인 IP 주소를 갖고 하나의 네트워크를 형성해 우리 몸의 제 2 신경망으로 자리 잡게 될 것이다.

인공 지능의 창시자인 MIT 민스키 교수의 말을 빌리더라도 사이보그는 인간 진화의 다음 단계다. 과거 인간의 진화가 찰스 다윈이 말했던 자연 선택*에 의해 이루어졌다면 사이보그로 진화하는 것은 인간의 선택에 의한 비자연적 진화인 셈이다. 과학자들은 사이보그로 진화하는 것에 대해 "가능성이 50%"라고 말한다. 50%는 브레이크 없는 과학 기술로 가능하다는 얘기이고 나머지 50%는 선택이라는 뜻이다. 인간이 찬성과 반대의 어느 쪽을 선택하느냐에 따라 사이보그 세상은 달라질 것이다.

---

* 유기체(有機體): 많은 부분이 일정한 목적 아래 통일, 조직되어 각 부분과 전체가 필연적 관계를 가진 것.

* 자연 선택(自然選擇): 동종의 생물 개체 사이에 일어나는 생존 경쟁에서 환경에 적응한 것이 생존하여 자손을 남기게 되는 일.

01 '사이보그'와 '안드로이드'의 개념을 정리해 보았다. 이를 바탕으로 이 둘의 차이점을 설명하시오.

> '사이보그'는 인공적 유기체(cybernetic organism) 생물과 기계 장치의 결합인 로봇을 뜻하며, '안드로이드'는 겉보기에 말이나 행동이 사람과 거의 구별이 안 되는 로봇으로, 우리말로 옮기면 '인조 인간'에 가장 근접한 개념이다.

실전문제

01 위 글에서 해결할 수 없는 질문은?

① 곤충도 '사이보그'가 될 수 있는가?
② 현재 사이보그 연구가 가장 활발한 분야는?
③ 최초의 '안드로이드'는 어떻게 탄생되었는가?
④ 인간의 몸 속에도 컴퓨터 네트워크가 형성될 수 있는가?

02 위 글의 ⓐ : ⓑ : ⓒ의 관계와 가장 유사한 것은?

① 과일 : 배 : 포도
② 운동 : 구기 : 야구
③ 재능 : 노력 : 성취
④ 흰색 : 회색 : 검은색
⑤ 초등 학교 : 중학교 : 고등 학교

대중 가요에 대한 올바른 인식

현대의 문화적 양태를 가만히 들여다보면, 문화의 창작과 수용을 이어 주는 매스 미디어가 광폭한 힘을 바탕으로 문화 수용자인 대중의 주체성을 무시한 채 일방적이고도 수동적인 수용을 대중들에게 강제하고 있음을 알 수 있다. 이러한 상황에서 수용자들은 매스 미디어를 장악한 지배 세력의 이데올로기적 재단에 의해 짜인 틀로 제공되는 액자적 현실 속에 자신을 함몰시키며, 매스 미디어가 제공하는 문화에 일방적으로 끌려 다니거나 비정상적인 뜨거운 열정을 드러내기도 한다. 이러한 현상은 대중 가요 부문에서 특히 두드러지게 나타나고 있다.

오늘날 대중 가요가 갖는 일상성은 대단한 것이다. 장르를 불문하고 현대의 대중 가요는 우리의 생활 전반과 매우 친밀한 관계를 맺고 있다. 우리가 백화점이나 상점 등에서 물건을 구매할 때도, 거리를 지나다닐 때도 대중 가요는 듣는 이의 감정이나 취향과 상관없이 듣기를 강요하고 있으며, 심지어는 공부 중인 학생도, 작업 중인 근로자들도 모두 배경 음악으로서 대중 가요를 선택하는 등 우리의 생활 전반에 대중 가요가 깊이 관여하고 있다. 이처럼 대중 가요는 우리의 생활에서 일상성을 확고하게 구축*하고 있는데, 이러한 대중가요의 일상성이 문화의 강력한 전달 매체인 매스 미디어의 왜곡된 양상과 결합하여 심각한 문화적 해독을 끼치고 있는 것이 오늘의 현실이다.

매스 미디어들이 대중 가요의 일상성을 이용하여 선택된 대중 가요만을 제공함으로써 수용자 층의 의식을 구속하고 더 나아가서는 감수성의 왜곡을 통해 문화적 건강성을 변질시키는 등 심각한 폐해를 끼치고 있다. 그렇다고 이러한 해독의 책임이 매스 미디어에만 있는 것은 아니다. 문제의 일차적인 책임은 대중 가요의 생산자적 입장에 있는 창작자나 가수 그리고 자본의 힘을 빌어 이들과 결합하는 음반 제작 업자들에게 있음이 틀림없으나, 이를 무비판적으로 무분별하게 수용하는 사람들에게도 일단의 책임이 있다.

오늘날 대중 가요는 자본주의적 문화 산업의 속성을 강하게 드러내고 있는데, 이는 대중 가요의 생산 · 유통 · 소비 체계가 자본주의적 시장 구조 안에서 시장 원리의 지배를 받으며 물신적* 성격을 드러내는 데에 근본적인 원인이 있다. 즉, 음악이 창작자들의 순수한 동기로 만들어져도, 이를 상품화하는 과정에서 지배층의 지배 이데올로기, 해외 및 국내의 자본, 문화 산업자, 유통 주체(PD, DJ, 음반상)등의 개입으로 심각하게 변질된 채 소비자에게 제공되고 있는 것이다. 더욱이 창작자들도 자본주의적 시장 원리에 입각하여 잘 팔리는 상품만을 창작하도록 요구받고 있는 실정이다. 이러한 원인으로 대중 가요는 선정적이고 퇴폐적이며 말초적* 관심을 자극하여 잘 팔리는 상품으로 계속해서 변질되고 있다.

이러한 상황은 비단 국내의 대중 가요뿐만 아니라 수입되는 외국 대중 가요의 경우도 마찬가지이다. 이들 외국의 대중 음악 역시 주된 소비층이 청소년층이며 그들이 아직 문화적 가치 판단의 능력이 제대로 형성되어 있지 못해 거의 무방비 상태로 노출되고 있음을 볼 때, 이는 심각한 문제가 아닐 수 없다. 팝 뮤직의 경우 가사의 의미에 대한 이해 부족으로 그것의 퇴폐적, 외설적인 의미를 이해하지 못하여 교육적 역기능을 초래하고 있으며 문화 제국주의적 측면에서 심각한 문화 종속 현상을 드러내고 있기도 한다.

대중 가요에 대한 인식과 반성은 대중 가요 출현의 역사적 조건 및 배경, 발전 과정에 대한 사회사적 관심의 증대, 그리고 생산부터 상품화되어 수용자 층에게 전달될 때까지의 과정에 대한 이해에서부터 출발하여야 한다. 그리고 그러한 인식과 반성을 토대로 대중 가요 자체의 음악적 구조, 즉 멜로디나 리듬이 갖는 의미, 가사가 주는 메시지의 의미 등을 재검토하고, 기존의 물신적 대중 가요를 수용자 층에서 소비자 운동의 일환으로 철저히 감시해야 한다. 이렇게 해야만 대중 가요가 문화적 양식으로서 새로운 가치를 창출해내는 문화적 건강성을 되찾을 수 있을 것이다.

* 구축(構築): 체제, 체계 따위의 기초를 닦아 세움.
* 물신(物神): 신령이 깃들어 있다고 생각하여 숭배하는 동 · 식물이나 물건.
* 말초적(末梢的): 정신이나 영혼에 영향을 주지 못하고 말초 신경만을 자극하는

01 글쓴이가 문제 삼고 있는 현상을 하나의 문장으로 요약하시오.

> 오늘날의 대중 가요는 (   )을 강하게 드러내면서 여러 폐해를 일으켜 문화적 양식으로서 새로운 가치를 창출해 내는 (   )을 잃고 있다.

02 위 글과 〈보기〉의 글쓴이가 공통적으로 전제하고 있는 내용을 요약해 쓰시오.

┤ 보기 ├

> 복잡한 산업사회에서 젊은이들은 패션, 장신구, 머리 모양, 언어 등을 통해 자신들의 정체성을 표현하고자 한다. 하지만 오늘날 자본주의 사회에서는 삶의 구성 요소 대부분이 상품화된 결과, 젊은이의 자기 표현 욕구까지도 어쩔 수 없이 상품을 통해 표현될 수밖에 없다. 그래서 젊은이들을 겨냥한 거대한 문화 상품 시장이 형성되며, 이윤을 추구하는 기업은 이를 더욱 표준화·일상화하여 상품 시장을 확산시킨다. 이렇게 되면 문화로서의 생활 양식은 본래의 의미가 퇴색되고 박제되어 버린 채 기업이 이윤을 거둬들이기 위한 문화 상품이 되고 만다. 이처럼 오늘날 우리 사회에서는 대중 문화까지도 상업성을 위한 상품으로 만들고 있다.

> 오늘날의 대중 문화는 우리의 생활에서 (   )을 확고하게 구축하고 있으며, (   )의 속성을 강하게 드러내고 있다. 대중 문화가 자본주의적 시장 구조 안에서 (   )의 지배를 받으며 계속해서 (   )으로 변질되어 우리 생활에 영향을 미치고 있는 것이다.

01 위 글의 논지 전개 방식으로 가장 적절한 것은?

① 현상에 대해 관찰한 내용을 자세하게 소개하도록 하자.

② 여러 사례들의 특성을 살펴 문제를 일반화하도록 하자.

③ 현상의 문제점과 원인을 분석한 후 대안을 제시하도록 하자.

④ 여러 관점을 제시하여 현상의 다양한 측면을 부각시키도록 하자.

02 대중 가요의 발전을 위해 글쓴이가 가장 중요하게 생각하고 있는 것은?

① 대중들의 주체적 수용 자세

② 대중 가요의 질적 수준의 제고

③ 대중 가요의 상품으로의 변질 방지

④ 대중 가요에서의 외래 문화적 요소 제거

언어 생활과 전통

　말이란 그것이 쓰이고 있는 사회를 반영한다. 그러기에 언어는 문화의 색인(索引)*이라고까지 한다. 말이 사회를 반영한다는 것은 단어에만 한정되는 것이 아니다. 그것은 어법(語法)에도 나타난다. 이것의 가장 대표적인 것이 말을 높이거나 낮추는 대우법이다. 우리말에서 대우법이 발달된 것은 우리 조상이 상하의 예절을 깍듯이 갖추었음을 의미한다.

　　자줏빛 바위 끝에
　　잡은 암소를 놓게 하시고
　　나를 아니 부끄러워하시면
　　꽃을 꺾어 받잡으리이다.

　이는 신라 때 한 노인이 강릉 태수로 부임하는 순정공의 젊은 아내, 수로 부인(水路夫人)에게 철쭉꽃을 꺾어 바치며 부른 향가, 〈헌화가〉이다. 여기에 쓰인 '놓게 하시고'의 '시', '받잡으리이다'의 '이'가 상대방을 높이는 말로 쓰인 것이다. 또한 '받잡으리이다'의 '잡'은 자기를 낮추는 겸양의 말이고, 종결 어미 '리이다'는 아주 높임의 말로 쓰인 것이다. 이러한 대우법의 표현은 시대의 흐름과 함께 더욱 발달하여 오늘의 국어에 이어져 오고 있다. 그래서 우리말에는 존대, 하대의 구별이 여러 가지이며, 이러한 전통은 우리 국어의 한 특징이다.

　그런데 요새 와서 이 대우법의 기초가 흔들리고 있다. 상하·남녀에 따라 구별되던 이 대우법이 반말 일색으로 바뀌는가 하면, 존댓말의 사용에 혼란이 일고 있는 것이다. 학생들은 친구에게 '선생님이 너 오래'라 하거나 '선생님이 너 오시래.'라 한다.

　우리말 사용의 전통에는 또 압존법(壓尊法)이라는 것이 있다. 이것은 청자가 더 높은 어른이고 주체가 그보다 낮은 어른일 경우 주체를 낮추는 존대법을 이른다.

　"나는 본촌 사람으로 우리 부친 안맹하여, 세상을 분별 못하기로 평생에 한이 되어 하나님전 축수*하더니……." 이는 우리 고전 '심청전'에 나오는 말로 뱃사람들에게 자기 아버지를 낮춘 압존법이 쓰인 것이다. 그리하여 '안맹하여', '못하기로'와 같이 존댓말이 쓰이지 않은 것이다. 그런데 이러한 압존법이 오늘날은 거의 지켜지지 않고 있다. 자기보다 윗사람이면 덮어놓고 높임말을 쓰고 있다. 할아버님께 아버지가 오셨다는 것을 전할 때 서울의 남자 70.6%, 여자 57.7%가 잘못된 표현을 쓰고 있다는 통계가 단적으로 증명해 준다. 전통적인 압존법에 의한 표현이라면 할아버지가 아버지보다 웃어른이니 아버지를 낮추어 '(　　㉠　　)'라고 해야 한다.

　말에서 전통과 가장 관계가 적은 것은 외래어라 하겠다. 이것은 외국에서 들어온 말이기 때문이다. 한자어도 외래어라 볼 때 우리말에는 전체 어휘의 과반수가 넘는 외래어가 들어와 있는 것이다. 이는 우리가 외래어를 받아들임에 문제가 있음을 의미한다. 외래어는 의사 소통상 꼭 필요하거나 교양을 과시하기 위해 빌려 쓰는 것인데, 우리의 경우 의사 소통에 문제가 없는 데도 교양을 과시하기 위해 빌려 쓰는 ㉡언어 사대주의(事大主義)*의 인상이 짙기 때문이다. 이러한 사대주의는 종전에 한자·한문에 기울어졌고, 오늘날은 서구어, 특히 영어에 기울어지고 있다. 이러한 언어 사대주의는 전통이라기보다 인습으로, 우리말을 한국어가 아닌 국제어의 전시장으로 만들 수도 있다.

* 색인(索引): 책 속의 낱말이나 사항 등을 쉽게 찾아 볼 수 있도록 일정한 순서로 배열해 놓은 목록. 찾아보기.

* 축수(祝手): 두 손을 모아 빎.

* 사대주의(事大主義): 자기 의견이나 자주성이 없이 강한 세력을 좇아 안전을 꾀하는 사상.

01 〈보기 1〉은 〈헌화가〉 창작과 관련된 배경 설화이다. 위 글과 〈보기 1〉의 상황을 연결하여, 다음 빈칸을 적절한 말로 채우시오.

> ┤보기├
>
> 　성덕왕 때에 순정공(純貞公)이 강릉 태수로 부임할 때 바닷가에 가서 점심을 먹었다. 그 곁에는 바위 봉우리가 병풍처럼 둘러쳐서 바다를 굽어보고 있는데, 높이는 천길이나 되는 그 위에는 철쭉꽃이 활짝 피어 있었다. 공의 부인 수로(水路)는 이것을 보고 가까이 모시던 이들에게 청했다.
> 　"누가 저 꽃을 꺾어다 주겠소?"
> 　종자들은 대답했다.
> 　"그곳은 사람의 발자취가 이르지 못하는 곳입니다."
> 　그러고는 모두 안 되겠다 했다. 그 곁으로 한 노인이 암소를 끌고 지나가다가 부인의 말을 듣고 그 꽃을 꺾어 와서는 또한 노래를 지어 바쳤다. 노인이 어떤 사람인지 알 수 없었다.
>
> － 〈삼국유사(三國遺事)〉에서 －

> 　노인은 아무도 가려하지 않는 천길 벼랑에 핀 철쭉꽃을 꺾어 (　　　　　)이란 조건을 내세워 수로 부인에게 바치고 있다. 노인은 (　　　　　)를 끌고 다니는 것으로 볼 때 농민 신분으로 보이는데, 아무런 대가 없이 신분의 차이나 지형의 위험을 고려하지 않고 꽃을 꺾어 바치는 것으로 보아, 수로 부인에 대해 (　　　　　)의 감정을 품었음을 알 수 있다.

01 위 글의 표제와 부제로 가장 적절한 것은?

① 언어 생활과 전통
　－ 올바른 언어 생활을 위하여
② 언어 사대주의의 극복
　－ 우리말 순화에 노력해야
③ 외래어의 사용
　－ 한국어의 국제화에 도움을 줘야
④ 전통과 문화
　－ 전통과 문화는 분리해서 다룰 수 없어

02 위 글에 나타난 언어관과 가장 가까운 것은?

① 언어에는 초자연적이고 신비로운 힘이 있다.

② 타락한 언어를 교육에 의해 바로 잡아야 한다.

③ 풍토가 다르면 언어가 다르고 문자도 달라야 한다.

④ 언어는 언중의 사고를 담는 그릇이며, 행동의 모체가 된다.

03 ㉠에 들어갈 적절한 표현은?

① 할아버지, 아버지가 왔어요.

③ 할아버지, 아버님이 왔어요.

② 할아버지, 아버지가 오셨어요.

④ 할아버지, 아버지께서 오셨어요.

04 다음 밑줄 친 대상 중, ㉡의 속성을 지니고 있는 것은?

① 귀또리 져 귀또리 어여쁘다 저 귀또리 / 어인 귀또리 지는 달 새는 밤의 긴소리 절절이 슬픈 소리 저 혼자 울어예어 사창에 여윈 잠을 살뜨리도 깨우는구나. / 두어라 제 비록 미물(微物)이나 무인동방(無人洞房)에 내 뜻 알 리는 저 뿐인가 하노라.

② 댁(宅)들에 동난지이 사오. 져 쟝스야, 네 황화 그 무서시라 웨는다. 사쟈. / 외골내육(外骨內肉), 양목(兩目)이 상천(上天), 전행 후행(前行後行), 소(小)아리 팔족(八足) 대(大)아리 이족(二足), 청장(淸醬) ㅇ스슥 하는 동난지이 사오. / 쟝스야, 하 거복이 웨지 말고 게젓이라 하렴은.

③ 두터비 파리를 물고 두험 우희 치다라 안자 / 것넌산 바라보니 백송골(白松骨)이 떠 잇거늘 가슴이 금즉하여 풀덕 뛰여 내닷다가 두험 아래 잣바지거고 / 모쳐라 날샌 낼싀만졍 에헐질 번 하괘라.

④ 붉가버슨 아해(兒孩)ㅣ 들리 거믜줄 테를 들고 기천으로 왕래하며 / 붉가숭아 붉가숭아 져리 가면 죽느니라. 이리 오면 ㅅ느니라. 부로나니 붉가숭이로다. / 아마도 세상 일이 다 이러흔가 하노라.

마음의 과학

심리학이 마음을 탐구하기 위해 철학으로부터 독립해 나간 것은 19세기의 일이었다. 철학 자체 내에서는 그 이후 심리 철학이라는 분야가 생겨나게 되었다. 과학적인 심리학이 다룰 수 없는 마음의 문제를 철학적으로 다루기 위한 것이었다. 그러나 지금은 심리학과 심리 철학이 모두 인지 과학에 참여하면서 신경 과학이나 인공 지능학, 그리고 언어학 등과 협력하지 않을 수 없게 되었다. 철학이든 심리학이든 신경 과학이든 인공 지능학이든 어떤 학문이라도 마음의 문제를 개별 영역 안에서 다룰 수 있다는 생각은 무의미하게 되었다. 마음의 문제를 다루고자 하는 학문은 이제 인지 과학이라는 ㉠학문적 '공동 시장'을 찾지 않을 수 없게 되었다.

그런데 왜 그것을 '마음의 과학'이라고 하지 않고 '인지 과학'이라고 하는가? '인지'라는 말은 마음의 기능 중에서 한 측면을 지칭하는 것이다. 마음의 기능을 크게 두 가지로 나눌 때 '인지적 기능'과 '정의적(情意的)* 기능'으로 분류한다. 지성적 측면과 감정적 측면으로 구별하는 것이다. 인지 과학은 마음의 인지적 측면을 탐구하고자 한다. 마음의 과학이라고 하지만 사실은 (　㉡　) 과학이다. 인지 과학은 마음을 정보 처리의 문제로 본다. 그러니까 인지적 정보를 처리하는 마음의 기능을 대상으로 하자는 것이다. 따라서 정의적 정보의 처리에 관해서는 일단 유보하지 않을 수 없다. 다만 인지적 정보의 처리를 충분히 설명할 수 있게 되면 그것을 바탕으로 정의적 정보의 처리도 설명할 수 있으리라고 희망하는 것이다.

인지 과학이 인지적 정보 처리의 측면만을 다루고자 하는 것은 컴퓨터라는 기계가 등장했기 때문이다. 인지적 정보의 처리는 수학과 논리(연역논리)의 법칙을 따르는 작용이다. 그것은 객관화될 수 있는 법칙이 지배하는 기능이므로 그러한 '논리 기계'의 존재를 가능하게 한다. 논리적 계산을 하는 기계의 가능성은 이미 오래 전부터 철학자들에 의해 제안되어 왔고 최근에 컴퓨터로 실현되었다.

컴퓨터는 인간의 논리적(연역* 논리적) 계산 기능을 모형화한 것이다. 정보 처리의 과정이라는 계산 과정을 그대로 모의*(simulation)하는 것이다. 물론 인간의 마음은 두뇌의 신경 세포가 기능함으로써 논리적 계산 기능을 하지만, 컴퓨터는 신경 세포가 아닌 칩의 전자기적 기능으로 인간의 계산 기능을 모의한다. 컴퓨터의 기계 부분에서 일어나는 현상과 인간의 두뇌 속에서 일어나는 현상은 본질적으로 서로 다른 물질적 현상이다. 그렇지만 그런 물질적 현상이 가능하게 하는 논리적 계산 기능에서는 컴퓨터가 두뇌(또는 마음)의 계산 기능을 모의한다고 할 수 있다.

자아란 무엇인가? 의식이란 무엇인가? 그리고 사고란 무엇인가? 이것은 한마디로 말하자면 '마음이란 무엇인가?'에 관한 문제가 된다. 이것은 영원한 철학적 문제라고 할 수 있다. 모든 철학적 문제가 거기서 시작되는 근본 문제라고 할 수 있다. 이러한 근본 문제에 대하여 우리는 이제 새로운 해답의 길을 얻게 되었다. 길고 긴 철학의 역사에서 처음으로 얻게 된 새로운 해답의 길이며, 인간을 이해하기 위한 새로운 ㉢눈을 길러 줄 수 있는 길이다. 그것은 다름 아닌 컴퓨터와 마음의 대비 관계를 통하여 마음을 이해할 수 있게 하는 길이다.

* 정의적(情意的): 감정이나 의지에 관한 것.

* 연역(演繹): 논리학에서 일반적인 원리로부터 논리의 절차를 밟아서 낱낱의 사실이나 명제를 이끌어 냄.

* 모의(模擬): 실제와 비슷한 형식과 내용으로 연습 삼아 해 봄.

01 위 글에 제시된 인지 과학의 성격을 한 문장으로 요약하시오.

---

02 위 글에 대한 다음 개요를 완성하시오.

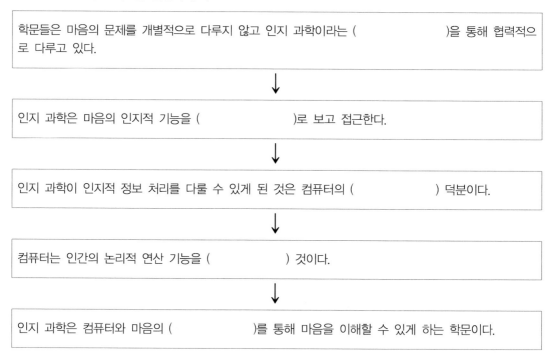

학문들은 마음의 문제를 개별적으로 다루지 않고 인지 과학이라는 (　　　　　　　)을 통해 협력적으로 다루고 있다.

↓

인지 과학은 마음의 인지적 기능을 (　　　　　　)로 보고 접근한다.

↓

인지 과학이 인지적 정보 처리를 다룰 수 있게 된 것은 컴퓨터의 (　　　　　) 덕분이다.

↓

컴퓨터는 인간의 논리적 연산 기능을 (　　　　　) 것이다.

↓

인지 과학은 컴퓨터와 마음의 (　　　　　)를 통해 마음을 이해할 수 있게 하는 학문이다.

01 위 글에 제시된 '인지 과학'의 성격으로 가장 적절한 것은?

① 마음의 정의적 정보를 인지적 정보 형태로 변환시켜 연구하려는 학문이다.

② 철학과 철학으로부터 독립한 심리학 사이의 관계를 복원하기 위한 학문이다.

③ 마음의 문제를 다루기 위해 심리학과 심리 철학을 중심으로 구성된 학문이다.

④ 인지적 정보 처리에 초점을 맞춰 마음의 지성적 측면을 밝히기 위한 학문이다.

02 ㉠의 문맥적 의미에 대한 설명으로 적절한 것은?

① 여러 학문들이 서로 협력하여 문제의 해결을 추구하는 것

② 교양의 차원을 벗어나 문제에 대한 전문성을 내세우는 것

③ 독자성이 없는 학문들이 모여 독립된 학문 체계를 세우는 것

④ 학문들의 장점을 비교하여 특정 학문의 우월함을 입증하는 것

03 ㉡에 들어갈 말로 가장 적절한 것은?

① 이성보다는 감성을 주로 다루는

② 동물적 본능의 영역까지를 다루는

③ 두뇌의 전체 정보 영역을 연구하는

④ 마음의 반쪽만을 대상으로 연구하는

04 ㉢과 쓰임이 유사한 것은?

① 무례하게 행동하는 그에 대해 그녀는 눈을 흘겼다.

② 복잡한 상황을 바라보는 그의 눈은 매우 정확하다.

③ 고등 학교에 들어가 갑자기 눈이 나빠져 안경을 썼다.

④ 다른 사람들의 눈이 정말 무서운 것인 줄 알아야 한다.

물질이 갖는 비물질성

일상 경험에서 알 수 있듯이 눈에 보이는 모든 것은 고체 · 액체 · 기체 등의 물질로 되어 있다. 그런데 20세기 초에 이르러 모든 물질은 에너지로 구성되어 있다는 사실을 알게 되었다. 즉, 물질의 본질은 '비물질성'이라는 것이 과학적으로 밝혀지게 된 것이다.

오래 전부터 보이는 물질과 보이지 않는 에너지는 별개의 것으로 여겨져 왔다. 돌이나 물 같은 물질은 빛에너지나 열에너지와는 전혀 무관하게 이해되었던 것이다. 100년 전만 해도 보이는 것들이 물질이 아니라 에너지로 되어 있다고 주장하면 당장 강단에서 쫓겨났을 것이다. 그러나 모든 물질이 에너지로 되어 있음은 더 이상 미신적 공상이 아니라 과학적 사실이다. 이것은 그동안 보이는 물질 세계에 관해 답습되어 온 유물론적* 개념이 수정되어야 함을 의미한다. 왜냐하면 오랫동안 인간은 눈에 보이거나 손으로 만질 수 없는 것은 당연히 존재하지 않는다고 생각해 왔기 때문이다.

1905년 아인슈타인은 물질과 에너지는 동전의 양면과 같이 동일하다는 이론을 발표했다. 'E =mc²' 이라는 유명한 '질량(m)과 에너지(E) 등가 원리'가 바로 그것이다. 이 법칙에 의하면 모든 물질은 특정한 양의 에너지를 내포하고 있다. 그리고 이 에너지는 물질의 종류에 관계없이 그 질량에 의해서만 결정된다. 여기서 c는 빛의 속력으로 매우 큰 값이므로 작은 질량의 물질이라도 많은 양의 에너지를 갖게 된다. 그런데 모든 물질은 온도가 충분히 높아질 때 그 물질을 구성하는 원자와 분자의 결합이 깨지게 되면서 모두 에너지로 바뀌고 결국 에너지만 남게 된다. 온도에 따라 물이 수증기나 얼음이 되듯이 에너지에 따라 물질의 형체는 달라지지만 궁극적으로는 에너지만 존재하게 되는 것이다.

이러한 물질의 비물질성은 원자의 내부 구조를 이해하면 좀더 자명해진다. 원래 철학적 개념에 불과했던 원자는 20세기에 들면서 매우 작은 핵과 전자들로 구성되어 있음을 알게 되었다. 그런데 한 가지 놀라운 사실은 원자의 내부가 물질로 꽉 채워져 있는 것이 아니라 99.99% 이상이 빈 공간이라는 것이다. 돌과 같은 고체도 사실은 그 내부가 대부분 비어 있는 것이다. 그렇다면 왜 돌이 쉽게 부스러지지 않고 그 모양이 유지되는 것일까. 이는 다름 아니라 핵과 전자 사이의 빈 공간에는 보이지 않는 전자기적 인력*에 의한 에너지로 채워져 있기 때문이다. 즉, 모든 보이는 것은 어떤 물질들을 채우고 있어서가 아니라 에너지로 강하게 서로 붙들려 있어 그 형체가 유지되고 딱딱하게 느껴지는 것이다. 한 마디로 무형의 에너지는 시간과 공간 안에서 보이는 물질로 표현되고 나타나게 되는 것이다.

그렇다면 단순히 적당한 에너지만 있으면 원자와 같은 물질이 저절로 만들어질 수 있을까. 핵과 전자의 경우만 보더라도 여기엔 단순한 에너지 그 이상의, 수식으로 표현하기 어려우며 복잡한 과정이 숨겨져 있음을 과학자들은 짐작할 뿐이다. 더구나 자연계의 현상이나 힘들이 왜, 그리고 어떻게 존재하게 되느냐에 대해서는 아직까지 체계적인 과학적 설명이 없는 상태다.

100년 전만 해도 물질 뒤에 에너지가 있다는 사실을 받아들이기 어려웠던 것처럼, 에너지 뒤에 그 무엇인가—이것을 과학자들은 '정보'라 부르고 신학자들은 '지혜'라고도 한다.—가 있다는 것이 생소할 수도 있다. 그러나 20세기를 지나면서 물리나 생명 현상 뒤에 엄청나게 얽혀 있는 정보 또는 창조의 지혜가 과학적으로 조금씩 밝혀지고 있는 것은 자연스러운 일일 것이다.

* 유물론(唯物論): 자연과 사회의 전체를 물질적 존재의 변증법적 발전으로 설명한 이론. 헤겔의 관념론적 변증법을 유물론에 입각하여 전개한 이론으로, 마르크스의 유물 사관을 일반화하여 엥겔스, 레닌, 스탈린 등에 의하여 시작되었다.

* 인력(引力): 공간적으로 떨어져 있는 물체끼리 서로 끌어당기는 힘. 질량을 가진 모든 물체 사이나 서로 다른 부호를 가진 전하들 사이에 작용하며, 핵력에 의해 소립자들 사이에서도 생긴다.

01 〈보기〉에서 제시된 어휘를 활용하여 과학적 탐구의 역할을 요약하시오.

┤보기├
자연계의 현상　　　정보　　　지혜　　　체계

과학적 탐구는 (　　　　　　　　　　　　　　　　　　)

02 위 글에 대한 다음 내용을 완성하시오.

20세기 초에 이르러 모든 물질은 (　　　　　　　　　　)로 구성되어 있으며, 그 본질은 (　　　　　)이라
는 사실이 밝혀졌다.

↓

모든 물질이 에너지로 되어 있음은 (　　　　　　　　　)이며 그동안 보이는 물질 세계에 관해 답습되어
온 (　　　　　　　　)도 수정되어야 한다.

↓

모든 물질은 온도가 높아지면 (　　　　　　　　　　　)이 깨지게 되면서 모두 에너지로 바뀌는
데 에너지에 따라 물질의 형체는 달라지지만 궁극적으로는 에너지만 존재하게 된다.

↓

모든 보이는 것은 (　　　　　　　　　　　) 아니라 (　　　　　　　　　　)
그 형체가 유지되고 시간과 공간 안에서 물질로 표현되고 나타나게 되는 것이다.

↓

(　　　　　　　　　) 들의 존재 이유나 양상에 대해서는 아직까지 (　　　　　　)이
없는 상태다.

↓

과학적 탐구가 (　　　　　　　　　　　　　　　)를 밝혀내는 것은 자연스러운 일이다.

01 위 글의 '과학'에 대한 입장과 가장 유사한 것은?

① 과학은 엄격하게 제한된 범위 안에서만 연구되어야 하고, 더구나 인간의 특성을 변화시켜시는 안 된다.

② 과학은 가치 있게 여겨지는 인간적 특징을 계발하고 인간의 해로운 특징을 제거시킬 수 있는 권리를 지닌다.

③ 과학적 연구는 기술력의 수준을 넘지 못하므로, 과학과 기술이 상호 보완적으로 작용할 수 있는 방안을 모색해야 한다.

④ 과학은 우리가 잘 모르고 있거나 또는 앞으로 생길 현상에 대한 궁금증을 해소하고 그 비밀을 밝혀 나가는 역할을 해야 한다.

02 위 글의 내용과 일치하지 않는 것은?

① 유물론에서는 모든 자연 현상의 근본이 물질이라고 주장하였을 것이다.

② 과거의 사람들은 돌이나 물 등에 존재하는 에너지의 존재를 인식하지 못했다.

③ 빛의 속력이 크더라도 많은 양의 에너지를 가지려면 물질의 크기가 커야 한다.

④ 모든 물질의 구성 관계를 해체시켜 에너지를 발생시키는 요인은 온도의 변화이다.

기술 시스템과 자율적 기술

기술 발전이란 시대의 흐름 앞에 수동적이 되는 것은 과학자, 공학자라 해서 예외가 아니다. 기술 발전을 직접 이끌어가는 전문가들에게도 기술 발전의 완급*이나 방향을 조절할 권한은 없다. 자기의 전문 영역 외에는 잘 모를 뿐 아니라 자기가 개발하는 기술이 장차 어떻게 쓰일지도 모른다. 이렇게 생각하고 보면 '기술은 인간이 자신의 목적을 위해 사용하는 도구' 혹은 '인간은 기술의 주인'이라는 말이 좀 허탈하게 들린다. 인간이 기술을 발전시키고 사용하는 것이 맞긴 한데, 발전시키지 않을 자유도, 사용하지 않을 자유도 없다면 인간은 기술의 주인인가, 하인인가?

프랑스 보르도 출신의 학자 쟈크 엘룰(Jacques Ellul)은 이러한 현대 사회의 상황을 "현대 기술이 자율적이 되었다."는 말로 표현했다. 엘룰은 현대 기술은 과거의 기술과 전혀 다른 특징들을 가진다고 주장한다. 우선 전통 기술은 상위의 목적을 성취하기 위한 수단으로 인간의 다른 활동들(예를 들어 종교적 활동)에 비해 열등한 것으로 취급되었는데, 현대에는 기술의 발전이 그 자체로서 의미 있는 것이 되었다. 또 기술의 제작에서는 자동화를 통해 인간의 개입을 배제하면서, 사용이라는 측면에서 사용하지 않을 자유를 허용하지 않는다. 엄청난 발전의 속도와 지역의 문화와 상관없이 전 지구적으로 사용 가능한 보편성, 그리고 여러 기술들이 거미줄처럼 엮여 하나의 거대한 시스템을 이루는 것도 현대 기술의 중요한 특징이다. 이 시스템은 자연을 대상으로 했던 전통적인 기술의 영역을 넘어 인간 생활의 모든 부분으로 침투해 가고 있다.

엘룰의 현대 기술에 대한 분석은 기술이 인간의 통제를 벗어나 인간의 자유를 억압하는 방식으로 발전한다는 인식에 기반하고 있다. 물론 전통적 기술의 발전도 한 개인이나 집단이 완전히 통제한 적은 없다. 그러나 과거 기술의 발달은 매우 느렸고 공간적 제약이 많아서 사람들은 그 변화에 억지로 자신을 맞출 필요가 없었다. 현대 기술 사회의 문제는 컴퓨터와 휴대 전화와 은행 카드를 사용해야만 하고, 때가 되면 바꿔야만 하고, 바꾸면서 나의 삶이 더욱 나아진다고 생각하게 된다는 것이다.

기술이 '자율적'이라는 표현은 자동차가 운전자 없이 혼자 돌아다닌다거나 기계가 생각하는 능력을 가지게 되었다는 말이 아니라, 기술 발전이 기술 시스템의 관성에 의해 지속되고, 그 과정에 인간이 개입할 수 없다는 뜻이다. 오늘날 기술 사회를 이끌어가는 거대한 기술 시스템은 인간들에 의해 조정되기보다는 '효율성의 법칙'에 따라 운영되고 발전한다. 인간의 가치나 필요는 효율성의 논리 앞에 무력하다. 더 빠른 컴퓨터와 더 얇은 휴대 전화가 꼭 필요해서 구입하는 것은 아니다. 필요에 의해 기술이 만들어지는 것이 아니라 기술이 필요를 창출한다.

물론 기술 개발에 소비자의 의견이 반영되기도 하고, 특정 기술의 윤리적 문제에 대한 사회적 논의가 일어나기도 한다. 그러나 사회의 여러 가지 요소들이 모두 기술 시스템에 연결되어 있으며, 기술 발전이 계속되어야 한다는 사실이 당위*적이고 불가피한 것으로 암묵적으로 받아들여지고 있는 상황에서, 기술 사회 전반의 변화를 기대하는 것은 비현실적이다. 그러면 어떻게 할 것인가? 기술 발전을 모두 포기하고 산업 혁명 이전의 상태로 돌아가자는 말인가? 엘룰은 기술 사회가 확 변할 것이라는 환상을 경계하면서도, 자신의 작은 노력들을 통해 기술 사회가 위협하는 인간의 존엄성과 자유를 개인적으로나마 지킬 수 있다고 보았다.

"전 지구적으로 생각하고 지역적으로 행하라.(Think Globally, Act Locally.)"는 엘룰의 말은 현대 기술 사회 전체를 조망하고 자기가 속한 삶의 터전에서 해야 할 일을 포기하지 않는 것을 의미한다. 이 말은 후에 일본 소니(SONY)의 세계 경영 전략으로도 널리 사용되었는데, 이처럼 현대 기술을 비판한 대표적 학자가 좌우명으로 삼은 말이 첨단 전자 기술 회사의 모토*로 둔갑하게 되는 것, 그것이 바로 엘룰이 경고하는 기술 시스템의 무서운 힘이다.

---

* 완급(緩急): 일의 급함과 급하지 않음.
* 당위(當爲): 마땅히 있어야 하는 것, 반드시 해야 할 일이라고 요구되는 것.
* 모토(motto): 일상의 행동이나 태도의 지침이 되는 짧막한 말. 표어.

01 첫째 문단에서 글쓴이가 문제 삼고 있는 현대 인간의 모습에 대해 한 문장으로 요약하시오.

> 평범한 사람늘 외에 (   )까지도 기술을 (   )으로 다루지 못하고 있으며
> (   )를 예측하지 못하고 있다.

02 이 글을 바탕으로 과거와 현대의 기술의 특징을 다음과 같이 표로 정리하였다. 표의 빈칸을 채우시오.

과거의 기술(전통적인 기술)	현대의 기술
상위의 목적을 성취하기 위한 수단	( )
( )	기술 발전이 그 자체로서 의미 있는 것이 됨.
기술의 제작과 사용에서 인간이 능동적인 역할을 했음.	( )를 통해 인간의 개입을 배제하고 ( )를 인간에게 허용하지 않음.
자연을 대상으로 함.	( )
지역과 문화에 구애를 받았음.	전자구적으로 적용되며 여러 기술들이 ( )으로 연결되어 거대한 시스템을 형성하고 있음.
기술의 ( )가 느려 인간이 변화된 기술에 자신의 생활을 맞출 필요가 없었음.	변화된 기술에 인간이 ( )으로 맞추며 살아야 함.
인간들에 의해 조정이 가능했음.	인간들에 의해 조정되기보다는 ( )에 따라 운영되고 발전됨.
( )에 의해 기술이 만들어짐.	기술이 ( )를 창출함.

01 위 글을 쓰기 위해 글쓴이가 계획했을 내용으로 적절하지 않은 것은?

① 권위자의 견해를 소개하며 논지를 풀어 나가도록 하자.
② 문제 제기를 통해 화제에 대한 독자의 관심을 유도하자.
③ 대상을 설명하는 방식을 이용하여 그 특성을 구체화하자.
④ 여러 관점을 제시하여 현상의 다양한 의미를 드러내도록 하자.

02 위 글에 따를 때 '현대 기술의 특징'으로 볼 수 없는 것은?

① 자율적인 기술을 통해 인간의 개입을 배제한다.
② 변화가 용이한 독립적인 시스템을 구축하고 있다.
③ 기술을 적용할 경우에 지역적 구애를 별로 받지 않는다.
④ 인간 생활의 거의 모든 부분에 침투해 영향을 미치고 있다.

03 위 글을 읽고 보인 반응으로 적절하지 않은 것은?

① 기술에 의해 인간이 소외되는 현실은 인간과 기술의 관계를 전도시킬 위험을 안고 있는 것이군.
② 장난감 강아지나 말하는 자동차 등 살아 있는 생물처럼 행동하는 로봇은 기술의 자율적 특성을 보여 주는 예들이군.
③ 사용자의 요구가 없어도 천만 화소의 휴대 전화를 개발하는 것은 기술로써 필요를 창출하기 위한 것이라고 볼 수 있겠군.
④ 기술의 발전이 당연히 이루어져야 할 것으로 인식되는 상황에서는 기술의 부정적 측면을 해소하는 데 어려움이 따르겠군.

영화 속의 문학 읽기

　㉠영화와 ㉡문학의 관계는 상호 충돌과 상호 의존의 역사로 점철*되어 있다. 19세기 말부터 현재에 이르기까지 시각 언어와 문자 언어, 즉 세상을 보는 방법과 세상을 쓰는 방법은 서로 경멸하기도 했고, 서로 존중하기도 했으며, 한쪽에서 잊혀진 것을 다른 한쪽이 구원하기도 했고, 서로 상대방에게 배우기도 했으며, 서로 왜곡하기도 했다. 또한 어떤 사람은 영화와 문학은 서로 유사한 장르라고 말하기도 했고, 또 어떤 사람은 영화는 서로 다른 언어를 사용하기 때문에 유사성이 있을 수 없다고 지적하기도 했다.

　영화와 문학의 관계는 여전히 많은 문제를 지니고 있지만, 틀림없는 사실은 영화가 그 어떤 예술 장르보다 문학에 관심을 보여왔으며, 아직도 유명 문학 작품은 많은 영화인들의 관심을 끌고 있다는 것이다. 이것은 과연 영화와 문학이 특별한 관계에 있기 때문일까? 많은 비평가들은 ㉢문학과 영화의 관계는 근친상간이라는 말들을 한다. 하지만 실제로 영화사를 살펴보면 이런 경우는 의외로 드물다. 기껏해야 D. W. 그리피스가 찰스 디킨스의 작품 속에서 교차 편집*과 클로즈업* 기법에 대한 영감을 받았다고 알려져 있을 뿐이다. 즉, 우리의 일반적인 생각과는 달리 영화와 문학은 근친상간의 관계가 아니라는 것이다.

　흔히들 문학 작품은 작품성에 의해 결정되고, 영화는 오락성의 정도에 따라 운명이 좌우된다고 한다. 문학에서 영화로 옮겨지는 과정에서 작중 인물과 내용은 어느 정도 반영되지만, 문학성을 좌우하는 문학 기법은 대부분 무시되는 것이 현실이다. 이런 이유로 알베르토 모라비아와 같은 작가는 "형편없는 소설은 훌륭한 영화가 되기 위한 가장 좋은 작품이다."라고 비아냥거리기도 한다. 나쁜 소설이 좋은 영화로 변신하는 예는 있지만, 그렇다고 이 말이 반드시 옳은 것은 아니다. 훌륭한 문학 작품이 형편없는 영화로 되는 경우가 많이 있고, 반면에 훌륭한 영화로 제작되는 수도 수없이 많이 있다.

　이렇듯 영화와 문학의 관계는 모호하기 짝이 없다. 그러나 여기서 우리가 한 가지 생각해 봐야 할 문제가 있다. 그것은 문학과 영화의 관계를 다룰 때, 영화가 반드시 원작에 충실하다고 좋은 영화가 되는 것은 아니라는 사실이다. 가령 오드리 헵번과 헨리 폰다 같은 초호화 캐스팅을 자랑하는 킹 비도 감독의 〈전쟁과 평화〉는 톨스토이의 작품을 잘 요약하고 있지만 정작 톨스토이의 의도는 잘못 해석했다는 평을 받는다. 반면에 구로자와 아키라 감독은 셰익스피어의 〈맥베스〉를 일본의 중세로 옮겨간다. 엘리자베스 시대의 무대와 의상은 일본 중세의 무대와 의상과는 전혀 일치하지 않는다. 그러나 그의 작품은 셰익스피어의 정신을 제대로 반영하고 있다는 평을 듣고 있다.

　이런 현상은 과연 무엇을 의미할까? 이것은 특정 세계나 인생의 묘사에 집착하는 것보다 감독이 그것을 어떻게 해석하고 어떤 의미를 부여하느냐에 따라 달라진다는 것을 의미한다. 즉, 문학 작품에 바탕을 두고 있더라도 감독이 그 작품을 주체적으로 해석하면서 의미를 찾는 작업이 중요하다는 것이다. 이것은 현대 독자·관객의 역할과 그리 다르지 않다. 특정 텍스트를 접하더라도 자신의 생각대로 해석하는 순간, 그 텍스트는 작가의 것이 아니라 독자의 생산품이 된다. 그리고 관객 역시 감독의 말이나 영화 평에 의해 작품을 보지 않고 자신의 눈으로 볼 때 비로소 그는 영화의 소비자가 아닌 생산자가 되는 것이다.

* 점철(點綴): 여기저기 흩어진 것들이 서로 이어짐.

* 교차 편집(交叉編輯): 같은 시각, 같은 장소에서 벌어지는 인물의 극적 관계나 극적 정황의 장면을 급격하게 번갈아가며 보여 주는 것.

* 클로즈업(close-up): 영화나 텔레비전에서 등장하는 배경이나 인물의 일부를 화면에 크게 나타내는 일.

01 위 글을 다음과 같이 정리해 보았다. 빈칸에 들어갈 문장을 추리하여 쓰시오.

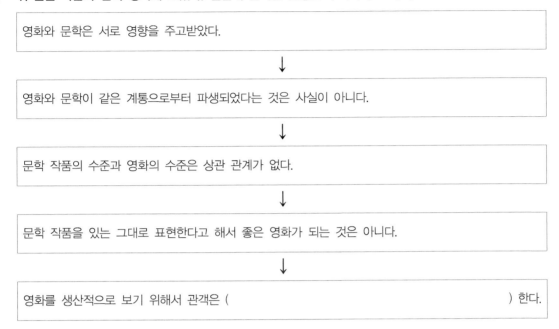

영화와 문학은 서로 영향을 주고받았다.

↓

영화와 문학이 같은 계통으로부터 파생되었다는 것은 사실이 아니다.

↓

문학 작품의 수준과 영화의 수준은 상관 관계가 없다.

↓

문학 작품을 있는 그대로 표현한다고 해서 좋은 영화가 되는 것은 아니다.

↓

영화를 생산적으로 보기 위해서 관객은 (   ) 한다.

실전문제

01 위 글의 내용과 일치하지 않는 것은?

① 문학을 영화화할 때에는 문학 작품의 본질을 재현하는 것이 중요하다.
② 관객이 감독의 의도와 무관하게 영화를 재해석하는 것은 바람직하다.
③ 영화에서 중요한 것은 원작의 의도가 아니라 감독의 의도이다.
④ 문학 작품의 수준이 영화의 수준을 보장해 주는 것은 아니다.

02 다음은 ㉠과 ㉡의 특성을 비교한 것이다. 글의 내용에 비추어 적절하지 않은 것은?

		㉠	㉡
①	표현 방법	보기	쓰기
②	평가 요소	오락성	작품성
③	사용 언어	시각 언어	문자 언어
④	영향력의 정도	의존적	독립적

03 문맥상 ㉢의 의미로 가장 적절한 것은?

① 문학과 영화는 그 표현 방법이 비슷하다.

② 문학과 영화는 서로 독립적인 영역을 갖는다.

③ 문학과 영화는 같은 뿌리에서 파생된 장르이다.

④ 문학과 영화는 매우 유사한 성격을 지니고 있다.

웰빙, 자기 위치에서 찾는 최선

(가) '웰빙'이라는 단어의 인기는 얼마 전부터 슬슬 떠오르기 시작해 이제 정점*에 오른 느낌이다. 기름을 좀 빼고, 야채만 넣었다 하면 무조건 '웰빙 메뉴'요, 예전에도 버젓이 있었던 건강법이며 상품들도 '웰빙'이라는 대전제 아래 그야말로 총 단결하는 모습이다. 그러나 그만큼의 오해와 편견 또한 만만찮은 게 사실이다. 최근의 웰빙 파상 공세에 대처하는 사람들의 모습은 한 마디로 모순적이다. 겉으로는 모두들 투덜거린다. 그러나 반감은 관심의 또다른 표현이라 했던가. 요즘의 웰빙 신드롬에 반대하는 이들 역시 요새 쏟아지는 웰빙 관련 정보들에 많은 관심을 보이고 있는 건 왜일까? 이렇게 모순된 태도가 나타나고 있는 이유는 그것은 진정으로 현대인의 몸과 마음이 웰빙을 원하고 있기 때문이다. 웰빙은 갑자기 나온 개념이 아니라, 문자 그대로 존재(Being)를 잘(Well) 가꾸자는 움직임으로서 현대인들이라면 누구나 결국은 도달할 수밖에 없는 지향점이다. '웰빙족'이 되기 위해 무조건 따라 해야 하는 생활 방식이 아닌, 보다 본질적인 무엇이라는 이야기다.

(나) 미래학자 멜린다 데이비스는 수많은 각계 전문가들과의 토론 결과를 담은 책, 〈욕망의 진화〉에서 이제 사람들의 욕망이 물질에서 정신으로 진화하고 있다고 말한다. 예전에는 눈에 보이는 것, 만질 수 있는 것, 오감으로 느낄 수 있는 것에만 대처하면 그만이었다. 위험한 것이 보이면 피하고, 일한 만큼 보수를 받았고, 그 돈으로 땅과 집을 샀다. 그러나 지금 우리가 사는 세상은 눈에 보이지 않는 시스템에 조종당하는 것만 같다. 한번도 직접 만나지 않은 상대와 몇 년씩 이메일로 업무를 공유하고, 만져보지도 못한 스톡옵션*이 하루 아침에 휴지 조각이 되는 세상인 것이다. 보이지 않는 위협은 막을 수도 없는 법이라서 사람들은 점점 더 원초적인 안전을 갈망하게 되고, 그럴수록 더욱 더 내면의 균형과 건강을 추구하게 된다. 뭔가 치유된다는 느낌, 저절로 몸과 마음이 행복해지는 듯한 경험들을 찾아 나서는 것도 그 때문이다.

(다) 상품이 발에 밟힐 만큼 넘쳐나고, 소비가 흔해진 지금 상황에서 더 이상 '나는 소비한다. 고로 존재한다.'는 바바라 크루거의 주장은 힘을 잃고 있다. 지금 최고의 가치를 지닌 사치품은 고가의 브랜드 제품이 아니라 손에 잡히지 않는 삶의 질을 향상시키는 필수적인 가치들이다. 예전에는 흔했으나 이제는 돈으로도 살 수 없을 만큼 귀해져 버린 무형의 가치들 말이다. 원치 않는 소음과 번잡함에서 벗어난 나만의 호젓한* 공간, 누구의 통제도 받지 않고 자유로이 쓸 수 있는 시간, 오염되지 않는 깨끗한 물과 공기, 그리고 농약이나 유해 물질이 함유되어 있지 않은 식품들. 오늘날 진정 사치스런 삶이란 '본질적인 것을 누리며 사는 삶'을 말한다. 본질적인 것이란 인간으로서 결코 포기할 수 없는, 그래서 더욱 단순하고 소박한 가치를 말한다.

(라) 이미 웰빙 트렌드는 많은 결실을 거두고 있다. 이제 몸매 관리와 체중에만 신경을 쓰는 것은 육체의 자원을 일방적으로 낭비하는 혹사*로 받아들여진다. 정신과 육체의 건강을 추구하는 것은 어쩌면 유사 이래 내려온 인간의 본능일 뿐, 웰빙은 결코 현재의 한국 땅에 밑도 끝도 없이 나타난 유행은 아니라고 말할 수 있다.

(마) 웰빙은 결국 각자의 개성에 맞게 건강과 안정을 추구하고자 하는 미래 지향형 생활 방식이다. 물론 생활 방식이라는 것은 결국 그 사람의 가치관과 세계관을 대변하고 있으며, 생각이 같은 이들이 모이면 더 큰 힘을 발휘하게 될 것이다. 머리 속에서 무엇인가가 소리치는 것 같고, 주변의 모두가 내 맘 같지 않고, 분명 내 인생인데도 내 의지와는 달리 뭔가 더 커다란 힘에 의해 움직이는 것만 같을 때, 자신의 몸과 마음을 닦으려는 노력은 당연하지 않은가. 이제 웰빙이라면 무조건 마사지와 요가만을 떠올리지 말자. 많은 시간과 돈을 들이지 않더라도 당신의 위치에서 할 수 있는 최선의 방법을 찾아보자. 그것이 웰빙의 진정한 시작이며 또한 끝일 것이다.

* 정점(頂點): 맨 꼭대기가 되는 곳.
* 스톡옵션(stock option): 기업에서 임직원에게 일정 수량의 자사 주식을 매입하여 나중에 임의대로 처분할 수 있도록 한 것.
* 호젓한: 후미져서 무서움을 느낄 만큼 고요한.
* 혹사(酷使): 혹독하게 일을 시킴.

요약하기 +

01 글의 문단별 중심 내용을 요약하여 빈칸에 알맞은 말을 써 넣으시오.

(가)	웰빙의 현대적 의미
(나)	사람들이 웰빙을 찾는 ( )
(다)	( ) 삶에 대한 새로운 정의
(라)	웰빙에 대한 새로운 정의의 ( )
(마)	최신 웰빙의 ( )

실전문제

01 '웰빙'에 대한 글쓴이의 견해가 아닌 것은?
① 웰빙은 언제 어디서든지 실천할 수 있다.
② 웰빙은 본질적이고 소박한 가치를 추구한다.
③ 웰빙에 대응하는 사람들의 방식은 이중적이다.
④ 웰빙은 매사에 검소한 생활 방식을 지향하는 것이다.

02 (가)~(마)에 대한 설명으로 적절하지 않은 것은?
① (가): 자문자답을 통해 논의의 기초를 마련하고 있다.
② (나): 전문가의 의견을 소개하면서 논의를 확장하고 있다.
③ (다): 인용과 예시를 통해 내용을 구체화하고 있다.
④ (라): 앞 내용에 대한 대립적 견해를 제시하고 있다.
⑤ (마): 전체의 논의를 정리하여 결론을 도출하고 있다.

정답 및 해설

10일 만에 배우는 경제학 200년

> **지문해설** 토마스 모어의 '유토피아' 사상에 나오는 목양 엔클로저가 어떻게 영국 자본주의의 기초가 되었는가를 설명한 글이다. 글쓴이는 모어가 주장한 '유토피아'에 대해 설명한 뒤, 당대의 목양 엔클로저가 농민을 도시 빈민으로 변모시켰으며 그로 인해 영국에서는 자본주의의 토대가 되는 한 축이 마련되었다고 설명하고 있다. 상상의 산물인 '유토피아'가 모어의 단순한 낭만적 유희로 인해 만들어진 것이 아니라 당대의 경제 현실에 대한 고민과 그것을 타개하려는 노력의 일환으로 생겨난 것이라는 점을 알기 쉽게 설명해 주고 있다.
>
> **주제** 영국 자본주의 발달의 토대가 된 목양 엔크로저 운동

요약하기

01

1문단	유토피아 인들은 누구나 농사에 종사하며 하루 6시간씩 노동을 하는데, 이 시간은 (생필품을 생산)하는 데 충분한 시간이다.
2문단	다른 나라에서는 노동을 하지 않거나 (무익한 일)에 매달리는 사람이 많다.
3문단	'유토피아'에 반영된 (목양 엔클로저) 현상은 자본주의 발달의 기초가 되었다.
4문단	목양이 돈이 되자 영주들은 농민들에게 임대한 농지를 빼앗았고 농민들은 (무산 빈민)이 되어 도시로 몰려갔다.
5문단	(노동자)가 된 농민들 덕에 영국에서는 일찍부터 자본주의가 발달할 수 있게 되었다.

실전문제

01 ④

[정답풀이]

첫째 문단과 둘째 문단은 토마스 모어가 쓴 '유토피아'의 내용이다. 따라서 여기에 기술되어 있는 내용은 모어의 생각과 어느 정도 일치한다고 보아도 무방할 것이다. 둘째 문단에서 모어는 '놀고먹는 수많은 성직자와 수도자라는 게으른 집단'이라고 표현하고 있는데, 이는 모어가 성직자에 대해서 그리 좋

지 못한 인식을 가지고 있다는 것을 방증하는 것이고 이는 결국 종교의 효용성에 대해 부정적으로 인식하고 있었다고 판단할 수 있는 근거가 된다.

오답

① 모어는 '유토피아'의 내용에서 생활에 직접 필요하지 않은 것들을 생산하는 것에 대해 부정적인 인식을 보이고 있는데, 이것이 그가 매우 실용적인 사람이었음을 짐작하게 해 준다.

② 네 번째 문단에서 자본주의는 노동자의 존재가 필수적이라고 했으므로 경작지를 잃고 도시로 쫓겨간 농민들의 희생이 자본주의의 토대가 되었음을 알 수 있다.

02 ①

[정답풀이]

'궁극적으로'라는 말은 이 글의 주제와 밀접한 관련이 있다는 의미이다. 글쓴이가 말하고자 하는 것은 유토피아에서 언급되고 있는 목양 엔클로저가 영국 자본주의의 발달의 토대가 되었다는 것이다. 따라서 이에 대한 질문으로 적절한 것은 ① 이다.

03 ②

[정답풀이]

㉠의 바로 뒤에 '싹트기 시작'이라는 표현과 그 뒤 문장에 있는 '목양 엔클로저가 자본주의 발달의 기초가 되었다'는 표현이 문제 해결의 열쇠다. 이 둘을 조합해 보면 ㉠에 들어갈 수 있는 단어를 추리할 수 있다. ②는 식물에 새로 트는 싹이라는 뜻으로 사물의 시초가 되는 것이라는 의미로 확장된다.

생명의 우연성

지문해설 이 글은 다윈의 진화론이 현대인들의 의식 구조에 미친 영향을 살피고 있다. 글쓴이는 진화론의 의의로 인본주의의 허구로부터 인간을 구원해 주었다는 점을 들고 있다. 그 근거로 인간은 유전적으로 동물과 큰 차이가 없으며, 진화의 과정 자체가 필연보다는 우연에 의해 이루어진다는 점을 제시하고 있다.

주제 진화론의 의의와 생명 현상의 우연성

요약하기

01

인간이 다른 동물보다 우수하다는 인본주의의 오만으로부터 인간들을 구원해 주었다.

02

> 다윈의 진화론은 생물학의 범주를 넘어 다른 학문 영역은 물론 (일상생활)에도 폭넓게 영향을 미쳤다.

↓

> 진화론은 인간을 다른 생물체와 분리시키는 (인본주의의 허구와 오만)으로부터 인간들을 구원해 주었다.

> 인간이 대뇌에 언어기관을 가지고 있는 것은 (진화적 도약)으로 볼 수 있다.

↓

> 진화의 역사로 볼 때, 인간이 출현한 것은 (필연이라기 보다는 우연)에 가깝다.

↓

> 진화의 방향이 (단순한) 형태에서 (복잡한) 형태로 나아갔다는 것은 잘못된 믿음이다.

↓

> 현재 지구상에 남아 있는 생물들의 다양성이 지구상에 나타났던 종들 중 극히 일부인 이유는, 진화의 과정이 (우연성에 바탕을 둔 자연 선택)에 의해 이루어졌기 때문이다.

01 ④

[정답풀이]

지문에서는 다양한 서술방식을 사용하고 있는데 ④는 확인하기 힘들다. 진화에 대한 이론적 설명은 제시되었지만, 특정한 사물의 진화 과정을 시간의 흐름에 맞춰 구체적으로 제시하고 있지는 않기 때문이다.

오답

① 마지막 문단에 제시된 눈 먼 시계공의 비유에 해당한다.
② 2문단에서 인간과 침팬지의 공통점을 들어 비교하고 있다.
③ 4문단에서 굴드 박사의 말을 인용하고 있다.

02 ①

[정답풀이]

지문의 글쓴이는 진화가 인간 중심적 과정이 아니며 반드시 단순한 구조에서 복잡한 구조로 진행되는 것도 아님을 밝히고 있다. 특히 마지막 문단을 보면, 도킨슨의 말을 빌려 진화가 일정한 목적을 지향하는 것이 아니라 본질적으로 우연에 의한 것임을 명확히 하고 있다.

오답

② 진화는 우연에 의해 이루어지는 경향이 강하다고 보고 있다.
③ 인간은 진화 과정에서 우연히 나타난 존재일 뿐이다.
④ 5문단에서 모든 생물들이 모두 복잡한 방향으로 진화한 것은 아니라고 제시했다.

03 ③

[정답풀이]

㉠의 뒤를 보면 굴드의 저서에 제시된 세부 내용이 나와 있다. 그 요점은 지구 생태계의 역사를 담은 필름을 거꾸로 돌리더라도, 다시 우리 인간과 같은 존재는 나타나지 않을 거라는 것이다. 이는 인간의 탄생과 진화가 생태계의 관점에서 볼 때 필연적인 것으로 보기 어렵다는 의미를 담고 있다.

04 ③

[정답풀이]

지문의 글쓴이는 마지막 문단에서 진화를 눈 먼 시계공에 비유하고 있다. 비유가 성립할 수 있는 근거로는 '정해진 대로 시계가 고쳐지지 않는다'는 점을 들 수 있다. 즉 글쓴이는 ⓒ을 통해 진화란 특정하게 정해진 대로 이루어지는 것이 아니라 우연에 의해 전개된다는 점을 전하려는 것이다.

오답

① 시계공이 같은 작업을 되풀이한다는 근거를 찾기 어렵다.
② 시각적 장애를 극복한다는 점은 부각되지 않았다.
④ 기계적으로 일을 한다는 내용을 찾기 어렵다.

인간 진화의 다음 단계는 사이보그

지문해설 일상적으로 사용되고 있는 병리학적 사이보그의 사례와 최근 연구가 활성화되고 있는 사이보그 프로젝트를 소개하면서 인간 진화의 다음 단계가 사이보그임을 설명한 글이다. 글쓴이는 사이보그로 진화하는 것이 인간의 선택에 의한 비자연적 진화임을 지적하면서, 인간이 찬성과 반대의 어느 쪽을 선택하느냐에 따라 미래가 달라질 것이라고 밝히고 있다 .이는 자신의 의견을 드러내지 않고 정보 전달에 국한하는 객관적 태도로 볼 수 있다.

주제 인간이 사이보그로 진화해 가는 현실과 미래의 선택

요약하기

01
'사이보그'와 '안드로이드'의 차이점은 '사이보그'는 인간의 두뇌를 대체할 수 없지만, '안드로이드'는 인간의 지능을 갖추어 로봇의 한계가 없다는 것이다.

실전문제

01 ③
[정답풀이]
3문단에 안드로이드는 현재의 기술로 아직 실현할 수 없다고 되어 있다.

오답
① 2문단을 보면 생물체에 기계가 결합되면 바퀴벌레도 사이보그가 될 수 있다고 되어 있다.
② 6문단을 보면 군사 분야임을 알 수 있다.
④ 7문단 뒷부분에서 알 수 있다.

02 ②
[정답풀이]
ⓐ의 하위 범주가 ⓑ, ⓑ의 하위 범주가 ⓒ이므로, ⓐ : ⓑ : ⓒ는 차례대로 상하 관계이다.

오답
① 과일과 배는 상하 관계이나, 배와 포도는 상하 관계가 아니다.

대중 가요에 대한 올바른 인식

지문해설 이 글은 대중 가요가 드러내고 있는 부정적 현상을 진단하고, 그에 대한 대안을 제시하고 있다. 글쓴이는 대중 가요가 매스 미디어에 의해 대중에게 일방적으로 수용되고 있음을 문제점으로 지적했다. 그와 아울러 매스 미디어에 의해 무분별하게 끌려다니는 대중들의 태도도 비판하고 있다. 대중 가요는 확고하게 구축하고 있는 일상성으로 매스 미디어와 결합해 대중들에게 심각한 폐해를 끼치고 있으며, 그 폐해는 자본주의적 시장 원리에 의해 대중 가요가 지배를 받음으로써 더 심해지고 있다. 이러한 현상에 대해 글쓴이는 대중 가요가 수용되기까지의 과정에 대한 이해를 바탕으로 대중 가요가 전달하는 의미 등을 검토하고, 수용자들이 비판적 태도를 기름으로써 해결될 수 있다고 보고 있다.

주제 대중 가요의 부정적 수용 양상과 그에 대한 방안

요약하기

01
오늘날의 대중 가요는 (자본주의적 문화 산업의 속성)을 강하게 드러내면서 여러 폐해를 일으켜 문화적 양식으로서 새로운 가치를 창출해 내는 (문화적 건강성)을 잃고 있다.

02
오늘날의 대중 문화는 우리의 생활에서 (일상성)을 확고하게 구축하고 있으며, (자본주의적 문화 산업)의 속성을 강하게 드러내고 있다. 대중 문화가 자본주의적 시장 구조 안에서 (시장 원리)의 지배를 받으며 계속해서 (상품)으로 변질되어 우리 생활에 영향을 미치고 있는 것이다.

실전문제

01 ③
[정답풀이]
글쓴이는 대중 가요가 대중에게 문화적 해독을 끼치고 있는 현상을 문제점으로 제시하고 대표적인 원인으로 매스 미디어를 들고 있다. 그리고 이에 대한 대안으로 수용자들이 소비자 운동의 일환으로 대중 가요를 철저히 감시해야 한다고 하고 있다. 현상의 문제점과 원인을 분석한 후 그에 대한 대안을 제시하고 있는 것이다.

오답
① 현상에 대한 관찰이 글에 전제되어 있다고 볼 수 있으나, 관찰한 내용을 소개하기보다는 문제점을 분석하고 그에 대한 대안을 제시하는 데에 치중하고 있다.

② 문제를 일반화하기 위해 집필한 것이 아니라, 문제점을 제시하고 그에 대한 대안을 제시하기 위해 집필한 것이다.
④ 여러 관점이 제시되어 있지 않다. 일관된 관점으로 현상의 문제점을 밝히고 있다.

02 ①
[정답풀이]
글쓴이는 수용자가 매스 미디어가 제공하는 문화에 일방적으로 끌려 다니거나 비정상적인 뜨거운 열정을 드러내는 것을 문제로 여기고 있다. 이러한 문제점을 해결하기 위한 방안으로 글쓴이는 마지막 문단에서 수용자 층에서 대중 가요를 소비자 운동의 일환으로 철저히 감시해야 한다고 하고 있다. 그래야 대중 가요가 문화적 양식으로서 문화적 건강성을 되찾을 수 있다고 보고 있다.

언어 생활과 전통

> **지문해설** 언어가 사회와 문화를 반영한다는 관점에서 출발하여 우리말에 우리 조상이 상하의 예절을 깍듯이 갖추었음을 의미하는 전통이 있으나, 최근 들어 그러한 전통을 이어받지 못하고 있음을 지적하는 글이다. 글쓴이는 대우법이나 압존법이 제대로 지켜지지 않고, 언어 사대주의로 인해 영어를 지나치게 수용하여 우리말을 어지럽히는 현실을 독자들에게 알리고 있다.
>
> **주제** 사회와 문화를 반영하는 언어의 전통과 올바른 언어 생활

요약하기

01
노인은 아무도 가려하지 않는 천 길 벼랑에 핀 철쭉꽃을 꺾어 (나를 아니 부끄러워하시면)이란 조건을 내세워 수로 부인에게 바치고 있다. 노인은 (암소)를 끌고 다니는 것으로 볼 때 농민 신분으로 보이는데, 아무런 대가 없이 신분의 차이나 지형의 위험을 고려하지 않고 꽃을 꺾어 바치는 것으로 보아, 수로 부인에 대해 (소박하고 순수한 사랑)의 감정을 품었음을 알 수 있다.

01 ①
[정답풀이]
위 글은 전반부에서 언어가 사회와 문호를 반영하며, 우리의 언어 생활에 상하 예절을 지키는 좋은 전통이 담겨져 있음을 밝히고, 후반부에서 이러한 전통이 지켜지지 않는 현실의 문제점을 지적하고 있다.

오답
② 부분적으로만 해당되는 내용이다.
③ 글쓴이의 입장과 상반된다.
④ 논지와는 관련이 없다.

02 ④
[정답풀이]
1문단의 내용으로 미루어 볼 때, 언어는 그것을 사용하는 사회 구성원의 사고와 문화를 반영하고, 행동 기준이 내포되어 있음을 알 수 있다.

03 ①
[정답풀이]
본문에서 '청자가 더 높은 어른이고 주체가 그보다 낮은 어른일 경우 주체를 낮추는 존대법'을 압존법이라 하고 있다. 청자가 '할아버지'이고, 주체가 그보다 낮은 '아버지'이므로, 주체를 낮추어 ①처럼 표현해야 한다.

04 ②
[정답풀이]
글쓴이는 의사 소통에 문제가 없는데도 교양을 과시하기 위해 외래어를 빌려 쓰는 것을 '언어 사대주의'로 보고 있다. 제시된 대상 중에서 '쟝스(장사꾼)'가 '게젓'이라고 해도 의미가 통하는데 굳이 유식한 척하려고 현학적 자세를 보이고 있다.

오답
① 외로움을 달래는 긍정적 측면과 잠을 깨우는 부정적 측면을 동시에 지닌 이중적 속성의 대상이다.
③ '두터비'가 두려워하는 대상으로 중앙관리나 외세를 상징한다.
④ 상대방을 속여서 해치는 대상이다.

마음의 과학

지문해설 이 글은 마음의 문제를 다루는 인지 과학에 대해 소개하고 그 의의를 제시하고 있는 글이다. 글쓴이는 인지 과학의 복합적 성격을 설명하고, 마음의 기능을 둘로 나누어 인지 과학이 그중 인지적 성격을 설명한다고 규정한다. 그리고 최근 컴퓨터를 이용해 인간 두뇌 현상을 탐구하는 경향에 대해 중요한 의미를 부여한다.

주제 인지 과학의 성격과 의의

요약하기

01

인지 과학이란 컴퓨터의 논리적 계산 기능을 통해 마음의 인지적 측면을 탐구하는 과학이다.

02

학문들은 마음의 문제를 개별적으로 다루지 않고 인지 과학이라는 (학문적 공동 시장)을 통해 협력적으로 다루고 있다.

↓

인지 과학은 마음의 인지적 기능을 (정보 처리의 문제)로 보고 접근한다.

↓

인지 과학이 인지적 정보 처리를 다룰 수 있게 된 것은 컴퓨터의 (논리적 연산 기능) 덕분이다.

↓

컴퓨터는 인간의 논리적 연산 기능을 (모형화한) 것이다.

↓

인지 과학은 컴퓨터와 마음의 (대비 관계)를 통해 마음을 이해할 수 있게 하는 학문이다.

실전문제

01 ④

[정답풀이]

지문의 내용을 통해 인지 과학이 마음의 기능 중 '정의적 기능'보다는 '지성'적인 면을 탐구하는 학문이며, 컴퓨터와 인간의 논리적 계산 기능을 대비하여 인지적 정보 처리 과정을 밝히려는 학문이라는 것을 알 수 있다.

오답

① 인지적 정보와 정의적 정보는 이질적 성격의 정보로 보아야 한다.

② 1문단의 내용과 일치하지 않는다.

③ 심리학과 심리 철학뿐 아니라 다른 학문과도 연결되어 있다.

02 ①

[정답풀이]

전후 문맥을 살펴보면 ㉠이 복합적 학문으로서 인지 과학의 성격을 드러내는 표현이라는 점을 알 수 있다. 1문단에서 글쓴이는 인지 과학을 철학, 심리학, 신경 과학, 인공 지능학, 언어학 등의 접근을 통해 마음의 문제를 연구하려는 학문이라고 보고 있다.

오답

② 지식 수준과 관련된 내용은 제시되어 있지 않다.

③ 각 학문들은 독자적 학문 영역을 갖고 있다.

④ 인지 영역을 연구하기 위해 학문들이 서로 연계하는 형태이다.

03 ④

[정답풀이]

㉡의 뒤에 이어지는 내용을 보면, 인지 과학이 마음의 영역인 정의적 정보와 인지적 정보를 모두 다루지 않고 그중 인지적 정보만을 다룬다는 사실을 알 수 있다. 문맥적으로 볼 때 ㉡은 그 점에 대해 지적하는 말이 들어가는 것이 적절하다.

오답

① 2문단에서는 인지 과학이 정의적 영역은 다룰 수 없다고 보았다.

② 인지 과학은 동물적 본능의 영역까지 다루지는 않는다.

04 ②

[정답풀이]

㉢에서 '눈'은 인간을 바라보는 새로운 관점이자 인간을 이해하는 힘에 관한 의미로 사용되었음을 알 수 있다. ②의 눈은 '사물을 보고 판단하는 힘'으로 사용되었기 때문에 유사하다고 할 수 있다.

물질이 갖는 비물질성

지문해설 과거에 가시적인 물질과 비가시적인 에너지를 별개로 간주했으나 아인슈타인의 연구를 통해 물질의 본질이 에너지임을 밝히고 있다. 이러한 과정을 통해 에너지와 관련된 정보 혹은 지혜의 본질이 과학적 탐구를 통해 밝혀질 것이라고 예측하고 있다. 즉, 과학적 탐구 활동이 여러 자연계의 복잡한 현상을 체계적으로 설명해 줄 수 있으리라는 전망을 제시하고 있다.

주제 과학의 연구를 통한 정보와 지혜의 탐구

요약하기

01
과학적 탐구는 (자연계의 현상에 대한 정보나 지혜를 밝혀 이를 체계적으로 설명할 수 있게 하는 것이다.)

02

20세기 초에 이르러 모든 물질은 (에너지)로 구성되어 있으며, 그 본질은 (비물질성)이라는 사실이 밝혀졌다.

↓

모든 물질이 에너지로 되어 있음은 (과학적 사실)이며 그동안 보이는 물질 세계에 관해 답습되어 온 (유물론적 개념)도 수정되어야 한다.

↓

모든 물질은 온도가 높아지면 (물질을 구성하는 원자와 분자의 결합)이 깨지게 되면서 모두 에너지로 바뀌는데 에너지에 따라 물질의 형체는 달라지지만 궁극적으로는 에너지만 존재하게 된다.

↓

모든 보이는 것은 (어떤 물질로 차 있는 것이) 아니라 (에너지로 강하게 서로 붙들려 있어) 그 형체가 유지되고 시간과 공간 안에서 물질로 표현되고 나타나게 되는 것이다.

↓

(자연계의 현상이나 힘)들의 존재 이유나 양상에 대해서는 아직까지 (체계적인 과학적 설명)이 없는 상태다.

↓

과학적 탐구가 (물리나 생명 현상 뒤에 엄청나게 얽혀있는 정보 또는 창조의 지혜)를 밝혀내는 것은 자연스러운 일이다.

실전문제

01 ④
[정답풀이]
이 글의 글쓴이는 모든 물질들의 내부는 빈 공간이며 에너지로 채워져 있다는 과학적 지식을 통해 우리가 아직 잘 모르고 있는 자연계의 현상이나 힘들도 결국 과학의 탐구를 통해 자연스럽게 이루어질 것이라고 전망한다. 이러한 글쓴이의 입장은 ④의 설명처럼 과학이 앞으로의 자연 현상에 대한 궁금증을 해소하고 비밀을 밝혀나간다는 입장과 유사하다고 할 수 있다.

오답
① 과학의 연구 활동이 한정되어야 한다는 주장이다.
② 과학의 장점과 권리에 대한 설명이다.
③ 과학과 기술의 상호 보완성에 관한 주장이다.

02 ③
[정답풀이]
세 번째 단락을 살펴보면 아인슈타인의 질량과 에너지 등가 원리 법칙에서 빛의 속력이 매우 큰 값이기 때문에 작은 질량의 물질이라도 많은 양의 에너지를 갖게 된다고 설명하고 있다. 그런데 ③에서는 물질의 크기와 에너지가 서로 비례한다는 설명이므로, 세 번째 단락의 내용과 어긋난다. 즉, 빛의 속력이 크다면, 물질의 크기와는 관계없이 많은 양의 에너지를 갖게 된다는 점을 유념해야 한다.

오답
① 물질 세계에 관한 유물론의 개념을 수정해야 한다고 했으므로, 유물론에서는 모든 자연 현상에서 물질의 중요성을 강조하는 주장이었을 것이다.
② 과거의 사람들은 돌이나 물 등에 존재하는 에너지가 눈에 보이지 않고 인식될 수 없었으므로 믿지 않았다는 것이다.
④ 모든 물질은 온도가 높아지면 물질을 구성하는 원자와 분자의 결합이 깨지면서 에너지가 발생한다.

기술 시스템과 자율적 기술

지문해설 이 글은 '인간은 기술의 주인인가, 하인인가?'라는 문제를 제기한 후, 엘룰의 주장을 통해 현대 기술의 자율성에 대해 살피고 있다. 엘룰은 현대 기술이 자동화를 통해 인간의 개입을 배제하면서, 사용 여부에서는 사용하지 않을 자유를 허용하지 않는 자율성을 갖고 있다고 했다. 이는 현대 기술이 인간의 통제를 벗어나 인간의 자유를 억압하는 방식으로 발전한다는 사실을 지적한 것이다. 글쓴이는 이런 문제점으로 인해 인간의 필요가 기술에 의해 만들어지고 있다는 점도 함께 제시하고 있으며, 해결 방안으로 현대 기술 사회 전체를 조망하고 자기가 속한 삶의 터전에서 작은 실천이라도 해야 한다고 제시하고 있다.

주제 현대 기술의 부정적 특성과 그에 대한 방안

요약하기

01

평범한 사람들 외에 (과학자, 공학자들)까지도 기술을 (능동적)으로 다루지 못하고 있으며 (기술이 어떻게 발전할지)를 예측하지 못하고 있다.

02

과거의 기술(전통적인 기술)	현대의 기술
상위의 목적을 성취하기 위한 수단.	(목적을 위한 도구로서의 위치를 넘어섬.)
(인간의 다른 활동에 대해 열등한 것으로 간주됨.)	기술 발전이 그 자체로서 의미 있는 것이 됨.
기술의 제작과 사용에서 인간이 능동적인 역할을 했음.	(자동화)를 통해 인간의 개입을 배제하고 (사용하지 않을 자유)를 인간에게 허용하지 않음.
자연을 대상으로 함.	(인간 생활의 모든 부분을 대상으로 함.)
지역과 문화에 구애를 받았음.	전지구적으로 적용되며 여러 기술들이 (네트워크망)으로 연결되어 거대한 시스템을 형성하고 있음.
기술의 (발달 속도)가 느려 인간이 변화된 기술에 자신의 생활을 맞출 필요가 없었음.	변화된 기술에 인간이 (수동적)으로 맞추며 살아야 함.

인간들에 의해 조정이 가능했음.	인간들에 의해 조정되기보다는 (효율성의 법칙)에 따라 운영되고 발전됨.
(필요)에 의해 기술이 만들어짐.	기술이 (필요)를 창출함.

실전문제

01 ④

[정답풀이]

이 글은 현대 사회의 기술이 지니고 있는 특징에 대한 고찰을 통해 현대 기술 발전의 위험성을 경계하도록 하고 있다. 글쓴이는 엘룰의 입장을 통해 현대의 기술 발전이 인간을 소외시킴으로써 인간에게 위협이 될 수 있음을 조명하고 있는데, 그 과정에서 엘룰의 생각에 동의하는 글쓴이의 입장 또한 발견이 된다. 여러 관점을 제시하여 현대의 기술 발전이 지닌 다양한 의미를 드러내고 있지는 않다.

오답

① 둘째 문단에서 엘룰의 '현대 기술이 자율적이 되었다'는 견해를 소개하며 논지를 전개하고 있다.
② 첫째 문단의 마지막 문장에서 문제 제기를 통해 화제에 대한 관심을 유도하고 있다.
③ 넷째 문단에서 '자율적'의 개념을 설명함으로써 현대 기술의 특징을 제시하고 있다.

02 ②

[정답풀이]

둘째 문단에서 글쓴이는 여러 기술들이 거미줄처럼 엮여 하나의 거대한 시스템을 이루고 있으며, 이 시스템이 전통적인 기술의 영역을 넘어 인간 생활의 모든 부분으로 침투해 가고 있다고 했다. 따라서 독립적인 시스템을 구성하고 있다는 것은 현대 기술의 특징으로 적절하지 않다.

03 ②

[정답풀이]

넷째 문단에서 기술이 '자율적'이라는 표현은 자동차가 운전자 없이 혼자 돌아다니거나 기계가 생각하는 능력을 가지게 되었다는 말이 아니라, 기술 발전이 기술 시스템의 관성에 의해 지속되고, 그 과정에 인간이 개입할 수 없음을 의미한다고 했다. 여기서 ②가 적절한 반응이 아님을 알 수 있다. 살아 있는 생물처럼 행동하는 것이 기술의 자율적 특성을 의미하는 것이 아니기 때문이다.

① 이 글에서는 첫째 문단에서 '인간은 기술의 주인인가, 하 인인가'라는 문제를 제기한 후, 기술이 인간의 통제를 벗 어나 인간의 자유를 억압하는 방식으로 발전하고 있음을 지적하고 있다. 더 이상 기술이 인간을 위한 수단으로 작 용하고 있지 않음을 문제 삼고 있는 것이다.

③ 넷째 문단에서 필요에 의해 기술이 만들어지는 것이 아니 라 기술이 필요를 창출한다고 말하고 있다.

④ 다섯째 문단에서 기술 발전이 당위적이고 불가피한 것으 로 인정되는 상황에서 기술 사회 전반의 변화를 기대하는 것은 비현실적이라고 하고 있다.

영화 속의 문학 읽기

지문해설 영화와 문학의 관계를 짚어본 글이다. 글쓴이는 문 자 언어로 된 문학과 영상 언어로 이루어진 영화의 차이를 언 급한 뒤, 문학 작품을 영화화할 때 중요한 점이 무엇인가에 대 해 역설하고 있다. 감독은 문학을 영화화할 때, 문학의 표현 방법을 그대로 답습해서는 좋은 영화가 될 수 없으며, 작품을 자신이 주체적으로 해석하면서 작업을 해야 한다는 것이다. 같 은 맥락에서 좋은 관객이 되기 위해서는 영화를 자신의 관점으 로 보아야 한다고 말하고 있다.

주제 영화는 문학을 주체적으로 해석하고 표현해야 한다.

요약하기

01

영화와 문학은 서로 영향을 주고받았다.

↓

영화와 문학이 같은 계통으로부터 파생되었다는 것은 사실 이 아니다.

↓

문학 작품의 수준과 영화의 수준은 상관 관계가 없다.

↓

문학 작품을 있는 그대로 표현한다고 해서 좋은 영화가 되 는 것은 아니다.

↓

영화를 생산적으로 보기 위해서 관객은 (자신의 관점으로 작품을 보아야) 한다.

실전문제

01 ③

[정답풀이]

4문단에서 글쓴이는 킹 비도 감독과 구로자와 아키라 감독의 예를 들면서, 문학을 영화로 옮길 때 중요한 것은 원작의 내 용을 잘 요약하는 것이 아니라 작가의 정신을 잘 반영하는 것 이 중요하다는 이야기를 하고 있다. 그런데 ③에서 말하는 '원작의 의도'는 작가의 정신을 말하는 것이므로 ③은 이 글의 내용과 어긋나는 진술이 된다.

오답

① 4문단에서 확인할 수 있다. '작가의 정신'과 '문학 작품의 본질'은 일맥상통하는 것이라고 할 수 있다.

② 5문단에서 확인할 수 있다. 관객이 감독의 말과는 다른 시 각으로 작품을 해석할 때, 그 관객은 단순한 영화의 소비 자가 아니라 생산자가 된다는 진술이 있는 것으로 보아야 타당한 진술이다.

④ 3문단의 마지막 문장에서 확인할 수 있다.

02 ④

[정답풀이]

1문단을 보면 문학과 영화는 상호 존중하기도 하고 경멸하기 도 했으며, 서로 영향을 주고받는 관계임을 밝히고 있다. 따 라서 문학이 영화로부터 독립적이라는 표현은 적절하지 않다.

오답

①, ③ 1문단에서 영화는 시각의 언어로 되어 있으며 세상을 보는 방법이라고 언급되고 있으며 반대로 문학은 문자 언 어와 세상을 쓰는 방법이라고 설명하고 있다.

② 3문단에서 확인할 수 있다.

03 ③

[정답풀이]

ⓒ의 앞뒤 문맥에서 정답을 찾기 위한 열쇠는 '영화와 문학이 특별한 관계에 있기 때문일까?'라는 부분과 'D. W. 그리피스 가 찰스 디킨스의 작품 속에서 교차 편집과 클로즈업 기법에 대한 영감을 받았다'는 부분에서 찾을 수 있다. 이 진술과 '근 친상간'이라는 표현을 고려한다면 문학과 영화는 그 연원이 같고, 그런 까닭에 역사가 짧은 영화가 문학으로부터 도움을 받았다는 것으로 이해할 수 있다.

[오답]

① 문맥을 통해 이 글을 이해할 때, 추출하기 어려운 내용 이다.

② 내용과 상반되는 진술이다.

④ 진술 자체는 사실이지만 '근친상간'이라는 단어와 아무 연 관성이 없다.

웰빙, 자기 위치에서 찾는 최선

> **지문해설** 글쓴이는 웰빙이 단순한 육체적 단련만을 의미하는 것이 아니라, 인간으로서 결코 포기할 수 없는 본질적인 삶과 관련이 있다고 설명하고 있다. 많은 시간과 돈을 들이지 않고도 개인의 상황에 맞는 손쉬운 웰빙의 방법을 찾아보자는 의견은 이 시대를 살아가는 우리에게 하나의 삶의 지혜가 된다.
>
> **주제** 웰빙의 진정한 의미와 실천 방법

요약하기

01

(가)	웰빙의 현대적 의미
(나)	사람들이 웰빙을 찾는 (이유)
(다)	(사치스런) 삶에 대한 새로운 정의
(라)	웰빙에 대한 새로운 정의의 (필요성)
(마)	최신 웰빙의 (실천 방법)

실전문제

01 ④

[정답풀이]

웰빙은 검소한 생활 방식과 직접적인 관련이 없다. (마)의 '많은 시간과 돈을 들이지 않더라도 당신의 위치에서 할 수 있는~'라는 의미가 검소한 생활 방식을 지향하는 것이라 보기는 어렵다.

오답

① (마)의 뒷부분, ② (다)의 뒷부분, ③ (가)의 중간부분에서 확인할 수 있다.

02 ④

[정답풀이]

(라)는 앞 내용에 대한 대립적 견해를 제시하는 것이 아니라, 앞 내용을 이어받아 뒷받침하고 있다.

오답

① 7, 8번째 문장에서 스스로 묻고 대답하고 있다.
② 멜린다 데이비스의 의견을 소개하면서 웰빙 신드롬에 대한 논의를 확장하고 있다.
③ 바바라 크루거의 주장을 인용하고, 본질적인 것을 누리며 사는 삶의 구체적인 예를 들고 있다.
⑤ 논의를 정리하면서 웰빙이 미래 지향적 생활 방식이고, 손쉽게 실천할 수 있다는 결론을 밝히고 있다.